行政行為と司法的統制

日仏比較法の視点から

亘理 格 著

[北海道大学大学院
法学研究科叢書⑳]

有斐閣

は　し　が　き

　本書は，筆者が今日まで，行政行為の概念と効力及び裁判所によるその適法性審査について公表してきた論文を中心に，まとめたものである。本書全篇を通して主張したいのは，行政には公益実現のため一定の条件下で公権力性が認められるが，それに応じて，行政の公共的責任追及を実効化するための争訟機会が，第三者を含む公衆に認められなければならないという点にある。以上のように，筆者は，行政行為への公権力性の承認とそれに対する争訟機会の実効的保障との間に適切な均衡を確保すべきであると考えてきたが，これは，フランス行政法における行政行為論から着想を得た考え方である。フランスの行政行為概念は，行政権限の公権力性と裁判所による実効的適法性審査の双方を認めつつ両者間に適切な均衡を確保するための支点としての役割を果たしてきた，という点にその本質があると考えるからである。

　以上のような発想方法から，本書は，まず第Ⅰ部において，行政行為とはいかなる意味を有する概念として用いるべきかを論じ，次にその司法的統制に視点を転じ，第Ⅱ部では訴訟要件の一つである処分性を中心に検討し，第Ⅲ部では，本案判断における適法性審査について裁量審査のあり方を中心に論じる。したがって，本書の題名は，「行政行為の概念と効力及びその司法的統制」とした方が正確だったと思われるが，簡潔さを優先させた。

　本書には，公表から長期間が過ぎた論文が，いくつか収められている。特に第Ⅰ部のすべての章は，筆者が東北大学法学部において助手を務めた際に執筆し，1983年から1984年にかけて『法学』誌上に公表した「助手論文」である。当時，行政行為論に関しては，公定力や不可争力等に関する批判的検討が繰り広げられ，こうした特別の効力は，取消訴訟制度の排他性の承認に付随して導かれる争訟法上の帰結にすぎないという理解が，行政法学者の共通認識となっていた。なかでも，山田幸男先生等により，形式的行政行為論の名の下，行政行為と，契約等の行政行為以外の行為形式との区別を相対化させようとする考え方が提起されていた。また，行政訴訟による権利救済機能の拡充という救済法的視点から，兼子仁先生や原田尚彦先生が形式的行政処分論を提唱され，ま

た訴えを提起する者の具体的利益状況に応じて処分性判断は異なるべきだという視点から，阿部泰隆先生が相対的行政処分論を提唱されるといった状況にあった。そのような百花繚乱のごとき状況の下で大学院に進み，さらに助手として最先端で戦わされる行政法学上の議論に接した者にとって，行政行為概念の再構成とその司法的統制の実効化は，この上なく魅力的なテーマとして映った。

そして，その時興味を引いたのは，日本やドイツの行政法学では，行政行為と行政契約を行為形式論という同じ平面上に想定し，それぞれ別個の行為形式と捉え截然と区別することに終始するのに対し，フランスの行政法学では，この二つを異なる行為形式として区別する一方，それぞれ一つの行政作用の過程中における異なった局面として捉えようとする視点を併有する，という点であった。日独行政法学とフランス行政法学とを画するその違いは，いったい何に由来するのか，という疑問が生じた。この疑問を出発点に，フランス行政法学において行政行為に相当する概念である「行政決定」(décision exécutoire) に関心を持ち，その概念の形成過程を検討した成果が，上述の助手論文であった。

他方，行政行為の効力論に関する研究は，その後遅々として進まなかったが，各論研究として始めた都市法及び環境法の研究を進める過程で，わが国の「違法性の承継」論とフランス法の「違法性の抗弁」(l'exception d'illégalité) 論との間には共通項が多く，同様の問題状況を解決する理論として日本とフランスそれぞれで発展した理論であることに気づいた。以上のような経緯を経て執筆したのが，第Ⅱ部第5章の基になる論文である。

あらためて行政行為の効力論を振り返ってみれば，公定力や不可争力といった特別の効力は，取消訴訟の排他的管轄とそこから派生する諸制約という実定的訴訟制度の反映でしかなく，したがって，訴訟法の解釈次第では，より柔軟な運用や問題解決を図ることが可能な種類の問題だということになるであろう。そうとすれば，行政行為に特有の効力に関して，刑事責任や国家賠償責任との関係で論じられてきた「違法性の抗弁」と並んで最後に未解決問題として残るのは，複数の行政行為が連続して行われ，先行行為が有効であることを前提に後行行為が行われるという場合において，先行行為の違法性を後行行為に対する取消訴訟の場において主張することは許されるか，という問題にほかならない。ここで，行政行為の「遮断効」が問題となるのである。そこで，検討し始

めたテーマがフランス法における「違法性の抗弁」論であり，今世紀に入った時点で，論文の構想はほぼ出来上がっていた。その後，学内外の仕事に追われる中での論文執筆は困難を極めたが，何とか書き上げ，2015年の春に公表することができた。本論文の完成により，フランス行政法との比較法的視点から日本の行政行為論の再構成を模索したいという永年の構想が，ようやく一書としての形をとることができた。以上の意味で，第Ⅰ部と第Ⅱ部第5章は本書の核心部分である。

　上述のように，本書には，公表から永い年月が経過した論文がいくつか収められており，中には30年を超えるものもある。そのため，国の行政機関名には，「厚生省」や「通産省」等の表記が残り，また，「近時」といった表現に違和感をもたざるを得ないような箇所もある。こうした表記については，特に不自然ではないという場合のほかは，その直後に「（当時）」といった注記を付す等の措置を講じたことを，あらかじめお断りしておきたい。

　本書は，北海道大学大学院法学研究科叢書の一冊として公刊される。北海道大学では，17年間にわたる研究教育を通して素晴らしい学術環境に接することができた。幸運なことに，在職中に，前著である『公益と行政裁量――行政訴訟の日仏比較』（弘文堂，2002年）を公刊することができたが，同時に，上述の「違法性の承継」に関する論文の執筆期間は，北大在職期間にほぼ重なる。その間に様々な方との出会いがあり，歴代の先生方や職員の方々との交流の中から，数限りない思い出やご恩を賜ることができた。なかでも公法講座の先生方や公法資料室職員の方々は，文字どおり学術共同体としての北大公法学を身をもって示されてきた。

　本書公刊に当たって，有斐閣の高橋均さんと中野亜樹さんから測り知れないご助力を賜ることができた。両氏からは，本書全般にわたって，筆者が見落としていた誤りや未熟な表現等を丁寧に拾ってご指摘頂いた。また，上述のように，本書には30年以上前の公表論文を収めることとしたため，元の論文の復元は困難を極めたが，両氏の粘り強いご助力により，予想をはるかに凌ぐ精巧な復元作業をして頂くことができた。熟練編集者の能力と先端技術力との融合により本書が生まれたことは，まことに幸運であった。

さらに，本書の再校時には，北海道大学大学院法学研究科助教の津田智成氏（現・准教授）に網羅的に点検して頂き，貴重なご意見等を賜った。また，九州大学大学院での集中講義に際して，田代滉貴氏（現・助教）をはじめとする法学研究科院生の方々から，有益なご意見や感想等を頂くことができた。本書に世代を超えてなにがしかの意味があるとしたら，こうした若手研究者のご厚意に負うところが大きいと言えよう。

2018 年 5 月

亘　理　　格

目　次

序　命令・強制と合意

【解題】 ─────────────────────────── 3

序章　命令・強制と合意の相互交錯 ──────────── 4

Ⅰ　政策実現過程としての命令・強制・指導 ················· 4
 1　命令・強制と指導──その異質性と同質性　4
 2　媒介的規準論から見た命令・強制・指導　6
Ⅱ　媒介的規準の法的正当化のための論理 ·················· 7
 1　法的正当化のための諸論理　7
 2　社会的合意規準の優位性　10
Ⅲ　実体法的正当化根拠としての社会的合意──判決例の検討 ········ 13
 1　規制権限不行使の違法性　13
 2　捜査手続上の接見交通権制限の違法性　16
 3　実体法論としての社会的合意論の限界　18
Ⅳ　手続法的正当化根拠としての社会的合意──合意形成手続法制化の検討 ···· 21
 1　権威的手法における合意モメント　21
 2　権威的手法に代わる手段としての合意調達手法　25
 3　権威的手法と契約的手法との接近　26
Ⅴ　命令・強制・指導の存在意義 ······················ 27
 1　行政作用の権威行為的構成の意義──公企業の特許論を糸口に　27
 2　権威的行政手法の今日的意義──むすびにかえて　30

第Ⅰ部　行政行為の概念
―― フランス的行政行為概念の特質と形成過程

【解題】 ———————————————————————————— 35

第1章　序　説 ————————————————————————— 38
Ⅰ　問題の所在 ……………………………………………………………… 38
Ⅱ　二つの行政行為概念――日本・ドイツ型とフランス型 ……………… 41
Ⅲ　先行研究 ………………………………………………………………… 43
Ⅳ　用　語　法 ……………………………………………………………… 45
Ⅴ　第Ⅰ部全体の構造 ……………………………………………………… 50

第2章　静態的行政活動分類論 ————————————————— 51
Ⅰ　権力行為・管理行為の二分説 ………………………………………… 51
Ⅱ　権威行為・公管理行為・私管理行為の三分説 ……………………… 55

第3章　行政による契約と《分離しうる行為》理論 ——————— 60
序 …………………………………………………………………………… 60
Ⅰ　《契約への一体化》理論―― 19世紀後半の判例 …………………… 64
　1　入札ケースと議決・認可ケース　64
　2　入札ケースの特異性　69
　3　《契約への一体化》理論の背景　72
Ⅱ　《分離しうる行為》理論の形成 ……………………………………… 77
　1　マルタン氏事件判決まで　77
　2　第三者訴訟としての越権訴訟　83
Ⅲ　《分離しうる行為》理論の展開 ……………………………………… 88
　1　《分離しうる行為》の諸類型　89
　2　契約当事者による訴えの可能性　94

Ⅳ　小　　結 ………………………………………………………………… 96

第 4 章　行政決定＝行政行為論の成立──動態的行政行為論── 101
序 …………………………………………………………………………… 101
　Ⅰ　行政決定と執行事実 …………………………………………………… 104
　Ⅱ　動態的行政行為論への一元化 ………………………………………… 107
　Ⅲ　内部決定表示としての行政決定＝行政行為 ………………………… 119
　　1　根幹的決定としての行政行為　119
　　2　"内心の決定"としての行政行為　120
　　3　行政行為の名宛人　122
　Ⅳ　対世的行政行為と市民 ………………………………………………… 124
　　1　行政決定の対世的効果　124
　　2　行政＝制度の理論における行政決定と市民　126
　　3　行政客体から市民へ　130
　Ⅴ　小　　結 ………………………………………………………………… 133
　　1　M・オーリウ行政行為論における連続性　133
　　2　M・オーリウ行政行為論の時代的背景　133
　　　(1)　公役務（service public）の観念の興隆　134
　　　(2)　地方分権化（décentralisation）の進展　136

第 5 章　M・オーリウとL・デュギィ
　　　　　──フランス的行政行為観の共通基盤確立という視点から── 139
　Ⅰ　フランス的行政行為観の確立へ ……………………………………… 139
　Ⅱ　L・デュギィの行政行為論
　　　──条件行為（actes-conditions）と越権訴訟の関係を中心に ……… 140
　Ⅲ　共通基盤の確立 ………………………………………………………… 148

第Ⅱ部　処分性と違法性の承継

【解題】 ———————————————————————— 151

第1章　処分性判例の基本型——司法制度改革以前 ———— 153
Ⅰ　現状分析 ——————————————————————— 153
　1　処分性の成立要件　153
　2　判例状況　155
Ⅱ　問題点 ————————————————————————— 157
　1　法律の規定の有無への安易な依存　157
　2　行政の制度的仕組みに即した観察視点の欠落　158
Ⅲ　問題解決の方向性 ——————————————————— 158
　1　救済法的見地からの問題解決　158
　2　行政決定と実施行為との分離による問題解決　159

第2章　2004年行政事件訴訟法改正と処分性 ————— 161
Ⅰ　はじめに ——————————————————————— 161
Ⅱ　改正前後における判例状況 ——————————————— 162
　1　原告適格　162
　2　義務付けの訴え及び差止めの訴えの明確化　164
　3　執行停止要件の緩和及び仮の義務付け・仮の差止めの導入　166
　4　公法上の確認訴訟の明確化をめぐる変化　169
Ⅲ　新たな問題状況——処分性と確認訴訟との関係を中心に ——— 170
　1　2004年行訴法改正前後における処分性拡大傾向　170
　2　処分性拡大論と公定力論（取消訴訟の排他性）　173
Ⅳ　おわりに ——————————————————————— 174

第3章 処分性判例の柔軟化と多様化 ────── 176

- I はじめに ……………………………………………………… 176
- II 近時の処分性判例──最高裁判例に限って ………………… 177
- III 処分性を否定する判例──従来の判断基準の堅持 ………… 186
  - 1 個別判例分析 186
  - 2 まとめ 192
- IV 処分性を認める判例──柔軟化と多様化 …………………… 193
  - 1 「法的地位」認定の多様化 193
  - 2 複数制度間の関連づけ 198
  - 3 「法律の根拠」認定の柔軟化 201
  - 4 法的効果発生までの期間──「直接」性との関係で 205
  - 5 「実効的権利救済」あるいは「紛争解決の合理性」 206
  - 6 救済ルートの多様化 208

第4章 相対的行政処分論から相関関係的訴えの利益論へ
　　　──「法的な地位」成否の認定という視点から ────── 213

- I はじめに ……………………………………………………… 213
  - 1 相対的行政処分論の主張内容 213
  - 2 相対的行政処分論の現況 214
- II 相対的行政処分論の性格と位置づけ ………………………… 215
  - 1 行為の性質論（訴訟対象論）と保護法益論（訴訟主体論）の結合 215
  - 2 「保護に値する利益救済説」との関係 217
  - 3 「公法上の当事者訴訟の活用」論との関係 219
  - 4 横断的共通基盤としての保護法益性 219
- III 処分性と保護法益性 …………………………………………… 220
  - 1 相対主義的な処分性判定ケース 220
  - 2 保護法益性の承認から処分性が肯定されたケース 222
    - (1) 特定の公立保育所において保育を受けることを「期待し得る法的地位」 222

  (2) 短期限定付きながら簡易迅速な救済を得ることができる「手続上の地位」　224
 3 保護法益性の否認から処分性が否定されたケース
   ——開発許可の申請に係る公共施設管理者の同意拒否　225
Ⅳ 狭義の訴えの利益と保護法益性
  ——「優良運転者」の記載を欠いた運転免許証の交付取消請求事件 …………… 229
Ⅴ むすび ……………………………………………………………………………… 231

第5章 フランス法における「違法性の抗弁」論
——違法性の承継論との関係で ———————————— 234

Ⅰ 「違法性の承継」論の問題状況 ………………………………………………… 234
 1 伝統的な「違法性の承継」論　234
 2 「遮断原則」と「違法性の承継」相互の関係をめぐって　236
 3 新たな問題状況——近時の判例から　239
  (1) 土地区画整理事業の場合——浜松市土地区画整理事業事件判決　239
  (2) 安全認定と建築確認——東京都建築安全条例事件判決（タヌキの森判決）　240
  (3) 小　括　242
 4 違法性の承継の成否判断の構造　244
  (1) 機能主義的視点の優位性　244
  (2) 実体法的考慮と争訟手続法的考慮　245
  (3) 個別法的考察の要請　246
 5 フランス法における「違法性の抗弁」——取り上げる意味　247
Ⅱ 「違法性の抗弁」論分析の視点 ………………………………………………… 248
 1 「違法性の抗弁」論　248
  (1) 全体像　248
  (2) 出訴期間の制限との関係　251
  (3) 先行行為が法規命令である場合　253
  (4) 先行行為が法規命令ではない場合　254
  (5) 小　括　255
 2 都市計画・国土整備訴訟における「違法性の抗弁」　256

⑴　フランス都市計画法の基本構造　256
　　⑵　法規命令的計画と非法規命令的計画の区別　259
　3　先行行為としての完結型計画と非完結型計画　260
　　⑴　完結型計画と非完結型計画の区別──用語法　260
　　⑵　先行行為が完結型計画である場合　260
　　⑶　先行行為が非完結型計画である場合　262
Ⅲ　**完結型計画と違法性の抗弁論** ………………………………………… 263
　1　法規命令一般と違法性の抗弁──判例状況　263
　2　完結型計画と違法性の抗弁──判例状況　265
　　⑴　〈POS-PLU と個別許可行為〉関係における違法性の抗弁　265
　　⑵　〈SD-SCOT と DUP〉関係における違法性の抗弁　267
　　⑶　判例のまとめと論点整理　270
　3　法規命令に関する違法性の抗弁成否の判断基準──フランス法の考え方　272
　　⑴　確立した判例理論　272
　　⑵　「適用措置」の概念　273
　　⑶　即地的詳細計画（POS-PLU）と広域指針的計画（SD-SCOT）の区別
　　　　──「妥協的解決策」の是非について　276
　　⑷　複数行為間の一体性への着眼──違法性の抗弁成立基準論の基層　288
Ⅳ　**非完結型計画と違法性の抗弁** ………………………………………… 289
　1　「複合的行政作用」(opération administrative complexe)──古典的概念　289
　　⑴　「複合的行政作用」の定義　289
　　⑵　公用収用の場合　292
　2　「複合的行政作用」概念の緩和　297
　　⑴　適用分野の拡張　297
　　⑵　協議整備区域（ZAC）事業の場合　297
　　⑶　それでも違法性の抗弁が許されない事案　302
　3　「複合的行政作用」の判別基準　305
　　⑴　通説的な判別基準論　305
　　⑵　「直接的かつ必然的な結び付き」──その古典的意味　306
　　⑶　「直接的かつ必然的な結び付き」要件の緩和　309

4　違法性の抗弁事由の緩和を促す要因　310
　　(1)　F・シュバリエによる判例分析　310
　　(2)　論告担当官ジュヌヴォアによる判例分析　312
　5　複合的行政作用論の特質——プラグマティックな考慮　316
Ⅴ　むすび ··· 317
　1　本稿のまとめ　317
　　(1)　先行行為の性質（法規命令性の有無）による大分類　317
　　(2)　完結型計画に関する違法性の抗弁の許容性　318
　　(3)　非完結型計画に関する違法性の抗弁の許容性　319
　　(4)　複数行為間における「違法性の抗弁」判例の駆動要因　321
　2　わが国の違法性の承継論への示唆　321
　　(1)　「法的一体性」要件の位置付け方　321
　　(2)　争訟手続法的考慮の意味——「標準的国民の争訟意識」という視点の正当性　323
　　(3)　違法性判断枠組みの多様性　324

第Ⅲ部　適法性審査のあり方

【解題】──────────────────────────────── 333

第1章　行政裁量の司法審査——概観 ──────────────── 336

Ⅰ　問題の所在 ·· 336
　1　法令解釈と裁量　336
　2　裁量権の踰越濫用統制型審査　336
　3　司法審査の方式と密度　338
Ⅱ　裁量統制の諸類型——審査方式の差違に即して ································· 339
　1　踰越濫用統制型審査——最小限の実体法的審査　339
　2　手続統制型審査　340
　3　判断過程統制型審査　341

Ⅲ 中間密度型の実体法的審査 …………………………………………… 342
　1 優越的法益侵害に関する裁量審査　342
　2 目的の不整合に着目した裁量審査　344
　3 考慮要素や調査義務に着目した裁量審査　344

第2章　退去強制手続の構造と取消訴訟——東京地判平成15年9月19日（判時1836号46頁）を契機に ── 348

Ⅰ はじめに ……………………………………………………………… 348
　1 問題の所在　348
　2 退去強制手続の構造　350
Ⅱ 東京地判平成15年9月19日（判時1836号46頁）
　　——不法残留イラン人家族に対し在留特別許可を付与せず行われた退去強制令書発付処分が違法として取り消された事件 ………………… 352
　1 事実の概要　352
　2 判　旨　353
Ⅲ 処分性と裁量問題 …………………………………………………… 357
　1 処分性問題と自由裁量問題の連動——本判決の第一の特色　357
　2 法務大臣の裁決の「裁決」性について　357
　3 法務大臣の裁決の処分性について　360
　4 主任審査官の判断の裁量性について　365
Ⅳ 退去強制令書発付処分の適法性 …………………………………… 367
　1 本判決の結論——四つの踰越・濫用事由　367
　2 「長期間にわたる平穏な在留」の評価——他の認容裁判例との比較検討　369
Ⅴ 裁量審査における裁量基準の位置づけ …………………………… 375
　1 二つの論点——裁量基準の黙示的確立と自己拘束力　375
　2 平等原則に基づく自己拘束力について　378
　3 黙示的確立の可能性について　380

第3章　国籍・国境・戦後補償と行政救済法 ── 383

- Ⅰ　はじめに ……………………………………………………… 383
- Ⅱ　問題状況 ……………………………………………………… 383
  - 1　国籍と行政救済法　383
    - ⑴　在日韓国・朝鮮人無年金訴訟　383
    - ⑵　在留外国人の公務就任制限の合憲性　384
  - 2　国境と行政救済法　385
    - ⑴　退去強制関係の行政訴訟　385
    - ⑵　在外邦人選挙権訴訟　386
    - ⑶　在外被爆者健康管理手当不支給訴訟　386
  - 3　戦争と行政救済法　387
- Ⅲ　戦後補償と行政救済法 ………………………………………… 388
  - 1　請求認容判決の検討　388
    - ⑴　請求認容ケースの概要　388
    - ⑵　新潟港運強制連行事件と浮島丸事件──安全配慮義務違反　389
    - ⑶　関釜訴訟第一審──立法不作為の違法性　391
    - ⑷　北海道強制連行逃避行事件　393
  - 2　行政法上の論点　393
  - 3　民法上の不法行為責任の成否　395
    - ⑴　理論的考察　395
    - ⑵　より広い視野からの考察　396
  - 4　安全配慮義務の成否　398
    - ⑴　安全配慮義務の成立基盤　398
    - ⑵　安全配慮義務の高度化　400

第4章　公共施設利用関係と裁量統制
──憲法・行政法の共振回路としての公共施設法── 401

- Ⅰ　問題の所在 …………………………………………………… 402

1　行政財産の目的外使用許可　402
　　2　学校施設の目的外使用　403
　Ⅱ　目的外使用許可の裁量性 ··· 405
　　1　広島県教組教研集会事件　405
　　2　裁量判断（効果裁量）を認めたのは何故か　405
　　3　設例のケース──判例の立場から　406
　Ⅲ　本来的目的に沿った使用の場合 ·· 408
　　1　給付と規制　408
　　2　集会の自由に関する2つの最高裁判決　409
　　3　泉佐野市民会館使用不許可事件　410
　　4　上尾市福祉会館使用不許可事件　411
　　5　本来的目的に沿った使用許可の非裁量性　412
　Ⅳ　目的外使用とパブリック・フォーラム論 ································· 413
　　1　パブリック・フォーラム論の射程拡張　413
　　2　公共施設としての使命　414

第5章　利益衡量型司法審査と比例原則 ──────── 417

　Ⅰ　利益衡量型司法審査の光と影 ·· 417
　　1　問題の所在　417
　　　(1)　利益衡量的検証の困難性　417
　　　(2)　利益衡量の内容面での審査密度　419
　　2　憲法訴訟における利益衡量型審査実態　419
　　　(1)　猿払事件上告審判決における利益衡量論　419
　　　(2)　昭和女子大事件とエホバの証人剣道実技事件　422
　　　(3)　泉佐野市民会館事件　424
　　　(4)　問題の所在　425
　Ⅱ　比例原則と利益衡量過程の適正化 ·· 425
　　1　比例原則への期待とその限界　425
　　　(1)　古典的な警察比例原則　425

(2) 比例原則の論理構造　427
　　　(3) 比例原則の規律密度　428
　　2　比例原則と具体的事実審査　429
　　　(1) 目的・手段間の比例性だけで十分か　429
　　　(2) 比例原則と具体的事実審査の連結　431

第6章　原子炉安全審査の裁量統制 ────── 433

Ⅰ　はじめに ………………………………………………………… 433
Ⅱ　伊方原発判決 ……………………………………………………… 434
　　1　判　　旨　434
　　2　岐路としての伊方原発判決　436
　　　(1) 具体的審査基準に的を絞った裁量統制　436
　　　(2) 裁量統制実効化のベクトル　437
　　　(3) 裁量統制形骸化のベクトル──「不合理性の審査」と「基本設計の安全性」　438
Ⅲ　伊方原発判決以後 ………………………………………………… 440
　　1　もんじゅ行政訴訟　440
　　2　第2次控訴審判決と第2次上告審判決　442
　　　(1) 安全審査事項の裁量的選択の容認　443
　　　(2) 対立(その1)──ナトリウム漏えい事故防止策に係る安全審査の合理性　444
　　　(3) 対立(その2)──蒸気発生器伝熱管破損事故防止策に係る安全審査の合理性　445
　　　(4) 対立(その3)──炉心崩壊事故防止策に係る安全審査の合理性　446
　　　(5) 対立の背景　447
Ⅳ　福島第一原発事故以後──課題 ………………………………… 449
　　1　原子力規制委員会と安全審査の司法統制　449
　　2　安全審査過程の透明化の必要　450

事項索引（453）／判例索引（464）

初 出 一 覧

序章 「行政上の命令・強制・指導――社会的合意論の視点からの展望」岩村正彦ほか編『岩波講座現代の法(4) 政策と法』（岩波書店，1998 年）

第 I 部

「行政による契約と行政決定（décision exécutoire）――フランス的行政行為観の形成過程に関する一考察(1)〜(3・完)」法学（東北大学）47 巻 2 号・47 巻 3 号・48 巻 2 号（1983 年〜1984 年）

第 II 部

第 1 章 「行政訴訟へのアクセス(2)――処分性」笹田栄司＝亘理格＝菅原郁夫編『司法制度の現在と未来――しなやかな紛争解決システムを目指して』（信山社出版，2000 年）

第 2 章 「行訴法改正と裁判実務」ジュリスト 1310 号（2006 年）

第 3 章 （書き下ろし）

第 4 章 「相対的行政処分論から相関関係的訴えの利益論へ――『法的な地位』成否の認定という視点から」阿部泰隆先生古稀記念『行政法学の未来に向けて』（有斐閣，2012 年）

第 5 章 「フランス都市計画・国土整備法における『違法性の抗弁』論――『違法性の承継』論との関係で」行政法研究 8 号（2015 年）

第 III 部

第 1 章 「行政裁量の法的統制」髙木光＝宇賀克也編『行政法の争点』（有斐閣，2014 年）

第 2 章 「退去強制手続の構造と取消訴訟(上)(下)――東京地判平成 15 年 9 月 19 日（判時 1836 号 46 頁）を契機に」判例評論 549 号・550 号（2004 年）

第 3 章 「国籍・国境・戦後補償と行政救済法――グローバリゼーションの足元を考える」法律時報 79 巻 9 号（2007 年）

第 4 章 「公立学校施設とパブリック・フォーラム論――憲法・行政法の共振回路としての公共施設法」法学教室 329 号（2008 年）

第 5 章 「利益衡量型司法審査と比例原則」法学教室 339 号（2008 年）

第 6 章 「原子炉安全審査の裁量統制論――福島第 1 原発事故から顧みて〔伊方原発事件〕」論究ジュリスト 3 号（2012 年）

凡　例

[文献略語]

民　集	最高裁判所民事判例集	最判解	最高裁判所判例解説
刑　集	最高裁判所刑事判例集	曹　時	法曹時報
行　集	行政事件裁判例集	ジュリ	ジュリスト
訟　月	訟務月報	論ジュリ	論究ジュリスト
裁　時	裁判所時報	重判解	重要判例解説
家　月	家裁月報	法　教	法学教室
判　時	判例時報	民　商	民商法雑誌
判　評	判例評論	法　協	法学協会雑誌
判　タ	判例タイムズ	法　時	法律時報
判　自	判例地方自治	法　セ	法学セミナー

[法令名略語]
原則として有斐閣『六法全書』の略語例に依った。

序　　命令・強制と合意

【解題】

　序章に収録した論文は,「行政上の命令・強制・指導——社会的合意論の視点からの展望」と題して, ちょうど20年前に公表したものである。当該論文は, 命令・強制と指導の異質性と同質性を明らかにしようと試みたものである。分析の対象を行政行為に限定せず, 行政上の命令, 強制及び指導という広い範囲の行政作用に網をかけ, そのいずれの作用においても「合意」の要素が介在し得ること, つまり行政行為や強制措置のなかにも「合意」の要素が介在し得ることを明らかにするとともに, 逆に, 行政が契約という手法を用いる場合において, 行政行為を介在させることにいかなる意味が認められるかについても, 明らかにしようとした。

　行政法学は, 一般に, 行政行為や行政強制などの命令・強制を権力的作用として性格づけ, 他方, 行政契約や行政指導を非権力的作用と性格づけてきた。この点で, 両者は, 相互に相容れない本質を有する行為形式として対置されてきた。しかし, 両者間には, 相互に交錯し依存し合う関係もあり, 多様でかつ複雑化した現代行政においては, このような交錯及び相互依存的関係がますます顕著となってきたように思われる。そこで序章では, 種々の行政作用において, 権力的行為形式と非権力的行為形式が交錯し得ることを, 幾つかの法制度や判例及びフランス行政法上の制度の分析を通して明らかにしようとした。これにより, 第Ⅰ部以降において, 行政行為概念の意味と存在意義並びに行政行為に対する司法的統制のあり方等を論ずる際の視点を, ある程度明確化しようと考えた次第である。

序　章

命令・強制と合意の相互交錯

I　政策実現過程としての命令・強制・指導

1　命令・強制と指導――その異質性と同質性

　行政による政策実現の過程を私人の法的地位に対する行政機関の働きかけの仕方に着目して見た場合，行政機関が，所定の政策実現のため一方的に相手方に働きかけることによりその権利義務を変動させる諸活動を命令と呼び，義務履行を強制し，義務の不履行を処罰し，若しくは義務の介在なしに公益適合的な状態を強制する諸活動を強制と呼ぶことが可能である。伝統的な行政法理論が，行政行為及び行政強制・行政罰という名称の下に主たる関心を注いできたのは，そのような行政作用である。

　命令・強制のような公権力行使が正当なものと認められるのは，当該手法により実現しようとする政策内容が，それに値する程度に高度の公益性を有すると認められるからであるが，命令・強制権限は，当該政策内容に単に高度の公益性が認められるというだけでは発動し得ないのであり，そのような公益性を法律が承認し一方的な権利義務変動若しくは強制を授権していることを要する。このことは，「法律による行政の原理」から導かれる制約である。命令・強制を想定して構築されて来た伝統的な行政法理論は，高度の公益性を有する政策についても，その実現には，法律の一般規定による授権を前提に，その個別具体的場面における具体化である行政行為により私人の法的地位の一方的変動を生ぜしめ，さらに，その強制的な実効性確保手段として行政上の強制執行及び行政罰を中心とした諸制度が存在することを想定してきた。そして，公権力の違法行使に対する私人の権利利益保護を目的とした制度として，抗告訴訟・国家賠償訴訟をはじめとした訴訟による救済制度がある（裁判を受ける権利保障）。

　行政作用の典型として命令・強制を想定し，そのような公権力の違法行使に

対する私人の権利利益擁護に主たる関心を払ってきた伝統的な行政法理論からすれば，以上のような「三段階構造モデル[1]」（藤田宙靖氏）に沿ったルールの確立は自然であり，今日も，その重要性はいささかも否定されるべきではない。これに対し，行政指導や行政計画は，「『三段階構造モデル』の例外」（藤田氏）という位置づけ方[2]に端的に示されているように，必ずしも上述のようなルールが貫徹されない行為形式である。

　しかし，行政の命令・強制によるのであれ指導・計画によるのであれ，行政により実現される政策の内容面に目を転じ，所定の政策や指針が行政機関側の一方的・主導的な働きかけにより実現されるという過程に着目すると，行政計画や行政指導という名称の下で論じられてきた行政の諸活動もまた，命令・強制と同一範疇に属する行政作用として扱うことが可能である。何故なら，行政指導とは，行政機関により示された政策・指針等に相手方が従うか否かの最終的な決定は相手方の自由意思に任せられているという点で，相手方の任意性を不可欠の要素としており，そのような意味で命令・強制とは異質であるが，当該政策・指針を決定しその実現を働きかける主導性は行政側に委ねられているからである。また，行政計画の場合，都市計画の決定や公用収用事業の認定のように一般に拘束的計画と呼ばれている行政計画が命令・強制と共通面を有することは言うまでもないとして，それ以外の非拘束的計画についても，所定の政策が行政側により決定された計画内容に沿ってその一方的な働きかけの下で実現されるのが通例であり，その限りでは，命令・強制と同一基盤の上に立脚した作用であると見ることが可能だからである。以上のように，政策実現のための行政側からの働きかけの主導的・一方的性格という共通基盤に着目する限りにおいては，行政指導や行政計画のように，伝統的な行為形式論の中では権力的作用と非権力的な作用との境界域に位置しその扱い方が論議の的とされてきた作用についても，命令・強制と同一基盤に立脚するものとして扱うことが可能なのである。そこで，本章（序章）では，これら行政による命令・強制及び行政指導や行政計画等の行政諸活動を命令・強制・指導という名称の下に一

---

[1]　藤田宙靖『行政法総論』（青林書院，2013年），とりわけ21頁以下。
[2]　藤田・前掲注1），とりわけ291頁以下。

括するとともに，行政機関側の働きかけの主導的・一方的性格の共通性に着目することにより，これら行政の命令・強制・指導を権威的手法ないし権威的作用と呼ぶことにする。

さて，政策実現の過程をその内容面に着目して観察すると，命令・強制・指導は，以上のように行政機関側からの主導的・一方的な働きかけの下で行われる権威的作用であるというに止まらない。それは，他面では，法律に基づき若しくは行政内部的に設定された所定の政策を前提に，その多かれ少なかれ一般性を有する政策内容を個々具体の事実に即して順次具体化することによりこれを実現する過程でもあり，また，必要に応じて，当該行政機関以外の諸機関との折衝あるいは相手方や第三者を含む利害関係人との交渉と合意形成を通して，政策内容の転換・修正・微調整を行う過程でもある。そのような政策実現過程の現れ方においても，命令・強制と指導・計画との間に根本的な差違は存在しない。いずれの場合も，多少なりとも一般・抽象性を有する政策内容が，様々の手続や交渉・調整等を経て次第に個別具体化されることにより実現される過程なのである。

2 媒介的規準論から見た命令・強制・指導

もっとも，法律学の見地からすれば，以上のような権威的行政手法の推移を，単に諸種の政策の実現ないし個別具体化の過程としてだけ把握するのでは不十分であり，これを法の具体化ないし法の解釈・適用の過程として把握することが不可欠である。ところが，以上のような政策実現の過程としての局面は，法の解釈・適用過程たる局面と同一ではない。その間の差違を，政策実現過程において，一般的な政策内容を個々具体の事実に当てはめるため行政機関により設定される媒介的規準の存在に着目して見てみよう。

ここで媒介的規準とは，法律の規定の実施のため委任命令若しくは執行命令の形で制定される法規命令（政令，省令，条例等）から，単なる行政内部的な規範としての効力しか認められないような行政規則（通達・訓令，営造物規則，要綱等）まで，諸種のものを含んでいる。行政の政策実現過程においては，上級機関が下級機関に対し当該政策課題のより良き実現のためにそうした様々の媒介的規準を定立するが，その中で，法の解釈・適用のため設定される媒介的規

準というのはその一部を構成するにすぎない。というのは、行政による政策実現過程では、行政活動の適法性への配慮に止まらず、当該政策の目標を最大限達成する上で可能な限り合理的な手段が選択されること（「有効性原理」）、かかる目標達成に要する費用やその他の社会的コストを可能な限り低く抑えること（「効率性原理」）等もまた要請される（森田朗氏）[3]からである。したがって、行政による政策実現過程の様々な局面には、法学の見地から法の解釈・適用問題を構成するものもあれば、構成しないものもある。両者の間にはズレがあるのである。

ところが、法問題を構成する媒介的規準と、法問題を構成せず専ら政策問題の域に止まる媒介的規準との区別は、常に明白であるわけではない。有効性原理や効率性原理といえども、それが法律の要件規定に組み込まれたり、裁判官による法適用のための媒介的規準として援用されるならば、その解釈・適用は法問題を構成し適法性判断の対象とされる。では、諸々の媒介的規準の中のあるものが法問題を構成するものとして把握され、単なる政策問題に止まるものから区別されるのは、いかなる視点によるものなのであろうか。また、法問題を構成する個々の媒介的規準の内容が適法か否かは、どのような視点から判断されるべきなのであろうか。それは、究極には、当該媒介的規準の内容が法的正義に関わるか否かにより、また、法的正義に合致するか否かにより決せられなければならないのであるが、そもそも法的正義とは、権威的行政手法に関する場合、いかなる論理により決定づけられるべきものなのであろうか。以下では、まず、この問題の検討から始めることにしよう。

II　媒介的規準の法的正当化のための論理

1　法的正当化のための諸論理

ある規範が正義に合致するものとして設定され、あるいは法的に正当なもの

---

[3] 森田朗「法治行政と裁量行為」西尾勝＝村松岐夫編『講座行政学第6巻 市民と行政』（有斐閣、1995年）13～14頁参照。

として是認される（以下では，双方を併せて「法的正当化」と呼ぶことにする）ための論理には，様々のものが考えられるが，大別するならば，以下の三つに区別される[4]ものと考えられる。第一の法的正当化論は，当該規範の内容に着目し，それが事柄の客観的な性質や法則に合致しかつ目的達成にとって合理的なものであるか否かを重視する考え方である。第二は，当該規範を定めた者の資格の正統性に着目し，それが上位の法により正統な権限を認められた者により，かつ正当な手続に則り定められたものであるか否かを重視する考え方である。そして第三は，当該規範が当該社会において一般的に成立している合意ないしコンセンサスの内容に合致するものであるか否かを重視する考え方である。以上三つの法的正当化論を，ここでは，それぞれ，合理性規準論，権限規準論，社会的合意規準論と呼ぶこととする。ところで，法適用のために行政機関により定立される媒介的規準の内容及びその適用が法的に正当なものと認められるか否かという問題も，基本的には，上記の三類型のいずれかの論理により決せられるべき問題であると思われる。そこで，上記三つの論理相互の関係につき検討するための糸口として，戦後フランス語圏における代表的法哲学者の一人であったベルギーのCh・ペレルマンの所説に耳を傾けてみよう[5]。

　Ch・ペレルマンによれば，近代における法の本質の捉え方には，大別して以下の三つの型がある。第一の型は，自然法思想に由来する考え方であり，法を以て「理想としての法，即ち《普遍的正義の表現》」と捉えるものである。18世紀に支配的であったのは，そのような自然法的な法観念であった。第二の型は，法を以て「主権者の意思の表明」ないし「立法部の意思の表明でしかない」ものと捉える考え方であり，近代における実定法理解の主流をなす考え方である。Ch・ペレルマンによれば，第一の型と第二の型との対立を明瞭に描き出したホッブズに始まり，主権者である国民（nation）の意思を以て「一般意思」と見なすルソーの思想を経て，19世紀の法注釈学ないし法教義学に

4）　本文に述べた法的正当化論の三類型化については，注5）に挙げるCh・ペレルマンの所説に従ったものである。

5）　以下の本文でのCh・ペレルマンの所説の紹介は，次の文献による。Ch. Perelman, "La réforme de l'enseignement du droit et la《nouvelle rhétorique》", Ch. Perelman, Éthique et droit, Éditions de l'Université de Bruxelles, 1990, pp. 547-559.

よるフランス民法典（Code civil）解釈において支配的であったのは，この第二の法観念である。そして，第三の類型は，法を以て「社会の表現，つまり，社会の諸風俗，社会の諸慣習及び社会の諸制度の表現」と捉える考え方であり，ドイツではイェーリング，フランスではジェニイ，アメリカ合衆国ではロスコゥ・パウンドの法の捉え方に代表される考え方である。この第三類型の立場からすると，「社会的諸現実を括り出すのに，立法部は，裁判官に比してより不適切な」存在であり，「意思の赴くままの規範を策定すべく義務づけられた立法部に比して，個別事案ごとの鋳型に合わせて形成される判例の方が，よりよく法を語ることになる」。また，この第三類型の法観念は，法を以て，「社会的に受け容れられた諸価値の実現」を狙いとしたある種の目的性を帯びた存在として捉えるのであり，そのような意味で社会学的であると同時に機能論的な法観念であるとされる。

　さて，現代の法は，多かれ少なかれ上記三つの類型いずれをも無視することの許されない総合的な法観念としての特徴を有しているのであり，そのような意味で「相当性を具えた」(raisonnable) 法である。しかし，ここで，「相当性を具えた」法が成り立つのに不可欠のファクターとして Ch・ペレルマンが特に重視するのは，上記第三類型の法観念であり，なかでも，「一般に承認された諸価値総体に関する十分なるコンセンサス」の存在である。もちろん，「相当性を具えた」法内容に関する社会的コンセンサスが常に成立しているわけでないことは言うまでもないが，そのような場合にも，「提起された問題に対する差し当たっての解答を，実務の中で受け容れられた妥協策を通して探求する」ことと並行して，こうして受け容れられた実務的結論が立法措置による抜本的解決策の策定を可能ならしめることもまた，他方で期待される。つまり，「相当性を具えた」法に関する社会的コンセンサスが未成立である場合も，個別事案に即して裁判官が行う実務的解決策の探求とそのような実務の解決が立法部に及ぼす波及効果との相互作用を経ることにより，上記コンセンサス形成の可能性が確保されることになる，というのが Ch・ペレルマンの所説の大要である。

2 社会的合意規準の優位性

　以上のように，Ch・ペレルマンは，理想としての法という合理主義的な法の理解や立法部の主権的意思表明としての法の理解以上に，社会的に承認され受容された諸価値に関する合意形成を条件に成立する「相当性を具えた」法という観念を重視するわけである。そのような彼の所説のエッセンスを語る一節として，以下の引用文を掲げておくことにしよう。

　「我々は，法というものを，正義や理性の表現物として捉えるのでもなければ，立法者意思の表現物として捉えるのでもない。我々は，これを，むしろ，急速に変化する社会の中にあって相当性を具えた（raisonnable）解決策についての，政治的・社会的なコンセンサスの表現物として捉える。そのような法の捉え方によって，我々は，かかる解決策〔急速に変化する社会にあって相当性を具えた解決策：筆者注〕が，多くの場合，両立し難い諸価値相互間の困難な妥協から帰結するものであり，そこでは，これら諸価値の共存のための調整が図られることを，主張するものである。以上のごとく捉えられた法は，あらゆるレベルにおける紛争と争論を通して初めて法たる形を成すものなのであり，もはや，公正な権力による保護の下にある不変の秩序という安定感あるイメージを提供するものでは，あり得ないのである[6]。」

　ここには，現代国家における法と政策との接近を踏まえた典型的な法のイメージが描かれているように思われる。ところで，以上のような法のイメージは，Ch・ペレルマン自身にとっては，専ら司法裁判所が扱う法分野を想定して作り上げられたもののように思われるが，それは，本章の主題である行政の権威的作用を規律する法のあり方を考察するに当たっても有益な視点を提供するものであると考えられる。というのは，上述のように，行政による政策実現の一環として行われる法適合性判断の過程においては，既存の法規範と個々具体の事実関係とを媒介する規準の介在を不可欠としており，かかる媒介的規準の内容は，いかなる根拠により確定され正当化されるべきかが，問題となるからである。

---

6) Ibid., p. 553.

そこで，行政活動を規律する媒介的規準の法的正当性を確保・検証するに当たっては，上記三つの範疇から成る法的正当化論それぞれにどのような位置づけが与えられるべきなのであろうか。「三段階構造モデル」に即して「法律による行政の原理」に立脚してきた行政法理論の場合，そのような正当化の根拠は，何よりもまず，当該媒介的規準を設定する主体たる行政機関の資格・権限に求められなければならないことは，言うまでもない。つまり，当該行政機関が，当該権限の行使を法律上正当に授権されていること，また，当該権限が法律による授権の許容範囲内で現に行使されていることが，権威的行政作用が法的正当性を獲得するための主たる根拠なのであり，多くの場合，かかる根拠の具備を以て，権威的権限行使は適法なものとして正当化されるという意味で，権限規準論の果たすべき役割は極めて大きい。

　他方しかし，行政機関により設定される個々の媒介的規準の正当性は，常に権限規準論のみによって判断されるわけではない。一般公益規定の適用が問題となり，あるいは政策的選択や高度の科学技術上の判断が問題となる場合には，成文法規の規定の解釈には自ずから限界がある。そのような場合には，事柄の性質や科学技術上の知見に照らして合理的な規準であるか否か，という形で，その正当性が決せられることがある。また，媒介的規準に対する相手方や関係人の合意，あるいは，社会的な合意の存否により，当該規準の正当性が決せられる場合もある。そして実は，国家が，社会における複雑な利害対立を調整しつつ公益を実現しなければならない現代国家においては，議会の立法過程において調整を未だ完了していない価値や利害の対立が，そのまま行政過程へと引き継がれることになる[7]。そのような価値・利害の対立の中には，原子力の平和利用のあり方という基本問題に関わる価値観の対立のような高次の一般原則上の対立もあれば，都市の土地利用のあり方に関する利害対立のような日常的課題に関する対立もある。しかも，後者の日常的課題に関する対立の場合も，

---

7) 法律，特に都市計画・国土整備関係の諸法律は，一般意思表明の結果なのではなく，むしろ，相対立する様々の利益相互間の交渉・調停・妥協の暫定的結果として成立するものであること，したがって，個々の法律の適用につき発生する紛争とは，法律制定時において多少とも調整・統合されたとはいえ，その後も存続してきた利益対立の再現にほかならないことを指摘するものとして，cf., Y. Tanguy, Le règlement des conflits en matière d'urbanisme, L. G. D. J., 1979, pp. 18-20.

表面に現れた利害対立の背後には，都市における土地利用のあり方とか私的土地所有権保障の趣旨に関する高次の価値的対立が潜んでいる場合が多いのであり，単に対立・抗争する諸利害間の調整という技術的問題に還元し得ない次元の問題が隠されていることが多いのである。

したがって，そのような高次の基本原則に関わる問題を含めて様々なレベルの価値・利害の対立を引き受けることを余儀なくされた行政機関としては，ある局面では，平等原則や比例原則等の法の一般原則を端的に援用することにより自己の活動の法的正当化を図ろうとする。また，他の局面では，社会通念その他の定着した社会意識の存在を重視し，社会的合意の存在を以て同様の正当化を図ろうとする。かくして，政策的・裁量的判断余地の増大した現代行政にとって，自らの活動とりわけ権威的権限行使が正当化されるために依拠すべき根拠は，今日も法律上の授権を主としているとはいえ，客観的な事柄の性質や科学技術上の知見あるいは当事者間の合意ないし社会的な合意の存在に依拠すべき場合が増大するのである。

さて，以上のように社会において相対立する諸々の価値・利害の調整を任された行政機関にとって，上記（7頁）のCh・ペレルマンの引用節中に描かれた法のイメージは，法の実相を，より鮮明に描き出すもののように思われる。ちなみに，公共性判断は，行政機関が本来的に果たすことを期待される役割であるが，試みに，先の引用節中の「法」という語を「公共性」という語に置き換えてみよう。その結果は，今日の「公共性」観が置かれた状況を的確に言い表すもののように思われる。

そして，重要なのは，正義や理性の表現物から合意形成へ，立法部の主権的意思決定から合意形成へと，法と公共性の成立根拠が変容しつつあることが，上記Ch・ペレルマンの所説には示唆されていることである。このように，何らかの合意の存在認定による法的正当化という論理が，今日重要な機能を果たしていることについては，田中成明氏等によりわが国でも指摘されてきたところであり[8]，今日では広く承認された考え方でもある。ところが他方，合意の存在による法的正当化という論理は，これを権威的な行政作用に直接当てはめ

---

8) 田中成明『法的空間——強制と合意の狭間で』（東京大学出版会，1993年）67頁。

るならば，命令・強制・指導という権威的行政手法の本質に触れる問題性を孕んでいる。権威的手法は，元来，行政機関固有の権限と責任に属する公益判断の下に，行政機関側からの主導的・一方的な働きかけにより所定の政策を実現しようとする点に，その主たる存在意義が存したものと考えられるからである。そこで，以下では，社会的合意論による媒介的規準内容の法的正当化が，権威的行政手法につきどこまで通用し得る論理であるのかという問題を，具体的判決例を参照しながら検討することにしたい。

III 実体法的正当化根拠としての社会的合意——判決例の検討

1 規制権限不行使の違法性

　第一に取り上げる例は，行政庁の規制権限不行使が国家賠償法上違法とされるための要件論において，社会的合意論が果たしている機能に関する事案である。

　行政庁が規制権限を適切に行使していれば人の生命・健康若しくは財産権が保護されたと考えられる場合において，当該権限を行使しなかったため損害発生を防止し得なかったときの当該権限不行使が国家賠償法上違法と評価されるためには，最低限，損害発生の危険の切迫性，その予見可能性，及び，規制権限行使による被害発生回避可能性（結果回避可能性）という三つの要件が充足されなければならない。ただ，判例上，当該三つの要件が充足されただけで権限不行使が国家賠償法上違法と評価されることは困難なのであり，生命・健康に対する損害が問題となる事案でも，その上さらに，行政庁の権限行使の補充性が重視される傾向が近年の最高裁判例等では目立っている。一例を薬害防止のための権限の不行使の違法性が争われるケースに求めるならば，医薬品の安全性の確保及び副作用による被害の防止については，当該医薬品を製造・販売する製薬会社が負うべき第一次的義務及び医薬品を実際に投与する現場医師による適切な配慮によるべきものとし，厚生大臣（当時）による製造・販売承認の撤回，当該薬品の回収命令及び製薬会社に対する行政指導による被害発生防止措置等々の権限は，こうした第一次的な責任主体による適切な措置を補完する

第二次的・補充的な責任に止まることが，強調される傾向にある[9]。その結果，被害発生を防止すべき義務を第一次的に負う他の責任主体が存在しないことが，違法成立の第四の要件（補充性要件）として浮上するのである。

このような国の責任の補充性を重視する考え方の背後には，私的法主体により作出され社会に提供される製品や役務の安全性確保について，当該私的法主体が負うべき責任範囲と監督権限を委ねられた行政主体が負うべき責任範囲との関係に関する，一つの政策的判断が潜んでいることは言うまでもない。かかる政策的判断を決定づける諸要素の一つとして，当該責任分配に関する社会的な意識ないし合意への配慮が働いていないかという問題については，検討の余地があると思われるが，いずれにせよ，この種のケースにおいて社会的合意論が正面から顔を出すことは稀である[10]。ところが，国民の財産ないし経済生活上の安全性に対する被害発生の危険が問題となるケースでは，以上のような四つの要件にさらに上のせする形で，行政権限行使による被害防止措置発動に対する社会的期待可能性の存在が要求される事例があることに注目しなければならない。

そのような国民の期待可能性の不存在を少なくとも一つの理由として，権限不行使が国家賠償法上違法ではないとされた典型例として，ここでは，「純金現物まがい商法」による消費者被害事件として社会問題化した豊田商事事件に関する国家賠償訴訟を取り上げてみよう。この事件に関する大阪訴訟においては，警察庁，公正取引委員会，法務省，通産省及び経済企画庁（いずれも当時）といった行政諸機関に属する各権限不行使の違法性が争われたが，大阪地判平成 5・10・6（判時 1512 号 44 頁）は，いずれの権限不行使についても違法性を否定し，賠償請求を棄却している。このうち特に，公正取引委員会が豊田商事

---

9) 本文に述べた傾向を端的に示す事例として，特に，クロロキン薬害訴訟に関する最二小判平成 7・6・23 民集 49 巻 6 号 1600 頁参照。
10) ただし，人の生命・健康に対する被害発生防止のための規制権限不行使の違法性要件の一つとして，国民の期待可能性を挙げている判決例として，熊本水俣病民事第三次訴訟第一陣事件に関する熊本地判昭和 62・3・30 判時 1235 号 3 頁がある。もっとも，この判決例の場合にも，判決理由を仔細に検討する限りでは，当該要件をあまり重視していないのではないかとの疑念が残るのであり，この要件には，むしろ，権限不行使を違法とする裁判所の判断の説得力を高めるための補完的意味しか与えられていないと見ることが可能である。

の事業方法を以て独禁法 19 条の「不公正な取引方法」及び景表法 4 条の「不当表示」に該当するものと判断せず，その結果，違反事実の調査，勧告，審判手続，緊急停止命令等独禁法上の排除措置命令権限（独禁 20 条）の行使を怠り若しくは景表法 6 条に基づく排除命令権限の行使を怠ったことが，国賠法上違法となるか否かにつき，大阪地裁は，まず，豊田商事が独禁法及び景表法上の規制の対象となる「事業者」に該当し，かつ，豊田商事がその「現物まがい商法」に際して行っていた，「豊田商事は個々の顧客の注文に対応した金地金を保有しており，これを顧客に売却した上，売却した特定の金地金を顧客から借り受ける旨の表示」（「本件表示」）が，独禁法上の「ぎまん的顧客誘引」並びに景表法上の不当表示に該当するものであり，したがって，上記独禁法及び景表法上の「規制権限を行使するための具体的要件」が充足されていたことを認めている。かくして規制権限行使が可能ではあったことを前提に[11]，本判決は，次に，上記規制権限行使につき裁量の余地の存否即ち規制権限行使義務の成否に関する判断へ進み，その結果，結局，本件が危険の切迫性，予見可能性及び補充性要件という三つの要件を充足するものであったことを肯定している。ところが，本判決は，当時の公取委には，豊田商法が独禁法及び景表法に違反する旨の指摘や申し出が他の省庁や被害者等から十分行われていなかったことを理由に，公取委の上記権限行使に対する「国民の期待」要件が充足されていなかったと判断し，また，仮に上記規制権限を行使したとしても，豊田商事が「規制措置を遵守しない場合も予想されることに鑑みれば，結果回避可能性の要件が充足されているとすることも疑問である」として，結果回避可能性についても疑問を投げかけることにより，結局，公取委による上記権限不行使は「条理に照らし著しく不合理であると認めることはできない」との結論に到達し，その違法性を否定した。この判決の場合，上記三要件は充足されたものと判断されたにもかかわらず，特に「国民の期待」要件の非充足を一理由として，権限不行使の違法性が認められなかったことが，社会的合意論との関わりを示

---

[11] 同じく豊田商事事件に関する東京地判平成 4・4・22 判時 1431 号 72 頁においては，本文で検討を加えた大阪地裁の判決理由とは異なり，公取委が，当時，規制権限行使が可能であるための具体的要件が欠けていると認識していたことを理由に，その行使義務の成否を云々する以前の前提が欠けていたとの判断が下されていることに，留意すべきである。

す意味で重要である。

2 捜査手続上の接見交通権制限の違法性

次に取り上げるのは，被疑者との接見を求める弁護人の申し出に対し，刑事訴訟法39条3項に基づき認められる接見の日時・場所・時間を制限する内容の接見指定が速やかに行われなかった場合における，取調担当官の対応の適法性が争われた著名な事案に関する判決例（最一小判昭和53・7・10民集32巻5号820頁）である。この事案では，接見申し出の際現に被疑者の取調べを行っていた捜査員（「取調担当官」）の接見指定権が，被疑者留置規則（1957年国家公安委員会規則第4号）29条2項（現行の2007年国家公安委員会規則11号「被留置者の留置に関する規則」23条2項に相当する規定）に基づき制限され，当該指定権は，「内部的には」捜査本部の捜査主任官とこれを補佐する立場にある特定の捜査員（「補佐官」）に委ねられていた。そこで，取調担当官は弁護人に対し，「捜査主任官の指定を受けてもらうか又は指定書を持ってきてもらいたい」旨の説明を繰り返すことに終始し，自ら接見指定を行うことをせず，また，弁護人の接見要求を逐次電話により補佐官に取り次いだが，「速やかに接見日時の指定を受けてこれを弁護人に告知す」（原審判決理由）ることまでは行わなかった。本件では，接見要求を受けた取調担当官のこのような対応が，接見交通権の保障の趣旨に照らして適法なものであったかどうかが，主要な争点として争われたわけである。第一審及び原審はいずれも，このような対応を違法として賠償請求を認容したのであるが，本判決は，以下のような理由でこれを覆している。

判決理由によれば，本件のように接見指定権が「内部的には」捜査主任官と補佐官に与えられ，その結果，取調担当官の接見指定権が「制限され」ている場合，それが，接見交通権と捜査の必要との調整のための「必要やむをえない例外的措置」であり，「被疑者が防禦の準備をする権利を不当に制限する」ものであってはならないという見地から見て「合理的なものである限り」，接見指定権は捜査主任官と補佐官の「権限に委ねられていたものであ」るとされる。これにより，本判決は，取調担当官の接見指定権を制限する内部的な措置を，弁護人に対する対外的な関係においても適法な権限の委任として認めたことになる[12]。その上で，判決は，捜査主任官による接見指定がないことを理由に接

見要求を拒否した取調担当官の措置の適法性に関して判断すべく，一方では，弁護人が捜査主任官若しくは補佐官と直接協議して接見の日時等を打ち合わせることが，弁護人自身にとって有する便宜性とそれに要する労力の程度とを比較勘案し，他方では，取調担当官が弁護人に対して行った説明及び弁護人の接見要求を捜査本部へ逐一伝達した行為の妥当性とそれに対する弁護人の対応の仕方の妥当性を勘案している。その結果，判決は，「接見要求に対して速やかに日時等の指定をしなかった」補佐官の対応については違法と明言しているのとは対照的に，取調担当官の対応については，弁護人の接見要求を電話で逐一捜査本部に取り次いでいたことを重視し，かかる伝達行為により，内部的に接見指定権を制限された現場の取調担当官としてなし得る範囲での行為義務を果たしたものと評価し，結局，適法と判断している。

　さて，以上のような本判決の趣旨に関して理解し難いのは，取調担当官の接見指定権が捜査主任官等の上級機関との関係で内部的に制限されていることを前提に，取調担当官による指定権限不行使が弁護人に対する対外的な関係においても適法であると論じている点である。上述のように，本判決理由では，接見指定をめぐり捜査主任官・補佐官と取調担当官との内部的な関係で取り決められた権限再配分が，取調担当官の説明・伝達行為を介して，接見指定権不行使の適法性という作用法上の問題の帰趨を決定づけているのであるが，行政内部的な権限行使の制限が，何故，国民に対する関係においても直ちに，当該権限の不行使を正当化し得るのであろうか。そのことの十分な説明を判決理由の文面から拾い出すことは不可能である。そこで，多少の推測を加えてその理由づけを読み取るならば，おそらく，本判決理由の背後には，接見を申し出る弁護人側に不文のルールとして課せられる社会的合意の観念が，潜んでいるものと思われる。というのは，本判決は，結局，接見申し出を受けた取調担当官側の行為規範としては，弁護人に対し接見指定を受けるべきことを適切に説明しかつ弁護人の要求を捜査本部へ逐一取り次ぐべきことを要求する一方，弁護人側の行為規範としては，捜査主任官若しくは補佐官との直接協議により接見日時等の指定を受けることを要求しているわけであるが，後者の弁護人側に課せ

---

12)　笹川隆太郎〔本判決評釈〕法学47巻4号（1983年）155〜156頁参照。

られた不文のルールを正当化し得る根拠を，接見交通権に関する憲法及び法律の規定から導き出すこと（権限規準）も接見交通権それ自体の論理から導き出すこと（合理性規準）も困難である。そうであるとすると，接見交通のあり方に関する何らかの社会的合意規準を介在させることなくして，指定権限行使の内部的制限から当該指定権限の不行使を対外的関係においても正当化することは不可能であると考えられるからなのである。

3 実体法論としての社会的合意論の限界

以上の例のほかにも，ある種の社会的合意論が権威的行政作用の法的正当化の成否を決定づける例は，少なくない。たとえば，公用収用の事業認定の要件として当該事業の公益性が争われ，特に，当該事業計画が「土地の適正且つ合理的な利用に寄与するものである」か否か（収用20条3号）が争われる場合，当該事業の実施により得られる公共の利益とそれにより失われる私的若しくは公共的諸利益との比較衡量により，前者が後者の総和を上回るときに初めて当該事業の公益性は肯定される。かかる利益衡量に際して，一方では，当該事業に対する社会的な期待の大きさが考慮され，他方では，当該事業の遂行により自然環境や歴史的・文化的な価値が損なわれることへの社会的な評価や批判が考慮されることにより，ある種の社会的合意論が，事業の公益性判定の中に入り込む可能性は少なくない[13]。

また，良好な住環境確保を目的とした行政指導の実効性確保手段として，建築確認の留保のような不利益処遇がどこまで許容されるか，という問題に関するリーディング・ケースにおいて，最高裁（最三小判昭和60・7・16民集39巻5号989頁）は，この種の建築確認留保は「社会通念上合理的と認められる期間」に限り違法ではないとしており，「社会通念上」の合理性を問題としている点

---

[13] 日光太郎杉事件の第一審・宇都宮地判昭和44・4・9行集20巻4号373頁は，道路拡幅事業により失われる歴史的・文化的・風致的等の諸利益の非代替的性格を重視することにより，事業認定の違法性を導き出した事例であるが，そのような判断を側面から補強する素材として係争の拡幅事業に対する国民各層の有識者及び主要全国紙の論調を援用し，当該拡幅事業に反対する「世論」の存在及び上記裁判所の判断が「世論の多くによって支持され」るとの予測により，自己の判断の妥当性を裏付けようとしている。そのような補強が成功しているか否かは別論としても，社会的合意論との関わりで興味深い例である。

において，社会的合意論との関わりで重要である。その上で，行政指導に対する建築主の協力・服従の任意性を適法性要件として重んじる立場から，建築主側が「自己の申請に対する確認処分を留保されたままでの行政指導には応じられないとの意思を明確にしている」場合には，かかる建築主の明示の意思に反して建築確認を留保し続けることは違法であるとして，行政指導の相手方の「明示の意思」如何により行政指導及び実効性確保手段の適法性を判定しようとする考え方を示した点が，本判決の最も重要な判示部分なのであるが，本判決は，そこに止まらず，相手方の非協力意思の明示的表明にもかかわらず建築確認の留保の継続を以て適法と見なし得る可能性にも言及している。即ち，本判決によれば，建築主側から行政指導への不協力・不服従の意思が表明されている場合でも，「当該建築主が受ける不利益と右行政指導の目的とする公益上の必要性とを比較衡量して，右行政指導に対する建築主の不協力が社会通念上正義の観念に反するものといえるような特段の事情」が存在する場合には，相手方の非協力・不服従の意思の明示的表明にもかかわらず建築確認留保を継続することが適法と判断される余地のあり得ることが示唆されているのである[14]。ここでも，相手方の非協力意思の表明が「社会通念上正義の観念に反する」か否かが建築確認留保の継続の適法・違法を決定づけている点が，社会的合意論との関わりで重要である。

　さらに，自由裁量権の余地を肯定した上で，裁量権行使の踰越・濫用の有無が争われる事案では，一般に，それが事実誤認等により事実の基礎を欠くか若しくは処分の結果が社会通念（観念）上著しく妥当性を欠くことが明らかであるか，のいずれかに当たらない限り違法ではないとされてきた[15]。後者の踰越・濫用事由の場合，社会通念（観念）に照らしての顕著な妥当性欠如が踰

---

[14]　藤田宙靖氏は，わが国の裁判例が，行政指導の適法性判断のための一規準として，当該指導の原因となった紛争の当事者が当該紛争の回避へ向けての努力義務を適正に果たしたか否かを重視していることを示す典型例として，本文に掲げた判示部分を強調されている。藤田「行政指導の法的位置付けに関する一試論」高柳信一先生古稀記念論集『行政法学の現状分析』（勁草書房，1991年）181～182頁。

[15]　特に，公務員に対する懲戒処分に伴う効果裁量に関する最三小判昭和52・12・20民集31巻7号1101頁（神戸税関事件）及び外国人の在留期間の更新不許可処分に関する最大判昭和53・10・4民集32巻7号1223頁（マクリーン事件）参照。

越・濫用の存否を決定づける点で，社会的合意論との関わりは否定できない。

　以上の諸例では，「社会通念」上の正義の観念や「社会的期待可能性」等の明示的表現を用いるか否かの差違に関わりなく，各事案で問題となっている事柄に関する社会的な合意内容が，行政の公権力の行使・不行使を正当化するための論拠として働いているものと考えられる。しかし，ここで，留意しなければならないのは，これらの合意内容は当事者ないし関係人相互の主観的な明示若しくは黙示の意思の合致を意味するものなのではなく，あくまでも，客観的に成立し若しくは定着しているものと裁判所により認識された客観的規範意識にほかならないということである。田中成明氏の表現[16]を借りて言うならば，ここでの合意とは，「社会の一般的承認としての合意」を意味しており，個々の当事者等の「実在的合意」とは一致しないものであることに留意しなければならない。そのような客観的規範意識としての社会的合意が行政の公権力の行使・不行使を法的に正当化することは，果たしていかなる場合にも許容されるべきなのであろうか。それとも，その種の社会的合意論は，ある種の行政作用に限り妥当し得る性質の論理なのであろうか。

　思うに，社会的合意論が媒介的規準の根拠づけとして援用されるためには，少なくとも以下のような条件が具備されるべきであろう。第一に，社会的合意により基礎づけようとする目的ないし価値・利益とそれにより制限若しくは否認されようとする価値・利益との間には，同一次元において比較可能な同等性が認められなければならない。したがって，法体系の下で他の価値・利益に対して優先すべきものとして承認された価値・利益が存在する場合，そのような優先的価値・利益を制限し若しくは否定する形での社会的合意論の援用には，最大限に慎重でなければならない。たとえば接見交通権は刑事手続上非常に重要な権利として憲法上保障されたものであるので，そのような優先的価値を承認された権利の行使を社会的合意の名の下に制限することは，ごく例外的な場合以外には許容されるべきではないと解すべきであろう。同様に，生命・身体という優越的な法益保護のための規制権限の行使を怠った場合の不行使の違法性についても，社会的期待可能性要件を強調することには疑問がある。

---

16) 田中・前掲注 8) 76 頁。

第二に，社会的合意は何らかの合意要素を本質とするものである限り，当該当事者をも含めた当該社会の諸成員が当該社会的合意の形成に何らかの形で寄与し得る条件にあることが，社会的合意論が援用可能であるための前提条件を構成していると考えるべきであろう。あるいはまた，当事者自身が当該社会的合意の形成に何らかの形で参加したとの擬制を成り立たしめるための，客観的な条件が満たされていることを要するように考えられる。そのような合意形成過程への参加・寄与の客観的可能性を条件に，はじめて，その種の不文の社会的合意に従うことが法的正義に合致するものと認め得るのである。そうであるとすると，たとえば土地の計画的利用のための行政指導の正当性の一端が当該都市・地域住民の社会的合意内容により担保されるというのは，各々の都市や地域の構成員として通常具えることが期待できる法的正義の観念に照らして首肯できるものと思われる。

Ⅳ　手続法的正当化根拠としての社会的合意
——合意形成手続法制化の検討

1　権威的手法における合意モメント

　以上のように，実体法論としての社会的合意論が，文字通りの意味での当事者相互の「意思の合致」を意味するものではなく，それどころかむしろ，客観的に成立・定着した意識を基盤とした客観的規範を以て当事者等の意思ないし利益に反する公権力の行使・不行使を正当化し得る論理構成であるのに対して，何らかの意思の合致や任意性を以て，より積極的に行政の公権力行使を正当化するための論拠として援用することも考えられる。しかも，行政活動の正当性ないし公共性を構成する価値や利益が多様化し複雑化するに応じて，実体的な正義や社会的合意内容を探求することよりもむしろ端的に形式としての合意や任意性を調達することが，より簡便かつ有効な正当化事由としてその重要性を次第に増大させることとなる。

　そのような「合意」モメントの比重の高まりを示す第一の局面は，命令・強制・指導といった権威的な行政手法の過程に私的当事者や利害関係人の利害な

いし意見反映の場を保障するという形で現れる。土地区画整理事業のような開発事業（都市再開発法に基づく市街地再開発事業の場合も同様）を例にとると，組合施行事業の場合に，土地の所有者及び借地権者それぞれにつき3分の2以上の同意が必要とされる（区画整理18条）上に，土地・建物等について権利を有する者（「利害関係人」）には，事業計画の公告縦覧を前提に意見書提出の権利が保障される（同法20条2項）。公共団体若しくは行政庁が施行する事業の場合には，地権者の同意を必要とはしないが，組合施行の場合と同様の意見書提出権が保障される（同法55条2項，69条2項，71条の3第5項）。同様に，収用事業の場合も，利害関係者の意見書提出権が認められる（収用25条1項）。これに対し，都市計画案に対する意見書提出の権利は，「利害関係人」だけでなく「関係市町村の住民」に広く認められる（都計17条2項）。さらに，地区計画に限っては，計画案の作成時点で事前に地権者の意見が聴取されることになっている点は注目に値する。もっとも，この場合に意見を求められる者の範囲は，当該区域内の土地の所有者のほか対抗要件を備えた地上権や借地権等を有する者等，狭い範囲の地権者に限られており（同法16条2項及び同法施行令10条の4），問題を残している。

　以上のように，わが国の開発事業法制における公告・縦覧・意見書提出手続は，主としては，土地若しくは建物等の定着物について権利を有する者の私的権利保護のための手続として設けられたものである。そのような地権者ないし私的権利主体としての利害関係人のみを想定した今日の利害・意見反映システムが，地域環境に対して真摯な利害関係を有する第三者たる住民の存在を顧慮した場合に十分なものと評し得るか，疑問の余地がある。

　このようなわが国実定法制度との対比で興味深いのは，フランスの公開意見聴取手続（enquête publique）のあり方である。公開意見聴取手続は，本来は公用収用事業に関する公益性認定（わが国の事業認定に相当する）の事前手続として，19世紀に設けられたものであり，わが国の公告・縦覧・意見書提出手続に相当する。この手続に際しては，公益性認定権限を有する行政庁とは別に，公開意見聴取手続を主宰する委員ないし委員会が任命されるが，従前には，現職の若しくは退職した公務員が任命されることが一般的であり，調査期間や手続も住民の意見を適正に反映し得るものではなかったと言われている。ところ

が，環境保護への関心の高まりを背景に，1983年の「公開意見聴取手続の民主化及び環境保護に関する法律」[17]により，この手続は大きく変容することとなった。

　1983年法は，一方で，公開意見聴取手続の公正・中立性を向上させることを目的としている。そのために，委員の任命に行政裁判所を関与させることによりその中立・独立性を高め，手続開始の2週間以上前に対象事業計画の内容や調査手続の進め方を周知させる措置を講じさせるとともに，調査手続期間を1ヶ月以上と定めた上に期間延長をも可能とすることにより，利害関係人及び住民の意見聴取の利便を増進させようとしている。意見の提出は書面によるが，実際には，縦覧場所に備え付けられた帳面のような紙面に手書きで意見を記入することが広く行われているようである。そのような手続を経た上で委員若しくは委員会が作成する報告書では，住民から寄せられた対案（contre-proposition）を含む様々の意見を踏まえて，当該事業計画案に対する委員・委員会としての賛否を明らかにしなければならない。委員・委員会の反対意見には当該事業計画の決定を直ちに妨げる効力が認められていないが，仮に，行政裁判所へ当該計画決定の執行停止を求める請求が提起される事態に至った場合には，執行不停止による「回復困難な」損害発生の危険性が存することの立証を要することなく請求が認められる，という形で，間接的ながら委員・委員会の反対意見の実効性を確保する措置が講じられている。

　他方で，1983年法は，「環境に影響を及ぼす可能性がある」開発事業であれば，公用収用事業の認定を受けるか否かに関わりなく，また公共的主体による事業計画か私人によるものかに関わりなく，施行令[18]に指定された種類及び規模のすべての事業に，上述のごとく面目を一新した手続を適用しようとするものである。即ち，この手続は，一定の開発規模や予算規模を超えるおよそ考え得るすべての公共事業（道路，鉄道，空港，発電所，上下水道工事，治水事業，木竹伐採等々）の計画決定，及び，わが国の市街化区域と市街化調整区域との区域区分及び地域地区指定に相当する土地占用計画（plan d'occupation des sols）（な

---

17) Loi n° 83-630 du 12 juillet 1983, relative à la démocratisation des enquêtes publiques et à la protection de l'environnement.
18) Décret n° 85-453 du 23 avril 1985.

お，2000年の法改正以降はplan local d'urbanismeに相当する）の決定に適用されるに止まらず，高さが50メートル以上の住居用若しくは事務所用の建築物，延べ床面積1万平方メートルを超える規模の商業施設及び5000名を超える観客を収容できる娯楽施設の建築許可にも適用される。また，有効な土地占用計画を具備していない市町村においては，延べ床面積5000平方メートルを超える建物の建築許可，及び，同様に延べ床面積5000平方メートルを超える規模の建物の建築を予定した土地分譲のための開発事業（lotissement）の許可に際しても，同様の公開意見聴取手続が行われることになっている。

　以上のように，今日の公開意見聴取手続は，土地所有権保護を目的とした公用収用に特有の制度としての起源を有してきた従前の手続に伴う諸制約を打破するものであり，自然環境や歴史的・文化的な環境に影響を及ぼす可能性のある開発事業や土地利用に対し，その実施主体の公私の別に関わりなく広く適用されることを予定した制度である。そのことは，公開意見聴取手続が，環境保護分野における合意形成手続として一般手続化したことを意味する[19]。このような公開意見聴取手続制度の変容は，開発事業と環境保護との衝突に起因して発生する紛争を公開意見聴取手続というフォーマルな調整手続の軌道に乗せることにより，紛争の公正な平和的解決を実現しようとするものであると評することができる。それは，また，インフォーマルな形で事実上行われてきた「当事者自治」原理に基づく解決[20]を，フォーマルな制度に格上げすることにより紛争解決の公正化を実現しようとするものであると捉えることも可能である。

　以上のようなフランスの合意・調整手続制度の状況と比較して対照的なのが，開発行政分野におけるわが国の行政指導のあり方である。わが国の場合，開発指導要綱等の行政組織内部的な指針に依拠した行政指導の限界が，当該行政指導に相手方が従うか否かについての任意性保障の問題として論じられてきた。換言すれば，行政指導に伴う事実上の強制性がどの程度まで強まれば，行政指導としての限界を超えその任意性が損なわれたことになるのかが，この問題を

---

19)　1983年法の下でのフランスの公開意見聴取手続の全体像については，多賀谷一照「フランス行政手続法(3・完)」自治研究64巻7号（1988年）105頁以下及び久保茂樹「フランス都市計画法における公衆参加手続の進展」青山法学論集37巻2号（1995年）25頁以下参照。
20)　遠藤博也『行政法スケッチ』(有斐閣, 1987年) 48～50頁及び57～59頁参照。

めぐる論議の中心であった。そのような問題関心の下で，上水道の供給拒否を事実上の制裁手段とした指導（最二小決平成元・11・8 判時 1328 号 16 頁），相手方の真摯かつ明確な拒否の意思表示に反して継続された建築確認の留保（前掲・最三小判昭和 60・7・16），指導要綱に基づき例外を許さない姿勢で行われた教育施設整備負担金の納付要求（最一小判平成 5・2・18 民集 47 巻 2 号 574 頁）は，いずれも行政指導としての限界を逸脱し違法であるとの判例理論が確立し，また，ほぼ同様の法理を成文化した規定が行政手続法（とりわけ 32 条～34 条）に盛り込まれたことは，周知の事実である。

　こと行政指導の限界問題に関する限り，以上述べたような判例法理及び行政手続法の規定は正当なものである。ところが，その傍らで，開発事業をめぐる利害調整手続の適正化という課題については，依然，法令に基づかない行政指導というインフォーマルな手法に依拠し続けているため未解決であり，しかも，その行政指導については，上述の任意性規準に基づく諸制約により実効性を著しく弱められた状況なのである。こうして，開発事業と環境保護との衝突に起因する紛争解決のためのフォーマルな手続の制度化は，わが国では，依然として達成すべき課題として残されている。

2　権威的手法に代わる手段としての合意調達手法

　他方，命令・強制・指導といった権威的手法に代替する政策実現手段として，契約や協定等の合意手法が用いられることもまた，今日の行政手法の特徴の一つである。公害防止協定や環境保全協定が典型例であるが，ここでは，建築協定と緑地協定について触れてみよう。これらの協定は，一定の区域内の土地の所有者及び建築物等の所有を目的とする地上権者・借地権者（以下，「土地の所有者等」と呼ぶ）全員の合意により，建築物の敷地・位置・構造・用途・形態・意匠・建築設備若しくは緑地保全・緑化に関して，土地利用を不当に制限するものでないこと等の一定の制約の下での権利制限を内容とする協定を締結し，良好な都市環境を確保しようとする制度である。建築協定・緑地協定は，このように権利者全員の合意を条件に締結されるものである限りでは，通常の協定や契約と異なるものではない。ところが，借地権者等が存在する場合には，当該借地等の所有者の合意なしに協定締結が可能である（建基 70 条 3 項，都市

緑地45条1項ただし書)。また，協定の効力に着眼すると，協定が特定行政庁若しくは市町村長により認可・公告されると，この協定の効力は，その後当該協定区域内の土地の所有者等となった者に対しても及ぶ(建基75条，都市緑地50条)。ここでは，この種の協定を法的にいかなる性質の行為として把握すべきかという問題[21]には立ち入らないが，いずれにせよ，この種の協定は，通常の私法上の契約に一般には見られない特殊性を帯びた契約である[22]。

さらに，一定の条件の下で締結を強制される種類の契約が，存在する。その典型例の一つは，森林法10条の11の4第1項に基づき，都道府県知事の裁定により締結を強制される分収育林契約の制度である。この制度は，適正な間伐を必要とする民有林につき，市町村森林整備計画において定められた間伐又は保育の方法及び時期が遵守されていないため土砂の流出・崩壊等の災害発生や当該森林及び周辺地域における著しい環境悪化等を招くおそれがある場合に，市町村長が指定した者を育林者として，当該民有林の所有者に代わって間伐または保育をなさしめることを可能とする制度であり，そのために，育林者側からの申請に基づき，都道府県知事が，両者間で分収育林契約を締結すべき旨の裁定を行うというものである。この制度の場合，裁定の公告には，森林所有者と育林者との間に分収育林契約が締結されたのと同等の効果が付与されている点（森林10条の11の5第2項）が重要である。

3 権威的手法と契約的手法との接近

以上のように，行政が用いる契約的手法の中には，契約的手法と権威的手法との境界域に位置し，後者から区別が困難なものが存在する。また，拘束的計画の決定手続の中には，利害調整や合意形成のための参加手続が組み込まれたものが存在する。わが国の現行法制は，上述のいずれの面でも，必ずしも顕著な展開を示すという状況にはないが，契約的手法と権威的手法との差違は，多

---

21) この問題については，森田寛二「建築協定論，そして公法上の契約論――その建立的基礎についての素描(1)」自治研究66巻1号（1990年）8頁及び伊藤高義＝中舎寛樹『自治体私法』（学陽書房，1990年）47頁参照。
22) 民有林の間伐・保育の共同化等を目的に締結される施業実施協定につき，ほぼ同様の仕組みを定める規定として，森林法10条の11の14参照。

かれ少なかれ相対化してきていると見ることが可能である。そうであるとすると，今日の行政活動の中には，合意による法的地位の変動と一方的・権威的手法によるその変動との双方の性質を多少とも併有したものが増大しつつあるのであり，そのような傾向が今後も続くならば，行政の諸活動は，そのいずれか一方に明確に振り分けられるというより，双方の性質の程度の差違に応じて多様な種類の行為が，あたかも異なる音階が連続的に展開するかのようなものとして捉えた方が，行政活動に関する実定法制に即応した見方である[23]ということになるものと予想される。

　以上のような状況の下では，命令・強制・指導という，元来は行政機関側からの主導的・一方的な働きかけの下で行われるべきことが想定されてきた権威的手法の存在意義が，あらためて問い直されなければならない。何故ならば，ある種の行政活動を社会的な合意内容に即して法的に正当化するという考え方が定着し，また，利害関係人等からの合意の調達・形成のための仕組みを組み込んだ権威的手法の実定制度化が進行するに従い，それにもかかわらず何故，当該行政活動がなおも命令・強制・指導という形態において権威的手法たる実体を維持すべきなのかが，問題となるからである。そこで，この問題を考察するための一助として，以下では，伝統的な行政の行為形式論の中で，行政行為としての法的構成と行政契約としての法的構成との違いが最も強く意識されてきたテーマである公企業の特許を取り上げ，公企業の特許が行政行為として把握され権威的手法の一環に位置づけられてきたことの意味について，若干の考察を加えることにする。

V　命令・強制・指導の存在意義

1　行政作用の権威行為的構成の意義——公企業の特許論を糸口に

　わが国及びドイツの伝統的な行政行為理論によれば，公企業の特許は，「同

---

[23]　行政計画の実施段階における契約的手法の増大という顕著な傾向を示すフランス実定計画法制の分析を踏まえて，同旨の見解を表明するものとして，cf., J.-M. Pontier, "Contractualisation et planification", R. D. P., 1993, pp. 678-682, en particulier p. 680.

意を前提とした行政行為」として捉えられてきた（日独型の公企業の特許概念）。これに対して，フランス法は，公企業の特許を「公役務の特許」という名称の下に行政契約として構成してきた（フランス型の公役務の特許概念）。この違いは，一見すると，行政契約の概念を厳格に解して命令・強制的要素（具体的には事業遂行の義務や特許監督権の付与）を含む作用を行政契約の範疇から排除する日独型の行政契約観と，これをある程度広く解して命令・強制的要素の存在にもかかわらず行政契約たる性質を否定しないフランス型の行政契約観との対立に，専ら起因するようにも見える。つまり，行政契約の定義上の対立に起因する対応の差違にすぎないと見ることも不可能ではない。というのは，フランス型の公役務の特許の場合も，事業遂行の収益的側面について行政契約たる性格が認められるのと並んで，公役務の組織と作用に関する側面，即ち公衆を対象とした当該事業遂行の公益的側面に関しては，むしろ「法規拘束的」(réglementaire) 性格が承認されており，この後者の面では，公役務の特許の権威的作用たる性質（フランス法に即して表現すれば，公役務の特許に関する特許条件書〔cahier des charges〕の「法規命令」〔réglementaire〕性）が伝統的に承認されてきているからであり，その限りでは，日独型とフランス型との間に具体的な扱い方の差違が生じることはないと考えることも，不可能ではないからである。

　ところが，この二つの公企業の特許観の対立の背後には，公企業ないし公役務の遂行における行政主体と一般受益者たる国民との法的関係のあり方に関する見解の対立が潜んでいる。即ち，いずれの場合も，事業者と受益者たる国民 (usagers) との関係は私法上の契約関係として把握されるのに対して，特許監督庁と事業者との関係及び特許監督庁と受益者たる国民との関係は，それぞれ以下のように捉えられてきた。

　まず，特許監督庁と事業者との関係について，日独型の「同意を前提とした行政行為」観の下で，かつては，特許を通して形成される特別権力関係として把握されたのに対して，フランス型の行政契約観の下では，公法上の契約関係として把握される。しかし，この関係については，上述のように，フランス型の場合にも特許条件書に基づく法規拘束的な監督関係が及ぶことが承認されているので，両者の間に具体的扱いの上での本質的な差違は存在しない。

　これに対し，特許監督庁と受益者たる国民との関係について，日独型は，特

許監督庁の監督権限行使により受益者にもたらされる利益は，特許事業遂行により得られる公益の反射として生じる単なる事実上の利益と把握するのに対し，フランス型は，これを法律上の利益と見なすことにより，不適法な特許監督権限の行使・不行使により不利益を被る受益者たる国民には，越権訴訟の提起により適法な監督権限行使を促す可能性が認められてきた。このように，受益者たる国民を適正な事業監督を求める権利の主体として位置づけるフランス型「公役務の特許」観の背後には，取消訴訟段階という事後的な帳尻合わせの形でではあるが，公役務の適正遂行のため特許監督庁と事業者との間に成立する監督関係を以て，第三者たる受益者に対する関係においても対外的拘束性，つまり一般法規的拘束性を有するものとして把握しようとする考え方が，潜んでいるものと考えられる[24]。

以上のようなフランス型の「公役務の特許」観における受益者たる私人の位置づけ方には，日独型の伝統的な行政法理論において想定されてきた権威的手法に特有の考え方とは異質の考え方が示唆されているように思われる。第一の異質性は，公企業の特許ないし公役務の特許により実現しようとする公共利益と受益者たる個々の国民が享受する個別利益との関係についての考え方の差違にある。日独型の公企業の特許理論においては，公共的一般利益が個別利益とは異質の相容れ難いものとして把握されており，特許監督庁には，公共的一般利益の実現についての排他的責任主体として事業者による適正な事業遂行を確保すべき監督権限が独占的に委ねられていると考えられるのに対し，フランス型の公役務の特許理論においては，公役務特許により実現される公共的一般利益は受益者たる個々人の利益との親和性を有する利益として，あるいは後者は前者の分割された一部として把握されており，その結果，受益者たる個々人にも，事業者をして適正な事業遂行を行わしめるための訴訟提起の適格性が承認されてきたものと考えられるのである。

第二の異質性は，特許監督庁と事業者との監督関係を規律する規範に認めら

---

24) フランスの「公役務の特許」理論については，原田尚彦「国の企業規制と特許企業(1)」立教法学 7 号（1965 年）71 頁以下，とりわけ 83〜84 頁，88 頁及び 92〜93 頁参照。さらに，cf., A. de Laubadère, F. Moderne et P. Delvolvé, Traité des contrats administratifs, 2e éd., T. 1, 1983, pp. 100-109 et T. 2, 1984, pp. 1063-1064.

れる法規的拘束性の意味づけ方の差違にある。というのは，日独型の場合，特許監督庁と事業者との間の特許監督関係とこの監督関係の受益者たる国民に対する関係とを異質の世界として二分し，前者において認められる監督関係が，後者の国民に対する関係にまで直ちに及ぶことはないと考えられるのに対し，フランス型の場合，特許監督庁と事業者との監督関係の中に事業遂行の収益的側面と公衆を対象とした事業遂行の公益的側面とが区別され，前者は契約法的な扱いがなされるのに対し，後者は，法規的拘束関係として把握される。そして，後者において承認された法規的拘束性は，特許監督関係を超えて受益者たる国民に対する対外的関係にまで直ちに及ぼされる。フランス型の場合，特許監督関係の公益的側面を規律する法規と受益者たる国民が特許監督庁（あるいは，特許監督庁と事業者との間の特許監督関係）に対して有する法的地位とが直結しているのであり，二分されているのは，むしろ，特許監督庁と事業者との間に成立する監督的諸関係の内部においてである。こうしたフランス型「公役務の特許」の考え方は，特許監督庁と事業者との間の法的諸関係の中に法規拘束的局面の存在を認めることが，直ちに，公役務受益者たる国民に対する関係での法規拘束性の承認へ反映することを認めている点で示唆的である。こうしたフランス型制度のあり方は，また，特許監督関係の内部に契約行為としての法的構成と権威的手法としての法的構成との並存を前提としたものであるだけに，その権威的手法としての法的構成の存在理由を鮮やかに照らし出しているように，筆者には思われる。権威的手法としての法的構成の存在理由とは，即ち，当該事業の適正遂行による公共的一般利益の実現にとってそれが不可欠であるというに止まらない。特許監督関係の外部にある個々の受益者たる国民の権利保障にとっても，それは不可欠の法的構成であることを示しているように，思われるのである。

2　権威的行政手法の今日的意義——むすびにかえて

　監督行政庁と特許企業との関係を契約的関係と法規拘束的関係とに分け，後者については公役務受益者に対する対外的な関係においても法規的拘束性を肯定することにより，公役務受益者の訴訟提起可能性を認めるというフランス型「公役務の特許」制度の考え方は，行政の権威的手法の今日的存在意義を考察

するに際して示唆的である。というのは、以上のような法規拘束的関係に関するフランス法の考え方は、権威的手法としての法的構成が当該行政作用に対する外部的コントロールの保障と一体不可分の関係にあることを物語っているからである。もっとも、フランスの「公役務の特許」に関しては、伝統的に、事業監督権限の不適法な行使・不行使に対する受益者たる国民の側からの訴訟提起可能性の承認という形での外部的コントロールが可能とされてきたが、外部的コントロールにはより広く様々な方法を想定することが可能である。要は、行政機関の決定過程の公開性及び公正な争論可能性の保障により行政活動の公共性を確保するための実効的諸条件を整えることに、外部的コントロール確保の意味が存するのであり、公役務受益者による訴訟提起可能性の保障も、一面では、そのような目的に資する方法の一つとして位置づけられる。そうであるとすると、抗告訴訟制度の改善とともに、国レベルでの情報公開制度の整備、計画策定手続の一般法制化や行政立法手続の創設をはじめとした行政手続法制の拡充等々の課題もまた、権威的行政手法の存在意義に直結する制度整備上の課題として重視されるべきであると考える。

第 I 部　　行政行為の概念
　　　　──フランス的行政行為概念の特質と形成過程

【解題】

　第Ⅰ部では，行政行為がいかなる意味を有し，また行政行為という概念を用いることにいかなる意味があるかという問題を，行政契約との関係で明らかにしようとする。また，そのために，特にフランス行政法における行政決定（décision exécutoire）の概念を取り上げ検討に付した。日本やドイツの行政法学における行政行為概念との比較対照を通して，今日の時点で，行政行為概念を維持することにはいかなる意味があるかを明らかにしたい。

　第Ⅰ部に収録した論文は，すべて，筆者が東北大学で助手を務めていたときに執筆した論文であり，「行政による契約と行政決定——フランス的行政行為観の形成過程に関する一考察」と題して，『法学』（東北大学法学会）に3回連載したものである。本論文は，フランス行政法における行政決定（décision exécutoire）の概念形成過程を題材に取り上げ，特に行政契約との区別及び相互交錯という視点から分析を加えたものである。

　行政行為と行政契約は，行政の行為形式論上，それぞれ権力的行為形式と非権力的行為形式を代表する行為形式とされてきた。ドイツと日本の行政法理論では，一般に，専ら，国民の権利自由に対する行政の働きかけ方の差違に着眼して行為形式を分類しようとするため，行政行為と行政契約を截然と切り離し，両者を二項対立的にのみ把握しようとする傾向がある。これに対し，フランス行政法理論では，行政行為と行政契約とを対立的に捉えるに止まらず，両者が交錯し相互に作用し合う側面に着眼した様々な理論や判例が形成されてきた。本論文は，以上のような行政行為と行政契約間の関係に関するフランス行政法に特徴的な捉え方を典型的に示す題材として，フランス行政判例における「《分離しうる行為》理論」（théorie des actes détachables）を取り上げ，その形成過程の分析を通して，この判例理論がフランスにおける行政行為概念の形成にいかなる影響を及ぼしたか，またその結果，行政行為概念におけるフランス法

的特質はどこにあるかを明らかにしようとしたものである。それによれば，フランス法的な行政行為概念の特質は，権力的な作用であれ非権力的な作用であれ，基本的にすべての行政作用に際して行政庁が行う基本的な意思決定に着目した概念であり，また，単に行為の名宛人である国民の権利自由に対する一方的介入という面に着目するだけではなく，利害関係人その他広範に広がる第三者の法的地位に対する影響までも視野に入れた行為概念として形成された，という点にあると考えられる。以上の点は，特に第3章と第4章において論じられる。

　上述のように，第Ⅰ部では，フランス行政法学における行政行為概念の特質を日独行政法学における行政行為概念との比較対照を通して解明することを通じ，今日において行政行為概念を維持することにいかなる意味があるかという問いへの解答に，示唆を得ようとするものである。では，いかなる示唆が得られるのだろうか。その詳細は，第4章（特にⅢとⅣ）において論ずるが，これをあらかじめ要約すれば，フランス的行政行為概念の本質は，個々の行政活動の分野や目的・内容及び性質・態様の相違に関わりなく，行政庁が行う基本的な意思決定に，その具体的執行に向けた公的権威づけとしての公権力性を認める一方，当該行政決定を訴訟において争う機会を広範な第三者を含む公衆に保障することにより，公権力の行使と裁判所による適法性審査間に適切な均衡を確保するための支点としての役割を果たす，という点にあると言えよう。

　以上のような特質に照らし既に明らかなように，フランスの行政行為概念は，国民の権利義務に関する外部的法律関係を直接に規律する性格の行為と並んで，行政組織内部における基本的意思決定を内容とし，その後当該意思決定に派生して行われる様々な執行行為を基礎づけ規律するという性質を有する行為をも包摂し得る行為概念として，構成されてきた（詳細については，第4章Ⅱ参照）。行政決定（décision exécutoire）とその執行行為の区別を基軸とした動態的な行政行為論の根底には，このように行政組織内部の世界とも親和性を有する行政の意思決定観があると思われる。その意味で，M・オーリウが，「権威行為」（acte d'autorité）が，それ自体は非権力的な作用である「管理行為」(acte de gestion) の遂行過程を規律づける，という文脈の中で，「権威行為」を"décision de principe"という表現で説明している箇所（第4章Ⅱ1）は，示唆的であり，

"décision de principe"としての「権威行為」という観念は，M・オーリウとその後のフランス行政法学における行政行為概念の形成にとって，非常に重要な役割を果たしたと考えられる。

　そこで，"décision de principe"という術語にいかなる和訳語を充てるかは，本書にとって極めて重要な検討課題となるが，これにつき，元の論文では，「原則的決定」という訳語を充てていた。しかし，この訳語では"décision de principe"という術語の意味あいを正確に伝えることはできない。何故なら，"de principe"という語には，元来，物事の基本となり，諸々の現象はそこから派生するという点で根源的なるものという意味があるが，上記の訳語では，そのような含意を適切に伝えることができないからである。そこで，かかる含意を適切に表現するには，「根幹的」という訳語を充てるのが最善であると考えるに至ったため，本書では，"décision de principe"に「根幹的決定」という訳語を充てることにした。

　また，同様に"de principe"という表現を伴う用語として，"arrêt de principe"という術語も現れる。元の論文では，これを「原則判決」と和訳したが，この訳語も，"arrêt de principe"の正確な意味を伝えきれない面がある。そこで，本書では，これに「根幹的判決」という訳語（第3章の注59））を充てることにした。

　そのほか，細かな点で元の論文から修正した箇所が幾つかあるが，上述の点以外は，元の論文を内容的に修正したものではない。

─────────

〔注〕　本書第Ⅰ部で使用するフランス語文献略語は以下のとおりである。
A. J. D. A. = Actualité juridique-droit administratif.
D. = Recueil Dalloz.
J. A. = M. Hauriou, La jurisprudence administrative de 1892 à 1929: Notes d'arrêts sur décisions du Conseil d'État et du Tribunal des Conflits publiées au Recueil Sirey.
R. = Recueil des arrêts du Conseil d'État (Recueil Lebon).
R. D. P. = Revue du droit public et de la science politique en France et à l'étranger.
S. = Recueil Sirey.
　また，注においてフランスの行政法または憲法関係の教科書類の出典を示すために，原則としてD. A. (Droit administratif) または D. C. (Droit constitutionnel) という略語を用いることにする。
　なお，本書第Ⅰ部において行われる引用文中において，（　）内に記された事柄は原則として，本書筆者による補足部分を指示することとし，また，傍丸を付した部分も原則として筆者による強調部分を指示することとする。

第1章

序　説

I　問題の所在

　わが国の行政法学は伝統的に，行政が私人に対して優越的な立場において行うところの公権力発動行為に対して，行政行為[1]の名を与え，公定力や不可争力等の特別の効力をこれに認めてきた。しかも，抗告訴訟による攻撃対象とされる行政処分もまた，一方でかような実体法理論上の行政行為概念よりも幾分広い概念であることを肯定されながらも[2]，多かれ少なかれ，私人に対する公権力発動行為という行政行為概念を範としており，それ故，非権力的な行政活動に随伴する行政の諸行為や，私人の権利義務に直接的な変動を及ぼすのでない行政組織内部の行為は，原則として抗告訴訟による攻撃の対象となり得ないと考えられてきた[3]。しかし近時，各種の社会保障や社会保険給付，国公有財産の目的外使用許可，補助金の交付等公権力発動の実質を伴わないとされる一定の行政活動に関して，行政不服審査に関する規定などの特別の規律の存在に着目してこれを形式的・技術的な意味での行政行為と称し，実質的意味での行

---

1)　本稿は，行政行為の語を専ら実体法理論上の概念として使用する。これに対し，訴訟法理論上，取消訴訟による攻撃の対象たり得る行為を総称するために，行政処分の語を用いることにする。したがって，本稿で所謂行政処分は，わが国の抗告訴訟制度に照らして述べるならば，行政事件訴訟法3条2項所定の「行政庁の処分その他公権力の行使に当たる行為」または同条3項所定の「裁決」に該当する諸行為を総称することになる。

2)　わが国の通説的理解によれば，行政事件訴訟法3条2項の「行政庁の処分」は講学上の行政行為に当たる（田中二郎『新版行政法上巻〔全訂第2版〕』〔弘文堂，1974年〕104頁）が，同項の「その他公権力の行使に当たる行為」には「行政庁が一方的にその受忍を強要する事実行為」が含まれる（田中・前掲書305頁，杉本良吉「行政事件訴訟法の解説(1)」曹時15巻3号〔1963年〕366頁，南博方編『注釈行政事件訴訟法』〔有斐閣，2000年〕32〜33頁〔山村恒年〕，浅賀栄『行政訴訟実務総覧〔改訂版〕』〔酒井書店，1978年〕212〜213頁）。

3)　田中・前掲注2) 104頁，326頁，雄川一郎『行政争訟法』〔有斐閣，1957年〕67〜68頁。なお，判例の現状については，参照，南編・前掲注2) 29〜31頁，39〜43頁，藤田宙靖『行政法Ⅰ（総論）』（青林書院，1980年）251頁，遠藤博也＝阿部泰隆編『講義行政法Ⅱ（行政救済法）』（青林書院新社，1982年）191頁，194〜195頁，199〜201頁。

政行為との質的差違を強調しつつ，かかる形式的行政行為に共通する特質を探り出そうとする傾向[4]が一方において存在する。他方，専ら訴訟救済の範囲を拡げようとする要求を背景として，一定の非権力的または事実的行政活動の中にも行政処分の存在を認め，これに対する抗告訴訟提起の可能性を肯定するために，形式的行政処分（行為）なる語が用いられる場合もある[5]。さらに，行政主体内部または複数行政主体相互間で行われる一定の法的行為に行政処分性を肯定しようとする説も唱えられている[6]。

ところで，専ら訴訟救済上の要求に基づいて行政処分性を拡張しようとする所説に対しては，次のような批判が投じられてきた。すなわち，かかる所説によって確かに抗告訴訟による救済の範囲がある程度拡げられる反面，抗告訴訟の排他的管轄とそれに伴う出訴期間の制限や仮処分の排除等，行政行為に付着すると伝統的に考えられてきた特殊の効力がこれらの形式的行政処分（行為）についても認められる可能性が生じることへの危惧の表明[7]である。このような批判に対しては，一方で，専ら訴訟救済上の要請のみに基づいて形式的に行政処分として構成されたにすぎない行政の諸行為について，公定力等の特殊の効力を付着せしめる余地はないという趣旨の反論[8]が見られる。しかし他方では，実質的行政行為であると形式的行政行為（処分）であるとの別なく，これらの行為が通有すべき特殊性を肯定しつつもその範囲を公定力，あるいはせいぜい公定力と不可争力とに限定することによって，上述の危惧に応えようとする立場も成り立ち得る[9]。この後者の立場が，公定力・不可争力・執行力・仮

---

[4] 雄川一郎「現代における行政と法」雄川一郎＝高柳信一編『岩波講座 現代法4 現代の行政』（岩波書店，1966年）18頁，山田幸男「給付行政法の理論」同書49～53頁，成田頼明「非権力行政の法律問題」公法研究28号（1966年）148～154頁。
[5] 原田尚彦「行政行為の『権力性』について」同『訴えの利益』（弘文堂，1973年）107～108頁，同「抗告訴訟の対象について」同書136～143頁，兼子仁『行政争訟法』（筑摩書房，1973年）273～287頁。
[6] 兼子・前掲注5）287～290頁，原田尚彦「公害防止と行政訴訟——成田新幹線訴訟に関連して」ジュリ526号（1973年）48頁。
[7] 山内一夫「医療費引上げの告示と東京地裁の執行停止決定——取消訴訟の対象となる『処分』の意義」同『行政法論考』（一粒社，1965年）77～78頁，80頁，成田・前掲注4）162頁。
[8] 原田・前掲注5）108頁，146～150頁，兼子・前掲注5）279～280頁。
[9] 原田尚彦氏は前掲箇所において，抗告訴訟による攻撃対象たり得る行為の中で公定力・不可争力をもつ行為（行政行為）ともたない行為とに二分し，後者の違法無効は抗告訴訟以外の訴訟にお

処分の排除等の特殊の効力の存在根拠を対私人関係における行政主体の超実定法的優越的立場に求めようとする伝統的な行政行為の理解を排し，これらの効力はそもそも，抗告訴訟制度の存在とその運用に関する特別の諸規律という実定的手続制度の反映にすぎないという理解に依拠していること[10]は，言うまでもない。かくして，伝統的な行政行為の概念は，一方では形式的行政行為論に直面させられることにより，また他方では，行政行為の効力論のレベルにおける機能論的再構成[11]を余儀なくされることにより，いまや，その法概念としての有用性を外延・内包の両面にわたって問われていると言えよう[12]。

本稿は，このような今日の情況に鑑み，行政法総論の体系の中で行政行為をいかなる概念として位置づけるべきかという問題を考察するための一素材として，フランスの行政行為概念を取り上げ，これがいかなる概念であるかを，わが国の行政行為概念との対比において検討しようとするものである。

ける先決問題としても自由に主張することができると述べておられるが，他方，同書106～107頁においては，「公定力といわれるものは，……取消訴訟制度が存在することの結果として，行政行為に生ずる不可争力的効果のことであり，……それ以上の力が当然に行政行為に具わるものとみる必要はないように思われる。このことは，本来の行政行為であれ，いわゆる形式上の行政行為であれ，かわるところはないというべきであろう」と述べておられる。当該二つの論旨がいかにして整合的に成り立ち得るかについては疑問が提起されている（室井力「形式的行政処分について」同『現代行政法の展開』〔有斐閣，1978年〕46～48頁参照）が，ともあれ，後者の叙述において，本文に述べた如き反論の成立可能性が示唆されているものと言えよう。また，非権力的行政活動における一定の行為を形式的行政行為として構成することの実益を疑いつつも，公定力と不可争力を伴う行為として形式的行政行為を構成することの可能性を肯定するものとして，塩野宏「行政作用法論」公法研究34号（1972年）200頁，204～205頁（塩野宏『公法と私法』〔有斐閣，1989年〕222～223頁）参照。さらに，同じく形式的行政行為の構成に厳格な限定を要求しつつも，法定の形式的行政行為に関しては公定力と不可争力が伴うが，解釈論的操作に基づく形式的行政処分に関しては公定力と不可争力が伴わないと見做す余地を肯定するものとして，室井・前掲48頁，55～57頁参照。

10) 参照，原田・前掲注5）104～107頁，室井力「行政行為の概念について」同『現代行政法の原理』（勁草書房，1973年）136～137頁，塩野・前掲注9）204頁。

なお，従来行政行為に付着すると見做されてきた諸効力が，実は行政行為に内在する固有の効力なのではなく，抗告訴訟制度の存在やその他各種の実定法上の規律の反映に他ならないという理解は，今日，多くの論者が共有するものであると言えよう。

11) 参照，藤田宙靖『行政法学の思考形式〔増補版〕』（木鐸社，2002年）15〜16頁。

12) 塩野宏「紹介・マルティン・ブリンガー『契約と行政行為』」国家学会雑誌77巻1・2号（1997年）92～96頁，特に95～96頁，原田・前掲注5）92頁，118～120頁，室井・前掲注10）139頁，藤田・前掲注3）133～135頁，村上武則「二段階論，行政行為一元論および形式的行政行為論」広島大学政経論叢24巻3号（1974年）50～53頁。

II　二つの行政行為概念──日本・ドイツ型とフランス型

　ところで，伝統的な行政行為概念は一般に，O・マイヤーの次のような定義に遡るものと考えられている。

　「行政行為とは，行政に属する公権力的（obrigkeitlich）な宣言であって，臣民に対し，彼にとって何が法であるかを，個々具体的な場合において規定するものである[13]。」

　このような概念規定は，O・マイヤー自身が認めるところによれば，フランスの acte administratif の概念に倣ったものであり[14]，しかもこの acte administratif というのは，彼の『フランス行政法の理論』（1886年）および『ドイツ行政法』初版本の彼自身によるフランス語版（第1巻・1903年）を参照するならば[15]，民法上の諸準則の支配と司法裁判管轄に服するところの管理行為（acte de gestion）に対置された，権威行為（acte d'autorité）を指していることが分かる。

　したがって，ドイツ行政法学およびその絶大な影響下に置かれたわが国の伝統的行政法学における行政行為の概念の起源を，我々は，O・マイヤー行政法学の出発点において彼が主たる関心を注いだ19世紀後半のフランスにおいて存在した権威行為概念に求めることが許されるかに見えよう。事実，当時のフランスでは，行政が私人に対して優越的な立場において行う公権力の行為すなわち命令的・権威的行為（acte de la puissance publique, acte de commandement et d'autorité）の中の個別的なものを指して，本来的 acte administratif と称する論者が存在した[16]し，また，1886年から1898年までコンセイユ・デタ（以後，これをC・Eと略称する）の副院長（vice-président）の地位に在って当時の行政判例に多大の貢献を行ったE・ラフェリエールも，行政が個人に対して優越的立

---

13)　O. Mayer, Deutches Verwaltungsrecht, 1. Aufl., 1. Bd., 1895, S. 95. なお，翻訳は藤田・前掲注11) 118頁にしたがった。

14)　Ebenda, S. 95, Anm. 1.

15)　O. Mayer, Theorie des Französischen Verwaltungsrechts, 1886, S. 91, 139-140 u. 150; O. Mayer, Le droit administratif allemand, édition française par l'auteur, T. 1, 1903, p. 120.

16)　Th. Ducrocq, Cours de droit administratif et de législation française des finances, 7ᵉ éd., T. 1, 1897, pp. 81 et 86.

場において行う公権力行為 (acte de puissance publique) のみが, 司法裁判管轄を免れた固有の意味での acte administratif に該当するという見地に立っていた[17]のであった。しかしながら, 当時の諸学説およびその後のフランス行政法学の展開をより仔細に検討するならば, 次の二点にわたる指摘を行わなければならない。

第一に, なるほど19世紀後半のフランス行政法学は, 各論者によるニュアンスの違いを含みながらも, 権威行為と管理行為との原則的二分論を採用していた点でほぼ一様であったと言えよう[18]。しかし, かかる二分論はほとんどの場合, 専ら行政の諸活動を行政裁判管轄事項と司法管轄事項とに, いかにして分配するか, という観点からのみ論じられていたのであり, これとは別に, 日独の抗告訴訟に相当するところの越権訴訟による攻撃の対象として, いかなる行為類型が想定されていたか, という観点から見るかぎり, 多くの論者は, 行政の発するあらゆる法行為・決定の行政処分性を肯定しており[19], E・ラフェリエールのように越権訴訟による攻撃の対象を原則として命令的・権力的行為に限定する所説を開示する[20]者は, むしろ少数派であったかの如き観すら呈している。

第二に, 20世紀になると, 権威行為を以て行政行為あるいは本来的 acte administratif に等置する考え方は後退し, 代わって, 権力的たると非権力的たるとの違いに関係なく, 契約と事実行為を除いた一切の法行為を一方的行政

---

17) E. Laferrière, Traité de la juridiction administrative et des recours contentieux, 2ᵉ éd., T. 1, 1896, p. 478.

18) Cf., L. Aucoc, Conférences sur l'administration et le droit administratif, 3ᵉ éd., T. 1, 1885, pp. 21-26, 486-489 et 607 ; A. Batbie, Traité théorique et pratique de droit public et administratif, 2ᵉ éd., T. 7, 1885, pp. 368-369 et 400-402 ; Th. Ducrocq, op. cit., pp. 80-93 ; E. Laferrière, op. cit., T. 1, pp. 5, 7-8, 477-478 et 484-485. 参照, 神谷昭『フランス行政法の研究』(有斐閣, 1965年) 101〜107頁。但し, L・オーコックの議論に, L・デュギイの公役務理論やM・オーリウの公管理理論の萌芽が認められることについては, 兼子仁『行政行為の公定力の理論〔第3版〕』(東京大学出版会, 1971年) 190〜191頁を参照せよ。

19) D. Serrigny, Traité de l'organisation, de la compétence et de la procédure en matière contentieuse administrative dans leurs rapports avec le droit civil, 2ᵉ éd., 1865, Vol. 1, pp. 306 et 314-315 ; A. Batbie, op. cit., p. 454 ; Th. Ducrocq, op. cit., T. 2, pp. 35-36 ; L. Aucoc, op. cit., p. 511.

20) Cf., E. Laferrière, op. cit., t. 1, p. 17. 参照, 阿部泰隆『フランス行政訴訟論』(有斐閣, 2001年) 44〜48頁。E・ラフェリエールの所説については第2章Ⅰ1において詳述する。
　なお, 19世紀フランスにおける行政行為論の状況については, 資料上の制約ゆえに, ここで断定を下すことは差し控える。

為・行政決定・一方的行政決定（acte administratif unilatéral, décision exécutoire〔administrative〕ou décision exécutoire unilatérale）[21]といった名のもとに統一的に把握する立場が，支配的となる。しかも，これら行政決定等の諸概念には，行政が締結する公法上または私法上の契約に先立って行われるところの，落札決定や地方議会または公営造物法人理事会の議決，あるいはこれらの諸決定に対する監督官庁の認可等の，一種の内部行為や行政主体相互間の行為が含まれる。そして，契約締結の前提条件をなすこれらの行政決定を越権訴訟によって攻撃する可能性を全面的に認めたのが，20世紀初頭以来 C・E の判例が築き上げた《分離しうる行為》理論（la théorie des actes détachables）である。

　実は，この第二番目の論点は本稿自体が解明しようとする課題を成している。そして，この点を証明することができるならば，同じく行政行為の観念を中核として構成された大陸法系の行政法体系を擁する国々の中に一般に数え上げられるにもかかわらず，日独とフランスとでは，型を異にする二つの行政行為概念が成立していたことになるであろう[22]。行政行為概念の再検討が要請されている今日，20世紀初頭に成立したと考えられる行政決定（décision exécutoire）概念の特質を吟味し，かかる異種の行政行為概念がいかなる理論的基礎と歴史的背景のもとに形成されたのかを探ることは，少なからぬ意味を有しているはずであり，しかも，これについてわが国で従来行われてきた紹介が，以下のような情況にあったことに鑑みれば，かかる検討の意義は今もって失われていないと考える。

III　先行研究

　すなわち，フランスの行政決定＝行政行為概念が日独の行政行為概念よりも広く且つ弾力的であることは，わが国において夙に指摘され，意識されてきた[23]。ところが，論者の関心が多くの場合，日独の行政行為に認められる諸効

---

[21]　décision exécutoire の訳し方については，本文 4 において後述する。
[22]　但し，O・マイヤーの行政行為概念についても，今日の形式的行政行為論との関連において未だに検討の余地を残していることについては，参照，塩野・前掲注 9）200 頁および村上・前掲注 12）52〜53 頁。

力との類比においてフランスの行政行為の効力のあり方を論じるという点に専ら存したがために，一般に，フランス流の広い行政決定の概念を念頭に置いた論者にあっては，フランスの行政行為には日独のそれに比べて弱い程度の権力性しか与えられていないという結論に到達する[24]のに対し，日独流の狭い行政行為概念に対応させられた行政の行為類型を念頭に置いた論者にあっては，

---

23)　参照，近藤昭三「フランスにおける行政行為の特質」公法研究18号（1958年）149頁。
　なお，契約から分離しうる行政決定が越権訴訟による直接的な攻撃の対象たり得ることが肯定されていること，また他方で，私法上の法関係の形成要件を成す行政決定の適法性が司法裁判所の移送判決を介して提起される適法性審査訴訟（recours en appréciation de la légalité）の場において，この行政決定を直接的な攻撃対象とする越権訴訟の出訴期間が経過してしまった場合であっても例外的に争われ得るケースが存在すること，以上の二点がフランスの行政行為に認められる権力性の程度如何にとって有し得べき意味をめぐっては，かつて，兼子仁氏と遠藤博也氏との間で論争が交わされた。すなわち，兼子氏が，前者の点において，行政決定（décision exécutoire）の本質を法律行為と同質と見做すフランス的行政行為観の端的な表現を見出し（兼子・前掲注18）301頁），また後者の点からは，「越権訴訟の排他的機能は，ドイツや日本の取消訴訟のように有効な行政処分に対する他のすべての争い方を排除するほどに広汎絶対的なものではな」いという結論を導かれ（兼子仁「フランス行政法における先決問題」東京都立大学法学会雑誌3巻1・2合併号（1963年）205頁），この点に，「行政裁判権の成熟に照応して早くから弱い型の公定力理論が唱えられてきたフランスにおける先決問題制度のあり方」（同184頁）の端的な表れを見出した（同201頁）。これに対して遠藤氏は，次のような批判を投じられた。まず，兼子氏が行っているように，契約から分離しうる行為の如く日独においては行政行為と見做されていない行為類型を敢えて取り出してきて，その効力を日独の行政行為の効力と比較するという手法は，「行政行為の公定力の類型的差異を論ずるについて」の適切な比較方法ではあり得ない（遠藤博也『行政行為の無効と取消』〔東京大学出版会，1968年〕257頁，259頁）。また，適法性審査訴訟が認められる場合の本案たる民事訴訟は原則として損害賠償請求訴訟であるにとどまり，しかも，例外的に適法性審査訴訟において先行行為が違法と判定された結果として本案たる民事訴訟において私法上の契約が無効とされるケースも，結局，上に述べたような分離しうる行為を先行行為とする契約に関するケースであることに照らせば，これまた，わが国における先決問題のあり方との適切な比較対象とはなり得ない（同書267～269頁）。かかる批判の正当性を兼子氏がその後認めるに及んでこの論争自体は幕を閉じた（兼子仁「行政処分に対する刑事裁判的統制」同『現代フランス行政法』〔有斐閣，1970年〕82～83頁）が，しかし，契約から分離しうる行為のように「弱い公定力しかもたない行為」（遠藤・前掲書257頁），「行政契約関係を形成していく行政の決定」，「一般の行政処分とはかなり異質で，むしろ私法契約と実質上一体をなしている特殊な処分」（兼子・前掲論文『現代フランス行政法』77頁，82頁）が，何故フランスにおいては，日独流の行政行為と並んで行政決定（décision exécutoire）の一類型を成すものとして構成され得たのかという問題への立ち入った究明は，未だになされていないと言わなければならない。ともあれ，上述の論争は，フランスの行政行為概念がこのように広く且つ弾力的な概念として形成されていることを前提として交わされていたことに，何よりもまず留意しなければならない。

24)　兼子・前掲注18）50頁，301頁，324頁，329～334頁，同・前掲注23）東京都立大学法学会雑誌3巻1・2合併号184頁。

逆に，効力論のレベルにおける両者の近似性を[25]，また場合によっては，フランス流の行政行為の効力の中に相当高い程度の権力性の発現[26]を見出すという，相反する二つの傾向があったように思われる。これに対し，行政決定概念がフランス行政法学上に占めている固有の位置，この概念がそこにおいて成り立つための特有の論理と必要性についての十分な解明は，未だに与えられていなかったと考えられるのである。

Ⅳ 用 語 法

さて，本稿が設定した問題の検討を進めるにあたって，行政行為の語をいかなる意味において使用するかが問題となる。

わが国においては，私法関係に対置された公法関係の特質が語られる場合，暗黙のうちに，「すべての公法関係でなく，そのうち行政行為を法律要件として形成される公法関係についてのみあてはまる」特殊性が語られるのが通例である[27]。これに反し，フランスにおいては，一方で，司法裁判所と行政裁判所との分離が制度的前提としてあり，包括的に行政裁判所の管轄に服せしめられた行政の諸活動が存在し，他方で，行政裁判管轄内部において更に，主として完全裁判訴訟と越権訴訟との区別がなされる。したがって，acte administratif の特質について論じようとするとき，そこで念頭に置かれている acte administratif とは，その効力ないし適法性の審査が専ら行政裁判所の管轄に留保されているが故に，司法裁判所に係属している訴訟の先決問題としてその適法性が

---

25) 日独流の行政行為に対応する行為類型に関するかぎり，越権訴訟（取消訴訟）の対民事訴訟関係または対完全裁判訴訟関係での排他性について，日独とフランスとで基本的な差が存しないことについては，cf., J.-M. Auby et R. Drago, Traité de contentieux administratif, 2ᵉ éd., T. 1, 1975, pp. 816-817 et 825-826. また，前掲注 23）を参照せよ。

26) 兼子氏が理解する M・オーリウの公定力観・予先的特権理論と，行政行為の効力をめぐるフランスの実定的諸制度（ことに，行政強制・執行不停止原則・立証責任等）の現実ないしそれに対する通説的理解との間に存する矛盾として，夙に指摘されてきたことである。参照，阿部・前掲注 20）16 頁。

27) 高柳信一「公法と私法」高橋勇治＝高柳信一編『政治と公法の諸問題』（東京大学出版会，1963年）15～16 頁（表現が多少修正されているが，高柳信一『行政法理論の再構築』〔岩波書店，1985年〕39 頁も同旨）。同旨として参照，今村成和「現代の行政と行政法の理論」公法研究 30 号（1968年）121 頁（同『現代の行政と行政法の理論』〔有斐閣，1972 年〕19 頁）。

問題となった場合にも，司法裁判所はみずからこれについて判断を加えることを禁じられ，これについての判断を求めるべくこれを行政裁判所へ移送しなければならないという意味において，裁判管轄の特権 (le privilège de la juridiction)[28] を認められた行政の行為類型を指称しているのか，それとも，行政は一般に予め裁判判決を得ることなしに行政庁の決定行為に基づいて各種の活動を遂行することができ，場合によっては行政庁の決定を名義として私人に対して強制執行を加えることを許されることすらあり得るという意味において，予先的特権 (le privilège du préalable)[29] を認められ，且つ私人の側でこれを攻撃するための手段として越権訴訟が用意されているところの行政の行為類型を指称しているのかを，常に明確に区別した上で議論がなされるべきであろう[30]。そこで，フランス流の行政行為観の特質を探ろうとする本稿においても行政行為の語をいかなる意味において使用するかが重大な前提問題となるのである。

上に示した二つの用法[31] に即して述べるならば，前者の意味での acte admi-

---

28) M・オーリウはこれを指して，「司法官庁に対する行政の独立」と称している (Précis D. A., 12ᵉ éd., p. 332)。参照，兼子・前掲注 18) 212 頁。
29) M・オーリウはこれを指して，「行政裁判官に対する行政の独立」とも称している (ibid., p. 333)。参照，兼子・前掲箇所。
30) フランスにおいては，行政の諸行為の特質に関して本文に述べたような二つの事柄を区別し得ることについては，参照，近藤・前掲注 23) 146 頁。
　ところで，阿部泰隆氏は，「公役務理論の発展によって権力行為と管理行為の区別が放棄されたとされているが，それは通常の行政訴訟と司法裁判の管轄権の境界確定についていえることであって，越権訴訟と通常の行政訴訟ないし司法裁判との管轄権の境界確定はそれによってほとんど影響を受けなかったことに注意すべきである。……フランスにおける公法と私法の区別は利益説によっていると一般にみられているが，それはこの区別を通常の行政訴訟と司法裁判の区別に求めるからであって，そのほかに公法の領域に越権訴訟——権力行為の領域があることに注意すれば，フランス公法はいわば権力説と利益説の混合形式ということになる筈である」と述べておられる（前掲注 20) 48 頁）。通常の行政訴訟と司法裁判の管轄権の境界確定の問題と越権訴訟と通常の行政訴訟ないし司法裁判との管轄の境界確定の問題とが別個の問題を成しており，各々に異なった境界確定の基準が用意され，しかも公役務理論が主として影響を与えた問題は前者の基準の如何に関する問題であったとする限りでは，阿部氏の所説に本稿筆者も同意する。しかしながら，権力行為と管理行為との区別が後者の問題を決する上で 20 世紀になっても有効な基準を提供し得ていたか否か，さらにまた，公役務理論が副次的にではあるにせよ後者の問題に影響を与えなかったか，それ故，仮に権力行為と管理行為との区別が後者の問題を決する上で依然としてある程度の有効性を発揮し得ていたとしても，ここで所謂"権力"がかつて用いられたと同様の意味を担わせられていたと見做せるか，つまり，"権力"性の相対化が公役務理論を背景としてもたらされなかったか，以上のような疑問が上記阿部氏の所説に対して生じる。本稿は，かような疑問を一つの出発点としている。

nistratif に対しては行政の公法上の行為という訳語が与えられるべきであり，他方，後者の意味での acte administratif に対して行政行為なる訳語が与えられるべきである。つまり，前者には，1790 年 8 月 16 日-24 日の法律および共和暦 3 年実月 16 日の法律を根拠として司法裁判管轄を免れると考えられた[32] 一切の法的または事実的行為が，含まれることになる[33]。これに対し，本稿で用いられる行政行為という語は，行政庁が行う公法上の法行為[34]の中から双方的または多方的な行為（特に行政契約 contrat administratif）を除いた一切のものを総称することになる。今日一般に décision exécutoire あるいは acte administratif unilatéral と呼ばれる行為類型[35]がこれに該当し，法規命令行為（acte ad-

---

31) 本文で述べた二つの用法以外にも様々な用法があり得ることについては，後掲注 33), 注 34), 注 36) を参照せよ。

32) Décret des 16-24 août 1790, sur l'organisation judiciaire, art. 13; Décret du 16 fructidor an Ⅲ. なお，革命期におけるフランス型の権力分立制の成立過程の実証的研究をとおして，1790 年 8 月 16 日-24 日法 13 条の立法趣旨と意義づけの見直しを迫るものとして，参照，村上順「フランス革命期行政裁判制度研究試論」神奈川法学 10 巻 2・3 合併号（1979 年），11 巻 1 号（1979 年），2・3 合併号（1979 年），14 巻 1 号（1979 年）。

33) たとえば，M・オーリウがその前期の学説において，「公権力の発現としての行政の諸行為」を指して actes administratifs と呼んでいるのは，かような用法においてである。Cf., M. Hauriou, Précis D. A., 4e éd., 1901, p. 239.

なお，学説史上には，一方において事実行為を除外しつつ，他方では行政が締結する民事契約のごとき私法上の法律行為をも含めた，行政が行う一切の法行為を指して acte d'administration あるいは décision exécutoire と称する場合もあり得る。たとえば前期の M・オーリウがそうである。Cf., ibid., pp. 284, 317 et 324. 参照，第 2 章 Ⅱ 1。

34) 今日のフランスにおいては，行政が行う公法上の法行為を指して acte administratif と称する学説が多数にのぼる。つまり，行政が行う一切の行為の中から事実行為と司法裁判管轄に服する法行為とを除外した諸行為がこれに当たる。したがって，この種の acte administratif 概念には行政契約も包摂される。Cf., J. Rivero, Précis D. A., 7e éd., 1975, p. 92; G. Vedel, D. A., 6e éd., 1976, p. 172; M. Waline, D. A., 9e éd., 1963, pp. 433-434; M. Waline, Précis D. A., T. 1, 1969, pp. 315-316; F-P. Bénoit, D. A. français, 1968, pp. 465, 507 et 585; Ch. Debbasch, Institutions et droit administratif, T. 2, 1978, p. 75. また，A・ド・ローバデールは，この種の acte administratif 概念が行政法の適用および行政裁判管轄への帰属の有無という機能的観点から命名された概念であるという意味において，これを acte administratif の機能的概念と称している。Cf., A. de Laubadère, Traité D. A., T. 1, 7e éd., 1976, pp. 238-240.

35) 注 34) に挙げた諸文献を参照せよ。A・ド・ローバデールは，この種の acte administratif 概念が，行政庁によって発せられた行為か否かに着目して命名された概念であることを理由に，これを acte administratif の形式的または機関的概念と呼んでいる。Cf., A. de Laubadère, op. cit., pp. 225-226.

この場合，行政契約は相手方の意思との協働を必要としているから，行政庁によって「発せられた」とは見做し得ないとされるのである。

ministratif réglementaire）もこれに含まれる[36]。

　他方，décision exécutoire という語も多様な意味を有し得る。最狭義においては，行政上の強制執行への授権を含む（すなわち，執行名義として機能する）行政決定を指称する語として使用されることも可能であるのに対し，広義においては，単に法秩序への何らかの変更をもたらし得るという意味において法的効果を具有する行政決定を総称する語として使用することも可能である[37]。このような多義性・あいまいさの故に，かつて Ch・アイゼンマンは，M・オーリウや彼の所説を引き継ぐ論者によって使用される décision exécutoire の語が混乱と誤謬の原因としかなり得ないとして，その有用性を否認したのであった[38]。

　なお，この種の acte administratif 概念が M・オーリウの後期における学説にまで遡ることについては，後掲注 38），注 39）および第 4 章を参照せよ。

36) これに反し，L・デュギイは acte administratif の語を原則として，公法上の個別的法行為（行政契約および一方的個別的な公法上の法行為）のみを総称する語として使用しており，したがって，彼が acte administratif unilatéral と称する行為類型には，法規命令は原則として含まれない。Cf., L. Duguit, Traité D. C., 3ᵉ éd., T. 2, 1928, pp. 287 et 355. 今日でも，A・ド・ローバデールはこれを acte administratif の実質的概念と呼んでいる。A. de Laubadère, op. cit., pp. 232-237. 但し，越権訴訟による攻撃の対象となり得ることを基準として，法規命令をも包摂した acte administratif 概念をたてる可能性を，L・デュギイは否定していない。Cf., L. Duguit, op. cit., p. 364.

37) 広義の décision exécutoire について，cf., J. Rivero, op. cit., pp. 93-94; G. Vedel, op. cit., pp. 180 et 205; G. Dupuis, Définition de l'acte unilatéral, Recueil d'études en hommage à Charles Eisenmann, 1975, pp. 210-211.

38) Ch. Eisenmann, Cours de droit administratif: Diplôme d'études supérieures Droit public 1953-54, pp. 262-284.

　上記箇所において Ch・アイゼンマンは，主として M・オーリウの décision exécutoire 理論に対して検討を加え，大要次のような批判を投じている。すなわち，M・オーリウは，一方において，行政上の強制執行への授権を含む行政の行為を指称する為に décision exécutoire の語を使用する場合もある（最狭義）が，一般的には単に，その行為により何らかの法効果が生ぜしめられ，行政客体の側ではこの行為の有効性を認めて予め服従すべき義務が課せられ（予先的服従を求める行政の特権〔le privilège de l'obéissance préalable〕），且つ事後的にその有効性を訴訟によって争う以外に救済手段の認められないような行政の行為を指称するために，この語を用いている（広義）。そして極端な場合は，決議（voeu）のように単に事実上の効果を生ぜしめるにとどまる行為までもこの語の中に包摂せしめられることにより，この語は exécutoire あるいは force exécutoire という語が本来有すべき法的な意味を著しく逸脱して用いられるに至っている。法学上の本来の用法から言えば，décision exécutoire は，行政上の強制執行への授権を含む行政の行為を指称するための語として最狭義に使用されるべきであり，かかる意味での décision exécutoire に包摂され得る行政の行為とは，結局，下命的（impératif ou d'obligation）行政行為の中のある種のものでしかない。したがって，行政の行う一方的法行為とあたかも同義語であるかの如くにこの語を用いることは，行政法学上に諸々の混乱と誤った概念を導入するという結果をもたらすだけであり，何らの有益性も認

しかし，留意しなければならないことは，今日一般には，この語が，それにより何らかの法効果が発せられ，行政客体の側にはそれを有効な決定として扱わなければならない義務が生じるような行政の一方的法行為を指称するための語として用いられ，かかる広い意味において，décision exécutoire は acte administratif unilatéral と同義語として用いられているという事実である[39]。したがって，この語に対して，わが国での通例にしたがって「執行的決定」という訳語を与えることは，これに該当する諸行為のすべてに所謂自力執行力が付着するかの如き語感を生ぜしめる虞があると思われるので適切ではあるまい。また他方，フランスにおける今日の用法にしたがい，décision exécutoire および acte administratif unilatéral に対して，本稿が使用するのと同義において行政行為という訳語を充てることも可能であるが，しかし，これでは，これらの語が有し得る多様な意味を没却させ，ひいては，これらの語がフランス的行政行為

　められない。
　このような Ch・アイゼンマンの批判に対しては，M・オーリウ自身は décision exécutoire の語を最狭義においては一度として使用していないから上述のような批判は根拠がないという趣旨の反駁が，L・スフェズによって加えられた。Cf., L. Sfez, Essai sur la contribution du doyen Hauriou au droit administratif français, 1966, pp. 410-429. L・スフェズの所説によれば，M・オーリウの所謂 décision exécutoire に具わるべきものとされている force exécutoire とは，単に，「裁判による有効性認定に先立ってその執行を可能ならしめる」効力を指しているにとどまり，かかる効力に基づいて行われる職権的執行（exécution d'office）という語は，強制的執行（exécution forcée）から明確に区別されて用いられているのである。本稿もまた，このような理解を正当なものと考えるが，exécutoire あるいは exécution d'office という語の法学上の本来の用法から見て，上記のような M・オーリウの区別が適切であったかどうかは，自ずから別途判定されるべき問題である。Ch・アイゼンマンによる批判の意義も，専らこの点に求められるべきであろう。
　なお，L・スフェズの反駁は，上述の点に加え，M・オーリウは décision exécutoire の語を専ら下命的行政行為に対してのみ充てており，許可的な一方的法行為（actes unilatéraux permissifs）のカテゴリーを décisions exécutoires のカテゴリーとは別に用意していたという趣旨の議論をも含んでいた（ibid., pp. 414-417）が，これには賛同し得ない。
39）Ch・アイゼンマン自身，M・オーリウの décision exécutoire 理論が行政の一方的法行為に関する支配的学説として，後代の多数の論者によって基本的に継承されていることを認めており，その代表格として，L・ロランと M・ワリーヌを挙げている。Cf., Ch. Eisenmann, op. cit., pp. 258 et 274-276. また，L・スフェズも，M・オーリウの上記理論を基本的に継承し décision exécutoire の定義の完璧化を企図した論者として G・ヴデルと J・リヴェロを挙げている。Cf., L. Sfez, op. cit., pp. 406-410. さらに，Ch・ラヴィアーユによれば，M・オーリウによる décision exécutoire の概念研究は，かかる行政法学上の鍵概念の孕む様々な要素を把握する上で今日も基本的な研究であり続けている。Cf., Ch. Lavialle, L'évolution de la conception de la décision exécutoire en droit administratif français, 1974, p. 36.

観を体現する語として形成されて来た経緯を見失わせることになりかねない。したがって，これらの語に対しては，その語義とは無関係に，各々，行政決定・一方的行政行為という訳語を充て，必要なかぎりにおいてその都度，その語義を説明するという手法を用いることにする。

V 第Ⅰ部全体の構造

　本書第Ⅰ部全体の構造を次に示そう。まず第2章において，19世紀末のフランスの学説を支配していたと考えられる権力行為と管理行為との二分論および，その修正論たる性格を有する権威行為・公管理行為・私管理行為の三分論の内容を，E・ラフェリエールと前期のM・オーリウの各理論に即して簡単に整理することによって，これら行政活動分類論が，権威行為に該当しないとされた行政の諸活動に関する越権訴訟の提起を妨げるための一つの前提を形づくっていたことを明らかにしたい。次に第3章においては，（公・私）管理行為の典型と目される公法上または私法上の契約（以後，行政によって締結されるこれら二種の契約を総称する場合，行政による契約の語を用いる）を例に取り上げ，かかる行政による契約に先立って行われるところの地方議会の議決や監督官庁による認可あるいは落札決定・落札認可等の諸行為が，契約から《分離しうる行為》と見做されてこれらに対する越権訴訟による攻撃の可能性が全面的に肯定されるに至るまでの経緯を検討する。さらに，このような越権訴訟判例の形成がフランスの行政行為論に与えた影響およびかかる判例形成の理論的背景を探るために，第4章においては，行政決定（décision exécutoire）に関するM・オーリウの学説の展開を中心に跡づけ，以て，フランス的行政行為観の特質の解明に努めたい。そして第5章では，L・デュギィの行政行為論の分析を通して，M・オーリウとL・デュギィという20世紀初頭のフランス行政法学を代表する2名の論者間において，フランス的行政行為観の共通基盤が確立していたことを明らかにする。

第2章

静態的行政活動分類論

I 権力行為・管理行為の二分説

　1　行政活動を行政管轄事項と司法管轄事項との間で如何に分配するかという観点から権力行為と管理行為とに原則的に二分するという考え方は，L・オーコック，A・バトビイ，Th・デュクロック及び彼らより約一世代後の世代に属するE・ラフェリエールへ至る19世紀後半に活躍した行政法学者にほぼ共通する思考であった[1]。ところが，ここでは概して，越権訴訟による攻撃対象たり得る行為類型として如何なる行政の行為が想定されるかという関心は稀薄であり，E・ラフェリエールにおいてようやく，上述の行政活動二分論と越権訴訟による攻撃可能性（行政処分性）の如何との間の接続が試みられる。彼は当時のコンセイユ・デタ（C・E）の副院長として行政判例上の諸法理の形成に多大の影響を与えた人物であっただけに，その議論を一瞥することが不可欠である。

　周知のように[2]E・ラフェリエールは，行政が遂行すべき二つの使命に対応させて権力行為と管理行為とを区別する。すなわち，行政は一方で，「公共の財産の管理および使用について監視すること，すなわち共同の諸任務遂行の用に供せられるべく定められたあらゆる性質の収入を確実に受け取り，且つこれらの収入を諸公役務の用に確実に充当することを任務とし」ており，かかる使命を遂行するために行政が，市民相互間の関係と同様に対等原則（le principe d'égalité）の支配のもとで行う行為が，管理行為（acte de gestion）である。これに反し，行政は他方で「執行権力の一属性たる権威・権力の一部の受託者であ」り，かかる立場において「諸法律を執行させること，諸法律を確実に適用

---

1)　第1章注18)を参照せよ。
2)　参照，神谷昭『フランス行政法の研究』（有斐閣，1965年）109頁，および阿部泰隆『フランス行政訴訟論』（有斐閣，2001年）44頁。

するために仕えるべき下位の諸規定を発すること，そして市民に対して良好な警察状態の諸便益をもたらすことを任務とする」。そして，かかる使命を遂行するために行政が市民に対して権威原則（le principe d'autorité）の支配のもとで，すなわち「一方における命令権・他方における服従義務」の関係において，「一般的なものであれ或いは個別的なものであれ，また下命であれ禁止であれ，いずれにせよ命令（prescriptions）という」形式をとって行うところの行為が，権力行為（acte de commandement ou de puissance publique）である[3]。

さて，以上のような行政活動二分論に関して以下の三点にわたる指摘を行う必要がある。第一に，権力行為に関する定義から明らかなように，E・ラフェリエールが語る権力行為とは専ら命令的行政行為，とりわけ下命・禁止を想定して立てられた概念である[4]。このことは，M・オーリウの後期における行政行為論との対比において重要な意味を帯びてくるであろう。

第二に，既に周知のように[5]，かかる行政活動二分論は，特別の法規定が存在しないかぎり司法裁判所と行政裁判所との間における権限分配のための基準を提供するものとされる。つまり，「1790年および共和暦3年の諸法律に対して与えられなければならない意味における actes administratifs（＝公法上の行

---

[3]　以上について，cf., E. Laferrière, Traité de la juridiction administrative et des recours contentieux, 2ᵉ éd., T. 1, pp. 5 et 477-478.

[4]　E・ラフェリエールは確かに，鉱山特許や公共事業特許のように「その本性により行政的で当然に司法裁判管轄を免れるところの契約」を，本性上の行政契約（contrats administratifs par leur nature）と称し，その独自的存在を認めているかに見える。しかし，かかる特許は，彼にとってはあくまでも，「そこにおいて行政行為と契約とが結合して」いる行為である。そして，ここで行政行為（l'acte d'administration）とは権力行為と同義語であり，他方，契約という語によって想定されているのは民法上の契約であり，それは典型的な管理行為に他ならない。したがって，彼は依然として，権力行為と管理行為とを両極のモデルとして措定した上で，本性上の行政契約をこれら二つのモデルの間の雑種として理解するにとどまっている。Cf. E. Laferrière, op. cit., 2ᵉ éd., T. 1, pp. 604-605.

　E・ラフェリエールはまた，地方公共団体や公営造物法人に対する各種の認可のような行政上の後見監督行為（acte de tutelle administrative）が権力行為に該当することを肯定するが，その際にも，この種の認可が「実は命令も禁止も含まない」にもかかわらず何故権力行為に該当するのかを説明するという，論法を採用している。ここにおいても依然として，命令・禁止が権力行為の典型として想定されていることは明らかであろう。Cf., ibid., p. 484.

[5]　参照，神谷・前掲注2）110〜111頁，兼子仁『行政行為の公定力の理論〔第3版〕』（東京大学出版会，1971年）197頁，および阿部・前掲注2）47頁注10。

為：筆者注）」とは，権力行為を指称するものだ[6]とされる。かような考え方は，理論的には国家人格を公権力と私的人格とに二分する一種の国庫理論に支えられつつ，実践的には「行政の訴訟管轄権限の範囲を限定しようとする願望」によって促されていた[7]と言えよう。

ところが第三に，この二分論は他面では，行政裁判管轄内部における完全裁判訴訟と越権訴訟との間の区別にも原則として対応していた[8]。すなわち，管理行為は法律の特別の規定を俟ってはじめて行政裁判管轄に属せしめられる[9]のであるが，かくて行政裁判管轄に属せしめられた管理行為をめぐって行政と私人との間で発生した紛争は，それがたとえば公共事業請負契約に関する起業者と国または地方公共団体との間の紛争のように県参事会（conseils de préfectures）の第一審裁判管轄に服するのであれ，あるいは納品契約に関する業者と国との間の紛争のようにC・Eの始審かぎりの裁判管轄に服するのであれ，いずれにせよ行政の予先的な決定の変更や金銭支払いの義務づけを判決内容とする完全裁判訴訟に服する[10]。これに対し，性質による行政訴訟事項（l'objet des contestations qui relèvent du contentieux administratif par leur nature）とされる権力行為は，憲法上の権力分立原則に鑑みてそもそも法律によっても司法事項とはなし得ないとされる[11]が，それのみにとどまらず，権力行為は，越権訴訟の提起に基づき専ら違法性を理由として下される取消判決の対象でしかあり得ないとされる[12]。

2　1890年代にはいってから行政法の本格的な研究を始めたM・オーリウは，

---

6)　E. Laferrière, op. cit., pp. 477-478.

7)　L. Duguit, Les transformations du droit public, 1921, p. 152. 同旨として，cf., ibid., p. 149; L. Duguit, Traité D. C., 3ᵉ éd., T. 2, 1928, pp. 344-345.

8)　阿部・前掲注2）45頁，48頁も指摘しているように，徴兵・選挙・直接税の賦課だけは，E・ラフェリエールによれば，完全裁判訴訟の対象とされた権力行為である。Cf., E. Laferrière, op. cit., pp. 7 et 16.

9)　Ibid., p. 8.

10)　Ibid., pp. 15-16.

11)　Ibid., pp. 9-10.

12)　Ibid., pp. 16-17; E. Laferrière, op. cit., T. 2, p. 394. E・ラフェリエールにおける，権力行為と管理行為との区別と越権訴訟と完全裁判訴訟との区別との間に存する，かような原則的対応関係を指摘する者として，参照，阿部・前掲注2）44〜45頁および49頁注10）。

彼の学説の展開の初期の段階（1890年代）においては，以上のようなE・ラフェリエールの行政活動二分論を一面において正統に継承している。このことを我々は，1893年に公刊された彼の『行政法精義』第2版（Précis de droit administratif, contenant le droit public et le droit administratif, 2e éd., 1893）に看取することができよう。

M・オーリウによれば，たとえば人体に害を及ぼす可能性を有する施設の開設許可や警察命令のごとき権威行為（acte d'autorité）は「私人（les tiers）に既得権を付与することのない行為である」のに反し，国家債務支払額を確定する大臣決定あるいは，公共事業請負契約のように公役務作用を確保するために締結される契約等をはじめとする管理行為（acte de gestion）は，「私人に既得権を付与する行為である」。そして，権威行為においては「行政法人は……命令者たる（être impérieux）その本来の性格を保持する」のに反し，管理行為においては「行政法人は……その命令者性を放棄する[13]」。

では，かような区別からいかなる帰結が生じるか。この点についてM・オーリウは，①権威行為の取消し・撤回は常に可能だが，管理行為のそれは不可能であること，②権威行為は性質上，行政裁判管轄に服するのに反し，管理行為は性質上，原則として司法裁判管轄に服することと並んで，③権威行為はそれ自体として越権訴訟による攻撃の対象たり得るのに対して，管理行為に関しては，これによって付与された権利の侵害に基づく通常の訴訟，すなわち民事訴訟または行政上の完全裁判訴訟が開かれると，述べている[14]。

かくして，この時期のM・オーリウもまた，警察命令や警察許可に代表される命令的行政行為を想定して立てられた権威行為概念を維持し，しかも越権訴訟の提起を専らかかる権威行為に対してだけ認めるかの如き所説を開示している点において，ラフェリエール流の行政活動二分論を一面では正統に継承していたものと評することができるであろう[15]。

---

13) M. Hauriou, Précis D. A., 2e éd., 1893, p. 188.
14) Ibid., p. 189. 以上について同旨として，cf., ibid., 1re éd., 1892, pp. 162-164.
15) M・オーリウ曰く。権威行為と管理行為との「区別は，完全裁判訴訟が管理的な行為と地位に留保されるのに対し，取消訴訟が権威行為に結びつけられるかに見えるだけに，なおさら一層に興味深い」。「権威行為に対して裁判官は取消権限しかもたず，管理行為に対して裁判官はもっと広い権限を有するというのは，当然である。なんとなれば，管理的態様というのは，その本質が何であ

Ⅱ 権威行為・公管理行為・私管理行為の三分説

1 しかし他面で M・オーリウは，公権力的管理行為（acte de gestion de puissance publique）という中間的な行為類型の存在をも認める。すなわち，行政活動の分類方法として彼は権威行為と管理行為との区別による分類と並び，行政法人が公権力的人格を通して行う公権力行為（acte de puissance publique）と行政法人が私人的人格を通して行う私人としての行為（acte de personne privée）との区別による分類を提唱する[16]。この区別の基準は，たとえば納品業者に対する国の債務額が大臣の一方的な決定によって決まるケースのように特別の諸権利（droits exorbitants）を行政側が保留しているか否かという点に求められ，かかる基準によって公権力行為に該当するとされた行為は，仮にそれが金銭的価値の移動を内容とするが故に管理行為に当たるとしても，原則として行政裁判所の審査権に服さなければならないとされる。かような公権力的管理行為に該当する例としては，既述の国家債務額確定手続（liquidation de dette）のほかに国家債権の取立て決定（arrêté de débet）および公共事業請負契約や国の納品契約の如きいわゆる行政契約（contrat administratif）が挙げられる[17]。

この後，M・オーリウの行政活動分類論は，国家の私的人格＝国庫の理論に対する意識的な批判[18]を通して上に概観したような中間領域に属する行為類型の拡充に努め，『行政法精義』第3版（1897年）以降，各行為類型に対する命名態様に幾度か変動を伴いながらも[19]，権威行為・公管理行為・私管理行為（acte d'autorité, acte de gestion publique et acte de gestion privée）という行政活動三分

れ，確かに命令的態様ほどの公権力性を内包しないからである」（M. Hauriou, La gestion administrative, 1899, p. 2）。

16) M. Hauriou, Précis D. A., 2e éd., pp. 187-188.
17) Ibid., p. 190. 同旨として，cf., ibid., 1re éd., p. 166.
18) Cf., ibid., 3e éd., 1897, pp. Ⅲ et 291, Note（1）; La gestion administrative, pp. 70-72.
19) たとえば，権威行為を指して公権力行為（l'acte de puissance publique）と呼ばれることがある（Précis D. A., 3e éd.）し，公管理行為を指して単に管理行為（l'acte de gestion）と称される場合もあり（Précis D. A., 3e éd.; La gestion administrative; etc.），更に，私管理行為に至っては私人としての行為（l'acte de personne privée），民事生活上の行為（l'acte de la vie civile），司法管轄行為（l'acte judiciaire）等々，様々な呼び方がなされる。

説が基本的に成立する。そして，同書第7版（1911年）において公然と行政の行為態様論の土俵から追放される[20]に至るまで，この三分説は維持されることになる。そこで本稿はこの第7版に至るまでのM・オーリウの学説を便宜上，前期の学説と呼ぶことにする。

かかる前期の彼の理論を最も整序された形で呈示していると思われる『行政法精義』第4版（1901年）に即して，行政活動三分説の特質について，差し当たり[21]ここでは次の二つの指摘を行っておこう。

(1) 前期におけるM・オーリウは，権威行為・公管理行為・私管理行為の三類型を総称するためにacte d'administrationの語を用いるが，このacte d'administrationというのは「みずから法効果を作出する」行為であるという意味において法的な行為であり，また，「諸公役務の職務遂行と諸法律の適用のために行政法人が有する諸権利の行使として行われるところの行政の行為」である。したがってそれは，それの準備的または執行的な諸々の事実行為に対置された概念であり，両者を包括して用いられるところの行政の諸行為（actes de l'administration）の中の，法行為（actes juridiques）のみを指称するために用いられる語である[22]。しかも，行政決定（décision exécutoire）という語もかかる行政の法行為（＝acte d'administration）と同義語として用いられることに注目しなければならない。すなわち，行政の法行為（acte d'administration）とは「ある法効果を作出するために行政庁が拘束的な形式（forme exécutoire）をとって行うところのすべての決定であり，より短く言い表すならば，すべての行政決定（décision exécutoire）である[23]」とされるからである。したがって，この時期の

---

20) 第4章Ⅱを参照せよ。
21) M・オーリウの前期の行政行為論には，すでに後期の行政行為論へ展開するための芽が孕まれているが，本文で以下に掲げる二つの指摘では，かかる芽の部分は捨象されていることに留意されたい。なお，かかる芽の部分については，第4章Ⅱ参照。
22) M. Hauriou, Précis D. A., 4ᵉ éd., 1901, p. 276.
　ところで，行政決定（décision exécutoire）についての同様の考え方は，すでにE・ラフェリエールにおいて見出すことができる。すなわち，E・ラフェリエールによれば，行政決定とは，「後続の諸行為が行われなければ実現し得ないような意思」の表明に対置された，換言すれば，「純粋に準備的または威嚇的な措置」に対置された行為類型を指称し，かような意味において「執行されることの可能な決定」のことである。Cf., E. Laferrière, op. cit., 2ᵉ éd., T. 2, p. 427.
23) M. Hauriou, op. cit., p. 277.

M・オーリウにとって行政決定とは，それ自身によって何らかの新たな法効果を作出し且つかかる法効果を行政的な方法によって実現するための授権を含む[24]法行為であった[25]と，ひとまず考えることができよう。そして実は，かかる行政決定概念自体は，定義づけの周到化は図られるが，後期になっても基本的な変更を受けない[26]。ところが前期のM・オーリウにおいては，他面，かかる行政決定が権威行為・公管理行為・私管理行為の三類型へ振り分けられ[27]，各々が権威的態様によって行われる行政決定・公管理的態様によって行われる行政決定・私管理的態様によって行われる行政決定と称される[28]。そして各々の類型に対して，越権訴訟に代表される取消訴訟・完全裁判訴訟・司法管轄訴訟という三つの訴訟類型が対応させられている[29]点に，後期のM・オーリウの行政決定理論との重大な相違が見られるのである。

（2）かつて警察命令や警察許可に代表されるような命令的行政行為を想定して立てられていた権威行為概念に対して，今やより豊かな肉づけがなされる。なるほど依然として，「権威的態様において公権力が保持する命令的姿勢（l'at-

---

[24] M・オーリウ曰く。「行政決定（décision administrative）が実現しようとする法効果を作出するためには，そしてそれが訴訟を惹起し得るためには，その行政決定は拘束力をもた（être exécutoire）なければならない。換言するならば，その決定と執行開始との間に何らの猶予期間も，上位官庁による何らの認可も介在することなしに，それ独りの効力によって今や執行へ向かうのでなければならない」(ibid., p. 278)。

[25] 行政決定の有する法的拘束力（force exécutoire）の意味については，第1章注38）及び第4章Ⅲを参照せよ。

[26] 彼の『行政法精義』第11版（1927年）における行政決定（décision exécutoire）の定義と比較せよ。Cf., M. Hauriou, Précis D. A., 11e éd., 1927, p. 356. 参照，第4章Ⅳ 1。

[27] 逆に言えば，前期のM・オーリウの学説における actes d'administration = décisions exécutoires には，公法上または私法上の契約も含まれる。

[28] 『行政法精義』第4版（1901年）から同第6版（1907年）に至るまで，かかる命名法が用いられる。各々の定義を示すならば，以下のとおりである。
　まず，権威的態様によって行われる行政決定とは，「諸法律の適用を目的とし執行権力の発現を内包する行政決定であ」り，公管理的態様によって行われる行政決定とは「そこにおいて《行政的管理》が，すなわち，諸公役務の執行における公権力と行政客体との協働（collaboration）が実現されるところの，行政決定であ」り，最後に私管理的態様によって行われる行政決定とは，「行政主体の有する私産のために，場合によっては，所有権的態様において管理される行政の諸部局が各々有する私産のために，行政主体が取り交わすところの諸行為および諸契約の内に包摂された行政決定」である。以上について，cf., M. Hauriou, Précis D. A., 4e éd., pp. 284, 317 et 324.

[29] Ibid., pp. 288-290, 321 et 324.

titude de commandement) のゆえに取消訴訟しか許されない[30]」という性格づけが見出し得る。しかし，私人に対する権威行為の例として，公物特許とか公物使用許可あるいは公務員の任免等のかつては見られなかった形成的な行政行為が盛り込まれるに至っていることに，差し当たり注目しなければならない[31]。

2 以上に検討してきたところから次のような結論を述べることが許されるであろう。すなわち，E・ラフェリエールから前期のM・オーリウへ至る過程での公管理行為類型の派生や権威行為概念の拡充などの進展を，一方で確認することができる。かような進展を指して，行政活動の多様化への敏感な反応を示すものと評価することができよう。しかし他面で，これらの行政活動分類論にしたがえば，行政の各活動はその目的・性質に応じて丸ごと各行為類型に振り分けられ，各活動の過程が伴い得る様々な局面は差し当たり度外視されることになる。しかも，それぞれの行為類型には異なった訴訟手段が排他的に対応させられることにより，これらの分類論は，すぐれて画一的かつ静態的な分類論である点で共通の基盤を有するものであったと言えよう。また，前期のM・オーリウにおける行政決定（décision exécutoire）またはその同義語たるacte d'administration の語は，行政の行う法行為一般を示すものとして使用されたが故に，至って意味の稀薄な概念に堕していたと評さざるを得ない。ところが実は，前期M・オーリウの学説には権威行為の概念に関するもう一つの側面が隠されており，それが後期における彼の行政決定に関する新たな概念と理論へと接続していく。第4章はこのことの解明に充てられる[32]。

翻って，本章で検討された行政活動分類論が存立し得た実定的な根拠を探ろうとするとき，並行訴訟理論（théorie du recours parallèle）との関連を示すM・オーリウの次のような指摘に出会う。

「よく知られているように，越権訴訟の事案においては並行訴訟の存在から訴えの却下が結論づけられ，かかる却下事由の働きのおかげで二つの訴訟が峻別されることに多大の注意を払わなければならない。実際，管理行為に対しては通常の訴訟

---

30) Ibid., p. 284.
31) Ibid., pp. 284-285.
32) とくに，II・III 参照。

という別の訴えが存在しているから，越権訴訟が許されることが決してないのであり，このこと自体の故に，取消訴訟は権威行為に留保されているのである[33]。」

したがって次章においては，以上の指摘に示された並行訴訟理論との関連性に意を払いつつ，典型的な管理行為すなわち行政による契約に関する越権訴訟の提起が如何なる処遇を受けたかを，19世紀後半以降のC・Eの判例に沿って跡づけることにしよう。

---

33) M. Hauriou, La gestion administrative, p. 2, Note (2). 同旨として，cf., Précis D. A., 4ᵉ éd., p. 307.

第3章

行政による契約と《分離しうる行為》理論

序

　1　いかなる裁判管轄に服するかという観点から行政による各種の契約を分類するならば，所謂行政契約（contrats administratifs）と見做されて行政裁判管轄に服するものと私法上の契約とされて司法裁判所の管轄に服するものとに大別することができる。19世紀後半において行政契約に該当するとされた主たる例としては，次の二つの類型を挙げることができる。第一に，鉱業特許や公共事業特許をはじめとする各種の特許（concessions），公的・私的団体または個人に対して公役務または公益的目的のために行われる国公有財産の供用（affectation），兵役志願（engagement militaire），公職の賦与（collation de fonctions et emplois publics）等のように，E・ラフェリエールによれば「行政行為〔＝公権力行為：筆者注〕と契約とが結合し[1]」ているが故に「その本性により行政的[2]」であると見做される契約がある[3]。また第二に，国・地方公共団体あるいはその他一切の公法人が主体となって締結される公共事業請負契約（marchés de travaux publics）や国が主体となって締結される納品契約（marchés de fournitures）または起債等のように，E・ラフェリエールによれば，依然として単なる管理行為ではあるが公役務を目的として締結される契約であることに鑑み，法律の規定により行政裁判管轄に服せしめられた契約がある[4]。このいずれの類型に

---

1) E. Laferrière, Traité de la juridiction administrative et des recours contentieux, 2ᵉ éd., T. 1, p. 605.
2) Ibid., pp. 588 et 604. なお，第2章の注4) を参照せよ。
3) 以上について，cf., ibid., pp. 604-621.
4) Ibid., T. 1, pp. 595-603 et T. 2, pp. 124 et 139. なお，cf., M. Hauriou, Précis D. A., 5ᵉ éd., 1903, pp. 662 et 710; H. Berthélemy, Traité élémentaire D. A., 5ᵉ éd., 1908, pp. 505 et 554.
　公共事業請負契約および納品契約についての裁判管轄は，当時，次のように考えられていた。まず，公共事業請負契約の当事者間における紛争は，公共事業遂行に伴って生じる損害の賠償に関する紛争とともに，県参事会（conseils de préfectures）の第一審裁判管轄に服する。Cf. Loi du 28 pluviôse an Ⅷ, art. 4, nos 2 et 3. この場合，契約の一方当事者が国または植民領であるか，それと

も該当しない諸契約は，仮にそれらが公役務作用上に必要不可欠なものであったとしても，司法裁判所の審査権に服するものと当時は考えられていた[5]。

ところで，上に述べたような専ら裁判管轄上の区別の観点から行われた分類は，行政による契約に関して何らかの仕方での越権訴訟の提起が可能であるかという問題に対する回答に際して，決定的な基準を提供するものではない。一面でなるほど，当該分類が，司法裁判所の管轄に属すべき契約に関して提起された越権訴訟に対して，フランス的権力分立原則に由来する司法管轄尊重という要請を背景として，これを却下するという帰結をもたらすことが仮にあり得たとしても，他面で，行政裁判管轄上の完全裁判訴訟に服すべき行政契約に関しても越権訴訟提起の可能性が問題となり得るのであって，この問題に対する回答を得る上で，当該区別が意味を有しないことは言うまでもない。

2　このような越権訴訟による攻撃可能性という問題に対する回答を得る上で決定的な意味を有するのは，むしろ，契約締結に至るまでの手続の相違である。

すなわち，行政による契約をかかる手続の面から大別すると，公共事業請負契約や納品契約のように，法律により原則として一般競争入札（adjudication publique ouverte）または指名競争入札（adjudication publique restreinte）に依るのでなければ締結し得ないとされたものと，土地・建物等の売買，交換，賃貸借

も県・コミューンであるかの別はない。これに対し，納品契約に関する紛争は，その契約の一方当事者が国または植民領であればC・Eの始審限りの裁判管轄に服する（Décret du 11 juin 1806, art. 14, no 2）が，契約の一方当事者が県またはコミューンである場合は，司法裁判所の管轄に服する。

　　しかし，公役務理論を背景としてその後公管理行為の領域が拡充するにつれ，県またはコミューンによって締結される納品契約も次第に，行政裁判管轄へ取り込まれて行く。その経緯を端的に示す例として，差し当たり，M. Hauriou, Précis D. A., 5e éd., 1903, p. 710 と ibid., 11e éd., 1927, p. 856 との各々の記述を比較せよ。

[5]　行政による契約についてのE・ラフェリエールの理論については，参照，浜川清「フランスにおける行政契約一般理論の成立(1)」民商 69巻6号（1974年）56～66頁。

　　ところで，納品契約や起債の当事者が国または植民領である場合と県・コミューンである場合とで裁判管轄が異なることについては，M・オーリウが次のように批判していた。「二つの行政様式へのかような不正常な振り分けは，歴史的な理由から確かに今日まで存続し得たのであるが，これからは明らかに，学問的批判に耐え得ないであろう。将来において正常化の諸現象が生まれることであろう」（Précis D. A., 5e éd., 1903, p. 215）。

や起債，あるいは各種の特許のように随意契約（marché de gré à gré）によって成立し得るとされたものとに分けることができる。因みに，入札手続に依らなければならないとされた契約類型には，国のみならず県やコミューンが主体となって締結されるケースも含まれていた[6]から，たとえば，県やコミューンが納品契約を締結する場合のように，当時においては未だに私法上の契約と見做され司法裁判管轄に服せしめられていた契約のなかにも，原則として入札手続に依るのでなければならないとされたものが存在した[7]。また，このように入札手続を法定されたものに当たらない私法上の契約に際して，行政庁の独自の判断により入札手続を採用することも可能であった。では，このような締結手続上の相違に着目して分けられた各契約類型に関して，いかなる状況下での越権訴訟の提起を想定し得るであろうか。

　まず，公共事業請負契約や納品契約のように入札手続を法定された契約類型に関しては，入札手続への参加を許されなかった者または入札手続への参加を許されながらも落札者となり得なかった者（これ以降，これらを非落札業者と略称する）が他の入札参加者を落札者として決定する行為（以降，これを落札決定と略称する）またはこの決定に対する監督官庁の認可（これを落札認可と略称する）の取消しを求めて越権訴訟を提起するケースに，数多く遭遇する。これに対し，各種の特許，土地・建物の売買・交換・賃貸借や起債あるいは和解のように入札手続を法定されない契約類型に関しては，特にコミューンや県がこれらの随意契約を締結するケースにおいて[8]，その相手方当事者以外の者（以降，これを

---

[6] 入札手続を規定する当時の諸法規として，以下のものを参照せよ。

　まず，国が締結する公共事業請負・納品・運送契約については，cf., Ordonnance du roi du 4 décembre 1836, portant règlement sur les marchés passés au nom de l'État; Décret du 18 novembre 1882, relatif aux adjudications et aux marchés passés au nom de l'État.

　また，コミューンが締結する公共事業請負または納品の契約については，cf., Ordonnance du roi du 14 novembre 1837, portant règlement sur les entreprises pour travaux et fournitures au nom des communes et des établissements de bienfaisance.

　以上について，cf. M. Quancard, L'adjudication des marchés publics de travaux et de fournitures, 1945, pp. 299-300.

[7] 逆に，公役務の特許の如く公法上の契約の典型例であり（E. Laferrière, op. cit., 2e éd., T. 1, pp. 604-605 et T. 2, p. 122）ながら，随意契約に依るものもある。Cf. M. Quancard, op. cit., p. 300.

[8] 国が締結する随意契約に関して契約第三者が越権訴訟を提起した事案も存在する（Cf., C. E., 12 janvier 1870, Morel, R. p. 10）が，一般的には，県やコミューンが締結する随意契約に関するこの種

契約第三者と略称する）とりわけコミューンや県の納税者・住民[9]が，これらの契約の締結を基礎づけている地方議会の議決やこれに対する監督官庁（特に知事）の認可の取消しを求めて越権訴訟を提起するというケースに，数多く遭遇する。本稿では，この二つの典型的なケースを指称するために，便宜上，入札ケースと議決・認可ケースという語を各々に充てることにする。

さて，上に示された二つのケースに直面したコンセイユ・デタ（C・E）は，当初，極めて対照的な態度を以て臨む。すなわち，19世紀後半において既に入札ケースに関する越権訴訟の提起が認められているのに反し，議決・認可ケースにおいては訴えが却下されていた[10]。そして後者のケースでの訴えが許容

───────

の事案の方が多数に上るようである。その原因としては，おそらく次の二点を挙げることができるであろう。

(1)国を当事者とする随意契約が法律やデクレに基づき，あるいは各所轄大臣の責任において専ら位階秩序（hiérarchie）内部の自律的な指揮命令手続により締結へ至るのとは対照的に，県やコミューンを当事者とする随意契約の締結・成立に至るまでには，一方で，現実の締結の任に与る執行機関たる長（知事または市長）とその授権または承認の任に与る地方議会との間の分化が存在し，また他方では，これら地方公共団体の代表機関の諸行為とこれらに対する国家監督官庁による認可等の監督行為との間の分化が存在する。したがって，後者の場合，地方議会の議決や監督官庁の認可等の各行為を捉えて攻撃することが，比較的容易に企図され得たものと考えられる。

(2)特に，コミューンは利害を共にする土地所有者相互間の私的な組合（un syndicat privé）であるという伝統的観念（Cf., H. Taine, Les origines de la France contemporaine, Le régime moderne, T. 1, 1891, pp. 365 et s.; R. Maspétiol et P. Laroque, La tutelle administrative, 1930, p. 320）からも推察されるように，コミューン財産に対する住民の関心は強烈であったと考えられる。

9) 19世紀後半の立法・判例により，一定の条件下での地方公共団体納税者の原告適格および比較的広範な利害関係人の原告適格が既に肯定されていたことについては，参照，亘理格「フランスにおける国，地方団体，住民——1884年《コミューン組織法》制定前後(3)〜(5・完)」自治研究59巻9号（1983年），10号（1983年），12号（1983年）。

10) 但し，一説によれば，1872年以前には，行政による契約を攻撃対象とする越権訴訟の提起を許容する判決例が存在したとされる。Cf., P. Landon, Le recurs pour excès de pouvoir sous le régime de la justice retenue, 1942, thèse Paris, p. 237; J.-M. Auby et R. Drago, op. cit., T. 2, p. 164. しかしながら，このような所説が依拠している二つの判決例の中の一方は，私有河川水の利用を内容とする警察許可に付された附款（使用料の支払い，および公益上の必要から許可を撤回する際に補償を一切要求しない旨の負担）の取消しを，許可の相手方が請求した事案であるから，これは契約を攻撃対象とする事案には該当しない。Cf., C. E., 13 juin 1860, De Clermont-Tonnerre, R. p. 460. もう一つの判決例は，海水浴場の占用特許を攻撃対象として特許事業者の競業者が出訴した事案に関するものである。Cf., C. E., 30 avril 1863, Ville de Boulogne, R. p. 404. ところで，E・ラフェリエールの所説にしたがえば，海水浴場の占用特許のように「譲渡し得ず且つ時効にかかり得ない公産に関して与えられる許可」は，仮に特許（concession）なる名で呼ばれていたとしても，「そこには行政行為のみが存在するのであって契約は存在しない」（E. Laferrière, op. cit., T. 1, pp. 604-605）。この点

されるには，20世紀初頭における《分離しうる行為》理論の形成を俟たなければならない。かような判例展開が何故生じたのか。なかんずく《分離しうる行為》理論の形成は理論上，実際上にいかなる意義を有するのか。並行訴訟理論との関わり方にも留意しつつ，かかる判例展開を跡づけ，以て当該疑問に対する回答を探ろう。

I 《契約への一体化》理論——19世紀後半の判例

1 入札ケースと議決・認可ケース

(1) まず，国が主体となって締結する公共事業請負契約または納品契約に際して行われた入札手続についての事案の例として，次の二つの判決を挙げておこう[11]。

[1] 1851年7月26日判決（C. E., 26 juillet 1851, Martin[12]）
　国の納品契約に際して行われた入札に関して，落札認可の取消しを非落札業者たる原告が求めて越権訴訟を提起した。C・Eの判決によれば，「納品入札業者は自己のために宣告された落札決定を認可するように所轄の大臣を義務づけることはできないが，しかし，契約条件書（cahier de charges）の諸条項に違反して競業者のために落札の効果を生ぜしめる大臣のあらゆる（落札認可）決定に対して出訴すべき適格性を有している」。かくして訴えの提起が許容された。

[2] 1868年1月9日判決（C. E., 9 janvier 1868, Servat[13]）
　国道建設を目的とした公共事業請負契約の締結に当たって実施された入札に関し

について参照，浜川・前掲注5) 60頁。したがって，上記二つの判決例が存在することを根拠にして，1872年以前には契約を攻撃対象とする越権訴訟の提起可能性が肯定されていたという結論を下すことには，なおも多少の疑問が残る。

11) 本文に挙げた判決例と同旨の判決例として，cf. C. E., 1er mars 1866, Martin, R. p. 200; C. E., 1er juillet 1887, Boutry et autres, S. 1889 III 37 (R. p. 535). なお，これらの諸判決については，以下の文献を参考にした。L. Aucoc, Conférences, 2e éd., T. 2, p. 292; E. Laferrière, op. cit., 2e éd., T. 2, p. 130, Note (1); H. Charles, "Actes rattachables" et "actes détachables" en droit administratif français, 1968, pp. 170-172.

12) C. E., 26 juillet 1851, Martin, S. 1851 II 811.

13) C. E., 9 janvier 1868, Servat, S. 1868 II 327 (R. p. 12).

て，入札手続上の違法を理由に落札決定の取消しを求めて，次順位者たる原告が越権訴訟を提起した事例。C・E は直ちに本案判断を行い，訴えを棄却した。

同様に，地方公共団体が締結する公共事業請負契約に際して実施される入札に関しても非落札業者による越権訴訟の提起を許容する判決例が存在する[14]。これに反し，地方公共団体が公有財産の売却や賃貸借に際して入札手続を選択したケースのように民法上の契約が問題となったケースでは，非落札業者が原告となる場合であれ[15]，あるいは純然たる契約第三者が原告となる場合であれ[16]，越権訴訟の提起は当初認められていなかった。しかし，当時において同じく民法上の契約と見做されていた地方公共団体による納品契約に際して行われる入札に関しては，非落札業者による越権訴訟提起の可能性が肯定されていた[17]のであり，19世紀末に至ると，かかる越権訴訟の提起を明示的に肯定する判例が出現する[18]。

[3] 1899年4月28日判決（C. E., 28 avril 1899, Barralis[19]）

ニースの市道修復のための公共事業請負契約，および同市庁舎の修復のための資材購入を目的とした納品契約の締結に際して，各々指名競争入札が実施された。この二つの入札手続への参加条件を満たしていないとして入札手続への参加を拒否された原告が，各落札決定の取消しを知事に申し立てたが，同知事がこれを斥けたので，さらに越権訴訟を提起した事例。この事案でも C・E は直ちに本案の判断を下した。

かくして遅くとも 19 世紀末には，入札手続を履践することが法定されてい

---

14) Cf., C. E., 26 janvier 1877, Toinet, R. p. 109 ; C. E., 21 mars 1890, Caillette, R. p. 323.
15) C. E., 4 juillet 1860, Bandy de Nalèche, R. p. 521. 但し，本件では，最初の入札で落札者として決定された原告が，この落札決定への認可を拒否し再度入札を行うように命じる知事布令の取消し，および，かかる知事布令にしたがって行われた再度入札において他の業者を落札者とする落札決定の取消し等を求めて越権訴訟を提起したのに対し，C・E は再度入札を命じる知事布令の取消しに関しては訴えを認容しこれを取り消したが，再度入札に基づく落札決定の取消しを求める訴えについては，その審査権が行政裁判所に属しないことを理由にしてこれを却下したのである。
16) C. E., 9 janvier 1867, Verdier, R. p. 17 ; C. E., 1er août 1867, Delaplane, R. p. 726.
17) [2] 事案における論告担当官 L・オーコックの論告（L. Aucoc, Concl. sur C. E., 9 janvier 1868, Servat, S. 1868 II 327：本文後出）を参照せよ。
18) 県が締結する納品契約に関する同旨の判決として，cf., C. E., 19 juillet 1901, Société la Laborieuse, S. 1904 III 71.
19) C. E., 28 avril 1899, Barralis, S. 1901 III 116.

た公共事業請負契約および納品契約に関しては，それが行政契約を構成するか否かの別に関わりなく，非落札業者による越権訴訟提起の可能性が肯定されていたことになる。つまり，公管理行為に伴うものかそれとも私管理行為に伴うものかの別なく，落札決定または落札認可に対する越権訴訟の提起可能性が肯定されていたことに留意しなければならない[20]。

　(2)　翻って，随意契約に際して行われた地方議会の議決や監督官庁の認可[21]を攻撃対象とする越権訴訟の提起可能性については，19世紀後半においていかなる判例が確立していたであろうか。このような議決・認可ケースに関しては，認可を得ていないが故に未だ何らの法効果も発しないと見做される[22]未認可の要認可議決が越権訴訟による攻撃対象となり得るかという問題も存するが，紙幅の都合上，ここではこの問題を捨象し，専ら，認可およびかかる認可を既に得た議決に関する事案のみを検討の素材として取り上げることにする。

　まず，地方公共団体が締結する私法上の契約に関して，議決・認可に対する越権訴訟の提起が許容されなかった例をいくつか挙げよう[23]。

---

20)　Cf., S. 1901 Ⅲ 116, Note (6-7)（[3] 判決に対するコメント）.

21)　地方議会の議決には主として，知事等監督官庁による認可（approbation）を俟たなければ効力を発し（être exécutoire ou devenir exécutoire）ない議決と，認可を要せずに効力を発し得る議決とがあるが，県やコミューンによって締結される随意契約の多くのものが要認可議決事項に属する。
　　1884年4月5日のコミューン組織法に例をとるならば，その68条1項は，コミューンが締結する以下のような契約の締結に関して認可を要する旨を定めていた。18年間を超える賃貸借契約の条件に関する議決（1号），コミューン所有の財産の譲渡および交換に関する議決（2号），不動産取得・新改築・大規模な修復維持計画に関する議決で，会計年度内における同一の性質の支出合計額が，コミューンが特別の許可を要せずにみずからのために設けることのできる経常または特別の財源の限度額を超える場合（3号），和解に関する議決（4号），負担または条件付きの贈与・遺贈の受諾（8号），5年間に5サンチームを超える特別附加税を賦課するかまたは，30年を超える期間にわたって経常財源から充当するのでなければ，償還し得ない額の起債（11号および141条）。

22)　M・オーリウ曰く。後見監督上の認可に服する決定は，「この認可を経た後でなければ拘束力を発せ（devenir exécutoire）ず，それ故，その後でなければ acte d'administration（行政の法行為）ではない」（Précis D. A., 2e éd., 1893, p. 186)。また，第2章の注22）および注24）を参照せよ。

23)　本文に挙げる判決例と同旨の判決例として，cf. C. E., 26 mai 1866, Moly et autres, R. p. 506; C. E., 9 avril 1868, Rivolet et consorts, R. p. 395; C. E., 21 juillet 1870, Pourteau et autres, R. p. 916; C. E., 7 mars 1873, Ducros, R. p. 226; C. E., 5 janvier 1877, Blanc, Delcasso et autres, R. p. 1; C. E., 2 fevrier 1877, Soubry et Thuillier, R. p. 116; C. E., 2 décembre 1892, jullien, R. p. 842. なお，これらの判決例については，以下の文献等を参照せよ。David, Concl. sur C. E., 2 mars 1877, Institut catholique de Lille, R. p. 221; E. Laferrière, op. cit., 2e éd., T. 2, p. 545, Note (3); J. Romieu, Concl. sur C. E., 4 août 1905, Martin, R. p. 752; M. Hauriou, Note sous C. E., 4 août 1905, Martin, J. A., T. 2, p. 278; L. Aucoc,

[4]　1866 年 2 月 1 日判決（C. E., 1er février 1866, Catusse et autres[24]）

　コミューン会の議決に反し，市長がコミューンの公道の敷地を A 氏所有の土地と交換することを約束したのに対し，知事がこれを認可した。そこで当該公道の沿道住民たる原告が，当該認可の取消しを求めて越権訴訟を提起した。C・E は，本件認可（1861 年 1 月 16 日）に続いて当事者間で既に契約書の取り交わしが行われ（同年 2 月 3 日）たことにより，本件訴訟が提起された時点（1864 年 4 月 8 日）で既に「この譲渡は完結し（consommé），……かような情況のもとでは……訴訟という方法により当該認可を我々の手に付託することは許されない」として，訴えを却下した。因みに，判決理由には，当該認可の存在は，当該公道の沿道住民達が，「自己に正当な理由ありと信じた場合に，当該交換契約の無効を宣告してもらうべくあらゆる訴えを司法裁判所へ提起することの妨げとはならない」旨の傍論が，付されている。

[5]　1869 年 6 月 29 日判決（C. E., 29 juin 1869, Prieur, Fouché et autres, habitants de la Commune d'Aix-en-Othe[25]）

　A コミューン会は，B 氏の所有地を譲り受ける代わりに，その代金を 15 年後にコミューン所有林の伐採によって得られた収益から支払い，且つその間の代金利息を A コミューンの経常歳入の中から支払うことを内容とする契約を締結する旨の，議決を行った。A コミューンの納税者である原告は，この議決とこれに対する知事の認可との双方の取消しを求め，A コミューンに代位する形式での越権訴訟[26]を提起した。本件では，コミューン会議決と知事の認可が行われる以前に，A コミューンの市長と B 氏との間で私署証書（l'acte sous seings privés）の取り交わしが済んでおり，また，当該土地の引渡しに続いて，その土地上にあった建物が取り壊され，その敷地も既に公道に合体されてしまっていた。C・E は，「かような事態のもとでは，コミューン会議決の執行として行われた売買の有効性に異を唱えたいと欲するのであったならば，原告は司法裁判所にこそ出訴すべきであった」として，当該土地の取得に関する限りでは訴えを却下した。但し，「代金支払い方法に関する」

　　Conférences, 3e éd., T. 1, p. 538, Note（4）.
24)　C. E., 1er février 1866, Catusse et autres, R. p. 72.
25)　C. E., 29 juin 1869, Prieur, Fouché et autres, habitants de la Commune d'Aix-en-Othe, R. p. 644.
26)　コミューンの納税者が県参事会の出訴許可を得た上でコミューンに代位して越権訴訟を提起することが可能だとされていたこと，およびかかる代位訴訟の限界等については，参照，村上順「越権訴訟の訴の利益に関する一考察――フランスにおける「国民（住民）代表制の原則」le principe de représentation と納税者，地域住民の原告適格」神奈川法学 12 巻 1 号（1976 年）13 頁，および亘理・前掲注 9)（5)自治研究 59 巻 12 号参照。

部分については未だに当該議決が「確定的執行を受けていない」として，この部分の訴えの提起を認め，且つその限りで訴えを認容した．

［6］　1897年5月7日判決（C. E., 7 mai 1897, Cimetière, de la Boutresse et autres[27]）

AコミューンとB氏との間で公正証書により成立した和解契約，およびこれに対する知事の認可の各々の取消しを求める二つの越権訴訟が，同コミューンの納税者たる原告によって提起された．C・Eは，この二つの請求が互いに密接に関連し合っていることを理由に同一の判決を以て判定を下すべく両者を併合した上で，次のような理由により訴えを却下した．すなわち，「一方において，和解は民法上の契約を構成するから，その有効性について判断する権限を有するのはひとり司法官庁のみであ」り，「他方，この和解を認可する知事布令は，後見監督行為（un acte de tutelle）たるにとどまるから，直接にC・Eのもとで越権訴訟によって攻撃することはできない」と．

次に，行政契約たる公役務の特許に関する地方議会議決が攻撃対象とされた事案について，同様の判決が下された例を引こう．

［7］　1894年8月3日判決（C. E., 3 août 1894, Ville de Lyon[28]）

地方鉄道の営業権をA会社に特許として与える旨のローヌ県会議決に対して，当該鉄道の全域にわたって敷地を貸与していたリヨン市が，かかる特許をなし得るのはリヨン市のみであり，また仮にかかる権能がローヌ県会に属していたとしても，リヨン市会の意見を徴することなく当該議決を行ったのは違法であると主張して，同県会議決の取消しを求め越権訴訟を提起した．本件では，県会議決に引き続いて県知事とA会社との間で契約書の取り交わしが行われた上に，当該鉄道について法律による公益認定（déclaration d'utilité publique）と契約書の諸条項に沿った事業遂行の許可が与えられていた．C・Eは，これらの事実により当該特許がすでに「確定化した（devenu définitif）」こと，および，原告市が「当該特許によって自己の権利を侵害されたと主張することに正当な理由が存すると信じる場合であっても，市がその権利を主張することを許されるのは越権訴訟という方途によってではない」ことを理由に，訴えを却下した．

以上に挙げた諸判決例から明らかなように，19世紀後半の行政判例は，コ

27）　C. E., 7 mai 1897, Cimetière, da la Boutresse et autres, R. p. 345.

28）　C. E., 3 août 1894, Ville de Lyon, R. p. 542.

ミューンや県が当事者となって締結する私法上または公法上の随意契約の基礎を成している地方議会の議決およびこれに対する知事等監督官庁による認可の取消しを求めて，納税者，住民，利害関係を有する個人または地方公共団体等の純然たる契約第三者[29]が越権訴訟を提起した場合，契約当事者間において既に契約書の取り交わしが行われていた等の事実の存在によってその契約が「現実化（réalisé）」し，「実現され（effectué）」，あるいは「確定化（devenu définitif）」し，かくしてもはや，その契約自体から議決や認可だけを切り離して越権訴訟による攻撃の対象となすことは許されない，という立場に立っていたのである。かような考え方を本稿は，《契約への一体化》理論（théorie de l'incorporation des actes administratifs au contrat[30]）と呼ぶことにする。

2　入札ケースの特異性

公共事業請負契約や納品契約の締結に際して入札が行われた場合，これらの契約は落札決定に対する監督官庁の認可を以て双務的なものとして成立すると，一般に考えられていた[31]。したがって，《契約への一体化》理論をこのケースにも当てはめれば，落札認可の時点で落札認可自体をも含めた入札手続上の諸行為はすべて契約へ一体化され，そこから切り離して越権訴訟による攻撃の対象となすことはもはや許されないはずである。ところが既述のように，C・Eの判例はこの種の越権訴訟の提起可能性を，19世紀後半において既に肯定し

---

29) 但し，前掲注23）で挙げた C. E., 7 mars 1873, Ducros, R. p. 226 は，多少事情を異にしている。この事案では，土地の区画整理に伴い旧公道敷地を無償で譲渡する旨のコミューン会議決と知事によるその認可との双方の取消しを，譲受人の隣地所有者が当該被譲渡地の先買権または所有権を有するとの主張を行って越権訴訟により訴求したが，C・Eは，かかる請求の裁判権が専ら司法裁判所に属することを理由に訴えを却下した。

30) J. Romieu, Concl. sur C. E., 4 août 1905, Martin, R. p. 753; D. 1907 III 51.《不可分一体》の理論（théorie du tout indivisible）と称されることもある。Cf., P. F. Gonidec, Contrat et recours pour excès de pouvoir, R. D. P., 1950, p. 69; A. de Laubadère, Traité théorique et pratique des contrats administratifs, 1956, T. 3, p. 325 (以後，Traité contrats adm. と略称する)。

31) A. Batbie, Traité théorique et pratique de droit public et administratif, 2ᵉ éd., T. 8, pp. 611 et 614 et suiv..; L. Aucoc, op. cit., 2ᵉ éd., T. 2, p. 290; M. Hauriou, Précis D. A., 5ᵉ éd., p. 682; H. Berthélemy, Traité élémentaire D. A., 5ᵉ éd., p. 610. たとえばA・バトビイによれば，「落札決定（l'adjudication）によって入札者は拘束されるが，行政庁は上級庁の認可によってはじめて確定的な債務を負」い（A. Batbie, op. cit., p. 611），「ひとたび認可された契約は双務的である」（ibid., p. 614）。

ていた。議決・認可ケースと入札ケースとの間に存するかような結論の相違は，いったい何に由来するのであろうか。一方で，当時未だ私法上の契約と見做されていた地方公共団体による納品契約の締結に関する事案において，落札決定を越権訴訟による攻撃対象となすことが許容されていたこと[32]，他方で，当時においても行政契約と見做されていた公役務特許に関する事案で，《契約への一体化》理論の適用がなされていたこと[33] に鑑みるならば，上述の相違の原因を，行政契約と私法上の契約との区別に，つまり，行政裁判管轄に服する契約と司法管轄に服するそれとの区別に求めることは，少なくとも19世紀末の時点においては[34] 不可能である。本稿はその原因をむしろ，公開・競争という入札手続の特殊性と，入札ケースにおける原告が大概の場合非落札業者＝競業者であるという，事案情況の特殊性との，二点に求め得ると考える。このことを多少敷衍して述べてみよう。

---

32) 前掲注17) および前出事案 [3] を参照せよ。
33) 前出事案 [7] を参照せよ。
34) 但し，論告担当者 (commissaire du gouvernement) による論告のなかには，専ら，司法裁判所の裁判管轄に服する民事上の契約であることにのみ着目して，これに関する越権訴訟の提起可能性を否認するのに反し，行政契約に関しては越権訴訟の提起可能性を肯定するという趣旨の叙述を含むものが見られる。たとえば，ル・ヴァヴァスール・ド・プレクール (Le Vavasseur de Précourt) は，パリ市の公共事業請負契約に際して実施された入札に関する事案において，落札決定と落札認可の取消しを求める非落札業者による訴えの提起を許容させるべく以下のように述べている。「当該行為が現実には契約の認可を構成するにもかかわらず，それはC・Eによる訴訟判定に付せられるべき性質の行為であるか。我々がすでに引用した諸判決はこれに肯定的に答えている。もっとも，もしも，認可された行為が行政契約を構成するのではなく，売買契約のように司法管轄に服する契約 (un contrat judiciaire) であったとしたら，異なった答えがなされることになるであろうが」(Conclusions sur C. E., 21 mars 1890, Caillette, R. p. 321)。また，専ら，民法上の契約の裁判権が司法裁判所に属することだけを理由に挙げて越権訴訟の提起可能性を否認する趣旨の論告や判決理由も見られる。Cf., L. Aucoc, Concl. sur C. E., 9 janvier 1868, Chastaignier, R. p. 7; Concl. sur C. E., 15 avril 1868, Robineau, R. p. 413.

このような情況に鑑みるならば，19世紀後半の比較的早い時期には，越権訴訟の提起可能性を決する上でも，民法上の契約と行政契約との区別が相当有効な基準を提供していたと見られる。それはおそらく，実際にC・Eのもとへ提起される越権訴訟の事案を解決する上で，かような区別を決定基準として用いれば事足りたという点に起因するものと思われる。しかし，一方では，地方公共団体による納品契約について落札決定またはその認可を攻撃対象とする非落札業者の越権訴訟が，他方では，市街鉄道の建設・営業の如き公役務の特許に関する地方議会議決を攻撃対象とする契約第三者の越権訴訟が，C・Eのもとへ提起されるに及んで，民法上の契約と行政契約との区別は，もはや決定的な判断基準たり得なくなったと見做すべきであろう。

第一に，入札手続は公共事業請負契約や納品契約が内包している公共性を公開・競争という手続的保障の形で顕現化させることによって，それ自体，契約から独立した一連の行政行為として見做されやすかったと言えよう。M・オーリウによれば，「落札認可行為を厳格な意味での取引行為（l'opération）から切り離すことが可能であり，且つ，権威的方法によってなされたものと見做すことが可能であるのは，まさに，それが取引行為の経済的実現に対する公衆の利益（l'intérêt du public）を表示しているが故である。そうであるからこそ，非落札業者は越権訴訟によってこれを攻撃することを許されるのである[35]」。

　第二に，入札ケースにおける原告は，ほとんどの場合，落札者としての指名を得られなかったり，あるいは入札手続への参加すらも許されなかったりした競業者である。他の入札業者を落札者とする決定または認可は，裏返せば競業者にとっては落札拒否決定に他ならないから，非落札業者が越権訴訟を提起し得ることには疑いが挟まれ得なかったものと思われる。事実，入札ケースに関する多くの判決は訴訟要件の問題に触れずに直ちに本案問題に立ち入った判断を行っており，また，仮に訴訟要件問題に触れていたとしても，それは専ら，非落札業者に原告適格が肯定され得るか否かという点を問題にしていたにとどまり，落札決定または落札認可が越権訴訟による攻撃の対象たり得る行為であるか否かを問題にした所説は見出し得ない。このことを端的に示す叙述として，[2] 事案における論告担当官（commissaire du gouvernement）L・オーコックの論告を引用しよう。

　　「なるほど，国や県やコミューンに関する公共事業請負または納品の契約が，法定のケースを除いて競争と公開のなかで入札によって決せられなければならないという原則は，公共の利益と行政官の尊厳を保障するために立てられている。しかしそのことから，入札に参加した競業者が個人的な利益すなわち，入札の諸手続の厳守を求める権利を有しないという結論は出てこない。本件において原告は，もしも

---

[35]　M. Hauriou, Précis D. A., 5ᵉ éd., p. 266. ほぼ同旨として，cf., ibid., 11ᵉ éd., 1927, p. 363.
　　また，近年のモノグラフィにおいて，H・シャルルは次のように述べている。「入札は契約の相手方当事者の指名における競争と自動決定主義という原理に基づいており，かかる準則のおかげで公金が保全され，諸々の圧力や談合から一般利益が保護される。それ故，不当に落札者に指名されなかった入札者には裁判所への出訴が許される必要があると，早くから考えられたのである」（H. Charles, op. cit., p. 171）。

法律および契約条件書によって定められた準則が厳格に実施されていたならば，彼の競業者の見積書は斥けられ，彼が落札者として宣告されたに相違ないと主張している。したがって，彼は，みずからが代表すべき資格を有しないところの公共の利益のために申立てを行っているのではなく，彼自身の利益のために申立てを行っているのであり，このような資格において彼の訴えは明らかに訴訟要件を満たしているのである[36]。」

さて，これに反し，議決・認可ケースにおける原告は，多くの場合，地方公共団体の住民・納税者・地方議会議員あるいは利害関係を有する地方公共団体等の，純然たる契約第三者であった。20世紀初頭に展開し始める《分離しうる行為》理論は，まさにこの種のケースにおいて契約第三者に訴訟提起の可能性を肯定する判例理論として出現する。入札手続とそれに関する事案情況の有する特殊性の故に，入札ケースに関する19世紀の判例は《分離しうる行為》理論の形成のための先例的価値を獲得し得なかったのである。

3 《契約への一体化》理論の背景

翻って，議決・認可ケースに関する19世紀後半の判例は何故，行政による契約の確定化・現実化とともにその基礎を成している地方議会議決やこれに対する認可が契約自体へ一体化され，したがって，これら議決・認可だけを契約から切り離して越権訴訟による攻撃の対象となすことができなくなるという，所謂《契約への一体化》理論を採用したのであろうか。認可に関しては，「後見監督行為たるにとどまるから……越権訴訟によって攻撃することはできない」（[6]判決[37]）という説示に端的に表明されているように，この種の認可行為の行政行為性に対する否定的判断がかつて存したことは事実である[38]。しか

---

36) L. Aucoc, Concl. sur C. E., 9 janvier 1868, Servat, S. 1868 II 327; R. p. 13. 同旨として，cf., L. Aucoc, Conferences, 2e éd., T. 2, pp. 291-292.

37) 同旨の説示を含む判決として，cf., C. E., 1er août 1867, Delaplane, R. p. 726; C. E., 9 avril 1868, Rivolet et consorts, R. p. 395.

なお，行政上の後見監督権（le pouvoir de tutelle administrative）が，同一行政主体内部で上級庁が下級庁に対して行使する指揮命令権（le pouvoir hiérarchique）とは質的に異なった権能として理解されていたことについては，亘理・前掲注9）(1)自治研究59巻3号（1983年）98〜100頁。

38) 19世紀において行政上の後見監督行為の行政行為性を否定する見解が存在したことを示す好例

し，後見監督上の認可行為は，決定の「主体（たる地方行政庁等）に対して，公の権威の特別の関与がなかりせば彼らが有しなかったであろうような権能を付与するというただ一事の故に，これらの行為はかかる権威の行為（＝公権力行為）を構成する[39]」というE・ラフェリエールの所説に鑑みるならば，少なくとも19世紀末においては，後見監督上の認可行為が権力行為＝行政行為を構成しないという観念が，これに対する越権訴訟の提起を妨げるための決定的理由として機能し続けていたとは考えられない[40]。

　一般にはむしろ，行政による契約に関しては契約自体の効力を問題とする別途の訴訟手段が存在するはずだから，越権訴訟の提起可能性は排除されなければならない，という説明がなされる。つまり，《契約への一体化》理論は並行訴訟理論の一適用事例として扱われるのである。

　しかし，このように，契約締結を授権・承認する地方議会議決やこれに対する後見監督上の認可の取消しを求める越権訴訟の提起可能性を否定するための論拠を並行訴訟の存在に求めることは，はたして合理的であろうか。

　E・ラフェリエールは一方において，当該論拠を並行訴訟の存在に求める代表的論者である[41]。しかし他方で，E・ラフェリエールによれば，並行訴訟理

として，しばしば，1885年11月28日の権限争議裁判所（Tribunal des Conflits）の判決（T. C., 28 novembre 1885, Chambre de Commerce de Tours, R. p. 903）が引用される（cf., R. Maspétiol et P. Laroque, op. cit., p. 293）。この事案では，公営造物法人たる病院が自己の所有地を譲渡しようとして売買契約を締結したのに対して，当該土地上に設置してあった織物加工施設を従来利用してきた織物業者を成員とする商事会議所が，譲渡の差止めと売買契約の無効確認を求めて司法裁判所へ出訴したが，審判の過程で，当該譲渡についてデクレと知事布令によって与えられた許可の行政行為性が問題となり，かかる先決問題に関わる争いが権限争議裁判所へ持ち込まれた。これについて権限争議裁判所は次のように判示した。本件で問題となっているデクレと知事布令はいずれも「単なる行政上の後見監督行為と同一視し得ないものと考えられる。これらの行為はいずれも本来的に，その処分庁の権限範囲に属するところの行政行為（actes administratifs）たる性格を有しており，この種の行為の効果を取り消し且つその執行を阻害する権限は，権力分立原則の故に，司法裁判所には属しないものと考えられる」。

39）　E. Laferrière, op. cit., 2e éd., T. 1, p. 484. なお，第2章の注4）を参照せよ。

40）　それどころか，認可を得た議決に対する越権訴訟は，その議決を攻撃対象とするのではなく，むしろ認可決定を攻撃対象としていると考えられたようである。Cf., M. Hauriou, Étude sur la décentralisation, 1892, p. 46; O. Mayer, Theorie des Französischen Verwaltungsrechts, 1886, S. 438-440.

41）　Cf., E. Laferrière, op. cit., 2e éd., T. 2, p. 488. 同旨として，cf., M. Hauriou, Précis D. A., 4e éd., p. 307.

論というのは，「その者が違法を主張するところの行政行為によって被害を受けた者が，司法裁判所または行政裁判所に別の訴え，すなわち所謂並行訴訟を提起することによって満足を得ることができるとしたら，越権訴訟の提起は許されない[42]」という理論である。このような定義に即して行政による契約のケースを検討してみるならば，以下のようになる。

すなわち，契約の当事者である行政主体および相手方私人はこの契約それ自体の効力を問題とする訴訟手段を有するから，彼らが提起する越権訴訟に対して並行訴訟理論の適用を認めるか否かという問題への回答は，専ら，かかる契約自体の効力を問題とする訴訟手段が並行訴訟を構成するための諸要件，とくに，「並行かつ直接的な訴え」という要件を満たしているか否かという点の判定[43]に依存していたと言えよう。ところが，ここまでに検討を加えてきた19世紀後半の諸判決から知り得るように，契約締結に関する地方議会の議決やこれに対する認可の取消しを求めて越権訴訟を提起していたのは，専ら，契約自体の効力を問題にして司法裁判所または行政裁判所への通常の訴訟を提起すべき適格性を有しない，納税者・住民・地方議会議員あるいは関係地方公共団体等の純然たる第三者であった。そもそも他に何らの訴訟手段をも有しない[44]

---

42) E. Laferrière, op. cit., p. 474.

43) E・ラフェリエールによれば，越権訴訟の原告が有する他の何らかの争訟手段が並行訴訟（un recours parallèle）を構成するためには，次の三要件を満たさなければならない。(1)訴権（une action）すなわち，みずからイニシアティヴをとって提起できる訴えでなければならない。それ故に，警察命令違反を理由とする刑事訴追手続において被告人が援用し得るところの当該警察命令の違法の抗告のような，単なる抗弁（une exception）は並行訴訟たるための要件を満たさない。(2)訴訟性を有する訴え（un recours de nature contentieuse）でなければならない。それ故に，単なる行政上の訴願手続は並行訴訟に該当しない。(3)並行かつ直接的な（parallèle et direct）訴えでなければならない。それ故，違法行為による損害を理由とする賠償請求訴訟は，「行為の効果を阻却することを可能ならしめるのではなく，行為の効果を甘受した上でその効果を単に償うことを可能ならしめるにとどまる」から，並行訴訟には該当しない。以上について，cf., ibid., pp. 480-482. 同旨として，cf., M. Hauriou, Précis D. A., 4ᵉ éd., p. 306.

44) Cf., R. Alibert, Le contrôle juridictionnel de l'administration au moyen du recours pour excès de pouvoir, 1926, p. 161; R. Maspétiol et P. Laroque, op. cit., p. 174; P. F. Gonidec, op. cit., R. D. P., 1950, p. 71; R. Guillien, L'excepttion de recours parallèle, 1934, pp. 192, 196 et 214. 同旨として参照，遠藤博也『行政行為の無効と取消』（東京大学出版会，1968年）256頁。
　因みに，19世紀においても，行政による民法上の契約の締結に関して第三者によって越権訴訟が提起された事案において，彼らには越権訴訟による以外に出訴の道が残されていないことを理由に，契約締結の手続上の瑕疵（本件では，湖の漁業賃貸借契約に際して違法に入札が行われなかっ

彼らに並行訴訟理論の適用を語ること自体，すでに同理論の不当拡張をおかすものであったと言えるのではなかろうか。

このことは，並行訴訟理論の適用可能性が論じられた他のケースと比較するときに，一層明確となる。すなわち，19世紀後半の判例・学説においてこの理論の適用可能性が論じられた主な例は，警察命令（règlement de police）に関する事案，直接税・間接税の賦課行為に関する事案，コミューン会議員選挙の選挙区割りについての県会議決をめぐる事案であった。これらの事案において越権訴訟を提起する者は，同時に他の何らかの訴訟手段を有していた。そして，警察命令への違背を理由とする刑事訴追において被告人が援用するところの，当該警察命令の違法の抗弁（l'exception d'illégalité）や，税額の減免または返還請求訴訟あるいは，選挙区割りの違法を理由とするコミューン会議員選挙の無効訴訟が存在することによって，各々並行訴訟が存在すると言い得るか否かという問題は，専ら，これらの訴訟手段が並行訴訟たり得るために具えるべき「訴権」性要件または「並行かつ直接的な訴え」という要件を具えているか否かという角度からのみ，論じられたのであった[45]。

これに反し，行政による契約締結への授権または承認を内容とする議決やこれに対する認可の取消しを求めて越権訴訟を提起したのは，専ら，契約自体の効力を他のいかなる争訟方法によっても争うことのできない契約第三者であるから，この種の越権訴訟の提起可能性を否定するために並行訴訟理論を援用することには，何らの合理性も認められないと言うべきであろう。そして事実，この種の事案において問題視されていたのは，むしろ，契約第三者が契約当事者（とりわけ行政の相手方当事者）の契約上の既得権を危うくするような訴訟を提起し得るのか，という点であった。このような契約上の既得権の保護の要請を論拠として越権訴訟提起の可能性を排除する典型的な議論を，E・ラフェリエールの叙述に見出すことができる。

「その行政行為に引き続いて既に幾つかの決定や契約が行われることによって幾つ

たこと）を援用する場合に限って彼らに越権訴訟提起の可能性を肯定すべきであるという趣旨の論告が行われたことがある。Cf., Bayard, Concl. sur C. E., 12 janvier 1870, Morel, R. p. 11. しかし，このような論告はC・E内の多数によっては受容されず，本件においても却下判決が下された。

45) Cf., E. Laferrière, op. cit., 2e éd., T. 2, pp. 480, 486 et 492; L. Aucoc, Conférences, 3e éd., T. 1, p. 542.

かの既得権が創設され，また，これらの後続行為とその行政行為とが，後者を消滅させれば必然的に前者をも害さずに措かない程に結合し，一体化し（combiné et uni）ているとき」，「越権について裁判権を有する裁判官は，これらの契約や権利を蒸し返して問題にしようとする訴えを却下しなければならない。というのは，かかる裁判官はこれらの権利を尊重しなければならないし，また，これらの契約についての訴訟はしばしばかかる裁判官の管轄には属しないからである[46]。」

さらに，このような理由に基づく却下が，既得権の創設を理由として行政庁に課される取消権制限[47]の法理の一応用であるにすぎないことを示して曰く。

「行政決定は，それ自身によって権利を創設した場合のみならず，かかる権利を生み出す源となった行為や契約を許可または認可するに止まる場合にもまた，もはや取り消すことができなくなる。許可または認可が要求されるときに行政がそれを与えることを拒否するのは，いかに自由であったとしても，また，許可や認可が一旦与えられながらも未だ，これに引き続いて私人（des tiers）に権利を与える行為が行われていない限り，この許可または認可をあらためて取り消すことが，いかに自由であったとしても，これら後続の行為が完結し（consommé）てしまった場合には，行政はこのような自由を喪失する。

　この最後のケースにおいて後見監督行為が獲得する取消し不能性は，それの原処分庁に課されるのみならず，その上級庁にも課される。そしてこの不能性は……訴訟について裁判を行うC・Eに対してさえも課されている。C・Eは，後続して執行が行われてしまったこれらの後見監督行為に対して越権訴訟が提起されたとしても，行政庁および行政裁判所に対する関係において今やこれら後見監督行為が確定的性格を獲得していることに基づいて，この訴えの却下を宣告するのである[48]。」

かくして，契約締結に先立って行われる地方議会議決やこれに対する監督官庁の認可は，契約の締結とともにこの契約に一体化され，そこから切り離して越権訴訟による攻撃の対象となし得なくなるという所謂《契約への一体化》理論は，契約当事者たる私人の既得権保護の要請に応えるべく，行政行為の取消

---

46) E. Laferrière, op. cit., p. 470. ほぼ同旨として，cf., M. Hauriou, Précis D. A., 2ᵉ éd., 1893, p. 217; L. Aucoc, Conférences, 3ᵉ éd., T. 1, p. 538, Note（4）.

47) 行政による契約締結後に，その基礎となった議決や認可を行政庁が職権または行政訴願に基づき取り消すことは，越権訴訟による取消事由を構成するとされた。Cf. C. E., 9 août 1855, Commune de Neuvilley, R. p. 597; C. E., 2 mars 1877, Institut catholique de Lille, R. p. 221, avec Concl. David.

48) E. Laferrière, op. cit., p. 545.

制限法理の一応用として形成されたものであることを知ることができた[49]。と ころで，《契約への一体化》理論は，契約当事者たる私人の既得権保護の要請 からのただ一つ選択可能な帰結であろうか。論理的には，契約自体と議決・認 可とを切り離すことによって，一方では後者に対する越権訴訟の提起可能性を 肯定しつつ，他方では，かかる越権訴訟による取消判決の効果を契約自体の効 力から遮断することもまた，可能である。20世紀初頭に形成される《分離し うる行為》理論は，まさにかような論理的可能性に即した選択を行うことによ って，この種の越権訴訟に道を開くことになるのである。

II 《分離しうる行為》理論の形成

《契約への一体化》理論は，1905年8月4日のマルタン氏事件判決とこの事 件における論告担当官J・ロミウの論告によって，確定的に放棄される。この 後，契約締結に際して行われる地方議会の議決やこれに対する監督官庁の認可 をはじめとする契約形成途上の諸決定行為が契約から《分離しうる行為》と見 做され，これを攻撃対象とする越権訴訟の提起可能性が肯定されるに至る。以 下では，まずかかる《分離しうる行為》理論の成立に至るまでの経緯を跡づけ， 次に，かかる理論の内容をJ・ロミウの論告に即して検討し，さらにIIIにおい て，同理論のその後の展開を行政による契約に関する事案が問題となる限りに おいてごく簡単に整理する。

1 マルタン氏事件判決まで

コミューンの予算への支出計上を伴うコミューン会議決を攻撃対象としてコ ミューンの納税者が提起する越権訴訟の可能性が，1901年3月29日のカサノ ヴァ氏等事件判決（C. E., 29 mars 1901, Casanova Canazzi et autres）によって一般的 に肯定されるに至る。これ以降，コミューンや県の納税者あるいは地域住民・

---

[49] 因みに，E・ラフェリエールの『行政裁判論』の第1版（1887年～1888年）は本文に述べたよ うな説明に終始しており，並行訴訟理論による説明（参照，注41）を付した本文箇所）は，その 第2版（1896年）において新たな説明として現れる。Cf., E. Laferrière, op. cit., 1re éd., T. 2, pp. 459- 460.

近隣住民・地方議会議員等の原告適格を以前にも増して拡げる方向へ，C・Eの判例は展開する[50]。ところで，《分離しうる行為》理論もまた，このような越権訴訟の原告適格の拡張，納税者・住民訴訟の肯定という事態と時を同じくして形成され，しばしば，地方分権化（décentralisation territoriale）の趨勢のもとで納税者や住民・選挙人による行政訴訟の提起を促進することを意図して形成された理論である，との評価すら下されるのである[51]。とはいえ，マルタン氏事件判決に先立って出現する幾つかの先駆的諸判決は，むしろ，契約等の行政活動の当事者と見做されるべき者が提起した越権訴訟に関するものであった。したがってまず，これら先駆的諸判決を一瞥してみよう。

　《分離しうる行為》理論の適用類型として一般に見做されている諸行為のなかで判例上最初に越権訴訟による攻撃の可能性を肯定されたのは，コミューン会議員選挙の選挙区割りを決定する県会議決である。すなわち，コミューンを複数の選挙区に区分する県会議決の取消しを求める越権訴訟が，当該コミューンによって提起された事案（1903年7月24日判決〔C. E., 24 juillet 1903, Commune de Massat〕）[52]，および当該コミューンの選挙人によって提起された事案（1903年8月7日判決〔C. E., 7 août 1903, Chabot et autres〕）[53]が問題となる。前者の判決は，原告たるコミューンはかかる「議決の取消しを求めることに直接的な利益を有している」という理由で，また後者の判決は，コミューンの「選挙人たる原告は，当コミューンを複数の選挙区に区分する議決の取消しを求めることについて直接的かつ個人的な利益を有している」という理由で，いずれも訴えの提起を許容した。

　上の二つの判決は，当該議決が越権訴訟の攻撃対象たり得る行為に当たるか否かという問題には全く言及しておらず，専ら，コミューンまたはコミューンの選挙人の原告適格について判断を示しているにとどまるから，C・E自身が

---

50) 納税者・地域住民の原告適格を肯定ないし拡張する判例の形成過程，およびその意義づけに関しては，参照，村上・前掲注26) 1頁以下，および亘理・前掲注9) (5)自治研究59巻12号参照。
51) Cf., R. Alibert, op. cit., p. 161; R. Maspétiol et P. Laroque, op. cit., p. 174.
52) C. E., 24 juillet 1903, Commune de Massat, S. 1904 Ⅲ 1, avec Note M. Hauriou; J. A., T. 1, p. 380. なお参照，広岡隆「地方公共団体の行政訴訟――フランスの越権訴訟を中心として」法と政治28巻3・4号（1978年）363頁。
53) C. E., 7 août 1903, Chabot et autres, S. 1904 Ⅲ 1, avec Note M. Hauriou; J. A., T. 1, p. 380.

これらの判決を下すに際して，並行訴訟理論との関係を意識していたかどうかは甚だ疑わしい。とはいえ，この二つの判決が学説に与えた影響には無視し得ないものがある[54]。

さて，上記二つの判決は，コミューン会議員選挙の選挙区割りに関する県会議決に対して，その名宛人（コミューン）または名宛人に準じる者（コミューンの選挙人）が提起する越権訴訟に道を開いた判決であると解し得るが，他方，行政による契約に関する事案においても，同様に行為の名宛人と目すべき者に越権訴訟の提起を可能ならしめる判決が出現する。

[8]　1903 年 12 月 11 日判決（C. E., 11 décembre 1903, Commune de Gorre）[55]
(1)公立学校の設置のための用地として原告コミューンのコミューン会が提案した場所と異なる場所を指定し，且つこの指定された土地上の建物の修理を職権によって決定し，さらにこの土地・建物の賃貸借を命じる旨の，A 県知事布令，(2)この土地・建物について，その所有者たる B 氏との間で賃貸借契約を締結させるべく特別代理人を任命する旨の同知事布令，(3)かくして締結された賃貸借契約を登記し，その写しを B 氏に手交し，且つ当該賃貸借に必要な予算措置を講ずべくコミューン会を招集することを市長に命じる同知事布令。原告コミューンは，(1)の布令が適法な事前の諮問手続を経ないで行われたこと等を理由に，以上三つの知事布令の取消しを求めて越権訴訟を提起した。ところで，この訴えの提起の時点で既に，当該賃貸借契約が上記の特別代理人と B 氏との間で締結されてしまっていた。この事案で国側を代表して所見を提出した内務大臣は，(1)(2)の行為はいずれも既に締結された賃貸借契約の予備的行為たるにとどまり，また，(3)の行為は事実上の指示たるにとどまることを理由に，本件訴えの却下を求めていた。これに対し，論告担当官たるテシエ（Teissier）は，原告が違法事由として援用している手続的瑕疵の存否はそもそも司法裁判所の審査権の及ばない問題であるから，仮に本件訴えを却下したとするならば，結局かような手続的瑕疵の主張を不可能たらしめることに帰する

---

54) M・オーリウによれば，二つの判決は，原告が現に有する越権訴訟以外の訴訟手段が並行訴訟を構成するために具えるべき《直接的かつ並行の訴え》という要件を満たすためには，その訴えによって行為の効果自体を回避し得るのでなければならないのであって，違法な議決による選挙区割りを前提として行われた選挙結果の効果に関する訴訟の如く「単に行為の諸結果を償い」得るにとどまる訴えでは，この要件を満たすことができないとすることによって，並行訴訟の意味をより正確に限定したのである。Cf., Note M. Hauriou, S. 1904 Ⅲ 3-4; J. A., T. 1, pp. 387 et 390.
55)　C. E., 11 décembre 1903, Commune de Gorre, R. p. 770; S. 1906 Ⅲ 49, avec Note M. Hauriou; J. A., T. 2, p. 273. 参照，遠藤・前掲注 44）254〜255 頁。

こと，および，かかる手続的瑕疵の存否の問題は，司法裁判所の審査権に服するところの本件契約の効力には何らの影響も与えないことという，以上二つの理由により本件訴えの提起を許容すべしとの論告を行っていた。C・Eは当該論告に従い本件訴えの提起を許容し，且つ本案についても，⑴の行為が法定手続を履践していなかったことを理由に⑴⑵⑶すべての布令の取消しを宣告した。訴訟要件についてC・Eは曰く。「上記訴訟趣意書において挙示された諸問題は，知事の代理人によって当該土地・建物の所有主との間で締結された賃貸借契約の有効性に関する諸問題から区別される。したがって，この訴えは専ら，司法裁判所の専属管轄に服する民法上の契約を破棄させることのみを目指して提起されたものであると見做すことによって，この訴えの却下を求めている内務大臣の主張は正当でない。」

ほとんど同旨の判決が二件続いて現れる。ここでは事件名を挙げるにとどめよう[56]。

[9]　1904 年 4 月 22 日判決（C. E., 22 avril 1904, Commune de Villers-sur-Mer）
[10]　1904 年 4 月 29 日判決（C. E., 29 avril 1904, Commune de Messé）

以上三つの判決は，コミューンを一方当事者とする賃貸借契約が既に相手方当事者との間で締結されてしまった場合でも，かかる契約の締結に先行して行われた後見監督上の代位決定行為（substitution）の取消しを求める越権訴訟の提起を可能ならしめた最初の判決である。それ故，これを以て《契約への一体化》理論を《分離しうる行為》理論によって克服した判決であると評することも可能であるかに見える。とはいえ，これらの事案はいずれも，後見監督上の代位決定行為の名宛人たるコミューンが自己に対して向けられた一種の不利益処分の取消しを訴求した事案であった[57]と見做すことが妥当である[58]。し

---

56)　[9][10]の二判決について，cf., S. 1906 Ⅲ 49, avec Note M. Hauriou; J. A., T. 2, p. 273. また参照，遠藤・前掲注 55) 箇所。

57)　これ以後現れた同種の事案における同旨の判決例として，cf., C. E., 2 août 1907, Commune de Brugnières, R. p. 757; C. E., 26 mai 1911, Commune de Coudray, R. p. 641; C. E., 15 décembre 1911, Commune de Pénestin, R. p. 1202; C. E., 13 juin 1913, Commune de Saint-Alban, R. p. 661; C. E., 11 mai 1917, Commune de Rivière, R. p. 384. 以上の判決例については，cf. R. Guillien, op. cit., p. 222, Note (2).

58)　因みに，コミューンが締結する契約に関するコミューン会の議決に対して監督官庁が認可を拒否した場合，コミューンがこの認可拒否に対して越権訴訟を提起し得ることは，19 世紀の判例において既に肯定されていた。この点については，亘理・前掲注 9) ⑵自治研究 59 巻 8 号（1983

がって，これら三つの判決もまた，《契約への一体化》理論の適用ケースとして想定された典型的事案に関するものではなかったと言わなければならない。

さて，以上に概観したような多少とも特殊なケースに関する諸判決に続いて，かつて《契約への一体化》理論の適用が想定された典型的ケースに関する諸判決が出現する。すなわち，以下に掲げるマルタン氏事件判決をはじめとする諸判決は，行政による契約の締結に先立って行われた地方議会議決や認可の取消しを当該契約の当事者たらざる第三者が訴求した事案に関するものである[59]。

[11]　1905年8月4日判決（C. E., 4 août 1905, Martin）[60]
　　市街鉄道の建設と同鉄道のA会社への特許とを決定するB県会議決に対して，当該議決に参加できなかったマルタン議員が，当該議事案件についての知事による報告が会期開始の一週間前に行われなかったのは法定手続に違反すると主張して，県会議員および納税者たる資格において当該議決の取消しを求める越権訴訟を提起した。ところでこの議決は，マルタン議員による本件訴えの提起時をはさんだ二つのデクレによって既に公益認定（déclaration d'utilité publique）を得ていたので，特許契約の相手方当事者であるA会社に対する関係で既に効果を発していた。C・Eは，論告担当官J・ロミウ（Jean Romieu）の論告にしたがってこの訴えの提起を許容し，直ちに本案判断を行ったが，法定手続違背の主張を斥けて訴えを棄却する旨の判決を下した。

マルタン氏事件判決が，公役務の特許という行政契約に関して地方議会議員

　　年）参照．
59) [8][9][10]の三判決とマルタン氏事件判決との間に存する，《分離しうる行為》理論形成史上における比重の相違については，C・A・コリアールの次の叙述が示唆的である。「20世紀初頭の幾年かは判例変更を示さないわけにはいかなかった。方向転換は1903年12月から1904年4月末までの間に出された三つの判決によって示され，新たな原則を承認する判決が1905年に出された．」Cf., C. A. Colliard, La notion d'acte détachable et son rôle dans la jurisprudence du Conseil d'État, in Études en l'honneur d'Achille Mestre: L'évolution du droit public, 1956, p. 118. 1903年12月から1904年4月末までの間に出された「前衛と見做すことのできるこれらの判決に続いて，マルタン氏事件判決という根幹的判決（l'arrêt de principe）が1905年に出現しないわけにはいかなかった」．Cf., ibid., p. 119.
60)　C. E., 4 août 1905, Martin, R. p. 749; S. 1906 Ⅲ 49, avec Note M. Hauriou; J. A., T. 2, p. 273; D. 1907 Ⅲ 49; R. D. P. 1906, p. 249, avec Note G. Jèze. さらに，邦語文献としては参照，山田幸男『行政法の展開と市民法』（有斐閣，1961年）299頁，遠藤・前掲注44) 255頁，阿部泰隆『フランス行政訴訟論』（有斐閣，2001年）61頁．

が提起した越権訴訟の事案について下された判決であるのに対し，次の事案は私法上の契約に関して納税者が提起した越権訴訟の事案である。

［12］　1905年12月29日判決（C. E., 29 décembre 1905, Petit）[61]
(1)A会社とBコミューンとの間の和解案を採択したBコミューン会の議決に対するC県知事の認可，(2)同議決と同日付でA会社とBコミューンとの間で署名された和解証書に対するC県知事の認可。以上二つの認可の取消しを，Bコミューンの納税者である原告が越権訴訟によって訴求した。C・Eはこの訴えの提起を許容した上で，本案については，(1)の認可が県参事会（conseil de préfecture）の議を経ていなかった点で法定手続への違背が存したという理由で，訴えを認容し(1)(2)双方の取消しを宣告した。訴訟要件についてC・Eは次のように述べている。「コミューンの財産の管理に関する行政上の後見監督行為が法定の条件のもとで行われることについて，納税者は個人的な利益を有している。したがって」，Bコミューンの「納税者たるプティ氏〔原告・筆者注〕は，このコミューンのコミューン会によって可決された和解が違法に認可されたものであることを判定してもらうことを目的とした訴えを提起するための適格性を有しなかったと，内務大臣が主張するのは正当でない。」

かくして，民法上または公法上の随意契約の締結に先立って行われる地方議会議決およびこれに対する監督官庁の認可が，既に完成した契約自体から分離され独立に越権訴訟による攻撃の対象とされることが肯定されるに及んで，伝統的な《契約への一体化》理論はここに克服された。さて，《契約への一体化》理論は，契約の成立によって契約の相手方当事者たる私人の側に既に生じた権利を保護しなければならないという要請から，直ちに，契約成立と同時に議決・認可等の先行行為は契約自体へ一体化されもはや越権訴訟による攻撃の対象たり得なくなるという原則を，行政の取消権制限法理の一応用として導き出す理論であった[62]。今や旧来の判例に代わって登場した《分離しうる行為》理論は，以上のような議論に対していかなる議論を以て応えたであろうか。マルタン氏事件におけるJ・ロミウの論告に沿って，検討してみよう。

---

[61]　C. E., 29 décembre 1905, Petit, R. p. 1011; S. 1906 Ⅲ 49, avec Note M. Hauriou; J. A., T. 2, p. 273; R. D. P. 1906, p. 249, avec Note G. Jèze. また，同種の事案における同旨の判決として，cf., C. E., 6 avril 1906, Camut, Besse et Letouzé（1re espèce）et Balliman（2c espèce）, D. 1907 Ⅲ 105.
[62]　参照，本章Ⅰ3。

2　第三者訴訟としての越権訴訟

　J・ロミウの論告によれば,《契約への一体化》理論は,「手続上のしばしば無益な錯綜をもたらすのみならず, 一定のケースでは真の裁判拒否（de véritables dénis de justice）をもたらすことすらあり得る」[63]。ここで「無益な錯綜をもたらす」場合として彼が想定しているのは, 契約当事者によって提起された越権訴訟に対して《契約への一体化》理論が援用されるケースであり, 他方,「真の裁判拒否をもたらす」場合として彼が想定しているのは, 契約第三者によって提起された越権訴訟に対して同理論が援用されるケースである。

　まず, 契約の一方当事者が原告となって「契約を基礎づけている諸々の行政行為のなかのあるもの」の取消しを求める越権訴訟の事案において,《契約への一体化》理論あるいは並行訴訟理論の援用がいかに「無益な錯綜をもたらす」かについて, J・ロミウの論述に耳を傾けよう。

　　このようなケースでは,「訴えの却下が重大な支障をもたらすことはない。原告が彼の訴えの提起によって実際に目指していることは, 契約当事者として彼が有する諸債務に異議を唱えることであり, 契約の無効を宣告してもらうことである。ところで, かような結果を得るために彼が出訴することのできる一人の裁判官を彼は有しており, それは, 契約に関する裁判官である。彼は何時でもこの裁判官に出訴することが可能であり, この裁判官は契約の有効性を審査するためのあらゆる権能を具えている。もっとも, 行政行為の適法性についての先決問題は別で, 契約に関する裁判官は, 本案問題についての完全無欠の裁判管轄権を留保したまま, 先決問題を行政裁判所へ移送することができるであろう。したがって,（このケースでの）却下という効果は実際には, 単純に, 並行訴訟の存在から導き出される効果であるにすぎないと述べることができるのであり, 先行する諸行政行為の契約への一体化という ―― ……著しく危険な ―― この理論を凡そ考案する必要などないのである。したがって問題はすべて, 並行訴訟を対置し得るケースと対置し得ないケースとを区別することに尽きることになる。攻撃対象をなす行為がもしも余りに直接的に契約に結びつけられているとしたら, 契約の現実化によって……契約当事者に対する関係において裁判管轄権の所在の移動という効果が生じたのだと考えることが, 十分に可能である。つまり, 契約書に署名することによって当事者は諸々の債務と新

---

63) J. Romieu, Concl. sur C. E., 4 août 1905, Martin, R. p. 752; D. 1907 Ⅲ 50; R. D. P. 1906, p. 265.

たな裁判官とを受け容れるのであり，この新たな裁判官は，契約上の債務に関する彼らのあらゆる請求に満足を与え得るであろう。そして，かような状況のもとでは，並行訴訟の理論によって，契約当事者の訴えは常に（契約自体の効果の如何という）本案問題に関する裁判官のもとに提起されることを要請し得るとすること，つまり，契約当事者にとっては，直接的な取消しの訴えが単なる先決問題へと変容させられることが可能である。（とはいえ）かような解決法はしばしば幾分錯綜していると見做すことができるのであり，事実，最近の諸判決において諸君（＝C・E評定官諸氏）は，先決問題という迂回路に替えて直接的な越権訴訟の提起を可能ならしめるべく，厳密な意味での契約から行政行為を分離する方向へと次第に進んでいるのである[64]。」

つまりここでは，《契約への一体化》理論を並行訴訟理論から明確に区別した上で，既に契約書への署名によって成立した契約の当事者が原告となって提起された越権訴訟を却下するためには，並行訴訟理論を援用すれば済むことであって，敢えて「著しく危険な」《契約への一体化》理論を持ち出すまでもないという趣旨が述べられているのであるから，並行訴訟理論が機能し得る余地はひとまず肯定されている。但し，この理論を適用することにより，行政裁判所への先決問題の移送手続のように「しばしば幾分錯綜し」た訴訟手続に訴えざるを得ないという不都合が生じるので，最近では，本稿が既に紹介した [8] [9] [10] の諸判決のように契約当事者に越権訴訟の提起可能性を肯定する諸判決が出現するに至っているのだ，とされているのである。

このように，契約当事者による越権訴訟の提起に対して並行訴訟理論を対置することが，専ら訴訟経済上の見地から不都合を生じるとされるにとどまったのに反し，契約第三者による越権訴訟の提起に対して《契約への一体化》理論を対置することは，「真の裁判拒否」を導かずには措かない。J・ロミウ曰く。

> かかるケースにおいては「並行訴訟理論の適用はあり得ない。第一に，実際には第三者は，契約の解消を目的としてはいないことがあり得る。たとえば，県会またはコミューン会の議決が重大な違法の瑕疵を帯びるものであるとして，あるいは，これら公選議会の構成員の権利を侵害するものであるとして，第三者が専ら議決の取消しを求めようと意図するにとどまり，かかる議決の結果として生じ得たところの契約的諸関係を破棄することまでを欲してはいないことがあり得る。第二に，こ

---

64) R., loc. cit.; D., loc. cit.; R. D. P., loc. cit.

の第三者は自己の名において契約に関する裁判官のもとに訴訟を提起するための資格をもたないのではなかろうか。本件の場合では，県会議員たるマルタン氏が特許取消請求訴訟を県参事会へ提起することは許されないことは確実である。したがって第三者にとっては，越権に関する裁判官以外に裁判官は存在しないのであり，もしも越権訴訟を提起することが許されないという宣告がなされたならば，もはや一人の裁判官も存在しないのである。行政行為の契約への一体化という理論を第三者に向かって援用するならば，以上に述べたような結果に終わる。つまり，この理論はＣ・Ｅから越権についての裁判を取り上げることによって，あらゆる種類の訴訟を除去する。第三者によって適法に提起され，それが提起された時点においては訴訟要件を満たしており，もしも直ちに判決が下されていたならばＣ・Ｅによって認容されていたであろうような訴えが，裁判官が判決を下す前に契約が確定化したという理由から，時機を失したものと宣告される事態すら生じ得るではないか。……だとしたら，契約が確定化するまで審判を遅延させることによって，訴えが判決を得るのを阻止することが行政側にとっては可能だということになってしまう。かような結果をもたらしかねない結論……は，第三者が訴えを提起するケースにおいては絶対に承認し難く，斥けられなければならない。なんとなれば，この場合かかる結論は，裁判管轄または訴訟手続の変更をもたらすにとどまらず，まさしく，原告とは無関係な事実による，あらゆる裁判の純粋かつ端的な撤去をもたらすからである[65]。」

つまり，契約第三者にとっては，越権訴訟に対する関係で並行訴訟はそもそも存在しないのであるから，越権訴訟の道を閉ざすことはあらゆる訴訟手段を奪うことに他ならない，というのが当該論述の趣旨である。それゆえ，《分離しうる行為》理論は典型的には，契約第三者にも訴訟手段を提供するために，《契約への一体化》理論を克服することによって成立した判例理論であったと評することができる。逆説的に言えば，《分離しうる行為》理論は，並行訴訟が存在するにもかかわらず越権訴訟の提起を可能たらしめたのではなく，並行訴訟が存在しないからこそ越権訴訟の道を開いた理論なのである[66]。

---

65) R., op. cit., p. 753; D., op. cit., p. 51; R. D. P., op. cit., p. 266.
66) 同旨の評価を加えるものとして，cf. R. Alibert, op. cit., p. 161.; R. Maspétiol et P. Laroque, op. cit., p. 174; C. A. Colliard, op. cit., p. 118; R. Guillien, op. cit., pp. 215-219; G. Debeyre, Le recours pour excès de pouvoir et le contrat, R. D. P. 1938, pp. 224-225. また参照，遠藤・前掲注44) 256頁，兼子仁『行政行為の公定力の理論〔第3版〕』（東京大学出版会，1971年）301頁。

では，かような契約第三者による訴えが認容されることにより契約当事者たる私人の契約上の諸権利が害されることは，許されるのであろうか。J・ロミウの論告はこれを否定する立場から，「この取消（判決）は行政行為それ自体を対象とし得るのみであって，契約当事者間の契約関係の解消を直ちに（ipso facto）帰結するものではあり得ないのではないか。……契約の一方当事者が契約関係の解消請求や賠償請求を契約に関する裁判官のもとに提起するのでない限り，当事者は依然として拘束され続けるであろう」と述べている。そして，かような解決法を採用することにより，「裁判管轄および契約当事者に既得の権利の尊重という要請と……市民が有する裁判を受ける権利（le droit d'être jugé）とを完璧な仕方で調和させる」ことができるとされる[67]のである。

ところで，このように取消判決が契約関係に対して直接的な効果を及ぼさないとしたら，この種の越権訴訟による取消判決が「しばしばプラトニックな性質しかもたないだろう[68]」ということを，J・ロミウは認める。かかる所説に対しては，L・デュギイによってかつて批判が加えられた。L・デュギイによれば，越権訴訟に基づいて取り消された議決または認可は「あたかも存在していなかったかの如きものであり，したがって，その契約は無権限の官吏によって署名されていたことになり，そのこと自体のゆえにその契約は無効の刻印を捺されることになる」。そして，契約が既に履行されてしまったときには，各契約当事者は非債弁済または不当利得（le paiement de l'indû ou l'inrichissement sans cause）に基づいて当然に原状回復請求訴権を行使し得ることになり，また原状回復が不可能な場合には賠償請求訴訟の提起が可能であるとの主張がなされる[69]。しかし今日では，越権訴訟に基づく議決または認可の如き《分離しうる行為》の取消判決がそれ自体により直ちに契約関係の解消までも帰結するものではないという点について，争いは存在しない[70]。この限りにおいて，J・ロミウの論告の立場は今日では争いの余地なく受け容れられていると言えよう。

---

67) R., op. cit., pp. 753-754; D., loc. cit.; R. D. P., op. cit., pp. 267-268.
68) R., op. cit., p. 754; D., loc. cit.; R. D. P., op. cit., p. 268.
69) L. Duguit, Traité D. C., 3e éd., T. 3, 1930, p. 783.
70) J. Rivero, D. A., 7e éd., 1975, p. 238; A. de Laubadère, Traité D. A., T. 1, 7e éd., 1976, p. 552; G. Vedel, D. A., 6e éd., 1976, p. 561; P. F. Gonidec, op. cit., R. D. P. 1950, p. 71.

しかし他方で，J・ロミウ論告が越権を理由とする取消判決がしばしば有し得るところのプラトニックな性格を語ることによって，かかる取消判決は，契約関係自体の解消を求める訴訟における裁判官の判断に対して何らの拘束的効果も及ぼさないかの如き印象を与えていることに対しては，異論が存在する。少なくとも，既にR・アリベールが述べているように，契約自体の効力に関する訴訟に対する関係において，越権訴訟に基づく取消判決が先決問題についての確定的違法判断を構成する[71]ことは言うまでもあるまい。したがって契約の一方当事者は，契約の効力に関する訴訟において，第三者の訴えを契機として越権を理由に既に取り消された《分離しうる行為》の違法性を常に援用することができる。これに加え，契約を見直すべき法的義務が契約当事者に発生するとの所説[72]も見られるが，この種の法的義務の履行を強制し得る法的手段が何であるかは必ずしも明らかにされていない[73]。また，かつてA・ド・ローバデールは，取消判決の既判力のゆえに契約に関する裁判官は「その契約の取消しを宣告する以外のことをなし得ない」という所説[74]を開陳したが，これ程強い拘束力を取消判決に認める立場は少数説にとどまっているようである。一般的にはせいぜい，取消判決の対世効に基づいて契約の一方当事者が「何時にても……契約の取消しを求めることができる」かぎり，「取消判決は純粋にプラトニックな性質を有するわけではない」という批判[75]が，上述のJ・ロミウの論述に対して投げかけられるにとどまっているようである。

　《分離しうる行為》の取消しを宣告する判決が契約自体の効力またはこの契約について出訴を受けた裁判所の審査権に対していかなる効果を及ぼすかという問題に関する，上で一瞥したような議論についてここで直ちに評価を下すことは差し控えたい。取りあえずここでは，以下に掲げる叙述に端的に示されて

---

71)　R. Alibert, op. cit., p. 164. 同旨として，cf., R. Guillien, op. cit., p. 212; J.-M. Auby et R. Drago, op. cit., 2ᵉ éd., T. 1, p. 124 et T. 2, p. 421.
72)　R. Guillien, loc. cit.
73)　R・ギイヤンは，取消判決という「制裁を間接的に被った契約を訂正すべき義務」の存在を法的に肯定するが，かかる法的義務の実現方法としては単に，契約の一方当事者が取消判決を援用する権利を有する旨が述べられているにとどまる。Cf., ibid.
74)　A. de Laubadère, Traité contrats adm., T. 3, p. 332.
75)　G. Vedel, loc. cit.

いるように，J・ロミウの論告が，取消判決が契約自体の効力に対して及ぼし得る効果の如何を問うまでもなく，行政行為の合法性の審査それ自身の中に越権訴訟の最大の存在理由を見出そうとする見地に立つものであったことを，確認すれば十分であろう。

「諸君もよく知っているとおり，越権を理由とする取消（判決）は多くの場合，純粋にプラトニックな性質しかもたない。というのは，越権に関する裁判官は，攻撃対象とされた行政行為が攻撃原因とされた瑕疵を理由として取り消されるべきか否かを審査しさえすればよいのであって，自己の判決がもたらす積極的または消極的な諸結果を考慮するには及ばないからである。……（取消判決によって）確認された違法性を契約当事者が援用しようと欲しない場合，あるいは，かかる違法性にもかかわらず契約上の諸関係は存続し得るものと契約に関する裁判官が考える場合であっても，諸君が宣告した取消判決は，法を語り，法律によって自己に認められた権能を行使する市民に裁判の道を閉ざさず，違法性を指弾し，世論を啓発し，そしてまた，非とされた慣行の再発を予防するという効果を常に有するであろう。これこそが，諸君の判例の伝統と良く組織された民主政の諸要請とに，完全に適合する結末なのである[76]。」

III 《分離しうる行為》理論の展開

A・ド・ローバデールの言葉を借りるならば，20世紀初頭の一連の諸判決により《分離しうる行為》理論がひとたび確立されるや，この理論は「攻撃の対象たり得る行為に関しても，適格性を有する原告に関しても，最後にまた，援用できる取消事由に関しても，……同時に拡張的な方向へと発展させられた[77]」。

上に示された三つの要素のなかの三番目の要素——援用可能な取消事由の範囲の問題——に関してここで詳しく論じることはできない。差し当たりここでは，1918年7月12日のルフェーヴル氏事件判決[78]により，議決や認可等の

---

76) R., loc. cit.; D., loc. cit.; R. D. P., loc. cit.
77) A. de Laubadère, Traité contrats adm., T. 3, p. 326.
78) C. E., 12 juillet 1918, Lefebvre, R. p. 698. この事件では，電力供給事業の独占的営業権を特定個人に与える旨の特許契約の締結を承認するコミューン会議決の取消しを第三者たる納税者＝住民が

《分離しうる行為》の取消事由をこれら《分離しうる行為》に固有の手続上の瑕疵や無権限に見出し得るにとどまらず，契約内容自体の違法からもまた引き出し得るとの判例が確立[79]することを，述べるにとどめよう。

これに対し，第一および第二の要素——《分離しうる行為》の類型およびこれを攻撃する原告の適格性の問題——に関しては，重大な判例の展開が認められるので，これらについての簡単な整理を以下に試みることにしよう。なお，この理論の展開のあり方を十全に把握するためには本来，選挙や公用収用あるいは租税の如き行政による契約以外の領域における同理論の適用状況[80]をも視野に収めた検討がなされなければならないはずであるが，ここでは，専ら紙幅の都合から，行政による契約に関するケースを問題とするにとどめたい。

1 《分離しうる行為》の諸類型

行政による契約から《分離しうる行為》に該当することが既に肯定された地方議会議決や後見監督上の認可・代位決定の他に，いかなる行為類型がこれに該当するものと認められるに至るのであろうか。

（1） 公共事業請負契約や納品契約の締結の際に行われる入札については，19世紀後半の判例において既に，非落札業者が落札決定または落札認可の取消しを求めて提起する越権訴訟の道が開かれていた。しかも当時にあっては，落札決定や落札認可の行政処分性または並行訴訟の存否を問うまでもなく，この種の訴えの提起が許容されていた（I 1・2 参照）。ところが，20世紀初頭に《分離しうる行為》理論が形成されはじめるに及んで，落札決定・落札認可もまた《分離しうる行為》の一類型として再構成されるに至る。その先鞭をつけたのが1906年に判決が下されたバランド氏事件における論告担当官J・ロミ

求めて出訴したのに対し，C・Eは，当該特許契約が特定個人への違法な独占的営業権の付与を内容とするものであることを理由に，当該議決の取消しを宣告した。

[79] Cf., R. Alibert, op. cit., pp. 163-164 ; R. Guillien, op. cit., pp. 203-205 ; M. Long, P. Weil et G. Braibant, Les grands arrêts de la jurisprudence administrative, 7e éd., 1978, p. 66 ; J.-M. Auby et R. Drago, op. cit., 2e éd., T. 2, p. 163.

[80] 《分離しうる行為》理論の適用状況全般については，差し当たり，以下の文献を参照せよ。C. A. Colliard, op. cit., pp. 117-123 ; J.-M. Auby et R. Drago, op. cit., 2e éd., T. 2, pp. 157-165 ; H. Charles, op. cit., p. 174.

ウの論告である。

[13] 1906 年 3 月 30 日判決（C. E., 30 mars 1906, Ballande[81]）
　A 植民領において公共事業用のセメント購入に際して入札が実施され，見積書を提出した 5 名の業者の中で B 氏とバランド氏だけが予定価格以下の見積額を提示していたので，この 2 名の商品見本が予備審査委員会による審査に付せられた。そして，いずれの商品見本も審査をパスし得なかったにもかかわらず，B 氏を落札者とする決定が下され，さらにこれが A 植民領総督によって認可された。そこでバランド氏は，当該入札手続が自由な競争の原則に違反して遂行されたことを理由に，落札認可の取消しを求めて越権訴訟を提起した。C・E は，論告担当官 J・ロミウの論告にしたがって，訴訟要件および本案のいずれについても原告の主張を認めて，当該落札認可の取消しを宣告した。

　当該事案において J・ロミウの論告は，まず，従来の判例に沿って，入札手続への参加を認められた業者は「入札の結果が適法であることを求める権利を有しており，彼らには，落札者として宣告された競業者が不適正に落札者として宣告されたこと，つまり，入札委員会の決定または行政庁によって行われる落札認可行為が違法であることを主張するための適格性が認められる[82]」と述べることによって，非落札業者の原告適格を肯定した上で，さらに，落札認可により既に契約が成立しているにもかかわらず落札認可を攻撃対象とする越権訴訟の提起が許される所以を，次のように述べていた。

　　「越権を理由とする落札の取消（判決）が契約を解消させることはないであろうから，契約が既に履行過程にあるという事情のゆえに原告の訴えの提起が妨げられることはあるまい。取消（判決）は既におかされた違法を消滅させるという効果を有するであろう。そして，契約が未だに履行過程に入らないのであれば，再度入札手続に着手することを可能ならしめるという効果を有するであろう[83]。」

　ここでは，入札手続を経由して落札業者との間で成立した契約と落札（認可）とが各々別個の行為を構成し，後者を取り消す判決の効果が前者の効力に直接的な影響を与えることはないという前提が立てられているのであるから，

---

81) C. E., 30 mars 1906, Ballande, R. p. 279; S. 1908 Ⅲ 87; R. D. P. 1906, p. 668, avec Note G. Jèze.
82) J. Romieu, Concl. sur l'affaire Ballande, R. 1906, p. 281.
83) Ibid.

マルタン氏事件において J・ロミウ自身が開陳した議論が繰り返されているのである。そしてこれ以後，入札手続上の諸決定も契約から《分離しうる行為》の一類型として認知されるに至るのである[84]。

(2) 地方議会議決や後見監督上の認可・代位決定にせよ，あるいは入札手続上の落札決定や落札認可にせよ，いずれも議決（délibération）や布令（arrêté）や入札（adjudication）といった一定程度の独立性と対外表示性とを具えた行為形式をとって行われるのに反し，知事や市長が実際に相手方当事者との間で契約を締結する行為，すなわち内心における契約締結の決定または契約書への署名行為となるとそれによって成立する契約自体との結合度は増々もって強まると見做さざるを得ない。ところが，C・Eの判例はかような執行機関による契約締結行為すらをも契約から《分離しうる行為》と見做し，これに対する越権訴訟の提起可能性を肯定するに至る。

かかる判例形成上の先駆的判決例として，まず次の判決が一般に挙げられる。

[14] 1911年4月8日判決（C. E., 8 avril 1911, Commune d'Ousse-Suzan）[85]

原告コミューン所有の司祭館の賃貸について，コミューン会が議決した条件に反する内容の契約が，市長によって締結された。その後改選されたコミューン会と市長のもとで，この賃貸借契約の無効確認請求訴訟が司法裁判所へ提起されたが，同裁判所は，この訴訟の目的が「市長によって締結され更に知事によって認可された契約を，越権を理由に取り消す」点に存するから，その審査権は行政官庁に属すべきだと見做して，みずからの審判を停止する旨を宣告した。そこで，同コミューンはC・Eのもとに当該賃貸借契約の無効確認を求めて出訴した。これに対し，C・Eは論告担当官ピシャ（Pichat）の論告に沿って，司法裁判所による移送の趣旨を，市長が法律によって自己に与えられた執行権能を「適切に行使したかどうかという問題を判定してもらうことを目的とする」ものと解釈し直した上で，次のような判決を下した。「司祭館の賃貸に関して同市長は1907年2月24日のOusse-Suzanコミューン会の議決にしたがうことを義務づけられていたことを，確認する」。

---

84) Cf., G. Jèze, Note sous l'affaire Ballande, R. D. P. 1906, p. 672; L. Duguit, Traité, D. C., 3ᵉ éd., T. 3, pp. 781-783; J. Rivero, D. A., 7ᵉ éd., p. 238; A. de Laubadère, Traité contrats adm., T. 3, pp. 333-337; H. Charles, op. cit., pp. 171-172.

85) C. E., 8 avril 1911, Commune d'Ousse-Suzan, R. p. 468; S. 1913 Ⅲ 49, avec Note M. Hauriou; J. A., T. 1, p. 491.

この判決は，そもそも司法裁判所からの移送手続に基づく特殊な事案に関する判決[86]であり，しかも，市長による契約締結行為を取り消すという形式をとらず，あくまでも，コミューン会の議決内容に即した市長の執行義務の確認という異例の形式をとっているから[87]，この判決を以て，契約締結行為・署名行為の《分離しうる行為》性が肯定されたと見做すことは困難である。しかし，この判決をきっかけとして，契約締結行為自体を「黙示の行政決定[88]」あるいは「全く思弁的な仕方で契約自体から識別された契約締結の行政行為[89]」，あるいはまた「擬制的行政行為[90]」と称することによって，その《分離しうる行為》性を肯定する学説・判例が形成されるに至る。判例上において，かかる契約締結行為自体を攻撃対象とする越権訴訟の提起可能性をはじめて肯定したのが，次の判決である。

[15] 1934年11月9日判決（C. E., 9 novembre 1934, Chambre de commerce, d'industrie et d'agriculture de Tamatave[91]）

A植民領の総督は同植民領およびBコミューンの名において，C会社との間で，Bコミューンの港にある保税倉庫と石油備蓄用倉庫の経営権を特許として与え，そのうえ，将来設立される予定の同港開発会社にC会社の資本参加を認めるという内容から成る協定に合意した。これに対し，Bコミューンの商工農会議所が，かかる協定の違法性を主張して，総督による当該協定締結行為の取消しを求める越権訴訟を提起した。C・Eは，当該訴えがA植民領とC会社との「間で締結された協定の取消しを得ようとしているのではなく，専ら，かかる協定の諸条項のなかの一定

---

86) 適法性審査訴訟の例として本件を紹介する邦語文献として，参照，兼子仁「フランス行政法における先決問題」東京都立大学法学会雑誌3巻1・2合併号（1963年）192頁。
87) 類似の判決としてC. E., 24 juillet 1934, Département de la Creuse, R. p. 875 がある。この事案では，県によって締結されたブドウ酒の納品契約に関する知事の承認行為の適法性が先決問題として，司法裁判所からの移送手続によりC・Eの審判に付せられた。これについてC・Eは，当該承認行為が常任の県執行委員会（commission départementale）の諮問を経ずに行われたことを違法と見做した上で，「知事は1920年3月1日の契約を県の名において適法には締結し得なかった」旨の宣告を行った。
88) M. Hauriou, Note sous l'affaire Commune d'Ousse-Suzan, J. A., T. 1, p. 496. 同旨として，cf., R. Guillien, op. cit., pp. 205-210.
89) C. A. Colliard, op. cit., p. 120.
90) P. F. Gonidec, op. cit., R. D. P. 1950, p. 70.
91) C. E., 9 novembre 1934, Chambre de commerce, d'industrie et d'agriculture de Tamatave, D. 1937 III 25, avec Note Ch. Blaevoet.

のものを約束する権利を総督が有しているのかという点について，および，かかる協定の締結に際して総督が使用した手続に対して，異を唱えようと意図しているにとどまる。したがって，上記の訴えは総督の行為を捉えてその合法性を争っているものと見做さなければならない」と解し，訴えの提起を許した。

かくして[92]，行政による契約の成立に参与する諸々の行政の決定行為を攻撃対象として越権訴訟を提起する可能性は，極限にまで拡張されたと言えよう。今日では，かような判決の立場は確立した判例であると解されている[93]。

(3) 行政による契約の形成過程に位置する諸行為が《分離しうる行為》を構成することが肯定されていたのに反し，かかる契約の履行過程に位置する行政の諸行為――契約内容・条項の一方的変更や解約告知（résiliation）等――は，久しく越権訴訟による攻撃に馴じまないと考えられ，今日でも，原則として《分離しうる行為》には該当しないとされている[94]。ところが，かかる契約の履行過程に位置するある種の行為についてすら，《分離しうる行為》該当性を肯定する判決が，今日，出現するに至っている。

[16] 1964年4月24日判決（C. E., 24 avril 1964, Société anonyme de Livraisons Indus-trielles et Commerciales[95]）

原告会社は逓信省に対して三文字コールサインの供与を求めていたが，これが達せられないので，原告と競業関係にあるＡ会社に供与されていた三文字コールサインを取り上げるように，逓信大臣に申立てた。ところが同大臣がこの申立てを斥けたので，原告はかかる解約拒否決定の取消しを求めて越権訴訟を提起した。Ｃ・Ｅは，次のような理由により，「契約の履行に関わる分離しうる行為」の存在を認めて訴えの提起を許容した。曰く。原告会社は逓信大臣とＡ会社との間で締結された電話加入契約の当事者ではなかったから，この加入契約の履行に際して生じ得べき紛争について契約に関する裁判官に向かって判定を求めることはできない。しかし逆に，原告は，「当該契約に対する第三者たる資格において，契約の締結に，あるいは履行に関連性を有するとはいえこの契約から分離しうる行為と見做し得

---

92) 同旨の判決として，cf. C. E., 7 février 1936, Département de la Creuse, D., loc. cit.
93) Cf., H. Charles, op. cit., p. 174. また，cf., C. A. Colliard, op. cit., p. 120; A. de Laubadère, Traité contrats adm., T. 3, pp. 327-328; J.-M. Auby et R. Drago, op. cit., 2e éd., T. 2, p. 163.
94) Ch. Debbasch, Contentieux administratif, 1975, p. 703.
95) C. E., 24 avril 1964, Société anonyme de Livraisons Industrielles et Commerciales, R. p. 239; A. J. D. A. 1964, p. 308; D. 1964, p. 665, avec Note Ch. Debbasch.

ところのあらゆる行為を，それらの行為の違法性を理由として」越権訴訟による攻撃の対象となすことが許される。

この判決は，一面において確かに，既に履行過程にある継続的契約について，それの解約を拒否する行政庁の決定を攻撃対象とする越権訴訟の提起を契約第三者に可能ならしめた判決であるから，これによって，契約の履行に関する，あるいは契約関係の内部で生起する行政の一方的行為を攻撃対象とした越権訴訟の提起に道が開かれたと解することができよう。しかし他面，論告担当者コンバルヌウ（Combarnous）が正当に指摘しているように，この事案において原告はあくまでも，「行政が一定の契約を締結する権利を有するかどうかを争っ」[96]ていたのであるかぎり，契約締結行為自体を攻撃対象とする越権訴訟の提起を許容した［15］判決の延長線上にこの判決は位置づけられる[97]。したがって，上記判決は，本件のように継続的契約に関する事案では，解約拒否決定を攻撃対象とした越権訴訟の提起という形式を借りることにより，実質的には行政庁による契約締結決定ないし黙示的な契約関係維持決定の適法性を争う可能性を，契約第三者に認めた判決であるとも解し得よう。

2　契約当事者による訴えの可能性

さて，上記の［16］判決は，《分離しうる行為》理論が主として，契約第三者による訴訟提起を可能ならしめるべく形成された理論であることを，再確認した判決でもある。

既に本章Ⅱにおいて述べたように，同理論の形成期において契約当事者たる地方団体による越権訴訟の提起を可能ならしめた諸判決は，後見監督上の代位決定行為という，当該地方団体にとっては一種の不利益処分に該当する行為の取消しを求めて出訴する特異なケースに関するものであった。これに対し，地方議会議決や後見監督上の認可に対する越権訴訟の提起可能性が認められた事

---

96) Combarnous, Concl. sur l'affaire Société anonyme de Livraisons Industrielles et Commerciales, A. J. D. A. 1964, p. 309.
97) それゆえ，［16］判決もまた，原告の訴えの意図するところが，A会社との間で本件のごとき特典の供与を内容とする「合意を交わし且つそれを維持する権利」を逓信大臣が有しているかという点に異を唱えることに存したとして，本件への《分離しうる行為》理論の適用を認めたのである。Cf., R. 1964, p. 240.

案は専ら，契約第三者による訴えに関するものであった。したがって，《分離しうる行為》理論は典型的には，契約第三者による訴訟提起に道を開く判例理論であった。

　もっとも，その後の判例の展開によれば，契約当事者による越権訴訟の提起にも《分離しうる行為》理論の適用が認められる場合があると言われている。今日では，契約の履行過程上の諸決定行為に対しては契約第三者による越権訴訟の提起しか許されないのに対し，契約の形成過程に位置する行政の諸決定行為に対しては，契約当事者による越権訴訟の提起も可能である[98]という，説明も見受けられる[99]。かくて，同理論をめぐる今日の判例は，各事案における原告の如何——契約第三者かそれとも契約当事者か——と攻撃対象とされる行為の如何——契約形成過程上の行為かそれとも契約履行過程上の行為か——との函数に依存しており，相当錯綜した状況を呈していると考えられる。しかし，いずれにせよ，《分離しうる行為》理論の適用に当たって，契約第三者による訴えであるか否かが依然として最重要な判断基準を構成していることには，疑問の余地がない[100]。[16] 判決とともにこのことを再確認した判決として，次

---

98) 契約の履行過程上の行為——具体的には，特許企業たる地方鉄道の料金表に関する行政決定——を攻撃対象として契約当事者たる地方鉄道会社が提起した越権訴訟を却下した判決例として，cf., C. E., 14 février 1930, Compagnie du chemin de fer de la Turbie, R. p. 183.

　これに対し，契約の形成過程上の行為——具体的には，電気・ガス・水道事業の特許に関するコミューン会議決およびこれに対する知事の認可——を攻撃対象として契約当事者たるコミューンが越権訴訟を提起することを許容した判決例として，cf., C. E., 4 février 1955, Ville de Saverne, R. p. 73.

99) Cf., Ch. Debbasch, Note sous l'affaire Société anonyme de Livraisons Industrielles et Commerciales, D. 1964, p. 665 ; Combarnous, Concl. sur la même affaire, A. J. D. A. 1964, p. 310 ; Ch. Debbasch, Contentieux administratif, 1975, pp. 703-704 ; J.-M. Auby et R. Drago, op. cit., 2e éd., T. 2, pp. 162-164.

100) J・M・オービイ＝R・ドラゴは，或る行為が《分離しうる行為》に該当するか否かを決するための方法として，原告が契約の当事者であって他の訴訟手段を有しているか，それとも契約第三者であって他に何らの訴訟手段をも有しないか，という基準を用いることによって決する方法と，このような原告が置かれている主観的状況を一切外視して，専ら裁判管轄分配の如何を基準として或る行為がどの裁判・訴訟管轄に服せしめられているのかを探ることによって決する方法とを区別し，前者を「分離しうる行為の主観的な決定」，後者を「分離しうる行為の客観的な決定」と各々呼んでいる。そして，伝統的な《分離しうる行為》理論はたしかに主観的な決定方法に依っていたが，今日の判例の展開をかかる方法によって説明し尽くすことはもはや不可能であり，むしろ，客観的な決定方法に依っているとしか説明し得ない判決例が出現している，と述べている。かくして，J・M・オービイ＝R・ドラゴにおいては，今日の判例では客観的な決定方法の方が優位しており，

の事例を挙げよう。

[17] 1954年11月26日判決 (C. E., 26 novembre 1954, Syndicat de la raffinerie de soufre française et Société française des établissements Koch et Reis[101])

A会社の硫黄鉱調査・採掘のための融資に際して国の保証を提供することを，半官的金融機関であるクレディ・ナシォナル（Credit national）に授権する旨の大蔵省令に対して，A会社と競業関係にある業者から成る団体であるフランス硫黄製精業連合会等が，当該省令は公益とは無関係な目的のもとに特定会社に優遇措置を講じる点において違法である旨主張し，その取消しを求めて出訴した。当該省令に基づきクレディ・ナシォナルとA会社との間で成立した保証提供に関する諸合意との関係において，同省令が《分離しうる行為》を構成するか否かが問題となったが，C・Eはこの問題について，同省令が「第三者に対する関係においては，上記会社の事業投資のための融資を保証することを目的として国と同会社との間において生起し得たところの私法上の諸合意から，分離し得べき行政行為を構成する」ことを認めて，大蔵大臣による却下の申立てを斥けた。

IV 小　　結

1　《分離しうる行為》理論の形成と展開を担ったC・Eの諸判決を検討することにより，本稿は，同理論が典型的には，行政による契約に関して契約第三者による訴訟提起を可能ならしめるべく成立し，且つかような目的のもとに展開させられた理論であることを明らかにした。同理論をこのように本来的には第三者訴訟理論として把握することによって，同理論の成立にいかなる意義づけをなし得るであろうか。

かつ，かような方法こそが将来判例が向かうべき方向を指示しているとして，推奨されるのである。以上について，cf., J.-M. Auby et R. Drago, op. cit., 2ᵉ éd., T. 2, pp. 146-157 et 161-165. また参照，遠藤・前掲注44) 252頁以下。

しかし，かような所説においても，《分離しうる行為》理論がその起源においては，本来契約第三者による訴訟提起を可能ならしめるべく形成され，かような意味で主観的決定方法に依っていたことは否定されていないし，また今日の判例に関しても，「契約の確定的締結の後に契約関係の内部で発生した行政行為は，契約当事者に対する関係においては分離することができない」(ibid., p. 163) とされているかぎりでは，依然として主観的決定方法が有効に機能し得ていることが，疑問の余地なく承認されている。

101) C. E., 26 novembre 1954, Syndicat de la raffinerie de soufre française et Société française des établissements Koch et Reis, R. p. 620; D. 1955, p. 472, avec Note Tixier.

行政を一方当事者とする契約が当事者間の合意によってひとたび成立するや，この契約の形成過程に介在する地方議会議決や後見監督上の認可等の諸行為を独立に取り出して越権訴訟による攻撃の対象となすことができなくなるという，C・E がかつて採用した結論は，E・ラフェリエールや前期の M・オーリウによれば，並行訴訟の存在から導かれるところの却下の効果であるという説明を与えられていた[102]。また，かような結論が《分離しうる行為》理論の形成とともに覆され，既に成立した契約に関しても，その先行行為たる議決や認可を攻撃対象とする越権訴訟の提起可能性が肯定されるようになると，この新たな結論は，「並行訴訟の存在から引き出される却下の効果を……制約するため[103]」の試みとして，あるいは並行訴訟の存在から帰結するところの「却下が機能を停止した[104]」一つのケースとして説明された。今日でも，《分離しうる行為》理論は，並行訴訟の存在から帰結する却下という効果に対する「例外[105]」あるいは「留保[106]」を認める理論として説明される[107]。しかしながら，行政による契約それ自体の効力に関する訴訟手段を具えない契約第三者が原告となって越権訴訟を提起するケースを想定する限り，このような理解は，並行訴訟理論自体が想定していたはずの本来的なケースの不当拡張に依拠していると評さざるを得ない。なぜならば，既に指摘したように，並行訴訟理論はそもそも，越権訴訟の原告自身が他に何らかの争訟手段を現に具えていることを前提としてはじめて，その適用の可否が論じられ得る性質の理論だからである。

2　さて，かように不当に拡張された並行訴訟理論を前提として《分離しうる行為》理論の形成の意義を説明しようとするとき，同理論は，並行訴訟が存在するにもかかわらず越権訴訟の提起をも可能とする理論として理解されるか

---

102)　本章 I 3 を参照せよ。
103)　R. Alibert, op. cit., p. 166.
104)　M. Hauriou, Précis D. A., 11e éd., p. 413.
105)　Ch. Debbasch, Contentieux, administratif, 1975, p. 702.
106)　J. Rivero, D. A., 7e éd., 1975, p. 244. なお参照，J・リヴェロ著（兼子仁 = 磯部力 = 小早川光郎編訳）『フランス行政法』（東京大学出版会，1982 年）269 頁。
107)　同旨として，cf., A. de Laubadère, Traité D. A., T. 1, 7e éd., 1976, pp. 551-552; R. Odent, Contentieux administratif, 1953-1954. fascicule Ⅲ, p. 552; P. Duez et G. Debeyre, Traité D. A., 1952, pp. 379-380.

ら，同理論の形成は専ら，より一層完全な訴訟救済の実現に向かってのC・Eの判例政策（politique jurisprudentielle）の積極的展開の表れという一面においてしか評価されないことになる[108]。本稿も，《分離しうる行為》理論の形成と展開に際してC・Eの判例政策が果たしたであろうところの役割を，決して否認するものではない。しかし，同理論が想定する典型的な適用ケースは，そもそも他に争訟手段を具えていない第三者が行政による契約の形成過程上に位置する違法な諸決定行為の取消しを求めて出訴するケースであるという認識に到達した本稿[109]にとっては，そもそも何故かかる第三者に訴訟手段が与えられなければならなかったのかという点こそが，問われなければならない。

かような関心から同理論の形成の意義をあらためて探ろうとするとき，マルタン氏事件におけるJ・ロミウ論告中にある次の一節が，筆者の興味を惹きつ

---

[108] その典型的な議論を展開する者として，たとえば，cf., C. A. Colliard, op. cit., p. 116.

[109] 阿部泰隆氏によれば，「平行訴訟の抗弁（exception de recours parallèle）の法理……は，簡単にいえば，越権訴訟と均等な価値を有する救済手段（これを平行訴訟という）が他に存するときはそれによるべく，越権訴訟の提起は許されない，越権訴訟はこのような救済手段が他に存しない場合にのみ提起することを許される補充的訴訟（recours subsidiaire）である，という」法理であり（阿部・前掲注60）26頁），《分離しうる行為》理論は，越権訴訟がかような「平行訴訟の抗弁の法理を排斥し，適法性の訴訟として普遍化したことによって生じた現象であ」る（同書62頁），という理解が示される（引用文中の括弧書き部分は阿部氏自身の記述）。そして，かような理解を前提として阿部氏は，《分離しうる行為》理論の形成の意義について次のような評価を下す。曰く。「行政契約における一方的行政行為の適法性は越権訴訟でその取消を得なくとも，もともと既存の訴訟で争える場合が多く，越権訴訟による救済は越権訴訟の適法性の普遍的訴訟としての発展の産物として，単なるプラス・アルファである場合が多いのではないかとの疑いがあるのである」と（同書68～69頁）。

本稿の見地からすれば，このような評価に対しては，次の二点において賛同し難い。第一に，《分離しうる行為》理論は典型的には，契約第三者が原告となって，行政による契約の締結に先行して行われる各種の違法な行政決定の取消しを求めて出訴するケースを想定して立てられた理論であり，かかる典型的ケースにおいて同理論の適用を認めることにより越権訴訟の提起を可能ならしめることは，契約第三者にとっては訴訟手段の創造に他ならない。したがって，かかる典型的事案を想定するかぎり，「越権訴訟による救済は……単なるプラス・アルファである」とは決して言えないのではなかろうか。第二に，《分離しうる行為》理論の形成は「越権訴訟の適法性の普遍的訴訟としての発展の」一つの，しかも極めて重要な契機でこそあれ，逆に，その「産物」であるとは言い得ないのではなかろうか。

越権訴訟の機能をめぐってフランス行政法が示す諸特質を正確に把握するためには，越権訴訟がかつてのような補充的訴訟性を脱却し今や適法性に関する普遍的訴訟へと転化したという結果にのみ着目するのでは不十分であり，かかる結果へ至るまでの判例の展開を各事案の具体的情況を踏まえて検討するのでなければならないというのが，本稿の見地である。

けずには措かない。

　「越権訴訟が（契約）第三者によって提起されるケースにおいては，（契約当事者の一方によって提起されるケースとは）事情が全く異なる。諸君の諸判決がこの点について未だ別異に扱っていないように見えるとしても，そのことは，近年に至るまで第三者による訴えの事案がきわめて稀であって，第三者に訴訟手段が認められることが余りなかったという事実によって説明がつく。しかし，今日では反対に，以下のような諸々の事態が生じて以来，かかる第三者による訴えの提起が著しく頻発するに至る可能性があり，それらは注意深く考慮するに相応しい訴えなのである。すなわち，どのような事態かと言えば，一つには，1884 年 4 月 5 日法がコミューン会の議決に対する訴えを市民のために著しく広範に許容したこと，また特に，出訴することができる者についての《利害関係人》という資格要件を拡張することによって，諸君がこの規定にはるかに重大な意味を付与したこと，そして最後に，コミューン会や県会の議員が，自己の所属する議会の議決によってこの議会の成員として彼らが有している権利に侵害がもたらされる限りにおいて，このような議決に対して出訴することを諸君が承認したこと，である。ところで，或る事案において或る議決または或る後見監督行為に対する訴えが第三者によって適法に提起され得るということを前提とするならば，これら同じ行政行為に基礎づけられた契約が確定的に現実化したということによって，いかなる法原則の故にこの同じ訴えの提起が妨げられ得るのか，まして，既に提起されたその訴えを事後的に却下すべきものとなし得るのか，我々はその理由を理解し得ないのである[110]。」

　以上の論旨にしたがえば，1903 年から 1906 年にかけて現れる一連の諸判決を転機として成立する《分離しうる行為》理論は，コミューン会議決に対する私人の争訟可能性を著しく拡げた 1884 年の《コミューン組織法》に端を発し，1901 年のカサノヴァ氏等事件判決を経て昂まってきた，地方議会議決や国家官庁の後見監督行為を攻撃対象として納税者・地域住民や地方議会議員等が提起する訴訟の可能性を絶えず拡げようとする立法・判例の趨勢が到達すべき，一つの必然的な帰結であったということになる。したがって，同理論が発揮し得た政治的・社会的真価は，第三共和政下の地方分権のあり方全体の中に位置づけられることによって始めて測定し得るものと考えられるが，ここでこの点

---

110) J. Romieu, Concl. sur l'affaire Martin, R. 1905, pp. 752-753 ; D. 1907 Ⅲ 50 ; R. D. P. 1906, pp. 265-266.

の検討に立ち入ることは差し控えたい[111]。

　3　翻って,《分離しうる行為》理論の形成は,フランス行政法理論上にいかなる意義を有するであろうか。一方では,同理論の適用により越権訴訟による攻撃の可能性を肯定された地方議会議決や後見監督上の認可等の契約形成過程上の諸行為と,行政法理論上の行政行為概念との関連性が問題となる。そして,この問題の検討に当たっては,第2章において検討された権威行為と公・私管理行為との静態的行政活動分類論が,《分離しうる行為》理論の形成によって何らかの影響を受けたか否かという点が,一つの重要な検討素材を構成することになる。また他方では,同理論により訴訟提起の道を開かれた契約第三者たる納税者・住民等の所謂行政客体(des administrés)が行政法理論上にいかなる位置づけを与えられていたかが,問題となる。以上の二点について,章をあらためて検討を加えることにしよう。

---

[111]　亘理・前掲注9)(1)～(5・完)(自治研究59巻3号・8号・9号・10号・12号)は,越権訴訟の原告適格論の意義をフランスの地方自治のあり方との関連で考察しようとしたものである。

第4章

行政決定＝行政行為論の成立
—— 動態的行政行為論

序

1　行政活動の目的・性質の相違に応じて権威行為と公・私管理行為とを峻別し，各々に越権訴訟と通常の（完全裁判または司法管轄）訴訟とを対応させる静態的な行政活動分類論[1]の立場にとって，契約締結に先行して行われる地方議会議決や監督官庁による認可等の諸決定行為を既に完成した契約自体の中に融合させることによって，これら契約先行行為の取消しを訴求する越権訴訟の提訴可能性を排除する《契約への一体化》理論は，未だ締結に至らない契約に関してこれら先行行為を捉えて攻撃することもまた実際には困難であった[2]だけに，事実上整合的であったと言えよう。これに反し，《分離しうる行為》理論によれば，行政による契約という事象自体が，越権訴訟による攻撃の対象たり得る行為と通常の訴訟による攻撃の対象たり得る行為とから成るところの一連の複合的過程に他ならないという前提が立てられることになるから，同理論の形成とともに，権威行為と公・私管理行為との区別を越権訴訟による攻撃可能性（行政処分性）の問題に結びつけて論じることは，もはや不可能となるのではなかろうか。

のみならず，《契約への一体化》理論を仮に肯定したとしても，契約が未だに締結・完成に至らない時点で議決や認可等の先行行為を越権訴訟によって攻撃することは理論的には可能なのであるから，権威行為と公・私管理行為との区別を越権訴訟と通常の訴訟との区別に対応させるかぎり，契約に先行するところのこれら諸決定行為は理論的には権威行為に他ならないはずである[3]。そ

---

1)　参照，第2章Ⅱ。
2)　H・シャルルによれば，「大抵の場合，一方的行為のほとんど直後に究極行為が実現され，その結果，越権訴訟による保護は空しいものとなっていた」（H. Charles, "Actes rattachables" et "actes détachables" en droit administratif français, 1968, p. 165）。

うであるとしたら，理論的には，行政による契約という事象はそれ自体，地方議会の議決や監督官庁による認可等の権威行為と，これに基づいて締結される契約そのものという公・私管理行為とから成るところの，一連の複合的過程に他ならなかったことになるはずである。したがって，行政活動の静態的分類論を越権訴訟による攻撃可能性の問題と関連づけて論じるE・ラフェリエール流の議論（第2章Ⅰ1）は，その出発点において既に重大な矛盾を孕むものであったと言えないであろうか。

2 以上二点にわたる疑問を念頭に置いて20世紀初頭から中葉前における行政法学説を通観するならば，論者はほぼ一様に，「あらゆる行政決定（décisions exécutoires administratives[4]）」が，或いは，行政による契約と統治行為とを除いた「行政のあらゆる法行為（actes juridiques)[5]」が，あるいはまた「決定たる性質を有する行政のあらゆる行為[6]」が，原則として越権訴訟による攻撃の対象たり得ることを認めていることに気がつく。依然として権威行為と管理行為との区別を維持しようとしたH・ベルテルミにおいてすらも，かかる行政活動の分類は訴訟の区別とは無関係なものとして措定され，「行政のいかなる行為であっても，すなわちそれが管理行為であったとしても権威行為とまったく同様に，すべて」越権訴訟による攻撃の対象たり得る[7]ものとされているのである。

本章では，20世紀前半において確立され今日においても継承されている[8]

---

3) Cf., ibid., pp. 165-166.
4) M. Hauriou, Précis D. A., 11e éd., 1927, p. 378.
5) R. Bonnard, Précis D. A., 1935, p. 199. Cf., ibid., pp. 195 et 210-211.
6) M. Waline, Manuel élémentaire D. A., 1936, p. 115.
7) H. Berthélemy, Traité élémentaire D. A., 13e éd., 1933, p. 1129. なお，1908年公刊の同書第5版においてH・ベルテルミは，「行政のあらゆる権威行為が」越権訴訟による攻撃の対象たり得ると述べていた（ibid., 5e éd., 1908, p. 916）。
8) J・リヴェロ曰く。判例によれば，越権訴訟による攻撃の対象たり得る行為には「不利益を惹起する決定（décision faisant grief）という表現が充てられる。この表現は，幾分のニュアンスの違いを別とすれば，行政決定（décision exécutoire）という表現に相当する」（J. Rivero, D. A., 7e éd, 1975, p. 237）。参照，J・リヴェロ著（兼子仁＝磯部力＝小早川光郎編訳）『フランス行政法』（東京大学出版会，1982年）262頁。またF・P・ベヌワ曰く。「一方的行政行為（les actes administratifs unilatéraux）とは，それをなすための権限を授けられた官庁の意思のみにより法的価値を有し，か

以上のような，越権訴訟による攻撃可能性（行政処分性）を概括的に肯定された広い行政行為概念が，いかにして確立されるに至ったかを跡づけ，以て，かかる行政行為概念の特質を明らかにしたいと思う。その際，《分離しうる行為》理論の形成に触発され且つそれと時を同じくして自己の行政行為論の深化をなし遂げたM・オーリウの行政行為論の変遷過程を検討することが，有益であると筆者は考える。何故ならば，M・オーリウ自身，その初期の学説においては，権威行為と公・私管理行為との分類論に基づいて公・私管理行為に関する越権訴訟の提起可能性を否定していた[9]のであるが，その後かかる分類論を訴訟手段の如何との関係で用いることを放棄し，行政決定（décision exécutoire）という語に表現される広く且つ一元的な行政行為概念を打ち立てることによって，かかるフランス的行政行為概念の形成史をみずから体現していると考えられるからである。

　3　本章の構成は以下の五節から成る。まずIにおいては，M・オーリウの後期の行政行為論をその完成態において把握するために，『行政法精義』の生前最終版である第11版（1927年）における行政行為論を，主として訴訟形態との関係に光を当てて簡単に整理する。次いでIIにおいて，かかる完成態に到達するまでの彼の行政行為論の変遷過程を，その一貫した基調に意を払いつつ跡づける。さらにIIIにおいては，彼の行政行為論に一貫した基調の中から行政

つ，越権に関する行政裁判官による裁判的統制に服するところの，法行為である」(F.-P. Bénoit, Le D. A. français, 1968, p. 522)。さらにまた，P・ヴェーユ曰く。「不利益を惹起する一方的な行政決定（décision administrative unilatérale faisant grief）はすべて，越権に関する裁判官のもとへ付託し得る。かくして越権訴訟は，適法性の原理（principe de légalité）に服するあらゆる行政決定（décision administrative exécutoire）の統制を確保することを可能ならしめるのである」(P. Weil, Le D. A., 7e éd., 1978, p. 103)。

　また一般に，"越権訴訟は行政決定に対してしか，換言すれば，不利益を惹起する一方的行政行為に対しては提起し得ない"とか，"越権訴訟は契約性を有する行為に対しては提起し得ないが，契約の締結自体から分離され得る一方的行政決定に対しては提起し得る"と語られるとき，契約自体を除いた一切の行政の法行為すなわち行政決定（décision exécutoire）の行政処分性（越権訴訟による攻撃可能性）の原則的肯定が，暗黙裡に前提とされていると言えよう。Cf. A. de Laubadère, Traité D. A., T. 1, 7e éd., 1976, pp. 534-539; G, Vedel, D. A., 6e éd., 1976, pp. 556-560; M. Waline, Précis D. A., T. 1, 1969, pp. 359-366; Ch. Debbasch, Contentieux administratif, 1975, p. 667; J.-M. Auby et R. Ducos-Ader, Institutions administratives, 4e éd., 1978, pp. 489-490.

9)　参照，第2章I 2および同章II。

決定 (décision exécutoire) という語で表現される行政行為概念の特質を抽出することに努める。そしてIVにおいては，再び完成態における彼の行政行為論を取り上げ，彼の行政法学の全体像のなかで行政客体が対行政行為との関係でいかなる位置づけを与えられていたかを，ごく簡単に検討した後，Vの小結へ至る。

I　行政決定と執行事実

1　「フランス行政法における……訴訟の偉大な発展が（フランス行政法という）構築物の要石たる行政決定 (décision exécutoire) という概念が到達したところの完成度の寄与によるものであること……を承認することは限りなく正当である[10]」というM・オーリウ自身の叙述を俟つまでもなく，彼の行政法学体系において，とりわけその後期において，行政決定という概念が占める枢要な地位に疑問を挟む者は，おそらく皆無であろう。行政決定は，一方で，行政が裁判判決を媒介とすることなしに自己の職責を自己の力で遂行することができるという，かの著名な裁判外的執行 (exécution préalable, action d'office ou exécution directe) 原則の中心概念として，かかる裁判外的執行を開始させるために不可欠の手続行為であり，他方逆に，かかる裁判外的執行に対抗して行政客体の手に留保された訴訟手段を始動させるために必須の訴訟要件行為である[11]。

2　さて，取消訴訟（とりわけ，その主要な形式として越権訴訟）と完全裁判訴訟という行政訴訟の二大類型に即して観るとき，取消訴訟は「行政決定に対する[12]」訴訟であるのに対し，完全裁判訴訟は「複合的行政作用 (les opérations administratives[13])，行政決定の執行，かかる執行が生ぜしめる諸々の地位や損

---

10) M. Hauriou, Précis D. A., 11ᵉ éd., p. 374. なお，同旨の叙述は『行政法精義』第7版 (ibid., 7ᵉ éd., 1911, p. 398) において既に出現している。

11) Ibid., 11ᵉ éd., pp. 355 et 374.

12) Ibid., p. 374.

13) 本文後出の引用文から知り得るように，M・オーリウは行政活動を諸行政決定とそれの執行諸事実という二つの局面から成るところの複合的な作用ないし過程として把握し，これに opérations

害，これら一言で言い表せば諸々の執行事実が生み出す[14)]」訴訟であるが，ただ後者もまた，行政庁の自発的な決定によるのであれ，或いは行政客体側からの申請または訴願に基づいて行われるのであれ，いずれにせよ何らかの予先的な（préalable）行政決定を得た上でなければ提起し得ない[15)]という意味において，「行政決定を契機として[16)]」提起される訴訟である。したがって，取消訴訟の対象が「行政決定の有効性[17)]」であるのに反し，完全裁判訴訟の対象はむしろ「諸々の執行事実の内に，および，諸々の執行事実が申立人に対して生ぜしめ得たところの諸々の権利の内に[18)]」存することになる。かくして，後期M・オーリウの行政法学における行政の行為態様論は，行政決定と執行事実という，それ自体一つの複合的な行政作用＝過程（opération admiristrative）の内にあって時間的・段階的に連続した二つの要素へと分解されることになる。換言すれば，下記の引用文に端的に表れているように，M・オーリウの後期の行政の行為態様論は，行政活動における決定行為のみを取り出してその効力を論じる観点と，この決定行為に基づいて行われる諸々の執行事実をも含めた複合的作用＝過程の全体を問題とする観点との，二つの観点から成り立っていたと語ることができる。

　「行政活動は，行政決定の観点から考察することもできれば，複合的行政作用＝過程（opérations administratives）の観点から考察することもできる。行政決定という外観の背後に諸々の複合的行政作用が遂行されている。つまり，ある意味で，複合的行政作用＝過程というのは，それらを決定し且つ規律するところの諸決定を

---

administratives なる語を充てている。また，一般に opération administrative という語は多様な意味で使用することが可能であり，特に，単なる事実的行政作用ないし過程を指称すべく使用されることもある。したがって，本稿では，この語に，その時々の文脈に則して「複合的行政作用」「複合的行政作用＝過程」「行政作用」「行政の事実作用＝過程」等の訳語を使い分けることにする。この語の多義性については，cf., H. Charles, op. cit., pp. 9-11.

14) M. Hauriou, Précis D. A., 11e éd., p. 435.
15) Ibid., pp. 368-369. なお，行政客体側からの申請または訴願に対して一定期間内に何らの決定もなされなかった場合，かかる行政側の沈黙は拒否決定を構成するものと見做される旨の法律規定（Loi du 17 juillet 1900, Art. 3）が存在する。この点について，cf., ibid., pp. 370-373. この規定に言及する邦語文献として，参照，兼子仁『行政争訟法』（筑摩書房，1973年）343頁。
16) Ibid., p. 374.
17) Ibid., p. 376.
18) Ibid., p. 377.

含むと同時に，行政の諸目的を実現するために必要なあらゆる執行措置とその執行のあらゆる法的結果をもまた，含むのである[19]。」

3 以上を要するに，後期M・オーリウの行政の行為態様論は，警察目的と公役務管理目的あるいは財産管理目的との区別とか権力的手段と非権力的手段との区別のように，行政活動の目的・内容の相違や行政活動の性質の相違によって区々に論じるのではないという意味において，一元的な構造を有しており，また，行政決定と執行事実という時間的・段階的に連続した一連の複合的過程に着目しているという意味において，動態的・過程論的な発想に基礎づけられていたと語ることができよう。

ところで，M・オーリウの前期における学説では，行政の諸活動は権威行為・公管理行為・私管理行為の三行為類型へ分類されるという意味において多元的な構造を有する行政作用像が主要な柱を成していた。しかも，この分類論によれば，行政の各活動はその目的・性質に応じて丸ごと各行為類型に振り分けられることにより，各活動の過程が伴い得る多様な局面は差し当たり度外視され，且つ各行為類型毎に異なった訴訟形態が対応させられていたから，それはすぐれて画一的かつ静態的な行政活動分類論であった[20]。

では，前期における画一的で且つ静態的な行政活動分類論から後期における動態的過程論に基礎づけられた行政決定（＝行政行為）一元論[21]への転化は，

---

19) Ibid., p. 435.
20) 参照，第2章Ⅱ2。
21) ここで"行政決定一元論"という表現を用いるのは，あらゆる行政活動は，その目的・内容或いは性質の相違に関わりなく，何らかの行政決定とその執行諸事実とから成るところの一連の複合的作用＝過程である点において共通の態様を呈するという意味で，行政作用のあり方についての一元的な理解がM・オーリウの後期学説を支配していることを示すためである。ところで，次節において本稿は，次の三つの意味において，"動態的行政行為論への一元化"という表現を使用する予定である。(1)行政活動のあり方に対する考察方法の一元化。すなわち，M・オーリウの前期学説においては，行政活動の目的・性質の違いに応じて異なる型の行政の行為様態を想定する行政活動分類論と，行政活動を行政決定とその執行諸事実とから成るところの複合的過程として把握する動態的考察方法とが並存し，しかも後者は前者に対する例外として機能し得ていたにとどまるが，後期学説になると，後者が前者を凌駕し，一元的な考察方法として一貫性を与えられるに至る。(2)かかる考察方法の一元化を背景として，先に述べたような，行政作用のあり方に関する一元的な（あらゆる行政活動に当てはめられるべき）理解が成立する。(3)しかも，かかる一元的理解において想定される"行政決定（décision exécutoire）"は，もはや，彼の前期学説においてそうであったよう

いかにして遂行されたであろうか。節をあらためて，その経緯を跡づけることにしよう。

II　動態的行政行為論への一元化

1　行政活動を法行為たる個々の行為とそれの執行措置から成るところの複合的過程として考察する視点を，M・オーリウは初期において既に獲得している。すなわち，彼の『行政法精義』初版（1892年）及び第2版（1893年）において，行政の法行為（acte d'administration）と複合的行政作用＝過程とを区別して曰く。

> 「諸々の行政法人は，諸公役務の職責遂行を目的として，且つ自己の諸権利を行使することによって，或いは複合的行政作用を行い，或いは法行為（actes d'administration）を行う。
> 　複合的行政作用＝過程は，行政法人の名において法定の代表者によって遂行され且つ同一の法目的の実現のために協働するところの，諸行為の総体から成る。たとえば，公用収用は一つの複合的行政作用＝過程であり，或る土地の取得という特定の法目的を有し，聴聞（enquête）・公益認定（déclaration d'utilité publique）・知事による収用裁決（arrêté de cessibiité）・判決等といった多数の行為から成る。同じく，選挙も一つの複合的行政作用＝過程であり，代表者の任命という特定の法目的を有し，且つ，選挙人の招集・投票に際しての諸手続・開票等といった多数の行為から成っている[22]。」

> 「行政の法行為（acte d'administration）は，或る法効果を作出するために行政法人の名において法定の代表者によって行われ，それ故，権利の行使に関するところの，行政決定（décision exécutoire）である。
> 　行政の法行為は部分が全体に接合するごとくに複合的行政作用＝過程に接合し，そこに含まれる諸要素の中の一つである。しかし時にまた，行政の法行為は自己のみで充足するところの孤立した行為でもある[23]。」

に権威行為・公管理行為・私管理行為という各種の行為類型を総称するための表現なのではなく，"行政法人の自己の権利行使に関する根幹的諸決定"という均一の属性を具えると見做されるところの行政の諸行為に充てられるべき表現となる（行政決定概念の一元化）。

22)　M. Hauriou, Précis D. A., 1ʳᵉ éd., 1892, p. 159; 2ᵉ éd., 1893, p. 184.
23)　Ibid., 2ᵉ éd., p. 185. 同旨，cf., ibid., 1ʳᵉ éd., p. 160.

では，行政の法行為（＝行政決定）と複合的行政作用＝過程とを接合・分離という絶えざる緊張関係の中で捉えようとする以上のような基本的視角が，前期M・オーリウの静態的な行政活動三分説といかなる関係に立っていたか。両者の関係を最も整序された形で呈示したと思われる『行政法精義』第4版（1901年）に即して，検討してみよう。

第2章Ⅱにおいて既に述べたように，この時期のM・オーリウは法行為たる行政の行為をactes d'administration＝décisions exécutoiresと称し，それを権威行為・公管理行為・私管理行為に三分する。このうち権威行為は，オーリウによれば，さらに次の二類型に大別できる。

(1) 「警察命令・個々の建築壁面線の確認・公物についての使用特許または許可・公務員の任免・個々の警察許可等のように，国民公衆にとって規律的な（réglementaire）……決定[24]」，換言すれば，「公衆の側に諸法律の適用を確保するために仕えるべき規律または警察下命（des règlements ou des ordres de police)[25]」。

(2) 「行政自身にとって規律的な（réglementaire）……決定[26]」，換言すると，「諸公役務の執行行為の前に行われ，且つ，諸公役務の執行それ自体において諸法律の適用を確保するために仕えるべき根幹的諸決定（des décisions de principe)[27]」。かかる決定は「根本的に，行政自身の活動にとっての規律（des règlements)[28]」であり，その例として，予算のように同一行政主体内の執行機関に向かって発せられる議決機関の決定や，公共事業の公益認定・他の行政庁の諸々の行為に対する認可または承認・上級庁による取消・変更等のように，下級庁に対する指揮監督または後見的監督のために上級庁によって行われる諸決定，或いは建築壁面線計画や諸々の公役務組織令のように，公権力が自分自身のために策定する一種の行政命令やプログラム（une sorte de règlement et de programme）が挙げられる[29]。

---

24) Ibid., 4ᵉ éd., 1901, pp. 284-285.
25) Ibid., p. 229.
26) Ibid., p. 285.
27) Ibid., p. 229.
28) Ibid.
29) Ibid., p. 285. また, cf., ibid., p. 318. 権威行為の二類型に関する叙述として，さらに cf., ibid.,

この後者の型，すなわち行政自身にとっての根幹的決定（décision de principe）たる性質を有する権威行為が問題となるケースは，まさに，行政の法行為と複合的行政作用＝過程とが接合するケースに他ならない。しかも，複合的行政作用＝過程の中に権威行為と公・私管理行為が交錯し，前者が後者の根幹的決定として機能する。まず，権威行為と公管理行為（第4版における「管理行為」とは本稿の用語法にしたがえば「公管理行為」を指称する）との交錯について曰く。

「権威行為が冒頭に位置し且つ規律的である（initial et réglementaire）かぎり，権威行為は通例，諸公役務の執行のために登場するところの諸々の管理行為に先立って行われ，これら管理行為に対して一定の原則的な準則を画する。かくして，二種類の決定の結合を理解しなければならない。作用させるべき何らかの公役務が存在するかぎり，また実現させるべき何らかの行政作用（une opération administrative）が存在するかぎり，公権力はまずもって権威行為によって登場し，この権威行為の中で公権力は，諸法律の適用を確保することを目的として，執行すべき仕事を規律づける。次いで公権力は，その仕事を遂行すべくみずから活動を開始し，その役務を機能させ，その作用（l'opération）を実現し，その際に諸々の管理的諸決定を行う。かようにして，管理行為は常に何らかの権威行為を先行させており，且つそれに服する。そして権威行為は管理行為にとって規律的（réglementaire）である[30]。」

また，権威行為と私管理行為（第4版における「民事生活上の行為」とは本稿の用語法にしたがえば「私管理行為」を指称する）との交錯について曰く。

「第一に，行政の民事生活上の行為は，管理行為がそうであるのとまったく同様に，権威的態様によって行われる行政決定を条件としている。つまり，多くの行為はコミューン会や県会のような議決審議体の決定を先行させており，多くの行為は上級庁の決定によって認可を得なければならず，したがって，これらの行為の有効性は，それらが服しているところの権威行為の有効性にしばしば依存する[31]。」
「第二に，民事生活上の行為は，それの執行という観点から見てもまた，行政の

---

　　pp. 216-217. なお，cf., L. Sfez, Essai sur la contribution du doyen Hauriou au droit administratif français, 1966, p. 129.
30)　M. Hauriou, Précis D. A., 4ᵉ éd., p. 286. 同旨として，cf., ibid., p. 318; ibid., 1ʳᵉ éd., p. 164.
31)　Ibid., 4ᵉ éd., p. 324.

あらゆる作用に絶対的に適用されるところの公会計上の諸準則によって条件づけられる。したがって，管理行為の執行とまったく同様に，民事生活上の契約の財政的執行は，権威的態様によって行われる諸決定（予算支出項目への計上，予算支出項目への職権の代位計上〔inscription d'office〕，支払命令等）に服する[32]」（括弧書き部分は原典中に含まれた記述）。

以上の記述から明らかなように，M・オーリウはその初期の学説において既に，根幹的決定たる性質を有する権威行為とそれの執行行為たる公・私管理行為との分離・接合に基づいた動態的・過程論的な行政作用像を，彼の静態的な行政活動分類論と並んで想定していた。ところで，既に述べたように，この時期のM・オーリウにおいては公・私管理行為といえども行政決定の一種であり，それ自体，準備的または執行的な諸措置（事実行為）から区別されるべき法行為である。そうであるとしたら，公・私管理行為という行為類型は，根幹的決定たる権威行為に対する関係では執行行為であると同時に，他方，単なる事実行為に対する関係では依然として行政決定たる法行為である。したがって，この時期の彼の動態的な行政作用像を行政による契約を例にとって語るならば，そこでは，地方議会の議決や後見監督上の認可のごとき根幹的決定たる性質を有する権威行為と，これに基づき市長や県知事が請負業者や納品業者或いは特許業者や賃貸借の相手方との間で締結するところの公法上または私法上の契約のごとき公・私管理行為と，さらに，この契約によって成立した債務の履行として行われる工事の施工や物件の引渡し等のような事実行為という，三段階から成る複合的過程が想定されていたことになるであろう。

ところで，この時期のM・オーリウによれば，「警察上の諸権利は主として権威的方法によって行使される。もっとも例外的には，警察上の諸役務の執行が管理上の諸々の地位を生み出すこともあり得るのではあるが。他方，管理上の諸手段は，それが私産的権利であれ或いは公財政に関わる権利であれ，主として管理的方法によって行使される。もっとも，付随的には，権威的方法による事前の諸々の規律づけ，および道路制とか公会計制といった種類の警察作用を生ぜしめることもあり得るのではあるが[33]」，とされていた。したがって，

---

32) Ibid. 以上につき同旨として，cf., ibid., 1re éd., p. 164.

この時期には，動態的な行政作用像には例外的・付随的な位置が与えられていたにとどまり，主たる位置は依然として静態的な行政活動分類論の側に与えられていたことに留意しなければならない。

2　静態的行政活動分類論と動態的・過程論的な行政作用像との関係について上に述べたような状況は，その後次第に前者に対する後者の優位の方向へと転じ，ついには，行政決定とその執行諸事実との対置に基づく動態的・過程論的行政行為論が一元的に確立されるに至るのであるが，このような M・オーリウの理論の展開の一つの転機を成すと考えられるのは，既に1899年に公刊されていた『行政管理論』(La gestion administrative) である。この著作は一面において，公管理行為という行政活動の中間領域とそれに対応した完全裁判訴訟との拡充を提唱した点で，静態的行政活動分類論上においても枢要な位置を占める著作であるが[34]，他面，行政の管理活動の領域における行政活動のあり方を権威行為と管理行為との動態的・段階的な一連の過程として描き，かかる行政作用像を以て行政法の新たな理念として提唱した点でもまた，画期的な著作である。そこで，この点を幾分詳しく検討してみよう。

M・オーリウによれば，E・ラフェリエールは行政の管理活動または管理行為について，広狭二つの定義を与えている。

(a)　「行政庁は公共の財産の管理および使用について監視すること，すなわち，共同の諸任務の遂行の用に供せらるべく定められたあらゆる性質の収入を確実に受け取り，且つこれらの収入を諸公役務の用に確実に充当することを任務としている。かかる使命を果たすために行政庁が行う行為が，所謂管理行為である[35]。」

(b)　管理行為というのは，「行政が諸公役務の管理者たるの資格において行う行為」であって，「主権の一部の受託者として」行う行為ではない[36]。「諸公役務の管理に仕える諸行為が存在する……[37]。」

---

33)　Ibid., 4e éd., avertissement, p. VI.
34)　特に，同書における国庫学説批判 (M. Hauriou, La gestion administrative, 1899, pp. 70 et s.) がこの点で重要。なお参照，第2章II 1。
35)　E. Laferrière, Traité de la juridiciton administrative et des recours contentieux, 2e éd., T. 1, 1896, p. 5.
36)　Ibid., pp. 484-485.

M・オーリウによれば，E・ラフェリエール自身の意図がどこに存したかはともかくとして[37]，(b)の定義はそれ自体として見るかぎり，財産管理のみならず諸公役務の管理を問題としている点で，(a)の定義とは著しく異なる[39]。M・オーリウはこの(b)の定義を一つの手掛かりにして，「行政管理とは，それが財政的または金銭的手段によって確保されるか否かに関わりなく，諸公役務の執行そのものであるということになるのではないか[40]」と述べ，かかる定義の中に，「行政は，ある時は自己を主張する権力として現れ，またある時は一つの役務として，すなわち自己を遂行する一つの仕事として現れる[41]」という，行政活動のあり方についての「新たな理念[42]」の発現を看ようとする。

続いてM・オーリウが次のように述べるとき，この「新たな理念」の内実は一層はっきりするであろう。

「行政管理の標識は，行政活動への行政客体の協働であることを……私は提唱する。というのは，この協働というのは，諸公役務の執行作業の遂行の徴表であるからである。行政活動に対する能動的社会（le milieu administrable）のかような協働という現実は直ちに感得される。なるほど，行政官の意思が独力によって自己を貫徹しようとするケースが存在するとはいえ，逆に，行政官の意思が自己の任務達成を扶ける諸意思の協力を伴うケースもまた，他に存在することが分かる。行政の意思は，権威行為たる根幹的決定において自己主張を行った後，それに引き続いて何らかの協働を得て管理行為を生み出したときにはじめて，現実に執行され行政の仕事を開始する，ということに我々は気がつくのである[43]。」

これを要するに，行政活動は，行政客体に対して命令・服従の関係において自己の意思力によって自己を主張し且つ自己を貫徹しようとする権威行為と，行政客体の協力を得ることによって自己の任務を達成しようとする管理行為とに大別されるが，この後者の場合にも，まず権威行為が後続の管理行為に先立

---

37) Ibid., p. 486.
38) Cf., M. Hauriou, op. cit., p. 5, Note (1).
39) 以上について，ibid., pp. 4-5.
40) Ibid., p. 5.
41) Ibid.
42) Ibid.
43) Ibid., pp. 7-8.

つ根幹的決定として行政意思の自己主張を表示する，ということになるであろう。言い換えれば，行政の管理活動において[44]，行政はまず根幹的決定たる権威行為を行う場面では，行政客体に対する命令者たる立場において自己を主張するが，その執行行為としての管理行為を行う場面では，行政客体との協働の作業を行うことによって，はじめて自己の使命を達成し得るのだ，とされるのである。かかる動態的・段階的な行政作用像こそ，彼の所謂「新たな理念」に他ならない。

ここで，根幹的決定たる権威行為と執行行為たる管理行為との性質の相違をさらに掘り下げて探るならば，以下に見るとおり，前者は公権力が静止的または潜在力の状態において行う行為であるのに反し，後者は，公権力が運動または執行作業の状態において行う行為である。

> 「一つの力（une force）は，潜在力の状態と運動または仕事の状態（l'état de puissance et l'état de mouvement ou de travail）という二つの状態を有するが，それは，潜在力の状態においても仕事の状態においても，同じく一つの力である。《公権力（puissance publique）》という表現が我々を惑わせることがあってはならない。公権力というのは，諸公役務の職責遂行に当たる執行権（le pouvoir *exécutif*）でもある。したがって公権力というのは，静止または厳密な意味での《潜在力（puissance）》の状態に対応するところの権威行為において存在するのみでなく，運動または執行に対応するところの管理行為（公管理行為）においてもまた存在するのである[45]」(傍点部分は原典イタリック)。

かくして公管理行為といえども「公権力的権利，すなわち，民事生活からかけ離れた権利[46]」の行使である点で，権威行為と異ならない。両者の相違は専ら，静止的潜在力の状態において命令者としての公権力が行う自己主張と，運動の状態において協働者としての公権力が遂行する公役務執行との間に存する段階的な区別に求められるのである。因みに，私管理行為もまた，根幹的決定

---

44) のみならず，M・オーリウによれば，「公権力行為，換言すれば権威行為は常に，それを執行するところの管理行為を伴」い (ibid., p. 8, Note (1))，「警察ですらも，見ようによっては，管理となり得る」(ibid., p. 5, Note (2))。
45) Ibid., pp. 72-73.
46) Ibid., p. 73.

たる権威行為に対する関係ではそれの執行行為である点で公管理行為と異ならず、ただし、その執行行為自体において公権力性を孕まない点において、公管理行為から区別されるにとどまる[47]。

3　1899年公刊の『行政管理論』において行政法の「新たな理念」として呈示された動態的で過程論的な行政作用像は、この後のM・オーリウの行政行為論の「深化[48]」のための決定的な指針を定めたものと語ることができる。この後の彼の『行政法精義』の各版をはじめとする諸著作は、次第にこの「新たな理念」に基づく行政行為論を拡充し、且つ徹底させる方向へ進む。ごく簡単にその軌跡を跡づけるならば、次のようになる。

まず、1903年公刊の『行政法精義』第5版において彼は、「行政が可能なかぎり決定と執行とを分離するという準則を自己に課しているだけに、根幹的決定というカテゴリーはなおさら一層重要である。……公管理的態様と私管理的態様とは、いずれも執行態様であるという点で共通性を示す[49]」と述べることによって、権威的態様と執行態様との対置を最も重要な区別として呈示する。さらに、マルタン氏事件判決をはじめとする1903年から1906年にかけての六つの判決（[8]〜[12]および「12」と同種の事案における同旨の判決[50]）を評釈するなかで、M・オーリウは、「わが国においては、行政決定とそれに随伴する管理行為とが別々の行為であり続け、ある程度は相互に条件づけ合っているが、またある程度は各々の法的な存在と有効性とが区々に検討されなければならないということが理解できる[51]」と述べており、ここでは、行政決定（décision

---

47) Ibid., pp. 76-77.
48) 1911年公刊の『行政法精義』第7版の序において、M・オーリウは、自己のほぼ20年に及ぶ行政法学の歩みを回顧し、自己の学説の出発点が、「行政法の中に、ある点ではきわめて原始的だが他の点では発展の力強い諸要素を具えた自立的な法を発見し、且つこれを完全にオリジナルな形で探究する為のデッサンを描いた」点に存したこと（M. Hauriou, Précis D.A., 7ᵉ éd., 1911, préface, p. V）を確認した上で、かような出発点から今日の彼の学説へ至るまでの軌跡は「学説の変転」ではなくて「学説の深化」に他ならなかった（ibid., p. VI）、と総括している。そして、行政決定とその執行との対置の理論もまた、この種の「学説の深化」を示すものとして語られるのである（ibid., pp. VIII-X）。
49) Ibid., 5ᵉ éd., 1903, pp. 201-202. ほぼ同旨として、cf., ibid., 6ᵉ éd., 1907, pp. 410-411.
50) C. E., 6 avril 1906, Camut, Besse et Letouzé.
51) M. Hauriou, Note sous les affaires Commune de Gorre, Commune de Villers-sur-Mer, Commune

exécutoire）という語が，権威行為と公・私管理行為とを総称するための語としてではなく，公・私管理行為に対置された語として使用されている[52]ことに留意しなければならない。たしかに，この後も一定期間，権威的態様によって行われる行政決定と公・私管理的態様によって行われる行政決定との区別が維持されるが，その際も，「管理的態様において行われる行政決定と権威的態様において行われる行政決定との間の区別はデリケートである。しかし，その行政決定が何らかの管理活動（une gestion）によって条件づけられていることが証明されないかぎり，それは権威的態様によって行われたのだ，という原則を立てることが妥当である」（『行政法精義』第6版〔1907年〕）[53]と述べる部分において，行政決定概念の一元化の傾向を看取することができる。つまりここでは，行政決定は原則として権威的態様によって行われたものと見做されるという原則が立てられたのであり，ただ，管理的態様において行われる行政決定が存在し得る余地が例外的に認められるにとどまるのである。

以上に概観したような変遷過程を経ることによって[54]旧来の権威行為と公・私管理行為との峻別論と最終的に訣別し，行政決定と執行措置との間の対置に基礎づけられた新たな行政行為論をほぼ完全な形で確立したと見られるのが，1911年公刊の『行政法精義』第7版である。そこで同版を中心に，彼の行政行為論の「深化」過程の到達点を示すことにしよう。

同版においてM・オーリウは，権威行為と管理行為との区別，およびその修正形態としての権威的態様と管理的態様との区別のいずれもが，「間違った問題状況をもたらす」が故にもはや削除の対象でしかあり得ないことを公然と宣告し[55]，行政決定と執行作用=過程（la décision exécutoire et l'opération d'exécution, la gestion ou l'exécution des opérations administratives）の対置を以て新たな公式として呈示する。では何故に，旧来の静態的分類論は維持し得ないのか。

---

de Messé, Martin, Petit, Camut et autres, S. 1906 Ⅲ 52; J. A., T. 2, p. 285.
52) 同旨の叙述として，cf. M. Hauriou, Précis D. A., 6ᵉ éd., 1907, p. 449.
53) Ibid., p. 412.
54) 以上に掲げた記述ないし箇所のほかに，以下に示す箇所の記述をも比較参照せよ。Ibid., 5ᵉ éd., Introduction, pp. Ⅺ-Ⅻ et ibid., 6ᵉ éd., p. 384; ibid., 5ᵉ éd., pp. 204-205 et ibid., 6ᵉ éd., p. 463; ibid., 5ᵉ éd., p. 207.
55) Ibid., 7ᵉ éd., 1911, p. 413.

その第一の動機がまさに，かつて並行訴訟理論の適用ケースとして考えられた事案[56]において越権訴訟の提起が可能となったという行政判例の現状であることを示した上で[57]，以下のように述べる。

> 「同一の行政決定が，場合によっては取消訴訟によって攻撃されることもあり得るし，また完全裁判訴訟によって攻撃されることもあり得る……ところが，その行政決定が権威行為であると同時に管理行為でもあるなどということを認めるわけにはいかないのではなかろうか[58]。」

かくして，第3章において検討した《分離しうる行為》理論の形成という事態が，静態的分類論を放棄するための主要な動機を成していたことを知り得た。翻って，かくして新たに呈示された行政決定と執行作用＝過程との対置に基づく行政決定の概念は，かつての静態的分類論における各行為類型といかなる対応関係を示すであろうか。行政決定概念について，オーリウは次のように述べている。

> 「遺言に限られるとはいえ，民法にも一方的決定（décisions exécutoires unilatérales）が存在する。しかし，その重要性は契約の重要性に比して小さい。反対に，行政法においては，行政庁による行政決定の方が支配的であり，行政決定はあらゆる契約に先行し，且つ，諸々の公役務の執行がもたらし得べきあらゆる法関係の土台の役目を果たしている。この点に行政決定の本質が発現しているのであり，行政決定というのは《裁判外的執行手続（la procédure de l'action directe）によって権利を行使するための意思表示》に他ならないように思われる。また，行政決定とい

---

56) この考え方自体が並行訴訟理論の本来想定していたはずの適用ケースの不当拡張に依拠していたことについては，第3章参照。

57) Ibid., p. 413. また，cf., ibid., p. 401. なお，もう一つの動機として，管理行為という用語が単なる事実行為を指称することがあり得ないにもかかわらず，実際には，公共事業の遂行に伴う恒常的損害や役務の過失（fautes de service）に関する事案においてそうであるように，単なる執行事実に起因する賠償責任が頻繁に完全裁判訴訟の対象とされるに及んで，管理行為という用語が完全裁判訴訟の運用実態に合わなくなったという点が挙げられる。もっとも，かかる不都合は，管理行為の代わりに管理的態様という用語を用いたことにより解消することができた，とされている（ibid., p. 413）。

58) Ibid. また，同書第8版（1914年）において次のように述べている。「実際私は，諸行政主体の有する諸権利の問題において警察を管理に対置することは妥当だ（つまり，警察上の諸権利と管理上の諸権利とが存在する）が，これらの権利の行使から生じるところの訴訟の問題の中にこの区別を決して持ち込んではならないのではなかろうかと，次第に考えるようになってきている」（ibid., 8ᵉ éd., 1914, p. 421）（括弧書き部分は原典中に含まれた記述）。

うのはそれ自身によって対抗力ある法状態（une situation juridique opposable）を創設するのであるから，取消訴訟の対象となる[59]。」

一見して明らかなように，かつて権威行為の一類型とされていた根幹的決定としての権威行為が，今や行政決定の本質を体現するものとして，行政決定それ自体によって言い換えられたのである。換言するならば，その「法的拘束力が問題とされる」かぎりでの行政決定は，旧来の用語法にしたがえば，常に権威行為なのである[60]。この結果，かつて権威行為に対する訴訟であるとされた取消訴訟は今や行政決定に対する訴訟であるとされ，他方，かつて公管理行為に対する訴訟であるとされた完全裁判訴訟は今や執行措置に関する訴訟であるとされる。この点について曰く。

　「何故，取消訴訟は行政決定に結びつけられ，何故，完全裁判訴訟は複合的行政作用の管理に結びつけられるのか。──当然に次のような回答が思い浮かぶ。すなわち，行政決定というのは執行可能な状態において，未だ執行されないものとして，且つ執行の諸効果から独立に考察されるのに反し，複合的行政作用というのは執行の諸効果から独立しては論じられ得ない，という事実の中にその理由は求められなければならない。結局，行政決定と行政管理との対立は，拘束的な行為と執行措置（l'acte exécutoire et la mesure d' exécution）との対立へと還元される。我々は，まさにかような対立を掘り下げることによってこそ，取消訴訟と完全裁判訴訟との分離の説明を見出さなければならない[61]。」

かくして今や，「執行，事実作用，管理（exécution, opération, gestion）というのはすべて同義語であり，それらはすべて，事実がそれの法的諸結果ともども法行為に対置されるごとくに，行政決定に対置される[62]」。行政決定と執行事実という同一行政作用＝過程において時間的・段階的に連続した二つの要素へ

---

59) Ibid., 7ᵉ éd., préface, pp. Ⅷ-Ⅸ.
60) M・オーリウ曰く。「行政決定と執行作用＝過程とを対置することによって，次のことに注意が喚起される。すなわち，行政決定が権威行為であるのは行政決定の法的拘束力（effet exécutoire）が問題とされるときのみであって，それの執行が問題とされるときではないということ，そして，実際，法的拘束力と執行（l'effet exécutoire et l'exécution）が対置されているとき，そこにはもはや，執行可能性という範疇と執行という範疇（la catégorie de l'exécutoire et celle de l'exécution）が存在するのみであるということである」(ibid, p. 413)。
61) Ibid., p. 403. 同旨として，cf., ibid., pp. 399 et s.
62) Ibid., 9ᵉ éd., 1919, p. 518. さらに，cf., ibid., p. 552.

の分解に基礎づけられた，一元的で且つ動態的な行政行為論はここにほぼ完全な形で確立されたと言えよう。

ここに至るまでの M・オーリウの行政行為論の展開過程を簡単にまとめるならば，この過程は，彼の初期の理論においてラフェリエール流の静態的行政活動分類論に対する例外として且つ相矛盾するものとして並存していた動態的な行政作用像が，1899 年『行政管理論』において行政法の「新たな理念」として認知され，且つ，行政判例における《分離しうる行為》理論の形成等に触発されることによって，様々な概念構成上の試行錯誤を経つつも[63]，ついに静態的分類論を克服して一元的に確立されるに至る過程であった，と言えよう。

4 かような理論的「深化」過程を辿って確立された行政行為論といえども，訴訟分類の一義的基準を提供し得るものではない。行政決定でありながらも，並行訴訟の存在を理由に越権訴訟による攻撃の対象たり得ないとされるものが依然として存在する（たとえば，納品契約の支払代金額を確定する大臣決定[64]）し，逆にまた，地方公共団体の執行機関（知事や市長）による契約署名行為の中に黙示の行政決定を擬制的に読みとることによって，越権訴訟による攻撃の対象をさらに拡げようと主張するケースも存在する（参照，第 3 章Ⅲの［14］事件判決に対する M・オーリウの評釈[65]）。かような意味で，並行訴訟理論等を援用することによって越権訴訟を却下するか否かの究極的判断は，たしかに C・E の判例政策に委ねられたままであるとも言えよう[66]。しかしながら，《行政決定とその執行との対置》理論が訴訟分類との関係で有する意義は，「取消訴訟は原則として，あらゆる行政決定に対して提起することができる[67]」という原則を正面から肯定した点に存する。一例を挙げれば，納品契約の代金額を確定する大臣決定は依然として越権訴訟による攻撃の対象とはなし得ないとされるが，その理由は次のように変化している。すなわち，かつては，かかる決定が「管

---

63)　とりわけ，権威的態様・公管理的態様・私管理的態様という用語を一時導入したことが重要である。

64)　Ibid., 11e éd., p. 378, Note (1).

65)　第 3 章Ⅲ 1 (2) 参照。

66)　これは，『行政法精義』第 6 版（1907 年）以来の彼の一貫した主張である。Cf., ibid., 6e éd., 1907, p. 448; ibid., 11e éd., pp. 411-412.

67)　Ibid., 11e éd., p. 378. 同旨として，cf., ibid., 7e éd., pp. 400-401.

理的態様によって行われたものと見做される，すなわち執行措置と見做されるところの行政決定[68]」であることが理由とされていたが，今や，「その有効性の審査を行えば必ずや契約の履行事実と納品業者の諸権利とを議論せざるを得ないほどに」支払代金額を確定する大臣決定は納品契約の履行に密着しており，この意味で，納品契約の「執行作用＝過程（opération d'exécution）の付属的」事象でしかないということが理由とされる。ここでは，越権訴訟による攻撃の対象たり得ない行政決定は，あくまで「例外的に」存在し得るにとどまるのである[69]。

III 内部決定表示としての行政決定＝行政行為

1 根幹的決定としての行政行為

前節（II）において筆者は，M・オーリウの前期の行政の法行為論が根幹的決定たる権威行為として類型化していた行為（原則定立的決定としての行政行為）こそが，行政決定と執行との対置に基づく後期の動態的行政行為論において，行政決定という名の下で理解された行政行為概念の本質を体現するものと認められ，行政決定それ自体へと言い換えられたことを明らかにした。つまり，行政決定＝行政行為の本質は，あらゆる行政活動において行政庁が行う根幹的決定たる点に求められたのである。ところで，『行政法精義』初版（1892年）における下記の叙述に端的に示されているように，M・オーリウは，彼の初期の行政行為（＝権威行為）論においてすでに，権威行為が管理行為に先立って行われるところの根幹的決定として機能する場面を捉えて，これを「行政の典型的法行為」と呼ぶことに同意を与えていた。

> 「権威行為と管理行為との間には，相違が存在するにとどまらない。そこには一種のヒエラルキーが存在する。権威行為が行政の本源的法行為（l'acte d'administration primordial）であり，管理行為は常に何らかの権威行為に支えられ，それの執行態様の役目を果たすところの，劣位の法行為（un acte secondaire）である。……

---

68) Ibid., 6ᵉ éd., p. 466, Note（1）.
69) Ibid., 11ᵉ éd., p. 378. 同旨として，cf., ibid., 9ᵉ éd., pp. 455-456.

権威行為の有するかかる重要性に鑑みれば，一定の論者達がこれを行政の典型的法行為（l'acte d'administration par excellence）と呼ぶのもうなずける[70]。」

それ故，M・オーリウの行政行為（前期においては主として権威行為と呼ばれ，後期においては主として行政決定と呼ばれた）概念において，根幹的決定としての行政行為という観念は彼の学説の前期・後期を貫いて常に中核的な位置を占め，この意味で，根幹的決定という属性は彼の行政行為概念の一貫した本質に関わっていたと言えよう。そこで以下では，根幹的決定という属性を彼の行政行為本質論の角度から更に掘り下げて検討してみようと思う。

2　"内心の決定"としての行政行為

M・オーリウが行政活動を「諸々の行政法人の権利行使」として把握していたことは夙に知られている[71]。事実，かかる把握は，彼の行政法学の歩みの出発点において既に，「行政の法行為（l'acte d'administration）は権利行使に関する決定であり，また，一般に，行政は諸々の行政法人の権利行使である[72]」という公式のもとで明瞭に語られていた。言うまでもなく，当該公式の重大な意味は，国・県・コミューンや各種の公営造物法人（établissements publics）といった各行政主体が「私人としての人格」（personnalité de personne privée）と並んで「公権力としての人格」（personnalité de puissance publique）を具有するという基本的理解[73]を踏まえて，後者の人格を背景として行政庁が行う諸決定（＝意思表示）の一類型として当然に権威行為（＝行政行為）も位置づけられていたという点に，認められよう。

ところで，行政の法行為がこのように「命令的・権威的行為として現れる場合であってすらも[74]」それは公法人の「単なる意思表示[75]」であるという理解

---

70)　M. Hauriou, Précis D. A., 1re éd., 1892, p. 164.
71)　参照，兼子仁『行政行為の公定力の理論〔第3版〕』（東京大学出版会，1971年）221～223頁。
72)　Ibid., préface, p. Ⅲ.
73)　M. Hauriou, De la formation du droit administratif français depuis l'an Ⅷ, 1893, p. 28; Précis D. A., 1re éd., pp. 148-149.
74)　M. Hauriou et G. Bézin, La déclaration de volonté dans le droit administratif français, Revue trimestrielle de droit civil, 1903, p. 544.
75)　M. Hauriou, Précis D. A., 1re éd., p. Ⅲ.

は，いかにして形成されたのであろうか。M・オーリウ自身の説明によれば，それは，かつて典型的には大臣＝裁判官論（la doctrine du ministre-juge）という形で唱えられたような，一定の行政決定[76]を裁判判決と同一視する伝統的観念を克服することにより生まれた理解である[77]。

かくて裁判判決と本質を異にするものとされた行政行為は，むしろ私法上の法律行為に際して個人が行う内心の決断に比肩せられることになる。しかし以下に観るように，行政行為はそれ自体が外部に表示されることによって訴訟による攻撃の対象となり得る点で，個人の内心の決断ともまた本質を異にする。

> 「人間の行動において我々が予め行う決断（les décisions）は，まさに我々自身を執行に向かって義務づけ，それゆえ，我々自身にとっての権威行為（des actes d'autorité）である。ただ法がこれらの決断を捕捉し得ないにとどまる。これに反し，ここでは（行政活動においては）法が決定を捕捉する[78]。」

> 「みずからがそれをなす権利を有すると行政が主張するところの行為の執行に行政が着手してしまうまで待っていたとしたら，人はほとんど常に，取り返しのつかない事態に直面していることに気づくことになろう。したがって，行政が決定において自己の権利を主張する時点で，その権利の審査が行われる。行政の決定というのは対外的で且つ一見してそれと分かる形を取っているので，かような審査が可能である。これに反し，個人の決断（les décisions）は，既にそれが行われていたとしても，執行開始によってそれが表示される時点までは個人の意識内に閉じこめられたままであるから，個人の決断についての審査を行おうとしても不可能であろう[79]。」

このように，《諸行政法人の権利行使に関する決定》という本質理解を与えられた行政行為は，権利行使に関する意思表示である点で裁判判決から区別され，他方，対外的に表示されるが故にそれ自体として越権訴訟をはじめとする裁判審査の対象となり得る点で，私法上の関係における個人の内心の決断からも区別された，独特の行為[80]として設定された。ともあれ，行政行為が私人

---

76) 私人の"権利"への侵害を惹起し得る行政庁の決定を裁判判決と同質と見做す一般的思考の典型的な表れが，大臣＝裁判官論であったと考えられる。この点について，亘理格「大臣＝裁判官論の克服・覚書」法時55巻10号（1983年）98頁を参照せよ。
77) Ibid., préface, pp. II - III.
78) Ibid., p. 161. なお，cf., L. Sfez, op. cit., p. 129.
79) M. Hauriou, Précis D. A. 3e éd., 1897, pp. 276-277. 同旨として，cf., ibid., 1re éd., p. 168.

の内心の決断に比肩させられ，内心の決断が私人の対外的行動にとってそうであるのと同様の意味で，行政行為は行政の対外的執行活動にとっての権威行為であるとされたことに，留意しなければならない。逆説的に表現すれば，行政行為というのはM・オーリウにとって，行政法人の"外部に表示された""内心の決定"であった[81]と言えよう。

3 行政行為の名宛人

　行政行為の本質を，行政法人の外部に表示された"内心の決定"であるという点に求めるならば，行政行為は必ずしも行政客体に対して直接的な法効果を発する決定であることを要しなくなるはずである。警察命令や許可或いは公物

---

80) Ibid., 3ᵉ éd., p. 282.
　　ところで，兼子仁氏は，行政行為の本質を裁判判決との同質性にではなく法律行為との基本的同質性に見出そうとするM・オーリウの行政行為論の「基底には，行政権もまた，国民と対等な『権利主張者』(la poursuivant) であり『訴訟当事者』であってその資格で『裁判的統制』(le contrôle juridictionnel) に服するのだという考え方」が存するという，理解を示されている（兼子・前掲注71) 227 頁。傍点は原典による）。しかし，M・オーリウにとって行政権はむしろ，裁判判決を得ることなしに国民の権利・義務に関わる一方的決定をなし得る権限を授権され，しかも場合によっては行政強制に訴える可能性をも認められており，かような特権 (privilège) を付与されていることの謂わば代償として，事後的にではあれ，常に実効的な裁判的統制に服させられなければならないとされるのであるから，彼にとって，行政権と国民との間の原則的非対等性が自明の前提とされていたと見做すべきではなかろうか。たとえば，『行政法精義』第11版における次の叙述を参照せよ。
　　「行政決定によって行政は，みずからが行使しようと考えているような権利を公然と主張する。ところで，かかる権利主張は私人 (les tiers) に対する執行手続に必須の要素である。実際，この執行手続が裁判判決を介さずに行われる (extrajuridictionnel) としても，そのことの故にこの手続から諸々の法的保障が奪われることにはならない。執行手続の遂行者は，彼が自己の権利だと主張するところのものを，裁判官或いは裁判所書記官 (un officier ministériel) に審査し且つ正当化してもらうことなしに，直ちにみずから執行するに至る。そこで，少なくとも，執行に着手する前に自己の権利の正当性をみずから公然と主張し，それによって遂行者自身がみずからの裁判所書記官となることが不可欠である。とりわけ，争訟 (des contradictions) が作出され得るためにかかる予先的な権利主張が必要である。なんとなれば，諸々の手続の中で最高の保障，それは争訟と討論に他ならないから。争訟が作出されれば，その時になって事後的に裁判官のもとへ，既に開始されている執行手続の正当性の問題が付託されることになるのである」(Précis D. A., 11ᵉ éd., p. 355)。
　　「決定が直ちに行政的方法によって執行され得るという事実の指摘は肝要である。というのは，まさにかような職権的手続による特権的な執行が可能であることの故に，いまや，不利益が惹起され (faire grief) 利害関係人による訴の提起が正当化されるのであるから」(ibid., p. 358)。
81) L・スフェズによれば，本文に述べたような心理描写的手法は，M・オーリウの叙述方法の重要な特徴を成している (L. Sfez, op. cit., p. 129)。

使用の特許または許可等のように「国民公衆にとって規律的な[82]」権威行為と並んで，地方議会議決や予算等のように「行政自身にとって規律的な[83]」権威行為が存在するとされたのは，行政行為についての以上のような本質理解からの論理的帰結であったと言えよう。『行政法精義』の第8版（1914年）以後，かような二類型の区別は最終的に姿を消すが，そのことは，「行政自身にとって規律的な」行政行為の存在を否認したことを意味するのではなく，下記の引用文から知ることができるように，逆に，あらゆる行政行為は行政客体に対して対抗可能な効果を作出すると同時に執行官吏にとっての義務づけを含むという，行政行為（行政決定）についての一元的な理解へ到達したことを意味する。

> 「完全裁判訴訟が，執行された事実という観念に結びつくのと同様に，取消訴訟は行政決定という観念に結びつく。行政決定が行われるや否や，それが不適正なものであればその執行を妨げることに利益が存するし，また他方で，それが発せられた以後で且つ執行される以前であれば，それは破棄されることの可能な法効果を現に作出しているのであるから，取消しの対象も存在する。行政決定は，それに引き続いて行政的方法によって執行し得る性質のものであるということ自体の故に，また，行政世界（la sphère administrative）の内部においては，行政官吏に対して加えられると同時に行政客体に対してもまた加えられるところの内部紀律（une discipline）が支配しているということの故に，法的性質の効果を作出している。このことを敷衍して述べるならば，一方で，行政官吏はこれ以後（行政決定が発せられて以後），その決定を執行すべく義務づけられる。つまり，その決定は行政官吏に対しては義務づけ（obligatoire）なのである。他方，その決定は行政客体に向かって直ちに執行されるに至り，行政客体はこれ以後その決定を尊重することを余儀なくされる。つまり，その決定は行政客体に対しては対抗可能（opposable）なのである。かかる内部紀律上の効果が，それが義務づけ（obligatoire）であれ或いは対抗可能性（opposable）であれ，いずれにせよ今や破棄される可能性を有するのである[84]。」

ここで所謂《執行官吏に対する義務づけ》と《行政客体に対する対抗可能性》との区別は，この後，行政決定が具えるべきforce exécutoire（執行官吏に

---

82) 本章Ⅱ 1 参照。
83) 同上。
84) M. Hauriou, Précis D. A., 7ᵉ éd., 1911, p. 406.

対する執行義務づけ力）と opposabilité（行政客体に対する対抗可能性）との区別[85]に置き換えられ、『行政法精義』第11版（1927年）まで維持される[86]。ところで、force exécutoire という効力が、行政決定の担う実体法上の効果の実現を執行官吏に義務づける効力であるということは、容易に理解できるが、他方、行政客体に対する opposabilité（対抗可能性）が何を示しているかについては、上の引用節がこれさえをも内部紀律上の効果（effet disciplinaire）として性格づけているだけに、理解が困難である。そこで、節をあらため、行政客体に対する opposabilité（対抗可能性）について更に若干の検討を加えてみよう。

IV 対世的行政行為と市民

1 行政決定の対世的効果

『行政法精義』の生前最終版（第11版、1927年）において M・オーリウが行政決定の概念に与えた定義には、同書第9版（1919年）以前における定義[87]と

---

[85] 『行政法精義』第8版（1914年）においては、行政決定の第一の受命者はその行政決定の執行の任に当たるべき官吏であるという理解へ到達する。この点について、M・オーリウはまず、「通知（notification）または公告（publication）は force exécutoire に付加すべき何ものをも有しない。……それらは対抗可能性を与える（rendre opposable）上で意味を有するにとどまり、したがって、出訴期間を起算させる上で意味を有するにとどまる」と述べ、更にその注において、以下のように続けて述べている。曰く。「それ故、force exécutoire と対抗可能性（opposabilité）とを混同してはならない。実際、force exécutoire というのは専ら執行官吏に関わるにとどまり、執行官吏に対して執行の義務づけ（obligation d'exécuter）を意味する。そして、最初の執行行為がまさに通知または公告であり、この通知または公告により直ちに、その決定は行政客体に対して対抗可能なものとなる。（通知または公告に先立って必要な）あらゆる期間が満了し、且つ（同様の）あらゆる手続が履行される以前にはなし得ないのが、この最初の執行行為である。しかも、不利益を惹起し（faire grief）申立人の利益を創造するのが、対抗可能性である。同様の分析は、法律の審署（promulgation）と公布（publication）についてなされなければならない。つまり、審署というのは、法律の施行を開始すべしという執行官吏に対して与えられた命令であり、公布というのは最初の執行行為であって、これを以て法律は国民に対して対抗可能なものとされるに至る」（ibid., 8ᵉ éd., p. 428）。同旨として、cf. ibid., p. 383; ibid., 9ᵉ éd., p. 464; ibid., 11ᵉ éd., p. 359.

かくて、行政決定＝行政行為と法律との間に存するアナロジーが示されるのであるが、かような考え方は、行政行為を、行政法人の権利行使に関する代表機関の決定と見做す M・オーリウの一貫した立場が到達すべき、究極の帰結であったと評することができよう。

[86] Ibid.

異なり，下記のように，「諸行政客体に対」する法効果の作出という要素が出現する。

> 「行政決定（décision exécutoire）……とは，諸行政客体に対して法効果を作出することを意図して，拘束的な形式のもとで（dans une forme exécutoire）すなわち職権的執行[88]を惹起する形式において，〔位階秩序または行政上の後見監督の中に（dans la hiérarchie ou dans la tutelle administrative）包含された〕行政庁によって発せられるところの，あらゆる意思表示である[89]」（〔　〕内の叙述は原典による）。

この定義によれば，行政客体に対する法効果の作出を一切含まない行政決定の存在は否認されることになるから，本稿が前節（Ⅲ）までに述べてきた理解と矛盾しているかに見えよう。しかし，ここで所謂「諸行政客体に対して……作出」される法効果の性質を検討するならば，かかる疑念は払拭されるはずである。

すなわち，M・オーリウによれば，「行政決定が発せられると，特にそれが公告による場合そうなのであるが，……それにより諸々の法的地位の創設または変更が行われ」，かくて発生した法的地位の「行政的・公的性質」の故に，かかる法的地位は「原則として万人に対して対抗可能（opposable à tous）である[90]」。ところで，かかる対世的効果を論じる際に彼が主として想定している行政決定とは，以下の叙述から知り得るように，形成的な行政決定に他ならない。

> 「公務員の任命・公物に関する特許・契約に対して与えられる後見監督上の認可

---

87) 『行政法精義』第9版における行政決定の定義は以下のとおりである。「行政決定……とは，法効果を作出することを意図して，拘束的な形式のもとですなわち職権的執行を惹起する形式において，〔位階秩序または行政上の後見監督の中に包含された〕行政庁によって発せられるところの，あらゆる意思表示である」（〔　〕内の叙述は原典による）（ibid., 9ᵉ éd., p. 461）。また，前期学説における行政決定の定義については，第2章Ⅱ1を参照せよ。なお，『行政法精義』第10版（1921年）を参照し得なかったが，1925年公刊の『行政法要論』における行政決定の定義には，諸行政客体に対する法効果の作出という要素は未だ現れない（M. Hauriou, Précis élémentaire D. A., 1925, p. 179）。
88) 職権的執行（exécution d'office）という語が必ずしも行政上の強制執行（exécution forcée）を意味しないことについては，参照，第1章注38），および兼子・前掲注71）244〜245頁。
89) M. Hauriou, Précis D. A., 11ᵉ éd., p. 356.
90) Ibid., pp. 362-363.

は，……対世的に対抗可能（opposable ergaomnes）となり，公衆に対して自己を承認させる（s'imposer au public）ところの諸々の地位を創設する。任命された公務員は，今や万人の服従を求める権利を有するであろう。公物の特許を得た者は，今や〔行政に対する地位の不安定性は格別としても〕万人に向かって対抗的にみずからの特許を享受するであろう。そしてまた，落札者としての認定を得た公共事業請負業者は，この落札に対する認可を得た時点で，かかる（落札者としての）資格を対世的に獲得するであろう[91]」（〔　〕内の叙述は原典による）。

したがって，M・オーリウの所謂「諸行政客体に対」する法効果とは，公務員の任命・公物使用の特許・契約に対する後見監督上の認可等の形成的行政決定がそれらの直接的な名宛人以外の公衆に向かって間接的に及ぼすところの対世的対抗可能性を主として想定して立てられた概念であった，と見做すことが許されよう。それ故，M・オーリウの最晩年の学説において，「諸行政客体に対」する法効果の作出という要素が行政決定の定義に新たに加えられたとしても，行政客体に対する直接的な法効果の作出を含まない行政決定の存在がこれによって否認されたことにはならない。しかも，公衆に対する間接的且つ対世的な対抗可能性を以てある種の行政決定が行政客体に対して有し得る本来的な法効果として位置づけることにより，行政決定とその効力をめぐるM・オーリウの理論は，その直接の名宛人と行政庁との間に成り立つ平面的な関係を捕捉するのみにとどまらず，一般公衆・第三者をも取り込んだ立体的諸関係を視野に収めた理論となり得たのであり，このことは，以下に観るとおり，彼の行政＝制度の理論を背景とするときに特段の意味を帯びてくるのである。

2　行政＝制度の理論における行政決定と市民

まず，行政決定が原則として有し得る間接的な対世的効果と制度理論との関係を語るものとして，以下の叙述を引用しよう。

「原則として，かかる行政的な法的地位は万人に対して対抗可能である。今こそ次のことを指摘しなければならない。すなわち，国家行政というのは内部紀律を具えた一つの巨大なる制度（une vaste institution disciplinaire）であり，行政客体自

---

91) Ibid., p. 363. なお，cf., ibid., Note (1).

身が臣民としての資格でそれの一部を成している。そしてここにおいては，行政庁によって発せられた行政決定は内部紀律的命令（des ordres disciplinaires）であり，軍隊の日々命令（ordre du jour militaire）が軍隊の内部紀律に依拠するのと同様に，行政制度（institution administrative）の内部紀律に精力的に依拠し，そして，行政決定が創出する諸々の地位は，内部紀律への服従を通して万人によって尊重されなければならない。……諸々の行政的地位の内に存するところの内部紀律的なるもの，すなわち結局は，そこに在る公的なるものを，権威行為（具体的には，公務員の任命・公物に関する特許・契約に対する行政的後見監督上の認可・公共事業請負契約に際しての落札認可等の行政決定）が引き出すのである[92]」。

　以上の引用節から知り得るように，M・オーリウにとって，制度としての行政とは，それ自体，行政主体と行政客体との総体から成るところの一個の世界であり，行政決定（権威行為）はこのような行政世界＝制度に孕む「公的なるもの」を顕現させるが故に，行政客体の側には，かかる行政決定へ服従すべき義務が課されるのである。

　しかし他方で，かような制度内在的な紀律権力が，制度によって実現されるべき「母なる企業理念（l'idée mère de l'entreprise）にある程度服せしめられ」ることによって，行政世界＝制度内部における均衡[93]が保たれる点にこそ，M・オーリウの制度理論の真髄は求められなければならない。すなわち，一方では制度内に流布した公共心（la mentalité générale）の故に，また他方では"法的諸形式をとり得る制度内在的な諸々のバネ"によって，行政世界＝制度の自己制限（une autolimitation）が実現される[94]。M・オーリウは，このようなバネの例として官僚集団内部での位階秩序とプロ意識というバネを挙げているが，かかる官僚組織内部のバネ以上に重要なものとして彼が挙げているのが，訴訟提起による行政客体の行政統制への参加という強力なバネである。この点につ

---

92) Ibid., pp. 362-363.
93) 因みに，彼の憲法理論においても，経済的自由権をはじめとする個人的自由権保障の総体から成るところの社会的憲法（la Constitution sociale）と，憲法制定権や立法権を中核とした政治権力との対立・均衡の問題が枢要な位置を占めていたことについて，差し当たり，cf., Ch. Eisenmann, Deux théoriciens du droit: Duguit et Hauriou, Revue philosophique de la France et de l'étranger, T. 110, 1930, pp. 263-271.
94) 以上について，cf., M. Hauriou, Précis D. A., 11e éd., p. 41. なお，本文で述べたことは制度（institution）の定義に関わる部分である。その部分全体を引用するならば，次のようになる。

いて曰く。

　「行政国家制（le régime administratif）が行政客体自身をして，すなわち臣民をして行政統制（contrôle）に関与せしめたこと，かくて行政国家制が，行政権力によって生ぜしめられた誤ちに対する個人的利害と訴訟的怨恨という強力なバネを利用したことは，注目すべき事柄である。かようなバネの利用は，行政裁判権を組織したことにより，訴訟的不服申立てという手続を通して行われた[95]。」

　そして，行政客体の行政活動に対する訴訟的統制参加の手段として，越権訴訟が特筆され[96]，かくして，行政世界＝制度の内部紀律権力の発現手続たる行政決定とこれに対する行政客体の統制参加手段たる越権訴訟との間の均衡図式が，M・オーリウの制度的行政法理論の中に貫かれる。越権訴訟は「原則として，あらゆる行政決定に対して提起することができる[97]」という命題，或いは，「訴訟問題または訴訟問題と化し得る問題に関して権限ある行政庁によって行われたあらゆる行政決定は，この決定に対する訴訟提起という形式のもとで将来生じ得べき審判の受容を，予先的に含んでいる[98]」という命題は，このよう

　「行政国家制（le régime administratif）の本来的な諸要素のなかの一つは，巨大な行政的企業（une vaste entreprise administrative）が存在し，それが中央集権・位階秩序・官僚制によって公的生活機構の最も堅牢な諸要素のなかの一つとなっているということである。この行政的企業はまず以て，一方で行政官や公務員といった多数の指導的職員から成り，また他方で国家の臣民大衆に他ならないところの服従的な行政客体の大衆から成る，諸々の複雑な歯車を具えた組織である。しかし，それにとどまらず，この組織は一つの制度（une institution）であり，このことの意味を知ることが問題となる。

　すなわち，何らかの社会的な組織が制度となるのは，その組織の内に存するところの（企業）実現権力（le pouvoir de réalisation）が母なる企業理念にある程度服せしめられ，それ故，自己制限（une autolimitation）によってみずからの職責（fonction）に服せしめられ，しかも，一方では制度内に流布した公共心により，他方では制度自体に内在し法的形式をとり得る諸々のバネにより，かかる自己制限が助長されるときである」（ibid.）。

　この引用節から知り得るように，M・オーリウの行政＝制度理論は，一方では行政的責遂行のために位階秩序を基礎に形成された集権的官僚組織の権力を肯定しつつも，他方では行政の企業理念に基づきこの権力を抑制するところの制度内在的な諸力の存在を予定しているのであり，かかる権力と企業理念との均衡理念こそが，M・オーリウの行政＝制度理論の中核部分を構成していると見做さなければならない。なお，ここで行政の企業理念とは端的に，公役務の理念（l'idée du service public）を指している（ibid., pp. XII et 12）ことに留意する必要がある。後掲注103）参照。

95) Ibid., p. 42. また，文脈を若干異にした他の箇所で曰く。「行政客体はたしかに行政活動に容喙することはできないが，かかる行政活動の行政的統制に介入することはできる」（ibid., p. 343）。
96) Ibid., p. 42.
97) Ibid., p. 378. 本章II 4参照。

な均衡図式を背景として理解されなければならない[99]。

さらに，かような均衡図式の一方の極に位置づけられた行政決定の中のある種のものが，前述の意味で間接的な対世効を有するとしたら，その対極に位置づけられた越権訴訟について原告適格を肯定され得る者の範囲は，かかる行政決定の行政客体に対する効果の対世的性格に対応して拡張される。

M・オーリウによれば，「行政決定によって創設された法的地位は，なるほど既得権を生ぜしめることはないにせよ，本性により規律と均衡とが支配しているところの行政制度（l'institution administrative）のただ中にそれが生み出されるというその事自体の故に，その法的地位は《制度的な》地位である」。そして，従前の行政決定によって行政客体に対して生み出された地位がこのように《制度的な》地位として把握されることの帰結は，かかる《制度的な》法的地位を享受する行政客体の側に，「かかる法的地位が瑕疵ある諸行為によって変更されないことにつき《正当な利益》（un intérêt légitime）」が生じるという点に求められ，この結果，彼らに，これら爾後の瑕疵ある行政決定を越権訴訟によって攻撃する適格性が認められる[100]。ここで所謂《正当な利益》とは，所有権や営業の自由のような既得権・個人権に由来する利益であることを要しない。直接税納税者名簿に記載された納税者，選挙人名簿に記載された選挙人，入札手続への参加を認められた業者，各種の公的試験の受験を認められた者等についても，これら従前の行政決定によって生ぜしめられた一定の地位ないし期待的利益が爾後の瑕疵ある行政決定によって侵害または変更されないことにつき，《正当な利益》が存することが一般的に肯定される[101]のであり，その際，各

---

98) Ibid., p. 367. なお，この命題は，「予先的決定による訴訟への結合」の理論という名のもとで，わが国にも紹介されている。参照，兼子・前掲注 71) 225〜226 頁および，阿部泰隆『フランス行政訴訟論』（有斐閣，2001 年）6 頁。

99) 阿部泰隆氏によれば，「オーリューのいわゆる『訴訟への結合』（liaison du contentieux）の理論は決定前置主義の正当化としてのべられているものである」とされる（阿部・前掲注 98) 箇所）。筆者の理解によれば，同理論はたしかに，一面では，完全裁判訴訟提起のための訴訟要件の一つとして，係争問題に関する何らかの事前の行政決定の存在を要求するという機能を担わせられている。しかし他面では，行政客体による何らかの申立てに基づく明示的または黙示的な決定であれ或いは行政庁の自発的な決定であれ，いずれにせよ「あらゆる行政決定はこの決定自体に対する——取消しまたは完全裁判の——訴訟提起を可能ならしめる」という機能をも，この理論は担わせられていたのである（ibid., p. 374）。

100) 以上について，cf. ibid., pp. 364-365.

行政決定の根拠規定との関連でこれらの者の各利益が実定法上に保護されているか否かは，一切問われないのである[102]。

3 行政客体から市民へ

　以上の検討の結果として，M・オーリウの後期学説において完成を見た彼の行政行為理論について，我々は次のような理解を得ることができよう。すなわち，彼にとって行政行為（行政決定）とは，行政活動の目的・内容や性質・態様の相違に関わりなくあらゆる活動領域において，執行機関または下級行政庁ないし被監督行政庁による現実の執行措置を予め規律することによって法律の確実な適用に仕えるべき原則定立的決定行為である。そして，このような行政行為概念の形成に当たって主として想定されている行為類型は，公務員の任命・公物に関する特許・契約締結に関する地方議会の議決や監督官庁の認可・入札の結果として行われる落札決定やその認可等のように，一定の法的地位の創設を内容とする形成的な行為である。このような行為類型を想定して立てられた行政行為の概念によれば，行政客体に対する行政行為の主たる効果は，その直接的な名宛人に対する一定の法的地位の付与という効果を超え，かかる法的地位が対世的に獲得する対抗可能性（opposabilité）を介して広汎な第三者へ及ぶ。そして，行政主体と行政客体との総体を取り込んだ行政世界＝制度の理論によれば，制度内在的な権力と制度によって実現されるべき理念との間に成り立つ均衡図式に支えられることにより，上に述べたような行政行為の対世的効果に対抗して，行政活動に対する訴訟的統制への広範な行政客体の参加が，行政行為を攻撃対象とした越権訴訟の提起という形式において保障されるのである。かくして，M・オーリウの後期学説における行政行為概念は，国・県・コミューンやその他各種の公法人のいかなる行政活動といえども帯有しなけれ

---

101)　Cf., ibid., pp. 403-405.
102)　法律によって保護された権利と反射的利益との間に一般に立てられている区別を，M・オーリウは既得権と正当な利益との区別によって置き換えたのである。Cf., M. Hauriou et G. de Bézin, La déclaration de volonté dans le droit administratif français, Revue trimestrielle de droit civil, 1903, pp. 551-552. なお，M・オーリウによれば，当時において既得権（droit acquis）は，「法律の規定により行政が尊重することを義務づけられている権利」として一般に理解されていた（M. Hauriou, La gestion administrative, pp. 38 et s）。

ばならないところの公共的性格すなわち公役務遂行性[103]を，かかる行政活動の事実的遂行に着手するに先立って対外的に顕現させることにより，これらの行政活動の公共的性格（公役務遂行性）を確保させるための事後的統制への参加を広汎な第三者を含む行政客体に可能ならしめる，手続的道具概念として純化せしめられていた[104]。

ところで，このように行政活動に対する訴訟的統制への参加主体として理解された行政客体は，もはや，言葉の真の意味での行政客体（administrés）ではあり得まい。以下に掲げる叙述において語られる意味で，彼らはいまや，各種の公法人の構成主体たるの資格において，代表機関の権限行使に対して統制を及ぼすべき機能をみずからに留保した"市民"（citoyens）としての一面を含んでいると見做すべきであろう。

> 「集団の成員がいかなる場合に，またいかにして共同的企業の営みに参加するのかということを確定することが望ましい。一方で，彼らは企業の理念を受動的に受け容れ且つ危険を引き受けるにとどまらない。彼らを理念が駆り立てるが故に，彼らは一定の能動的役割を演じるのである。ところが他方で，彼らは企業の指揮（direction）及び統治（gouvernement）には参加しない。なぜならば，我々は元来，指揮の権能を……社団の組織編成（l'organisation corporative）の範囲に限定して用いているし，また，彼らは被治者もしくは臣民（gouvernés ou sujets）であって治者（gouvernants）ではないからである。（したがって，）被治者がみずから統御する（diriger）ことなしに企業の営みに関与し得るような媒介的な活動圏（une zone

---

103) M・オーリウ曰く。「行政国家制（le régime administratif）は本質的には権力（le pouvoir）に基づいているとしても，かかる権力が制度化され（institué）ていること，換言すれば何らかの理念（une idée）に服する組織の中に枠付けられていることを認めなければならない。この理念とは公役務（le service public）という理念である。それは，当初は王への奉仕（le service du roi）という理念であったが，その後，公衆への奉仕（le service du public）という理念となった。それは，搾取しかつ抑圧するという，権力が余りにも容易にその誘惑に陥りがちな理念ではなく，奉仕するという理念すなわち役務を提供するという理念であるということが，肝要なのである」（Précis D. A., 11ᵉ éd., p. 12)。

M・オーリウの行政法学説にとっての最大の関心事は，良き行政（la bonne administration）の実現のために権力の要請と公役務（公衆への奉仕）の要請とをいかにして調和的に保障し得るのか，という点に存したのであり，行政決定を起点として展開する《予先的または職権的執行》および《訴訟への結合》の理論は，かかる二つの要請に応えるべく立てられた理論装置であったと言えよう。

104) とくに，前掲注 80) に訳出した M・オーリウの叙述（Précis D. A., 11ᵉ éd., p. 355）を参照せよ。

intermédiaire d'activité) を想定する必要がある。これが，国家制度（le régime d'État）においては市民生活圏（la zone de la vie civique）と呼び得るところのものであり，そこにおいて，臣民は市民（citoyen）となる。

　何よりもまず，集団の成員は政府によって決定された措置に対して同意を与えなければならない。だからといって，これらの措置がおのずから仮の拘束力を有する（provisoirement exécutoire par elles-mêmes）のではないというわけではない。そうではなくて，これらの措置が受け容れられた時でなければ，それらが確定的性格を示すことはないということである。このことから，政府の諸行為に対して集団成員によって行使される統制（un contrôle）の可能性，および政府が負うべき責任（une responsabilité）の組織化という帰結が導かれるのである[105]。」

　「国家における臣民および市民の集団（le groupe des sujets et des citoyens），組合における組合員の集団，株式会社における株主の集団というような利害関係人の集団を欠いては，社団的制度（institution corporative）は存しない。かかる集団は権力の拘束によってある程度は決定づけられる。しかし，企業理念（l'idée de l'oeuvre）の影響力，および企業理念の実現に関して成員が有する利益は，同意が孕んでいる自発的なるものを説明する点において，多大の役割を演じる。この点で彼ら成員は，企業の成否に各人の危険を賭しているのである。

　かかる利害関係人の集団は，政府の諸機関と共に，企業理念の担い手である。この意味において，国家の成員集団は同時に国家の理念の主体集団（le groupe des sujets）でもあるということを承認しなければならない。そして，このような考察は《sujet》という語に深淵なる意味を与える。つまり，各所属民は自己の内に国家の理念を担っているという意味であり，彼はその理念の成否につき諸々の危険と責任を有するが故に，彼はその理念の主体（le sujet）であるという意味である。結局，国家の臣民（le sujet）は，国家という企業の株主（un actionnaire）の如きものである。そして，臣民のこのような地位こそが，ついには彼の市民（citoyen）としての資格を生み出す。なんとなれば，臣民は企業の諸々の危険に曝されており，その代償として，企業の統治に対する統制と参加の権利を獲得することが正義にかなっているからである[106]。」

---

[105]　Ibid., 9ᵉ éd., p. 130.

[106]　M. Hauriou, La théorie de l'institution et de la fondation: Essai de vitalisme social, 1925, in Aux sources du droit, le pouvoir, l'ordre et la liberté, 1933, pp. 101-102.

V 小　　結

1　M・オーリウ行政行為論における連続性

　本章は当初，行政による契約から《分離しうる行為》に対する越権訴訟の提起を認め，且つその範囲を拡張した20世紀初頭の行政判例が，フランスの行政行為概念に与えた影響を解明しようとする意図をもって出発した。ところが，今や筆者は，この判例の理論的影響を確認し得たのみならず，逆に，M・オーリウの行政行為論に潜む一貫した特質を探ることを通して，かかる判例が出現し得るための理論的前提の一端にも触れ得たと考える。たしかに，行政の行為態様に関する彼の後期理論が，行政決定とその執行諸事実との対置に基づく動態的理論へと一元化して行った背景には，同期における上記のような行政判例の画期的転換が潜んでいた。しかし，かかる判例転換の影響を受ける以前において，彼の行政行為論は《分離しうる行為》理論の形成を可能ならしめるような枠組みを用意するものであったことを，本章は明らかにし得たはずである。つまり，《分離しうる行為》に関する判例の形成と展開は，あらゆる行政活動の領域において権威行為と公・私管理行為とが一連の複合的な作用=過程を構成し得るという，M・オーリウの行政行為論の出発点において既に用意されていた観念の全面的な展開（純化）を促したのであって，新たな観念を提供するものではなかったことを，銘記しなければならない。

2　M・オーリウ行政行為論の時代的背景

　では，1890年代におけるM・オーリウの行政法学の形成期において，行政の行為態様について上に述べたような観念が既に成立していたことは，いかなる事態を背景として理解されるべきであろうか。この問いに対する十全なる解答を与えるための用意を，筆者は現在欠いている。しかし，その回答を与えるに際して考慮しなければならないと思われる幾つかの要素を，以下の三点にわたって提示することができる。第一に，大臣=裁判官論に典型的な形で表れているような，行政庁の一定の決定行為を裁判判決と同一視する思考が克服され

る経緯との関連であり，第二に，公役務の観念の興隆との関連であり，第三に，地方分権化の進展との関連である。

このうち第一の要素に関しては，既に本章Ⅲにおいて言及すると共に，別稿において更に詳細な検討を加えている[107]ので，ここでは専ら第二，第三の要素についてだけ，若干の私見を提示することにする。

(1) 公役務 (service public) の観念の興隆

周知のように[108]，公役務の観念は，M・オーリウの初期学説において既に出現している[109]。そして，法学的観点から見るかぎり，公権力的な諸権利の内容とその行使態様を究明することに主たる関心が注がれることは，彼の学説の前期・後期を貫いた立場である[110]。したがって，公役務の観念は，公権力

---

[107] 亘理・前掲注 76) 97 頁以下を参照せよ。

[108] Cf., J. Rivero, Hauriou et l'avènement de la notion de service public, in L'évolution du droit public: Études en l'honneur d'Achille Mestre, 1956, pp. 466-467. 参照，神谷昭『フランス行政法の研究』(有斐閣，1965 年) 146〜147 頁。但し，J・リヴェロおよび神谷氏が，公役務概念のはじめての定義を M・オーリウの 1897 年の論文に見出しているのは誤りであり，M・オーリウ自身は『行政法精義』第 1 版 (1892 年) の時点で既に，公役務概念の定義を行っている。Cf., M. Hauriou, Précis D. A., 1re éd., p. 150.

[109] この時点では，「公役務とは，共同の需要を満足させることを意図して行政法人により創設された組織体である」という定義に端的に示されているように，公役務という語は，主として，人的・物的・金銭的な諸資源を包摂した行政組織上の構成単位を指称するための語として使用されていたにとどまる。Cf., ibid. しかし，次に示す引用節から知り得るように，この時点において既に，公役務の観念が，行政の目的たる公共の利益 (l'utilité publique) の観念と同一に帰する可能性が語られていることに注目する必要がある。「行政および行政法の領域においては，すべてがまさに公役務 (le service public) に向かって収斂する。なぜならば，公役務というのは諸行政法人の存在理由それ自体であるから。公役務の観念は公共の利益 (l'utilité publique) の観念と同一に帰する。なんとなれば，公共の利益というのは，何らかの公役務 (un service public) によって満足が与えられる限りでの一般利益 (l'intérêt général) に他ならないから」(ibid.)。

[110] 晩年における M・オーリウがフランス行政法上最も重要な観念として公権力の観念を掲げ，L・デュギイや G・ジェーズ等の公役務学派の立場を批判していたことについては，神谷・前掲注 108) 161〜164 頁を参照せよ。また，cf., M. Hauriou, Précis D. A., 11e éd., prélace, pp. Ⅶ-ⅩⅤ.
ところで，「政治学は直接的に公役務と関わり合うのに反し，行政法学は専ら間接的にしかそれと関わり合うことがない。つまり行政法学は，諸公役務が諸行政法人の権利行使によって確保される限りにおいてしか，諸公役務を考慮に入れることがないのである」という『行政法精義』第 2 版 (1893 年) 中の叙述 (Précis D. A., 2e éd., pp. 171-172) から明らかなように，M・オーリウはその前期の行政法学説においてもまた，「諸公役務の職責遂行の確保」という行政目的の観点を劣位に置き，かかる目的達成のために行使されるべき権利 (=手段) の観点を優位に置いていたのである。Cf., ibid., p. 175.

的権利の存在を確認するための指標として[111]，公権力（puissance publique）の観念に劣位し且つそれに結合する仕方で彼の法学的思考の枠の中に組み込まれることになる[112]。このような二つの観念の結合が明確な形をとって現れたのが，公管理（gestion publique）の理論であると見做し得よう。それによれば，公管理活動という行政活動の中間領域は，諸公役務の事実的執行の過程においてなおも公権力的権利の行使が留保された領域として描かれていたのである[113]。

しかし，他方で，私管理（gestion privée）をも含めた行政の全活動領域に関して，諸公役務の事実的執行へ移行する前段階で静止的または潜在力の状態において行われる諸々の根幹的決定が，公権力の典型的な発現形態として把握されていたこと[114]もまた，上に述べたような二つの観念の結合を背景としていたと見做し得ないであろうか。換言するならば，公役務の観念は，一方では，公管理の理論を媒介として，公権力的諸権利の妥当領域と行政裁判管轄を拡張させるという機能を担わせられると同時に，他方では，根幹的決定（後期学説においては行政決定〔décision exécutoire〕）概念を媒介として，行政の全活動領域にわたって「良き行政」（bonne administration）としての質を確保させ[115]，且つ，不適正な行政の権利行使に対する事後的裁判統制への参加を行政客体＝市民に可能ならしめる[116]ための理念として，機能させられていたと見做し得ないであろうか。そして，後者の局面での公役務の観念は，行政の公権力行使が服すべき企業理念が「王への奉仕」（service du roi）から「公衆への奉仕」（service

---

111) Cf., J. Rivero, op. cit., p. 470.
112) 前掲注 109) の後半部分に引用した叙述に続いて，M・オーリウは次のように述べていた。「翻って，公共の利益というのは，諸行政法人が行使し得る公権力的諸権利を必要ならしめ且つ正当化する。したがって，そこには（＝行政および行政法の分野では）公役務の観念，公共の利益の観念および公権力的諸権利の観念という三つの観念があるのであり，我々は，これら三つの観念が密接に関連し合っていることを，(本書において) 絶えず確認することになるであろう」(Précis D. A., 1re éd., pp. 150-151)。
113) 参照，本章Ⅱ 2。
114) 同上参照。また，cf., M. Hauriou, Préscs D. A., 11e éd., p. 21.
115) M・オーリウは，執行に先立つ行政決定という手続の第一の効用として，「行動する前に熟慮反省し，予め活動のプログラムを立て，そしてなかんずく，企画された作用によって惹起される法的諸問題を特定行為の中に隔離し且つ凝縮させる」機会を行政自身に与えることにより，「良き行政」の実現に資するということを挙げていた。Ibid., p. 355.
116) 執行に先立つ行政決定という手続の第二の効用として M・オーリウが挙げる点である。この点については，前掲注 80) に引用した M・オーリウの叙述（ibid.）を参照せよ。

du public)へ,「搾取と抑圧」から「役務の提供」へと転換したという思想史上の認識を背景として[117],公権力の観念自体の相対化をもたらすに至っていたと,見做し得ないであろうか。前者の局面を主題として著された1899年公刊の『行政管理論』が,同時に,行政決定とその執行諸事実との対置に基づく動態的な行政の行為態様論の形成の上でも,重要な一階梯を占める著作であったという事実[118]は,以上のことを雄弁に物語っているように思われる。また,M・オーリウは,落札決定ないし落札認可に対して権威的（d'autorité）性格および処分性を肯定するための論拠を,専ら,「それが取引行為の経済的実現に対する公衆の利益を表示している」という点にのみ求めていた[119]が,このこともまた,権威行為概念の相対化と公役務の観念との関連を示す傍証として,注目に値するのである。

(2) 地方分権化（décentralisation）の進展

公役務の観念と公権力の観念との結合を基礎として公管理理論と動態的行政行為論とが相前後して形成されたという理解との関連で考慮に値するのが,第三共和政確立期における地方分権化の進展という事態である。

フランスの地方団体は,19世紀を通して種々の憲法体制の成立に対応して一進一退を繰り返しつつも,次第にその自治権能を拡張し,第三共和政の確立期において,中央政府の手に強力且つ系統的な行政的後見監督権能（pouvoir de tutelle administrative）を留保しながらも,地方議会や市長のような地方団体固有の代表機関の権限を拡張する方向へ進展する。特に,1884年4月5日の《コミューン組織法》は,純粋に地方的な利益に関する警察権をコミューン代表機関たる市長の手に委ね,また,コミューン会を「コミューンの諸事務」に関する一般的議決権限を具えた機関となした。このような立法措置の実際の機能については様々な議論の余地があるが,ともあれ,これにより,コミューンは,自己に固有の諸利益に関わる事項に関して,公権力的権利を含む自己の諸権利の行使についての実効的な決定権限を委ねられた代表機関を有するところの,

---

117) 前掲注103)を参照せよ。
118) 本章Ⅱ2を参照せよ。因みに,この事実は,M・オーリウ自身が後に認めている点である。Cf., ibid., 5e éd., 1903, pp. 204-205, Note (1).
119) 第3章Ⅰ2,特に第3章注35)を付した本文箇所を参照せよ。

公法人または行政法人（personnes publiques ou administratives）を構成することが，肯定されるに至る[120]。

さて，M・オーリウは行政法の研究を開始した直後から以上に述べたような地方分権化の進展に関心を向け[121]，行政法学の進歩にとって地方自治の経験が重要な役割を果たし得ることを看破していた[122]。とりわけ，地方団体の納品契約や起債等のように従来私法上の契約と見做されてきた管理行為に関する当事者間の紛争，或いは，契約上または契約外の地方団体の賠償責任に関する紛争は，国に関する同種の事案とは異なり，司法裁判所の管轄に服すべきものと従来は考えられてきたのであるが，M・オーリウは初期学説において既に，公管理の理論を背景として，地方団体に関するこれらの事案にまで行政裁判管轄を拡張することを提唱していたのである[123]。

では，翻って，地方団体＝公法人という観念或いは，その背景にある地方分権化の進展という事態は，M・オーリウの行政行為観の形成にとっていかなる意味を有していたであろうか。『行政法精義』第4版（1901年）に出現する次のような叙述は，彼の行政行為観の形成との関連において地方議会の議決権能の強化という事象が有する画期的意義を物語っており，注目に値する。

> 「行政決定（décision exécutoire）の観念は，地方議会の議決がかかる決定の仲間入りをして以来，幾分変容した。《或る行政行為が誰に対して拘束的となる（devenir exécutoire）のか？》という問いを自己に呈示してみるならば，この変化を理解するであろう。
>
> 《行政客体に対して》というのが，自然な回答である。かつて県会やコミューン会の議決がそれ自身によって拘束力を発するのではなかった限りにおいては，この回答で足りた。しかし，これらの議決が拘束力を発するものとなるに及んで，これらが拘束力を発するのは行政客体に対してではなく，執行に取りかかるべく義務づ

[120) 以上については，亘理格「フランスにおける国，地方団体，住民——1884年《コミューン組織法》制定前後（1）〜（5・完）」自治研究59巻3号（1983年）・8号（1983年）・9号（1983年）・10号（1983年）・12号（1983年）を参照せよ。

121) 『地方分権に関する研究』（Étude sur la décentralisation）が公刊されたのは1892年であり，『行政法精義』第1版の公刊と同年である。

122) Cf., M. Hauriou, De la formation du droit administratif français depuis l'an Ⅷ, 1893, p. 28.

123) 第2章の注18）および第3章の注5）を参照せよ。また，cf., M. Hauriou, Précis D. A., 5ᵉ éd., pp. 214-216.

けられるに至った知事や市長に対してであることが明らかとなった。したがって，これからは次のように言い表さなければならない。《行政行為は，原則として行政客体に対して拘束力を発する。しかし，地方議会の議決は，(大概の場合)専ら執行機関に対して拘束力を発するにとどまる》と[124)]」(括弧内の叙述は原典による)。

かくして，第三共和政確立期における地方分権化の進展は，一方では，公管理理論を基礎に，既に同種の事案で国に関して妥当していた行政裁判管轄を地方公共団体にまで拡張するという局面において，また他方では，行政行為の観念における公権力性ないし権威性の相対化を基礎に，地方議会の諸議決一般の中に行政決定＝行政行為を見出すという局面において，いずれにおいても恰好の法制的前提条件を形づくっていたと見做し得るのではなかろうか[125)]。

---

124) Ibid., 4e éd., 1901, p. 279, Note (2). 同旨として，cf., ibid., 7e éd., 1911, p. 421, Note (2).
　なお，この叙述は同書第8版 (1914年) とともに消滅する。ここでは，行政決定の第一次的受命者は執行官吏であり，彼による通知または公告を媒介として第二次的に行政客体に対する対抗可能性が生じるとされる (本章Ⅲ・Ⅳ参照) のであるから，本文に掲げた叙述における原則と例外との関係が逆転したと考えるべきであろう。現に M・オーリウによれば，行政決定が直ちに生ぜしめる法効果とは，「行政に所属するすべての者すなわち執行官吏を名宛人とし，また，警察処分が問題となる場合には，単なる行政客体すらをも名宛人とした服従勧告 (une sommation d'obéir) であるという，一点に要約される」のである。Ibid., 8e éd., p. 383.

125) 本文に述べたことを更に一般化して理解するならば，結局，行政組織法上いかなる機関に固有の決定権能が帰属しているかを探ることが，行政決定の所在を突きとめる上で決定的に重要な手掛かりを提供することになる。この点について，M・オーリウは，「法効果を作出することを意図して行われる意思表示」であることが，その意思表示が行政決定 (décision exécutoire) を構成するための必要条件であると述べた上で，更に，かかる意思表示は「当該行政庁に固有の決定権能が存することを前提としている。この固有の決定権能というのは，各ケース毎に行政組織に関する諸準則に即して検討されることが妥当であり，議決会議体の場合には議決権と呼ばれる。かかる決定権能という要素は何よりも重要な要素である」と述べていたことに，注目しなければならない。Ibid., 11e éd., p. 362. 同じく，cf., ibid., 9e éd., p. 466, en particulier Note (3).

第 5 章

M・オーリウと L・デュギイ
―― フランス的行政行為観の共通基盤確立という視点から

I フランス的行政行為観の確立へ

　行政が主体となって締結する各種の契約の形成過程上に位置する諸々の決定行為は，わが国の伝統的な行政行為論から見れば，単なる内部的な意思決定行為または非権力的活動に伴う認定的行為たるにとどまるが故に，行政行為の外延から排除されてきた行為類型に該当する。これに反し，フランス流の行政行為観によれば，これらの諸決定行為は当然に行政行為の一類型を成すものと見做される。19世紀後半の判例において既に越権訴訟による攻撃可能性を肯定されていた入札手続上の諸決定（落札決定・落札認可）然り，のみならず，20世紀初頭に《分離しうる行為》法理の形成とともに攻撃可能性を同様に肯定されるに至った地方議会議決や後見監督上の認可や代位決定行為もまた，然りである。しかも重要なことは，これらの決定行為が行政行為の一類型として認知されたという事態は，単に，これらが越権訴訟による攻撃可能性を肯定されるに至ったことの実体法上の行為形式論への反映にすぎなかったのではなく，フランス流の行政行為観の論理構造自体に起因していたと考えられることである。このことを本稿は，世紀の転換期という今日のフランス的行政行為概念の形成期にあって，越権訴訟判例における処分性の問題の解決方法に関する劇的な展開を眼前にしつつ，行政の行為態様についての自己の一般理論の深化をなし遂げた M・オーリウの行政行為観を詳細に跡づけることによって，明らかにし得たと考える。

　彼の行政行為観によれば，国や地方公共団体等の諸行政主体は各法人として措定され，行政活動はこれら公法人による権利行使であって，かかる権利行使に関する意思決定行為が行政行為に他ならないとされていた。また，かかる行政行為とこれに対する攻撃方法たる越権訴訟との関係は，彼の行政（世界）＝制度の理論において成り立つべき制度内在的な権力と公役務理念との均衡図式

を背景として把握され，行政客体によって提起される越権訴訟は，かかる均衡図式に基づき，まさに行政活動への統制参加形式として理解されていた。このような理論は，なるほど，必ずしも当時のフランス公法学界が共有し得る理論であったとは言い難いかもしれない。しかし，これら独特の道具立ての下に語られる内実は，結局，あらゆる行政活動において実現されるべき目的の公的性格すなわち公役務遂行性を顕現させるための技術的手続的行為形式として行政行為を理解し，この行為自体の効力を攻撃対象とする越権訴訟の提起を契機として，その行為の背後にある行政活動の過程全体の公共性の確保を可能ならしめようとした点に求められるのであり，この一点において，M・オーリウの行政行為論は，当時のフランス公法学において次第に主流的地歩を固めつつあった考え方を代表するものであった[1]と考えられる[2]。

以上のような結論を更に偏りなく補完すべく，ここでは，20世紀の第1四半期のフランス公法学界にあってM・オーリウとともに伝統的学説に対する批判者として活躍し，その公役務・客観法の理論を擁して，M・オーリウ以上に仮借のない論戦を伝統的学説に対して挑んだL・デュギイの行政行為論を，ごく簡単に振り返ってみることにしよう。

II　L・デュギィの行政行為論
　　　——条件行為（actes-conditions）と越権訴訟の関係を中心に

周知のように[3]，L・デュギイは，E・ラフェリエールやH・ベルテルミに代

---

1) M・オーリウの死後に彼のために建てられた記念碑の除幕式（1931年4月22日）の場で演説を行ったH・ベルテルミは，「私の方は，せいぜいのところ，行政法学を普及させたに過ぎません。オーリウの方はと言えば，彼は行政法学を創造したと語ることができます」と語ったと，伝えられている。L. Sfez, Essai sur la contribution du doyen Hauriou au droit administratif français, 1966., p. 1. それから37年後，M・オーリウを記念して開催されたシンポジウムにおいて，J・リヴェロは，「今日でも依然としてわが国の行政法学であり続けているものは，オーリウと共にはじまる」と語っている。La pensée du doyen Maurice Hauriou et son influence: Journées Hauriou——Toulouse, mars 1968, 1969, p. 145.
2) 第4章序2を参照せよ。
3) 参照，神谷昭『フランス行政法の研究』（有斐閣，1965年）116頁，147～152頁および兼子仁『行政行為の公定力の理論〔第3版〕』（東京大学出版会，1971年）255頁以下，とくに269頁。

表されるような権威行為と管理行為との二分論に対し徹底的な批判を加える。すなわち，かかる二分論は結局,「帝政主義的で且つ個人主義的な支配説 (les conceptions impérialistes et individualistes régnantes)」の立場から,「他の諸意思よりも強力な意思が自己固有の力によって法効果を創出するのでないかぎり，契約によらずして何らかの法的地位が形成されることはあり得ない」とする思考方法に由来し，かかる前提から，行政の行う一方的行為を権威行為に，契約的行為を管理行為に分類するものである。しかし，かかる不当前提から解き放たれるならば，「公法において法効果がしばしば単なる一方的意思行為によって生ぜしめられるのは，その……意思表示が公役務目的によって規定づけられているからで」あるということが理解できようし，かくて，公役務目的によって規定づけられた意思表示であるかぎり，それが一方的な行為であるかそれとも契約的な行為であるかという相違は大して意味のある相違ではないということになる⁴⁾。したがって，行政の個別的な法行為は，それが公役務目的によって規定づけられているかぎり，すべて共通の公役務に関する客観法に服するとされるのである⁵⁾。

ところで，このような公役務と客観法の理論は，主としては，公法と私法との区別および行政裁判権と司法裁判権との間の権限分配の基準を問題として立てられており⁶⁾，わが国においてフランス公法学上の公役務の観念が語られる

---

4) L. Duguit, Les transformations du droit public, 1921, pp. 158-159. なお，権威行為と管理行為との二分論に対する批判としては，さらに, cf., L. Duguit, Traité D. C., 3e éd., T. 1, pp. 368-371; ibid., T. 2, pp. 344-352. また，行政活動における公役務目的の決定的重要性に関しては, cf., ibid., p. 380.

5) 国家の主観的権利としての主権の観念を排し,「諸公役務の組織と管理を内容とする統治者の社会的職分 (une fonction sociale) という観念」の中に公法の統一的基礎づけを求めようとするL・デュギーにとって，第一に，それらを組織し且つ機能させるべきことが社会的・客観的に要請されているところの諸公役務が現に存在するという客観的事実の故に，統治者にはこれらの公役務を確実に組織し且つ機能させるべき一般的義務が生じるということ，第二に，伝統的に主権（国家の主観的命令権）の典型的発動形態と見做されてきた法律は，実は，統治者に客観的に課されたかような一般的義務の履行にすぎないこと，したがって第三に，かかる法律に基づき公役務目的の遂行として行われるのである限り，法行為であれ事実行為であれ，或いはまた所謂管理行為であれ権威行為であれ，行政のあらゆる行為は共通の性格を有するということ，以上の三つの柱が，彼の公法学体系の「本質的な三要素」を形づくることになる。以上について, cf., Les transformations du droit public, pp. 52-54.

6) 権威行為と管理行為との二分論を排し，行政が法律に従い公役務目的の遂行として行うところの個別的な法的・事実的行為をすべて共通の性質を有する actes administratifs として把握すること

場合も，ほとんどは，公法人の賠償責任や行政契約に関する公法特有の諸原則の適用とこれらに関する行政裁判所の管轄を正当化したという機能の面に，関心が集中していた[7]。しかし，公役務と客観法の理論およびこれに基づき権威行為と管理行為との二分論を排斥する論理は，本稿が使用する意味での行政行為すなわち行政の一方的公法行為の観念に対しても，重大な修正をもたらすものとして機能している。このことを彼は，所謂条件行為という道具立てを用いることによって行っているので，以下にその論じるところを一瞥してみよう。

これまた周知のように[8]，L・デュギイは彼の法行為（actes juridiques）三分類論[9]に対応させて，行政が行う法行為を法規行為（actes-règles）・条件行為（actes-conditions）・主観行為（actes subjectifs）という三類型に分類している[10]。

この中で法規行為とは，法規の定立・変更・廃止を内容とする，換言すれば客観的法規範の何らかの変動を内容とする法行為であり，行政によって行われるこの種の行為が，言うまでもなく法規命令（règlements）である。ところで，L・デュギイによれば法規命令は実質的観点から見るかぎり法律に他ならず[11]，彼がactes administratifsという名を与えるのは，行政によって行われる個別的法行為，すなわち主観行為と条件行為に対してである[12]。

の実益として，彼が挙げている訴訟上の帰結は，結局，公役務を目的とした行政の活動により私人に生じた損害の賠償訴訟，および，同じく公役務を目的として行政により締結された各種の契約に関する訴訟が，いずれも行政裁判権に，しかも完全裁判訴訟の管轄に服せしめられるという点に帰しており，これとの関連で著名なブランコ（Blanco）・テリエ（Terrier）・テロン（Thérond）といった各事件判決が挙示されている。Ibid., pp. 167-174.

7) 以下の諸文献を参照せよ。神谷・前掲注3），山田幸男「フランスの行政契約論」同『行政法の展開と市民法』（有斐閣，1961年）285頁以下，浜川清「フランスにおける行政契約一般理論の成立(1)(2)」民商69巻6号（1974年）40頁以下および70巻1号（1974年）43頁以下，滝沢正「フランス法における行政契約(1)〜(5)」法協95巻4号〜7号（1978年）・9号（1978年）。また，ほぼ同旨の指摘として，阿部泰隆『フランス行政訴訟論』（有斐閣，2001年）48頁を参照せよ。

8) 兼子・前掲注3) 268頁を参照せよ。

9) L. Duguit, Traité D. C., 3ᵉ éd., T. 1, pp. 325-329.

10) Ibid., t. 2, p. 363. 各行為類型に関して以下に述べる定義については，cf., ibid., T. 1, pp. 307-315 et 327-329; ibid., T. 2, pp. 286-287 et 363.

11) Ibid., pp. 209 et s., 287 et 355. 但し，法規命令が取消訴訟による攻撃の対象となり得るという点に着目して，これをも包摂するactes administratifs概念を設けることの可能性は否定されていない。Ibid., p. 364. Cf., ibid., pp. 285 et 288.

12) Ibid., p. 287.

ところで，「行政が介入するとき，それは決して個人がそうする如くに介入するのではない。と

主観行為というのは，主観的法的地位を形成する法行為，すなわち具体的・個別的・一時的な権利義務の変動をそれ自身の内容に即して生ぜしめるところの個別的法行為であり，次の条件行為との相違は，主観行為によって形成される法的地位の内容が客観的法規によってではなく，その行為の内容に即して定まる（法的地位の主観的な形成）点に求められる[13]。行政が行う主観行為の典型例は，言うまでもなく行政の契約行為である[14]。これに対し，条件行為というのは，「ある法規範が新たにある個人に対して適用可能となるようにその者を特定する[15]」法行為であり，かような意味において，客観的法規の適用条件をなす個別的法行為であり，この行為によって個人に形成される法的地位は，その内容が本来的に法令によって規定され尽くされることを予定された法令上のまたは客観的な法的地位である。

　さて，主観行為と条件行為との区別は，その行為によって形成される法的地位の内容がその行為自体の内容によって定まるか，それとも専ら客観的法規によって定まっているか，という相違に着目して立てられた区別であるのに反し，行政の契約行為と一方的行政行為との区別[16]は，法的地位の形成の仕方が合

　　いうのは，行政は何らかの公役務の適法な作用という固有の目的を追求するからである」という叙述，或いは，「官吏の意思表示にその存在，その性格，そしてその諸効果を付与するものは公役務目的に他ならない」という叙述（Les transformations du droit public, pp. 156 et 159）に端的に示されているように，行政の適法且つ有効な活動はすべて公役務目的を遂行するものとして予定されているのであり，それ故，L・デュギイにとって，行政の個別的法行為はすべて公法上の個別的法行為（L・デュギイにおける本来的意味での actes administratifs）に該当することになる。

13) L. Duguit, Traité D. C., 3ᵉ éd., T. 1, p. 313.
　　ところで，L・デュギイによれば，主観行為といえども意思表示自体が法効果ないし法的地位を生ぜしめるのではなく，ある意思表示に対して客観法が法効果を結びつけるにとどまるという点においては，客観行為たる法規行為・条件行為と異ならない。しかし他方，主観行為の場合，意思表示の内容に即した法効果が付与される点に，客観行為との相違が認められるのである。以上については，cf., ibid., pp. 345-353.
14) Cf., ibid., p. 329.
15) Ibid., p. 328.
16) 既に本文において述べたように，L・デュギイの見解によれば，伝統的な二分論は，行政の一方的法行為の背後に個人の意思力に優越した権威＝公権力を見出す一方で，行政の契約行為の背後に個人と同等の意思力しか具えない公主体を見出すという論理構造の上に成り立っていた。したがって，彼が一方的行政行為と行政の契約行為との間に立てる区別は，論理的には，伝統的な権威行為と管理行為との区別に対応することになる。Cf., Les transformations du droit public, pp. 158-159; Traité D. C., 3ᵉ éd., T. 1, pp. 367 et s. しかし，第一に，公役務理論を背景に公法の及ぶ範囲が行政

意に基づくかそれとも一方的意思表示に基づくかという相違に着目して立てられた区別であるから、両者は各々基準を異にした区別である。その結果、主観的な行為の中にも一方的形式で行われる行為例が幾つか挙げられる（(1)公道に面し崩壊に瀕した壁の取壊しを命じる行為、(2)非衛生的な住居からの退去を命じる行為、(3)直接税の課税表に拘束力を付与し、以て納税者に対する国の租税債権を発生させる知事決定、および(4)戦時下の特別法の規定によって賃料請求権の一部を奪われた賃貸人に対して国が支払うべき補償に関する決定[17]）。しかし、これらの諸例はいずれも行政上の完全裁判訴訟（L・デュギイの用語法に従えば、これは主観的訴訟である）の対象として特別に法定された諸行為に関する例であり[18]、L・デュギイの以上のような議論は、かかる行政裁判権内での権限分配上の特例をも実体法理の枠内で合理的に説明し尽くそうとして行われたものであって、かかる特例に該当しないケースにおいても主観的で且つ一方的な行政の行為の存在を肯定しようとする意図を含むものではないと思われる。それ故、行政が行う主観行為の典型をなすのが行政の契約行為であるのに対し、一方的行政行為に該当する行政の法行為は原則として、所謂条件行為に他ならないと考えられる。そこで、かかる条件行為の名の下に彼がいかなる行政の行為類型を具体的に想定していたかを問うことが、結局、本稿が使用する意味での行政行為に関して彼が抱いていた観念を、浮かび上がらせることになる[19]。

の契約行為の分野にまで一般的に拡張された点で、また第二に、本文後述のように、条件行為の概念を新たに設けることに伴い一方的行政行為概念の外延が拡張された点で、伝統的な二分論とは性格を全く異にしているのである。
17) Ibid., T. 2, p. 355; T. 3, pp. 780-781.
18) 本文掲記の諸例の中で(1)を例にとって述べるならば、以下のようになる。すなわち、田園警察（la police rurale）に関する1898年6月21日法によれば、市長は、公道または公の広場に面した壁や建物等が崩壊寸前で安全を脅かしかねない状況にある場合に、かかる壁や建物の修理または取壊しを命じることができる（3条）。ところが、かかる命令を受けた壁や建物の所有者がこの命令に従わない場合には、専門家の鑑定を得た上で、県参事会（conseil de préfecture）が当事者の主張を聴取し鑑定結果について判定を下す。そして、必要とあらば県参事会は、修理工事または取壊しの期間を定め、さらに、この期間内に工事または取壊しが行われなかった場合には、市長に代執行を許すこともできる。そして、以上のような県参事会の決定に対しては、C・Eへの上訴が認められる（以上、4条）。
19) 越権訴訟による攻撃可能性を概括的に肯定される行政の行為類型としていかなる行為類型が想定されるか、という視点からフランス的行政行為観の特質を探ろうとする本稿の見地からすれば、主観行為が行政の法行為論上に占める位置は余り重視されない。これに反し、行政行為に認められ

すなわち，かかる行為類型として彼が公務員の任命[20]・公物占用特許[21] と並んで挙げているのは，地方議会が行う支出予算承認議決[22]・公共事業請負契約の締結に先立って行われる入札ないし落札決定[23]・契約締結を承認する地方議会の議決およびこれらの議決または契約自体に対する後見監督上の認可[24] といった，非権力的行政活動に随伴する行政の内部的諸決定ないし認定的諸行為である。かくして，L・デュギイもまた，条件行為なる行為類型という道具

る一般的特質（権力性）を，私人の法律行為が通有する諸性質からの偏差に着目して探ろうとする立場から見れば，兼子仁氏が述べておられるように，「行政行為論上重要なのは，狭義の法律行為たる『主観的行為』である」という結論も導かれよう。兼子・前掲注 3) 268 頁。しかしながら，L・デュギイが使用する意味での actes administratifs に条件行為が本来的に含まれることは，既に本文で述べたとおりである。また，主観的な行政の法行為が法律行為として典型的ないくつかの諸性質を具えているとされる (cf., L. Duguit, Les transformations du droit public, pp. 156-157) ことは確かに兼子氏の所説のとおりであるとしても，他方，後掲注 31) の引用文から知り得るように，L・デュギイにとって，現代型の行政の個別的法行為として典型的な行為類型は，むしろ条件行為たる性質を有する行政の法行為なのである。したがって，デュギイ学派における行政行為論に関して，「行政行為とは，公役務の目的において官吏によりなされる主観的行為である」（兼子・前掲箇所）と述べることは，正しくない。

20) 「かかる条件行為のもっとも明らかな例の中の一つが公務員の任命である。公務員の任命は，実は，何らの法効果をも生ぜしめず，公務員の権限や地位を何ら発生させない。それは単に，任命された者に関して，公務員たる身分という法令上の地位とそれに付着する権限・地位・俸給・恩給のすべてを発生させるための条件であるにすぎない。」Ibid., p. 189. さらに，cf., L. Duguit, Traité D. C., 3e éd., T. 1, p. 311; t. 2., p. 287.

21) Cf., ibid., T. 1, p. 311.

22) Cf., L. Duguit, Les transformations du droit public, p. 189.

23) Cf., L. Duguit, Traité D. C., 3e éd., T. 2, pp. 362-363; T. 3, p. 781.
同様に G・ジェーズもまた，入札手続上の諸決定を攻撃対象とする越権訴訟事案をも《分離しうる行為》法理の一適用事例として再構成した 1906 年 3 月 30 日判決（第 3 章Ⅲ［13］バランド氏事件判決）に対する評釈の中で次のように述べている。「厳密な意味での入札について語るならば，それは一つの事実であるにすぎず，契約の予備的一事実である。しかもそれは，法行為の形式をとった一事実である。入札事務局は契約を締結するのではなく，提案を行うにとどまる。つまり，入札事務局は，一定の諸条件のもとで契約を締結することを約束している請負業者または納品業者との間で契約を締結するように，権限ある官吏に対して提案を行うのである。……かかる一方的意思表示は厳密な意味での法行為ではない。なんとなれば，それは何らの主観的権利をも，何らの主観的義務をも創出しないからである。……それは，大臣その他の一定の行政官吏が契約を適正に締結し得べく行政命令によって設定された条件である。」G. Jèze, R. D. P., 1906, p. 672.

24) Cf., L. Duguit, Traité D. C., 3e éd., T. 3, p. 781.
同様に，G・ジェーズもまた曰く。「コミューン会の議決は一つの意思的事実（un fait de volonté）であるにすぎない。つまりそれは，市長が適正に契約を締結し得るために法律により設定された条件である。」G. Jèze, loc. cit.

立てを用意することにより，本稿が問題としてきた行政による契約の形成過程上に位置する諸決定行為を，みずからの行政行為論の中に取り込み得ていたことを知ることができよう[25]。

ところで，行政が行う条件行為はその法規行為（法規命令）とともに客観行為（actes objectifs）という上位概念に包摂され[26]，L・デュギイが越権訴訟による攻撃の可能な行為として典型的に想定しているのは，かかる客観行為に該当する行政の諸行為である[27]。そこで，越権訴訟（彼の用語法に従えば，客観訴訟或いは取消訴訟）が行政活動に対して果たすべき裁判的統制の機能のあり方との関連において，彼の条件行為概念がいかなる意味を有しているかを更に立ち入って探るならば，次の二点の指摘を行うことができる。

第一に，条件行為の概念は伝統的な権威行為と管理行為との二分論を克服した上に新たに用意された概念であるから，先にこの概念に該当する例として挙げた行為類型において既に明らかなように，条件行為というのは，問題となっている行政活動が所謂権威的役務であるかそれとも管理的役務であるかの区別とは無関係に存在し得る行為類型である。したがって，越権訴訟は，凡そ何らかの公役務に関する法令違反を含む行政活動が問題となるかぎり，かかる役務

---

25) 《分離しうる行為》法理を形成した諸判決例を紹介した直後に，L・デュギイは次のようなコメントを加えている。「（所謂）権威的一方行為と（所謂）管理的契約行為とが如何にして，融合することなく重なり合うか……を明らかにしている点で，かかる判例はこの上なく興味深い。」L. Duguit, Traité D. C., 3ᵉ éd., T. 3, p. 782.

26) Ibid., T. 2, p. 364.

27) L. Duguit, Les transformations du droit public, pp. 189-190; L. Duguit, Traité D. C., 3ᵉ éd., T. 2, pp. 496 et s.

但し，L・デュギイによれば，行政の主観行為の効果が「客観的法的地位に対して侵害をもたらす」場合にも，かかる主観行為を攻撃対象とする越権訴訟の提起が肯定される。Ibid., pp. 496 et 503 et s. かかる主観行為の例として彼が挙げているのは，公務員の罷免・降任・転任または俸給・諸手当に関する諸決定，および，公産に属する海岸や河川と私有地との境界画定（délimitation）である。これらの行為は，それらが法令上の公務員の地位または私人の所有権という客観的な法的地位に対して侵害をもたらすという点に着目して，客観訴訟たる越権訴訟による攻撃可能性を肯定されるのである。しかし，逆に言えば，これらの行為例をも行政契約と同列に並べて主観行為として論じるからこそ，主観行為を攻撃対象とする越権訴訟のケースを想定せざるを得なかったのである。そうであるとしたら，問題はむしろ，これらの行為例をも主観行為として構成することの合理性如何に帰するのであり，かかる問題との関連で，彼の法行為分類論における主観行為と条件行為との識別基準の不明確さが指摘されなければならないと考えられる。

の性質の如何に関わりなく原則として提起可能だという結論が導かれる[28]。

第二に，条件行為というのはそもそも何らの法効果をもみずからの内容に即して生ぜしめるものではなく，客観的法規により予め規定された客観的・一般的な法的地位を特定個人に具体化するための適用条件となる行為であるとされたのであるから，条件行為は客観法規の規律対象たる公役務総体の利益に関わるものとして捉えられ，その結果，この行為を攻撃対象とする越権訴訟の提起可能性は，かかる公役務の作用に利害関係を有するすべての者に開かれることとされる。かような論理展開を端的に言い表す叙述を，以下に引用しよう。

> 「これらの様々な行為は，法規行為と全く同様に客観的な性格を有している。……これらの行為は或る公役務の作用全体の利益に関わっている。これらの行為は一連の不特定の人々に，とりわけ，その役務の作用に参画しまたはそれを利用しているすべての人々に打撃を与える。なるほど，これらの行為はみずから直接的には何らの法効果をも生ぜしめない。しかし，これらの行為は，何らかの法令上の地位または何らかの権限を創造するところの法令の適用条件となり，法の領域に諸々の結果を間接的にもたらす。……まさにその客観的性格の故に，これらの行為は専ら客観的な訴訟しか生ぜしめないであろう。その訴訟はあらゆる利害関係人に開かれるであろう。そして，裁判官は義務づけ（condamnation）を宣告することなく，取り消すかまたは取消しを拒否するかのいずれか一方をなすであろう。しかも，彼の取消判決は一般的効果を具えるであろう[29]。」

かくして，行政の諸活動が私人の行為との対比において具えるべき公共性・公役務目的遂行性を客観的法規の適用条件たるべき条件行為の概念の中に収斂させることの反映として，越権訴訟の客観的性格——公役務に関与するすべての者への原告適格の拡張等[30]——が導かれたのであり，かようにして，L・デュギイの行政行為論もまた，行政行為の直接的な名宛人の背後に実在する広汎な公衆をも視野におさめた，現代的な行政活動[31]に対する裁判的統制の理論

---

28) L. Duguit, Les transformations du droit public, p. 62.
29) Ibid., pp. 189-190.
30) 本文引用の叙述から知り得るように，越権訴訟を客観的な訴訟として把握することの帰結として，L・デュギイは，広汎な利害関係人への原告適格の肯定と並んで，判決内容の被限定性（取消判決か棄却または却下）および取消判決の対世的効果を導き出している。Cf., L. Duguit, Traité D. C., 3e éd., T. 2, pp. 508 et s., et 517 et s.

を提示し得ていたのであった。そして，このような理論は，後期のM・オーリウの行政行為論において，行政決定（＝行政行為・権威行為）に行政世界＝制度の孕む「公的なるもの」を顕現させ，一方において，かかる行政決定という形式に制度内在的な権力の要素を化体させると同時に，他方で，かかる行政決定を攻撃対象とする越権訴訟の提起による行政客体の行政統制参加という形式に，制度が担うべき公役務理念を化体させ，かくして，制度内在的な権力と理念との均衡を実現させるという図式が描かれていたことと，その根本的な関心を一にするものであったと見做すことが許されるであろう。

Ⅲ　共通基盤の確立

L・デュギイは一方で確かに，M・オーリウの行政決定（décision exécutoire）概念には依然として「公権力（la puissance publique）の発現」なる要素が残っていることに対して厳しい批判を浴びせる[32]のであるが，他方，M・オーリウの『行政法精義』生前最終版（第11版）の中にある叙述を引用し，そこでは「権威なるもの（l'autorité）が行政活動のあらゆる発現において支配的な，否ほとんど排他的な要素を形づくっている」と述べた上で，これに賛同している[33]。ここにおいて，伝統的な権威行為と管理行為との二分論に対する根本的批判者たる点で基盤を共有する両者が，あらゆる行政活動において行政庁が自己を保たなければならないところの公的立場を表現するための，新たな意味を与えられた語として"権威"を掲げ，その確立と保障を実現するための有効な行政行為理論の樹立に向かって歩を共にしていたことが，端的に示されていると見做し得るのではなかろうか。

---

31) L・デュギイによれば，行政の条件行為は「公法においては著しく頻繁に行われており，しかも，法に関する客観主義的考え方が広まるにつれて，ますますその数を増大する方向へ進んでいる」。L. Duguit, Les transformations du droit public, p. 189.
32) L. Duguit, Traité D. C., 3e éd., T. 2, pp. 354-356.
33) Ibid., p. 357.

第Ⅱ部　処分性と違法性の承継

【解題】

　わが国の行政訴訟は，従来，国民の権利救済制度として十分な役割を果たしてこなかった。とりわけ，2004年の行政事件訴訟法改正以前における行政訴訟は，国民の権利救済と行政の適法性確保のための統制いずれの面でも，きわめて不十分であり，諸外国の行政訴訟制度と比べても見劣りするものであった。

　以上のような認識から出発し，第Ⅱ部では，国民の権利救済機能を十分に確保し且つ行政の適法性確保のための司法的統制を実効的に働かせるという展望の下，特に処分性の要件及び違法性の承継をテーマに取り上げ，検討を加える。

　第1章から第4章では，取消訴訟の訴訟要件に関する判例理論を，処分性を中心に検討する。処分性に関しては，国民の権利利益の救済機能の拡充とともに，抗告訴訟は，国民の権利保護にとって抗告訴訟以外の訴訟形態（民事訴訟や公法上の当事者訴訟）との関係でいかなる役割を担うべきかも問題となる。

　このうち，第1章の基になる論文は，最高裁判例において処分性の有無がいかなる要件論の下に論じられているかを定式化し，その問題点を分析しようとしたものであり，ちょうど2000年に共編著書として公刊した本の中で，処分性をテーマに執筆した論文である。本書への収録に当たって，元々本文に括弧書きで示していた注記を本文外にまとめるとともに，法令の規定及び判例状況に関して現在の状況に沿った内容に訂正する等，最小限の修正を加えたものであり，それ以外は公刊当時のままである。

　もっとも，20世紀末以降の司法制度改革に関する議論の過程で，国民の権利救済制度としての行政訴訟の活性化を図る必要性が論じられた。そのような状況の中で，処分性の判断に関しても，徐々に柔軟化傾向を示す最高裁判例が出現する一方，ほぼ同時期に，2004年に行政事件訴訟法改正が実現した。

　第2章は，改正行政事件訴訟法施行から1年後の2006年，「行訴法改正と裁判実務」と題して公表した論文をそのまま収録したものである。本章は，2004年行政事件訴訟法改正前後の判例状況を踏まえ，取消訴訟の原告適格，義務付

け訴訟と差止訴訟という取消訴訟以外の抗告訴訟及び公法上の当事者訴訟に関する改正規定が実務に及ぼす影響を分析するとともに，処分性に関する判例理論に見られる新傾向についても言及したものである。

そして第3章は，その後の処分性判例の推移をも踏まえ，近時の最高裁判例において明らかとなった処分性判断の特徴点を把握するため，今回新たに書き下ろしたものである。ここでは，司法制度改革をめぐる議論の最中から2004年の行政事件訴訟法改正まで，及びそれ以後の十数年間に処分性をめぐって下された最高裁判例を整理し，その中から浮かび上がってくる処分性判断の新たな傾向を明らかにしようと試みた。

第4章は，数年前に，「相対的行政処分論から相関関係的訴えの利益論へ──『法的地位』成否の認定という視点から」と題して，阿部泰隆先生への古稀記念論文集の中に収めて頂いた論文をそのまま収録したものである。本章は，阿部先生が提唱されてきた「相対的行政処分論」を検討対象として取り上げ，その理論的意義を再確認するとともに，原告適格，処分性，狭義の訴えの利益に関する近時の判例状況の下で，この理論の意図を発展的に継承することを目指したものである。

他方，第5章は，「フランス都市計画・国土整備法における『違法性の抗弁』論──『違法性の承継』論との関係で」と題して2015年に公表した論文を，そのまま収録したものであり，わが国で論じられる「違法性の承継」論の意味と射程を明らかにするための比較法的素材として，フランス行政法上の「違法性の抗弁」を取り上げ検討を加えたものである。

第4章までで論じるように，処分性の拡大を通して，抗告訴訟により救済を図るべき行政作用の範囲は広がり，従前には抗告訴訟の対象とはなり得なかった作用が抗告訴訟による救済範囲に包摂されることとなる。そうなれば，新たに処分性が認められた行政作用についても，抗告訴訟ないし取消訴訟の排他的管轄に服することとなるべきかという問題が，処分性判断の緩和という新たな状況の下で問われることとなる。そこで第5章では，わが国の行政法学において「違法性の承継」として論じられてきたこの問題を検討する際の示唆を得るため，フランス行政法における「違法性の抗弁」(l'exception d'illégalité) 論を取り上げ，詳細な検討を加えたのである。

第 1 章

処分性判例の基本型
── 司法制度改革以前

I　現状分析

1　処分性の成立要件

　抗告訴訟は，行政庁が，法律上許容された権限行使の要件が充足されているか否かを自ら判断して行う公権力の行使もしくは不行使につき，私人からの不服の訴えをまってその適法性を審査する訴訟形態であり，そのような意味で「行為に関する訴訟」である。そこで，行政のいかなる行為に対して訴えの提起が認められるかが，真っ先に問題となる。特に処分に関する抗告訴訟については，行政事件訴訟法は「行政庁の処分その他公権力の行使に当たる行為」（行訴3条2項）という規定以上に明確な規定を設けていないため，いかなる行為が処分たる性質を有するかが争われる。このように抗告訴訟により争うことのできる行為であるために具えなければならない性質ないし要件を指して，一般に処分性と呼んでいる。以下では，主に取消訴訟を取り上げ，処分性に関する現状と問題点を検討しよう。

　代表的な最高裁判例の表現に従うならば，処分性の認められる行為とは，「行政庁の法令に基づく行為のすべてを意味するものではなく，公権力の主体たる国または公共団体が行う行為のうち，その行為によって，直接国民の権利義務を形成しまたはその範囲を確定することが法律上認められているものをいう」（最一小判昭和39・10・29民集18巻8号1809頁）。この定義からは，少なくとも以下の三つの意味で抗告訴訟の提起可能性を絞り込む機能を，処分性が担っていることが分かる。

　第一に，行政の諸活動の中でも公権力の行使に当たらないものを抗告訴訟から排除する機能である。これにより，民事訴訟をはじめとした通常の訴訟形態と抗告訴訟との間での振り分けが確保される。上記の最高裁判例は，東京都が

都有地上に設置するゴミ焼却場の建設行為の無効確認を求めた抗告訴訟につき処分性を否定した例であるが，そこでは，都が建設会社と締結した工事請負契約には公権力性が認められないことが，処分性否定の一理由とされていた。このような限定要件を，ここでは「公権力行使要件」と呼ぶことにする。

次に，処分性には，抗告訴訟を国民と行政との間の具体的権利義務に関する紛争の解決に限定し，これに当たらない紛争を排除する機能がある。換言すれば，行政活動の適法性が争われるケースでも，「法律上の争訟」（裁3条1項）に当たらないものである限り，抗告訴訟による救済の範囲から排除されることを意味する。先の最高裁判例がゴミ焼却場建設行為の処分性を否定したもう一つの理由は，都がゴミ焼却場設置を計画し計画案を都議会に提出する行為は，都の内部的行為にすぎないというものであったが，この理由づけは，結局，内部的行為にすぎないものは国民の権利義務を直接具体的に変動させることがないので処分性が認められないという趣旨を，言外に含んでいる。ところで，この第二の機能は，それ自体さらに，国民の法的地位つまり権利義務の変動に当たらない行政の作用を排除し，また，個別具体的でない地位の変動をもたらすに止まる行政作用を排除するという，二つの機能へ分かれる。そこで以下では，前者を「権利義務変動要件」，後者を「個別具体性要件」と呼ぶことにする。

さて，以上のように見てくると，処分とは講学上の行政行為に似通った意味を有することが分かる。実際，準法律行為的行政行為と呼ばれてきたものの中の一部を除いて[1][2]，行政行為には，通常，処分性が認められてきた。また，代執行や滞納処分により差し押さえられた物件の留置や輸入禁制品の没収，あるいは，不法入国者もしくは不法残留者に対し収容令書により行われる収容のように，権力的事実行為ではあるが継続的に不利益を及ぼし続けている行為は，行訴法3条2項所定の「その他公権力の行使に当たる行為」として想定されて

---

1) 準法律行為的行政行為の一類型たる「確認」の一種とされてきたものの中で，特に，海難審判庁が行う海難原因裁決について処分性を否定する例として，最大判昭和36・3・15民集15巻3号467頁がある。

2) 「確認」と同様に準法律行為的行政行為の一類型とされてきた「公証」については，土地の分筆登記に関する下級審の判例例は，従来，処分性肯定例と否定例とに割れている。なお，不動産登記簿の表題部に所有者を記載する行為について，最高裁は処分性を認める判決を下している（最三小判平成9・3・11判時1599号48頁）。

きたため，処分性が認められる（2014年改正前の旧行政不服審査法2条1項参照）[3]。では，こうした継続的効果を有する公権力的事実行為以外にも，行政行為には該当しないが処分性が認められるべき場合はないのであろうか。これにつき，判例を見てみよう。

2 判例状況

公権力行使要件を満たさないため処分性が否定される典型例は，上述のごとく，公道・歩道橋等の公共施設設置のための請負契約のような行為である。次に，権利義務変動要件を満たさないことを理由に処分性が否定される典型として，例えば通達・訓令のような行政組織内部的な拘束力を有するにすぎない行為は，国民の権利義務を直接左右するものではないため処分性が否定される。同様に，日本鉄道建設公団（当時）が定めた新幹線建設のための工事実施計画に対する運輸大臣（当時）の認可のように，独立の法人格を有する公法人に対する監督庁の監督行為，あるいは，建築確認に関する消防長・消防署長の同意のように，指揮命令ラインを異にする行政機関間の行為についても，処分性は否定される。大型小売店舗の出店計画届出に対する計画変更の勧告のような行政指導には処分性が否定されるが，それは公権力行使要件が欠けているためであると同時に，権利義務変動要件が欠けているためでもある。

さらに，個別具体性要件との関係では，国民の権利自由に何らかの制限をも

---

[3] 2014年法律第68号により改正される前の行政不服審査法は，第2条第1項で，「この法律にいう『処分』には，各本条に特別の定めがある場合を除くほか，公権力の行使に当たる事実上の行為で，人の収容，物の留置その他その内容が継続的性質を有するもの（以下『事実行為』という。）が含まれるものとする」と定めており，同法の処分概念には継続的性質の権力的事実行為が含まれることを明示していた。上記改正法はこの規定を廃止したが，それは，「処分」概念（同法1条2項の「行政庁の処分その他公権力の行使に当たる行為」）に継続的性質を有する権力的事実行為が含まれることには，従前から異論の余地がなかったからである。また，逆に継続的性質を有しない権力的事実行為については，それがかりに「処分」概念に含まれるとしても，不服申立てによりその撤廃を求めることには，法律上の利益は認められない。以上により，改正前2条1項の規定を存置することに実益が認められなかったため，同規定は削除されたのであり，今日も，継続的性質を有する権力的事実行為に処分性が認められることには，異論の余地がない。なお，現在の行政不服審査法において事実行為の「撤廃」を想定した規定として，同法45条3項，46条1項及び47条参照。以上につき，橋本博之＝青木丈＝植山克郎『新しい行政不服審査制度』（弘文堂，2014年）12頁，宇賀克也『行政不服審査法の逐条解説』（有斐閣，2015年）18～19頁参照。

たらす拘束的行政計画の処分性が，特に問題となる。この種の計画をめぐる判例は，個別具体性要件の適用により処分性を否定するのを原則とする一方，個々の計画ごとの決定内容の詳細性・具体性や個々の計画に対する不服審査規定の有無等を考慮することにより，例外的に処分性を肯定する場合がある。そのような処分性判定結果の対立が顕著に現れるのは，公共事業施行型の計画の場合である。この場合，土地区画整理事業の計画決定のように，事業の施行地区及び設計の概要等が定められるにとどまり，換地として割り振られる個々の土地が未定である計画について，判例は，組合施行事業の場合を除き，単なる「青写真」にすぎないとして処分性を否定する（最大判昭和41・2・23民集20巻2号271頁）[4]のに対し，収用事業の事業認定や第二種市街地再開発事業の事業計画の場合には，計画段階で収用対象地の範囲が明らかとなる上に不服審査規定もあることから，判例は処分性を肯定する。さらに，市街化区域と市街化調整区域との線引き，用途地域等の地域地区の指定，地区計画の決定等の都市計画決定の場合は，個別具体性要件を満たさないことから端的に処分性が否定される。この種の計画の場合，計画決定により生じる土地利用制限の効果は，あたかも法令による権利制限と同様「当該地域内の不特定多数の者に対する一般的抽象的な」効果にすぎないとされるからである[5]。

---

[4] 土地区画整理事業の計画決定について，その後最高裁は，最大判平成20・9・10民集62巻8号2029頁（第3章の判例⑨）により判例変更を行い，その処分性を認めることとなった。昭和41年大法廷判決の「青写真」論には，元々，個別具体性要件を過剰に厳格に適用したため，土地収用の事業認定の場合とは逆に処分性を否定するという点で説得力を欠いていた。また，事業計画決定に伴って建築行為等の土地利用に生ずる制限について，「法律が特に付与した……付随的な効果」にすぎず，「事業計画の決定ないし公告そのものの効果として発生する権利制限」には当たらないとする「付随的効果」論に関しては，事業計画の決定・公告に伴って法律上の効果として生じる権利制限である限り，少なくとも，「法律が特に付与した……付随的な効果」であることを処分性を否定する理由とすることには，無理があった。

[5] いわゆる完結型行政計画は，その決定により各地域・地区内の土地所有権者等の権利行使を制限するという点で，法的地位ないし権利義務関係を形成ないし変容させるものであり，その意味で法律関係に影響を及ぼす性質のものであることは否定し難いように思われる。一連の判例がその処分性を否定してきたのは，そのような法律関係への影響が個別具体的なものではなく，一般的なものにとどまるという理由によるものと解される。この点で，非完結型ないし事業遂行型の行政計画に処分性が認められることとの決定的な分岐点となっていると解される。

II 問題点

　以上のように，判例は，上述の三要件を厳格に当てはめることにより，内部行為，行政指導，拘束的行政計画等，伝統的な行政行為概念からはずれる行政作用については，多くの場合処分性を否定するという傾向を示している。このような行政行為中心主義の処分性論自体の問題点については後に論じることとして，ここでは，以下の二点に絞って問題点を指摘したい。

1　法律の規定の有無への安易な依存

　判例は，作用の性質において基本的同質性を有する複数の行政の公権力行使につき，不服申立てに関する規定の存否，あるいは，各作用の担い手の区別に応じて法律が設けた細かな規定の差違を根拠に，一方には処分性を肯定し他方にはこれを否定する。端的な例は，土地区画整理組合が施行する土地区画整理事業であり，この場合，組合の設立認可という法形式で事業計画が決定され，それと同時に施行地域内の権利者には強制的に組合員としての地位が生じるため，当該設立認可の処分性が肯定される（最三小判昭和60・12・17民集39巻8号1821頁）。また，国・都道府県もしくは市町村が施行する土地改良事業についても，法律に不服申立規定のあることを唯一の手がかりに，処分性が肯定される（最一小判昭和61・2・13民集40巻1号1頁）。処分性判定の要件が曖昧である場合に個々の法律規定の差違に判定の手がかりを求めることには，処分性判定の客観性を確保し訴訟要件の予測可能性と安定性を保障するという見地から，一応の合理性が認められよう。しかし，その結果，同じく土地区画整理事業でありながら，組合施行事業か行政庁施行事業かにより処分性の存否が異なり，同じく行政庁施行の区画整理が実施される場合でも，土地区画整理法に基づく事業か土地改良法に基づく土地改良事業かにより処分性の有無が異なるというのは，果たして合理的なのであろうか。ここには，法律の規定次第で整合性・体系性を欠いた処分性の判断がなされるという問題がある[6]。

---

[6]　土地区画整理事業や土地改良事業に関する最高裁判例における整合性・体系性の欠如は，幸いなことに，前掲注4）最大判平成20・9・10（第3章の判例⑨）により解消されたと言えよう。

2 行政の制度的仕組みに即した観察視点の欠落

　土地区画整理事業計画のような計画は，それ自体は未だ一般性を有するとしても，個別具体的な処分が引き続いて行われることを制度上当然に予定した計画決定である。また，通達・訓令や独立の公法人に対する事業認可は，行政組織内部的なもしくは行政主体間の監督権限の行使を通して確実に実施に移されることを予定した制度である。このような場合には，当該行政作用の直接的な効果として直ちに，国民の権利ないし法的利益の侵害が生じるのではないにせよ，「それ自体によって国民に一方的に不利益が生じることが制度的に予定されている[7]」と見るべきであろう。権利義務変動要件及び個別具体性要件に関しては，以上のような「制度上の侵害性」をも含めて広く理解することが可能なのであって，行政活動の仕組みに即した考え方としては，その方が優れていると言えよう。

III 問題解決の方向性

1 救済法的見地からの問題解決

　一つの解決方法は，処分性を専ら訴訟による救済の必要性・妥当性という訴訟法的視点から独自に構成しようとする考え方である。その代表的な考え方は形式的処分論である。この理論は，元々は，社会保険給付や行政財産の目的外使用許可のごとく，元来は契約手法によってもなし得る作用が法律上行政行為として構成されたような場合を想定していたのであるが，抗告訴訟の処分性要件との関係で形式的処分論が唱えられる場合，それは，伝統的な行政行為概念には該当しない行為であっても，当該行為をめぐる具体的法律関係の特質に照らして抗告訴訟の提起を認める以外に適切な救済手段が存在しない場合に，訴訟による救済機会の保障という専ら救済法独自の要請から，処分性を認めよう

---

　7) 浜川清「行政訴訟の諸形式とその選択基準」杉村敏正編『行政救済法 1』（有斐閣，1990年）85〜91 頁。

とする考え方である。

かかる形式的処分論に対しては，処分性が認められるのに伴い，出訴期間の制限や仮処分の排除等の抗告訴訟制度特有の諸制約に服することになり，その限りでは行政権の優越性を前提とした訴訟制度の枠内にはめ込まれることになるため，救済可能性の拡大を帰結するとは限らないとの批判がある。もっとも，この批判は，抗告訴訟と通常の訴訟形態との間の選択が問題となる場合を想定した批判である。そこで，これに対しては，そもそも形式的処分論の眼目は，通常の訴訟すら提起できないため訴訟形態選択の余地のない場合に抗告訴訟の提起を可能とすることにある，との立場からの反論が予想されよう。

このように，他に適切な訴訟による救済可能性があるかなしかを処分性判定の決め手にした場合，同一の行為に関してでも，処分性が認められるべき場合とその必要のない場合とに分かれることになる。例えば，国有地の売払い及び大型店舗の出店計画の変更勧告は，いずれも一般に処分性が否定される例であるが，これらの行為により権利利益を侵害されたと主張する者に他に適切な訴訟提起の途が確保されているか否かという見地から見ると，国有地が売り払われた相手方以外の者で自己への売払いを主張する者，あるいは，変更勧告により許容された出店計画によって自己の営業上の利益が害されることを主張する既存商店主にとって，これらの行為を争うための訴訟方法は他に保障されていないのである。そこで，そのような第三者の訴訟的救済手段の確保という目的の下に処分性を肯定しようとすると，同一の行為をめぐって個々の私人が置かれた具体的状況の差違に応じて処分性判定が分かれることになる。こうした主張は相対的行政処分論[8]と呼ばれる。

2　行政決定と実施行為との分離による問題解決

翻って行政行為概念の由来に立ち返って考えるならば，この概念自体は行政訴訟制度と表裏をなす関係で形成されてきたものである。即ち，民事訴訟を始めとした法律関係そのものを訴訟対象とした通常の訴訟形態とは別に設けられ

---

[8]　阿部泰隆『行政訴訟改革論』（有斐閣，1993年）87頁以下。なお，阿部教授の相対的行政処分論に関する私見については，第4章参照。

た抗告訴訟制度の存在を前提に，その排他的管轄を確保するための理論上の制約として公定力が認められたものであることは，今日では広く承認されている。そのような抗告訴訟制度の排他的管轄の及ぶべき対象を行政行為という用語により把握しようとする見地に立つと，処分性を形式的行政処分や相対的行政処分にまで拡張することは，取りも直さず，従来の行政行為概念に替えてこの概念を再構成することになる。

　伝統的な行政行為の観念からひとたび離れ，行政作用を客観的に観察するならば，一つの作用は多くの場合，行政庁による決定とその執行とに大別されることに気がつく。つまり，自然人の意思の決定・表示のプロセスとは異なり，行政の公権力行使のプロセスは，行政主体の意思の決定と表示の過程及びその実施過程とに，現象としても手続的にも明確に分かれているのである。そのような行政の公権力行使のプロセスを一個の行為として扱ってきた伝統的な行政法の行為形式論は，行政作用をあたかも自然人の行う法律行為と同質的な一個の意思行為として把握する点において，一つのフィクションに立脚していたと言えよう。従来の通説的な処分性論は，行政行為に関するそのような一体的思考方法が抗告訴訟の場に投影された結果である，という一面を有するように思われる。

　しかし，今日の時点で，行政の公権力行使に対するきめ細かな法治主義的コントロールを確保しようとの見地から観察した場合，従来のような一体的思考方法を改め，行政作用の実像に即した形でこれを分節的に把握することにより，行政主体の意思の決定に相当する部分を処分として把握するとともに，その執行過程に対しては個々の作用の性質に応じて場合によっては民事訴訟等の提起をも認める，という方向での問題解決が図られるべきであろう[9]。

---

9) 本章の基になった論文の執筆に際しては，前注までに掲げたもののほか，特に以下の文献を参照した。杉村敏正＝兼子仁『行政手続・行政争訟法』（筑摩書房，1973 年）273 頁以下［兼子］，原田尚彦『訴えの利益』（弘文堂，1973 年），小早川光郎「抗告訴訟の本質と体系」『現代行政法大系 第 4 巻 行政争訟 I』（有斐閣，1983 年）135 頁以下，髙木光『事実行為と行政訴訟』（有斐閣，1988 年）。

第 2 章

2004 年行政事件訴訟法改正と処分性

I　はじめに

　2004 年の行政事件訴訟法（以下，「行訴法」という）改正（法律第 84 号）は，従来の行政訴訟実務が行訴法の諸規定の硬直的解釈に陥りがちで十分な役割を果たしてこなかったとの反省を踏まえ，行政に対する司法審査の機能を強化し国民の権利利益の実効的救済を図ろうとするものである。かかる見地から，今次の法改正をリードした行政訴訟検討会の座長である塩野宏氏は，行政訴訟の運用に当たる裁判所に対しては，むしろ，国民の権利利益の実効的な救済を確保するための法解釈におけるオープンスペースを提供するというスタンスを採用するというのが，改正行訴法の趣旨であることを強調され，その理由を，行政作用を規律する法律制定に対する行政訴訟立法の特殊性から説明された[1]。

　以上のような行訴法改正の趣旨に鑑みれば，裁判実務には，原告適格に関する 9 条 2 項や執行停止や仮の義務付け・仮の差止めに関する規定等を手がかりに，従来の行訴法の規定解釈や判例理論に拘泥することなく，国民の権利利益の実効的救済を確保するため柔軟かつ法創造的な解釈運用をなすことが期待されることとなる。他方，しかし，かかる解釈指針を定めた新規定には，特に近年少しずつ変動し始めた判例理論や下級審判例に示された実務の考え方を，反映した側面が含まれることは，広く指摘されているところである。したがって，改正行訴法には，従来の行政訴訟実務を克服して新たな法創造が期待される部

---

1)　塩野宏「行政訴訟改革の動向――行政訴訟検討会の『考え方』を中心に」曹時 56 巻 3 号（2004 年）543～545 頁（塩野宏『行政法概念の諸相』〔有斐閣，2011 年〕241 頁）。国民の実効的権利救済のためのオープンスペースという考え方については，曽我部俊文「行政事件訴訟法改正の意義と今後の課題」法時 77 巻 3 号（2005 年）27～28 頁。また，オープンスペース論を好意的に受け止めつつ，改正行訴法には，行政訴訟を利用するユーザーの視点に欠ける面があることを指摘するものとして，橋本博之「行政事件訴訟法改正と行政法学の方法」自治研究 80 巻 8 号（2004 年）45～48 頁参照。

分とともに，近時の行政訴訟実務内部で醸成された新たな胎動を受け継ぎつつ発展させることが期待される部分があることが理解できよう。

そこで，本稿では，行訴法改正に先行する判例実務と改正後の新たな判例動向とを比較対照することにより，改正行訴法の施行からほぼ1年経過した時点における行政訴訟実務の現状況を把握することとしたい。そのような視点から行訴法改正前後の判例状況を概観するならば，一方では，改正前の新たな判例傾向を受け継ぐ形あるいは新たな法解釈を提示する形のいずれをとるのであれ，上述の行訴法改正の趣旨に沿った判例形成が徐々に進み始めていることが理解できる。他方では，取消訴訟の処分性と公法上の確認訴訟との関係という問題に見られるように，改正行訴法の下で新たな問題状況が生じていることも理解できよう。以下では，かかる2つの局面に分けて検討しよう。

II 改正前後における判例状況

1 原告適格

原告適格について，改正行訴法は，「法律上の利益」概念を維持する（9条1項）一方，「法律上保護された利益」説の枠の中で徐々にその判断方法を柔軟化してきた判例実務の到達点を，解釈指針ないし考慮要素として定式化した（同条2項）。しかし，この規定が原告適格の判断をどこまで柔軟化することになるかは，今後の裁判実務に委ねられている。そして，今後の判例理論の展開方向を占う上で恰好の素材を提供したのが，小田急高架化訴訟大法廷判決（最大判平成17・12・7民集59巻10号2645頁）である。

この判決は，都市高速鉄道の線路の複々線化に伴う高架化事業（連続立体交差化）及びこれに伴う付属街路設置事業を内容とした都市計画事業の認可に対して，沿線住民が，当該事業の完成により受忍限度を超える騒音・振動被害が増大すること等を理由に提起した取消訴訟について，「都市計画事業の事業地の周辺に居住する住民のうち当該事業が実施されることにより騒音，振動等による健康又は生活環境に係る著しい被害を直接的に受けるおそれのある者」の原告適格を肯定した。処分の名宛人以外の第三者の原告適格に関する判断とし

て重要な第1の点は，本判決が，違法な事業に起因する騒音・振動等によって生ずる健康又は生活環境に係る著しい被害を受けないという周辺住民の利益は，都市計画事業認可に関する都市計画法の諸規定による具体的な保護の対象であり，かかる具体的利益は一般公益の中に吸収解消できない個別的保護利益性を有していると認めた点である。これは，本判決が「法律上保護された利益説」（保護規範説）を維持しつつ，その枠組みの中で，周辺住民が有するある種の健康又は生活環境上の利益に個別具体的保護利益性を肯定したことを意味する。第2に，かかる根拠法規による保護の個別具体性を肯定するに当たって，本判決は，公害防止計画への適合性という都市計画基準（都計13条1項柱書）を介して公害対策基本法（現在の環境基本法）及び東京都環境影響評価条例の規定内容や趣旨目的を参酌するとともに，当該鉄道事業により周辺住民が被る騒音・振動被害の態様及び程度（被害を受ける住民の範囲が限定され，被害の程度も居住地と事業地との距離に応じて決まることや，当該被害は反復継続性を特色としていること）をも勘案した。このように改正行訴法9条2項の趣旨に忠実な総合判断を通して，本判決は，実質的に救済範囲を拡大する結論を下したのである。

　本判決は，道路設置事業につき沿道住民の原告適格を否定した環状6号線訴訟判決（最一小判平成11・11・25判時1698号66頁）に対して判例変更を明示したが，これも，上述の判旨からすれば無理のない結論である。もっとも，小田急高架化訴訟大法廷判決も，9条2項に定式化された判例理論の枠を超えるものではない。むしろ，環状6号線訴訟判決の方が，従来の判例理論に沿った判断によっても原告適格を認め得るケースであった。これに対し，本判決の藤田宙靖裁判官の補足意見は，周辺住民の原告適格の有無を，行政庁に，「当該施設が将来において利用されることに起因する一定の損害を受けるリスクから，第三者（周辺住民）を保護する法的な義務」が課せられていると認められるか否か，によって決するという見解を提起した（町田顯長官の補足意見も同調）。かかる「リスクからの保護義務」論に従えば，周辺住民の「法律上の利益」の有無は，「手続規定・目的規定等様々の枠規定」をも含めた「行政庁の権限行使に制約を課する現行法令一般」からも導き出し得ることとなり，根拠規定に固執する必要性自体が疑われることとなる。補足意見は，この疑問自体に対する確たる解答を留保したとはいえ，将来の判例・学説に対する課題の提起として

重要である。

　もっとも，周辺住民の生命健康に関わる利益については，根拠規定の如何に関わりなく法律上保護された利益に該当すると言えるとしても，同様の結論を生命健康以外のいかなる権利利益に拡げることができるかが問題として残る。違法に侵害される利益の内容・性質及びその侵害の態様・程度を勘案することにより個別事案に即した柔軟な判断をなすよう求める9条2項の趣旨からすれば，「リスクからの保護義務」の対象を生命健康に限定したり主として生命健康を想定したりすることには，合理性はないように思われる。

2　義務付けの訴え及び差止めの訴えの明確化

　制定時（1962年）の行訴法立案者は，義務付けの訴えや差止めの訴えをカテゴリカルに否定するのではなく，その提起可能性を判例・学説の展開に委ねる趣旨であったことはよく知られている[2]。ところが，裁判実務は，かかる判例による新たな訴訟類型の拡充という方向へは向かわず，上記の期待には応えてこなかった。義務付けの訴え及び差止めの訴えに関する規定の創設は，かかる停滞した判例状況に対して，立法者が改めてその活用を方向づける意思を示したことになる。

　改正行訴法下の義務付けの訴え及び差止めの訴えについては，未だ適用例は出ていないようであるが，国立マンション紛争をめぐる一連の訴訟事件の中で，東京都多摩西部建築指導事務所長による建築基準法上の是正命令権限の不行使が違法であることを確認する旨の東京地判平成13・12・4判時1791号3頁が，行訴法改正前の近時の裁判例として特に重要である。この判決の意義は多岐にわたるが，何ら権限を行使しないことの違法性を確認することと規制内容はともあれ何らかの権限行使をなすべく義務付けることとの間に，実質的に大きな懸隔はないと言うべきであろう。その意味で，この判決は，実質的に規制権限行使の義務付けを命じるに等しい判決内容であり，改正行訴法下の直接型義務付け訴訟（3条6項1号・37条の2）に代わる機能を期待して出された判決であ

　2）　杉本良吉「行政事件訴訟法の解説(1)」曹時15巻3号（1963年）365頁，塩野宏「無名抗告訴訟の問題点」同『行政過程とその統制』（有斐閣，1989年）314頁。

ることが，特に重要である。しかも，実質的に指令判決と同様の機能を果たし得る判決であった。改正行訴法下の直接型義務付け訴訟については，指令判決としての運用可能性を認めるべきであるとの議論がなされている[3]が，かかる議論の先駆的な裁判例として，この判決の考え方は改正行訴法の下でも受け継がれるべきである。

他方，差止めの訴えは，改正前は予防的不作為訴訟等と呼ばれてきた非法定抗告訴訟であったが，通説であった制限的肯定説によれば，取消訴訟等の提起によっては回復しがたい重大な損害が生じるおそれがある等，事前の救済を認めなければ著しく不相当となる特別の事情がなければ，提起できないと考えられてきた。これに対し，差止めの訴えに関する改正行訴法の規定については，そもそも「重大な損害を生ずるおそれがある」（37条の4第1項本文）ことを要件としたことの妥当性には疑問の余地がある[4]が，「回復しがたい損害」要件に比べれば妥当な要件となっている。また，補充性要件も消極要件という規定振り（同項ただし書）になった点は評価できよう[5]。以上により，長野勤評事件（最一小判昭和47・11・30民集26巻9号1746頁）や横川川事件（最三小判平成元・7・4判時1336号86頁）のようなケースでも，改正行訴法の下では提起可能となるはずである。

もっとも，差止めの訴えについては，後述の確認訴訟としての公法上の当事者訴訟との間で相互の守備範囲をいかに画するかが，新たな問題として浮上した。公法上の確認訴訟の守備範囲については不透明な部分が残っているため，一概には言えないが，長野勤評事件や横川川事件のケースは差止めの訴えと確

---

[3] 交告尚史「訴訟類型と判決態様」ジュリ1263号（2004年）58頁，山本隆司「訴訟類型・行政行為・法関係」民商130巻4・5号（2004年）672頁。また，ドイツの義務付け訴訟における再決定義務付け判決と対比しつつ指令判決の許容性を論じるものとして，同「義務付け訴訟と仮の義務付け・差止めの活用のために（上）——ドイツ法の視点から」自治研究81巻4号（2005年）78〜79頁参照。

[4] 差止めの訴えの要件に「重大な損害」を要求した規定を批判するものとして，行政訴訟検討会「行政訴訟制度の見直しのための考え方」における福井秀夫委員の意見，交告・前掲注3）60頁参照。

[5] 補充性要件がただし書で，しかも消極要件として定められたのは，「他に適当な方法があるとき」に当たることを理由に差止めの訴えの提起が制約される場合を狭く限定する趣旨であることについては，小早川光郎ほか「〔研究会〕改正行政事件訴訟法」小早川編『改正行政事件訴訟法研究（ジュリ増刊）』（有斐閣，2005年）144頁参照。

認訴訟のどちらに相応しいかを厳密に論じることは生産的ではない。訴訟法理論的な厳密さを追究するよりも結果としての救済範囲の拡大と訴訟制度としての利用しやすさを実現しようとした今次改正法の趣旨を踏まえれば，2つの訴訟の守備範囲が重なり合う部分があることも許容すべきである[6]。なお，この問題は，抗告訴訟と公法上の当事者訴訟との境界線の流動化という事態に関わることにも留意する必要がある[7]。

3　執行停止要件の緩和及び仮の義務付け・仮の差止めの導入

　仮の救済制度の拡充・整備のため，改正行訴法は，執行停止要件を緩和する（25条2項）とともに，仮の義務付け及び仮の差止めを可能とする規定を設けた（37条の5）。

　改正後の裁判例として，身体障害を理由に公立の幼稚園又は保育所への入園申請を拒否された児童の両親が，入園許可義務付けの訴えと併せて仮の義務付けを申し立てた事件で，仮の義務付けを命じる決定が相次いでいる（後掲の徳島地決のほか，東京地決平成 18・1・25 判時 1931 号 10 頁）。仮の義務付け及び仮の差止めについては，当該処分又は裁決がされないことにより生ずる「償うことのできない損害」を避けるための緊急の必要性，及び，「本案について理由があるとみえるとき」（本案認容可能性）という厳しい要件が課されるため，その活用可能性には疑わしい面がある[8]。しかし，徳島地決平成 17・6・7 判自 270

---

[6]　同旨として，山田洋「確認訴訟の行方」法時 77 巻 3 号（2005 年）47〜48 頁，及び髙木光『行政訴訟論』（有斐閣，2005 年）80 頁，91 頁参照。

[7]　改正行訴法は，「取消訴訟中心主義からの脱却」を図るとともに，抗告訴訟の被告を行政庁から行政主体へと転換させることにより，「抗告訴訟と公法上の当事者訴訟の訴訟上の壁を著しく低く」し，その結果，従来の「閉鎖的抗告訴訟観」さらには「拡張的抗告訴訟観」を超えて，「開放的抗告訴訟観」に立脚するものであるとの理解を示すものとして，塩野宏「行政事件訴訟法改正と行政法学——訴訟類型論から見た」民商 130 巻 4・5 号（2004 年）607〜608 頁。また，抗告訴訟自体を「公法上の法律関係」に関する確認訴訟として把握することも可能であるとの見解を示すものとして，山本・前掲注 3）「訴訟類型・行政行為・法関係」657〜665 頁。さらに，抗告訴訟をも含めた行政訴訟全体の基底には常に公法上の当事者訴訟が「キャッチオール型の訴訟として」存在するという新たな行政訴訟観を提起するものとして，中川丈久「行政訴訟としての『確認訴訟』の可能性——改正行政事件訴訟法の理論的インパクト」民商 130 巻 6 号（2004 年）970〜973 頁，1010〜1012 頁参照。

[8]　行政訴訟検討会の「考え方」公表時点でこの点を批判するものとして，北村和生「行政訴訟における仮の救済」ジュリ 1263 号（2004 年）72 頁参照。

号48頁は，本案認容可能性との関係では，入園許可が設置主体である市町村の裁量的判断に属すると述べる一方で，「当該幼児に障害があり，就園を困難とする事情があるということから，直ちに就園を不許可とすることは許されず……当該幼児の就園を許可するのが真に困難であるか否かについて，慎重に検討した上で柔軟に判断する必要がある」とした上で，入園不許可処分に「合理的な理由」がないときには裁量権の逸脱・濫用により違法となるとの見解を示した。そして，当該事件については，幼稚園において当該障害のある幼児の安全性を確保するためには教職員の加配措置をとる必要があるが，財政上の理由をもってかかる加配措置をとらない決定的な理由とすることはできないとして，「就園を仮に許可せよ」との仮の義務付けを命じた。仮の救済申立て事案で，裁量権の逸脱・濫用に当たる旨の結論まで下す必要はなかったのではないかとの疑問は残るが，本案認容可能性との関係で仮の救済の範囲を不当に狭めることのない判断を下した点は高く評価できる。また，「償うことのできない損害」を避けるための緊急の必要性についても，入園期間は就学年齢に達するまでの限られた貴重な期間であること，及び，障害を有する幼児の心身の成長や障害の克服にとって障碍になるおそれ等の損害の回復困難性を理由に，これを認めている点が重要である。

　以上のような仮の義務付け決定の考え方には，執行停止の必要性に関する近年の裁判例における緩和傾向との共通性が窺える。というのは，改正前の執行停止に関する「回復の困難な損害を避けるため緊急の必要があるとき」という要件（改正前の25条2項）については，損害の実質に応じた柔軟な判断により執行停止を命じる決定例が現れていたからである。この要件は，周知のごとく，行政事件訴訟特例法10条2項所定の「償うことのできない損害を避けるため緊急必要があると認めるとき」という要件が厳しすぎることから，これを緩和する趣旨で改正された規定であった。それ故，事後的な金銭賠償が可能なケースでも，社会通念上金銭賠償によっては償えない重大な損害が生じる場合には「回復の困難な損害」に当たると解されてきたが，裁判実務上，この規定の解釈運用には幅があった[9]ため，不法残留外国人に対する退去強制令書の収容

---

9) 南博方＝高橋滋編『条解行政事件訴訟法〔第2版〕』（弘文堂，2003年）399〜400頁［金子正

部分の執行停止申立てについては，収容の継続が本人や家族の生活に著しく重大な損失を生じさせる場合であっても，かかる損害は「収容の結果通常発生する範囲にとどまる限り」金銭賠償による回復をもって満足すべきであるとの理由により，執行停止を認めないケースが一般的であった[10]。これに対し，近年の決定例では，収容による身体拘束自体が「個人の生命を奪うことに次ぐ人権に対する重大な侵害」に当たり，仮に金銭賠償が可能であったとしても，収容による精神的・肉体的損害を金銭で償うことは社会通念上容易ではないこと等を理由に，収容の継続による損害の回復困難性を肯定する決定例が相次いでいる[11]。また，収用裁決の代執行手続に対する執行停止の申立てについて，損害の回復困難性を認めた決定例もある[12]。

かかる近年の決定例は，処分の執行により生ずる損害が根拠法規が想定した範囲内の不利益にとどまるか否かを重視してきた従来型の執行停止実務に対して，「申立人に生ずる損害自体を直視する考え方」に立脚したもの[13]であり，かかる新たな執行停止実務の傾向は，上述の仮の義務付け認容決定の考え方にも受け継がれているように思われる。仮の義務付け・仮の差止めの必要性に関わる要件については，執行停止の要件（25条2項）とのバランスから見ても，また，本案訴訟である直接型義務付け訴訟及び差止訴訟の提起要件（37条の2第1項・37条の4第1項）との連動性から見ても，本来，「重大な損害」をもって足りると定めるべきであったように思われる。この点を考慮するならば，裁判実務には，「償うことのできない損害」を要求する規定の文言（37条の5第1項・2項）が仮の救済の範囲を不当に狭めることのないように心がけ，個々の事案における不利益状況に応じた柔軟な運用に努めることが，要請されると言

史］参照。
10) 近時の決定例として，東京高決平成14・6・10判時1803号15頁及び東京高決平成16・11・26訟月51巻9号2385頁。その他の決定例についても，判時1803号16頁解説欄参照。また，かかる決定例を，「硬直的な『仕組み解釈』」の典型例として批判するものとして，橋本・前掲注1) 50頁参照。
11) 東京地決平成13・12・27判時1771号76頁，東京地決平成14・3・1判時1774号25頁等。
12) 圏央道あきる野インターチェンジ代執行手続に係る執行停止事件に関する東京地決平成15・10・3判時1835号34頁。
13) 前掲注11) 所掲の2つの決定例に関する判例時報各号解説欄におけるコメントが用いる表現である。

えよう。

4 公法上の確認訴訟の明確化をめぐる変化

　公法上の確認訴訟の明確化については，この種の確認訴訟は，従来，課税処分や公務員の懲戒処分の無効を先決問題とする租税債務不存在確認訴訟や公務員としての身分確認訴訟，国籍確認訴訟等の事件で実際に用いられてきたとはいえ，公法上の当事者訴訟活用論を唱えた諸学説[14]を除いた行政法学説とともに，裁判実務においても，公法上の当事者訴訟固有の活用可能性への意識が欠けていたのに対して，改正行訴法が「公法上の法律関係に関する確認の訴え」が公法上の当事者訴訟に含まれることを敢えて明示化したのは，公法上の確認訴訟の積極的活用を促す趣旨によるものと解されている。

　改正後の判例を見ると，外国人の母と日本人の父の間に生まれた非嫡出子である未成年者が，父の認知により嫡出子たる身分を取得したことを機縁に日本国籍確認の訴えを提起した事案において，国籍法3条が，かかるケースで届出により（2項）日本国籍を取得し得るケースを「父母の婚姻及びその認知により嫡出子たる身分を取得した」場合に限定している（1項）のは，憲法14条1項に違反し無効であるとの理由により，日本国籍を有することを確認する旨の下級審判決（東京地判平成17・4・13判時1890号27頁）がある[補注1]。この判決は，改正前から認められてきた国籍確認訴訟に関する認容事例であり，確認の利益

---

[14]　髙木・前掲注6）所収の諸論文，特に101～141頁。園部逸夫『現代行政と行政訴訟』（弘文堂，1987年）所収の諸論文，特に24～27頁，60～64頁。鈴木庸夫「当事者訴訟」雄川一郎ほか編『現代行政法大系第5巻 行政争訟Ⅱ』（有斐閣，1984年）84～86頁，91～95頁。

[補注1]　本件については，その後，請求を棄却した控訴審判決（東京高判平成18・2・28家月58巻6号47頁）を上告審（最大判平成20・6・4民集62巻6号1367頁）が破棄し国の控訴を棄却したため，第1審の請求認容判決が確定した。控訴審と上告審（大法廷）では，国籍法3条1項が憲法14条1項違反により違憲であるとしても，父母に法律上の婚姻関係がないという，国籍法3条1項の規定が想定していないケース（子が非準正子の場合）における届出による国籍取得を，裁判所が新たな立法措置を待つことなく認め得るかが争われたが，控訴審がその可能性を否定したのに対し，上告審はこれをくつがえし，一種の合憲拡張解釈により届出による非準正子の国籍取得を認めた。この問題をめぐる上告審判決の意義を論じた拙稿として，亘理格「行政訴訟の理論——学説的遺産の再評価という視点から」公法研究71号（2009年）80～83頁参照。なお，上告審判決後，国籍法3条1項は，父母の婚姻関係の存否に関わりなく届出による国籍取得を認める規定に改正された（平成20年法律第88号による改正後の国籍3条1項）。

認定との関係では特に新たな傾向とは言えない例である。これに対し，在外邦人に衆議院議員選挙の小選挙区及び参議院議員選挙の選挙区における選挙権が認められていないのは，国民に選挙権を保障した憲法の諸規定（15条1項・3項等）に違反するとの理由により，次回の衆議院議員の総選挙における小選挙区選出議員の選挙及び参議院議員の通常選挙における選挙区選出議員の選挙において，「在外選挙人名簿に登録されていることに基づいて投票することができる地位にあることを確認する」旨の判決を下した最大判平成17・9・14民集59巻7号2087頁は，法令違憲の判断を基に憲法から直接に，具体的な選挙に際して「投票をすることができる地位」の存在を確認する旨の判決を下した点が注目される。もっとも，確認の利益認定の難易度という視点から考えると，投票権は憲法上の保障内容と範囲が明確に定められた法的地位であることを考慮するならば，この事件は，比較的確認判決の対象になりやすい事案であるとも考えられる。

III　新たな問題状況——処分性と確認訴訟との関係を中心に

1　2004年行訴法改正前後における処分性拡大傾向

上述のように，改正行訴法は，公法上の当事者訴訟には「公法上の法律関係に関する確認の訴え」が含まれるという自明のことを規定上敢えて明示することを通して，公法上の確認訴訟の活用を求める立法者意思を示したわけであるが，他面，改正過程では処分性の要件を緩和するための3条2項の改正の提案は採用されず，また，日弁連が提案した是正訴訟案も斥けられた。以上のような経緯に照らして，改正行訴法は，訴訟類型との関係で「処分性の概念の純化」を志向しており，したがって，公法上の確認訴訟に相応しいケースに敢えて処分性を広く認める必要はない，という見解が学説上示されている[15]。かかる見解は，処分性が認められるべき行政決定の範囲を理論上の行政行為を中心に限定することにより，処分性要件が果たすべき機能を，民事訴訟及び公法上

---

15)　橋本・前掲注1) 52〜54頁及び髙木・前掲注6) 80頁，82頁，90〜91頁。

の当事者訴訟と抗告訴訟との境界線をクリアにする仕分け機能に一元化するのが妥当である，という考慮に立脚しているように思われる。

　他方，しかし，処分性要件が従来果たしてきた機能には，民事訴訟との仕分け機能や争訟成熟性確保機能以外に，そもそも訴訟による救済対象となり得る権利義務に関する争訟ないし「法律上の争訟」に当たるか否かを判定するという機能も含まれていた[16]。言うまでもなく，この機能は，原告適格及び狭義の訴えの利益とともに，取消訴訟が主観訴訟であることを前提とした広義の訴えの利益判定のための要件の一角を占めていたわけである（3要件の三位一体説的把握）[17]。翻って，原告適格における「法律上の利益」の有無の判断について改正行訴法9条2項に定められた解釈指針は，ある意味で，「法律上の争訟」性ないし権利義務の存否に関する判断のあり方にそのまま応用可能な普遍性を有しており，原告適格に固有の解釈指針とは言えない内容の考慮事項を定めている[18]。となれば，9条2項に示された解釈指針は，個々の裁判官の実務的意識にとっては，処分性判断の際にも応用可能なものと捉えられる可能性がある。かくして，同項に込められた考え方は，事実上，処分性をも含む広義の訴えの利益全般の判断のあり方へと幅広に活用される可能性が否定できない。

　事実，最高裁は，近年の複数の判決において，処分性の有無が争われている個々の行政決定が置かれたコンテクストに応じて，わずかながら処分性を拡大する方向を示している[補注2]。

　まず行訴法改正前の判決例として，労働災害遺族への労災就学援護費の支給

---

16) 室井力編『行政救済法（基本法コンメンタール）』（日本評論社，1986年）205～206頁［小早川光郎］，山本・前掲注3)「訴訟類型・行政行為・法関係」641頁，西鳥羽和明「抗告訴訟の訴訟類型改正の論点」法時77巻3号（2005年）41頁参照。
17) 西鳥羽・前掲注16) 41頁及び山田・前掲注6) 47頁。
18) かかる9条2項の捉え方は，北大公法研究会における棟居快行氏との論議の中から発想を得たものである。ただし，言うまでもないことであるが，本文の叙述はすべて筆者の責任によるものである。
補注2) 筆者は，行政庁の処分という行為の適法性を訴訟物とした訴訟審理を通して紛争解決を図る点で訴訟構造が明快であること，及び，取消判決の第三者効と拘束力を通して適切な紛争解決を図ることが可能であることに，公法上の当事者訴訟にはない抗告訴訟制度固有のメリットがあると考えており，そのような見地から，近時の最高裁判例における処分性拡大傾向を基本的に支持している。かかる私見については，最高裁が処分性を否定した事案に関する批判的評価も含めて，第3章Ⅲ1，Ⅳ6及び同章の注34) を参照していただきたい。

を行わない旨の不支給決定に，処分性を認めた最一小判平成15・9・4判時1841号89頁がある。労災就学援護費は，労働者災害補償保険法23条1項2号の規定（現行法29条1項2号に相当）に基づく労働福祉事業の一環として支給されるものであるが，直接的には，当時の労働省労働基準局長通達に従って支給される。かかる行政規則（内部規範）を根拠に支給される補助金であれば，私法上の贈与と捉え処分性を否定することも十分あり得た[19]わけであるが，処分性を肯定したという点が重要である[20]。また，食品衛生法16条の規定（現行法27条に相当）に基づく食品等の輸入の届出を受けて，成田空港検疫所長が行った食品衛生法に違反する旨の通知書の交付について，処分性を認めた最一小判平成16・4・26民集58巻4号989頁がある。この違反通知書は，検疫所長が，当該食品が食品衛生法違反に当たると判断したときに，輸入届出済証の交付に代えて税関長に対して交付するものであるが，輸入届出済証及び食品衛生法違反通知書はいずれも，直接には厚生労働省生活衛生局長名の通達を根拠に行われる。しかし，輸入届出済証ではなく違反通知書が交付されると，食品衛生法上の検査を完了している旨の証明をなし得なくなり，税関長から輸入許可を得られないことが確実となるため，判決は処分性を肯定したわけである。

　さらに改正行訴法施行後には，医療法30条の7に基づく病院開設中止勧告に処分性を認める2つの最高裁判例（①最二小判平成17・7・15判時1905号49頁，②最三小判平成17・10・25判時1920号32頁）が続いている。この2つの判決は，健康保険法等に基づく保険医療機関指定権限の行使により開設中止勧告の実効性が担保されていることに着目し処分性を肯定したものと捉えることができる。目的関連性を有する他の法律の規定や制度との関連づけを媒介に，行政指導である中止勧告に処分性を認めたわけである[21]。

---

19) 前田雅子「行政作用と行政訴訟改革——行政訴訟の対象と類型を中心として」ジュリ1277号（2004年）34～35頁及び曽和・前掲注1）29頁参照。なお，摂津訴訟控訴審判決（東京高判昭和55・7・28判時972号3頁）は，判決理由の中で，補助金適正化法が適用される補助金等の交付決定には処分性があり抗告訴訟の対象となる旨の説示を行っているが，この事件で問題となった国庫負担金は，児童福祉法52条を直接の根拠に支給されるものである点で，労災就学援護費の支給決定とは事情を異にしている。

20) もっとも，前田・前掲注19) 35頁の注36は，労災就学援護費不支給決定判決は，「労働者災害補償保険法上，保険給付を補完する労働福祉事業としてこれと同様の手続により支給する仕組みがとられていることに着目した判示である」と捉える可能性を指摘する。

これら近時の処分性肯定判例を通して共通に指摘できるのは，それ自体法的保護に値する相手方の法的地位の帰趨を決定づけるようなファイナル性を有する行政決定に対して，処分性を認めたという点である。この意味で，侵害された利益の内容・性質や当該利益侵害の態様・程度に着目した判断が行われている。また，いずれの判決でも，根拠規定と目的を共通にする関連規定や他の法律に基づく制度との関連性に着目した判断手法がとられている。以上のように，原告適格に関する9条2項に示された改正行訴法の思想と同様の判断手法が，処分性判定の際にも用いられていることに留意すべきである。

2　処分性拡大論と公定力論（取消訴訟の排他性）

　さて，病院開設中止勧告に処分性を認めた前記②最高裁判例には，藤田宙靖裁判官の補足意見が添えられており，その中で，藤田裁判官は，中止勧告は行政指導であり「理論的に厳密な意味での（最も狭い意味での）公定力を有するものではない」とする一方，しかし，「行政事件訴訟法の定めるところに従い取消訴訟の対象とする以上は，この行為を取消訴訟外において争うことは……できない」と説示しており，このように，中止勧告に処分性が認められることの反面的効果として他の訴訟の場ではその違法性を主張し得なくなるという効果を，「取消訴訟の排他的管轄に伴う遮断効」と呼んでいる。この説示に従えば，中止勧告の違法性は中止勧告取消訴訟によって直接争うべきであり，後の保険医療機関指定拒否処分の効力を争う訴訟において中止勧告の違法性を主張することは許されない，ということになるものと思われる。

　このような見解は，ある行政決定に処分性を認めたならば同時に遮断効も認めなければならないというものであり，その基底には，処分性だけを認めて遮断効を否定するというのは理屈が通らない，という発想方法があることが窺える。私見では，この発想方法は，"取消訴訟は行政行為の公定力を排除するための訴訟であり，したがって，処分性を認めた限りは当該行政作用に公定力（取消訴訟の排他性）を認めなければならない"という，従来の行政訴訟実務に

---

21)　なお，保険医療機関指定拒否処分取消請求を棄却した判決として，最一小判平成17・9・8裁時1395号3頁。

広く浸透していたと思われる考え方に通じるものがある[22]。

　これに対し，筆者自身は，取消訴訟の排他性という制約を伴った行政行為の概念は，今日でも維持するに値すると考えている。同時に，しかし，処分性の拡大を通して抗告訴訟がカバーする範囲を拡張すべきであると考えており[23]，今日も，処分性の承認と取消訴訟の排他性及び出訴期間の制限の適用とを切り離す形式的行政処分論の立場を支持している。というのは，取消訴訟の排他性は，取消訴訟に相応しい定型的な行為として法律上想定された行政決定，すなわち行政行為が争われるケースに限定して認められるべきであって，狭義の行政行為には該当しないが関連諸制度との組み合わせ等によって処分性が認められるべきである種々の行政決定にまで，これを及ぼすべきではないと考えるからである。病院開設中止勧告を例に言うならば，中止勧告と保険医療機関指定拒否処分の複合作用によって自己の利益を害される病院開設者にとって，当該不利益発生を決定づけているのは，保険医療機関指定拒否処分であるとも捉えられるし，その前提にある中止勧告であるとも捉えられるのであるから，そのどちらを捉えて取消訴訟を起こしたとしても中止勧告自体の違法性を主張し得るとしなければ，実効的権利救済の理念を組み込んだ裁判を受ける権利の保障の趣旨に反する，と考えるのである。

IV　おわりに

　とはいえ，以上のような処分性拡大論に対しては，①訴訟的救済の対象や範囲を決する際に法律規定を最大限重視する思考方法（法律準拠主義）が浸透してきたわが国の裁判実務の下で，かかる形式的行政処分論が実際に採用される現実的可能性については，疑問の余地がある。また，②処分性を承認しながら取消訴訟の排他性や出訴期間の制限は免れるといった解決方法が，「取消訴訟＝公定力排除訴訟」観に根強く支配された裁判実務において，実際に採用され

---

22)　かかる発想方法を「処分性と公定力の理論的な循環」と捉え，この循環を断ち切るための分析的考察の必要性を主張するものとして，塩野宏『行政法Ｉ　行政法総論〔第6版〕』（有斐閣，2015年）156頁，前田・前掲注19) 31頁及び同所の注12に挙げられた諸文献参照。
23)　第1章III 1参照。

る現実的な可能性があるかについても，疑問は残る。

　髙木光氏が「行政処分（行政行為）論の負担過重」や「取消訴訟の負担過重」という現状認識の下に，処分性拡大論を批判しつつ公法上の当事者訴訟の活用を唱えた背景には，以上のような裁判実務家の意識に関する現実認識があったと，筆者は理解している[24]。そして，そのような裁判実務家の意識が改正行訴法の下で今後ともそのまま存続するとするならば，確かに，処分性拡大論に固執するよりは公法上の確認訴訟の活用に賭ける方が，現実的かつ生産的な選択だということになるであろう。他方，しかし，行政に対する司法のチェック機能の強化という司法制度改革の理念の下に，裁判実務に対して，根拠法令の規定文言のみによることなく，関係法令も含めた法制度の仕組みや個別事案の具体的利益状況に応じた柔軟な判断を行うことを求めた改正行訴法の下では，今後，上述のような裁判例が輩出する機が熟しているとも考えられる。そのいずれの方向に展開するかについては，裁判実務家の意識にかかる部分が大きいとはいえ，行政法学説が果たし得る役割も決して小さくはないと思われるのである。

---

24) 髙木・前掲注 6)，特に 107〜110 頁，124〜133 頁参照。

第 3 章

処分性判例の柔軟化と多様化

I　はじめに

　第 1 章は，2000 年 10 月公刊された共編著書（笹田栄司＝亘理格＝菅原郁夫編著『司法制度の現在と未来』〔信山社〕）において，著者が「行政訴訟へのアクセス(2)——処分性」と題して担当執筆した論文を基にしたものであり，当該論文（以下，「元論文」という）執筆時に検討対象とした判例は，1998 年 10 月までのものに限られた。当時は，すでに司法制度改革の必要性が論じられ，翌 1999 年 7 月には内閣に司法制度改革審議会が設置されるという時期に当たる。そのような状況の下，行政訴訟を国民にとって実効的な権利救済制度として活性化する必要性が論じられ，2004 年には，司法制度改革の一環として行政事件訴訟法の改正が実現する。原告適格に関して 9 条 2 項が新設されたのとは異なり，処分性については，規定改正が行われたわけではない。しかし，司法制度改革の一環として行政事件訴訟法の改正が論じられる過程で，また改正行政事件訴訟法の施行後における新たな状況の下で，処分性についても，新たな判例が続々と出現した。

　そのような新たな判例動向は，処分性に関する従来の判断枠組みを維持しながらも，概して，個々の行政決定が国民の地位や利益に及ぼす影響の内容や程度を重視し，処分性の判断を柔軟化するものであると言うことができる。また，そのような処分性判断の際には，処分性の有無が争われる種々の行政措置とそれを直接的に規律する法令以外に，関連法令との関係や複数の法制度間の関連性が勘案され，また通達・訓令等の行政組織内部的な規範との関係が問題になる等，多様な側面からの検討がなされる傾向が強まっている。

　以上のような時期における処分性判例の状況について，筆者は，すでに，改正行政事件訴訟法施行から間もない 2006 年に，「行訴法改正と裁判実務」と題した論文（第 2 章に収録した論文）により整理する機会をもった。しかし，その

後10年以上経過した現時点において，あらためて近時の処分性判例における柔軟化と多様化の傾向を明らかにするとともに，そこに潜む処分性判断の方法的特質を把握する必要があると考えた。そのため，本章ではまず，近時の判例を，最高裁判例に限ってではあるが要約・整理し，しかる後，各新判例がどのように位置づけられ，処分性要件に関する判断方法においていかなる特質を示すかを整理するとともに，必要に応じて各判例に対する著者の評価を加えることとする。

Ⅱ　近時の処分性判例——最高裁判例に限って

　第1章の元論文執筆後に出現した最高裁判例として著者が把握するのは，以下の諸判決例である。各判例の冒頭には，処分性を認めた判例には☆印を，処分性を否定した判例には★印を付している。

　★①　最一小判平成11・1・21判時1675号48頁
　　　（非嫡出子住民票続柄欄記載事件）

　本判決は，住民票に世帯主との続柄を記載する（住民台帳7条4号）行為に，処分性を否定した。事案は，婚姻届を提出せずに夫婦生活を送る男女間に出生した非嫡出子について，住民票の続柄欄の記載を「子」とし，当時嫡出子について行われていた「長男」や「二女」等の記載と異なる記載がなされたことに対し，両親が，当該続柄の記載は違法かつ違憲であるとの理由でその取消し等を求めたものである。判決は，公証行為の一種である住民票の記載行為は，「それ自体によって新たに国民の権利義務を形成し，又はその範囲を確定する法的効果を有するものではない」との理由から，少なくとも「住民票に世帯主との続柄を記載する行為」には，処分性が認められないと結論づけた。

　☆②　最一小判平成14・1・17民集56巻1号1頁，判時1777号40頁
　　　（膳所町「二項道路」一括指定事件）

　本判決は，幅員4メートル未満の道を対象に特定行政庁が指定する「二項道路」[1)]（建基42条2項）について，県知事が，告示により，「都市計画区域内に

おいて建築基準法施行の際現に建築物が建ち並んでいる幅員4メートル未満1.8メートル以上の道」をすべて一括して指定するという方法で指定する行為に，処分性を認めた。一般に「一括指定」と呼ばれるこのような指定行為は，特定の土地ごとに個別に指定するのではなく，当該条件に合致する道を個々に明示することなく指定するものである。したがって，実際にどの道路が二項道路に該当するかは，その可能性のある個々の道を実際に測量しなければ判明せず，また多くの場合，後々建築確認の申請に対して拒否処分が行われるときや，道路内建築物に当たり違法であるとの理由で除却命令の対象となるとき等になって初めて，当該道が二項道路に該当することが判明する[2]。そのため，一括指定の処分性が争われたが，一括指定がなされると，敷地所有者には，建築基準法上，指定された各道の中心線から2メートルの線を道路境界と見なし建築行為が可能となる一方，道路内と見なされた敷地内での建築等が制限され，また私道の変更・廃止が制限される（建基44条・45条）等の「具体的な私権の制限を受けることになる」。以上を理由に，判決は，「一括指定の方法でされた場合であっても」処分性が認められる，と結論づけた。

☆③　最一小判平成15・9・4判時1841号89頁
　　　　（労災就学援護費不支給決定事件）

労働者災害補償保険法（以下，「労災補償保険法」という）は，業務災害等を被った労働者と遺族を対象に，労災保険給付を補完するため政府がなし得る事業として，労働福祉事業（当時の労災補償保険法2条の2と23条1項。現行法2条の2の「社会復帰促進等事業」に相当）を定めているが，当該事業の一環として，労災就学援護費（当時の労災補償保険法23条1項2号。現行法29条1項2号に相当）の支給事業が行われる。本判決は，この労災就学援護費の支給申請に対し行わ

---

1) 建築基準法42条2項により指定される道路について，本書では，「二項道路」という用語を用いるが，周知のごとく，指定された道は，建築物の敷地，構造，建築設備及び用途との関係で建築基準法上の道路と見なされることとなるため，「みなし道路」とも呼ばれる。
2) 本文に述べたような種々の難点を理由に，一括指定に処分性を認めるべきではないとする主張については，特に，金子正史「二項道路判定処分無効確認請求事件」法令解説資料総覧247号（2002年）104頁以下，同「2項道路一括（包括）指定の処分性」法教264号（2002年）130頁以下参照。

れた，これを「支給しない旨の決定」に，処分性を認めたものである。労災補償保険法は，政府がなし得る労働福祉事業の一種として，被災労働者の「遺族の就学の援護」を一般的に定めるに止まっており，同援護費の支給対象者，支給額，支給期間，欠格事由，支給手続等はすべて通達（労働省労働基準局長名，1970 年基発第 774 号通達「労災就学援護費の支給について」）で定められていた。つまり同援護費支給の内容や手続を具体的に定める規定が，法律や法律の委任を受けた施行規則ではなく通達で定められていたため，処分性が争われることとなり，第一審と控訴審はいずれも処分性を否定していた。これに対し，最高裁は，労災補償保険法とその規定を受けて労働省労働基準局長が発した上記通達により，被災労働者とその遺族には，「所定の支給要件を具備するときは所定額の労災就学援護費の支給を受けることができるという抽象的な地位」が付与されているとする一方，被災労働者とその遺族が「具体的に支給を受ける」には，労働基準監督署長に申請し「所定の支給要件を具備していることの確認」を受ける必要があり，かつ当該確認に基づく労働基準監督署長の支給決定があって「初めて具体的な労災就学援護費の支給請求権を取得する」とした。本判決は，労災就学援護費支給制度の規範構造を以上のように理解し，それ故，同援護費の支給又は不支給の決定には労災補償保険法を根拠とする公権力性が認められ，また労災労働者及び遺族が有する「具体的な労災就学援護費の支給請求権」に「直接影響を及ぼす法的効果」も認められるとして，処分性を肯定した。

☆④　最一小判平成 16・4・26 民集 58 巻 4 号 989 頁，判時 1860 号 42 頁
　　（冷凍スモークマグロ食品衛生法違反通知事件）

　本判決は，食品（100 キログラムの冷凍スモークマグロ切り身）を輸入しようとする者が検疫所長（成田空港検疫所長）に行った事前の届出を受けて，同検疫所長が，本件食品は食品衛生法 6 条（現行法 10 条に相当）に違反することを理由に行った食品衛生法違反通知書の交付（以下，「食品衛生法違反通知」という）に，処分性を認めた。食品や添加物等（以下，「食品等」という）の輸入の届出は，食品衛生法 16 条（現行法 27 条）に基づき輸入者に義務づけられるが，届出を受けた検疫所長が当該食品等を食品衛生法違反と判断した場合の対応について，

法律は何ら定めていない。その対応について，厚生省（当時）の通達によれば，検疫所長は「食品衛生法違反通知書」を交付し，原則として積戻し若しくは廃棄又は食用外への転用をするように「指導する」こととし，また通関実務によれば，検疫所長が食品衛生法違反通知書を交付した場合に，食品等輸入届出済証は交付せず，税関長に対し食品衛生法違反物件通知書を交付し，これを受けた税関長は，関税法基本通達に従い，食品等輸入届出済証等の添付のない輸入申告書は受理しないという扱いをしてきたとされる。最高裁は，食品衛生法違反通知に後続する以上のような手続の流れを跡づけた上で，輸入者に事前の届出を義務づけた食品衛生法16条の規定は，食品衛生法違反の有無に関する「認定判断」権限を行使した厚生労働大臣に，「輸入届出をした者に対し，その認定判断の結果を告知し，これに応答すべきことを定めていると解す」べきだとした。したがって，食品衛生法違反通知は食品衛生法16条に「根拠を置くものであり」，それに基づき行われた本件通知の結果，輸入者は，結局，「関税法70条2項の『検査の完了又は条件の具備』を税関に証明し，その確認を受けることができなくなり，その結果，同条3項により輸入の許可も受けられなくなる」等の結果が生ずる。判決は，本件通知には以上のような「法的効力」が認められることを理由に，処分性を肯定した。

☆⑤　最一小判平成17・4・14民集59巻3号491頁，判時1897号5頁
　　（登録免許税還付に係る通知拒否通知事件）

本判決は，登記時に誤って過大な登録免許税を納付した者が，登記機関（法務局登記官）に対し過誤納金還付のため所轄税務署長に宛てた通知（登税31条1項）をなすべき旨の請求（同条2項）を行ったのに対し，当該登記機関がこれを拒否した事案に関して，当該拒否通知（還付通知はすることができない旨の通知）に処分性を認めた。取消訴訟を提起したのは，阪神・淡路大震災の被災者で被災建物を取り壊して新築した者であり，建物保存登記の際に免税措置を知らずに登録免許税を納付したため還付通知の請求を行ったが，上述の拒否通知を受けたためその取消しを求め出訴した。還付通知の請求は，登記等を受けた日から1年間に限り請求を可能とする制度であるが，過誤納金の還付を受けるためのもう一つの手続として還付請求（税通56条1項）が可能であり，この請

求には 5 年間の消滅時効が及ぶ（税通 74 条 1 項）。そこで，本件では，還付を受けるための当該二つの手続間の関係が争われた。この点について，最高裁は，還付通知の請求（登税 31 条 2 項）を受けて登記機関が行う拒否通知に対し取消訴訟を提起するという方途をとらなくても，「国税通則法 56 条に基づき，登録免許税の過誤納金の還付を請求することができるものというべきである」として，5 年間の消滅時効の範囲内での還付請求訴訟の提起は可能であるとする一方，還付通知の請求は，1 年間という制約の下で「簡易迅速に還付を受けることができる手続を利用することができる地位を保障しているものと解するのが相当であ」り，当該通知の請求に対する拒否通知は，それによりかかる「簡易迅速に還付を受けることができる手続を利用することができなくなる」という意味で，「手続上の地位を否定する法的効果を有するもの」であるとして，処分性を認めた。

☆⑥ 最二小判平成 17・7・15 民集 59 巻 6 号 1661 頁，判時 1905 号 49 頁
（富山県病院開設中止勧告事件）

☆⑦ 最三小判平成 17・10・25 判時 1920 号 32 頁
（茨城県病床数削減勧告事件）

判例⑥と⑦は，病院開設の許可（医療 7 条 1 項）の申請を受けた県知事が，申請者に対し，医療法に基づく県の医療計画に定めた医療圏（⑥事件では富山県高岡医療圏，⑦事件では土浦保健医療圏）内における必要病床数を超過することを理由に，病院開設の中止（⑥事件）や予定病床数の削減（⑦事件）を求める勧告を行った，という事案において，当該勧告に処分性を認めた。当該勧告は，「医療計画の達成の推進のため特に必要がある場合に」（医療 30 条の 7。現行法 30 条の 11 に相当），病院の開設や開設中止又は予定病床数の増加や削減等を求めるために行われるものであり，行政指導に過ぎない。したがって，許可申請者が当該勧告に従わない場合でも，許可要件を満たせば開設は許可されるが，その結果開設された病院は，健康保険法上の保険医療機関の指定を受けることができないという運用がなされてきた。もっとも，この点で⑥と⑦では，根拠となる法律規定に変遷がある。すなわち，⑥事件当時は，勧告に従わず開設した病院は「保険医療機関……トシテ著シク不適当ト認ムルモノナルトキ」（現

行健保 65 条 3 項 6 号に相当する規定）に該当するとする通達（1985 年厚生省保険局長通知）があり，当該通達の下に保険医療機関指定の業務が行われていたが，その後，当該通達上の運用指針を法文化する法改正が行われ，⑦事件当時は，勧告に従わず開設した病院等には，「申請に係る病床の全部又は一部を除いて」保険医療機関の指定を行うことを可能とする規定（現行健保 65 条 4 項 2 号に相当する規定）が新設されていた。⑥⑦の判決理由によれば，以上のような「医療法及び健康保険法の規定の内容やその運用の実情に照らすと」，当該勧告に従うことなく許可を受け病院を開設した場合，保険医療機関の指定につき申請通りの指定を受けることは，「相当程度の確実さをもって」できなくなる（⑥事件では保険医療機関の指定を受けることができず，⑦事件では，削減勧告を受けた病床を除いてしか保険医療機関の指定を受けることができない）。加えて，国民皆保険制度が採用されているわが国において保険医療機関の指定を受けない病院は，「実際上病院の開設自体を断念せざるを得ないことになる」との認定が行われ，その結果，当該勧告に処分性が認められた。いずれの事案も，当該勧告が「保険医療機関の指定に及ぼす効果」と，「病院経営における保険医療機関の指定の持つ意義」を「併せ考え」た帰結として，当該勧告に処分性が肯定された。

★⑧　最二小判平成 18・7・14 民集 60 巻 6 号 2369 頁，判時 1947 号 45 頁
　　（高根町簡易水道事業給水条例事件）

　本事案では，公営水道事業者である地方公共団体が，条例改正により，住民基本台帳に登録されていない給水契約者（別荘給水契約者）を他の給水契約者（一般家庭やホテル等）から区別し，別荘給水契約者には著しく高額の基本料金に改めたことが違法か否かが争われた。最高裁は，当該料金改定を違法とし，改定前の基本料金との差額分に関する債務不存在確認や不当利得返還の請求及び給水禁止差止めを求める請求については，認容すべきだと結論づけたが，条例改正の無効確認を求める訴えについては，本件改正条例の制定には処分性が認められないことを理由に，不適法な訴えとした。処分性を否定したのは，本件水道事業の水道料金を「一般的に改定するものであって，そもそも限られた特定の者に対してのみ適用されるものではなく，本件改正条例の制定行為をもって行政庁が法の執行として行う処分と実質的に同視することはできない」と

いう理由による。

☆⑨　最大判平成 20・9・10 民集 62 巻 8 号 2029 頁，判時 2020 号 18 頁
　　（浜松市土地区画整理事業判決）

　本判決は，市町村施行に係る土地区画整理事業計画決定の取消しを求める訴えについて，最大判昭和 41・2・23 民集 20 巻 2 号 271 頁等従前の判例を変更し，当該計画決定の処分性を認めた。判決理由は，事業計画決定により施行地区内の宅地所有者等の権利に生じる影響に着目した理由づけと，「実効的な権利救済」の必要性に着目した理由づけからなる。このうち第一の理由は，事業計画決定により，宅地所有者等は，具体的な事業施行の障害となる事態発生を防止するため課される土地の形質変更や建築行為の制限等の「規制」を伴う事業手続に従って，「換地処分を受けるべき地位に立たされる」。その意味で，事業計画決定は，「その法的地位に直接的な影響が生ずるものというべき」性質のものであり，「事業計画の決定に伴う法的効果が一般的，抽象的なものにすぎない」とは言えないというものである。第二の理由は，事業計画の違法を理由に換地処分等を取り消した場合に生ずることとなる「著しい混乱」，及びその場合には，事情判決（行訴 31 条 1 項）がなされる「可能性が相当程度ある」ことから，「実効的な権利救済を図るためには，事業計画の決定がされた段階で，これを対象とした取消訴訟の提起を認めることに合理性がある」というものである。事業計画決定から換地処分等に至るまでの計画実施過程において，事業計画決定が，当該事業の実施を始動させ，当該計画に従った事業実施を換地処分等の個別処分に到達するまでの期間にわたって規律づける，という法的位置づけにあることを重視するとともに，実効的救済の観点をも同等の勘案要素として重視し，処分性を肯定した判例である。

★⑩　最二小判平成 21・4・17 民集 63 巻 4 号 638 頁，判時 2055 号 35 頁
　　（世田谷区・非嫡出子住民票不記載事件）

　本判決は，非嫡出子である子の住民票記載を求める父の申出に対し特別区（世田谷区）の区長が行った，当該住民票の「記載をしない旨の応答」に対し，処分性を否定した。判決理由によれば，住民票の記載を求める父の申出は，

「申出に対する応答義務が課されておらず」，住民票の誤記や記載漏れを訂正させるため，市町村長（特別区の区長を含む）による「職権の発動を促す……申出」（住民台帳14条2項）とみるほかないものであるとされる。それ故，当該申出に対する応答は，「法令に根拠のない事実上の応答にすぎず」，本件父子の「権利義務ないし法律上の地位に直接影響を及ぼすものではない」という理由で，処分性が否定された。

☆⑪　最一小判平成21・11・26民集63巻9号2124頁，判時2063号3頁
　　（横浜市立保育所廃止条例事件）

　本判決は，公立保育所の廃止を定めた改正条例の制定行為に処分性を認めた。事案は，横浜市が設置する保育所の名称及び位置を定める条例の別表から，廃止が予定された保育所の記載を削除するという改正条例の制定に対し，これに反対する児童や保護者がその取消しを求めて出訴したものである。判決は，条例制定の処分性は「一般的には」否定されるとしたが，本件条例については，「本件各保育所の廃止のみを内容とするものであって，他に行政庁の処分を待つことなく，その施行により各保育所廃止の効果を発生させ，当該保育所に現に入所中の児童及びその保護者という限られた特定の者らに対して，直接，当該保育所において保育を受けることを期待し得る……法的地位を奪う結果を生じさせるものであるから，その制定行為は，行政庁の処分と実質的に同視し得るものということができる」という理由から，処分性肯定という結論を導いた。本判決は，また，補強的な理由として，「処分の取消判決や執行停止の決定に第三者効（行政事件訴訟法32条）が認められている取消訴訟において当該条例の制定行為の適法性を争い得るとすることには合理性がある」とも述べており，当該保育所において保育を受ける地位の確認等を求める当事者訴訟や民事訴訟による紛争解決に比して，第三者効を具備した取消訴訟による紛争解決を図ることに合理性があるとの判断を示した。

★⑫　最三小判平成23・6・14裁判所ウェブサイト，LEX/DB25443473
　　（紋別市老人福祉施設民間無償譲渡選考結果通知事件）

　本件は，市営老人福祉施設の民間移管のため市が行った事業者選考のための

公募手続において，唯一提案書を提出して応募した事業者に対して，市長が，その者を「相手方として本件民間移管の手続を進めることは好ましくないと判断したので提案について決定に至らなかった旨の通知」（以下「本件通知」という）を行ったという場合において，当該応募者が本件通知の取消しを求めて出訴したという事案である。本判決は，本件通知の処分性を否定し，不適法な訴えとして却下すべきであると結論づけた。本件民間移管は，市が受託事業者に対し本件福祉施設の建物等を無償で譲渡しその敷地を当分の間無償で貸与する一方，受託事業者は募集要綱所定の移管条件に従い当該施設を老人福祉施設として経営することを約する旨の契約を締結することにより行われるものであり，指定管理者方式ではなく施設譲渡方式を採用するものであった。判決理由によれば，本件公募手続は，事業者選考のための手法として「法令の定めに基づかずに行」われたものであり，本件通知は，当該公募に応募した者に対し，「その者を相手方として当該契約を締結しないこととした事実を告知するものにすぎ」ない。それ故，当該通知は，「公権力の行使に当たる行為としての性質を有するものではないと解す」べきだとして，処分性が否定された。

☆⑬　最二小判平成24・2・3民集66巻2号148頁，判自355号35頁
（土壌汚染対策法に基づく有害物質使用特定施設使用廃止通知事件）

本判決は，特定有害物質（土壌汚染2条1項）の製造・使用・処理を行う水質汚濁防止法上の特定施設（有害物質使用特定施設）の使用廃止の届出等により，当該特定施設の使用廃止を知った都道府県知事が，当該施設の敷地だった土地の所有者等（所有者，管理者又は占有者）に対して行う，当該施設使用が廃止された旨の通知（当時の土壌汚染対策法3条2項。現行法3条3項に相当）に，処分性を認めた。当該通知は，当該施設の設置者以外の者が当該土地の所有者等となっている場合に，当該所有者等（以下，「所有者等」という）に宛ててなされるものであり，当該通知により，所有者等には，特定有害物質による当該土地の土壌汚染状況を指定業者に調査させ，その結果を都道府県知事に報告する義務が生ずる（同法3条1項）。以上のような当該通知について，判決は，「通知を受けた当該土地の所有者等に……調査及び報告の義務を生じさせ，その法的地位に直接的な影響を及ぼすものというべきである」との理由により処分性を認め

た。なお，当該通知に基づく報告をせず又は虚偽の報告をしたとき，都道府県知事は，報告を行い又は報告内容を是正すべきことを命ずることができ（同条3項。現行法3条4項に相当），これに従わない者に対しては罰則もある（現行法65条1号）。したがって，当該命令（処分）に対する取消訴訟の提起を認めれば十分ではないかとの疑問も生じ得る。しかし，調査・報告の「義務自体は上記通知によって既に発生しているものであ」り，また，通知に従わず調査・報告を怠る場合でも「速やかに……命令が発せられるわけではない」ため，「早期にその命令を対象とする取消訴訟を提起することができるものではない」。以上を理由に，判決は，「実効的な権利救済を図るという観点から見ても」，当該通知がなされた段階での取消訴訟の提起を認めるべきであると判示した。

★⑭ 最一小判平成24・2・9民集66巻2号183頁，判時2152号24頁
（都立高校教員日の丸・君が代訴訟）

　本判決は，東京都教育委員会が都立学校長宛てに，「入学式，卒業式等における国旗掲揚及び国歌斉唱の実施について（通達）」と題した通達を発出し，その中で，入学式や卒業式等の実施の際の日の丸掲揚時における教職員の起立と君が代斉唱及びピアノ伴奏等の実施や，かかる内容の職務命令に従わない教職員に対して服務上の責任が問われることの周知徹底を図ること等を通達したという事案について，当該通達の処分性，及び当該通達を受けて各学校長が行った職務命令の処分性を，いずれも否定する判断を示した。

Ⅲ　処分性を否定する判例——従来の判断基準の堅持

1　個別判例分析

　以下に見るように，近時の最高裁判例で処分性を否定したものは，いずれも，処分性判断に関する従来の枠組みを堅持することを前提に，下されたものであると言えよう。

　まず，住民票への記載行為の処分性が争われた事案について，判例①は，住民票に世帯主との続柄を記載する行為が，選挙人登録に影響を及ぼさない記載

事項であることを理由に,「子」という記載の処分性を否定した³⁾。他方, 判決理由の傍論中では,「住民票に特定の住民の氏名等を記載する行為」については, 当該市町村の選挙人名簿に登録されるか否かを決定づけるという点で「法的効果が与えられているということができる」との見解が示された。住民の氏名, 生年月日, 住民になった年月日等は, 選挙人名簿に登録されるための必要条件に当たるため, こうした事項に関する記載に限り処分性が認められることになると思われる。公証行為の一種とされてきた住民票の記載については, 記載欄や記載事項に応じて処分性判断が異なり得ることを示した判決理由であると言えよう。

　他方, 判例⑩でも住民票の記載が争点となったが, 当該事案で争われたのは, 子の住民票が作成されない (氏名, 生年月日, 性別その他一切の事項が記載されない) という不作為状態を解消するためその作成を求める申出を行ったが, これに対し行われた拒否の応答は適法か, という問題であった。判例⑩は当該申出に対する応答に処分性を否定したが, その理由は, 行政庁側に応答義務が課されていない申出に対して何らかの応答がなされたとしても, 当該応答は「法令に根拠のない事実上の応答」にすぎない, という従来からの考え方を踏襲するものである。処分性を認めるには, 何らかの法的地位の存在が前提とされ, それに直接影響を及ぼすような行為でなければ処分性は認められない, という考え方が前提となっている。特に, 行政側の応答行為に処分性が認められるには, その前提となる私人からの申出や要求等の働きかけが, 法令上の申請権に基づくものでなければならないという観念⁴⁾が, 前提とされていると思われる。また, 個々の住民にとって, 住民票が作成されること自体が, 住民基本台帳法上

---

3)　阿部泰隆氏は, 住民票はそもそも親子関係を公証する行為ではないので,「子」の記載は単なる事実行為に過ぎないとの理由から, これに処分性を認めるべきではないとする一方, 当該記載は当人が非嫡出子であることを一般に知らしめる行為に当たるので, 人格権侵害に基づく妨害排除のための給付訴訟の提起を認めるべきだと提唱される。阿部泰隆「住民票非嫡出子差別訴訟」法教1156 号 (1999 年) 100 頁。同旨として, 角松生史・平成 11 年度重判解 (ジュリ臨増 1179 号) 41 頁参照。
4)　判例⑩に関する調査官解説は, 最高裁が市町村長の応答に処分性を否定したのは, 住民基本台帳法 14 条 2 項に基づく申出は「法令に基づく申請権」の行使によるものではないという理由によるものであるとの理解を明言する。清野正彦・最判解民事篇平成 21 年度(上)335 頁。また, 清野正彦・ジュリ 1393 号 (2010 年) 107 頁参照。

の保護法益を構成するとは解されていないようである。しかし，住民基本台帳法上の住民の地位をこのように非保護法益と捉える考え方の妥当性については，再検討を要するように思われる[5]。

　次に，条例制定行為の処分性が争われた事案について検討しよう。まず，判例⑧は，公営水道の水道料金を改定する内容の条例制定行為に処分性を否定した。行政命令や条例の制定行為に処分性を否定してきた従来の判例理論と同様の，その意味ではオーソドックスな判断を示したものと言えよう。適用対象が特に限定されていない一般的法規範を定める行為に処分性が否定されたという点で，公立保育所の廃止を定めた改正条例制定行為に処分性を認めた判例⑪（後述Ⅳ1参照）とは，事案の性質が異なる。厳密に言えば，条例の内容が質的に異なるという点が，二つの最高裁判決の結論を分けた要因であると言えよう。

　さらに，判例⑫は，公立社会福祉施設の民間への譲渡のための事業者選考手続への応募に対する拒否通知に処分性を否定した。その理由は，行政契約の締結過程上の一種の準備行為には公権力性が認められないというものであるが，権利義務変動要件を満たすかという視点から見ても，本件通知を受けた応募者には契約締結を期待し得る事実上の地位が認められるに止まる。したがって，処分性に関する従来の判例理論に従う限り，二重の意味で処分性を認め得ない事案である[6]。もっとも，本件契約には，移管条件が遵守される見込みがない場合における解除権の留保や用途指定違反を理由とする解除権の留保に関する地方自治法の諸規定（自治238条の5第4項，238条の4第5項，238条の5第6項・7項）と同様の留保が付されており，この点で，一般の契約とは異なる扱いが

---

[5] 本件のように住民票自体が作成されない場合の記載拒否の応答には処分性が認められるべきだと論ずるものとして，横田光平・平成21年度重解説（ジュリ臨増1398号）57頁参照。他方，諸坂佐利氏は，本件申出に対する応答は，戸籍法上適式な出生届の提出がない限り住民票への記載は行わないとする「行政庁の明確な意思表示」ないし「最後通告」に該当することを手がかりに，処分性を認め得るのではないかとの見通しを示唆される。諸坂佐利・行政判例百選Ⅰ〔第7版〕（2017年）127頁参照。

[6] 石井昇・民商145巻3号（2011年）399頁。また戸部真澄氏は，本件通知には，形式的にも実質的にも権力性が欠ける上に，施設譲渡等公募に応募した者の地位は「契約締結を事実上期待しうる地位にすぎず，……確実に契約できる地位ではない」ため具体的規律性も欠けること等を理由に，本件通知は，「契約の仕組みの一部分をなす非権力的事実行為としての契約準備行為」と捉えるのが妥当であるとする。戸部真澄・新判例解説Watch10号（法セ増刊）（2012年）37～38頁。本件通知の法的性格を的確に言い当てるものと言えよう。

認められる。しかし、「本件契約を締結するか否かは相手方の意思に委ねられているのであるから」、その点で、「本件契約の契約としての性格に本質的な変化が生ずるものではな」い。しかも、随意契約の方法により締結可能なもの（自治令167条の2第1項2号）であり、また指定管理者の指定（自治244条の2第3項）の手続を定めた条例等の規定適用の余地もない。以上のような関係法令規定の手堅い文理解釈を踏まえ、また本件施設移管の過程を「分析的に判断するならば」[7]、本件通知には処分性を否定せざるを得なかったのであり、その意味で判例⑫は、処分性判例の基本型に沿ったオーソドックスな判決例であると言えよう。

　もっとも、以上のような判旨は、行政契約と行政処分の併存可能性を排するという考え方を前提としていると思われ、そのような前提を取り払えば異なった結論を導くことも可能であるように思われる。この点で、戸部真澄氏は、本件通知の相手方を公法上の当事者訴訟により救済するにも救済上の懸念[8]があることを指摘した上で、本件通知に処分性を認めた本件控訴審判決に言及し、当該判決が処分性を認めた背景には、「処分性を認めなかった場合のこうした救済上の懸念や、施設譲渡方式では脱法的にフリーハンドの契約が締結されかねないといった危惧があったのかもしれない」という見方を示される[9]。以上のような問題点を率直に受け止めるならば、むしろ本件通知に処分性を認め、抗告訴訟による救済の方途を開く方向を目指すべきではなかろうか[10]。本件のように第一審原告以外に募集に応じた者がいない場合であれ、あるいは競争関係にある応募者が存在する場合であれ、かりに取消判決が下された場合には、

---

7) 大脇成昭・判例セレクト2011年Ⅱ（法教378号別冊）6頁。
8) 戸部氏によれば、公法上の当事者訴訟を「本件通知の違法確認訴訟」として構成することには、裁判実務がこれを受け容れるか不確かであり、また「契約候補者たる地位の確認訴訟」と構成する可能性については、「本件の仕組みにおいて契約候補者にそのような『法的地位』を観念しうるかについては疑問なしとしない」とされる（戸部・前掲注6）38頁）。公法上の当事者訴訟としての構成可能性に関する以上のような疑念には説得力があり、筆者も同感である。
9) 戸部・前掲注6）38頁。
10) 他方、戸部氏は、施設移管契約に関する立法的対応とともに、公法上の当事者訴訟の活用により対応すべきだと論じる（戸部・前掲注6）38頁）。立法的対応が必要かつ合理的であることには全面的に同意するが、公法上の当事者訴訟による対応可能性については、私見とは異なるようである。

取消判決に第三者効（行訴32条）と拘束力（行訴33条1項）が認められ，これにより適切な紛争解決を図る可能性は一段と高まることが予想される。その意味で判例⑫の事案は，形式的行政処分論の適用により実効的な救済と適切妥当な紛争解決を図るに適した典型的場合に該当するように思われる。

　最後に，判例⑭は，通達及び当該通達に従った職務遂行を命じる職務命令に処分性を否定した。本事案では，通達を受けて各学校長が行った職務命令の対象となった都立学校教員が，日の丸掲揚時の起立と君が代斉唱義務不存在の確認及びピアノ伴奏義務不存在の確認，並びにこれらの義務違反を理由とした懲戒処分その他の不利益処分の差止め等を請求していたのに対し，最高裁は，職務命令違反を理由に行われる懲戒処分の差止めを求める訴訟（差止訴訟），及び同様の理由による懲戒処分以外の処遇上の不利益措置の予防を目的に提起された公法上の当事者訴訟（本件職務命令に従い起立・斉唱等をなす義務不存在確認を求める訴訟）については，適法な訴えと認めたが，懲戒処分を予防するため同様の義務不存在の確認を求めて提起される訴えについては，これを無名抗告訴訟と性格づけた上で，上記の差止訴訟の提起が可能であるため補充性要件を満たさないことを理由に，不適法と結論づけた。以上の訴訟類型それぞれの適否を判断するための前提問題として，判決は，本件通達の処分性についても検討しており，本件通達は，行政組織の内部において上級行政機関から下級行政機関宛てに発せられた示達ないし命令にとどまり，「それ自体によって教職員個人の権利義務を直接形成し又はその範囲を確定することが法律上認められているものとはいえない」として，処分性を否定した。また同時に，本件職務命令についても，「教職員個人の身分や勤務条件に係る権利義務に直接影響を及ぼすものではない」との理由により，処分性を否定した。

　判例⑭が本件通達の処分性を否定したのは，内部行為の処分性を否定してきた従来の判例の考え方をそのまま引き継いだものと言えよう。他方，職務命令の処分性を否定した点については疑問の余地がある。この点について，判決理由は，本件職務命令が，都立学校の儀式的行事における「職務の遂行の在り方に関する校長の上司としての職務上の指示を内容とするもの」であり，「教職員個人の身分や勤務条件に係る権利義務に直接影響を及ぼすものではない」ことを理由に処分性を否定した。かかる判示は，「教職員個人の身分や勤務条件

に係る権利義務に直接影響を及ぼす」内容の職務命令であれば，処分性を認め得るとする趣旨の判示と解する余地があり，本判決の調査官解説には，かかる理解の正当性を裏づける内容の説示がある[11] [12]。しかし，職務命令は元来，職務遂行に関するものも含めて相手方の公務員法上の地位を直接的に規律するものであることを理由に，処分性を認めるのが本筋ではないかと思われる。

他方，職務命令に処分性を認めた場合，職務命令に取消訴訟の排他的管轄が及ぶこととなり，後に行われる懲戒処分との関係で違法性の抗弁事由として職務命令の違法性を主張できなくなるのではないか，という問題点も，従来より指摘されてきた[13]。処分性を認めた場合，職務命令そのものについて出訴期間等の訴訟手続上の制限が及ぶことは否定し得ないが，違法性の抗弁の途を閉ざすことを理由に処分性を否定すべきかについては，なおも慎重な検討を要するように思われる。

特に懲戒処分との関係での違法性の抗弁の可否については，以下の二つの理由から，違法性の抗弁事由として職務命令の違法性を主張することは可能と解すべきではないかと考えられる。

---

11) 判例⑭の調査官解説によれば，本判決における処分性否定という判断は，「職員に対し行政機関としての職務上の公的義務を課すにとどまる（個人としての権利義務に直接影響を及ぼさない）職務命令については行政処分性が否定されることを前提として」下された，という理解が示される。岩井伸晃＝須賀康太郎・最判解民事篇平成 24 年度（上）130 頁。さらに註においては，より明快に，「なお，本判決の判旨に照らすと，それ自体が教職員個人の身分や勤務条件に係る権利義務に直接影響を及ぼす職務命令については，行政処分性が肯定され，抗告訴訟の対象となるものと解されることになろう」との見通しが示される。同・144～145 頁。同様の解説として，岩井伸晃＝須賀康太郎・ジュリ 1452 号（2013 年）102 頁，107 頁参照。当該判旨につき同様の理解を示す評釈として，野呂充・民商 148 巻 1 号（2013 年）84 頁，村上裕章・判評 651 号（判時 2178 号）（2013 年）142 頁，宇賀克也・自治実務セミナー 52 巻 11 号（2013 年）59 頁参照。

12) 野呂充氏は，訓令的職務命令と非訓令的職務命令を区別し後者についてのみ処分性を認めようとする考え方に疑問を提起し，前者に属する職務命令であっても，例えば「公務員に特別な危険を伴う権限行使をさせる命令や，専門的能力を有する公務員をその能力にふさわしくない業務にのみ従事させる命令」等の場合には，公務員の「勤務条件にかかる権利義務に直接影響が及」び得ることを理由に，処分性を認めるべきであるとの見解を示される。野呂・前掲注 11) 84 頁。職務命令の内容について，「職務上の公的義務」と「勤務条件に係る権利義務」を明快に区別し難い場合が多いことを示唆する指摘として，参考になる。

13) 塩野宏『行政法Ⅲ〔第 4 版〕』（有斐閣，2012 年）316～317 頁。なお，判例⑭の調査官解説も，塩野氏の所説を援用しつつ同様の指摘を行っている。岩井＝須賀・前掲注 11) 最判解民事篇平成 24 年度（上）144 頁及び岩井＝須賀・前掲注 11) ジュリ 1452 号 107 頁。

第一に，職務命令の効力が及ぶ範囲は，個々の職務命令の規律対象たる行政事務の範囲内の法律関係や後続行為に限定されるのであって，懲戒処分という別個の行政事務にまで及ぶとは考えられない。かりに懲戒処分との関係で職務命令の違法性の主張及び審査の可能性を認めた場合，それにより職務命令に従った職務執行に何らかの影響が及ぶとしても，それは間接的な影響に止まるのであって，直接的支障が生じるわけではない。その意味で，懲戒処分との関係で職務命令の違法性を主張する可能性を認めたとしても，職務命令の効果が無に帰し又は大きく損なわれるわけではない[14]。
　第二に，懲戒処分は公務員の法令違反や非違行為等の義務違反に対する制裁としての本質を有することから，刑事罰の場合と同様，当該制裁を正当化し得る合理的根拠を必要とする。懲戒処分について，かりに職務命令の適法性が審査されず，その結果適法か違法かを問わずに制裁としての懲戒処分がなされるならば，当該懲戒処分は，制裁としての正当性の合理的根拠がないまま科されることとなる。要するに，懲戒処分には制裁措置としての独自の構成要件を満たす必要があるのであって，これを満たすか否かの判断の中には，懲戒事由の原因となる職務命令の適法性審査も含まれると解すべきなのである。したがって，刑事制裁においてその原因となった行政処分の適法性が違法性の抗弁事由として審査対象となり得るのと同様，懲戒処分の場合も，その大本にある職務命令について，懲戒権者はみずからその適法性を審査すべきであり，裁判所もまた，これを審査すべきだと思われる。

2　まとめ

　以上のような処分性否定判例からは，最高裁が，処分性判断に関する三つの判断要件を今日も維持していることが，明らかとなる。すなわち，公権力行使

---

[14] 塩野氏によれば，複数の行政行為間に違法性の承継を認めた場合，「国家賠償の場合と異なり，結局のところは，先行行為の効果は無に帰することになる。その意味では，取消訴訟の排他的管轄と無関係ではない」とされる。塩野宏『行政法Ⅰ〔第6版〕』（有斐閣，2015年）164頁。後続段階における違法性の主張を封じるという効力（遮断効）は，まさに，このように先行行為の効果を無に帰せしめないために認められると思われるが，これを逆に言えば，先行行為の効果が無に帰し又は大きく損なわれることがない場合である限り，先行行為の違法性を主張することは妨げられないというのがむしろ原則である，と解すべきであるように思われる。

要件からは，契約締結過程上の行為には原則として処分性を認め得ない（判例⑫）とされ，権利義務変動要件からは，内部的行為やそれに類する行為には処分性が否定され（判例⑭），また同様の要件にかんがみ，住民票への続柄の記載行為や記載を求める申出に対する「事実上の応答」行為にも処分性が否定され（判例①と⑩），さらに，個別具体性要件からは，適用対象となる者の範囲が特に限定されていない条例制定行為に処分性が否定された（判例⑧）。個々の判例の妥当性には様々な疑問の余地を残すものではあるが，いずれも，処分性判例の基本型を踏襲するものであることは明らかである。

これに対し，近時の最高裁判例の中で処分性を認める判断を示したものの中には，司法制度改革の一環として行政事件訴訟法改正が議論されるより前の時期における処分性判断に比し，幾つかの特徴が認められる。そこで次に処分性を認めた近時の最高裁判例を取り上げ，その特質を明らかにすることにしよう。

Ⅳ　処分性を認める判例──柔軟化と多様化

処分性を認める近時の最高裁判例からは，処分性判断のあり方としていかなる特質が浮かび上がるだろうか。本章冒頭に述べたように，それを一言で言えば，処分性判断における柔軟化と多様化にほかならない。以下では，そのような特質を明らかにすべく，処分性を認めた多くの判例又は幾つかの判例に共通に認められる特徴を抽出し，各特徴に即して各判例を整理し提示することとしよう。

1　「法的地位」認定の多様化

近時の最高裁による処分性判断は，処分性が争われる事案において，個々の行政作用が相手方や関係者の利益や地位に対しいかなる影響を及ぼすかを，当該行政作用の実態に即し詳細に分析することを通して処分性の有無を判断しようとする傾向にある。その際，「法的地位」と構成し得る相手方や関係者の利益や地位を侵害し又は剥奪すると認定し得る作用や，相手方にとって法的義務と構成し得るものを生じさせる作用には，柔軟に処分性を認めていくという点に，第一の特徴がある。その結果，処分性判断に際して着目すべき相手方や関

係者の「法的地位」の内容が多様化するとともに，そのような「法的地位」に対する侵害や当該「法的地位」を拘束する義務の存否判断が柔軟化していると言えよう。

　なかでも判例⑤は，登録免許税の過誤納付に関して，還付通知をなすべき旨の請求に対する登記機関の拒否通知に処分性を認めたが，その理由として，還付通知請求には，「簡易迅速に還付を受けることができる手続」として独自の存在理由があることを重視した。手続的有利性がそれ自体として独自の「手続上の地位」としての意味を有し，通知拒否の通知には当該「手続上の地位」を損なう効果があることを理由に，処分性を認めた。その点で，画期的な判例である[15]。本判決は，また，還付通知拒否の通知に処分性を認める一方，当該処分に「手続の排他性」（調査官解説による表現）は認めなかったため，還付請求訴訟の提起も並行して可能とされた。還付通知請求（及びそれが拒否された場合における取消訴訟）と還付請求（及びその実現のため提起される還付請求訴訟）という二つの救済手続にそれぞれ独自の手続的有利性がある限り，相互排他的関係には立ち得ないという視点を明確に打ち出したという点でも，画期的な判例である[16]。

　次に，判例⑨が土地区画整理事業計画決定に処分性を認めた第一の理由は，

---

[15]　行政行為の分類上，「手続的行為」という新たな概念を提示し，その意味を，「法律関係の変動と手続的に結び付いた法律効果（＝手続的法律効果）をもたらす行政行為」と定義づけたものとして，今村成和『行政法入門〔第5版〕』（有斐閣，1992年）73頁。また今村成和著・畠山武道補訂『行政法入門〔第8版〕』（有斐閣，2005年）67頁も参照。処分性の判断に直結するわけではないが，行為がもたらす法的効果に手続的要素を読み込む必要性を唱えた先駆的学説として示唆的である。

[16]　判例⑤の事案について，還付通知請求に対する拒否通知を待って取消訴訟を提起するという争訟ルートに「手続の排他性」を認めることが，当該拒否通知に処分性を肯定するための「不可欠の前提となるわけではない」ことを明確化するものとして，高世三郎〔調査官解説〕最判解民事篇平成17年度(上)223頁及び同・ジュリ1300号（2005年）149頁。処分性を認め抗告訴訟の提起を可能としたとしても，同時に，その排他的管轄を認めるか否かは別問題であることを明快に示す叙述として，重要である。私見によれば，判例⑤が処分性判例理論上有する意義は，「手続上の法的地位（及びその否定という法的効果の存在）」を理由に処分性を肯定したという点，及び，「最高裁が，処分性の肯定と『手続の排他性』間の連動性という見解からの脱却の方向を示唆した判決例」である，という点に認められる。亘理格「相対的行政処分論から相関関係的訴えの利益論へ──『法的な地位』成否の認定という視点から」阿部泰隆先生古稀記念『行政法学の未来に向けて』（有斐閣，2012年）765頁（本書第Ⅱ部第4章）。また，判例⑤の解説として，北見宏介・行政判例百選Ⅱ〔第7版〕（2017年）334〜335頁参照。

事業施行地区内の宅地所有者等には，事業計画を支障なく進めるために課される土地の形質変更や建築行為の制限等の「規制」を伴う[17]事業手続に従って，「換地処分を受けるべき地位に立たされる」という意味で，「その法的地位に直接的な影響が生ずる」という点にあった。事業計画決定がなされると原則として当該事業計画に従った事業が実施され，その結果「換地処分を受けるべき地位に立たされる」という非完結型（事業遂行型）土地利用計画に特有の性質を重視し，そこから法的地位への「直接的な影響」，ないし単に一般的・抽象的なものにすぎないとは言えない「法的効果」が発生することを認め，処分性を肯定した。山本隆司氏の表現を借りて言えば，事業計画決定により，「法制度上基本的に手続が目標に向けて一直線に進行することが確定し権利侵害が切迫すること」が，処分性承認の「主な論拠」とされたのである[18]。この点で，非完結型の土地利用計画決定一般に処分性を認めることにつながる判例として，

---

[17] 土地区画整理事業計画決定に処分性を認めた判例⑨の判決理由中において，当該計画決定に伴って生じる権利制限（規制）がいかなる意味を有するかについては，少なくとも，当該「規制」の発生のみを理由に当該計画決定に処分性を認め得るとする趣旨でないことは，明らかである。この点につき，山本隆司氏が，判例⑨の多数意見が建築制限等に言及するのは，「建築制限等の権利侵害効果……を，処分性承認の直接の根拠にする趣旨ではない。……いわば処分性承認の間接的な根拠と位置づけた」とされているのは，私見と同様の理解を示すものと思われる。山本隆司『判例から探究する行政法』（有斐閣，2012年。但し，初出論文は2008年）392頁。

他方，逆に当該「規制」がないとすれば，当該計画決定に処分性が認められることはないかと言えば，その点は不明確である。換言すれば，当該計画決定を起点に事業が施行され，施行区域内の土地所有者は「換地処分を受けるべき地位に立たされる」という法効果が発生することのみを理由に処分性を認め得たかについては，明らかではない。しかし，土地区画整理事業計画決定の本来的な効果は，当該事業の実施を始動させ，換地処分に至るまでの事業計画遂行を規律づける点にあると考えられる。したがって，かかる本来的効果のみを理由に，当該計画決定には処分性を肯定し得ると考えるべきであろう。この点で，泉徳治裁判官の補足意見は，土地区画整理事業計画決定の本来的な効果は当該事業施行権の付与に存すると解し，それ故，かかる本来的な法効果の発生をもって当該計画決定に処分性を認めるべきだと論じており，参考になる。また，中川丈久氏は，仮換地や換地処分に対する不服ではなく，「事業そのものに対する不服という紛争」を争点とする訴訟では，「『事業計画』の決定時点で，すでに行政判断は下されており……，しかも仮換地指定や換地処分まで待たせてみても，紛争内容が明確になるなどといったメリットがあるわけではない」として，この点を理由に，「事業計画」時点での訴訟提起は当然認められるべきだと論じている。この中川説の立場からすると，事業計画の適法性及び正当性自体は，「事業計画」以前の都市計画決定（都計12条1項1号・15条1項6号）時点での訴訟提起により争うことも可能であるとする立論も，視野の中に含まれることとなる。以上につき，中川丈久・法教341号（2009年）28～29頁。

[18] 山本・前掲注17) 392頁。

重要である。

　また，判例⑪は，改正条例施行の「効果」として特定の公立保育所が廃止され，当該保育所に現に入園中の児童と保護者という「限られた特定の者ら」に対し，直接，「当該保育所において保育を受けることを期待し得る……法的地位を奪う結果を生じさせる」ことを理由に，条例制定行為に処分性を認めた。条例制定行為には「一般的には」処分性が認められない，という原則を堅持するという点で，判例⑪も，処分性を否定した判例⑧（前述Ⅲ１参照）と異ならない。また，かかる原則を破り条例制定に処分性を認めるには，個々の条例制定行為の内容面で高度の絞り込みが要求されるとする点でも，両者に差違はない。それにもかかわらず，結論において判例⑪が判例⑧と逆の結論を導いたのは，何故だろうか。

　前述のように，判例⑧は，町営簡易水道料金を改定する旨の改正条例の制定行為に処分性を否定した。地方公共団体の水道事業の場合，条例で定めた水道料金は，個別的処分を経ることなく直ちに給水契約上の支払義務として具体化する。したがって，条例と具体的権利義務との間に個別的な行政処分が介在しないという意味で，当該条例制定行為により直接的に権利義務関係が形成し又はその範囲が確定すると捉え，その処分性を肯定することも可能であったと思われる。しかし，判例⑧は，当該改正条例は，当該町の水道事業の「水道料金を一般的に改定するものであって，そもそも限られた特定の者に対してのみ適用されるものではなく」，したがって，当該条例制定行為をもって「行政庁が法の執行として行う処分と実質的に同視することはできない」と結論づけた。確かに，改正条例の水道料金改定規定が適用される者の範囲は，将来同町内に居住し給水契約を締結することとなる者にも等しく及ぶという意味では，特定されておらず一般的なのである[19]。これに対し，判例⑪の事案において改正条例の施行により影響を受ける者の範囲は，「当該保育所に現に入所中の児童及

---

19) 条例制定行為には，「極めて例外的な場合」にしか処分性を認め得ないことを強調するものとして，判例⑧に関する増田稔〔調査官解説〕最判解民事篇平成18年度（下）814頁参照。また，増田稔・ジュリ1335号（2007年）116頁も同旨。さらに，判例⑧の見地からすれば，条例制定に処分性が認められるには，「権利義務に直接的な影響が及ぶ」という意味での「法効果の具体性」だけでは不十分であり，「名宛人が特定されている」という意味での「個別性」も要求されるとするものとし，野呂充・受験新報669号（2006年）17頁。

びその保護者」に限られ，また，その者の法的地位も，「当該保育所において保育を受けることを期待し得る……法的地位」という形で特定され，かつ，当該条例制定行為がその者に対し及ぼす効果も，当該「期待し得る……法的地位を奪う結果を生じさせる」という意味で特定されたものである[20]。以上の意味での当該条例の内容面での特定性が，判例⑧とは逆の結論を導いたと考えられる。以上の点で，二つの判例は，近時の最高裁の処分性判断における主たる着眼点がどこにあるかを，端的に示す結果となったのである。また，取消判決や執行停止決定の第三者効を援用する判示部分は，当事者訴訟や民事訴訟との役割分担を考える際の要検討事項を示すものとして，重要である。

さらに，判例⑬は，使用廃止された特定施設の設置者以外の者が当該施設敷地の所有者等である場合，土壌汚染状況の調査・報告をなすべき所有者等の義務は，当該施設使用の廃止通知により生ずるものであり[21]，したがって，当該通知は，所有者等の「法的地位に直接的な影響を及ぼすものというべきである」[22]ことを理由に，当該通知に処分性を認めた。つまり，使用廃止された特

---

[20] 判例⑧と判例⑪間における処分性の成否に関する結論の対立が，主に各条例の対象の特定性の差違によるものであることを強調するものとして，判例⑪に関する古田孝夫〔調査官解説〕最判解民事篇平成21年度（下）865頁。また同旨の指摘として，前田雅子・民商143巻1号（2010年）100頁，久保茂樹・平成22年度重判解（ジュリ臨増1420号）63頁，判例⑧に関する大田直史・行政判例百選Ⅱ〔第7版〕（2017年）323頁参照。条例制定に関する今日の最高裁判例の考え方からすると，結局，各条例の定めの適用対象がどの程度特定化されているかにより，処分性の成否が決定づけられることとなる。その意味で，判例⑧と判例⑪が処分性判定において逆の結論を下したのは，主に事案の差違に起因することを指摘するものとして，髙橋滋・自治研究87巻2号（2011年）153～155頁。さらに，判例⑪の事案における条例は，後における反復継続的適用を予定せず1回限りで法的効果が終結するという点で，「行政庁の処分と実質的に同視し得るもの」との判定がしやすい内容の条例であること，また，公立保育所という「公の施設」の廃止を定めるという点で，通常は行政処分で行われる公物の公用廃止に当たる行為であることに留意する必要がある。前田・前掲100頁，髙橋・前掲152～153頁，久保・前掲63頁，中川丈久・地方自治判例百選〔第4版〕（2013年）67頁参照。

[21] 判例⑬の調査官解説によれば，二項通知は，非施設設置者たる土地の所有者等にとって「調査報告義務の発生の構成要件事実の1つであって，単にその期限を定めるものにすぎないとは」言えないとされる。中山雅之・最判解民事篇平成24年度（上）98頁。二項通知が調査報告義務発生の要件たる性質のものであることを，法廷意見以上に明確に指摘するものと言えよう。同調査官解説は，調査報告命令（三項命令）及び当該命令に従わない場合の処罰との関係でも，二項通知は当該命令及び処罰の前提条件であり，また当該通知が誤っていたとしても当該通知には拘束性が認められ，調査報告義務を怠れば当該命令及び処罰の対象となることを理由に，処分性を認めるに値しないとは言えないと論じている。中山・前掲99頁。

定施設の汚染状況に関する調査・報告義務が，土壌汚染対策法の規定上，廃止通知が行われた時点で生じることが，処分性を肯定する決め手とされた。他方，調査・報告下命処分に対する取消訴訟の提起も可能であることについては，実際には，当該命令（処分）が「速やかに……発せられるわけではない」ため，通知により生じた調査・報告義務が継続的に所有者等に重い負担を負わすこととなる[23]。したがって，当該通知に処分性を認め，取消訴訟の提起により当該義務を課された状態を早期に解消する可能性を認めることにより，実効的な権利救済も確保される。その意味で，「実効的な権利救済」の見地から，当該通知に処分性を認めることには合理的理由があることを明らかにした点[24]にも，本判決の特徴が認められる。

2　複数制度間の関連づけ

　処分性に関する近時の最高裁判例の第二の特徴として，個々の行政作用が相手方に生じさせる法的地位の「侵害」や新たな「義務」の存否の判断を柔軟化

[22)] 判例⑬は，調査報告義務の発生を二項通知の「法的効果」とは言わず，「法的地位に直接的な影響を及ぼす」と言うに止めた理由について，興津征雄氏は，「義務の賦課が二項通知の内容として生じるのではなく，二項通知をいわば契機として生じるという土対法の仕組みを意識したものかもしれない」との理解を示されている。興津征雄・民商147巻6号（2013年）548頁。処分性に関する近時の最高裁判例の特徴として，「講学上の準法律行為的行政行為に分類される行為であっても，法令の仕組みにおいて法的効果の発生を『決定付ける』行為であれば，処分性を認めている」と指摘される点も含めて，参考になる。興津・前掲同頁。

[23)] 本件事案の控訴審判決（札幌高判平成22・10・12 LEX/DB25443480）によれば，当該通知を受けた所有者等は，土壌汚染調査のための費用負担を含む重い内容の義務を指定された期限内に履行するか否かの判断を迫られるとともに，当該土地の利用・処分に事実上の制約を受ける状態が調査命令が出されるまで続き，しかも実務の運用上，当該調査命令が直ちに出されるものではないこともあるため，「非常に不安定な法的地位に置かれることになる」とされていた。

[24)] 本判決と実効的な権利救済との関係について，興津氏は，非施設設置者たる土地所有者等の場合，本人の「あずかり知らないところで調査報告義務が生じ不履行の状態になってしまうのを避けるために」二項通知の制度を設ける必要があったとの制度理解を提示された上で，したがって，二項通知には，「義務履行の実効性を高めるとともに，義務者たる所有者等に手続保障を付与する意味」も認められることから，二項通知に処分性を認めることにより，「弁明の機会の付与などの適正手続を保障するとともに，不服がある場合には直ちにそれに対する出訴を認めることに，合理性があるというべきであろう」と論じられる。興津・前掲注22) 552頁。非施設設置者たる所有者等に固有の手続的保障の必要性に着眼した制度理解を通して，二項通知に処分性を認めることの合理性を論じた所説として参考になる。

させるもう一つのファクターとして，本来は別の制度である複数の法制度間の関連づけを重視し，その結果，処分性の判断が柔軟化する傾向が認められる。

そのような最高裁判例の典型例は，医療法の規定に基づき都道府県知事が行う病院の開設中止や病床数の削減等を求めて行う勧告に処分性を認めた，判例⑥と⑦である。これらの事案では，医療法に基づく病院開設許可と健康保険法に基づく保険医療機関の指定という，それ自体としては異なった複数の制度が密接に連動し運用されることにより[25]，勧告を受けた病院開設者は，「実際上病院の開設自体を断念せざるを得ないことになる」。勧告の相手方にこのように極めて重大な影響（＝「効果」）を生じさせることを理由に，当該勧告に処分性が認められた。もっとも，その理由は，勧告に従わない場合には「相当程度の確実さをもって」保険医療機関の指定を受けることができなくなり，また保険医療機関の指定を受けることができなければ，「実際上」病院開設自体を断念せざるを得なくなるから，というものであり，その意味では，事実上の「効果」を理由に処分性が認められた[26]。また特に判例⑥は，複数制度間の関連づ

---

[25] 判例⑦の補足意見の中で，藤田宙靖裁判官は，勧告に従わず病院を開設した場合において保険医療機関指定の申請が拒否される「可能性が高いとしても」，それは「事実上の問題に過ぎない」とする一方，「重要であるのは，行政行為としての性質を持たない行政指導等の数多くの行為が，「相互に組み合わせられることによって，一つのメカニズム（仕組み）が作り上げられ，このメカニズムの中において，各行為が，その一つ一つを見たのでは把握し切れない，新たな意味と機能を持つようになっている，ということである」と述べていた。処分性判断における関連法制度間の関係性に着目した機能的解釈の重要性を説くものであるが，当該説示は，その後，判例⑥に関する杉原則彦調査官解説においても取り上げられ，強調されている。杉原則彦・最解民事篇平成17年度（下）446〜447頁。また杉原則彦・ジュリ1307号（2006年）171頁も参照。

[26] 山本隆司氏によれば，判例⑥が当該勧告に処分性を認めたのは，当該勧告は「事実上，病院開設を禁止する行為に等しいので，処分性が認められる」という理由からであり，より一般化すると，「行政機関が私人に行為（作為または不作為）を事実上強制する行為，その意味で，規制の分野における行政行為と機能が等しい行為は，行訴法上の処分に当たることになる」というロジックによるものであるとされる。この意味で機能的ないし事実上の影響を理由に処分性を認めたという点で，「最高裁がここまで処分性を拡張した判決は，これまでなかったと思われる」とされる。山本・前掲注17）352頁。山本・同書372頁も参照。他方，大久保規子氏は，判例⑥（及び判例⑦）が「法的」効果という表現を用いていないことに注目し，同判例を，「直接的な法的効果に固執せずに，事実上の効果をも考慮して処分性を認めたものといってよい」と性格づける。以上のような理解を前提に，大久保氏は，限界事例の処分性判断に際しては，「典型的な処分と同等の効果を有するか否かを判断すれば足り」，また「当該行為の実質的な効果に着目して処分性を認め」るという同判決の判断手法に，賛意を表される。大久保規子「行政指導と処分の複合的行為」論ジュリ3号（2012年）97〜99頁。また，ほぼ同旨として，大久保規子「処分性をめぐる最高裁判例の展開」ジ

けが，明確な法律規定ではなく通達という内部規範に依拠した運用として行われていたことに着眼し，運用上の不利益的扱いを理由に処分性を認めたという点で，画期的な判決例であると言えよう[27]。

　もっとも，医療計画に基づく病床数の計画的コントロールという医療法の仕組みをも，健康保険制度の枠組みに包摂して捉えるならば，病院開設中止等の勧告は，保険医療機関の指定プロセスの中の一階梯を構成するとみることが可能である。仲野武志氏の表現を借りて言えば，「病院＝保険医療機関」への参入規制が，医療法上の病院開設に関する「勧告」と「開設許可」及び健康保険法上の保険医療機関「指定」という「三段階に分節されて」おり，その中の「勧告」は，「法的に分節された参入規制手続の一段階における積極的意思表示」であって，最終すなわち第三段階における指定拒否をあらかじめ想定してなされる第一段階の決定という意味では「将来決定を行うという決定」にほかならない[28]。以上のように，こうした一連の行政決定プロセスを保険医療機関の指定制度に引き寄せて捉えれば，病院開設中止等の勧告は，保険医療機関の指定は拒否するという行政の基本的意思決定を最初に表明する行為であり，それを処分として性格づけ取消訴訟の対象とすることには，保険医療機関指定制度の実態に照らして見ても合理性が認められる。

　処分性の判断に際して，複数の異なった制度間の連動性に着目し処分性を認めるに至ったもう一つの判決例として，食品衛生法違反通知に処分性を認めた

　　ュリ 1310 号（2006 年）23 頁も参照。
27）　医療法上の勧告に処分性が認められたことにより生じる問題として，取消訴訟の排他的管轄に伴って遮断効ないし公定力が生じ，その結果，民事訴訟や公法上の当事者訴訟を提起する途が絶たれるか，また，保険医療機関指定申請に対する拒否処分との関係で当該勧告の違法性を主張することができるか等が，新たに論じられることとなる。この点につき，杉原調査官解説は，当該勧告の「本来的性質」は「行政指導であ」り，「相手方に対する法的拘束力を持たず，したがってまた，理論的に厳密な意味での公定力を有するものではない」という指摘を行っている。杉原・前掲注 25）最判解 448 頁。必ずしも明確な指摘ではないが，前後の文脈から推測する限りでは，保険医療機関指定申請拒否処分に対する取消訴訟の場において，先行した勧告の違法性を取消事由として主張する可能性を認める趣旨と思われる。なお，後述のとおり（第 5 章 V 2(3)③），私見では，医療法上の勧告と健康保険法上の保険医療機関の指定（またはその拒否）との関係は，違法性の承継の成否問題として論ずべき関係ではなく，もっぱら，保険医療機関指定要件の解釈適用の問題として論ずれば，十分解決可能であると思われる。
28）　仲野武志・自治研究 82 巻 12 号（2006 年）147～148 頁。

判例④も無視し得ない。本判決は、検疫所長が発した食品衛生法違反通知が、輸入品の国内持ち込みの可否を決する税関長の判断を左右することを理由に、当該通知に処分性を認めた。この事案では、有害食品等の国内流入を防ぐための二つの制度、すなわち食品衛生法の規定に基づく輸入届出制度と関税法の規定に基づく税関検査が、厚生省生活衛生局長通達並びに関税法基本通達等を介して通関実務上連動して運用され、その結果、食品衛生法違反通知が実際には、税関長による食品等の輸入の許否判断を拘束することを理由に、食品衛生法違反通知に処分性が認められた。

3 「法律の根拠」認定の柔軟化

処分性を肯定する近時の最高裁判例の第三の特徴は、処分性の判断要素の一つである「法律の根拠」に関する判断の柔軟化という点にある。

ここで「法律の根拠」とは、処分性の基本判例である最一小判昭和39・10・29民集18巻8号1809頁では、「公権力の主体たる国または公共団体が行う行為のうち、その行為によって、直接国民の権利義務を形成しまたはその範囲を確定することが法律上認められているもの」という処分の定義づけにおいて、示されていた要素である。処分は、元来、行政行為の概念をベースにした概念であり、行政庁が公権力の主体として人の権利義務を形成又はその範囲を確定する作用として定義づけされるものである。したがって、「法律の根拠」は、法律の留保の原則にかんがみても、処分性の判断に際して必要とされる要件である。しかし、救済法制度の土俵上で処分性が問題となる場合における「法律の根拠」は、国民に対する公権力の発動を根拠づける局面で要求される「法律の根拠」と、全く同様の厳密さを要求されるとまで考える合理的な理由はない[29]。上記の昭和39年判例における法律への言及も、「法律上認められているもの」という表現にとどまっており、法律の留保論における「法律の根

---

[29] 塩野宏氏は、「行政処分の所在の認定と法律の留保の理論の意味における法律の根拠とは別の問題である」ことを明確に指摘された上で、法律の根拠があるからといって当然に「公権力の行使」に当たることにはならない反面、法律の留保理論上の法律の根拠がないからといって「当該行為に処分性がない」とは言えない場合があるとされる。塩野宏『行政法Ⅱ〔第5版補訂版〕』（有斐閣、2013年）117頁。

拠」とは異なる意味合いを持ち得るものであることに留意すべきである。したがって，処分性判断における「法律の根拠」は，行政救済法の一環である行政訴訟法に固有の概念として，把握すべきものであろう。

　以上のような視点から処分性に関する近時の最高裁判例を検討すると，以下に見るように，通達・訓令という行政組織の内部的規範を併せ勘案することを通して，処分性の判断を柔軟化させる傾向にあることを，読み取ることができる。

　まず判例③が支給・不支給の決定に処分性を認めた労災就学援護費は，法律上は労働福祉事業の一環として一般的に定められた給付制度であるにとどまり，支給の対象者や要件，金額，期間，手続等の具体的な定めはすべて通達で定められている。したがって，法律の留保論で論じられる意味での根拠規定の要件を満たすものではない。しかし，最高裁は，同援護費が，労災補償保険法の規定に基づく保険給付を「補完するために……保険給付と同様の手続により」支給されるものであることに加え，通達所定の申請手続とはいえ，申請に対し「所定の支給要件を具備していることの確認」を経た後，労働基準監督署長が行う支給決定があって「初めて具体的な……支給請求権を取得する」という規範構造が存在することを理由に，支給・不支給の決定に処分性を認めた。この点で，本判決が想定している「法律の根拠」とは，法律による一般的な根拠づけ程度のものであり，それによってなおも不明確な部分は，通達等の内部規範により補充するという手法を通して，法律の根拠の有無の判断を柔軟化した判決例であると言えよう。

　次に，判例④は，まず，食品等の輸入者に届出を義務づけたに止まるように見える食品衛生法16条の規定（現行法27条に相当する規定）について，厚生労働大臣には輸入届出者に対する応答義務があることを，同法の体系的解釈を通して肯定した。判決理由によれば，食品衛生法は，食品等の基準・規格の設定や販売等の禁止その他の規制権限の付与を通して，厚労大臣に食品等の安全確保の「責任と権限」を付与しているとされ，かかる同法の全体像を踏まえて上記規定は，厚労大臣に，食品衛生法違反の有無に関する「認定判断の結果を告知し，これに〔輸入届出に：筆者注〕応答すべきことを定めていると解するのが相当である」とされた。その上で，判例④はさらに，食品衛生法が定める輸入

届出と関税法が定める税関長による輸入許可という，二つの法制度間において行政実務上連動的運用がなされてきたことを前提に，検疫所長による食品衛生法違反通知に処分性を認めた。もっとも，輸入届出に対する応答の具体的な仕組みを定めるのは厚労省内部の通達（1996年厚生省生活衛生局長通知「輸入食品等監視指導業務基準」）であり，また，上記二つの法制度（食品衛生法上の輸入届出と関税法上の輸入許可）を関連づけるのは，各法律を所管する行政機関が発する通達（関税法基本通達の諸条項）等の行政実務上の取扱いである。以上の点で，当該届出に処分性を認めるための実定法上の根拠は薄弱であると言わざるを得ない。にもかかわらず，食品衛生法や関税法の規定では定められていない部分を通達や通関実務上の取扱いを参照し，それによる補完を通して，輸入届出に対する応答としてなされる通知に処分性を認める判断を示した。以上の点で，本判決にも，処分性の構成要件としての「法律の根拠」に関する司法判断の柔軟化が，示されていると言えよう。

問題は，「法律の根拠」について判例③及び④により示された柔軟な判断方法が，適切と言えるかである。

この点につき，判例③の事案では，当該援護費支給の要件や支給内容及び手続等が法律で定められていないとはいえ，労働基準監督局長による支給決定があって初めて支給が認められ，支給決定がなければ支給を受け得ないという点で，支給・不支給の決定は，本援護費を受けるか否かを決定づける位置にある。また，労災就学援護費という給付を目的とした制度であるため，法律の留保原則との関係で厳密な意味で法律の根拠規定がなければ直ちに違法となるとも言い難い。その点で，本判決は，抗告訴訟の一訴訟要件としての処分性に関して要求される法律の根拠（「法律上認められているもの」）とは，法律による一般的な根拠づけ程度で必要かつ十分であることを示した判決例でもある，と言えよう。したがって，不支給決定の違法性を争う訴訟では，法律の根拠規定がないこと自体を違法事由として争う余地はない。それがいかなる訴訟形態であるにせよ，当該訴訟では，当該申請者が当該援護費支給の要件を満たしているか否かが事案を決することとなる。そうすると，当該支給要件を充足するか否かにつきひとまず決定を下した労働基準監督局長の決定に処分性を認め，当該決定の適法・違法審査を通して当該援護費の支給・不支給の争いに決着をつけると

いう選択は，原告と被告双方にとって，効率的で迅速な紛争解決を図るという視点から妥当性を有するように思われる[30]。

他方，判例④の事案は，食品衛生法には何ら規定されていない食品衛生法違反通知書の交付という制度が通達で定められ，また当該通知書の交付と税関長による輸入許可制度とを接続させ，同通知書が交付された場合には税関長への輸入申告書が受理されず，輸入の許可が得られないこととなるという関係づけも，税関通達その他の通関実務上の取扱いであるにとどまるという点で，行政組織内部的な実務慣行に立脚した文書交付の処分性が，判例③の事案以上に真正面から争われた。しかも，判例④の事案は，食品等の輸入許可という規制を内容とする制度の運用が争われたにもかかわらず，当該規制の根拠を通達等の実務的慣行で定めること自体の適法性について，判決は疑問視していない。以上の点で，判例④には，そのような行政実務上の文書交付に処分性を認める反面，当該行政実務上の慣行的取扱いを追認したという側面があることにも，留意しなければならない[31]。

以上のように，判例③と④には，法律上明確な根拠づけがなされていない行政実務上の取扱いには，実務上やむを得ない運用として暗黙裡に正当性がある

---

30) 判例③に関する判例評釈の中で，西田和弘氏は，当該援護費の支給関係を契約として捉える可能性も認めた上で，「契約締結の義務づけを求めることの困難さ」等を考慮すると，「今その給付が必要であるという社会保障給付にとって，処分性が認められるか否かは重要である」とした上で，本判決が当該援護費の不支給決定に処分性を認めたことを妥当と評価している。西田和弘・判評552号（判時1876号）（2005年）168頁以下，特に169頁。処分性概念を救済法としての行政訴訟法上の固有概念として把握する立場から形式的行政処分論と同様の見解を表明するものであり，賛同したい。

31) 食品等の輸入届出に処分性を認めるには，届出を受けた厚労大臣やその権限の委任を受けた検疫所長には，当該届出に係る食品等の安全性等につき認定判断を行い，その結果を告知し応答する義務があると解する必要がある。判例④の法廷意見は，総合的な仕組み解釈を通して以上のような解釈を示したのに対し，横尾和子裁判官の反対意見は，食品衛生法の規定に忠実な解釈方法によりこれを批判するものであった。また，法廷意見のごとく司法的救済を図ろうとする観点から「仕組み解釈」を徹底し処分性の判断を柔軟化すると，「その結果として……今度は実定法の仕組みを実質的に改変する事態が生じる可能性がある」ことを指摘するものとして，橋本博之・判評554号（判時1882号）（2005年）173頁参照。そのような視点から，判例④の解釈に従えば，検疫所長が行う食品等輸入届出済証又は食品衛生法違反通知書の交付手続は実質的に許可制に当たり，当該食品等の輸入の届出は当該許可の「申請」に当たることとなる，と解する余地が生ずる。この点については，橋本・前掲170頁が指摘するほか，林俊之〔調査官解説〕最判解民事篇平成16年度(上)301頁も同様の理解を示している。

とする一方，当該行政プロセス上の要所要所で行われる重要な行政決定には処分性を認める[32]ことにより，最低限の権利救済のための機会を確実に保障しようとするものであると解される。判例③及び④が，労災就学援護の支給決定及び食品衛生法違反通知書の交付に処分性を認めたことには，以上の意味において，行政実務に即した現実的対応によるものであり，その限りで妥当な結論を下したものと考えるべきであろう。

4 法的効果発生までの期間――「直接」性との関係で

処分の定義上，処分性には，一般に，権利義務の形成又はその範囲の確定等の効果を「直接」に生ぜしめる行為であることが要求されるが，かかる効果発生の「直接」性の要件は，処分性が争われる当該行為とその効果発生との間にある程度長い期間が介在する場合でも，満たし得るかが問題となる。

前項までの検討から明らかなように，様々な視点から処分性の判断が柔軟化することの結果として，幾つかの判例では，法的地位に対する侵害等の効果が実際に生じるまでに相当長い期間の経過を要するという場合にも，当該効果を発生させることとなる行政作用に処分性を認めることもあり得ることとなる。そのような場合，効果発生の「直接」性の要件は，処分性が争われる行為とその効果発生との間に相当長い期間が介在するとはいえ，特段の事情がない限り一定の効果が生ずることが確実に想定される，という点に着眼することにより，処分性は認められるべきであろう。

以上のような見地から真っ先に参照すべき近時の判例は，土地区画整理事業計画決定に処分性を認めた判例⑨である。上述（Ⅳ1）のように，本判決は，土地区画整理事業の施行地区内の宅地所有者等は，事業計画決定により，建築行為制限等の規制を伴う事業手続に従って「換地処分を受けるべき地位に立たされる」ことをもって，当該事業計画決定に処分性を認める第一の理由としたが，事業計画決定（及びその告示）と換地処分との間には，区画整理のための立入調査や工事の実施及び仮換地処分等，様々な手続や事実行為が介在してお

---

[32] 判例④により，食品衛生法違反通知書の交付に処分性が認められる一方，税関長が行う輸入の許可又は不許可にも処分性が認められ得ることについては，林・前掲注31) 299頁参照。

り，場合によっては数年程度又はそれを超える比較的長期の期間を要する。それにもかかわらず，最高裁が事業計画決定に処分性を認めたのは，当該事業計画決定により，計画完了時における施行地区内の土地利用像が相当程度明確化され，その実現に向かって換地処分を含む計画実行行為が粛々と進行することとなるという，非完結型（事業遂行型）計画に特徴的な計画法的特質を重視したからにほかならないと考えられる。

　次に，病院開設許可申請者に対する勧告に処分性を認めた判例⑥と⑦も，当該勧告に従い病院開設を中止したり病床数を削減しなければ保険医療機関の指定がほぼ間違いなく拒否されるという法的効果が確定的に生ずるには，病院開設の許可を受け，しかる後健康保険法に基づき行う保険医療機関の指定申請を行い，当該指定申請に対して拒否処分が行われるのを待たなければならないという場合について，処分性判定の要件の一つである「直接」性があるという判断が前提とされている。その意味で，判例⑥と⑦には，勧告の法的効果の確定的な発生までに相当長期の期間を要する場合でも，処分性肯定の妨げにはならないことを示した判決例，という意義づけも可能である。

5　「実効的権利救済」あるいは「紛争解決の合理性」

　処分性を認めた近時の最高裁判例の中の幾つかは，各事案で処分性が争われる行政作用によりいかなる法的効果が生ずるかという視点から，当該各行政作用の法的仕組みを分析する一方，当該各行政作用に処分性を認め抗告訴訟の提起を認めることを通して，大局的に見ていかなる法的状況が繰り広げられることとなるか，という視点からの検討も同時に行ってきた。具体的には，訴訟提起者に対する実効的な権利救済の視点であり，あるいは，紛争解決の合理性の考慮である。こうした大局的な救済法的考慮からする判断が，上述の法的効果に着眼した視点からの判決理由を補強する副次的な理由づけとして提示される場合もあれば，前者の理由づけと同等の理由づけとして論じられることもあり得る。

　まず，訴訟提起者に対する実効的権利救済の視点からの理由づけを提示する判決例として，土地区画整理事業計画決定に処分性を認めた判例⑨，及び土壌汚染防止法上の施設使用廃止通知に処分性を認めた⑬がある。

上述（Ⅳ1）のように，判決⑨は，土地区画整理事業の施行地区内の宅地所有者等は，事業計画決定により，建築行為制限等の規制を伴う「土地区画整理事業の手続に従って換地処分を受けるべき地位に立たされる」ことを理由の一つとして，当該事業計画決定に処分性を認めたが，同時に，「実効的な権利救済を図るためには」，事業計画決定がされる段階での取消訴訟の提起を認めることに「合理性がある」との理由をもう一つの理由として[33]提示した。その論理構成は，①事業計画決定段階での取消訴訟を認めないと，換地処分に対する取消訴訟しか提起できないことになるが，かりに換地処分に対する取消訴訟が認容されれば「著しい混乱」が生ずることとなり，②そのような混乱を避けるために，事情判決がなされる可能性が相当高くなり，実効的な権利救済が損なわれる。③それ故，実効的な権利救済を確保するには，事業計画決定に処分性を認め，その段階での取消訴訟の提起を可能とすることに「合理性」がある，というものである。

また，判例⑬は，施設使用廃止通知を受け取った施設跡地の現在の所有者等が汚染状況の調査・報告義務を果たさない場合には，当該調査・報告をなすべきことを命ずる命令（処分）（土壌汚染3条3項。現行3条4項に相当）が発せられる可能性がある。したがって，当該調査・報告命令に対する取消訴訟の提起が認められれば必要かつ十分ではないか，という問題が生ずる。しかし，この問

---

[33] 判例⑨は，土地区画整理事業計画決定に処分性を認める際に，①当該計画決定により生じる具体的な法的効果，及び②実効的な権利救済の要請とを，表面上は別個の理由として並列させている。しかし，当該二つの理由相互の関係については，両者を一体的に把握し，①に関する従来の判断基準の柔軟化を正当とするため，②の要請を援用したという捉え方も可能である。判例⑨に関する増田稔調査官解説は，当該計画決定の法的効果と実効的な権利救済の要請間の関係性を縷々説明し，そこから，「土地区画整理事業の事業計画の決定の処分性の有無につき，本判決と41年大法廷判決とで判断を異にすることになった最も大きな理由は，以上のような実効的な権利救済の必要性にかかわる価値判断の違いにあるのではないかと思われる」と論じられており（増田稔・最判解民事篇平成20年度454〜456頁），上述の理解を裏づけるものとして示唆的である。また，判例⑨は，施行地区内の宅地所有者等は，建築行為制限等の規制を伴う「土地区画整理事業の手続に従って換地処分を受けるべき地位に立たされる」ことをもって，当該事業計画決定の法的効果と捉えたが，この点に関して，大貫裕之氏は，かかる法的効果が従来の処分性判断における典型的な「法的地位の変動」に比して具体性に欠けることは大法廷裁判官によっても意識されており，それを補う意味で「実効的救済の必要性」が強調されたのではないか，と指摘される。大貫裕之・判評615号（判時2069号）（2010年）173頁参照。かかる見解も，①と②二つの理由の一体的な理解を示唆するものと言えよう。

題について，最高裁は，上述のように，当該通知に従わず調査・報告を行わない場合でも「速やかに……命令が発せられるわけではない」ため，「早期にその命令を対象とする取消訴訟を提起することができるものではない」として，「実効的な権利救済を図るという観点から見ても」，当該通知がなされた段階での取消訴訟の提起を認めるべきであると判示した。実効的な権利救済の必要性を，当該通知に処分性を認めるための補強的，ないしダメ押し的論拠として援用した判決例と言えよう。

　他方，処分性を認める理由の中で紛争解決の合理性を援用する判決例として，公立保育所の廃止を定めた改正条例制定行為に処分性を認めた判例⑪がある。本判決は，当該条例により廃止対象となる公立保育所に入園している特定の児童とその保護者という特定の者らに対し，直接，当該保育所において保育を受けることを期待し得る法的地位を奪うという法的効果が生ずることを主たる理由に，その処分性を認めたが，補強的な理由として，取消訴訟の提起を認めた場合に具わることとなる取消判決及び執行停止決定の第三者効（行訴32条）に言及し，第三者効を具備した取消訴訟による紛争解決を図ることに合理性があるとの判断を示した。あくまでも副次的かつ補強的な論拠として示された説示ではあるが，公法上の当事者訴訟や民事訴訟による紛争解決との対比で，どちらの訴訟形態に合理的な紛争解決制度としての有利性が認められるかを判断する必要がある場合における先例として，重要な判示部分であると言えよう。

6　救済ルートの多様化

　以上のように，司法制度改革期以降の処分性に関する最高裁判所判例は，判断方法の柔軟化と多様化を通して処分性を徐々に拡大してきている。かかる近時の判例傾向について，筆者は，おおむね妥当だと考える。何故なら，行政庁の処分という行為を攻撃対象とした訴訟手続を通して，争点を明確化し合理的な紛争解決を図るという抗告訴訟制度の特質は，私人側と行政側の双方にとって救済法上のメリットを有し，また行政の適法性確保という視点からも合理的だと考えるからである[34]。もっとも，抗告訴訟の提起を可能とすることに伴い

---

34)　仲野武志氏は，判例⑥と⑦が「法定行政指導である」病院開設等の中止勧告に処分性を認めた

その反面で生じ得る救済法上の支障は，可能な限り取り払うことにも努めるべきである。そのような視点からすれば，処分性の拡大を通して抗告訴訟を活性化させる一方，抗告訴訟以外の訴訟形態の合理的利用の可能性を確保することにも意を尽くすべきであると思われる。換言すれば，行政事件に関する救済ルートの複線化ないし多様化の可能性を探る必要があるように思われる。以上の見地からすると，判例⑤に真っ先に目を向けなければならない。

判例⑤は，登録免許税の過誤納付の場合における救済ルートとして，還付請求（税通56条1項）とその実現のための還付請求訴訟，及び還付通知の請求（登税31条1項）と当該請求に対する登記機関の拒否処分に対する取消訴訟という，二つの救済ルートの併存を認めた。前者は，税の過誤納付に対する一般的な救済方法として，5年間の消滅時効期間内であれば提起可能な訴訟であるのに対し，後者は，登記日から1年間（2011年の法改正により現在は5年間）の期間内に簡易迅速な救済を受けるために利用可能な救済ルートである。簡易迅速な手続による救済という手続的有利性を有するが故に独自の救済法的意味があることを理由に，複数の救済ルートの利用を可能とした点に，本判決の特徴がある。

また判例⑭は，通達及び職務命令の処分性は否定する一方，職務命令に従わないことを理由に受ける蓋然性のある不利益処遇に対して，懲戒処分に対する抗告訴訟としての差止訴訟，及び勤務成績評価を通しての昇給上の不利益処遇等，「行政処分以外の処遇上の不利益」を予防するための公法上の当事者訴訟（職務命令に基づく公的義務の不存在確認訴訟）という，二つの予防的救済のため

点に注目し，最高裁は，「アモルフな法律関係そのものを俎上に載せる当事者訴訟ではなく，行為によって分節された限りでの法律状態を審理の対象とする抗告訴訟を選好していると考えられる」との見方を示される。また，「原告にとっても……何らかの個別的行為がある限り，これを標的とすることの明快さという利点が出訴期間制限による不利益を上回る」という割り切った考え方が，上記判旨の背後にあるとも指摘される。仲野・前掲注28）146頁。実際，取消訴訟をはじめとした抗告訴訟制度に関しては，従来から，行政行為を行った行政主体とそれに不服を唱える私人とが対峙し，行政行為の適法性を訴訟物とした訴訟審理を通して紛争解決を図るという訴訟構造の明快さに，その最大の特徴があるとされてきたように思われる。この点につき，塩野宏氏が，取消訴訟制度が有する三つの機能の中の二つとして，「紛争処理の合理化・単純化機能」（原因行為たる行政行為が違法であるとして端的にその取消しを求めればよいという点での単純・明快さ）及び「紛争解決結果の合理性担保機能」（紛争原因者である行政主体を訴訟の場に引っ張り出すことにより，裁判所の審理・判断に資する訴訟資料を豊富にするとともに，行政庁にとっても適切な紛争解決が図られ得ること）を指摘されていることが，示唆的である。塩野・前掲注14）162頁。

の訴訟の提起を可能と判断した（前述Ⅲ1参照）。それぞれ予防の対象を異にした訴訟ではあるが，取消訴訟以外の行政訴訟の活用可能性を実証した判例であると言えよう。

　他方，今後における救済ルートの多様化ないし複線化を目指すべきと思われる場合を象徴的に示す判例として，判例②を検討することにしよう。

　判例②は，二項道路の一括指定に処分性を認め，その取消しを求める訴訟の提起に途を開いたが，他方，以下の理由から，抗告訴訟以外の訴訟形態を利用する可能性は排除されるべきではないと思われる。

　すなわち，判例②が二項道路の一括指定に処分性を肯定したのは，一括指定自体が建築基準法42条2項の規定の下でも「許容」される，という判断を前提にしている。一括指定が法律上許されると解される以上，それによって指定の効果が及ぶ「個別の土地について」，道路内での建築制限や私道の廃止・変更禁止等の「具体的な私権制限」が，「その本来的な効果として」及ぶことになるわけであるから，一括指定にも処分性が認められるという論理である（かぎ括弧内は判決理由中の表現）。調査官解説によれば，一括指定の場合，どの道路が指定されたかが「必ずしも明確ではない嫌いがある」ことは事実だが，一括指定において示された一定の基準（特に，「幅員4メートル未満1.8メートル以上の道」という基準）に該当するか否かは，「客観的に判定」可能であり，したがって，どの道が指定されたかは「特定されている」とされる[35]。判決も，おそらく，調査官解説と同様，判断が困難か否かと特定が可能か否かを区別し，客観的に判定可能である限り，一括指定による場合であっても，どの道が二項道路に指定されたかは特定されていると考えたのであろう。その意味で，一括指定はあくまでも，客観的に識別可能な個別指定を束ねたものに過ぎないのであって，処分性が認められてしかるべきだということになる。

　以上のように，多少の無理をしてではあれ一括指定に処分性を認めた本判決の意義は，後に建築確認拒否処分や除却命令等の処分が行われるより前の時点で，抗告訴訟による救済の可能性を認めた点に求められるべきであろう[36]。も

[35) 竹田光広〔調査官解説〕最判解民事篇平成14年度1頁以下，特に9〜10頁参照。なお，同調査官のもう一つの解説として，ジュリ1232号（2002年）172頁以下も参照。
[36) 久保茂樹・平成14年度重判解（ジュリ臨増1246号）33頁。

っとも，処分性を認めた場合には，取消訴訟の排他的管轄の制約を受け，民事訴訟や公法上の当事者訴訟等の提起は排除されることとなるのか，また出訴期間の制限も及ぶべきか，等の問題が生ずる。本件事案は，二項道路の指定の不存在確認を，行政事件訴訟法3条4項に基づく無効等確認の訴えにより求めるものであったため，出訴期間の制限を云々する余地はなかったが，かりに取消訴訟が提起された場合には，出訴期間の制限が及ぶかが問われることとなる。こうした問題について，いかに考えるべきだろうか。

　この問題の検討に際しては，何にもまして，上述のような一括指定特有の問題点を踏まえる必要がある。すなわち，一括指定による二項道路指定には，敷地所有者にとって接道義務が満たされる点で利益が生ずる反面，上述のような権利制限が生ずる。にもかかわらず，個々の敷地所有者にとって，二項道路指定の有無は明示されないため，一括指定により指定された二項道路がどの道路であるかを判定することが，多くの場合「必ずしも明確ではない嫌いがある」。以上の点は，権利制限を生じさせる公権力の行使としては軽視し得ない難点である。にもかかわらず，二項道路指定の要件等に該当するか否か自体は「客観的に判定し得るものであ」り，当該道路は「特定されているということができる」という理由で，かろうじて処分性が認められた（かぎ括弧内は調査官解説の表現）。

　大久保規子氏の表現を借りて言えば，以上のように「本判決のポイントは，一括指定方式を許容するかどうかにあった」[37]。判例②は，一括指定という難点のある方法自体を許容する反面，一括指定時点での取消訴訟の提起を認めることにより，行政にとっての便宜的慣行と国民の実効的権利救済という二つの要請間の均衡の上に成立した結論であったと言えよう。建築基準法42条2項の規定の枠内で一括指定という行為の法的効果を内在的に把握しようとすれば，処分性を認めることが至って難しい事案ではある。しかし，建築確認拒否処分や道路内建築物の除却命令等，後々の処分が行われるより前の時点での訴訟提起を認めることにより，一括指定の対象とされた個々の土地の所有者の不安定な地位を可能な限り早期に救済する必要がある。上述の難点に拘泥するよりも，

---

[37] 大久保・前掲注26）ジュリ1310号19頁。

以上のような救済法的視点を優先させた点にこそ，判例②の意義が認められるべきであろう。
　以上のごとく考えるならば，少なくとも，取消訴訟の提起を認めることが，取消訴訟の排他的管轄を認め民事訴訟や公法上の当事者訴訟等の提起を一律に排除する理由にはなり得ないように思われる。むしろ，取消訴訟による救済可能性とその他の訴訟による救済可能性との併存を認めるべきであろう。また，出訴期間の制限に関しても，取消訴訟では，「正当な理由」がある場合に出訴期間の制限への例外が認められる（行訴14条1項・2項）。二項道路の一括指定は，個々の敷地所有者に対する通知ではなく，告示として一般的な方式で公示されるに止まることを考慮すべきであり，したがって，「正当な理由」の認定に際しては，各土地の所有者において二項道路指定の事実を通常知り得る状況にあったか否かを，柔軟に判断すべきではないかと思われる。

第4章

相対的行政処分論から相関関係的訴えの利益論へ
―― 「法的な地位」成否の認定という視点から

I はじめに

1 相対的行政処分論の主張内容

　阿部泰隆先生（以下では，筆者の論文の通常の流儀にならって「阿部氏」と呼ぶことをお許し頂きたい）が提唱された相対的行政処分論は，「抗告訴訟の対象性を行為の性質により一律に決める考え方を放棄して，誰が争うか，争う理由は何かという紛争の利益状況次第で，同じ行為でも抗告訴訟の対象となるかどうかが異なってくる，という考え方」である[1]。この理論の妥当性を論じる素材として選定されたのは，①用途地域の指定又は指定変更（盛岡市工業地区指定取消請求事件に関する最一小判昭和57・4・22民集36巻4号705頁，判時1043号41頁及びそれ以前の下級審判決例）[2]，②環境基準の改定告示（二酸化窒素に係る環境基準改定告示取消請求事件に関する東京地判昭和56・9・17判時1014号26頁）[3]，③大規模小売店舗の開設届出を受けて都道府県知事が行う店舗面積削減勧告（江釣子訴訟に関する東京地判昭和57・3・16判時1035号17頁，東京高判昭和60・6・24判時1156号37頁）[4]の三種類の事案であったが，言うまでもなく，この理論の適用対象として想定される行政作用の範囲ははるかに広範に及ぶ。

　この理論が提唱された1982年[5]当時，筆者は助手論文執筆の過程で，行政が一方当事者となって締結する契約の当事者以外の者，即ち第三者の権利利益の保護救済のため，当該契約締結の行政決定に対する当該第三者の訴訟提起可

---

1) 阿部泰隆『行政訴訟改革論』（有斐閣，1993年）89頁。
2) 阿部・前掲注1) 94頁以下，107頁以下及び152頁以下。
3) 阿部・前掲注1) 116頁以下。
4) 阿部・前掲注1) 134頁以下及び158～159頁。
5) 阿部泰隆「相対的行政処分概念の提唱(1)～(3・完)」判評283号（判時1046号）164頁以下，284号（判時1049号）172頁以下，285号（判時1052号）172頁以下（1982年）。

能性を認めるべき場合があるのではないかと考え，試行錯誤していた[6]。その
ような者にとって，一般には処分性が否定される行為であっても，「誰が争う
か，争う理由は何かという紛争の利益状況次第で」処分性を認めるべきである
とする同理論の主張内容は，実に魅力的なものであった。

2　相対的行政処分論の現況

　同理論は，抗告訴訟の対象（処分性）論の中に原告の置かれた具体的な利益
状況の差違に応じた判断の必要性という，相対的判断要素を組み込む議論に途
を開いた。しかし，このような相対的行政処分論の考え方は，伝統的な行政処
分の考え方とは相容れない考え方である。この点は，阿部氏自ら先刻承知する
ところであり，上記の①～③のケースでも，従来の判例は，「伝統的処分概念
をあてはめ，ある者を念頭において処分でないとしたら，その行為はあらゆる
関係で処分でないとしてきた」とされる[7]。また，阿部氏は，伝統的な処分観
の特色として五点挙げているが，その中では，抗告訴訟の対象という「訴訟レ
ベルの問題」が，「公定力」や「公権力の行使」のような「実体法上の行為の
性質」と「常に一致すると考えられて」きたこと等と並んで，「ある行為が公
権力の行使とされるかどうかは行為の性質の問題であるから，本来一律画一的
に決まるもので，争う理由により，あるいは争われる側面により処分性の有無
が異なるという考え方……などはありうるとは思われていなかったこと」を挙
げている[8]。このような行為の性質のみに着眼した一律画一的な処分性の認定
方法に転換を促すことこそ，相対的行政処分論の狙いであった。

　結局，今日まで，相対的行政処分論は判例通説の採用するところとはなって
いない。また，同理論は，形式的行政処分論等と並んで処分性の拡張により行
政訴訟の機能拡張を実現しようとするものであるが，かかる処分性拡張論に対
しては，抗告訴訟は厳格な判断により限定された行政処分にかぎり，それによ

---

　[6]　その試行錯誤の結果は，亘理格「行政による契約と行政決定（décision exécutoire）――フランス
　　的行政行為観の形成過程に関する一考察(1)～(3・完)」法学47巻2号，3号，48巻2号（1983～
　　1984年）として公表している（本書第Ⅰ部として収録）。
　[7]　阿部・前掲注1）90頁。
　[8]　阿部・前掲注1）45～46頁。なお，初出論文は阿部泰隆「取消訴訟の対象」雄川一郎＝塩野宏
　　＝園部逸夫編『現代行政法大系第4巻　行政争訟Ⅰ』（有斐閣，1983年）201～201頁。

って救済の網から抜け落ちる行政作用については公法上の当事者訴訟による救済を目指そうとする考え方が唱えられ，また，2004年の行政事件訴訟法改正は公法上の当事者訴訟の活用を促そうとする立法意図を行政事件訴訟法4条の規定の加筆という形で明示するに至ったという状況にある。以上のような状況を踏まえたときに，相対的行政処分論の主張内容を現時点でどのように捉え直し，行政訴訟法論の発展につなげるかが問われているように思われる。

　本稿は，以上のような状況の下で，処分性等に関する近時の最高裁判例を参照しつつ筆者なりに同理論を再構成して提示しようとする試みである（Ⅲ，Ⅳ）が，その前に，抗告訴訟における広義の訴えの利益に関する様々な議論との関係で，同理論がいかなる性格を有し，またいかなる位置を占めているかについて簡潔に概観する（Ⅱ）ことから始めることにしよう。

Ⅱ　相対的行政処分論の性格と位置づけ

1　行為の性質論（訴訟対象論）と保護法益論（訴訟主体論）の結合

　取消訴訟の対象性の判断に際して，当該行政の行為を「誰が争うか，争う理由は何かという紛争の利益状況」を勘案して判断を行う必要があるとすると，必然的に，当該争う者の主張する地位ないし利益が訴訟による保護救済に値するものであるか否かを判断する必要を生ぜしめる。換言すれば，上記①〜③の事案において相対的行政処分論の立場から処分性を肯定しようとする所説の根底には，各事案の性質に応じて訴訟による保護救済に値すると判断される法的な地位ないし利益の存在が想定されていると考えられるのである。

　のみならず，各事案において処分性を肯定しようとする際には，そこで想定される原告固有の地位ないし利益が裁判による保護救済に値するものであるとの価値判断が，処分性肯定を決定づける機能を果たすことになるのではないかと考えられる。事案①を例にとれば，用途地域の変更により住環境悪化の影響を受けることとなる地域住民が，従前の用途地域指定による「良好な環境維持効果」を享受する地位ないし利益，また事案②であれば，環境基準の緩和により生ずる大気環境悪化の影響を受ける地域住民が，従前の環境基準がもたらす

良好な大気環境を享受する地位ないし利益，さらに事案③であれば，大規模小売店舗の開設により打撃を受けることとなる地元小売店主が共通に有する営業上の地位ないし利益が，それぞれ問題となり，これらの地位ないし利益は訴訟による保護救済に値するものであるとの価値判断が，処分性肯定論のベースに存在するように思われる。何故なら，「誰が争うか，争う理由は何か」という原告にとっての主体的・主観的要素を勘案した結果，他の者との関係では処分性を否定されてよい行政の行為に処分性が認められるべきだと判断されることとなるためには，当該原告の主体的・主観的要素の中に訴訟による保護救済に値する法的な地位ないし利益が内包されることが，前提とされなければならないからである[9]。

　ということは，相対的行政処分論は，処分性を論じることと原告が主張する地位ないし利益が法的保護に値するか否か（以下，このことを「保護法益性」と呼ぶことにする）を論じることが，一個の判断として関係づけられること，しかもかかる保護法益性の判断が処分性の肯定にとって決定的な役割を演じることを意味している。その意味で，相対的行政処分論のベースには，行為の性質論（訴訟対象論）と保護法益論（訴訟主体論）とのリンケージという考え方が伏在するのである[10]。

---

9) 環境悪化をもたらす用途地域指定変更に対して地域住民が取消訴訟を提起する場合における当該指定変更の処分性をめぐる問題の核心について，阿部氏は，「結局，住環境の悪化を防止しようとする者の訴えをそもそもどの段階でも受けつけるべきでないかどうか，という価値判断にかかる」問題であり，したがって，かかる「環境維持効果の側面」を全く無視しその処分性を否定する判決例は，「住環境悪化防止はそもそもいっさい争わせない立場とみて，初めて一貫してくるが，問題はそれでよいのかということである」と看破される（阿部・前掲注1）100頁）。まさに正鵠を射たこの論評は，相対的行政処分論の基礎には，行政作用により影響を受ける者の地位ないし利益に法的な価値を認めるべきか否かという価値判断を重視する視点が伏在することを明快に示している。

10) 相対的行政処分論が訴訟当事者の具体的利益状況を最重視する理論であることからすれば，同理論にとって，行為の性質論（訴訟対象論）と保護法益論（訴訟主体論）とのリンケージは自明の前提と言えよう。実際，相対的行政処分論と原告適格との関係について，阿部氏は，本文で挙げた事案①ないし③の例について，「どこで論ずるかという理論構成の問題はさほど重要ではなく，とにかく……相対的な考え方ができればよいと思っている」（阿部・前掲注1）93頁）とされる。

2 「保護に値する利益救済説」との関係

　以上のような私見は，従前の「法的保護に値する利益説」の焼き直しないし復権を唱えるものと捉えられるおそれがあるので，ここで若干の補足的説明を要する。

　処分性，原告適格及び狭義の訴えの利益という三要件は，元来，広義の「訴えの利益」論の中の局面として切り分けられたものであり，処分性の判断における「公権力」性の判断要素（民事訴訟や公法上の当事者訴訟との交通整理のための要件という側面）を別とすれば，抗告訴訟における「法律上の争訟」性判断のための三つの構成要素という性格を有する。

　原田尚彦氏がその訴えの利益論において，取消訴訟の制度目的論ないし基本理念に関する考え方の理念型として提示した，「権利享受回復説」，「法律上保護されている利益救済説」，「保護に値する利益救済説」，「処分の適法性保障説」という四つの考え方も，本来は，広義の「訴えの利益」論の基礎に据えられるべき理念に関する考え方の類型論であり，原告適格判定のための法技術的基準論とは異なる次元の議論と捉えるべきものであった[11]。その中での「保護に値する利益救済説」の主張の眼目は，行政庁の公権力の行使に関する不服の事案について，それが訴訟による法的保護救済に相応しいものである限り，抗告訴訟による救済事案として取り上げていこうとする点にあったのであり，処分性，原告適格及び狭義の訴えの利益という各訴訟要件の次元で，具体的な判断基準を提供するという性質のものではなかったと言える。

　実際，人の具体的で法的な地位ないし利益が，具体的な国家作用により現に害され又は害されるおそれがあるという場合，当該事案が法の適用により解決可能な具体的争訟に該当するものである限り，「法律上の争訟」に当たるものとして裁判所の何らかの訴訟手続による保護救済が図られるべきであると考えられるのであり，当該事案は，訴訟形態の如何に関わりなく裁判所による何らかの保護救済の対象となり得なければならない[12]。残る問題は，この場合の

---

11) 原田尚彦『訴えの利益』（弘文堂，1973 年）3〜9 頁。なお，亘理格「行政訴訟の理論——学説的遺産の再評価という視点から」公法研究 71 号（2009 年）67 頁参照。
12) 本文の叙述は，髙木光氏の表現を借りて言えば「憲法上の『包括的な権利保護』という要請」

「法律上の争訟」概念や「法的な」地位ないし利益の概念をどのように認定するかであるが，基本的な考え方としては，「個々の事案の紛争実態に照らして独立の裁判所による公開・対審性を具えた訴訟手続による解決に相応しいか否かという判断」による必要があるように思われる。この意味で，「司法の組織的・手続的条件に照らして妥当であるか否かを基準に，行政訴訟の対象としていかなる事件が相応しいか」という見地からの判断が要請されるのであって，「具体的な権利義務に関する争いか否かという問題は，かかる判断の重要な標識ではあり得ても絶対不可欠の判断基準とまで言うべきものではない」と考えるべきである[13]。とりわけ，何が権利義務であるか自体が一義的には認定し難い種類の事案において，裁判所には，結局のところ，上記の判断指針に即して訴訟による保護救済に値するか否かの判断をなすことが求められる。その意味で，「法律上の争訟」ないし広義の訴えの利益論という上位次元での「保護に値する利益救済説」の所説は，決して不合理ではない当然の主張なのである[14]。

これに対し，処分性，原告適格，狭義の訴えの利益という各訴訟要件次元での判断に際してまずは法律上の根拠規定に依拠せざるを得ないというのは，裁判官の判断を法律上の根拠規定という客観的な枠組みの中にはめ込むことによって各訴訟要件の判断に客観性と効率性（訴訟経済性）を確保するという目的に照らし合理性を有しており，差し当たっての判断方式として合理性を有する判断枠組みである。通常の場合，かかる下位次元での三訴訟要件を充足した事案が，「法的保護に値する利益」を毀損する行政作用の違法性を争点とした「法律上の争訟」と認定されることとなる。しかし，「法律上の争訟」性という

ということになる。髙木光『行政訴訟論』（有斐閣，2005年），特に45頁以下。
13) 以上につき，亘理格「法律上の争訟と司法権の範囲」磯部力＝小早川光郎＝芝池義一編『行政法の新構想Ⅲ 行政救済法』（有斐閣，2008年）15～16頁。
14) 確認訴訟における「確認の利益」に関する近時の民事訴訟法学上の議論においては，「民事訴訟の目的を具体的争訟状態において想定される請求権とは別次元の，むしろそのベースにある『実質権』の意味での権利の保護に求める考え方が唱えられ」る傾向にあり，「そのような『実質権（保護すべき法的利益）』の中身として，『法的保護に値する』多様な法的利益を読み込んでいこうとする考え方が，唱えられている」（亘理・前掲注11）74～75頁）。このような民事訴訟法学における「実質権」＝「保護に値する利益」概念への関心は，抗告訴訟の広義の訴えの利益という次元における「法的保護に値する利益」論の考え方と問題意識を共有するように思われる。双方において共通関心事となっているのは，訴訟による保護救済の対象として相応しい保護法益性を具備した法的な地位ないし利益の存否問題である。以上につき，亘理・前掲注11）74頁参照。

上位次元の見地から法的保護に値する事案であると見なし得るにもかかわらず，下位次元のいずれかの訴訟要件段階で不適法な訴えであるとの判断が下されるとするならば，そのような判断の齟齬は，下位次元の判断基準の修正によって解消しなければならない。さもなくば，法治国家における司法権の役割が果たされたとは言えないからである。そのような下位次元での訴訟要件判断の修正のための仕組みを，処分性の局面で予めインプットしようとして編み出された理論枠組み，それが相対的行政処分論にほかならないと言えよう。

3　「公法上の当事者訴訟の活用」論との関係

他方，「法律上の争訟」性を有する法的紛争であるならば，訴訟形式の差違に関わりなく何らかの訴訟提起の可能性が認められなければならない。そのような可能性を抗告訴訟によって実現することができないのであれば，公法上の当事者訴訟にその役割を期待しようとするのが，公法上の当事者訴訟の活用論[15]の眼目であり，その意味で脱漏なき訴訟的救済の可能性を確保することが，この理論の眼目であるように思われる。

したがって，「公権力の行使」基準をめぐって問題化する抗告訴訟と公法上の当事者訴訟その他の訴訟形態との分業関係ないし訴訟形態相互間の交通整理の問題を除けば，「法律上の争訟」性を具備する行政事件を脱漏なく訴訟的救済の網ですくい取るという考え方において，「公法上の当事者訴訟の活用」論は，上述 (2) の「保護に値する利益救済説」と共通の問題意識に発する考え方であると言うべきである。

4　横断的共通基盤としての保護法益性

もっとも，処分性，原告適格，狭義の訴えの利益という各要件に共通の基盤に保護法益性が存在しなければならないことは自明であり，あらためて論じるまでもないことではないかとも思われる。確かに原告適格については，係争の行政処分に対する関係で原告には法律上の利益が認められるかが問題となり，その判断に当たっては，考慮されるべき利益の内容及び性質並びに当該処分に

---

15)　公法上の当事者訴訟の活用論については，髙木・前掲注12)，特に49頁及び136頁以下参照。

よって害されることとなる利益の内容及び性質等を考慮ないし勘案すべきであるとされる（行訴9条2項参照）ことにかんがみれば，保護法益性が直截的に論じられるのは自明である[16]。また狭義の訴えの利益についても，係争事案の客観的状況に照らして裁判判決による保護救済を図るべき利益が現にあるかが判断されるため，多くの場合，保護法益性が直截的に論じられることとなる。ところが処分性については，「直接国民の権利義務を形成しまたはその範囲を確定することが法律上認められている」か否かが，原告が置かれた具体的な利益状況を離れて一律画一的に判断されることとなるため，具体的な利益状況に即したきめ細かな検討を経ずに処分性が否定される結果となる危険を内在させているように思われる。それ故，処分性の判断に当たっては，保護法益性の問題に特に重大な関心を払う必要があるのである。

　この点で注目に値するのは，近時の最高裁判例の中に，訴え提起者には法的保護に値する地位ないし利益を認め得るとの先行的認定の下，かかる「法的」な地位ないし利益を否定又は剥奪することとなる行政作用に処分性を肯定する例が，出現していることである。また，同様に「法的」な地位ないし利益に該当するとの先行的認定の下，狭義の訴えの利益を肯定した判決例も出現しており，かかる事案では，処分性と狭義の訴えの利益のいずれの訴訟要件の枠組みで判断すべきかにつき，各審級の裁判所間で異なった選択がなされるという流動的な状況を呈している。以下では，そのような近時の最高裁判例について立ち入った分析を加えることにしよう。

III　処分性と保護法益性

1　相対主義的な処分性判定ケース

　上述のように，最高裁判例は一般に，一律画一的な処分性の判定を行ってき

---

[16] 取消訴訟における第三者の原告適格について，生命，健康に直接重大な影響を受けるおそれや健康又は生活環境利益に直接著しい影響を受けるおそれがあるか否かに着目して判断するという，今日の判例理論に定着した判定方法は，最高裁が採用する保護法益論が原告適格の局面で顕在化した例であると言えよう。

ており,「誰が争うか,争う理由は何か」の差違によって処分性が異なって判断される余地はないという前提の下に処分性判定を行ってきたと考えられている。相対的行政処分論は,そのような確立した判例がもたらす閉塞状況に対して風穴を開けようとする試みであり,また,三つの各訴訟要件を切り離し別々に論じてきた通説的な訴訟要件論に対し,変容を促すものである。しかし,最高裁判例の中にも,かかる一律画一的処理とは異なった判断方法がとられたのではないかと疑われる事案(千代田区立小学校統廃合条例取消請求事件)が存在することに,注目すべきである。

　東京都千代田区が設置していた区立小学校14校を廃止し新たに8校に統廃合する旨の条例制定に対して,廃止される小学校に通学する児童の保護者らが取消訴訟を提起した事案において,最一小判平成14・4・25(判自229号52頁)は,廃止後の新たな就学校として指定された区立小学校が,児童らにとって「社会生活上通学することができる範囲内にないものとは認められない」という事実を認定した上,「これによれば,本件条例は一般的規範にほかならず」,当該児童の保護者らは,「千代田区が社会生活上通学可能な範囲内に設置する小学校においてその子らに法定年限の普通教育を受けさせる権利ないし法的利益」は有するが,「具体的に特定の区立小学校で教育を受けさせる権利ないし法的利益を有するとはいえない」との理由により当該条例の処分性を否定した原判決(東京高判平成8・11・27判時1594号19頁)を,是認する判断を下した。公立小学校の場合,個々の児童の就学校は,元来,教育委員会の職権による指定により決められる。この判決理由をそのまま受け取るならば,最高裁は,各児童に新たに指定された就学校がいかなる場所にあるかを考慮し,当該就学校が児童らにとって「社会生活上通学することができる範囲内」に位置するか否かという個々の児童に固有の通学条件如何に応じて,条例の処分性の成否につき異なった判定が行われる可能性を認めたことになる[17]。しかし,このような

---

17) 亘理格「保育所利用関係における合意の拘束力——保育期間中における保育所廃止・民営化に対する法的制約の存否問題を素材に」小林武=見上崇洋=安本典夫編『「民」による行政——新たな公共性の再構築』(法律文化社,2005年) 237頁注9参照。また,下井康史「演習行政法」法教356号(2010年) 155頁参照。なお,原判決(前掲東京高判平成8・11・27)は,保護者は「その子女に市町村(あるいは東京都の区)が設置する学校において法定年限の普通教育を受けさせる権利ないし利益を有する」とした上,かかる「権利ないし利益」の内在的属性として,「市町村等が

考え方は，処分性判定における一律画一性の観念に立脚してきた最高裁判例の支配的傾向とは異なるのであり，その意味で変則的な判決例であることは明らかである。

　ちなみに，後述（2(1)）の横浜市立保育所廃止条例取消請求事件に関する最一小判平成 21・11・26 についても，当該保育所に現に入所中の児童及びその保護者であるか，それとも今後入所を予定するに過ぎない者であるかにより，条例の処分性判定が異なる結果になるのではないかが問題となり得よう。しかし，当該判決理由の趣旨は，現に入所中の児童及びその保護者が有する「期待し得る……法的地位」を剥奪することを以て一律画一的に処分性は認めた上で，現に入所中か今後入所を予定しているかの差違は，原告適格の次元で判断するという点にあると解するのが妥当であるように思われる。

　以上のように，千代田区立小学校統廃合条例判決は，最高裁判例も，処分性判断の一律画一性という考え方において必ずしも一枚岩ではないことを示唆する例と言えよう。ここではしかし，かかる判決例は例外中の例外であることを確認しておく必要がある。

2　保護法益性の承認から処分性が肯定されたケース

　そこで，以下ではまず，処分性判断の一律画一性という考え方は維持する一方，原告が有する地位ないし利益の保護法益性の判断が，当該行政の行為の処分性を肯定するに際して決定的役割を果たしたと思われる判決例を挙げて，検討を加えることにしよう。

(1)　特定の公立保育所において保育を受けることを「期待し得る法的地位」

　第一の例は，公立保育所の廃止を定めた条例制定行為の処分性を肯定した横浜市立保育所廃止条例取消請求事件に関する上告審判決（最一小判平成 21・11・26 民集 63 巻 9 号 2124 頁，判時 2063 号 3 頁）である。

社会生活上通学可能な範囲内に設置する学校で教育を受けさせることができる」ものであることを要求していた（第一審・東京地判平成 7・12・6 判時 1594 号 23 頁も同旨）。かかる原審の見解に従えば，「社会生活上通学することができる範囲内」に就学可能な公立小学校が存在するか否かの判断は，上告審判決よりも直截的に，廃止条例の処分性の成否を左右する意味を有することになるであろう。

事案は，横浜市が四つの市立保育所を民営化するために，市が設置する保育所の名称及び位置を定める横浜市保育所条例の別表の中から，当該保育所の記載を削除するという改正条例に対して，民営化に反対する児童又は保護者がその取消しを求めて出訴したものである。原審（東京高判平成 21・1・29 判時 2057 号 6 頁）は当該改正条例の制定行為に処分性を否定していたのに対し，最高裁は，「本件改正条例は，本件各保育所の廃止のみを内容とするものであって，他に行政庁の処分を待つことなく，その施行により各保育所廃止の効果を発生させ，当該保育所に現に入所中の児童及びその保護者という限られた特定の者らに対して，直接，当該保育所において保育を受けることを期待し得る上記の法的地位を奪う結果を生じさせるものであるから，その制定行為は，行政庁の処分と実質的に同視し得るものということができる」との理由により，処分性を認めた[18]。

本件で最高裁が条例制定行為に処分性を認めたのは，現に特定の公立保育所で保育を受けている児童及びその保護者には，当該保育所において保育期間満了時まで保育を受けることを「期待し得る法的地位」を認めたからであり，この点で，就学校指定制を前提に「具体的に特定の区立小学校で教育を受けさせる権利ないし法的利益」の成立可能性を否定した上述(1)の平成 14 年最一小判とは制度的前提を異にする[19]。保育所入所手続については，児童福祉法 24 条の規定が，平成 9 年の同法改正により，保護者から提出された入所希望保育所等を記載した申込書に基づき入所児童を選考する仕組みの採用へと改正され，また，横浜市では，保育所への入所承諾の際に保育の実施期間が指定されることになっている。かかる保育所利用関係の変容を前提に，横浜市における保育所利用関係では，「保護者の選択に基づき，保育所及び保育の実施期間を定めて設定される」仕組みとなっていることを理由に，現に特定の保育所で保育を受けている児童及び保護者に，「保育の実施期間が満了するまでの間は当該保

---

18) 亘理格「行政法判例の動き」平成 21 年度重判解（ジュリ臨増 1398 号）35～36 頁及び同「行政法判例の動き」平成 22 年度重判解（ジュリ臨増 1420 号）35～36 頁参照。なお，上告審判決の時点で，本件児童の保育の実施期間がすべて満了していたため，上告審は，訴えの利益の消滅という原判決とは異なる理由づけにより，原審の請求却下の結論を維持した。
19) 古田孝夫〔調査官解説〕ジュリ 1413 号（2010 年）100 頁参照。

育所における保育を受けることを期待し得る法的地位」が認められた。かかる「期待し得る法的地位」の存在認定が決定打となって，これを奪うという効果を有する本件改正条例に，処分性が肯定されたわけである[20]。

(2) 短期限定付きながら簡易迅速な救済を得ることができる「手続上の地位」

第二の例は，登録免許税に係る過誤納金につき登記機関（法務局登記官）が行った，所轄税務署長に還付通知（登税31条1項）をなすことを拒否する旨の通知（以下，「拒否通知」と呼ぶことにする）に処分性を肯定した最一小判平成17・4・14（民集59巻3号491頁，判時1897号5頁）である。本件の過誤納付者は，阪神・淡路大震災の被災者であり，損壊建物の取壊しの後に新築した建物の保存登記を申請した際に登録免許税を納付したが，当該税の納付は，「阪神・淡路大震災の被災者等に係る国税関係法律の臨時特例に関する法律」37条1項に基づき免税措置の対象とされていた。そこで，登記官に対し所轄税務署長に還付通知をすべき旨の請求（登税31条2項）を行ったが拒否されたため，当該登記官に対する当該拒否通知の取消請求及び国に対する過誤納金の還付請求訴訟を提起したという事案である。原審が，当該取消請求については拒否通知の処分性を否定し却下すべきものとし，また還付請求は棄却したのに対し，登記官側が，還付通知（及び拒否通知）の処分性及び還付通知手続の排他性を理由に還付請求訴訟の提起可能性を否定してきた法務省見解を前提に上告受理の申立てを行い，還付通知の処分性を認めるように主張したという点で，特異な経緯で上告に至った事案である。かかる事案につき，最高裁は，国税通則法56条1項に基づく過誤納金の還付請求（消滅時効5年間）を可能とする一方，拒否通知の処分性も認める判断を下した。その際，還付通知（及び拒否通知）には，登記等を受けた者に請求期間1年という制約下での簡便な還付手続の利用をな

---

20) なお，本判決は，本件改正条例に処分性を肯定するもう一つの理由として，当事者訴訟ないし民事訴訟による紛争解決との対比で，処分の取消判決や執行停止の決定に第三者効（行訴32条）が認められている取消訴訟によって争い得るとすることに合理性があるという点を挙げているが，これはあくまでも副次的な理由づけであり，公立保育所廃止条例の場合，本文で述べた「期待し得る法的地位」の認定とかかる法的地位を奪うという法的効果の認定により，処分性を肯定するための条件は十分満たされていると解される。この点につき，高橋滋〔本判決評釈〕自治研究87巻2号（2011年）154頁参照。なお，第三者効に関する判旨の理解の仕方については，山本隆司「判例から探究する行政法第30回〔最終回〕」法教366号（2011年）95頁（山本隆司『判例から探究する行政法』〔有斐閣，2012年〕420～421頁）参照。

し得る「手続上の地位」が認められることを理由に処分性を肯定する一方，当該処分手続に，還付請求に対する関係で「手続の排他性」は認められない旨判示し，過誤納金の還付を求めるための二つの手続が並行して利用可能な手続であることを認めた。

還付通知の処分性と訴え提起者の保護法益との関係で注目すべきであるのは，「登録免許税法31条2項は，登記等を受けた者に対し，簡易迅速に還付を受けることができる手続を利用することができる地位を保障しているものと解するのが相当である」として，登記等を受けた者には，登記官に対する還付通知請求を通して簡易迅速な救済を受ける「手続上の地位」があることを認めた上，拒否通知にはかかる「手続上の地位を否定する法的効果」があることを理由に，拒否通知の処分性を肯定した点である。手続上の法的地位を理由に処分性肯定という結論を導いた判決例として重要である。また，還付通知の請求には「手続の排他性」を認め得ないとして，通知拒否の処分性の肯定が還付請求及び同訴訟（税通56条1項）の提起を妨げるものではないことを明快に示した。登録免許税という，登記時に，納付すべき税額が別段の課税処分なしに納税義務の成立と同時に確定する種類の税に限られた判断ではあるが，最高裁が，処分性の肯定と「手続の排他性」間の連動性という見解からの脱却の方向を示唆した判決例としても重要である[21]。

3　保護法益性の否認から処分性が否定されたケース
　　——開発許可の申請に係る公共施設管理者の同意拒否

上述のケースは，訴え提起者には法的保護に値する地位ないし利益が認められることが決定打となって，かかる法的な地位ないし利益を剥奪又は制限することとなる行政作用に処分性が認められた例であるのに対し，逆に，訴え提起者には法的な地位ないし利益が認め得ないことが決定打となって，処分性が否定されるケースも存在する。紙幅の制約のため，一例として，都市計画法上の

---

21) 還付通知に係る拒否通知に処分性を認めるかという問題と，登録免許税法31条2項の請求以外に還付請求権行使のための手続を認めるかという問題は別問題であり，前者の肯定が後者の否定を必ずしも帰結するわけではないことを説示するものとして，高世三郎〔調査官解説〕最判解民事篇平成17年度223頁参照。

開発行為の許可申請に際して，申請者が事前に得なければならない関係公共施設の管理者の同意の拒否について，処分性を否定した最一小判平成7・3・23 (民集49巻3号1006頁，判時1526号81頁) を取り上げ，検討を加えるに止めることにしよう。

開発行為の許可申請に際して，申請者は，都市計画法32条1項に基づき，「あらかじめ，開発行為に関係がある公共施設の管理者と協議し，その同意を得なければならない」とされており，また，許可申請書には，当該「同意」を「得たことを証する書面」の添付義務が課されているため，公共施設管理者による同意の拒否は，開発行為を申請しようとする者の申請をなし得ないものとし，その結果，当該開発行為を適法に行う可能性が閉ざされることとなる。判決理由によれば，かかる結果が生ずるのは，都市計画法が，立法政策として，「開発行為による影響を受ける公共施設の管理者の同意を得ることを開発許可申請の要件とする」規定 (32条1項) を設けた結果にほかならないとされ，「右の同意を拒否する行為それ自体は，開発行為を禁止又は制限する効果をもつものとはいえない。したがって，開発行為を行おうとする者が，右の同意を得ることができず，開発行為を行うことができなくなったとしても，その権利ないし法的地位が侵害されたものとはいえないから，右の同意を拒否する行為が，国民の権利ないし法律上の地位に直接影響を及ぼすものであると解することはできない」との理由により，同意拒否の処分性が否定された。

以上のような判旨に対し直ちに生ずる疑問は，判決が一方では，「この同意が得られなければ，公共施設に影響を与える開発行為を適法に行うことはできない」ことを認めながら，何故，「右の同意を拒否する行為それ自体は，開発行為を禁止又は制限する効果をもつものとはいえない」と言い得るのか，その理由が判然としないという点である。もっとも，この点について，調査官解説は，国民には本来的に，公共施設との適正な調整の上で開発する「権利」や開発「申請権」が認められるものではなく，したがって，「開発行為と公共施設の適正な管理との間の調整」をどのような方法によって図るかは，「立法政策にゆだねられたものといえよう」と述べている[22]。かかる解説から推し測ると，

---

[22] 綿引万里子〔調査官解説〕最判解民事篇平成7年度392頁。

開発行為が公共施設管理者の同意の拒否によって禁止又は制限されたとしても，それは，元来「権利ないし法的地位」たる資格を認め得ない開発行為が禁止又は制限されるに過ぎないのであり，したがって，法的効果としての禁止又は制限が生ずるものとは見なし得ないという点に，本判決の真意があるようである。調査官解説では，さらに，「法は……いわば同意が得られた者だけを公共施設の管理との適正な調整を図った者とみて開発申請権を付与するという方策を採用したと解すべきであるというのが本判決の採る見解なのである」という説明[23]，これにより，国民の救済方法としては国家賠償請求による救済しか残されていない結果になるとしても，それは，「法が開発行為が関係公共施設の管理上適当なものであるかどうかについては，その管理者の判断にゆだね，公共施設に影響を与えるような開発行為は，管理者の同意が得られない以上，その申請さえ認めないという立法政策を採用した帰結」にほかならないとする説明[24]等が示されている。これらの説示からは，そもそも開発行為には「権利ないし法的地位」たる性質を認め得ないとの命題が根底にあり，それ故，公共施設管理者の同意拒否により開発許可の申請がなし得なくなり，またその結果として開発行為それ自体が不可能となったとしても，それは，元々「権利ないし法的地位」たる性質を認め得ない開発行為をなし得ないというだけのことであり，したがって，「同意を拒否する行為それ自体」は，申請者に既に具わっている「権利ないし法的地位」を剥奪又は制限するという「効果」を有するわけではない，という考え方が，判旨の背後に潜んでいることが明らかとなる。開発行為及び開発許可申請をなすことに「権利ないし法的地位」たる性質を認め得ないとする見解が，公共施設管理者の同意拒否に処分性を否定する結論を決定づけているのである。処分性と保護法益性との関係性を検討しようとする本稿の見地からは，この点が重要である。

もっとも，以上のような判旨に対しては，以下の疑問を指摘したい。

第一に，個々の開発行為に正当性ないし適法性が認めうるか否かに関わりなく，同意拒否は財産権行使の制限に直結するのであるから[25]，処分性が認めら

---

[23] 綿引・前掲注22）394頁。
[24] 綿引・前掲注22）395頁。
[25] 阿部泰隆『行政訴訟要件論』（弘文堂，2003年）22頁以下参照。

れて然るべきではないかと思われる。調査官解説が主張する「権利ないし法的地位」性の否定論は，財産権行使の内在的制約を論じるものとしては理解できるが，仮にそうであれば，個々の開発行為がかかる内在的制約に反しないか否かは，本案問題の次元で扱うべき問題であって，処分性の否定を導くための理由とはなり得ないように思われる。

　第二に，具体的な申請権や請求権のような国民の権利や法的地位は，すべて法律によって定められるものであると考えれば，国民が本来的に，即ち法律の規定以前に開発行為を行う権利や開発許可申請権を有するものではないからといって，そこから直ちに，法律上認められた権利や申請権の行使を禁止又は制限する行政作用に対する訴訟提起の可能性を否定してよいという結論が導かれるべきではない。判旨の考え方を認めるならば，限られた公共的資源の利用を内容とする一定の授益的地位（鉱物採掘権，電気・ガス事業，放送事業等々）を創設する法律の規定に基づく申請権については，法律でその行使手続をいかように制限しても訴訟による救済の対象とはなり得ないということになりかねない。

　第三に，公共施設管理者の同意という許可申請手続の中に位置づけられた手続的要件について，申請者にとって保護利益性が認められて然るべきではなかろうか。仮に開発行為について国民には「権利ないし法的地位」がないことを認めたとしても，法律でその許可申請のルートが制度として創設されている限り，当該申請ルートの利用を違法に阻害又は制約する行政作用に対しては，取消訴訟であれ又は他の訴訟形態であれ，当該行政作用自体の違法性を争うための訴訟が保障されて然るべきであり，訴訟提起の可能性が一切認められないのは不合理なのではなかろうか。法律上認められた許可申請権の行使に重大な制約を課す行為の違法性が争われるというケースは，具体的権利義務に関して法規範の適用により解決可能な紛争なのであるから，本来，「法律上の争訟」（裁3条1項）たる性格を具備した紛争と見るべきものであり，したがって，かかる争訟に関する訴訟提起の可能性が一切封じられるのは，裁判を受ける権利保障（憲32条）の見地から是認し得ないように思われる。以上のような私見は，法律で認められた「手続上の地位」には，それ自体訴訟による保護を可能とする保護法益性を承認すべきであるという考え方であり，かかる「手続上の地位」に固有の法的保護利益性を承認しようとする考え方は，近時，前述（2

(2)）の登録免許税の過誤納付に関する還付通知の拒否に処分性を認めた最一小判平成17・4・14によっても認められる傾向にあることを，付言したい[26] [27]。

IV 狭義の訴えの利益と保護法益性
―― 「優良運転者」の記載を欠いた運転免許証の交付取消請求事件

　訴え提起者には法的保護に値する地位ないし利益が認められるとの判断が，狭義の訴えの利益があることを認める判断を決定づけることとなった判決例として，最二小判平成21・2・27（民集63巻2号299頁）を取り上げることにしよう。本判決は，運転免許証の有効期間の更新処分に際して，公安委員会により，道路交通法規違反があったとの理由により「一般運転者」該当者として扱われ，「優良運転者である旨の記載のない」免許証の交付を受けた者が，自分には違反行為がなかったと主張し，当該更新処分のうち「原告を一般運転者とする部分」の取消し及び「優良運転者である旨の記載のある免許証」の交付義務付けを求めた事案に関するものである。

　本判決は，「客観的に優良運転者の要件を満たす者であれば優良運転者である旨の記載のある免許証を交付して行う更新処分を受ける法律上の地位を有することが肯定される」として，上記記載のない免許証の交付により当該「法律上の地位」を否定されたことを理由に，「これを回復するため」更新処分の取消しを求める「訴えの利益」の存在を認める判断を下した。「優良運転者」と

---

[26]　なお，「手続上の地位」に固有の保護法益性を認めようとする考え方は，手続的な行為には，実体法上の効果とは区別された固有の法的効果を認め得るとの考え方を前提にしている。独自の法的効果が認められて初めて，固有の保護法益性を認め得るのである。なお，手続に固有の法的効果を認め得るとの考え方については，行政行為の分類論との関係で，「公証」及び「通知」については独自の手続的法効果を認め「手続的行為」という分類枠により再構成しようとした今村成和博士の提唱を参考にしている。今村成和著・畠山武道補訂『行政法入門〔第8版〕』（有斐閣，2005年）66～69頁及び81～86頁。なお，今村博士による「手続的行為」類型の提唱は，同書第4版（1990年）及び第5版（1992年）における行政行為の分類論の再構成にまで遡る。

[27]　同様に保護法益性の見地から疑義のある最高裁判例として，本文で検討した判決例のほか，①鉄道建設公団の新幹線整備事業工事実施計画に対する建設大臣の認可の処分性を否定した最二小判昭和53・12・8（民集32巻9号1617頁），及び②公務員の採用内定の取消通知に処分性を否定した最一小判昭和57・5・27（民集36巻5号777頁，判時1046号23頁）を挙げておきたい。

は，免許更新時に，過去5年間にわたって違反行為等がなかった場合に免許証に記載される事項であり（道交93条1項5号），かかる記載があれば，更新申請時に「更新手続上の優遇措置」（住所地を管轄する公安委員会以外の公安委員会を経由した更新申請書の提出，講習事項及び手数料の軽減）を受けることができるが，5年間という免許証の有効期間は一般運転者の場合と異ならない。判決は，こうした更新手続上の優遇措置を受けられなくなるという不利益については，「法律上の地位に対する不利益な影響とは解し得」ずそれ自体が「取消しを求める利益の根拠となるものではない」とする一方，「優良運転者の実績を賞揚し，優良な運転へと免許証保有者を誘導して交通事故の防止を図る目的で」免許証への記載と更新手続上の優遇措置を講じるという当該制度の立法目的を強調し，優良運転者制度を以て，「単なる事実上の措置にとどめず，その者の法律上の地位として保障するとの立法政策を，交通事故の防止を図るという制度の目的を全うするため，特に採用したものと解するのが相当である」と述べている。この意味で，交通事故防止のために優良運転制度を活用しようとする立法者の意図自体が，上述の「法律上の地位」の存在を認める判断を導いたという点が，本判決の特徴である[28]。

　本事案で，第一審は，本件免許更新処分の中で原告を「優良運転者」ではなく「一般運転者」として扱った「運転者区分の認定ないし確認行為」に，処分性を認め得るか否かにつき検討を加え，かかる「認定ないし確認行為自体をもって申請者の権利義務に影響を及ぼすものとはいえない」との理由により処分性を否定したのに対し，控訴審は，上述の「更新手続上の優遇措置」の存在を理由にその処分性を肯定した。これに対し，最高裁は，本件訴訟が「免許証の更新処分」の取消しを求める訴えである限り，当該更新処分が「抗告訴訟の対象となる行政処分に当たることが明らかである」としてその処分性を肯定する一方，本件の主たる争点は，むしろ「その取消しを求める利益」の存否問題にあるとして，狭義の訴えの利益の有無を重点的に検討した。上述の判旨は，以上のような争点理解を踏まえて示されたものである。

---

28)　亘理・前掲注18）平成21年度重判解37～38頁。また，野田崇〔本件評釈〕同書61頁は，本件で訴えの利益が認められた最大の手掛かりは「優良運転者制度が持つ誘導目的」にあったとの見解を示す。

以上のように，第一審から上告審に至る各審級の判断における訴訟要件上の主たる争点が，処分性から狭義の訴えの利益へと変遷し，また，処分性を肯定する控訴審と上告審の判断もその理由は全く異なるという点が，本事案の特色である[29]。以上のような各審級における裁判所の論点理解の食い違いは，訴え提起者に法的保護に値する地位ないし利益が認められるべきかという一個の問題が，処分性や狭義の訴えの利益という複数の訴訟要件との関係で問題となり得ることを示唆する。その意味で，本判決の場合，異なった審級間での判決理由の変遷自体が，保護法益性の成否が広義の訴えの利益全般に関わる共通課題となり得ることを物語っていると言えよう。

V　むすび

　前節までの検討から，以下のことが明らかとなる。
　第一に，阿部氏が言うように，処分性に関する最高裁の支配的判例理論は，行為の性質に応じて一律かつ画一的に処分性の成否を決するという考え方を採用してきた。千代田区立小学校統廃合条例取消請求事件に関する上告審判決のように，訴え提起者の置かれた具体的な利益状況次第で処分性の判断が異なることを容認する趣旨とも取れる判決理由を示した最高裁判例も存在するが，そのような例はあくまでもごく例外的な存在である。
　第二に，処分性に関する近時の最高裁の代表的判例の中には，訴え提起者が有する「法的な」地位ないし利益が訴訟による保護に値するという判断が，処分性を認める判断を決定づけているケースが少なからず存在しており，その中では，保育の実施期間にわたって特定の公立保育所において保育を受けることを「期待し得る法的地位」や，過誤納付額の還付を受ける法律上の手続として，消滅時効5年間の還付請求権の行使とは別に1年間の期限付きで簡易迅速な方法による還付を可能ならしめるという「手続上の地位」への明示的な言及が行われ，かかる法的地位を否定することとなる行政作用（公立保育所の廃止を定め

---

29)　曽和俊文＝山田洋＝亘理格『現代行政法入門〔第3版〕』（有斐閣，2015年）260～261頁［曽和］参照。

る条例の制定,還付通知拒否通知)に処分性を肯定する際の決定的な理由となっている[30]。

他方で,第三に,従前の処分性否定判決例の中には,訴え提起者に法的保護に値する地位ないし利益を認め得ないことが決定打となって処分性が否定されたケースがある。かかるケースについては,改めて保護法益性の成否の視点から見直しがなされるべきである。

以上のような問題点の整理を踏まえて,以下では,処分性判定の手順について私見を提示し,本稿を締め括ることとしたい。

抗告訴訟における「法律上の争訟」性判断の基本構造については,まず,国民の権利義務を形成し又はその範囲を確定するものであるか否かという行為の性質に着目した判断基準により,一律かつ画一的に処分性を判断することを前提に,訴え提起者が主張するところの利益が根拠法規との関係で有する法的性質に応じて原告適格を判断し,その上で,判決時における客観的かつ具体的利益状況に応じて狭義の訴えの利益を判定するという三段階にわたる判断を経ることは,これらの訴訟要件が有するフィルター機能の客観化と効率的達成という目的との関係で合理性を有しており,効率的な「法律上の争訟」判断の際に依るべき原則的・一般的な判定手順としては,今後とも維持してよい。他方しかし,そのような三段階を重ねた手順による「法律上の争訟」性判断は,結果的に,本案判断に「法律上の争訟」性を具えることを要求した裁判所法3条1項及び裁判を受ける権利保障(憲32条)本来の意図を超えて,抗告訴訟提起の間口を過剰に狭めてしまう危険性をはらんでいる。三段重ねで構築されたフィ

---

[30] 中川丈久氏は,「近時の最高裁が処分性を拡大させているとは,必ずしも考えていない。処分性を肯定した最高裁判決の多くは,むしろ従来からの処分性の定義の範囲内にあると考えられる」として,病院開設中止勧告に処分性を認めた最二小判平成17・7・15(民集59巻6号1661頁,判時1905号49頁)及び最三小判平成17・10・25(判時1920号32頁)や土地区画整理事業計画決定に処分性を認めた最大判平成20・9・10(民集62巻8号2029頁,判時2020号18頁)には,その判断枠組みにおける新規性を見出し得ないとの理解を提示する一方,登録免許税還付通知拒否通知及び公立保育所統廃合条例に処分性を認めた二つの判例については,「従来の実体法的な処分性概念の枠を大きく超えている(説明不能である)がゆえに,逆にとても大きな,根本的な路線変更の可能性を秘めているかもしれない」と述べ,かかる二つの最高裁判例が処分性判断の従来の方式との関係で有する変則的性格を指摘する(中川丈久「行政実体法のしくみと訴訟方法——紛争処理のための行政法」法教370号〔2011年〕71頁)。

ルターが各々に固有の認定要件を適用して重厚な濾過機能を行使した結果として，「法律上の争訟」性が否定されて然るべき事案の総量を超えた事案が訴訟要件を満たさないものとして本案判断の対象から排除される危険があるのではないかとの懸念が，払拭し切れないのである。とりわけ処分性の判断は，行為の性質に応じた一律かつ画一的な判断を要するものとされてきたため，本案判断からの過剰なる排除機能を果たすこととなる危険性が高い。相対的行政処分論とは，処分性の判断にはかかる危険性が付きまとうことに対して予め講じられた防護策であり，妥当かつバランス感覚に富んだ理論枠組みである。

そこで，処分性の判断が以上述べたような本案判断からの過剰な排除機能を果たすことがないように，その一律かつ画一的な運用に対する修正を施す必要が生ずる。かかる修正を図るための判断手法としては，処分性，原告適格，狭義の訴えの利益のそれぞれに関する判断をひととおり終えた段階で，保護法益性の存否という視点から再度の検証を行い，一律かつ画一的な処分性の判断によっては妥当性を欠く結果を導くと考えられる事案については，保護法益性の存在を考慮した結果として，当初の処分性否定の判断を覆すという判断を行うことが不可欠である。そのような意味で，行為の性質に即して行われた当初の処分性の判断は，あくまでも訴え提起者に固有の具体的な利益状況からは切り離された差し当たっての仮の判断として捉えるべきである。抗告訴訟における広義の訴えの利益の判断は，少なからざる事案において，以上の意味で，訴えの対象の性質と訴え提起者の法的な地位ないし利益との相互間での補完的考察の反復の中から，初めて妥当な結論が得られる性質のものであるように思われる。以上が，本稿が「相関関係的訴えの利益論」という呼称を用いた所以である。

第5章

フランス法における「違法性の抗弁」論
—— 違法性の承継論との関係で

I 「違法性の承継」論の問題状況

1 伝統的な「違法性の承継」論

　本稿は，複数の行政処分が先行行為と後行行為という形で相前後して行われ，全体が一連の手続として一定の法律効果を生ずる場合において，先行処分が違法であるときは，当該先行処分が取消訴訟の提起等を通して取り消されていなくても，これに続く後行処分もその違法性を承継し違法な行政行為として取り消されるべきか，という問題[1]を，フランスの都市計画及び国土整備分野の判例を素材に検討しようとするものである。

　上述の問題は，わが国では，明治憲法時代から，「違法性の承継」として論じられてきた。違法性の承継の成否に関する伝統的な考え方によれば，上述のように，複数の行政処分が相前後し連続して行われる場合において，「先行処分と後行処分とが相結合して一つの効果の実現をめざし，これを完成するものである場合」には，「原則として」違法性の承継が成立するのに対し，「先行処分と後行処分が相互に関連を有するとはいえ，それぞれ，別個の効果を目的とするものである場合」，違法性の承継は成立しないとされ[2]，その結果，農地買収計画と農地買収処分間の関係，租税滞納処分における差押処分と公売処分間の関係，公用収用法に基づく事業認定と収用裁決間の関係には，違法性の承継が認められるのに対し，市町村議会による予算の議決と市町村税の賦課間の関係，租税賦課処分と租税滞納処分間の関係には違法性の承継が認められない

---

　1)　本文で示した違法性の承継論の定式については，田中二郎『新版行政法上巻〔全訂第2版〕』（弘文堂，1974年）330〜331頁の叙述参照。
　2)　田中・前掲注1) 327〜328頁。また，同旨として，田中二郎『行政法総論』（有斐閣，1957年）324〜325頁。

とされてきた[3]。

　もっとも，以上のような伝統的学説に対しては，違法性の承継が認められる根拠や理由及び判断基準等について，従前から批判や疑義が提起されてきた[4]。また，公用収用の事業認定と収用裁決間の関係については，伝統的学説により違法性の承継が認められるべき典型例と目され[5]，また，多くの下級審裁判例もこれを認めてきた[6]が，これに対し，学説の中には，事業認定の際の手続規定が整備されその時点での出訴期間内の争訟提起の可能性が十分確保されている等の理由により，違法性の承継を認めるべきではないとする見解等が表明される[7]一方，同様にこれを否定する判決例も少ないながら存在する[8]。

---

3) 田中・前掲注1) 327～328頁，331頁，田中・前掲注2) 325頁。
4) 岡田春男『行政法理の研究』(大学教育出版，2008年)，福井秀夫「土地収用法による事業認定の違法性の承継」成田頼明先生古稀記念『政策実現と行政法』(有斐閣，1998年) 251頁以下。
5) 田中・前掲注1) 331頁。なお，明治憲法下の行政裁判所判例が事業認定と収用裁決間における違法性の承継を否定していた時代において，美濃部達吉はいち早く肯定論を唱えていた。この点につき，美濃部達吉『行政裁判法』(日本評論社，1928年) 193頁，同『公用収用法原理』(有斐閣，1936年) 206～210頁，同『日本行政法(下)〔再版〕』(有斐閣，1941年) 973～974頁。
6) 収用事業における事業認定（都市計画法59条1項ないし4項に基づく都市計画事業の認可又は承認も含む）と収用裁決間に違法性の承継が成立し得ることを認める裁判例（執行停止申立てに対する決定も含む）は多数に上るが，近年のものに限って挙げれば，以下のものがある。①名古屋地判平成2・10・31判時1381号37頁，②福岡地判平成4・3・24訟月38巻9号1753頁，判自99号76頁，③名古屋地判平成5・2・25判時1631号35頁，④神戸地判平成6・10・26判タ879号137頁，判自140号73頁，⑤名古屋地判平成7・12・15判自152号101頁，⑥札幌地判平成9・3・27判時1598号33頁（二風谷ダム事件第一審判決），⑦名古屋高判平成9・4・30判時1631号14頁（③事件の控訴審判決），⑧大津地判平成10・6・29判自182号97頁，⑨東京地決平成15・10・3判時1835号34頁（圏央道あきるのインターチェンジ執行停止申立事件），⑩東京地判平成16・4・22判時1856号32頁（圏央道あきるのインターチェンジ事件第一審判決）。このうち，事業認定を違法と認定した上で違法性の承継を理由に収用裁決を違法と結論づけた裁判例は，⑥と⑨と⑩である。但し，⑥判決は，事情判決により取消請求は棄却した。
7) 福井・前掲注4) 251頁以下，特に255～260頁。
8) 事業認定と収用裁決間における違法性の承継の成立一般を否定する裁判例として，⑪千葉地判昭和63・6・6判時1293号51頁（成田空港建設事業収用裁決取消請求訴訟），⑫福岡高判平成6・10・27訟月42巻9号2127頁，⑬東京高判平成15・12・25判時1842号19頁（注6)で挙げた⑨事件の抗告審決定），⑭静岡地判平成23・4・22判時2214号9頁（静岡空港整備事業収用裁決取消訴訟），⑮東京高判平成24・1・24判時2214号3頁（⑭の控訴審判決）。
　もっとも，判決⑮に関しては，事業認定と収用裁決間における違法性の承継の成立一般を否定したものと解し得るかにつき，疑問の余地がある。その理由は以下の通りである。まず，本判決は，収用委員会による収用裁決の際に，「事業認定の適法性について審理することが予定されてい」ないという点に言及した上，事業認定に対する取消訴訟提起の機会が保障されていることを一方の理

伝統的な違法性の承継論をめぐる以上のような動揺の根底には，この理論の理論的基盤が明確かつ十分に確立したものではなかったという事情があると思われる。そして，現に，以下に述べるように，違法性の承継論の再構成を試みる見解が従前より表明されてきた。

2 「遮断原則」と「違法性の承継」相互の関係をめぐって

「違法性の承継」が認められるのはあくまでも例外であり，先行行為の違法性は当該先行行為に対する取消争訟の場でしか争い得ないのが原則である，とされてきた。また，以上のように先行行為の違法の主張が，後続行為に対する取消訴訟の場では遮断されるのが原則であるとする考え方（以下，「遮断原則」と呼ぶ）は，当初，公定力によって根拠付けられていた[9]。しかし，その後，

由として，控訴人（第一審原告）による違法性の承継の主張を斥けており，この点では，事業認定と収用裁決間における違法性の承継一般を否定しているように読める。ところが，本件では，収用裁決の取消しを求める本件訴訟と並行して，本件事業認定の取消しを求める別件訴訟が提起されており，当該別件では，第一審が，本件事業認定が違法ではないと認定して訴えを棄却した後，控訴審も，同様の判断を下し控訴を棄却している。本判決は，このように別件に関して請求棄却及び控訴棄却の判決が下されていることに「当裁判所に顕著な事実」として言及し，その点を第二の理由として，「事業認定とは独立した行政処分である収用裁決の取消しを求める本件訴訟において，本件収用裁決の違法事由として，本件事業認定の違法性を主張することは許されないというべきである」と結論付けた。以上のような経緯と本判決理由に鑑みると，本判決の趣旨は，単に，事業認定を直接対象とする取消訴訟が現に提起されている場合における当該事業認定の違法性の主張可能性を，当該事業認定取消訴訟の場に限定しようとする点にあり，事業認定と収用裁決間における違法性の承継の成立可能性を一般的に否定する趣旨まで含むものではない，と解する余地もあるように思われるのである。

　なお，収用裁決の取消事由として事業認定と収用裁決間における違法性の承継が主張される事案では，事業認定が違法ではないとの判断が先に下されれば，その上違法性の承継の成否を論ずる必要性は失われる。かかる事案において，「主張する利益を認めることはできない」，「論ずる余地はない」，「検討するまでもなく」又は「判断する必要はない」という理由により，収用裁決が違法ではないとの判断が下された例として，以下のものがある。⑯福岡地判平成5・12・14訟月42巻9号2137頁（⑫事件の第一審判決），⑰東京高判平成18・2・23判時1950号27頁（注6）で挙げた⑩事件の控訴審判決），⑱東京地判平成22・9・1判時2107号22頁（圏央道八王子インターチェンジほか整備事業に関する「高尾山天狗裁判」事件第一審判決），⑲東京高判平成24・7・19判例集未登載（⑱事件の控訴審判決）。

9）　以下，かかる根拠論を「公定力説」と呼ぶ。公定力説を明確に説くものとして，美濃部達吉『日本行政法（上）』（有斐閣，1936年）258～259頁及び940～945頁。なお，田中二郎博士の所説において，複数の行政行為間における違法性の主張の遮断が公定力によって根拠付けられていたかは，必ずしも明らかとは言えないが，行政行為の公定力とは，「行政行為が違法の行為であるに拘らず，

公定力を以て行政行為に内在する実体法的効力としてではなく，取消訴訟制度の排他性という手続法の仕組みが行政行為の効力の形を借りて反映した結果に過ぎないとして，これを手続法的に捉え直す見解が有力に唱えられた。またこれに伴い，公定力の対象を，適法・違法の次元とは区別された意味での効力（有効・無効）の次元に限定し，「行政行為の厳密な意味における法律効果の通用力」が認められるに止まる[10]とする考え方が支配的となった。そして，このように公定力の射程を厳密に限定する傾向は，遮断原則の根拠を公定力以外のものに求めるという帰結を伴った。何故なら，遮断原則は，そもそも，個々の行政行為に際して法律要件が充足されているか否かに関して行政庁が行う認定判断に，当該認定判断を先決問題とする後続の紛争に関する裁判所の判断に対する拘束力を認める考え方であるところ，かかる適法・違法次元の概念である遮断原則を，公定力という専ら効力次元に限定された概念によって根拠付け得ないことは明らかだからである。そこで，公定力という，行政行為一般に具わるものと想定された効力概念によって遮断原則を根拠付けるのではなく，個別事案ごとに，遮断原則を貫いて違法性の主張を排除すべきか否（遮断原則が破られるべき）かを判断しなければならないこととなり，その場合，当該行政行為を規律する実定法制度の仕組みに照らした判断とともに，「権利保護の要請と法的安定の要請の調和」を図ること[11]，或いは「行政上の必要と権利救済の要請との機能的な調和の見地」[12]から判断することが，要請される。

　そして，以上のような機能主義的思考方法の下，違法性の承継の成否を，実体法的側面と手続法的側面の双方から総合的に判断しようとする立場が，遠藤

　　権限ある機関による取消のあるまで，一応，適法の推定を受け，相手方はもちろん，第三者も国家機関も，その効力を否定することを得ない効力をいう」（田中・前掲注2）321～322頁）と説いており，公定力には「適法性の推定」も含まれるという見解を示している点に鑑みると，上述の美濃部説を基本的に受け継いでいるものと見てよいように思われる。この点につき，海道俊明「違法性承継論の再考(2)」自治研究90巻4号（2014年）103頁参照。

　　なお，浜松市土地区画整理事業事件判決における近藤・今井補足意見も，遮断原則の根拠を行政行為の公定力に求めていた（3(1)参照）。

10)　小早川光郎「先決問題と行政行為――いわゆる公定力の範囲をめぐる一考察」田中二郎先生古稀記念『公法の理論(上)』（有斐閣，1976年）404頁。また，同377頁，382頁等も参照。

11)　遠藤博也『行政行為の無効と取消――機能論的見地からする瑕疵論の再検討』（東京大学出版会，1968年）346頁。

12)　小早川・前掲注10）394頁。

博也氏によって公にされた。遠藤説は，実体法的側面について，本案である後行行為の適法性の判断にとって先行行為の適法・違法が先決問題を構成するかという，「先決性の判断」がまずなされなければならないとする[13]。一方，手続法的側面については，先行行為段階で取消訴訟の提起その他の手続的保障が単に認められるだけではなく，かかる手続的保障の充実度並びに当該手続使用の容易さ及び出訴の合理的な可能性をも考慮すべきであるとの考え方を提起した[14]。その後，遠藤説は，実体法的側面における「先決性の問題」の意味を研ぎ澄ます方向へ歩を進め，その結果，「先決性の問題」とは，先行行為の具体的違法事由が，本案たる請求の成否にとって，「キメ手となっているか」[15]，或いは「決定的なものかどうか」という問い[16] を意味するものとされる。また，手続法的側面についても，争訟手続保障を一般人の意識に即して実質化されたものと捉える方向へ歩を進め，その結果，争訟手続が十分具備されているだけでは違法性の承継を否定する理由として不十分な場合があるとして，以下のように述べるに至った。すなわち，「最終段階にいたらなければ，争訟提起の切実性がさほど深刻に感じられないことも珍しくない。このため，初期段階で客観的にも切実さが認められないときに，主要な論点を全力投球で争うことを強いるのが酷な場合があるわけである」とし[17]，また，前段階の処分は「最終処分による法効果実現に向けておこなわれる一連の手続過程の一環であるため，切実さの乏しい初期段階で争訟手続を尽くすべきだとして，最終段階での主張を全面的に排除すべき必然性がとうぜんにはみとめられない場合がある」としたのである[18]。

---

13) 遠藤・前掲注11) 340頁。
14) 遠藤・前掲注11) 341頁，347〜348頁。なお，違法性の承継に関する現在のわが国の学説は，先行行為である計画決定にも処分性が認められる場合において，当該計画決定の適法要件が後行行為たる個別処分の適法要件たる性質をも併せもつという意味で二つの行為が「実体法上の先決関係」にあるかという考慮の上に，違法性の承継を認めることが出訴期間の制限その他の手続的制約の趣旨に反しないかという意味で「手続法的な考慮」を加えることにより判断しようとする考え方が定着している。例えば，塩野宏『行政法Ⅰ〔第5版〕』（有斐閣，2009年）148頁。
15) 遠藤博也『行政法スケッチ』（有斐閣，1987年）307頁。
16) 遠藤博也『実定行政法』（有斐閣，1989年）114頁。
17) 遠藤・前掲注15) 307頁。
18) 遠藤・前掲注16) 114〜115頁。なお，阿部泰隆氏も，「先行処分について通常人なら訴訟を起こすべきと言える」か否かにより，違法性の承継の可否を決しようとする立場を表明されている。

他方，同様に公定力概念の限定化を踏まえた機能主義的見地から，小早川光郎氏によって提起されたのが，公定力とは「別個のものとして観念」された独自の効果概念としての，「遮断効果」である[19]。小早川説は，遮断原則を貫くべき場合と違法性の承継その他の例外を認めるべき場合との振り分けを，実体面での先決性の判断と，手続面における先行行為段階での争訟手続保障との双方に配慮した総合的判断により行おうとする[20]。しかも，行政行為の遮断効果は，「現行取消訴訟手続の制度的な仕組みに対して考慮を払いつつ，行政上の必要と権利救済の要請との機能的な調和の見地から判断されるべきもの」であるとされ，また，「一般的に認められるべきものではないのであって，いかなる種類の行政行為につき，いかなる種類の請求・抗弁との関係で遮断効果が認められるかは，それぞれの場合の関係法規の解釈によって決せられるべきものと考えられる」[21]とされた。このように，行政行為の遮断効果とは，すぐれて機能主義的な概念であり，個別実体法制度ごとの法的仕組みに応じてその存否が判断されなければならないものであるとされた点で，小早川説は遠藤説と共通する。他方でしかし，小早川説においては，先行行為段階での争訟手続保障の実効性や争訟提起の現実的期待可能性を一般人の意識に即して考慮しようとする視点は示されていない。この点で，遠藤説と小早川説との間には軽視し得ない差違があることにも留意すべきであろう。

　以上のような理論状況の下で，以下に見るような処分性及び違法性の承継をめぐる近時の裁判例を通して，違法性の承継論は，今日，新たな局面を迎えている。

3　新たな問題状況——近時の判例から

(1)　土地区画整理事業の場合——浜松市土地区画整理事業事件判決

　まず，土地区画整理事業計画の決定ないし承認の処分性を認める 2008 年大

　阿部泰隆『行政法解釈学Ⅱ』（有斐閣，2009 年）178 頁。
[19]　小早川・前掲注 10）384 頁以下及び 404 頁。
[20]　小早川・前掲注 10）387〜388 頁。
[21]　小早川・前掲注 10）394 頁。なお，遠藤説と小早川説の近似性を指摘する一方，小早川説における遮断効果論が有する独創性を論ずるものとして，高野修「違法性承継問題の構造」菅野喜八郎先生古稀記念論文集『公法の思想と制度』（信山社，1999 年）369 頁参照。

法廷判決（最大判平成 20・9・10 民集 62 巻 8 号 2029 頁）を契機に，土地区画整理事業計画と換地処分等の後続行為との間に違法性の承継が成立し得るかが，問われることとなった。とりわけ，同判決における近藤崇晴裁判官の補足意見は，その 1 として「公定力と違法性の承継」という表題を設けて論じ，「土地区画整理事業のように，その事業計画に定められたところに従って，具体的な事業が段階を踏んでそのまま進められる手続については，むしろ，事業計画の適否に関する争いは早期の段階で決着させ，後の段階になってからさかのぼってこれを争うことは許さないとすることの方に合理性がある」という考え方[22]の下で，事業計画に処分性を認める一方，違法性の承継は否定するとの見解を明示した。すなわち，同補足意見によれば，「本判決のようにその処分性を肯定する場合には，先行行為たる事業計画の決定には公定力があるから，たとえこれに違法性があったとしても，それ自体の取消訴訟などによって公定力が排除されない限り，その違法性は後行行為たる仮換地の指定や換地処分に承継されず（例外的に違法性の承継を認めるべき場合には当たらない。），もはや後行処分の取消事由として先行処分たる事業計画の決定の違法を主張することは許されないと解すべきことになろう」とされていた（なお，今井功裁判官も同調）。

　以上のような最高裁の判例変更を機に，土地区画整理事業に関しても，公用収用事業における事業の認定と収用裁決の関係と同様に，先行する計画決定や計画承認等と後続処分（換地計画や換地処分）との間に違法性の承継が成立し得るかが，新たに問われることとなった。

(2)　安全認定と建築確認——東京都建築安全条例事件判決（タヌキの森判決）

　翌 2009 年には，東京都建築安全条例に基づき特定行政庁が行う安全認定と建築基準法に基づき建築主事が行う建築確認との関係について，違法性の承継

---

[22] 本文に掲げた近藤補足意見の一節について，ここで，簡単にコメントをさせて頂く。すなわち，事業計画の適否に関する争いを早期に決着させるため，換地処分等の後続段階で先行行為に遡って争うことは許さないとすることが，それ自体として合理的であることは，その通りである。しかし，後続段階において先行行為の違法性を争うことを許さないとする明確な法律の規定なしに，そのように争訟機会を制約することが許されるか，という別の問題があるはずである。近藤補足意見の当該一節が，単に立法論としての合理性を超えて，明確な法律規定がなくても事業計画決定の違法性の承継を否定する趣旨であるとするならば，未だ十分な論拠を提示し得ていないと言わざるを得ない。

を認める最高裁判決（最一小判平成21・12・17民集63巻10号2631頁）が出現した。

　本判決は，以下のような事案に関するものである。すなわち，建築基準法43条は，建築物の建築に際して敷地が道路に2メートル以上接すること（接道義務）を原則として義務付ける同条1項の規定に対する例外として，建築物の用途又は規模の特殊性故にかかる原則の適用だけでは十分な安全性を確保し得ない場合に，地方公共団体が，「条例で，必要な制限を付加することができる」（同条2項）と定めている。これを受けて定められた東京都建築安全条例は，建築物の敷地面積に応じて6メートル以上の接道義務を定める（都条例4条1項）一方，建築物の周囲の空地の状況その他土地の周囲の状況により都知事ないし区長が安全上支障がないと認める処分（安全認定）を行った場合には，都条例4条1項の規定を適用しないと定めている（同条3項）。以上のような法律・条例の規定を前提に，新宿区長の安全認定を得た後同区の建築主事から建築確認を受けて行われようとする建築物の建築に対して，周辺住民が当該建築確認の取消しを求める訴えを提起したという事案が本件である。

　最高裁は，「安全認定が行われた上で建築確認がされている場合，安全認定が取り消されていなくても，建築確認の取消訴訟において，安全認定が違法であるために本件条例4条1項所定の接道義務の違反があると主張することは許されると解するのが相当である」と判示し，先行する安全認定の違法性を主張する可能性を認めた。理由として，判決は，まず安全認定の性質に関して，「同条〔都条例4条：筆者注〕1項所定の接道要件を満たしていない建築物の計画について，同項を適用しないこととし，建築主に対し，建築確認申請手続において同項所定の接道義務の違反がないものとして扱われるという地位を与えるものである」とした。これにより，判決は，まず，安全認定自体に処分性を認めたものと解される。

　他方，判決は，建築物が上記接道義務を満たしていなくても安全上支障がないかどうかの判断は，元々は建築確認の際に建築主事が行うものとされていたが，民間機関である指定確認検査機関も建築確認を行うことができるようにした1998年の建築基準法改正を機に，都条例の改正により，安全認定を建築確認から切り離し特定行政庁である都知事に行わせることとしたという安全認定制度導入の経緯にも言及した上で，「建築確認における接道要件充足の有無の

判断と，安全認定における安全上の支障の有無の判断は，……もともとは一体的に行われていたものであり，避難又は通行の安全の確保という同一の目的を達成するために行われるものである」とした。以上を前提に，判決は，「前記のとおり，安全認定は，建築主に対し建築確認申請手続における一定の地位を与えるものであり，建築確認と結合して初めてその効果を発揮する」性質の行為であるとして，この点を第一の理由として，違法性の承継を認めた。他方，判決は，安全認定の時点で，申請者以外の者には「その適否を争うための手続的保障」が十分に与えられていないこと，また，「建築確認があった段階で初めて不利益が現実化すると考えて，その段階までは争訟の提起という手段は執らないという判断をすることがあながち不合理であるともいえない」ということをも，安全認定の違法性主張の可能性を認める理由としている。

　以上のように，本判決は，都条例に基づき特定行政庁が行う安全認定（先行行為）と建築主事が行う建築確認（後行行為）という二つの処分は，「避難又は通行の安全の確保という同一の目的を達成するために行われ」，そして「安全認定は……建築確認と結合して初めてその効果を発揮する」という意味での結合関係にあること（理由①），並びに，安全認定の通知は申請者以外の者には行われないため，安全認定の適否を争おうとする者にとって，「手続的保障が……十分に与えられているというのは困難であ」り（理由②），また仮に周辺住民等が安全認定の存在を知ったとしても，安全認定が行われた段階でその争訟期間内に争訟の提起を行うことを合理的に期待し得るものではない（理由③）ことという，以上3点を理由に，上記二つの処分間における違法性の承継を認めたのである。

(3) 小　括

　以上のように，土地区画整理事業の計画決定や計画承認に処分性を認める2008年大法廷判決（以下，「浜松市土地区画整理事業事件判決」と呼ぶことにする）の出現，並びに，条例に基づく建築物の安全認定と建築基準法上の建築確認との間での違法性の承継を認める2009年第一小法廷判決（以下，「東京都建築安全条例事件判決」と呼ぶことにする）の出現を機に，違法性の承継は，行政処分の争訟手続法上の効力に関する解釈論上のホットなテーマとして再び浮上してきた。そこで，行政法学は，今日，違法性の承継論の考え方と主張内容を改めて

検討する必要に迫られていると言うべきであろう。そして，実際，上述の判例傾向を前に，優れた検討結果を示す論攷が，論文や判例評釈の形式で公にされている[23]。また，さらに，違法性の承継に関する美濃部説以来のわが国の理論史を仔細に分析した上，違法性の承継の成否に関する既存の諸判例に示された判断基準を再構成の上類型化した最新の研究成果も，公にされるに至っている[24]。

以上のような新たな局面の下で，違法性の承継論は，今日，流動的で見通しのきき難い状態にあり，また，そうであるだけに理論形成の余地を比較的広く残した問題領域であると言える。本稿は，違法性の承継をめぐる以上のような理論状況を踏まえ，違法性の承継の成否判断に当たっていかなる事項を考慮すべきであり，かつ考慮すべき事項相互間においていかなる事項がより重く考慮されるべきか，という問題について，比較法的視点から有益な示唆を得ることを期待しつつ，フランス法上，複数行政決定間の関係における違法性の抗弁が今日いかなる状況に置かれているかについて，検討しようとするものである。

ただ，以上のような本題に入る前に，わが国における違法性の承継の成否の判断がいかなる準則に従って行われ，かかる準則に沿って行われる成否の判断がいかなる構造的特質を有するものであるかについて，あらかじめ筆者自身の理解を示すことを通して，フランス法を参照することの意味をより明確化しておくべきであろう。

---

23) 浜松市土地区画整理事業事件判決に関する評釈の中で違法性の承継に言及するものとして，山本隆司『判例から探究する行政法』（有斐閣，2012年）404〜409頁〔初出評釈は法教339号・340号〔2008年〜2009年〕），大久保規子・ジュリ1373号（2009年）58頁以下，特に62〜63頁，人見剛・平成20年度重判解（ジュリ臨増1376号）52〜53頁，大貫裕之・判評615号（判時2069号）（2010年）164頁以下，特に176頁，山下竜一・行政判例百選Ⅱ〔第7版〕（2017年）316〜317頁。また，東京都建築安全条例事件判決について，内山忠明・判評621号（判時2087号）（2010年）170頁以下，仲野武志・自治研究87巻1号（2011年）148頁以下，山本・前掲書179頁以下（評釈初出は法教365号〔2011年〕），村上裕章・平成22年度重判解（ジュリ臨増1420号）58〜59頁，川合敏樹・行政判例百選Ⅰ〔第7版〕（2017年）170〜171頁，大沼洋一「違法性の承継について」判時2185号（2013年）3頁以下。

24) 海道俊明「違法性承継論の再考(1)〜(4・完)」自治研究90巻3号97頁以下，4号102頁以下，5号88頁以下，6号84頁以下（2014年）。海道論文は，違法性の承継に関する美濃部以来の諸学説と戦後の判例を網羅的に取り上げかつ緻密な検討に付したものであり，特に違法性の承継の成否の基準を総合考慮基準と仕組解釈基準の区別という分類軸から再構成する点等，この問題をめぐる今後の議論にとって共通基盤となる研究成果である。

4 違法性の承継の成否判断の構造

(1) 機能主義的視点の優位性

　遮断原則と違法性の承継の関係をめぐっては，先に2で述べたように様々な考え方が示されてきたが，今日では，「先決性の問題」，すなわち先行行為と後行行為における実体的判断内容の重なり方が考慮されるとともに，先行行為段階における争訟手続の充実度が考慮されるべきであるとされる点で，ほぼ共通した考え方が成立しているように思われる[25]。そして，以上のように複眼的な考慮を経て行われる違法性の承継の成否の判断を最終的に決定付けるのは，権利の保護ないし救済の要請と行政上の必要性ないし法的安定の要請との調和を図るという，機能主義的見地にほかならないという点も，今日的な理解として重要な点である。その意味で，違法性の承継の成否は，実体法的考慮と争訟手続法的考慮の機能主義的総合を通して判断されるべきであるというのが，今日の最大公約数的な考え方であると言えよう。

　他方，しかし，違法性の承継の成否の結論がかかる機能主義的判断に依存することは，当該判断の裁量性を高めることにつながるため，違法性の承継の成否の判断の客観化を図るために，様々な考慮要素相互の関係がいかなるものであり，また諸要素間での重み付けないし優劣関係がいかなるものであるべきかについて，明確化を図る必要がある。

---

[25]　山本隆司氏は，違法性の承継の成否に関する一般的な判断枠組みとして，「①マクロの行政手続ないし行政過程の分節度と，②ミクロの権利保護手続の保障度という枠組」を提起される。そして，①に関しては，「先行行為と後行行為が内容上または手続上明確に区別され，先行行為の違法を是正する手続を専ら先行行為の段階に組み込むことが強い合理性をもち，逆に先行行為の違法を後行行為の段階で是正する手続を取ることが，行政過程ないし行政手続の全体に著しい混乱をもたらす場合」に当たり，かつ②に関しても，「先行行為の段階で，後行行為により現実化する権利利益侵害の程度に見合うだけの手続保障がなされ，先行行為をその段階で争うことを関係者に強い得るほど十分に実効的な権利保護手続が整備されている場合」には，違法性の承継が否定されるのではないかとの見通しを提示される。山本・前掲注23) 183頁。①は，当該手続ないし過程を規律する行政法規が，先行行為と後行行為を分節化し，当該各行為の違法は当該行為段階で完結的に争わせる趣旨のものであると解し得るか，という判断を意味するものと思われるが，かかる判断の核心的部分を占めるのは，先行行為と後行行為の実体的な判断内容の重なり方であるように思われ，その意味で，従前の諸学説における「先決性の問題」を再編成したものと解して大過ないように思われる。また，②は，先行行為段階における争訟手続保障の充実度に着眼した考慮事項であるが，先行行為段階での関係人による争訟提起の現実的期待可能性は重視されていないように思われる。

(2) 実体法的考慮と争訟手続法的考慮

東京都建築安全条例事件に関する最高裁判決が違法性の承継を認める理由として示した①から③の理由（上述3(2)参照）も，以上のような二つの要素すなわち実体法的考慮と争訟手続法的考慮のいずれかに対応する。まず理由①からは，先行行為と後行行為における各々の目的及び適法性要件その他の実体的な判断要素が同一ないし重なり合うことが，違法性の承継が認められる第一の根拠として想定可能であろう。つまり，実体法的な規範構造における一体性を以てその根拠と見なし得るかが，問題となるであろう。次に理由②及び③からは，実効的権利救済の要請によって違法性の承継を根拠付け得ないかが問題となるであろう。また特に理由②との関係では，先行行為の段階における手続的保障の不足分を，後行行為に対する訴訟の段階で事後的にカバーする必要性が高いことを以て，違法性の承継が認められるための根拠と見なし得るかが問題となるであろう。さらに理由③との関係では，法制度の面では手続的保障が一応確保されていたとしても，必ずしも実効的権利救済を確保し得るものではなく，訴えを提起しようとする者の意識に即して先行行為段階での争訟提起を合理的に期待し得るかという面を意識した判断が要請されることとなる。

以上のように，上述の①から③の理由は，実体法的考慮と争訟手続法的考慮のいずれかに対応するという意味では，違法性の承継の成否に関する共通の考え方の枠内に位置付け得るものである。もっとも，東京都建築安全条例に基づく安全認定に関する最高裁判例によれば，後者すなわち争訟手続法的考慮については，先行行為に関する争訟手続が整備されているという観点とともに，当該複数行政行為から構成される行政作用の性質及び実態に照らして，原告となるべき者が，先行行為の違法性は当該先行行為に対する取消訴訟によって争わなければ争訟機会を失うこととなるという意識を持つことを合理的に期待し得るか，という観点からも要請されるものである。訴えを提起しようとする者に早期段階での争訟提起を合理的に期待し得るかという考慮要素は，機能主義的な判断方法を提唱する点で共通する諸説の中でも，特に遠藤説において重視されていた要素である。これに対し，小早川説並びに今日の多くの機能主義的考え方に立脚した諸学説が争訟手続法的考慮として重視しているのは，もっぱら，先行行為段階における争訟手続に関する規定が充実しているか否かという点で

あり，一般人の意識に照らしての先行行為段階における争訟提起の合理的期待可能性という要素には，明示的には言及されていないように思われる。しかしながら，かかる通常人の意識に関わる問題を，遮断原則を貫くべきか否かの判断に際してどの程度重く見積もるかによって，結論が左右される可能性があることにも，留意しなければならない。

(3) 個別法的考察の要請

以上のように，違法性の承継論は，今日，機能主義的な見地から，先行行為と後行行為間での判断要素の重なり方に着眼した実体法的考慮に，争訟手続法的な考慮を付加した総合的な観点から判断されるべきであるとされている。この点で，同様に機能主義的見地から，実体法的考慮と争訟手続法的考慮の双方に配慮した総合的判断を通して数多くの判例を生み出してきたフランス法を参照することは，違法性の承継の成否の判断の方法及びその場合の考慮要素相互間の重み付けのあり方を明確化しようとする際に，幾ばくかの示唆を提供するように思われる。

ところで，本稿は，さらに，主たる分析対象をフランスの都市計画及び国土整備分野における判例に絞り，当該分野において「違法性の抗弁」の可否がどのように論じられ，かついかなる基準の下で「違法性の抗弁」が認められるのかについて検討を加えることにする。その理由は，以下の通りである。

すなわち，違法性の承継の成否をめぐる判断において，事前手続及び争訟手続上の考慮と並んで考慮されるべき要素が，複数の行政行為が連続する個々の行政作用を規律する実体法規の規範構造であることからすれば，個々の行政作用を規律する実体法規のあり方次第で，違法性の承継の成否が大きく左右されることとなるからである。また，事前手続及び争訟手続に関しても，個々の行政作用に関する手続規定及びその運用実態に応じて，違法性の承継の成否は大きく左右されることとなるからである[26]。したがって，実体法的規範構造についてであれ，争訟手続法的保障についてであれ，違法性の承継の成否は，最終的には，個々の法制度に即した判断により決せられることとなる。換言すれば，違法性の承継問題は，行政作用の種類や類型に応じた優れて各論的な考察に適

---

26) 注21) を付した本文箇所で引用した小早川氏の叙述参照。

した問題なのであり，また，比較法的視点からこの問題を考察する際には，比較の対象となる国ごとの個々の法制度間の差違をも意識した比較対照が，要請されることとなるのである。

5　フランス法における「違法性の抗弁」——取り上げる意味

　わが国における違法性の承継の成否という問題に対応する問題は，フランス法では，「違法性の抗弁」をめぐる諸問題の一つとして論じられてきた。

　後述のように，フランス法において，複数の行政処分ないし行政決定間における違法性の抗弁の成否は，先行行為が法規命令性を有する行為か否かによって異なった考え方がなされる。まず先行行為が法規命令性を有するとされる場合，いつでもその違法性を主張することができるというのが原則であり，逆にその主張が封じられるのは例外である。わが国では，法規命令の処分性は否定されるのが原則であり，実際に処分性が認められた事例は皆無であるため，処分性が認められる一方，後続行為との関係でその違法性を抗弁事由として主張できるかが争われるという事態は生じ難いが，フランスでは，法規命令にも処分性が認められるのが原則であるため，以上のような事態が現実に生じ得る。これに対し，先行行為が個別的な処分や事業計画の決定又は承認等の非法規命令的な行政決定であるという場合，わが国の場合と同様，当該先行行為の違法性を抗弁事由として主張することはできない，というのが原則であり，そのような主張が許されるのはあくまでも例外である。

　さて，先行行為が法規命令的なものである場合と非法規命令的なものである場合それぞれについて，以上のような原則と例外の関係を前提とした上で，それぞれいかなる条件の下で違法性の抗弁は可能とされるのであろうか。

　まず先行行為が法規命令的なものである場合，今日も，後続行為との関係でその違法性はいかなるときでも主張することができるのが原則であるが，同時に，かかる原則をそのまま適用した場合には種々の支障が生じ得ることに配慮した結果，立法及び判例により当該原則の貫徹を制限する措置が講じられている。これに対し，先行行為が非法規命令的なものである場合は，後続行為に対する関係でその違法性は主張できないという原則が今日でも維持されているが，同時に，わが国における違法性の承継論と同様に，いくつかの行政作用につい

ては，違法性の抗弁事由としてその違法を主張する可能性が従来から認められてきており，特に近年，違法性の抗弁が認められる行政作用の範囲が徐々に拡がっているとされている。

　フランス法における複数行政決定間における違法性の抗弁の成否は，以上のような基本的枠組みの下で論じられるとともに，この問題を扱った判例も比較的多数かつ豊富である。そして，かかる判例理論の蓄積を基に，違法性の抗弁の成否に関する判断の基準ないし要件論が形成される一方，今日も，新たな判例の出現を通して，当該判断の基準ないし要件の妥当性をめぐる議論が継続している。そのような流動的な状況にある判例理論の検討を通して，違法性の承継の成否の判断方法に関して有益な示唆が得られる可能性がある。

　そこで，以下では，フランス法における複数行政決定間における違法性の抗弁に関する判例理論を取り上げるが，上述のように，その際の分析対象を，都市計画・国土整備行政に関する判例に限定する。もっとも，複数行政決定間における違法性の抗弁をめぐるフランス法上の判例理論は，公務員の任用又は昇任に関する分野や狩猟団体の設立認可に関する分野等，様々な行政作用において形成されている。しかし，なかでも最も分厚い判例が蓄積している領域は，都市計画及び国土整備行政にほかならない。上述のように，実体法的規範構造の面でも争訟手続法的保障の面でも，行政作用に関する個々の法制度の仕組みに応じて違法性の抗弁の成否が左右されることが予想されることに鑑みるならば，フランス法において最も豊富な判例理論が蓄積している都市計画や国土整備に関する訴訟分野を検討対象に据えることには，合理性が認められるように思われるのである。

II 「違法性の抗弁」論分析の視点

1 「違法性の抗弁」論

(1) 全体像

　わが国における「違法性の承継」に関する問題は，フランス法では，「違法性の抗弁」（l'exception d'illégalité）をめぐる問題の一環として論じられてきた。

まず,この点を敷衍して説明するならば,以下のようになる。

すなわち,フランス法では,一般に,違法な行政決定に対する訴訟による争い方は,当該行政決定の取消しを求める越権訴訟を出訴期間内に提起する方法と,出訴期間経過後に提起される他の訴訟の場において違法性の抗弁事由として当該行政決定の違法性を争う方法とに,二分されると説明される[27]。このうち後者,すなわち違法性の抗弁は,当該行政決定によって生ずる損害の賠償を求める国家賠償訴訟や,当該行政決定への違反を理由に公訴提起される刑事訴訟の段階で,当該行政決定の違法を抗弁事由として主張し裁判所にその認定を求めるという場合と,後続の行政決定に対して提起された越権訴訟の段階で先行する行政決定の違法性を抗弁事由として主張し,裁判所による後続の行政決定の取消しを求めるという場合とに,分かれる。わが国における処分取消訴訟との対応関係で説明するならば,前者すなわち国家賠償訴訟や刑事訴訟における違法性の抗弁の成否は,わが国においても「違法性の抗弁」の成否として論じられる問題である。これに対し,後者すなわち先行行為と後行行為という複数行政決定間の関係における違法性の抗弁の成否は,わが国においては,本稿の課題である「違法性の承継」の成否として論じられる問題である。

以上のような二つの類型のうち,国家賠償訴訟や刑事訴訟との関係で問われる違法性の抗弁に関しては,抗弁事由としての主張が当然に可能であるとされてきており[28],この点では,わが国における今日の判例・学説の考え方とほぼ

---

27) Cf., R. Chapus, Droit administratif général, T. 1, 15ᵉ éd., 2001, pp. 803 et 1013 ; cf., H. Jacquot et F. Priet, Droit de l'urbanisme, 5ᵉ éd., Dalloz, 2004, pp. 798 et suiv.

28) 刑事訴訟における法規命令についての違法性の抗弁が広く認められることにつき,cf., R. Chapus, Droit du contentieux administratif, 13ᵉ éd., Montchrestien, 2008, p. 682 et p. 686 ; B. Pacteau, Traité de contentieux administratif, P. U. F., 2008, p. 218 ; H. Jacquot et F. Priet, op. cit., pp. 875-876. なお,1992年の「刑法典一般規定の改正に関する法律」(Loi No 92-683 du 22 juillet 1992 portant réforme des dispositions générales du code pénal) により改正された現行の刑法典は,法律篇111の5条において,「刑事裁判所は,みずからに付託された刑事訴訟事件の解決が,行政行為の解釈及びその適法性評価からなる行政行為の審査 (examen) 如何にかかっている場合には,法規命令的であれ個別的であれ当該行政行為を解釈し (interpréter les acts administratifs),その適法・違法を評価する (apprécier la légalité) 権限を有する」(Code pénal, Partie législative, Art. 111-5) と定めている。Cf., H. Charles, Droit de l'urbanisme, P. U. F., 1997, p. 152.

また,国家賠償請求訴訟において非法規命令的行政決定の違法性の抗弁が広く認められることについて,cf., R. Odent, Contentieux administratif, 1965-1966, 2ᵉᵐᵉ tirage, fascicule Ⅱ (dactylographie), p. 733 ; R. Chapus, Droit du contentieux administratif, op. cit., p. 692 ; R. Chapus, Droit administratif

同様の状況にあると見ることができる。これに対し,複数行政決定間の関係における違法性の抗弁に関しては,わが国における違法性の承継をめぐる問題とは,多少趣を異にした問題状況を呈している。というのは,フランス法では,個別処分と並んで法規性を有する行政命令（règlement）に対する利害関係者の越権訴訟提起の可能性も広く認められてきた（法規命令の処分性の肯定）[29]。このため,先行行為が法規命令である場合と個別的処分その他の非法規命令的な行政決定である場合との双方について,後行行為との関係における違法性の抗弁の成否が論じられてきたからである[30]。そして,以上のような二つの場合における違法性の抗弁の成否については,共通の考え方が妥当する部分と異なる

---

général, op. cit., p. 804; B. Pacteau, op. cit., p. 223.

29) 現在のフランス行政判例では,訴えの提起に先立って何らかの行政決定が行われ当該予先的決定（décision préalable）により特定の者に不服が生ずれば,越権訴訟であれ完全審判訴訟であれ何らかの行政訴訟の提起が可能であるとされてきた。しかも,当該予先的決定が訴えを提起した者（原告）に対して「不服を生ぜしめる決定」（décision faisant grief）であるか否かは,専ら,訴えの利益（intérêt à agir）ないし原告適格（qualité à agir）の問題として論じられるため,「不服を生ぜしめる決定」であるか否かが予先的決定要件充足性の問題として厳格に論じられることはない。以上のような状況の下で,デクレや大臣や県知事その他各行政庁によるアレテといった法規命令に対しても訴えの提起は可能であることが,自明の前提とされてきたのである。以上につき,cf., R. Chapus, Droit du contentieux administratif, op. cit., pp. 541-544, en particulier pp. 542-543; R. Chapus, Droit administratif général, op. cit., pp. 79-80.

　行政立法に対する越権訴訟の提起が認められるに至るまでの歴史的経緯とそれがフランス法における「適法性原理」に及ぼした影響を論じた邦語文献として,室井敬司「行政立法と越権訴訟──行政立法の行政行為への包摂過程をめぐるコンセイユ・デタ判例の変遷」東京都立大学法学会雑誌26巻1号（1985年）637頁以下参照。なかでも同論文642〜657頁では,19世紀中庸から後半期にかけて,非委任命令（執行命令）の取消しを直接求める訴えや委任命令の違法性を間接的に争う訴えの提起可能性が徐々に認められるようになった後,20世紀初頭（1907年判例）に至って,委任命令の取消しを直接求める訴えの提起が認められることとなった経緯が詳細に分析されており,参考になる。また,フランスにおいて法規命令性を有すると性格付けられてきた土地占用計画（POS）について,越権訴訟の提起が可能とされてきた点に関する邦語文献として,久保茂樹「土地利用計画に対する裁判統制──フランスのPOS訴訟について」青山法学論集37巻3・4号（1996年）10〜12頁も参照されたい。

30) 後掲注33）を付した本文箇所で述べるように,フランス法における違法性の抗弁の成否は,出訴期間経過後は違法性の主張可能性を封じることによる「法規範及び法状態の安定性」の確保と違法性の承継を認めることによる「違法の断罪」という,対立する二つの要請間の調整問題として論じられるが,そのような前提の下での一般的傾向として,先行行為が法規命令性を有しない場合には法的安定性の要請が優先されるのに対し,先行行為が法規命令である場合には「違法の断罪」に重きを置いた解決が図られる,と論じるものとして,cf., R. Chapus, Droit du contentieux administratif, op. cit., pp. 681-682.

考え方が妥当する部分とに分かれることとなる。

(2) 出訴期間の制限との関係

まず，先行行為が法規命令（的）である場合と非法規命令（的）である場合とで共通するのは，先行行為に対する出訴期間内であれば，先行行為と後行行為双方の取消しを求める訴えの提起が可能であり，また，仮に先行行為の取消しを求める訴えを提起しない場合でも，先行行為に対する出訴期間内に後行行為の取消しを求める訴えを提起していれば，当該訴訟審理の中で先行行為の違法性を主張することは，可能であるとされてきたことである。しかも，先行行為に対して出訴期間内に取消訴訟が提起されなかったため，又は，先行行為に対する取消訴訟が適法に提起されたがこれを棄却する判決が確定したため，先行行為の有効性が確定した場合でも，後行行為に対する取消訴訟の場で先行行為の違法性がその出訴期間内に主張されていさえすれば，先行行為の違法性は審判の対象となるとされてきた[31]。以上の事情から，フランス法においては，複数行政決定間における違法性の抗弁の成否は，一般に，先行行為に対する出訴の期間内に何らの訴訟も（すなわち，先行行為に対しても後行行為に対しても）提起されなかった場合において，後行行為に対する取消訴訟の段階で当該先行行為の違法性を主張することは可能か，という問題として論じられてきた。この意味で，フランス行政法においては，複数行政決定間における違法性の抗弁は，一般に，先行行為に係る出訴期間を徒過した場合において，いかなる条件の下で当該先行行為の違法性を主張し得るか，という文脈で論じられてきたの

---

[31] 先行行為が法規命令である場合，当該先行行為に対する出訴期間内に後行行為に対して提起された訴訟において先行行為の違法性を主張することは，後述（(3)）の「法規命令の違法性の抗弁の永続性の原則」の含意から当然認められる。

他方，先行行為が個別的処分等の非法規命令的行政決定である場合も，先行行為に対する出訴期間内に後行行為に対して提起された訴訟において先行行為の違法性を主張することは，判例により認められている。行政訴訟法に関する古典的概説書においてこの点に言及するものとして，cf., R. Odent, op. cit., p. 730. また，近時の文献として，cf., R. Chapus, Droit du contentieux administratif, op. cit., pp. 691-692; B. Pacteau, op. cit., p. 221. これら近時の概説書が挙げる代表的判例であるジェスュア氏判決（C. E., 28 juillet 2000, Jessua, Recueil Lebon, p. 327）は，「抗弁事由として違法性が主張されているその行為は非法規命令性（caractère non réglementaire）を有するものではある。しかしながら，当該違法性の抗弁が提起された時点において，ジェスュア氏は，訴訟という手段を通して（par la voie de l'action）直接当該行為の適法性を争うことが……未だ可能な状態にあったのであるから，当該違法性の抗弁は提起可能（recevable）である」と判示している。

であり，この点で，先行行為が法規命令であるか非法規命令であるかによって異なった扱いがされることはないのである[32]。このため，フランス法において複数行政決定間の関係で論じられてきた「違法性の抗弁」論は，早くから，もっぱら，先行行為に対する4ヶ月間という出訴期間の制限を免れる例外的な場合として把握されてきた。その意味で，当初から100％訴訟手続上の問題として把握されてきたため，先行行為と後行行為間の関係を規律する個々の法制度の差違や，原告が計画決定時に訴訟提起を直ちに行うことを合理的に期待し得るか等，個別具体の事情に応じてきめ細かに「違法性の抗弁」の成否を論じるという傾向が，支配的であったと見なし得る。以上により，複数行政決定間における「違法性の抗弁」の成否をめぐる対立点は，出訴期間の制限によりもたらされる「法規範及び法状態の安定性」(stabilité des normes et situations juridiques) を優先させ，「法的安全」(sécurité juridique) を確保するという要請と，出訴期間経過後にも違法性の主張を可能ならしめることを通して「違法状態の永続化を免れしめ」(éviter la perpétuation de l'illégalité)，「違法の断罪」(censure de l'illégalité) を確保するという，二つの要請間の対立として捉えられており[33]，かかる対立矛盾に対して適正な均衡ある解決を見出すための試行錯誤が，今日も判例・学説において続いている。

　他方，以上の共通点を除けば，先行行為が法規命令（的）である場合と非法規命令（的）である場合とでは，以下のように，それぞれ異なった仕方で違法性の抗弁の成否を論ずるという論じ方が定着している。

---

[32] 以下に挙げるような行政訴訟法に関するフランスの代表的体系書では，複数の行為間における違法性の抗弁の成否という問題は，いずれも，「出訴期間の経過から生じる効果」(effets de l'expiration du délai) ないし「出訴期間の経過からの帰結」(conséquences de l'expiration du délai) との関係で，かかる「効果」ないし「帰結」を制約する論理として論じられている。J. -M. Auby et R. Drago, Traité de contentieux administratif, 2ᵉ éd., T. 1, 1975, pp. 812-826; R. Chapus, Droit du contentieux administratif, op. cit., pp. 662 et suiv., en particulier p. 664 et pp. 681-699; R. Chapus, Droit administratif général, op. cit., pp. 803-804; B. Pacteau, op. cit., pp. 209 et suiv., en particulier pp. 217 et suiv.; A. de Laubadère et Y. Gaudemet, Traité de droit administratif, 16ᵉ éd., 2001, p. 488.

[33] R. Chapus, Droit du contentieux administratif, op. cit., pp. 681-682; Y. Pittard, Exception d'illégalité, Y. Gégouzo (sous la direction), Droit de l'urbanisme: Dictionnaire pratique, 2ᵉ éd., Le Moniteur, 2013, p. 459.

(3) 先行行為が法規命令である場合

まず，先行行為が法規命令である場合における違法性の抗弁の成否について。わが国では，法規命令の処分性が否定されるのが原則であり，実際にも，法規命令に処分性が認められた例はほとんどないことから，法規命令の違法性をその適用行為である後続の個別的行為の違法事由として主張することが，当然のこととして認められてきており，その主張可能性が「違法性の承継」問題の一環として扱われることはなかった。これに対し，フランス法では，法規命令についてもその取消しを直接に求める訴訟提起の可能性が認められてきた（日本法の用語で言えば，法規命令についても処分性が肯定されてきた）ため，法規命令性を有する先行行為について直接その取消しを求める訴訟提起の可能性を認めた上で，なおも，後行行為に対する取消訴訟における違法性の抗弁事由として当該先行行為の違法性の主張を許容すべきか否かが問題となる。

そして，この問題について，フランス法では，法規命令性を有する行政決定の違法性が問題となるケースでは，「法規命令の違法性の抗弁の永続性の原則」(principe du caractère perpétuel de l'exception d'illégalité des règlements) が妥当すると考えられてきており[34]，その結果，当該法規命令に対する出訴期間経過後といえども，個別適用行為の違法性の抗弁事由として何時でも援用することが可能であるとされてきた[35]。この点では，わが国においても，行政命令も含めて法令の違法性は何時までも主張可能であるとされてきたのと同様の扱い方がされてきたのである。他方しかし，かかる法規命令を直接の対象とした越権訴訟の提起を可能としつつ，違法性の抗弁まで無制限に許容することが円滑な行政運営に生ぜしめる不都合の重大性を考慮した結果，徐々に抗弁事由として主張し得る場合を制限することにより行政の安定性をも確保しようとする考慮も働く中で，二つの要請相互間の適切な均衡点を探ろうとする判例が形成されてきた

---

34) R. Chapus, Droit du contentieux administratif, op. cit., pp. 683-684; B. Pacteau, op. cit., p. 218; J.-M. Auby et R. Drago, op. cit., pp. 817-818.

35) R. Odent, op. cit., p. 724; R. Chapus, Droit du contentieux administratif, op. cit., p. 683; R. Chapus, Droit administratif général, op. cit., p. 803; B. Pacteau, op. cit., p. 218; D. Chabanol, La pratique du contentieux administratif, 10ᵉ éd., Lexis Nexis, 2013, pp. 145-146; F. Nicoud, Du contentieux administratif de l'urbanisme: Étude visant à préciser la fonction du contentieux de l'urbanisme dans l'évolution du droit du contentieux administratif général, P. U. d'Aix-Marseille, 2006, p. 180.

のである。フランス法上，この問題の解決のための基準論とされてきたのは，個々の法規命令とその後行行為との具体的な関係に即して，当該後行行為に当該法規命令との関係で適用措置（une msesure d'application）としての性質を認め得るか否かを論じるという解釈方法である[36]。後述のように，この判断の分かれ目が，法規命令性を有するとされた都市計画決定とその後行行為との関係において問題となり，この論点をめぐって重要な判例変遷が生じてきたのである。Ⅲでは，このような均衡点の探求をめぐる判例状況を明らかにする。

(4) 先行行為が法規命令ではない場合

これに対し，複数行政決定間における違法性の抗弁の成否が争われるケースの中でも，先行行為が個別的処分その他法規命令性を有しない行政決定である場合には，判例・学説上，出訴期間経過後は，当該行政決定の効力確定によって生じた法状態の安定性の確保（assurer la stabilité des situations）を優先させるという配慮の下で，抗弁事由として当該先行行為の違法性を主張することは原則としてはできないとされてきた[37]。しかしながら，かかる非法規命令的行為に妥当する「違法性の抗弁非許容性の原則」（principe de l'irrecevabilité de l'exception de l'illégalité）[38] に対して，その例外として違法性の抗弁を可能とするために判例・学説上形成されてきたのが，「複合的行政作用」（opérations administratives complexes）と一般に呼ばれている概念ないし理論である[39]。上述のように，わが国では，法規命令の処分性を否定する現在の判例法上，法規命令について

---

36) 法規命令と後行行為間における違法性の抗弁について，①当該後行行為が当該法規命令の「適用措置」（une mesure d'application）であり，かつ，②当該後行行為の適法性が当該法規命令の適法性に依存している（当該後行行為が法規命令の規定の違法部分に基づき行われた）場合において違法性の抗弁は成立し得る，と論ずる概説書類として，R. Chapus, Droit du contentieux administratif, op. cit., pp. 684-686. また，同旨の叙述として，cf., B. Pacteau, op. cit., p. 219; A. de Laubadère et Y. Gaudemet, op. cit., p. 487; Y. Pittard, op. cit., pp. 459-461.

37) R. Odent, op. cit., p. 730; R. Chapus, Droit du contentieux administratif, op. cit., pp. 690-691; R. Chapus, Droit administratif général, op. cit., p. 804.

38) R. Chapus, Droit du contentieux administratif, op. cit., pp. 692-698.

39) 「複合的行政作用」における複数行為間の違法性の抗弁について，行政訴訟法又は都市計画法の体系書類に限ってではあるが，cf., R. Chapus, Droit du contentieux administratif, op. cit., pp. 692-698; B. Pacteau, op. cit., pp. 222-223; R. Chapus, Droit administratif général, op. cit., p. 804; A. de Laubadère et Y. Gaudemet, op. cit., pp. 487-488; D. Chabanol, op. cit., pp. 148-151; H. Jacquot et F. Priet, op. cit., pp. 801-802; Y. Pittard, op. cit., pp. 461-462.

「違法性の承継」が論じられる余地はほとんど考えられないことを考慮すれば，わが国で「違法性の承継」論の成否が論じられる事案類型にフランス法上対応しているのは，「複合的行政作用」と呼ばれる事案類型にほかならない。そこで，Ⅳにおいては，いかなる場合に，またいかなる要件の下で「複合的行政作用」該当性が判断され，違法性の抗弁が認められることとなるかについて，立ち入った検討を加えることにする。

(5) 小 括

以上のように，本稿は，一個の行政過程において複数行政決定が相前後して行われる場合における違法性の抗弁の許容性という問題について，フランス行政判例が，いかなる事案について，いかなる要件を満たすことを条件に違法性の抗弁の可能性を認めてきたかを明らかにしようとするものである。かかる解明作業を進める際の前提として，本稿では，法規命令の処分性の成否に関する日仏両国の判例における決定的とも言える差違を十分にわきまえる一方，フランス法における違法性の抗弁論の全体像を把握し，その基本的な考え方を内在的に理解する必要があると思われるため，先行行為が法規命令性を有する場合も含めた違法性の抗弁問題全体を分析対象としている。また，わが国の抗告訴訟における処分性問題との関係でも，個々の行政立法の具体的性質や内容次第では，当該行政立法に対する抗告訴訟の提起が認められる可能性が皆無ではないと思われるし，さらに，後に言及する完結型行政計画に対する抗告訴訟提起の可能性も一律には否定し得ないと考えられる[40]。しかも，先行行為が法規命令性を有する場合について違法性の抗弁の成否の要件を明らかにすることは，狭義の法解釈論から離れ立法論を視野に入れた場合にも実益を有し得ることを，付言しなければならない。何故なら，将来において都市計画争訟等が事前手続と争訟手続をセットにした形での法制化論議の俎上に上ることがある場合[41]

---

40) 塩野宏『行政法Ⅱ 行政救済法〔第 5 版〕』（有斐閣，2010 年）109〜110 頁参照。詳細については，後掲注 46) の塩野説を参照されたい。

41) 都市計画争訟制度の法制化については，周知のごとく，既に，国土交通関係の研究会の報告書及び同省内に設置されたワーキンググループにおける調査検討の結果をまとめた報告書が，(財) 都市計画協会都市計画争訟研究会「都市計画争訟研究報告書」（2006 年 8 月），及び，国土交通省都市・地域整備局都市計画課「人口減少社会に対応した都市計画争訟のあり方に関する調査業務報告書」（2009 年 3 月）として，それぞれ公にされている。

には，例えば地域地区に関する都市計画決定のように，建築に対する制約を定める法令が新たに制定されるような場合と「あたかも……同様の」法的効果を生ぜしめる[42] 行政決定を先行行為として想定し，その違法性を後続の個別的処分との関係で抗弁事由として主張することは果たして可能か，また，そのような主張はいかなる条件の下で可能とすべきか，等が立法課題として論じられる必要があり，その際に，フランス法において判例により形成された違法性の抗弁論の考え方は，先行行為が法規命令である場合に関しても参考に供し得ると考えられるからである。

2　都市計画・国土整備訴訟における「違法性の抗弁」

(1)　フランス都市計画法の基本構造

では，以上のような違法性の抗弁問題一般に関する問題状況を，フランスの都市計画・国土整備法という個別法領域に焦点を絞って観察すると，いかなる問題状況が現出するのだろうか。

この点について一言で言えば，フランス法では，上述の法規命令に該当する

---

42) 用途地域に関する都市計画決定により工業地域に指定された地域内において，従前から病院を設置し経営していた者が，当該用途地域を指定する決定の取消し等を求めた訴訟（盛岡広域都市計画用途地域指定取消等請求事件）について，最高裁は，「右決定が，当該地域内の土地所有者等に建築基準法上新たな制約を課し，その限度で一定の法状態の変動を生ぜしめるものであることは否定できないが，かかる効果は，あたかも新たに右のような制約を課する法令が制定された場合におけると同様の当該地域内の不特定多数の者に対する一般的抽象的なそれにすぎず，このような効果を生ずるということだけから直ちに右地域内の個人に対する具体的な権利侵害を伴う処分があったものとして，これに対する抗告訴訟を肯定することはできない」との理由により，用途地域指定決定の処分性を否定する旨の判断を下した（最一小判昭和 57・4・22 民集 36 巻 4 号 705 頁）。当該訴えは，工業地域への指定により当該病院施設は既存不適格建築物となるため，病院設置者が将来，病院施設の拡張等のため新増改築を必要とする場合において建築確認を拒否されるおそれがあるため提起されたものであり，本判決も，当該工業地域内では，「建築物の用途，容積率，建ぺい率等につき従前と異なる基準が適用され（……），これらの基準に適合しない建築物については，建築確認を受けることができず，ひいてはその建築等をすることができないこととなる」ことを認めていたため，当該用途地域指定が新たな法状態の変動を生ぜしめるものであることは認めたが，そのような法状態の変動は，新たな法令制定により生ずる法状態の変動と「同様の……一般的抽象的な」ものにすぎないとの理由から，処分性を否定したわけである。この判決から明らかなように，わが国の最高裁判例も，地域地区の指定を行う都市計画決定があたかも新たな法令の制定と同様のものであると見る点で，区域指定を内容とする都市計画決定を「法規命令的」と見なすフランスの判例・学説と基本的に共通の基盤に立脚していると考えられるのである。

計画決定と法規命令性を有しないその他の計画決定との区別が，この問題を論じる際の基本的な分類軸として措定された上で，それぞれの計画類型の特質に応じて違法性の抗弁の成立可能性がそれぞれ論じられるというスタイルが確立しているという点を，まずは確認する必要がある。この点の理解に資するため，多少の寄り道にはなるが，本稿に必要な範囲でフランス都市計画法の基本構造をあらかじめ説明しておくことにしよう[43]。

フランスの都市計画法は今日では都市計画法典（Code de l'urbanisme）として法典化されており，都市計画法のすべての面をカバーした法令が体系的に編纂されているが，その基本的な骨格は，土地利用規制のための計画制度（土地利用計画制度），建築許可（permis de construire）やわが国の開発許可に相当する画地分譲許可（autorisation de lotir）等からなる土地利用規制のための許可制度，及び先買権（droit de préemption），長期整備区域（zone d'aménagement différé = ZAD），協議整備区域（zone d'aménagement concerté = ZAC）等からなる都市整備のための手段となる諸制度によって構成されている。

このうち土地利用計画制度は，近年まで，土地占用プラン（plan d'occupation des sols = POS）と指導スキーム（schéma directeur = SD）との二層構造からなり，また，2000年12月13日の「都市の連帯と刷新に関する法律」（Loi du 13 décembre 2000, pour la solidarité et le renouvellement urbains = Loi SRU）による都市計画法典の改正規定の施行以降は，地域都市計画プラン（plan local d'urbanisme = PLU）と広域統合スキーム（schéma de cohérence territoriale = SCOT）との二層構造によって構成される。そのような二層的土地利用計画制度の基本構造の成立は，詳細都市計画と指導都市計画との区別を設けた1958年のデクレ，並びに土地占用プラン（POS）と整備都市計画指導スキーム（SDAU）との区別を採用した1967年の「土地の方向付けの法律」の制定にまで遡るが，特に1967年法は，整備都市計画指導スキーム（SDAU）を広域を対象とした専ら将来予測的性格を有するに止まる計画とし，また，土地占用プラン（POS）を私人に対する法的拘束力を有する詳細計画として位置付けることにより，二つの計画間の

---

[43] 以下の本文で説明するフランス都市計画法の基本構造については，亘理格「計画的土地利用原則確立の意味と展望」藤田宙靖博士東北大学退職記念『行政法の思考様式』（青林書院，2008年）619頁以下，特に625～633頁を参照されたい。

機能分担の明確化を図ったとされている。その後，1982年以降の地方分権化改革のための法律の一つである1983年の「権限分配法」の諸規定により，この二層構造は，土地占用プラン（以下，「POS」と呼ぶ）と指導スキーム（以下，「SD」と呼ぶ）との区別という形で，さらに，上記の2000年改正以降は，地域都市計画プラン（以下，「PLU」と呼ぶ）と広域統合スキーム（以下，「SCOT」と呼ぶ）との区別という形で，今日まで引き継がれている。このうち，POSないしPLUは，各市町村が議会の議決により決定又は変更するものであり，個々の土地利用に対する法的拘束力が認められる土地利用計画である。土地利用の詳細な制限規定を内容とし土地利用規制行政の現場を直に規律する行政計画であるため，即地的詳細計画としての性格を有し，法規命令性を具えた行政計画として性格付けられる。これに対し，SDないしSCOTは，同一地域を構成する複数の市町村が結成した連携組織体が策定主体となって策定する広域計画であり，広域的・長期的な視野から都市・地域整備のあり方を方向付けるための土地利用計画である。したがって，1967年法による導入当初は将来予測的で専ら政策実行指針としての性格しか有しないと見なされていたが，徐々に個々の土地利用に対する規制的性格を兼ね備える方向へと変容しており，今日では，その規定内容によっては政策指針的性格を有するに止まらず法規命令性を有し得ないかが議論される性格のものとなっている。

　他方，計画的な都市の整備開発のため行政が用い得る法的手段として，先買権，長期整備区域（ZAD），協議整備区域（ZAC）等が都市計画法典の中で定められている。なかでも協議整備区域（以下，「ZAC」と呼ぶ）は，民間事業者を巻き込んだ市街地再開発のための事業手法として今日広く利用されている。ZAC事業の場合，指定された区域内での事業計画を進めるため区域整備計画（Plan d'aménagement de la zone = PAZ）が定められ，区域整備計画（以下，「PAZ」と呼ぶ）に定められた計画内容の枠の中で市町村と民間事業者との協議の上で締結された契約や協定に基づき，個々の整備開発事業が遂行されるという仕組みとなっている。また，公用収用法典に定められた公用収用（expropriation pour cause d'utilité publique）も，同様に都市整備開発のための公的手段として位置付けられる。公用収用の場合，わが国の公用収用手続における事業認定と収用裁決との二段階構造に相当するのが，公益性認定（déclaration d'utilité publique

= DUP) と収用令 (arrêté de cessibilité) との二段階構造である。
(2) 法規命令的計画と非法規命令的計画の区別

　以上のようなフランス都市計画法の基本構造を踏まえた場合，POSないしPLUには法規命令性が認められ，また，SDないしSCOTは，その多様な計画内容に応じて政策指針的性格と法規命令的性格とを併せ有する計画制度として位置付けられる。そこで，一般に，これら二つの系統からなる計画を法規命令性を有する都市計画として位置付け，当該計画の支配の下で発せられた建築許可や画地分譲許可等の個別的許可の取消しを求める越権訴訟の場において，当該法規命令的な計画の違法性を援用することができるかが，違法性の抗弁の成否に関する問題として論じられてきた[44]。これに対し，公用収用事業の公益性認定（以下，「DUP」と呼ぶ）やZACの指定及びPAZ等の公共事業系の計画決定は，非法規命令的な先行行為として扱われてきた[45]。

　言うまでもなく，以上のような分類は，わが国において行政計画の処分性問題をめぐって一般に用いられるところの完結型計画と非完結型計画との区別[46]に相当する。しかし，フランス法では，わが国で言うところの非完結型計画決定の処分性が認められるのは当然のこととして，その上，上述のように法規命令性を有する行政決定の取消しを求める越権訴訟の提起も従前より可能とされてきたため，完結型計画決定の処分性も従来から認められてきたということになる。したがって，フランス都市計画法における先行行為の違法性の承継とい

---

44) 法規命令性を有する行政決定に関する違法性の抗弁という概念枠組みの下で，土地占用計画（POS）と後続の建築許可ないし画地分譲許可間における違法性の抗弁の成否を論ずる概説書類として，cf., R. Chapus, Droit du contentieux administratif, op. cit., p. 686-688; Y. Pittard, op. cit., pp. 462-465.

45) 非法規命令的な行政決定に関する違法性の抗弁という概念枠組みの下で，公用収用の公益認定（DUP）や協議整備区域（ZAC）その他の公的開発事業計画と後続行政決定間における違法性の抗弁の成否を論ずる概説書として，cf., R. Chapus, Droit du contentieux administratif, op. cit., pp. 692-698.

46) 静的計画＝完結型空間利用計画と動的計画＝非完結型空間利用計画との区別の下に行政計画の処分性に関する判例分析を行うとともに，後者について違法性の承継をも論ずるものとして，山本・前掲注23)400〜409頁。なお，事案に即した救済の要請を重視する見地から，行政計画の処分性判断に関しても「訴えの成熟性の観点のアプローチ」が重要であるとして，静的計画と動的計画という分類を「事件の具体的ありようと無関係に一律に適用することは，事案に即した救済に道を閉ざす結果となる」おそれがあるとの危惧の念を表明するものとして，塩野・前掲注40)109〜110頁参照。

う問題は，非完結型であれ完結型であれ計画決定には処分性が肯定されることを当然の前提とした上で，さらに，当該計画決定に対する出訴期間が経過した後でも，後行行為に対する取消訴訟の場において，当該計画決定行為の違法性を後行行為の違法性の抗弁事由として援用することができるか，という文脈で論じられることとなる。その際，先行する計画決定と後行行為との間にいかなる関係が存在するならば違法性の抗弁が成立するかが最大の争点となるが，かかる違法性の抗弁の成否を決する要件を論じる場において，法規命令性を有する都市計画とそれ以外の計画決定という区別が基本的な分類軸として機能することとなるのである。

3 先行行為としての完結型計画と非完結型計画

(1) 完結型計画と非完結型計画の区別——用語法

2で述べたように，複数行政決定間における違法性の抗弁論の成否をめぐるフランス法の議論において問題となる，先行行為が法規命令と非法規命令のいずれに当たるかという最も基本的な分類軸は，これを都市計画法等の行政領域に限定して言い換えるならば，先行行為に当たる計画が，POSやPLU或いはSDやSCOT等の法規命令的な計画であるか，それとも，公用収用におけるDUPや協議整備区域制度におけるZACの指定等のような非法規命令たる行政決定であるか，という区別を意味するものであるにほかならない。そして，かかる区別をわが国における行政計画の処分性をめぐって形成された判例理論と学説によるその分析結果に当てはめて言い換えるならば，先行行為が法規命令である場合の先行行為とは完結型計画を意味するのに対し，先行行為が非法規命令である場合の先行行為とは，非完結型計画（或いは事業遂行型行政計画）を意味すると言って差し支えない。そこで，読者にとっての理解しやすさを優先させるため，以下では，わが国における完結型計画と非完結型計画という呼び方を，フランス都市計画及び国土整備分野の判例分析に当たっても，そのまま借用することにする。

(2) 先行行為が完結型計画である場合

そこで，まず，先行行為が完結型計画である場合，当該計画は法規命令性を有すると見なされるため，既に1(3)において見たように，「法規命令の違法性

の抗弁の永続性の原則」(principe du caractère perpétuel de l'exception d'illégalité des règlements) が妥当する。完結型計画の決定にも処分性が認められる一方，当該計画は法規命令である限り，その違法性を抗弁事由として主張する可能性も，期間制限なしに認められるわけである。しかし，この「違法性の抗弁の永続性の原則」に対しては，建築許可や開発行為許可或いは公用収用事業におけるDUP 等の取消しを求めて提起される越権訴訟の場において，都市計画（POS ないし PLU 及び SD ないし SCOT）の違法性を抗弁事由として主張する可能性を制限しようとする判例の動きがある。また，他方，都市計画決定における形式的又は手続的な瑕疵（vices de forme ou de procédure）についても，従来から，抗弁事由としての違法性の主張可能性を制限しようとする動きがあり，1994 年には，一般に「ボッソン法」(Loi Bosson）と呼ばれる法律による都市計画法典の改正が実現した。その結果，現行都市計画法典には，①SD ないし SCOT の策定時における計画案の公衆への事前開示手続を怠った場合，②公開意見聴取（enquête publique）に関するルールを無視する重大な手続侵害その他のルール違反（la méconnaissance substantielle ou la violation des règles）がある場合，③冒頭説明書（rapport de présentation）や都市計画図が欠けている場合等，重大な瑕疵がある場合を除いた手続的又は形式的瑕疵に関しては，計画決定の公告から 6 ヶ月経過すると，当該都市計画決定上の違法を抗弁事由として主張することができなくなるという規定が置かれている（都市計画法典法律篇 600 の 1 条）[47]。

---

[47] Cf., R. Chapus, Droit du contentieux administratif, op. cit., pp. 682-683 et pp. 688-690; B. Pacteau, op. cit., pp. 219-220; R. Chapus, Droit administratif général, op. cit., p. 804; D. Chabanol, op. cit., p. 146; H. Jacquot et F. Priet, op. cit., pp. 813-814; H. Charles, op. cit., p. 102; Y. Pittard, op. cit., pp. 463-465; F. Nicoud, op. cit., pp. 181-184. POS や SD の形式的又は手続的な瑕疵を抗弁事由として主張し得る期間を制限したボッソン法の規定（都市計画法典法律篇 600 の 1 条）を論ずる邦語文献として，久保・前掲注 29) 16～18 頁も参照されたい。

なお，1994 年ボッソン法以前の 1985 年には，都市計画事業案策定の全過程にわたって地元住民や住民団体等を参加させて行われる事前協議手続（concertation préalable）について，協議の対象事項や方式を定める市町村議会議決又は実際の協議方法に瑕疵があった場合においても，かかる手続上の瑕疵のみを理由に後続の土地利用許可処分を取り消すことはできないとする規定が設けられた（都市計画法典法律篇 300 の 2 条）。フランスでも事前協議手続自体に処分性は認められないので，この規定は，わが国で言う「違法性の承継」と同等の意味での「違法性の抗弁」を制限するものと性格付けることはできないが，形式的・手続的瑕疵の違法性の主張可能性を制限する立法措置であるという点で，ボッソン法による制限の先駆的規定として紹介されることがある。都市計画法典法律篇 300 の 2 条について，cf., H. Jacquot et F. Priet, op. cit., pp. 812-813. また，この規定を紹

以上のように，わが国の用語法では完結型計画と呼び得るような都市計画等の計画決定の違法については，違法性の抗弁の永続性を一応の原則としては維持しつつも，実体面及び手続面双方について違法性の抗弁の可能性を現実的要請に即して制限する傾向があり，その結果，この問題をめぐっては今日もなお試行錯誤が継続する状況にあるのである。
　そこで，まず，この完結型都市計画と呼び得るような都市計画等の決定における手続的又は形式的な瑕疵に関しては，上述の立法措置による抗弁事由としての主張制限の是非が今日も議論されているようである[48]が，この点については立法的解決がひとまず図られていることを考慮し，本稿でこれ以上詳細な検討を加えることはしないこととする。したがって，本稿における，完結型計画の違法性に関する抗弁事由としての主張可能性に関するフランス行政判例の分析は，もっぱら実体的な瑕疵について，違法性の抗弁がいかなる要件の下で認められているかに関する分析検討に限定されることとなる。Ⅲにおいて，以上のような問題について詳細な検討を加えることにする。

(3)　先行行為が非完結型計画である場合

　これに対し，先行行為が非完結型計画である場合，当該計画は法規命令性を有しない行政決定であるとされるため，その直接の取消しを求める越権訴訟の提起は当然に可能とされるが，当該計画決定に対する出訴期間内に何らの訴訟も提起されない場合には，後続処分の取消しを求める訴訟の場で当該非完結型計画決定の違法性を主張する可能性，すなわち「違法性の抗弁」は認められない，というのが原則であるとされる。出訴期間の制限による法的安定性の確保

　　介する邦語文献として，久保茂樹「フランス都市計画法における公衆参加手続の進展」青山法学論集 37 巻 2 号（1995 年）40 頁以下，特に 42～43 頁も参照されたい。なお，当該規定は，現行都市計画法典法律篇 300 の 2 条第 4 節（Art. L. 300-2, Ⅳ）に相当する規定であるが，現行規定では，事前協議手続が実施されるべき計画類型が拡大されており，それに応じて，取消事由としての主張制限規定の適用対象も拡大している。

48)　都市計画決定における手続的瑕疵の援用可能な期間の制限は，ヨーロッパ人権条約 16 条に由来する裁判を受ける権利（droit au recours）保障に違反しないか，という争点をめぐる憲法院判決が，これを違反しないと結論付けたこと，1994 年改正以降も，公共討議全国委員会（Commission nationale du débat public）が主宰する公共討議（débat public）における手続上の瑕疵や公用収用の公益性認定に先行する手続上の行為の違法性について，抗弁事由としての主張可能性を制限する個別の立法がなされていることについて，cf., F. Nicoud, op. cit., pp. 184-189.

が，その理由である。ところが，公用収用事業や ZAC 指定による都市再開発等の事業型行政計画の違法性については，当該行政計画と後続の個別処分との間に「複合的行政作用」(opération administrative complexe) たる性質が認められる場合は，例外として，後続処分に対する訴訟段階で先行する事業型行政計画の違法性を抗弁事由として主張する可能性が認められてきた。本章Ⅳにおいては，かかる「複合的行政作用」の概念を明らかにするとともに，複合的行政作用に該当し違法性の抗弁が認められるための要件等について，判例を詳細に分析することとする。

Ⅲ 完結型計画と違法性の抗弁論

1 法規命令一般と違法性の抗弁――判例状況

本節では，法規命令性が認められてきた都市計画（土地利用の用途，建築物の敷地面積や容積率，意匠等を規制する PLU 又はその前身である POS，広域指針的計画である SCOT 又はその前身である SD）と，当該都市計画が適用されることを前提に行われる建築・開発等の土地利用行為に関する許認可や公共事業（公用収用等）の決定・認可・承認等との関係において，そもそも違法性の抗弁が許されるか，また許されるとした場合において，いかなる場合に許されるかという問題を取り上げる。ただ，都市計画法領域に入る前に，まずは，法規命令一般と個別的行政決定との間で違法性の抗弁が成立するために充足すべき条件について，判例の考え方を検討に付することとしよう。なお，本稿の以下の叙述では，POS と PLU の双方を包摂した呼称として POS-PLU を用い，SD と SCOT の双方を包摂した呼称として SD-SCOT を用いることとする。

そのリーディングケースとされているのは，1967 年 2 月 10 日のプティジャン商会等事件判決【事案 1】[49] である。

一般に「プティジャン事件」と呼ばれているこの事案では，トマトの缶詰製造業者にトマト缶詰の輸出を義務付けるデクレ(a)が発せられ，その後，農産物

---

49) C. E., 10 février 1967, Société des Établissements Petitjean et autres, Recueil Lebon, p. 63.

缶詰技術センターという非政府機関に税類似の負担金を支払うことを条件に当該輸出義務を免除する内容のデクレ(b)が発せられたのに対し，同缶詰製造業者やその同業組合等がデクレ(b)の取消しを求めて越権訴訟した。原告などが主張する違法事由は，デクレという行政命令で負担金制度を創設することの違法性，営業の自由や企業間の平等原則違反等多岐にわたるものであったが，コンセイユ・デタは，そのすべてを斥けた上で，デクレ(b)の違法事由としてデクレ(a)の違法性を援用する可能性についても否定し，訴えを棄却した。その際，コンセイユ・デタは，デクレ(a)という法規命令の違法性を後続の行政決定において主張するために充足すべき条件について，以下のように判示した。

> 「原告らは，一つの行政決定を攻撃対象として行われる申立ての根拠付けとして，越権訴訟の出訴期間内に出訴がなされなかったため確定化してしまった法規命令（règlement）の当該違法性を援用することができる。もっとも，かかる違法事由の援用が認容されるのは，取消請求の対象とされた行政決定が，抗弁事由としての違法性が主張された行政決定〔法規命令的行政決定：筆者注〕の適用措置（une mesure d'application）に該当するという場合に限られ，かつまた，前者すなわち取消請求の対象とされた行政決定の適法性が先行法規命令の規定の適法性に依存するという場合に限られる。」

以上の判示により，法規命令を先行行為とするケースでの違法性の抗弁の成立条件に関しては，①後行行為が先行法規命令の適用措置として把握されるという意味で，適用措置性を有し，かつ②後行行為の適法性が先行法規命令の適法性次第で決定付けられるという意味で，適法性依存性が存在するという，以上二つの条件の充足が不可欠であるとする考え方が示された。この判断枠組みを本件二つのデクレに当てはめると，デクレ(b)は，輸出義務の免除と引き換えに一定の負担金納付を義務付ける内容のものであるから，デクレ(a)にとっては「単なる適用措置に当たるというものではなく，新たな法規範を設定することによりその諸規定を変更するもの」にほかならないとされ，したがって，デクレ(b)についてはその固有の瑕疵に基づき取消しを求めることは可能であるが，デクレ(a)の規定の違法からの帰結としてその取消しを求めることはできないと結論付けられた。

この判例以降，適法性依存性の意味も含めた意味での「適用措置」該当性が，

法規命令性を有する行政決定を先行行為とする違法性の抗弁の成立要件論として，定着することとなる。

2　完結型計画と違法性の抗弁──判例状況

(1) 〈POS-PLU と個別許可行為〉関係における違法性の抗弁

　次に，以上のような法規命令一般に関する違法性の抗弁成否の判断基準が，都市計画法領域においてどのように適用されるのか，また，都市計画法領域の特質に応じて何らの修正ないし調整もなくそのまま妥当するのかが，問題となる。なお，上述のように，フランス都市計画法体系における都市計画制度は，土地利用の用途，建築物の敷地面積や容積率，意匠等を規制する即地的詳細計画である POS-PLU と，複数市町村の区域を対象に土地利用と根幹的公共施設や住宅の整備，地域産業政策等の隣接諸政策との統合的推進のための広域指針的計画である SD-SCOT という，二層的ないし二元的な計画制度により構成されている。

　以上を前提に，まずは，POS の決定とその後に発せられることとなる建築許可や開発許可等の個別の許可行為との間で，先行する計画決定の違法性を個々の許可行為に係る違法性の抗弁事由として援用できるかが争われた判決例を検討しよう。

　この問題に関するリーディングケースは，1990 年 6 月 8 日のマルティニーク島遺産保護協会事件判決【事案 2】[50] である。

　この事件の原告である「マルティニーク島遺産保護協会」(Association de sauvegarde du patrimoine martiniquais) の略称にちなんで一般に「アソパマル事件」(l'affaire ASSAUPAMAR) と呼ばれているこの事案では，海外県マルティニーク島のデュコス (Ducos) という町の中の土地について民間会社が求めた宅地分譲のための開発行為（フランス都市計画法では，これを「画地分譲事業」lotissement という）の許可申請が認められ許可されたのに対し，自然保護団体が許可の取消し及び執行停止を求めた越権訴訟について，請求を棄却した第一審判決の取

---

[50]　C. E., 8 juin 1990, Association de sauvegarde du patrimoine martiniquais, Recueil Lebon, p. 148 ; R. F. D. A., 1991, p. 149, avec Concl. H. Toutée, Commissaire du gouvernement ; Grands arrêts du droit de l'urbanisme, 4e éd., 1996, p. 164.

消しと各請求の認容をコンセイユ・デタに求めて上訴した。上訴人（第一審原告）は，当該コミューンが数年前に改訂したPOSは，その中の「冒頭説明書」(rapport de présentation) の箇所で，自然保護の現状と当該POSがもたらす影響及び保護・活用のためにとるべき措置に関する記述が全く欠けている点で違法であると主張し，かかる違法なPOSに基づいて行われた開発許可も違法たるを免れないと主張した。以上のようなPOSの違法を理由とする違法性の抗弁の成否について，コンセイユ・デタは，以下のように判示し，上訴人の主張を斥けた。

　「画地分譲事業の創設許可は……現行の都市計画法規を遵守した事業計画についてしか発出し得ないものではある。もっとも，当該許可は，かかる都市計画法規の適用措置に該当するものではない。したがって，裁判官がPOSの違法性を認定したとしても，かかる違法性の認定が，当該POSの支配の下で発出された画地分譲許可の違法性を，当然に帰結するものではない。ただし，当該違法性が，その許可の付与を可能ならしめることを目的とした規定に関するものである（affecter）という場合はこの限りではなく，例外として許可処分の違法性を帰結し得る。」

　この判示部分で重要なのは，以下の三点である。第一に，開発許可（画地分譲事業の許可）はPOSの「適用措置」には当たらず，それ故，「画地分譲許可の違法性を，当然に帰結するものではない」としている点である。これは，明らかに，法規命令性を有する都市計画について「適用措置」の意味を厳格に解することにより，違法性の抗弁の成立可能性を制限する方向を示している。

　しかし第二の点として，本判決は，援用される違法事由が，POS中の諸規定の中でも「その許可の付与を可能ならしめることを目的とした規定に関するものである (affecter) という場合」には，例外として，開発許可を争う段階での違法性の抗弁事由たり得ることを認めた。この点は，POSに対する出訴期間経過後にあっても，その違法性を後続の許可処分の違法として主張し得る場合があることを認める判示部分として重要である。

　とはいえ第三に，本件の事実関係の下では，かかる例外として違法性の抗弁を認め得る事情は存在しないとして，上訴人側の主張を斥けた。つまり，本件で上訴人が主張したPOS中の冒頭説明書における環境関係の記述の欠如という違法性は，開発許可の付与を可能ならしめることを「目的」とした計画規定

に対して何らの影響も及ぼさないとの理由から，違法性の抗弁事由たり得ないと結論付けたわけである。

したがって，この判決以降は，建築許可や開発許可（画地分譲事業の許可）はPOSその他の都市計画文書との関係で「適用措置」性を有しないことは前提にしつつも，違法事由として主張される都市計画文書中の個々の規定について，個別許可の発出を可能ならしめるべく定められた規定であるか否かを吟味し，そのような規定に当たると判断されるならば，その結果として行われた個別許可行為は違法となり得るとの判断枠組みが成立したことになる。

以上のような判断枠組みをわが国における違法性の承継論の用語法に即して言い換えるならば，都市計画中の諸規定の中で建築確認や開発許可の要件や目的，効果等に関する法律上の根拠規定の運用に関わる規定に違法が認められる場合，かかる都市計画中の違法は，その後その運用結果として行われる個々の建築確認や開発許可に承継され，当該許可の違法事由として主張できる。POSと個別許可行為との関係でコンセイユ・デタが確立させた違法性の抗弁論は，以上のように要約することが可能である。しかし，その後の判例の変遷は，かかる違法性の抗弁論をさらに限定する方向へ進むこととなり，その結果，かかる違法性の抗弁論が妥当すべき都市計画の範囲は，POS-PLUに代表される高度の法的拘束力を認められる即地的詳細計画型の都市計画に限られることとなる。そこで，以下では，そのような限定化の判例変遷についてさらに跡付けることにする。

(2) 〈SD-SCOTとDUP〉関係における違法性の抗弁

上述のアソパマル事件判決において例外として違法性の抗弁事由が成立するための要件として提示されたのは，当該違法性が，都市計画の諸規定の中でも「許可の付与を可能ならしめることを目的とした規定」に関するものでなければならないというものであるが，では，そのような規定とは，具体的にはいかなる規定を想定し得るのであろうか。アソパマル事件判決は論告担当官の論告に従って下されたが，その論告担当官の論告において違法性の抗弁事由として成立し得る場合として例示された一つの例は，「犯罪的なことに，環境問題について黙して何ら記載しなかったために，いかがわしい開発事業を利するに決まっている悪辣なゾーニングが行われたという場合」であり，「そのような場

合は，いわば違法な POS の適用措置ということになるだろう」とされた。また，「違法な改訂 POS が，その全体としてみれば，まさに当該係争の開発事業を行い得るようにするために改訂されたものにほかならないという場合」も同様に，適用措置性を肯定し得るとされた[51]。

その後，上記二つの例の中でも，特に後者（特定の開発事業を実施可能とするため都市計画が改訂される場合）に当たるケースが実際に訴訟の場で争われることとなった。もっとも，そこで違法性の抗弁の成否が争われたのは，POS と個別許可間の関係に関するものではなく，広域指針的計画に該当する「整備都市計画指導スキーム」（SDAU）と収用事業の公益性認定（DUP）間の関係についてであった。かかる二つの行為間の関係が争われたケースに関する 2005 年 2 月 25 日の「トォラーク山地熊の未来を守ろう会」事件判決【事案 3】[52]である。

本件は，既存の国道に「高速ルート」性（「エクスプレス・ルート」性）を具えたバイパス建設のための収用事業の公益性認定（DUP）が行われたのに対し，「トォラーク山地熊の未来を守ろう会」と称する自然保護団体その他の者が原告となってその取消しを求めて提起した越権訴訟である。原告側が主張した違法事由は多岐にわたる。まず，①DUP に理由附記がないことが欧州連合指令違反に当たる，②計画案の縦覧や説明会の開催等の協議手続が適正かつ十分に行われていない，③公開意見聴取手続の際の事業費や採算性に関する資料の縦覧及び環境影響に関する説明が不十分であること等々の外的適法性（légalité externe）が争われた。すなわち手続・形式の瑕疵に関する違法事由が主張されたが，判決は，これらの主張をすべて斥けた。また，原告は，内的適法性（légalité interne）についても争い，公益認定の内容面の違法事由として，④本件事業認定に先だって改訂された SDAU の違法性を本件 DUP に関する違法性の抗弁事由として主張するとともに，⑤野生生物の保護を求める欧州共同体法への違反，⑥本件事業計画の実施によりもたらされる様々な不利益はそれによ

---

51) 以上につき，Concl. H. Toutée, Commissaire du gouvernement, op. cit., R. F. D. A., 1991, p. 151.
52) C. E., 25 février 2005, Association《Préservons l'avenir à Ours Monts Taulhac》et autres, Recueil Lebon, p. 83; R. F. D. A., 2005, p. 608, avec Concl. M. Guyomar, Commissaire du gouvernement et Note R. Hostiou.

り実現する公的利益を上回るとして費用便益衡量審査（contrôle du bilan coût-avantages）[53]による違法も主張したが，判決はいずれの主張も斥け，請求棄却判決を下した。本稿との関係で重要なのは，言うまでもなく④すなわち，SDAU の違法を理由に DUP の違法を導こうとする違法性の抗弁の成立可能性を否定した判示部分である。この問題について，判決は以下のように判示した。なお，本件では整備都市計画指導スキーム（SDAU）の違法性が抗弁事由として主張されていたが，下記の判決理由自体は，1983 年の法改正以降の用語である指導スキーム（SD）を用いている。

　「事業の公益性認定（DUP）を適法になし得るのは，当該事業が現行の指導スキーム（SD）に示された方向付けと両立し得る（compatible）場合に限られる。とはいえ，事業の DUP は SD の適用措置（mesure d'application）に該当するものではないのであり，しかもこのことは，DUP はその他の都市計画との関係でも適用措置たり得ないのと同様である。それ故，SD の違法性，その変更の違法性或いはその他の都市計画の違法性を DUP に対する関係で援用したとしても，それは有効な援用たり得ないのであり，この理は，かかる都市計画又はその変更が，DUP がなされた当該事業を可能ならしめることを目的に行われた場合であっても，異なるものではない。」

以上の判示部分で重要なのは，以下の二点である。第一に重要なのは，本判決によれば，収用事業の公益性認定（DUP）は，「SD の適用措置（mesure d'application）」たり得ないとされ，また「その他の都市計画との関係でも適用措置たり得ない」とされ，その結果，すべての都市計画との関係で DUP には「適用措置」性は否定され，違法性の抗弁の成立可能性が端的に否定されることになる，という点である。

第二に重要なのは，以上のような都市計画と DUP 間における違法性の抗弁の成立可能性の端的なる否定は，先行する都市計画の決定又は変更が「DUP がなされた当該事業を可能ならしめることを目的に」行われたものである場合にも，妥当するとしている点である。論告担当官ギヨマール（M. Guyomar,

---

[53]　費用便益衡量審査（contrôle du bilan coût-avantages）については，差し当たり，亘理格『公益と行政裁量――行政訴訟の日仏比較』（弘文堂，2002 年）参照。

Commissaire du gouvernement) の論告によれば，本件事業計画については，変更前の広域指導スキームの下でも公益性認定（DUP）が行われており，かかる第一次 DUP に対し提起された越権訴訟の場で行われた論告担当官の論告の中では，当該事業計画は当初の SDAU の規定とは両立し得ないとの見解が示されていたようである。そして，実際，この第一次訴訟において，コンセイユ・デタは第一次 DUP を取り消す旨の判決を下していた[54]。したがって，いわば第二次訴訟に相当する本件訴訟は，第一次訴訟により SDAU の当初規定とは両立し得ないと宣告された事業計画を実施可能なものにすべく変更された SDAU の下で行われた第二次 DUP に対して，あらためて提起された取消訴訟ということになる。以上のような経緯に照らして見ると，本件で問題となる SDAU の変更は，まさに係争事業計画を実施可能とすべく行われたものにほかならないわけであり，したがって，1990 年の【事案2】判決の判決理由の論理に従えば，第二次 DUP の取消しを求める越権訴訟の場において，改訂 SDAU の違法性を抗弁事由として主張する可能性が認められて然るべき事案に該当したようにも思われた。ところが，本判決は，そのような可能性を真っ向から否定したわけである。

(3) 判例のまとめと論点整理

違法性の抗弁事由としての法規命令の違法性，なかでも都市計画分野における法規命令的計画決定の違法性をめぐる以上のような判例状況は，次のようにまとめることができる。

すなわち，(i) 1 で観察したように，先行行為たる法規命令一般と後行行為間の関係については，後行行為が当該法規命令の「適用行為」ないし「適用措置」に該当しかつ後行行為の適法性が当該法規命令の適法性に依存する関係にあるならば，後行行為に対する訴訟の場において当該法規命令の違法性を抗弁事由として主張することができるとする判例が確立している（1967 年のプティジャン判例。以下，【事案1】判決又は【事案1】判例と呼ぶ）。

しかし，(ii) 都市計画分野において，特に即地的詳細都市計画（POS-SRU 等）とそれに従い発出される個々の建築許可や画地分譲行為許可間の関係について

---

54) Concl. Guyomar, R. F. D. A., 2005, p. 610. Cf., Note R. Hostiou, op. cit., p. 619.

は，後者の個別許可は即地的詳細計画の「適用措置」には該当しないとの理由により，個別許可行為に対する訴訟の場において POS-SRU 等の違法性を抗弁事由として当然に主張できるわけではないという原則が採用される一方，かかる違法性の抗弁を許容し得る例外的な場合として，当該個別許可処分を可能ならしめることを直接の目的とした都市計画規定に関わる違法事由について，判例は，当該個別許可処分に対する違法性の抗弁事由として主張する可能性を認めている（1990年のアソパマル判例。以下，【事案2】判決又は【事案2】判例と呼ぶ）。

ところが，(iii)都市計画分野の中でも，広域指針的計画である SD-SCOT（その前身である SDAU も含む）とそれに従い実施される収用事業に関する DUP 間の関係が問題となったケースでは，収用事業の DUP は，SD-SCOT の「適用措置」たる性格を有し得ないとされたに止まらず，広域指針的計画以外のものも含めた都市計画のすべてとの関係でも，同様に「適用措置」たる性格を有し得ないとされた。しかもかかる，DUP との関係における都市計画全般にわたる違法性の抗弁の成立可能性の否定は，まさに当該事業の実施を可能ならしめるべく新たな規定を盛り込んだ都市計画の変更が行われたという場合であっても妥当するとする判例が現れたのである（2005年の「トォラーク山地熊の未来を守ろう会」判例。以下，【事案3】判決又は【事案3】判例と呼ぶ）。

以上のような判例状況を精確に理解するために解明すべき第一のポイントは，「適用行為」ないし「適用措置」という概念の意味内容である。【事案1】判例は，違法性の抗弁成立のため満たすべき要件として，「適用措置」性とともに適法性依存性も挙げていたが，本稿の検討対象である都市計画法分野において法規命令的計画決定と後続行為との間で違法性の抗弁の成否を論じようとする際には，個別許可処分にせよ収用事業の公益性認定（DUP）にせよ，後続行為は都市計画上の規定に違反してはならないという拘束性を当然の前提とされる。そうである限り，上記の適法性依存性があることを所与の前提として，「適用措置」性の成否が問題となるわけであるから，以下の検討では，「適用措置」とは精確にはいかなる意味のものであるか，という問題に焦点を絞ることが許されるであろう。

次に，完結型計画における違法性の抗弁の許容性という問題に関するフランスの判例状況を適切に理解するための第二のポイントとして，【事案2】判決

と【事案3】判決との双方の結論を分けた理由・原因を解明する必要があるように思われる。即地的詳細計画である POS-PLU と個別許可間の関係では一定の条件下で認められた違法性の抗弁が，何故，広域指針的計画である SD-SCOT と収用事業の公益性認定 (DUP) との間では一律に否定されることとなるのであろうか。以上のような二つのケースを切り分けるのはいかなる論理によるものであるかを知るためには，判決が依拠した論告担当官ギヨマールの論告を仔細に検討する必要がある。

3　法規命令に関する違法性の抗弁成否の判断基準——フランス法の考え方

(1)　確立した判例理論

　違法性の抗弁の成立を決する「適用措置」性の要件について，フランス行政判例は，一貫して，単なる適合性の要求や両立性の要求に止まらない，厳格な意味での依存性ないし拘束性を要求してきた。この点を，【事案3】判決におけるギヨマール論告を素材に確認することから始めよう。

　当該事件で違法性の抗弁が争われたのは，先行する広域指針的計画と後行の収用事業の公益性認定 (DUP) 間の関係についてである。ギヨマール論告によれば，この二つの行為間の関係に関する確立した判例の考え方は，「公益性を認定するデクレは，地域都市計画指導スキームの適用措置たる性格を有せず，したがって，前者すなわち公益認定にとって，後者の違法性を理由とする主張は成り立たない (inopérant)」というものであった[55]。この判例の考え方をそのまま当該事件に当てはめるならば，先行する指導スキームの違法性を抗弁事由として主張する余地はないことになる。しかし，まさに本事件のように，「当該指導スキームの変更が，従前の指導スキームと両立し得ない事業計画についての公益認定を可能ならしめることを目的に行われた」という場合にまで同様の結論を維持する必要があるのかが，本事件では問われているとして，ギヨマール論告はかかる問題設定の正当性を認める姿勢を示す[56]。そして，かかる問いかけに対して以下の三つの解決策を想定し得るとする。すなわち，a) 確立

---

55) リーディングケースとして，以下の判決例が挙げられる。Cf., C. E., 23 mars 1979, Mme Canu et autres, Recueil Lebon, p. 126; C. E., 7 juillet 1997, Ragot, No 172050.

56) Concl. Guyomar, op. cit., p. 610.

した判例理論ないし先例に従って違法性の抗弁を一切認めないか，b）逆に従来の判例を変更し，違法性の抗弁事由として違法性を主張し得る法規命令的行為の範囲を修正するか，c）従来の判例の基本線は維持しつつも折衷的解決策として，本事件のように，公益性認定とそれに密接な関係にある改訂された指導スキーム間の関係については，違法性の抗弁の成立余地を認めるかという，以上三つの選択肢からなる問題解決の方向性を提示する。以下に見るように，ギヨマール論告自身は，第二の判例変更という一種のパラダイム転換を目指す解決策（b））は，「適用措置」という概念に代えて想定し得る判定基準に不明確さが避けられず，法的安定性（sécurité juridique）を過剰に害するが故に支持し得ないとする一方，第三の折衷的解決策（c））を基本的には支持する見解を表明するのであるが，指導スキームという広域指針的計画に固有の違法性について，違法性の抗弁事由としての機能を認めた場合に生じる様々な不都合を考慮した結果，結論としては，第一の立場すなわち従前の判例の考え方（a））に従うという解決策を提起することとなる。

　まず，本事件のようなケースでも広域指導スキームと公益認定間の関係に関する従前の判決例の考え方に従い違法性の抗弁を一切認めないという解決策は，「適用措置」の意味を狭く限定的に解する判例の立場を前提としているとされる。そこで，まず，違法性の抗弁との関係で「適用措置」とはいかなる概念として把握されてきたかについて，検討しよう。

(2)　「適用措置」の概念

① 　厳格な「適用措置」概念

　ギヨマール論告によれば，出訴期間を経過したため既に確定した法規命令について，何らかの要件下で違法性の抗弁事由としての機能を認めることは，「法的安全と適法性原理との間のバランス（balance entre sécurité juridique et principe de légalité）を，適法性原理に有利な方向で再均衡を図る」ことを意味する。しかし，法的安全の確保の見地から，違法性の抗弁の権能の成立可能性にも自ずから限度があるのであり，法規命令的規定が係争の後行行政決定にとっての「基盤を構成する」場合でしか，違法性の抗弁は許されないとされてきた。したがって，「違法性の抗弁への道を開くための機能的概念」である「適用措置」の意味については，判例および学説により，以下のような厳格な定義が課され

てきた。すなわち，適用措置とは，「上位規範を単に具体化することだけを目的とした措置すなわち個別状況への具体化」を意味し，その意味では上位規範の「執行措置」（mesure d'exécution）と同義語であるとされてきた。別の言い方をすれば，「上位規範の適法性に関する訴訟上の論議が個別処分に固有の係争事件の場で行われて然るべきだと言い得る程度に，前者の違法性がその運用措置である後者の適法性に影響を及ぼす」という場合に，後者の行為は「適用措置」と見なし得るとされる。以上のように厳格な意味において，法規命令とその「適用措置」との関係については，「密接な法的関連性」がなければならず，後者の適法性が前者の適法性に従属するという意味で，前者は後者にとって「法的源泉」（la source juridique）たる性格を有しなければならないとされる[57]。

　ギヨマール論告は，以上のような厳格な「適用措置」概念を受け入れ，かかる通説的な適用措置概念を前提とした判例理論を維持する立場を表明する。しかし，本事件のように，SDの規定改定が，まさに，特定の事業計画に関するDUPと「両立可能」なものに改めるという目的でなされたという場合であれば，「これら二つの行為間には，違法性の抗弁に係る本案審査を受け入れるに十分な程度緊密な関連性が存在する」と見るべきなのではないかが問われているとして，同論告は，上述のb）とc）という二つの選択肢を選択する可能性に関する検討へと歩を進める。

② 「可能ならしめられた行為」基準論に対する批判——判例変更の拒否

　そこで，まず従来の判例理論を正面から変更する考え方が検討に付される。その考え方に従えば，「適用措置」概念に代えて，当該法規命令ないしその改定により後行行為を適法になし得ることとなったという意味で，「可能ならしめられた行為」（mesure rendue possible）という判定基準を正当とする立場があり得るとされ，現に，過去に違法性の抗弁の成否が争われた二つの事件に関する論告担当官の論告[58]では，かかる立場から違法性の抗弁の成立可能性を緩和しようとする主張が唱えられたとする。ギヨマール論告は，かかる判例変更

---

57) ギヨマール論告における以上の議論については，cf., Concl. Guyomar, op. cit., p. 611.
58) ⅰ) Concl. Labetoulle sur l'affaire Bert, C. E., 17 octobre 1980, Recueil Lebon, p. 370 及び ⅱ) Concl. P. Hubert sur l'affaire Association des centres distributeurs Edouard Leclerc, C. E., 24 janvier 1992, Recueil Lebon, p. 39.

に着手することも不可能ではないことを示唆する一方，以下の理由から，かかるパラダイムの転換を志向する路線に対して，法的安定性の確保を重視する見地から明確な反対意見を表明する。

　すなわち，ギヨマール論告によれば，「可能ならしめられた行為」基準には，「適用措置」基準に比して概念の明確性や予測可能性（prévisibilité juridique）が欠けているため，実際の運用がし難い基準となり，違法性の抗弁の機能上の複雑性を増大させることになるとされる。また，この基準への転換により二つの行為間に要求される法的依存の関係（lien de dépendance juridique）を弛緩させた場合，空間的にも時間的にも，違法性の抗弁が認められるケースが飛躍的に増大することとなり，収拾がつかない状況を招くこととなるとして批判する。空間的な増大という側面について，ギヨマール論告は，複数の行為や立法相互間の関係を「両立性」等の原理により調整するという制度が採用される傾向にあり，そのような調整メカニズムが増大する状況下で「可能ならしめられた行為」基準を採用するならば，違法性の抗弁が成立するケースは激増する可能性があるとの認識を示し，かかる「制御し難い増殖のリスク」は避けなければならないとされる。他方，時間的な増大という側面については，「可能ならしめられた行為」基準を採用した場合，法規命令行為により結果的に可能となった行為であれば違法性の抗弁が成立するのであるから，「結果たる行為」（acte-conséquence）と同義語となってしまい，その結果，必ずしも先行・後行という時間的な間隔を必要としない行為，例えば同時に行われた複数行為間に違法性の抗弁が成立する可能性すら生じる結果となるとされる[59]。

　ギヨマール論告は以上の理由により，「適用措置」性を重視してきた従来の判例理論を維持する立場を明確にした。その立場は，一言で言えば，法規命令行為たる先行行為と後行行為とが単に因果的関係にあるばかりではなく，後者の法的効力が前者の存在に依存しているという意味で厳格な法的依存関係にあるのでなければ，違法性の抗弁は成立し得ないという考え方を支持するものと言えよう。そして，このように厳格な法的依存関係を維持したとしても，違法性の抗弁がその行政訴訟制度上の実効的機能を喪失することになるわけではな

59）　以上につき，Concl. Guyomar, op. cit., p. 612.

いとして，法規命令に関して違法性の抗弁が成立するとされた二つの具体例[60]を挙げて，自己の立場の正当性を補強するのである。

以上により「適用措置」基準を維持する立場を選択した上で，ギヨマール論告はさらに，かかる判例理論の基本線は維持しつつも多少の修正を加えることにより，本件のようなケースでも違法性の抗弁が成立する余地を認める「妥協的解決策」(solution de compromis) の採用可能性についても，検討を加えることとなる[61]。つまり，上述のc)の選択肢が，ここで考察の俎上に上るのである。この問題との関係では，即地的詳細計画と対比した意味での広域指針的計画の特質が問題となるので，この点に関するギヨマール論告の論旨については，以下に項を改めて跡付けることにしよう。

(3) 即地的詳細計画 (POS-PLU) と広域指針的計画 (SD-SCOT) の区別
　　──「妥協的解決策」の是非について

① 「適用措置」基準に対する例外の許容性

以上のように，ギヨマール論告は，完結型計画とその後続行為間における違法性の抗弁の成否の判断については，即地的詳細都市計画たると広域指針的都市計画たるとを問わず，厳格に解された「適用措置」概念を基準に据えた判断方法が妥当するとの立場を維持するものであった。この点で，ギヨマール論告は，法規命令と後続の個別的行為間の関係全般について1967年の【事案1】判例以降正当なものとして確立した判例法上の「一般的指針」(ligne générale)が，完結型計画にも当てはまることを，再確認したわけである。他方，かかる一般的指針を受け容れつつも「同時に」，広域指針的計画であるSD-SCOTと収用事業のDUP間における違法性の抗弁の成否が争われた本事案に関する妥協的な解決策として，違法性の抗弁の可能性を認め得ないかが，ギヨマール論告の次の検討課題となる[62]。

この問題に対する解答に当たって決定的に重要なのは，即地的詳細計画と後続の許可処分間における違法性の抗弁の成否に関する基本判例として本稿でも

---

60) ⅰ) C. E., 18 janvier 1980, Bargain, Recueil Lebon, p. 29 ; ⅱ) C. E., 1er décembre 1993, Mme Chiarazzo, Recueil Lebon, p. 334.
61) Concl. Guyomar, op. cit., pp. 613 et suiv.
62) Concl. Guyomar, op. cit., p. 613.

既に検討を加えた1990年の【事案2】判決との関係である。何故なら,【事案2】判決も,厳格な「適用措置」概念を違法性の抗弁の一般的成立要件として受け容れる一方,かかる厳格な「適用措置」要件を満たさないが違法性の抗弁が成立する例外的な場合があり得ることを承認することにより,「都市計画訴訟の分野において,プティジャン判例に対して顕著な一例外を導入した」[63]とされるからである。換言すると,本事件で「適用措置」基準に該当しないことから端的に違法性の抗弁の成立を否定した場合,かかる結論は,【事案2】判決が例外として違法性の抗弁を認め得る場合があるとして示した考え方と,矛盾することにならないかが問題となるのである。

上述のように,【事案2】判決は,即地的詳細計画であるPOSと画地分譲許可間において違法性の抗弁が成立し得るという例外的な取扱いの可能性に関して,POSの「当該違法性が,その許可の付与を可能ならしめることを目的とした規定に関するものであるという場合」には,「例外として許可処分の違法性を帰結し得る」との見解を提示していた。つまり,POSと個別的許可間の関係では,POSで定められた諸規定の中で後続の個別的許可を適法になさしめるべく定められた規定(建築許可や画地分譲許可の要件ないし基準を定めた規定)に違法がある場合に限って,その結果行われた個別的許可との関係で違法性の抗弁が認められるという見解が,採用されたわけである。そこで,同様の見解が広域指針的計画であるSDにも応用し得るとしたならば,SDとDUP間における違法性の抗弁の成否が争われた本事案においても,違法性の抗弁を可能とすべきなのではないかが問題となったのである。

しかし,以下に見るように,この問題について,ギヨマール論告は,POSと後続の許可間の関係とSDと公用収用間の関係との法的性質における決定的とも言える差違を理由に,後者の関係には違法性の抗弁が成立する余地がないとの見解を表明したのであり,コンセイユ・デタの判決も,結局この論告担当官の提言に沿った結論を採用することとなった。この点に関する同論告の議論は詳細を極めるが,以下では,可能な限り簡潔に,当該結論の理由を跡付け紹介することにする。また,この問題を決するに当たっては,上述のように,即

---

63) Ibid.

地的詳細計画と個別的許可間の関係を論じた【事案2】判決との整合性をいかに確保するかが最大の懸案となる。そこで，ギヨマール論告は，【事案2】判決が，「適用措置」基準を満たさない場合でも違法性の抗弁を認め得る例外的場合があることを認めるに至った経緯から，説き起こそうとする。本稿も，そのようなギヨマール論告の論旨に沿った跡付けから始めることにしよう。

②　POS取消判決と個別許可間の関係——ジュプロ＋緑地空間判例理論

【事案2】判決が出たのは1990年6月8日であるが，ギヨマール論告によれば，この判決が拠り所とした先例が，1986年から翌年にかけて相次いで出現していた。二つの判決は，いずれも，POSに定められた個別許可に関する規定の違法を理由に当該即地的詳細計画（POS）を違法として取り消した判決が確定した場合において，当該POSの支配下で行われた個別許可も違法として取り消されるべきか，という問題が争われた事案において，それを肯定する旨の判断を示したコンセイユ・デタ判決である。以下にその二つの判決の概要を示そう。

その第一の判例である1986年12月12日のジュプロ社事件判決【事案4】[64]は，以下のような事案に関するものである。

V町のPOSの計画変更により，全国規模の「絵になる景観地目録」に登載された土地を5階建て建物の建築が可能な区域内に編入する旨の都市計画決定が行われた後，E県の県知事令（arrêté du préfet）により当該計画決定の公告が行われた。これにより，当該土地内においてジュプロ社が計画していた施設建築が可能となり，同社が提出した申請に対する建築許可が，E県知事の2回にわたる県知事令により行われた。本件では，上述の都市計画決定の公告及び2回にわたる建築許可の双方に対する取消訴訟（越権訴訟）が，第三者により（判決資料上明示はされていないが）提起されたようであり，各訴えを受けたヴェルサイユ地方行政裁判所は，1983年4月14日の判決により，上述の当該土地の区域指定変更は「明白な評価の過誤」（erreur manifeste d'appréciation）に当たるとしてこれを取り消す旨の判決を下し，当該判決はその後確定した。他方，2回にわたる建築許可の取消しに関して，同じくその訴えを受けたヴェルサイ

---

64)　C. E., Section, Société GEPRO, 12 décembre 1986, Recueil Lebon, p. 282.

ユ地方行政裁判所は，上記判決が確定したことを前提に当該建築許可を取り消す旨の判決を下した。これに対し，ジュプロ社が，当該第一審判決の取消しを求めてコンセイユ・デタに上訴したのが，本事案である。

これに対し，コンセイユ・デタは，第一審の取消判決は誤りではないとしてジュプロ社の上訴を棄却した。その理由として，判決は，既に上述の都市計画決定公告に対する取消判決が確定していることに言及した上で，そこからの帰結として，以下のように判示した。すなわち，ジュプロ社に対する本件建築許可は，当該都市計画の中の「係争の当該建築事業の実施を可能とするため特に定められた，これら違法な諸規定」を「適用して」(en application de) 行われたものであり，「このような関連性 (ce lien) を斟酌するならば」，当該建築許可は，「その帰結として (par voie de conséquence) 取り消されて然るべきである」。

以上のように，ジュプロ社判決は，後続の建築許可の根拠とされた即地的詳細計画中の規定が違法として取り消され確定した場合において，当該違法な規定を適用して行われた個別的許可に関しても，「その帰結として」違法として取り消されるという考え方を，コンセイユ・デタとして明確化したものである[65]。

次に，第二の例である 1987 年 1 月 28 日の「緑地空間保護市民委員会」事件判決【事案5】[66]は，以下のような事案に関するものである。

本件は第三者に付与された建築許可の取消しを求める越権訴訟事案であるが，当該許可が行われた際に妥当していた POS（当該 POS は，当該許可の約 2 年半前に県知事令によって公告され，当該許可の数ヶ月後に県知事令によって認可されたものであり，公告以降有効なものとして妥当してきた）は，その策定作業部会の委員構成に瑕疵があったとの理由により，これを取り消す第一審判決及びコンセイユ・デタの上訴審判決が下され，確定していた。これと並行して当該許可の取消しを求める越権訴訟が提起されたのに対し，第一審のニース地方行政裁判所

---

65) もっとも，POS の計画変更の取消判決が確定した場合には，従前の都市計画や前提となる都市計画法典の諸規定がそのまま適用されることとなるため，変更された規定に基づき行われた個別許可が，こうした従前の又は前提となる諸規定に適合的であるならば適法として扱われることとなる。ジュプロ社判決の事案では，こうした諸規定に照らしても当該建築許可は適法とは見なし得ないと判断されたため，建築許可を取り消した第一審判決は正当であるとされたのである。

66) C. E., Association Comité de défense des espaces verts, 28 janvier 1987, Recueil Lebon, p. 20.

が棄却判決を下したため第一審原告が上訴したのが，本件事案である。

判決は，まず，「建築許可は，現行都市計画法規を遵守する建築計画に対してしか発給し得ないものではあるが，かかる都市計画法規の適用行為（acte d'application）に該当するものではない。したがって，POSの取消しが，当該POSの支配下で発せられた建築許可の取消しを，当然に帰結するというものではない」と判示した。これにより，POSその他現に妥当する都市計画法規との関係で，建築許可には「適用行為」性を認め得ないと否定的性格付けがなされたのであり，それ故，同計画が違法として取り消されたとしても，そこから直ちに建築許可の取消しを帰結するものではない，という点が明確化された。しかし，この部分はあくまでも原則を述べたものであって，当該判示箇所の直後には，例外として建築許可の取消しを帰結し得る場合について言及される。すなわち，「当該POSの取消しが，係争の当該建築許可の付与を可能とすることを目的とする規定の違法性を理由に宣告されたという場合」は別であり，そのような「例外」の場合には，当該POSの取消しから直ちに当該建築許可の取消しが帰結し得るとされた。ところで，本件第一審判決は，係争処分である建築許可が上記POSに従って行われたことを主たる理由として取消しの訴えを棄却したのであるが，上述のように，当該POSは策定作業部会の委員構成に瑕疵があったとの理由により，その取消しを命ずる判決が既に確定していた。そこで，本判決は，第一審判決が建築許可取消請求を棄却する根拠を当該POSの規定に求めたのは正当とは言えないとして，この点に関しては，第一審原告の主張を認めた。

他方，POSの取消しが，「係争の当該建築許可の付与を可能とすることを目的とする規定の違法性」以外の理由による場合，当該POSの取消しから当然に建築許可の取消しが帰結するものではない，との原則へ立ち戻ることになる。判決によれば，そのような場合，裁判所は，「許可された当該建築計画が，当該POSの取消しの結果再び適用されることとなった都市計画規定と両立可能（compatible）なものであるか否かを審査」しなければならない。したがって，変更前の都市計画の規定や前提となる都市計画法典上の規定と「両立可能」な建築計画であれば適法となるのであり，本件事案の場合，かかる都市計画関係規定に違反してはいないとの理由により，結局，本件訴えを棄却した第一審判

決は正当であると結論付けられた。

　以上の二つの判決（【事案4】と【事案5】）を通して，POSを違法として取り消した判決が確定した場合における当該取消判決の建築許可や画地分譲許可に対する効力に関する判例理論が確立した。それによれば，第一に，POSの取消しが当然に個別許可の取消しを帰結するものではないとの原則が明確化された。その上で，第二に，当該POSの違法性が，当該個別許可を適法になし得るものとするため定められた当該計画中の規定の違法によるものである場合は，当該違法を理由とする同計画の取消しが個別許可の取消しを帰結する可能性が，例外として認められる。また，かかる二点に加えて，個別許可はPOSの「適用行為」たる性格を有しない，という点が示唆されたことも第三の留意点と確認しておくべきであろう。この点について，ジュプロ社判決（【事案4】）の方は，係争の建築許可が都市計画中の「係争の当該建築事業の実施を可能とするため特に定められた」諸規定を「適用して」（en application de）行われた，という点に着目しており，その限りでは「適用措置」基準から完全には解き放たれていないとの印象があるのに対し，緑地空間保護委員会判決（【事案5】）の方は，建築許可が「都市計画規律の適用行為（acte d'application）に該当するものではない」と明確に判示しており，当該判示により，POSと個別許可間の関係を「適用措置」概念から離れて再構成しようとする明確な意図を読み取ることが可能である。ちなみに，建築や画地分譲の許可申請に対する拒否処分については，POSが定められている場合，不許可は，「POSに基づいてしかなし得ない」。それ故，不許可は，POSの「適用措置を構成する」とされる[67]。

　以上により，緑地空間保護委員会判決以降，POSとの関係で個別許可には「適用措置」性を認め得ないという第三の原則を前提に，上述の第一及び第二の原則が確立したと把握することができる。以上が，上記二つの判決によって確立した判例理論であるが，ギヨマール論告は，以上のような内容を持つ判例理論を「ジュプロ＋緑地空間判例理論」（jurisprudence GEPRO-Espaces Verts）と呼んで，みずからの論旨を展開することとなる[68]。

---

67) Concl. Guyomar, op. cit., p. 613, Note (5).
68) Concl. Guyomar, op. cit., p. 613.

ギヨマール論告によれば，「以前は，POS の取消しは，その帰結として（par voie de conséquence），建築又は画地分譲の許可の取消しをもたらしていた」のに対し，ジュプロ＋緑地空間判例以降，コンセイユ・デタは，「POS の取消しは，当該計画の支配下で発せられた建築許可の取消しを当然にはもたらさない」と考えるようになった。以上により，「POS と建築許可間の関係について，ジュプロ＋緑地空間判例は，従前は自動帰結性（automaticité）が存在していたところに，非浸透性（étanchéité）を導入した」とされるのである。他方，かかる非浸透性の原則に対する例外として，POS が，「係争許可の付与を可能とすることを目的とする規定の違法性を理由に」取り消された場合には，当該計画の取消しから，当然に，個別許可の取消しが帰結することになる。以上のような例外的場合が留保されるという状況を念頭に，ギヨマール論告は，「個別的な決定が，POS の中の違法な諸規定から分離し得ない（indissociable）ものである場合においては，帰結としての取消しが今もって当然に行われる。いわば，分離不可能性（indissociabilité）が存在する場合においては，ある種の自動帰結性（de l'automaticité）が存続する」と総括してみせるのである[69]。
③　「切り離し得ない結び付き」（lien indissociable, lien d'indissociabilité）基準
　翻って【事案2】判決の位置付けの問題に目を転じるならば，以上に述べたような「ジュプロ＋緑地空間判例の思考方法（raisonnement GEPRO-Espaces Verts）」を「違法性の抗弁のメカニズムの中に転移させた」のが，【事案2】判決にほかならないとされる[70]。ジュプロ＋緑地空間判例は，POS の取消しからの「帰結としての取消し」理論として導き出された判例理論であるが，その思考方法が，画地分譲許可事案に関する【事案2】判決により，「違法性の抗弁のメカニズム」へと転用されたわけである。ギヨマール論告によれば，【事案2】判決による以上のような転用を介して，POS が未だ違法として取り消されてはいない場合における違法性の抗弁の成否の判断に際しても，「分離し得ない」関連性の認定を基準に違法性の抗弁の可能性を認めようとしたのが，【事案2】判決にほかならないとされる。そして，ギヨマール論告は，ここま

---

69)　Ibid.
70)　Concl. Guyomar, op. cit., p. 614.

で詳細に跡付けてきたジュプロ＋緑地空間判例とアソパマル判例という二つの系統の判例潮流に共通する判断基準として，「切り離し得ない結び付き」（lien indissociable）の概念を提示し，POSと個別許可間の関係で，POSが既に取り消された場合における「帰結として」の個別許可取消し（annulation par voie de conséquence）の場合と，POSが未だ取り消されていない場合において違法性の抗弁（exception d'illégalité）が認められる場合との，双方を想定してコンセイユ・デタが確立させた判断基準を説明する概念として，この概念を位置付けるのである。

以上により，ジュプロ＋緑地判例理論とアソパマル判例が出揃うことにより，土地占用プランの中の規定と個別許可間に「切り離し得ない結び付き」の存在が認められさえすれば，当該計画自体が違法として既に取り消されている場合においては，確定したPOS取消判決の「帰結として」（par voie de conséquence）個別許可も違法として取り消されるべきであるとされ，他方，POS自体は取り消されず有効なまま存在する場合であれば，個別許可取消訴訟における違法性の抗弁事由として当該違法性を援用することが許されて然るべきだとする判例理論が，確立したとされる。

④　「切り離し得ない結び付き」基準の射程——その限定論

ところが，ギヨマール論告によれば，適用措置基準を満たさなくても違法性の抗弁を認め得る例外的な場合に関する上述のアソパマル基準（土地占用プラン〔POS〕の違法性が，「当該許可処分を可能とすることを目的とした規定に関するものである」場合には，違法性の抗弁が可能とされるという基準）には，元来，違法性の抗弁が成立可能性を際限なく拡張する危険性が内包されていた[71]。何故なら，【事案2】判決が示した違法性の抗弁の成立基準論に従えば，POSと建築許可との間に，当該POSが定めた諸規定の中で建築や画地分譲行為の許可基準を定めた規定を介在させ，当該許可基準が違法であると認定しさえすれば，当該許可基準に適合するとして行われた許可処分に対して当該許可基準の違法性を抗弁事由として援用することが，自動的ないし必然的に認められることとなるからである。言い換えれば，法規命令と個別許可間について違法性の抗弁の成

---

71)　Ibid.

否の基準を確立した【事案1】判例の場合，法規命令との関係で後続の個別的措置に「適用措置」性が認められれば，そこから直ちに違法性の抗弁が認められる可能性が生ずる（以下，このような関係を以て「違法性の抗弁の自動帰結性」〔l'automaticité〕と呼ぶ）反面，厳格な「適用措置」概念を維持することにより，違法性の抗弁が可能な場合の際限のない拡張が防止され得たのに対し，アソパマル基準の場合，POS との関係で個別許可には「適用措置」性が認められないと述べることにより，一見すると違法性の抗弁の自動帰結性と袂を分かったかのような外観を呈しているが，「実際には，POS と建築許可との間に何らかの関連性を再創出する」こととなった[72]。ギヨマール論告によれば，かくして POS と許可間に再導入された「何らかの関連性」(du lien) の観念は，元々，POS が違法として取り消され確定した場合において，当該 POS の支配下で発せられていた個別許可も違法として取り消されるべきか，という問題を解決するための判断基準として判例上形成したものであり，アソパマル基準は，このように性質を異にした事案に関する判断基準を違法性の抗弁の成否判断に転用したものにほかならない。その結果，建築や画地分譲行為の許可基準として POS に定められた規定と建築等の許可間に「切り離し得ない結び付き」(lien indissociable) があると認められれば，前者の違法を抗弁事由として援用することはいかなる場合でも可能とされるのであるから，実際には，「切り離し得ない結び付き」さえ認定されれば自動的に違法性の抗弁が許容されるという事態となるのである。以上のように際限なき拡張的運用を警戒する立場から，論告担当官ギヨマール自身は，POS と個別許可間において違法性の抗弁の成否が争われる事案にアソパマル基準を適用する際には，当該基準を可能な限り限定的に解釈すべきであるとの立場を採ることを明言しており，その結果，係争許可そのものに着目し，「違法が主張されているところの POS 中の規定が，当該許可を行うために特別に発せられたものであるという場合」に限定して，違法性の抗弁は許容されるとすべきだとする見解を表明する[73]。もっとも，この主張は，POS と個別許可間の関係という本件事案とは性質を異にするケースに

[72) Ibid.
[73) Ibid.

関するものであるので，いわば傍論的な見解である。
　以上のようなギヨマール論告の検討から明らかなのは，【事案2】判決は，即地的詳細計画と個別的許可間の関係について，「適用措置」基準からみずからを解放し，単なる「切り離し得ない結び付き」を基準として違法性の抗弁を可能とすることにより，違法性の抗弁の許容範囲を拡げたという点である。もっとも，POS は，建築や画地分譲行為の許可処分に対する関係で法規命令としての明確な法的規律性を認め得る都市計画であるため，その違法性の抗弁をなし得る範囲にはおのずから明確な範囲が画されている。ところが，同様の基準を都市施設の整備方針等を定めた広域的な都市計画である広域整合スキーム（SCOT）やその前身に当たる指導スキーム（SD）や整備都市計画指導スキーム（SDAU）に適用することはできないかという問題が，ギヨマールが論告を担当した【事案3】では争われたのである。
⑤　完結型計画と後続行為間関係の類型化
　　──「適合関係」と「両立可能の関係」の区別
　以上のような経緯を慎重かつ仔細に跡付けた後，ギヨマール論告は，以下のように，大別して三つの理由を示し，整備都市計画指導スキームと公用収用間の関係が争われた本件【事案3】は【事案2】判決の事案とは性質を異にすることを理由に，本件へのアソパマル基準の適用を拒否すべきであるとの論陣を張ることとなる。
　第一の理由は，POS において建築や画地分譲の許可基準等を定めた規定と当該許可間において存在するとされる「切り離し得ない結び付き」と同等の関係が，整備都市計画指導スキーム（SDAU）と公用収用間には存在しないというものである。これは，当該二組の複数行為間の関係が，法的な意味合いないし性質を異にしているという差違を指摘するものであり，その意味で複数行為間の法的関係の本質に関わる議論である。仔細に見ると，上述の二種類の複数行為間の関係における法定性質の差違として，ギヨマール論告が挙げるのは，以下の三点に上る[74]。
　（ⅰ）POS－個別的許可間の関係の場合，両者は同一の法制に属すのに対し，

74）　ギヨマール論告における以下の論告内容については，Concl. Guyomar, op. cit., pp. 614-615.

SDAU―公用収用間の関係の場合，SDAU は都市計画法制の一環を構成するのに対し公用収用には公用収用独自の法制がある。この点に着目し，ギヨマール論告は，「同一の法制に属する二つの行為を関連付けることと，二つの法制と二つの行為を同時に関連付けることと」を全く同一に扱うべきではない，と言うのである。

(ⅱ)現行法上，POS と個別的許可はいずれも同一の市町村当局（精確には市町村議会ないし首長）によって行われるのに対し，SDAU と公用収用とではそれぞれ権限庁が異なる。当時の法制下では，後者の場合，SDAU の認可権限は複数市町村が連携して設立した公施設法人又は県知事に属していたのに対し，公用収用の公益性認定権限は，事業の種類や規模によって異なるが，当該事案で争われた高速性を具えた国道バイパス設置事業の場合は政府のデクレによらなければならないとされていた。ギヨマール論告は，このように二つの行為間で決定機関が異なるという差違は，「マイナーとは言えない」と言うのである。

(ⅲ) POS と個別許可間の関係では，前者は土地利用に関する市町村単位のルールを詳細に定め，後者はこのような前者の規定に従って行われなければならないという意味で，「適合関係」(rapport de conformité) が妥当する。これに対し，SDAU と公用収用間の関係では，前者は，少なくとも到達すべき目標を明確に定めることまでは行うが，それ以上積極的に後者が従わなければならない行為規範を定めるものではなく，後者は単に，前者で示された方向性の実現を妨げないようにすることが要求されるに止まる。以上のように，SDAU と公用収用間の関係では，単に，後者は前者に違反してはならないという意味で，「両立可能の関係」(rapport de compatibilité) が妥当するに止まる[75]。

ギヨマール論告は，特に(ⅲ)，すなわち，SDAU と公用収用間には単に「両立可能の関係」が妥当するに止まるという点を詳論しており，かかる法的性質の差違を以て，POS と個別許可間の関係とは異なり違法性の抗弁成立の余地は

---

75) 本文に述べたように，SDAU に対する関係で後続行為には「両立可能でなければならない」という意味で，単に消極的で控えめな拘束性が認められるに止まる。かかる SDAU に特有のソフトな拘束力を端的に物語るものとして，ギヨマール論告は，「指導スキームでは予定されていない事業計画であっても，適法な公益性認定（DUP）の対象たり得る」という事象を指摘し，その裏付けとなる判例として 1975 年のコンセイユ・デタ判決（C. E., 22 octobre 1975, Associations des riverains de la route nationale No 158 entre Le Mans et Mulsanne, Recueil Lebon, p. 527）を挙げる。

ないとの結論の最大の理由と位置付けているように思われる。「適用措置」概念が当てはまらない局面において違法性の抗弁の可能性に道を開くには，二つの行為間に「切り離し得ない結び付き」があるとしなければならないが，SDAU は，POS が建築許可に対して及ぼし得るのと「同様の支配力」（du même empire）を，公益性認定（DUP）に対して及ぼすことはできないとされるのであり，SDAU と DUP 間には，その意味での「切り離し得ない結び付き」は存在しないとされるからである。

⑥　「適用措置」基準へのこだわり——例外の拒絶

　以上の三点（(i)～(iii)）が，ギヨマール論告において，SDAU と公用収用間における違法性の抗弁の成立可能性を否定する際の理由の第一として示された議論である。では，当該違法性の抗弁の成立可能性を否定すべく示された第二，第三の理由とはいかなるものなのだろうか。

　第二の理由は，「適用措置」基準を満たさない複数行為間の関係においても，例外的に違法性の抗弁を可能と判断したコンセイユ・デタの判例理論は「都市計画訴訟に固有のもの」であり，「当該判例理論の射程は都市計画訴訟の範囲内に依然として限られるべきである」というものである。ギヨマール論告の理解によれば，【事案2】判例等 POS の違法性の援用可能性に関する一連の判例は，建築許可等の個別的許可が POS との関係で「適用措置」としての性質を認めていた従前の判例を覆し，「適用措置」性を否定した代わりに，POS の規定中の建築許可等を可能とする規定に限っては，個別的許可との関係での違法性の抗弁を認めたものである。限定的ではあれこれが認められたのは，元来，許可要件等を定める POS の規定と個別的許可間には，複数行為で構成される一個の連鎖，すなわち「一個の『連鎖的行為』」（une《chaîne d'actes》）たる性格が認められるからであったが，SDAU と後続の DUP 間の関係については，一度としてこの種の連鎖的行為性が「存在したことはなかった」とされる。この意味で，SDAU と DUP 間においてまで違法性の抗弁を認めてしまうことは，「法的依存関係が一度として存在したことがなかった場所に法的依存関係を創出する」等により，一度は打ち壊した「トランプでできた城」を今になって再構築するようなもの，換言すれば，幻影を追い求めるに等しい所業であるとして，ギヨマール論告は，これを厳しく難じるのである[76]。

さらに第三の理由は，法規命令と後続行為間における違法性の抗弁の許容性を「適用措置」に限定した【事案1】判例の考え方を，今後とも可能な限り維持すべきであるという「判例政策的な考慮」(considérations de politique jurisprudentielle) である。ギヨマール論告によれば，SDAU と DUP 間の関係に【事案1】判例により示された原則からの逸脱をひとたび認めてしまえば，「このような結論をいかにして当該関係だけに限定するかなど，我々には解し難いこと」なのであり，ひとたび当該結論が採用されれば，「当該結論は，必然的に，SD と両立可能の関係に位置付けられる行為が争訟対象となる全ての事案において，適用される結果となる」とされる[77]。

　以上三つの理由の中で第二，第三の理由付けの背後には，いずれも，法規命令と後続行為間における違法性の抗弁の許容性は，前者に対する関係で後者が「適用措置」性を有する場合に可能な限り限定すべきであるとする考え方，それによって，法規命令的行為が先行行為となる場合における違法性の抗弁の成否については，「適用措置」概念を基軸とした判断基準の客観性と信頼性を確保しようとする考え方が存在する，と見てよいであろう。第三の理由を論ずる中で，ギヨマールは，「適用措置」基準を確立した【事案1】判例に対しては，既に例外があることを，一方では認めつつ，かかる例外的場合の拡張に対しては，以下のような警戒感を鮮明に表明している。「私どもにとって，かかる例外を増殖させることは由々しいことである。一つの原則の永続性を認めた舌の根の乾かぬうちにその原則を曲げる所為をなすというのでは，当該原則の意味の弱体化をもたらす」。以上のような警戒感は，違法性の抗弁理論の運用に関するギヨマール自身の判例政策的な考慮を率直に表明したものであり，コンセイユ・デタ自身が当該論告を受け容れたことにより，ギヨマール自身の違法性の抗弁に対する抑制的な姿勢が，コンセイユ・デタの判例政策としても，当面は受け容れられたことを意味すると解してよいであろう。

(4)　複数行為間の一体性への着眼——違法性の抗弁成立基準論の基層

　上述のように，SDAU と公用収用間における違法性の抗弁の成立可能性を否

---

76)　以上につき，Concl. Guyomar, op. cit., p. 615.
77)　Ibid.

定するための第一の理由には，理論的に解明すべきより本質的な問題が内包されているように思われる。それは，POS と SDAU の法的性質ないし効力の差違，並びに，POS と個別的許可間の関係及び SDAU と公用収用その他の個別的事業計画間の関係という二つの種類の複数行為間の関係それぞれの法的性格及びその差違を認めた上で，かかる法的性質の差違から違法性の抗弁の成否に関する正反対の結論付けを法的に正当化し得るか，という問題である。ギヨマール論告及びコンセイユ・デタの判決はこれを正当として認めたわけであるが，その底流には，違法性の抗弁が認められる複数行為間には，元来，法的意味での何らかの一体性ないし強固な依存関係が存在しなければならない，という観念が流れているように思われる。【事案1】判例が確立させた「適用措置」基準は，「適用措置」性の存否の認定を通して，複数行為間の関係が厳格な意味で一体性を有する一連の行為であるか否かを検証しようとするものであると解される。他方，「適用措置」基準を満たさない場合でも，【事案2】判例に従い POS の個々の規定ごとに後続許可との関係で「切り離し得ない結び付き」の存在が認定されれば違法性の抗弁が例外的に認められるというのも，法的には本来一体的な関係にある複数行為間において違法性の抗弁を認めようとするものであると解されよう。二つの行為が「同一の法制」に属すものであること，決定機関が基本的に同一の行政組織内に位置付けられるものであること，違法性の抗弁が認められるには少なくとも「適合関係」が要求され，単に「両立可能の関係」にあるだけでは違法性の抗弁は認め得ないとする主張などは，いずれも，以上述べた法的な意味での一体性の観念を，様々な指標から性格付けしたものであるように思われるのである。

Ⅳ 非完結型計画と違法性の抗弁

1 「複合的行政作用」(opération administrative complexe) ──古典的概念

(1) 「複合的行政作用」の定義

複数の行政行為からなる行政作用の中で，先行行為が法規命令としての性格を有していないという場合において，かかる非法規命令たる先行行為が直接的

な取消訴訟（越権訴訟）の対象となり得る（日本流にいえば処分性が認められる）にもかかわらず，出訴期間の経過等によりその効力が確定した後にも，後続の行政行為に対する取消訴訟の場における違法性の抗弁事由として，当該非法規命令たる先行行為の違法性を主張することは，いかなる場合に可能とされるのだろうか。フランスの行政判例理論において，かかる違法性の抗弁が可能であるとされた行政作用を指称するために編み出されてきたのが，「複合的行政作用」(opération administrative complexe) という概念である[78]。

この概念は，主に学説や論告担当官の論告の中で用いられてきたものであり，「複合的行政作用」という表現がコンセイユ・デタ判決の判決理由の中で明示的に用いられることは殆どない。しかし，この問題を扱ったコンセイユ・デタの判決で公式判例集 (Recueil Lebon) に掲載されたものの殆どには，その判決文の冒頭箇所に記された判示事項欄に「複合的行政作用」という表記が掲げられているとされているようである[79]。

では，複合的行政作用とは，いかなる性質の行政作用を指すものであり，いかなる要素により定義されるべき作用なのであろうか。従来から，永年にわたってコンセイユ・デタ訴訟部部長を務めた R・オダン (Raymond Odent) が，行政訴訟法に関する権威ある著書において提示した以下のような説明が，代表的なものとしてしばしば引用されてきた。

すなわち，R・オダンによれば，「最終的な決定に到達するために必然的な一連の諸決定が連携して行われる (concourir) 場合には，そのたびに『複合的な作用』が存在する。その場合，利害関係人は，先行する諸決定の各々に対して，当該決定につき許容された出訴期間内であれば訴えを提起することができる。ところが，利害関係人は，最終の決定が行われるまで待つこともできるのであって，その場合，当該最終の決定に対して，そこに至るまで連携して行われた諸決定の中のいずれかのものの違法性を援用することが許される。そしてそれは，その違法性が争われている先行する諸決定を直接的に争うための出訴

---

[78] F. Chevallier, La fonction contentieuse de la théorie des opérations administratives complexes, A. J. D. A., 1981, p. 332; M. Distel, La notion d'opération administrative complexe, La revue administrative, 1981, p. 370.

[79] M. Distel, op. cit., p. 370, Note (5).

の期間が過ぎてしまったという場合であっても，許される」とされてきた[80]。

　また，オダンの説明よりも古く，1937年パリ大学に提出されたある博士論文の中で，C・オベール（C. Aubert）という著者が提示した以下のような定義が，参照されることもある。すなわち，複合的行政作用とは，「一定数の行政行為の結果として生ずる法的作用」であり，「個々の行為は当該行政作用の構成要素なのであって，その個別性を喪失するもの」である，という定義である[81]。

　では，以上のような定義や説明だけで，いかなる行政作用が複合的行政作用に該当し，違法性の抗弁事由として先行行為の違法性を主張し得る場合に該当するかを明確化すること，すなわち，複合的行政作用該当性の判断は，可能となるだろうか。この点については，一般に，かかる定義や説明によって，「複合的行政作用」に該当することにより導かれる効果，すなわち，最終行為の取消しを求める訴訟の場での違法性の抗弁が許されるというこの概念該当性の実益は明らかになるものの，当該概念に該当するか否かの判別基準については，何の手掛かりも提供されないと考えられてきた。たとえば，複合的行政作用の概念を論じた研究論文の中で，M・ディステル（Michel Distel）は，上述のような定義は，「当該理論の効果を叙述しており，非法規命令的な行政行為の適法性について出訴期間外に異を唱えることを可能にするという実益があることを明らかにする」ものではあるが，「複合的行政作用を構成することはない一連の連続的な諸行為から複合的行政作用を識別する基準を抽出するものではない」と述べている。したがって，複合的行政作用の性質を有するか否かの判断基準は，「判例の中から探り出さなければならない」と言うのである[82]。

　そこで，複合的行政作用の概念を検討しようとする本稿も，判例で扱われた具体的事案の検討を通して，この概念の意味と判別基準を明らかにする必要があるが，判例上，早くから複合的行政作用の典型例とされ違法性の抗弁が認め

---

80) R. Odent, Contentieux administratif, 1965-1966, 2ème tirage, fascicule Ⅱ（dactylographie），pp. 731-732.
81) 筆者自身は，C・オベールの著書を検分することはできなかった。本文中の引用は，M. Distel, op. cit., p. 370 からの孫引きであることを，お断りしておきたい。
82) M. Distel, op. cit., p. 370

られてきたのは，公務員の任用や昇任に関する場合及び公用収用に関する場合である。その意味で，公用収用と公務員の任用又は昇任は，複合的行政作用概念が当てはまる古典的なケースである[83]。そこで，以下ではまず，複合的行政作用たる性格が認められてきた古典的なケースとして公用収用事業に関する事案を取り上げ，かかる事案において違法性の抗弁が認められる際の理由付けについて分析を加えることにする。公用収用は，本稿テーマの二つの柱の中の一つである，都市計画・国土整備法分野における非完結型計画の典型例でもあるからである。

(2) 公用収用の場合

公用収用事業における計画決定に当たる公益性認定 (DUP) と後続の個別的行政行為との関係について，後続行為に対する取消訴訟の原告が，当該取消訴訟の段階において DUP の違法性を抗弁事由として主張することを認め，その結果後続行為を違法として取り消すことを命ずる判決は，古くから存在していたが，当初は，公式判例集の当該判例の判示事項欄に「複合的行政作用」という表記が掲げられることもなく，このような趣旨の判決が輩出していたようである。そのようなコンセイユ・デタ判例の典型例の一つとして，1951年の以下のような判例がある。

① 1951年6月29日のラヴァンディエ氏ほか事件判決【事案6】[84]

本件で問題となった事業計画は「ヴェルニエ沼地」と呼ばれる沼地の排水浄化のための公共事業であり，そのため，1947年9月12日付けで，当該事業計画について公益性認定 (DUP) を内容とするユール県知事令が発せられ，その旨の公告 (publication) は，施行区域内の複数の市町村において同月14日又は18日付けで行われた。その後，同年12月13日付けで，事業施行地内の土地の所有者に対する同県知事の収用令 (arrêté de cessibilité) が発せられ，同月15日又は16日にその旨の公告がなされた（以下，日本の土地収用法の用語法にならって，「収用裁決」と呼ぶことにする）が，個々の所有者に対する当該収用令の通知 (notification) は行われなかった。これに対して，当該収用地の所有者であ

---

83) F. Chevallier, op. cit., p. 332 et p. 336; M. Distel, op. cit., p. 371.
84) C. E., 29 juin 1951, Sieur Lavandier et autres, Recueil Lebon, p. 380.

るラヴァンディエ氏等が，翌年 1948 年の 3 月 9 日付けで，当該二つの県知事令の取消しを求めて越権訴訟を提起したのが本件事案である。

　判決は，当該 DUP については，公告日から既に 2 ヶ月間の出訴期間が徒過しているためその取消しを求めることは許されないのに対し，当該収用裁決については公告がなされたに止まり，個々の所有者に対する通知が行われていないことから，未だ出訴期間を経過してはいないとの理由で，その取消請求を適法とした。その上で，当該収用裁決の取消しを求める訴えにおいて，当該公益性認定（DUP）の違法性を援用することができるかという問題について，以下のごとく判示しその援用可能性を認めた。

　　上述のごとく，本件において，原告らは，当該 DUP の取消しを求める訴えを提起することは許されない。しかし，「当該 DUP は，その適用行為として行われた（pris pour son application）収用裁決中に含まれた個別的諸措置にとって基盤としての役目を果たしている（a servi de base aux mesures individuels）ものであり，そうである限り，原告らが当該 DUP の適法性を争うことは許される」。

　以上の理由により，違法性の抗弁事由として DUP の違法性を主張する可能性を認めた上で，判決は，さらに，当該 DUP が，県知事令によって発せられたものであることに着目し，無権限の瑕疵を帯びた（entaché d'incompétence）ものであることを理由にこれを違法と結論付け，その結果として当該収用裁決も違法となることを理由に取消判決を下した。なお，ここで，当該 DUP が無権限の瑕疵を帯びたものと判断されたのは，以下の理由による。すなわち，DUP の事前手続として行われる所有者等への意見聴取（enquête）において反対意見が提出された場合又は都県聴取手続を主宰した聴取委員が当該事業に反対意見を表明した場合，DUP は，法律上，県知事ではなく政府のデクレによらなければならないと定められていたところ，本件では，DUP の事前手続として行われる意見聴取手続において反対意見が表明されていたにもかかわらず，ユール県知事が県知事令によって当該 DUP を発したため，当該 DUP は，無権限の瑕疵を帯びたものと判断されたのである。

　以上のような本判決については，以下の二点を重要な点として確認しておく必要がある。第一に，本判決は，判決理由において「違法性の抗弁」及び「複合的行政作用」という表現を一切用いていないが，判断内容は，明らかに，土

地収用を伴う沼地の排水埋立事業について，日本の事業認定に相当する計画決定行為であるDUPの違法性を，後続の個別的処分である収用裁決に対する取消しの訴えにおいて抗弁事由として主張し，裁判所もこれを理由に収用裁決を違法としてその取消しを命ずる可能性を認めたものである。以上の意味で，本判決は，公用収用における違法性の抗弁の可能性を正面から認めたものであり，また，この後における複合的行政作用概念の形成確立にとって，先駆的な事案と位置付け得る判例である。

　ところが，第二に，本判決がDUPに違法性の抗弁を肯定するに当たって提示した理由は，収用裁決がDUPの「適用行為として行われた」ものであり，DUPは，収用裁決において決定された個々の所有者の土地の収用という個別的措置にとって「基盤としての役目を果たしている」から，というものであった。しかし，後行行為が，以上のように先行行為の「適用行為」たる性格を有することを理由に，違法性の抗弁を認めるというロジックは，既に前章において跡付けたように，むしろ，先行行為が法規命令たる性格を有する場合において違法性の抗弁が認められるための古典的な要件として想定されてきた考え方である。この点に鑑みると，本判決は，1951年という本判決当時においては，先行行為の法的性格について法規命令性を有するか否かという区分が未だ定着していなかった時代の判例として，位置付けられるべきものであるように思われる。

② 公用収用に関するその他の判決例

　以上のように公用収用事業におけるDUPと収用裁決間の関係において，後者の取消しを求める訴訟の場で前者の違法性を抗弁事由として主張し，裁判所がこれを認定する可能性を認めるコンセイユ・デタ判例の考え方は，この後も受け継がれる。

　一例として，県道の拡幅工事により土地を奪われることとなる所有権者が収用裁決の取消しを求めて出訴した事案について，コンセイユ・デタが1977年に下した一判例は，DUPにかかる出訴期間を徒過してしまった場合であっても，当該DUPは，「その適用行為として行われた収用裁決中に含まれた諸措置にとって基盤としての役目を果たしている」と述べた上で，「そうである限り」，当該原告は，「当該公益性認定の適法性を争い得る権能を保持している」

として，抗弁事由として DUP の違法性を主張する可能性を認めた。そして，当該事案の場合，当該 DUP には事前の公開意見聴取手続において提出されるべき必要書類が提出されていなかったとの違法事由を理由に，収用裁決の取消しを命ずる判決を下した【事案7】[85]。

また，学校用地取得のための公用収用事業が問題となった同じく 1977 年の判決例において，コンセイユ・デタは，被収用地の所有者である原告らは，「自己所有地に対する収用裁決の取消しを求める自らの主張の根拠付けとして，公益性認定（DUP）の瑕疵に当たる不適法を主張することができる」として，違法性の抗弁を認めた【事案8】[86]。当該判決について解説を寄せた M・ヴァリーヌ（M. Waline）によれば，本件では，DUP が適法に公告されていたかどうか自体が不確かな状態にあり，行政側が公告の事実を立証し得ないだけでなく，公告日さえ明確に主張することができない事案であり，判決も，その事実を摘示していた。したがって，当該 DUP については，出訴期間は未だ進行し得ない状況であったことになるので，この理由だけで，DUP の違法性を主張する可能性を認め得る事案であった。にもかかわらずコンセイユ・デタは，敢えて，「とはいえ」（au demeurant）という言辞を前置した上，上述のように DUP の違法性を抗弁事由として主張する可能性を認める旨の判断を示した。M・ヴァリーヌによれば，違法性の抗弁に言及する必要のなかった本件のような事案において，敢えて違法性の抗弁という論点に踏み込む判断を示した点にこそ，判決文を書いたコンセイユ・デタ評議官の「意思」が明確に示されているとされる。つまり，DUP の告示が適法に行われ既に出訴期間が徒過してしまった事案が争われる場合であっても，DUP の違法性という抗弁事由として援用可能な法的論点を「定着させ」（fixer）ようとするコンセイユ・デタの「意思」が示されたとされるのである[87]。

③　公用収用判例からの派生例

公用収用における DUP と収用裁決との関係で複合的行政作用概念が成立するのと類似した場合として，国道の車線増設を目的とした収用事業のための

---

85)　C. E., 26 janvier 1977, Dame Manrot Le Goarnic, A. J. D. A., 1977, p. 513.
86)　C. E., 6 juillet 1977, Consorts Girard, R. D. P., 1977, p. 1328.
87)　M. Waline, Notes de jurisprudence, R. D. P., 1977, p. 1324.

DUPが行われた後，それによって影響を受けることとなる農地を保全するため実施される耕地整理事業（opération de remembrement）の計画決定及び当該事業実施のために必要な計画区域内農地の仮占有処分（arrêté d'occupation temporaire）が行われたのに対し，道路事業により影響を受ける農家の団体が仮占有処分の取消しを求めて出訴したという事案において，コンセイユ・デタが，当該三つの行為間に複合的行政作用としての性格を暗黙裡に認めた上，先行行為であるDUPが適法であるかという問題に直ちに立ち入った判断を行った結果，手続的にも実体的にも違法ではないという判断により訴えを棄却したという判決例がある【事案9】[88]。

　本判決の結論は，論告担当官J・C・ボニショの論告（Conclusions du Commissaire du gouvernement J.-C. Bonichot）に従ったものである。同論告は，本件で問題となった上記三つの行為は，いずれも大規模公共工事に関する特別法を定めた1962年の一個の法律（Loi du 8 août 1962）に基づくものであることを説明した上で，(1)当該事業は，同法律に基づき行政自ら主導して行う「完全に行政的な事業」であること，(2)上記三つの行為を同一法制の中で結び合わせることが上記法律の立法意図であることからすれば，当該三つの行為が同一法制の中に位置付けられることは自明であること，また，(3)プラグマティックな視点から見ても，最終段階の行為である仮占有処分は，耕地整理事業計画決定の後に即時に施設用地の取得を可能ならしめるため，公用収用における収用裁決に代替する処分として，上記1962年の法律が定めたものであり，当該法律上，当該処分によって即時に取得された用地については後に収用裁決の対象から外されることを予定した処分であるとされることを理由に，上記三つの行為間に複合的行政作用が成立することを認めていた[89]。

---

88)　C. E., 14 février 1997, Groupement foncier agricole de la Baume, Recueil Lebon, p. 40 ; L. P. A.（Les petites affiches）, 1997, No 74, p. 16, avec Concl. du Commissaire du gouvernement J.-C. Bonichot.
　　なお，同判決のL. P. A.誌における日付表示は，「26 février 1997」となっているが，コンセイユ・デタ公認の判例集であるRecueil Lebon及びフランス政府自ら開設する立法・判例公式ウェブサイトであるLégifranceを見る限り「14 février 1997」が正しい日時であると思われる。
89)　Concl. du Commissaire du gouvernement J.-C. Bonichot, Les petites affiches, 1997, No 74, p. 19.

2 「複合的行政作用」概念の緩和

(1) 適用分野の拡張

 以上のような公用収用に関する場合，及び公務員の任用や昇任に関する場合という二つのケースが，複合的行政作用概念が当てはまる古典的なケースである。

 ところが，1970年代後半以降になって，「複合的行政作用」概念が妥当する範囲は，以上のような古典的なケース以外の分野にまで拡張されることとなり，その結果，違法性の抗弁が許容される行政作用の範囲が拡張されるようになった。その典型的な事案が，協議整備区域（ZAC）のような都市整備事業に関する事案である。例えば，ZAC区域設定行為の違法性を，その後決定されるZAC区域整備事業計画（PAZ）を決定する行為に対する取消訴訟の段階において抗弁事由として主張する可能性が，認められるようになったのである[90]。

 複合的行政作用の概念にこのような拡張ないし緩和の傾向が生ずる一因は，この概念自体の曖昧さにある。確かに，上述（1(1)）のように，複合的行政作用に関する従来の定義や説明には不明確な面が多々あり，このため，この概念には，違法性の抗弁が認められるか否かの判別基準としての機能を十分には果たし得ないという限界があったのである。同時にしかし，かかる緩和・拡張の傾向が，ZAC事業に関する事案を通して生じたという面にも，注目すべきであろう。この面からは，ZAC事業に関する紛争という事柄の性質に即した検討を必要とすることが示唆される。そこで，次に，近時における拡張傾向を示す代表的な事案として，ZAC区域設定行為とその後続行為との関係で違法性の抗弁が認められたケースを取り上げ，こうした拡張的事案において違法性の抗弁が認められるに至った理由と背景について，分析を加えることにする。

(2) 協議整備区域（ZAC）事業の場合

① 概説

 複合的行政作用に当たることを理由に違法性の抗弁を認める行政判例の考え

---

[90] F. Chevallier, op. cit., pp. 338-339; M. Distel, op. cit., pp. 371-372. なお，ZACとその後続行為との関係以外の事案として，狩猟団体設立手続に関する訴訟その他の事案が挙げられる。この点について，cf., F. Chevallier, op. cit., pp. 339-341, M. Distel, op. cit., p. 373.

方は，1970年代以降に，徐々にその適用範囲を拡張する方向へ向かう。その先鞭をつけた判例が，ZAC事業に関する事案に関するものであった。

② 1978年3月22日の「五つ橋農地連合会」事件判決【事案10】[91]

　複合的行政作用に関する数多くのコンセイユ・デタ判例を網羅的かつ総合的に検討した数少ない研究論文の中で，F・シュバリエ（F. Chevallier）論文は，ZACの事業過程を「複合的行政作用」と見なし，先行行為の違法性を後行行為の違法性の抗弁事由として主張・認定する可能性を認めた最初期の判例として，1978年3月22日の判決を参照することを求めている[92]。もっとも，本判決は，コンセイユ・デタの公式判例集（Recueil Lebon）では判決全文が掲載されておらず，判決文の抜粋が何カ所かに分けて掲載されているに止まる[93]。また，当該事案の事実関係についても，ZAC区域指定の前に行われた公用収用のためのDUPにおいて特定の事業者名を挙げて区域内事業の実施権を付与することが定められたことが手続的瑕疵に当たるかが争われ，その結果，その後のZAC区域指定を挟んで行われた後続処分である収用裁決にとって，実体的違法の抗弁事由として主張・認定し得るかが争われた事案であるようであり，公式判例集は，これを暗黙裡に肯定した判決例として本判決を紹介している[94]。この点に鑑みると，本判決は，公用収用の事業認定における手続的瑕疵について違法性の抗弁を認めた判例として理解することも不可能ではないように思われる。いずれにせよ，本判決は，ZAC事業と公用収用が絡み合った事案に関するものであり，ZAC事業に関して違法性の抗弁を認めた典型的事案とまでは言い切れないように思われる。

　これに対し，ZAC事業を複合的行政作用と性格付け，その結果，ZAC区域指定の違法性を後続行為に対する違法性の抗弁事由として主張し認定する可能性を明確に認めたものと言い得るのは，翌1979年に出現した次のような判例である。

---

91) C. E., 22 mars 1978, Groupement foncier agricole des Cinq Ponts, Recueil Lebon, p. 722, p. 723, p. 843, p. 845, p. 918 et p. 969.

92) F. Chevallier, op. cit., p. 332 et p. 339.

93) もっとも，判決全文は，インターネット上で参照できる。Légifrnace gouv. fr., Conseil d'Etat statuant au contentieux No 01713.

94) Recueil Lebon, 1978, p. 845 et p. 918.

③　1979年3月23日のヴァランティニ判決【事案11】[95]

　本件で問題となった事業計画は，ヴァル県ドゥラギイニァン町の区域内にあるサン・エルマンテールという地区にZAC区域を設定し，工業区域として整備開発しようとするものである。そのために，1970年12月28日付けのヴァル県知事令により，サン・エルマンテール協議整備区域（ZAC de Saint Hermentaire）を設定する旨の区域指定が行われ（以下，「ZAC区域指定行為」という），その後，当該整備区域内の整備開発計画（PAZ）が策定され，1973年3月6日付けの同県知事令により認可（approuver）された（以下，「PAZ認可行為」という）。本件の原告であるヴァランティニ氏は，PAZ認可行為の取消しを求めたが，その理由として，ZAC区域指定行為の公告が不適法であったこと，PAZ認可行為に先だって行われた意見聴取手続の際に提出されるべき事前工程表や事業概算額が適法に提出されなかったこと等の違法事由に加えて，本件ZAC区域指定行為は不適切な地区をZACに指定するものであり，違法であるとの主張を行った。

　コンセイユ・デタは，まず，本件ZAC区域指定行為の適法性について，原告らは，本件区域で予定されている幾つかの施設の設置には「他の敷地の方がより適合的である」との主張を行っているが，「行政による用地選択の合目的性（l'opportunité）について判断を下すことは，コンセイユ・デタの訴訟判定権限に属するものではなく」，また，関係資料に照らして，当該指定区域内を敷地として本件事業を実施することが「評価の明白な過誤」（erreur manifeste d'appréciation）に当たるとの結論を導き出すこともできない，との判断を示した。その上で，コンセイユ・デタは，本件PAZ認可行為に対する関係で，「その基盤としての役目を果たしてきた本件ZAC区域指定行為が，違法なものであるとの主張を援用することには」，上記二つの理由から「理由がない」と結論付けた。また，原告らが主張したその他の違法事由についても，コンセイユ・デタはすべて斥け，原告の取消請求を棄却した。

　以上のように，本件で，コンセイユ・デタは，先行行為であるZAC区域指定行為の違法性の主張を「理由がない」として斥けるに当たって，あらかじめ

---

95)　C. E., 23 mars 1979, Valentini, Recueil Lebon, p. 133.

ZAC区域指定行為の適法性に関する判断にまで踏み込んだ判断を行い，その結果，本件ZAC区域指定行為は県知事による合目的性判断の範囲内の行為であり「評価の明白な過誤」にも該当しないので適法であるとの理由により，PAZ認可行為の取消しを求める理由としてZAC区域指定行為の違法を唱えることは「理由がない」と結論付けた。判決理由が，ZAC区域指定行為が，PAZ認可行為にとっての「基盤としての役目を果たしてきた」という形容句を，敢えて挿入させている点にも鑑みれば，本判決が，ZAC区域指定行為の違法性を抗弁事由として援用し得ることを前提に，本件ZAC区域指定行為の適法性に関する判断に立ち入ったことは，明らかである。ただ，本件の場合，先行行為たるZAC区域指定行為に違法性を認定し得なかったため，違法性の抗弁は成功しなかったというに止まる。

　以上のように，本判決は，原告がZAC区域指定行為の違法性をPAZ認可行為の取消しを求める際の抗弁事由として主張し，裁判所がこれを認定する可能性を認めた。また，複合的行政作用たる性格認定を理由に違法性の抗弁を認めるというロジックは，本判決の判決理由の中に明示はされていないが，公式判例集に掲載された本判決の冒頭部に記載された判示事項欄には，「違法性の抗弁」と「複合的作用」という表記が掲げられたのである。以上により，従前は，非法規命令的な行政行為の中では，公用収用事業におけるDUPや公務員の任用・昇任過程における候補者リストの決定等についてしか認められなかった違法性の抗弁の可能性が，本判決により，ZAC区域指定行為にまで認められるようになったのである。

　この後の複合的行政作用に関する行政判例の動向は，以下に見るように，ZAC事業関係の訴訟が，複合的行政作用概念の緩和とそれによる違法性の抗弁事由の拡張傾向を示す新判例の宝庫の観を呈することとなる。

④　1999年3月26日のレマン港開発会社事件判決【事案12】[96]

　すなわち，まず，ZAC区域指定について違法性の抗弁を認めたコンセイユ・デタの判決例として，ZAC区域内における同様の諸施設の建設造成事業者との間で締結される事業実施協定を承認する議会の議決に対する取消訴訟に

---

96)　C. E., 26 mars 1999, Société d'aménagement de Port Léman, Recueil Lebon, p. 111.

おいて，ZAC 区域指定の違法性を主張する可能性を認めるコンセイユ・デタの判例がある。この判決の判決理由は，当該 ZAC 区域の指定（先行の行為 a）と当該区域内の造成及び施設整備事業の実施を特定の公法人又は私法人に委ねる旨の協定締結に対する認可（後行の行為 b）との関係について，以下のように述べることにより，行為 a）の違法性を抗弁事由として行為 b）の取消しを求める可能性を認めた。すなわち，当該二つの行為は，「一つの同じ行政作用を構成しており」，行為 a）が「瑕疵ある行為である場合には，当該行為 a）が確定的性格を有するに至ったとしても」，行為 b）の取消しを求める主張を「根拠付けるために援用し得ると言えるほどの結び付き方を伴うものである」と判示したのである。

⑤ 1996 年 3 月 31 日のリヨン行政控訴院・環境情報環境保護協会事件判決【事案 13】[97]

さらに，行政控訴院による判決例ではあるが，総面積 33 ヘクタールに及ぶ ZAC 区域の指定を受けて，総戸数 600 戸ないし 700 戸からなる住宅地の造成，ホテルや業務用施設の建設，及びゴルフ場その他の娯楽施設の設置造成を内容とする施設整備プログラム，及び事業実施のための見積資金計画に対する認可等に対して，その取消しを求める訴訟が提起されたという事案において，先行行為たる ZAC 区域指定の違法性を主張する可能性を認めた判決例がある。この事案では，当該区域の全域が，モーレス山塊という山岳地域内に位置しており，「未だに一切の建築行為を完全に免れた土地」の市街地化を図ろうとするものであり，モーレス山塊内の一区画の森林域に対応して設定された自然保護区域（「動植物に係る自然生態的利益を有する自然区域」〔zone naturelle d'intérêt écologique faunistique et floristique: ZNIEFF〕）の区域内にスッポリ収まる地域であり，フランス全国的視点から見て重要な生物学的特性を示す潜在的可能性に満ちた大規模自然地帯に対応する区域である。以上のように本件区域が有する高度の自然的価値に鑑みると，本件 ZAC 区域の指定は，「評価の明白な過誤」に当たり違法であるとの理由により，後続行為として行われた上述の施設整備プ

---

97) CAA de Lyon, 31 décembre 1996, Association d'information et de défense de l'environnement (AIDE), Recueil Lebon, p. 1215.

ログラム及び見積資金計画に対する認可行為の取消しを相当と結論付けた。

(3) それでも違法性の抗弁が許されない事案

　以上のように，複合的行政作用に該当する場合として違法性の抗弁が認められる場合が，徐々に拡張される傾向にある一方，複数の行政行為が相前後して行われる場合でも複合的行政作用としての性格付けが認められず，違法性の抗弁が許されないとの結論が下される事案は少なくない。以下では，その代表的な幾つかの事案を紹介する。

　まず，長期整備区域（ZAD）制度を用いた事業実施過程で行われる複数の行為間の関係が，複合的行政作用を構成するか否かが問題となった事案がある。ZAD制度は，将来における市街地開発事業の実施を見越してあらかじめZADの区域指定を行い，同指定区域内では事業実施のための先買権（droit de préemption）の行使を可能ならしめるものである。このZAD区域指定の取消しを求める訴えにおいて，ZAD区域指定に先行して行われた暫定的な仮のZAD区域（périmètre provisoire de la zone：Pré ZAD）の指定の違法性を主張・認定することが許されるかが争われた事案において，コンセイユ・デタは，複合的行政作用としての性格付けを認めず，違法性の抗弁を認めなかった【事案14】[98]。Pré ZAD区域指定とZAD区域指定間の関係には，「異論の余地なく必然的と言えるような結び付きは存在しない」という理由によると，一般に考えられている[99]。

　次に，エクスォン・プロヴァンス市内の大型小売店舗に該当するショッピングセンターの設置のために，まず県の商業都市計画委員会（commision départementale de l'urbanisme commercial）による設置許可（autorisation）が行われ，しかる後に店舗建築のための建築許可（permis de construire）が県知事によって行われたという場合において，建築許可の取消しを求める訴えにおいて商業都市計画委員会による設置許可の違法を主張・認定することができるかが争われた事案において，コンセイユ・デタは，かかる違法性の抗弁事由を主張する第一審原告側の主張を，以下の理由により斥けた【事案15】[100]。すなわち，県

---

98)　C. E., 16 octobre 1981, Commune de Château d'Olonne, Recueil Lebon, p. 378.

99)　H. Jacquot et F. Priet, op. cit., p. 802.

100)　C. E., 17 décembre 1982, Société Angélica-Optique Centraix et autres, Recueil Lebon, p. 419, sous

の商業都市計画委員会が行った設置許可決定は「適正な公告の対象となっており」，当該建築許可に対する取消しの訴えが提起された日には，当該設置許可決定に対する「出訴期間は過ぎていた」。そして，県の商業都市計画委員会が発した設置許可は，県知事による建築許可との間で，「県の商業都市計画委員会が行った設置許可が仮に違法の瑕疵を帯びたものである場合において，当該設置許可が確定的性格を有することになったにもかかわらず，建築許可の取消しを求める論告を根拠付けるためにその違法性を援用することが可能である，と言い得るほどの結合を伴うような一個の行政作用（une opération administrative）を形成するものではない」。

つまり，本件では，県の商業都市計画委員会が行った設置許可と県知事が行った建築許可との間には，既に出訴期間の徒過により確定化した前者（設置許可）が有する遮断的効果を覆して違法性の抗弁を認めるに適した程度の強い結合関係が存在しないという理由により，違法性の抗弁が斥けられたわけである。その理由については，本件事案について判決の結論と同様の論告を行った論告担当官ジュヌヴォアの論告（Conclusions du Commissaire du gouvernement Genevois）に詳しく論じられている。それによれば，第一に，本件ショッピングセンターの設置及び建築は，市や県といった行政が主体となって実施するものではなく，民間事業者の申請を受けて行政庁が設置及び建築の許可を行ったに止まるものであって，その意味では行政が自ら何らかの目的を定めてその実現のために実施する「行政作用の概念」（la notion d'opération administrative）とは無縁のものである。第二に，ショッピングセンターの設置許可と店舗の建築許可は「相互に全く独立の」法制に属しており，一個の複合的行政作用を構成する余地がない。第三に，ショッピングセンターの設置業者にとっては既に設置許可その他の行政措置によって一種の既得権を獲得しており，違法性の抗弁を認めるならばその法的安全が著しく損なわれる。以上の理由から，本件事案では複合的行政作用としての性質が認められず違法性の抗弁が斥けられたわけである。

また，林地の土地の所有者ではない者が，森林を伐採して戸数16戸からなるアパルトマンを建築するため，当該林地の所有者の相続人の承諾を得た上で，

---

les concl. du commissaire du gouvernement Mr. Genevois.

当該所有者が生前に取得していた林地開発許可 (autorisation de défricher) を添えて建築許可 (permis de construire) の申請を行い,市長による建築許可が行われたという場合において,第三者が当該建築許可の取消しを求めて訴えを提起した事案では,林地開発許可の違法性を主張・認定することが許されるかが争われた。当該事案において,コンセイユ・デタは,以下の理由により,当該二つの行政行為間には複合的行政作用としての性格が認められないと判断し,違法性の抗弁を斥けた【事案16】[101]。すなわち,第一審原告は,当該建築許可の取消しを求める論告の根拠付けとして当該林地開発許可の違法性も主張しているが,「当該建築許可に対する訴え提起の日において,当該林地開発許可に対する出訴期間は既に過ぎていた」。そして,「かかる状況の下では」,本件林地開発許可は,本件建築許可との間で,「林地開発許可が仮に違法の瑕疵を帯びたものである場合において,同許可が確定的性格を有することになったにもかかわらず,本件建築許可の取消しを求める論告を根拠付けるためにその違法性を援用することが可能である,と言い得るほどの結合をこれら二つの決定間で伴う一個の行政作用 (une opération administrative) を構築するものではない」。以上の理由により,第一審原告による違法性の主張は認められないとされた。

　協議整備区域制度 (ZAC) に関しても,後続する行政行為の内容や性質次第では,ZAC区域指定行為との間で複合的行政作用としての性質が認められず,違法性の抗弁が斥けられる場合が生ずる。ZAC区域内における公共施設等の整備に必要な用地取得のための公用収用におけるDUPに対する取消しの訴えにおいて,ZAC区域指定の違法性を抗弁事由として主張できるかが争われた事案において,コンセイユ・デタはかかる主張可能性を否定した【事案17】[102]。公用収用のための公益性認定 (DUP) は,ZACの区域指定及びZAC区域内の整備計画 (PAZ) の認可行為とは「別個独立の手続に属する」というのが,その理由である。

---

101)　C. E., 6 janvier 1997, Association des Amis de Saint-Palais-sur-Mer, Recueil Lebon, p. 4.
102)　C. E., 28 octobre 1987, Association pour la défense des sites et des paysages, Recueil Lebon, p. 327.

3 「複合的行政作用」の判別基準

(1) 通説的な判別基準論

我々は，まず1において，公用収用事業という複合的行政作用に該当する古典的事案を検討し，また2において，協議整備区域（ZAC）事業に関する事案を通して複合的行政作用概念の拡張・緩和の傾向を跡付けてきた。以上のような事案を通して，複合的行政作用に該当するものとこれに該当しないものとを識別するための判断基準は，いかなる内容と性質を有するものなのだろうか。また，古典的事案と拡張的事案との間において，以上のような判別ないし判断の基準にはいかなる差違が生じたのであろうか。上述（1 (1)）のごとく，複合的行政作用の定義や概念的説明のみから明快な判別基準を導き出すことはほぼ不可能なのであり，それは，むしろ，詳細な判例分析から導き出すほかはないとされてきたのである。

では，複合的行政作用の存否の判断について判例により形成されてきた判別基準とは，いかなるものなのであろうか。それは，まず，一連の連続的な複数行為が存在しなければならず，また，複数の異なった行政決定が最終決定に向かって連携して行われるものでなければならないとされてきた[103]。もっとも，最終の行為に向かって連続的に進行する複数の行政行為の存在だけで，複合的行政作用たる性格を認定し得るかといえば，およそそのようには考えられてこなかった。すなわち，1970年代末までのコンセイユ・デタ判例の総合研究を土台にこの点を明らかにしたF・シュバリエの論文によれば，複合的行政作用たる性格が認定され違法性の抗弁が許容されるには，①抗弁事由としての違法性が主張される先行行為は非法規命令であり，かつ不服を生ぜしめる性質の行政決定であること，また，②当該先行行為は，最終の決定に到達するために連携して行われる決定であること，そして，③これらの諸決定には，相互に「直接的かつ必然的な結び付き」（lien direct et nécessaire）があること，以上のような三つの要件を充足することが要求されるとされてきた[104]。このうち要件①

---

103) F. Chevallier, op. cit., p. 333 ; M. Distel, op. cit., p. 371.
104) F. Chevallier, loc. cit.

は，複合的行政作用の概念自体が，法規命令たる性格を有さない行政行為について，出訴期間経過後もその違法性を例外的に抗弁事由として主張しかつ認定することを可能ならしめるためのロジックとして構想されたものであることから，いわば当然に要求される要件である。また，要件②は，複数の行政行為が，先行行為と後行行為ないし最終行為という先後の関係で連携して行われる関係にあれば，差し当たり要求を満たすものとして扱われ得る要件であり，それ自体に重大な解釈上の対立を含み得る性質の要件ではない。かかる先後の行為間の関係が厳密にいかなる意味で法的な連続性ないし連携性を意味するものでなければならないかという問題は，むしろ，要件③との関係で問題化するのである。そこで，要件③において複数行政行為間に要求される結合関係の「直接的かつ必然的な」性格とは，具体的にいかなる意味を有するものであるかが，はるかに重要な解釈上の争点となる。それ故，F・シュバリエによれば，上述の三要件の中で本質的であるのは，当然のことながらこの第三の要件であるとされるのである。

では，一連の複数の行政行為間に要求される「直接的かつ必然的な結び付き」とは，より詳細には，どのような結合関係を意味するものなのだろうか。F・シュバリエが古典的な判例の分析結果として導き出した結論によれば，以下の通りである。

(2)　「直接的かつ必然的な結び付き」──その古典的意味
① 「特殊な結合関係」
　古典的な複合的行政作用概念に従えば，種々の行政決定間の結合関係が成立するには，以下のように，極めて厳格な要件が要求されてきた。すなわち，古典的な概念によれば，「一個の最終の決定行為に向かって連携して行われる複数の決定は，一方の諸決定が他方の諸決定から帰結するものとして出現するというものでなければならない。したがって，後続諸決定は先行諸決定が行われることによって初めて可能になる，という関係にある一方，他方では，何よりも，先行諸決定は，もっぱら，後行の決定ないし諸決定の出現を可能ならしめるために発せられる，という関係にあるのでなければならないのである」[105]。

---

105)　F. Chevallier, op. cit., p. 334.

以上のような二重に厳格化された結合関係の要求を簡潔に言い表してきた要件が,「直接的かつ必然的な結合」要件である。そして,以下に述べるように,複数の行政行為間に「直接的かつ必然的な結び付き」たる性格が認められるためには,第一に,複数行為間の連続性とは,単に事実上の連続性を意味するものであるに止まらず,「法的な連続性」を有するものでなければならないとされてきた。また第二に,抗弁事由としての違法性が主張されている先行行為と後行行為との関係について,前者の存在が後者が行われるための必要不可欠の条件である,という関係があるだけでは不十分であるとされてきた。つまり,後行行為にとっての先行行為の必要不可欠性は,複合的行政作用という性格付けを行うための必要条件ではあるが,十分条件ではないとされてきたのであり,かかる必要不可欠性を超えた何らかの「特殊な結合関係」の存在が必要であるとされてきた。したがって,複合的行政作用たる性格を認定するための判別基準を明らかにするには,(i)複数行為間の連続性がいかなる意味で「法的な」連続性と認め得るかを検討する（後述②）とともに,(ii)複数行為間の連続的な関係が「特殊な結合関係」と言い得るために必要とされる補完的な条件とは,いかなるものであるか（後述③）を解明しなければならないということになるのである[106]。

② 複数行為間の「法的な連続性」(continuité juridique)[107]

　複数の行政決定間の連続性とは,(i)単に事実上の連続性 (continuité matéielle) があるに止まらず,「法的な連続性」(continuité juridique) が存在しなければならないとされてきた。また,特に重要なのは,(ii)この法的な連続性の要件は,古典的な複合的行政作用概念においては非常に厳格に解されてきており,その結果,法的連続性が「同一の法制 (une même législation) の枠の中に位置する」ものでなければならないとされてきた。さらに,(iii)かかる法的な連続性は,「先行決定の適法性が後行決定にとっての適法性要件であるようなものでなければならない」とされてきた。この中で特に解釈上問題となるのは,要件(ii)であり,F・シュバリエによれば,「実際,二つの行為が二つの異なる法制に属

---

106) 以上について, M. Distel, op. cit., p. 372.
107) F. Chevallier, op. cit., pp. 334-335.

するものである場合，これらの行為はそれぞれ固有の対象事項を有するものであり，したがって，後行行為を発する権限を有する行政庁は，先行行為の適法性を審査するに当たって，必ずしも，当該先行行為を枠付けている法制を勘案しつつ審査しなければならないものではない」とされてきたのである[108]。

③　結合関係の特殊性（spécificité）の意味[109]

複合的行政作用概念において要求される複数行政行為間の結合関係の「特殊性」（spécificité）とは，当該複数の行政行為が，単に連携して連続的に行われるとか，後行のないし最終の行為にとって先行行為の存在及びその適法性が必要不可欠であるという関係にあるだけでは足りない，ということを意味している。この点についても，F・シュバリエは以下のように述べている。すなわち，複数の行政決定からなる一連の行政作用の中でも，複合的行政作用を構成するものと構成しないものとを本質的に区別するものは，何かと言えば，それは以下のような事情である。すなわち，「前者では，当該行政作用の全過程が最終決定に向かって方向付けられており，P・ヴェイユ（P. Weil）の言葉を借りて言えば，当該最終決定が当該過程を『支配する』決定（décision《dominante》du processus）であるのに対し，後者においては，先行行為の方が，過程を支配しており，したがって後続の諸決定に向かって方向付けられるのではなく，逆に，後続の諸決定の方が先行行為から帰結するものなのである」[110]。

以上を要するに，複合的行政作用たる性格を有するものと認定されるために要求される複数行為間の結合関係の「特殊性」とは，当該行政作用の過程全体が目的である最終決定に向かって方向付けられているという意味で，最終決定

---

108)　具体例として，次の経緯が参考になる。すなわち，高速道路建設事業のDUPと，その後当該高速道路事業の実施権を民間の特許事業者に付与する協定認可行為との間に違法性の抗弁が成立するか否かという問題をめぐる判例において，両者を高速道路建設に関する同一の法律で規定していた時代には，複合的行政作用としての性質が認められ，違法性の抗弁が可能であるとされていた（C. E., 30 juin 1961, Groupement de défense des riverains de la route de l'intérieur, Recueil Dalloz, 1961, p. 663, avec Concl. M. Kahn）のに対し，その後の法改正で，両者の手続が分離され別々の法律で規定されることとなった法制の下では，複合的行政作用としての性質が否定され，違法性の抗弁が斥けられることとなった（C. E., 11 février 1975, Epoux Merlin A. J. D. A., 1975, p. 235; R. D. P., 1975, p. 1705, avec Note M. Waline; Recueil Dalloz Sirey, 1976, p. 144. avec Note J.-P. Boivin）。

109)　F. Chevallier, op. cit., pp. 335-337.

110)　F. Chevallier, op. cit., p. 335.

の方が「支配的」(dominant) であることを要するという意味なのである。F・シュバリエによって援用されたP・ヴェイユの叙述に従えば，「一連の過程の中のベースとなる行為が支配的なのではなく，目的となる行為が支配的であるときに，法的な過程 (opération juridique) が存在する」ということになるのである[111]。このP・ヴェイユの説示を受けて，F・シュバリエは，「先行の決定が発せられた後でなければ後行の決定は発せられ得なかったというだけでは不十分であり，それ以外に，先行決定は後行決定の中に解消される以外にあり得ないという必要がある」と結論付けるのである。複合的行政作用の典型例とされる公用収用を例に考えると，確かに，公用収用の法的目的は公共用地の取得を帰結する収用裁決なのであり，DUP等の先行する行為はあくまでも最終的な用地取得のための手続の一環に止まるのであるから，収用裁決という最終行為が行われた時点で，DUP等の先行行為はその中に解消されることとなる。その意味で，公用収用の過程全体を法的に支配するのは，収用裁決という最終段階の行為にほかならない。そのような意味で，P・ヴェイユの説明にはかなりの程度の説得力がある。

　以上のように，公用収用の事案や公務員の任用又は昇任に関する事案を中心に形成された，古典的な複合的行政作用事案に関する一連の判例を分析する限り，当該結合関係の特殊性とは，後行行為が行われるために先行行為の存在が必要不可欠であることに加えて，後行行為の側に最終行為としての「支配的」性格が認められるものでなければならないとされてきた。つまり，すべての先行行為は後行行為が行われるための前段階を構成するものであり，最終的に後行行為が行われなければ先行行為の存在に法的意味はない，という意味で，後行行為の側に支配的性格が法的に割り振られていることが必要とされたのである[112]。

(3) 「直接的かつ必然的な結び付き」要件の緩和

　ところが，上述 2 (2) のように，1970 年代以降，協議整備区域 (ZAC) に関する区域指定とそれに後続する ZAC 区域整備事業計画等の事業実施のため

---

111) P. Weil, Les conséquences de l'annulation d'un acte administratif pour excès de pouvoir, Paris, Éditions A. Pedone, 1952, p. 184.
112) F. Chevallier, op. cit., pp. 333-337.

の後続諸行為との関係でも，複合的行政作用たる性格が認められ，区域指定行為の違法性を後続行為の違法性を導くための抗弁事由として主張し裁判所がこれを認定することが認められるようになると，上述のような厳格な「特殊な結合関係」を要求する判別基準の通用性に疑義が提起されることとなり，複合的行政作用たる性格を認定するための要件の緩和が指摘されるようになる。つまり，複合的行政作用たる性格が認められるには，複数の行政行為間に「法的」でかつ「直接的かつ必然的な」結合関係が存在しなければならないとする点で変化はないのであるが，かかる結合関係の存在を示す「特殊な結合関係」の認定要件が徐々に緩和され，先行する行為の法的効果ないし意味がすべて最終行為に収斂するという厳格な意味での「特殊な結合関係」の存在は必要条件ではないとされるようになるのである。

　複合的行政作用たる性格認定をめぐるフランスの判例理論は，以上に述べたような展開過程を経て今日に至っている。そこで，次に，「直接的かつ必然的な結び付き」要件が，ZACに関する事案を中心に1970年代以降緩和されるようになる背景と理由を，解明することが極めて重要であるように思われる。この点の解明を通して，そもそも，フランスの判例理論において，複合的行政作用概念を通して非法規命令的な行為に関する違法性の抗弁に道を開き始め，その後徐々に，その認定のための判別基準を緩和し古典的な事案以外の多様な事案にまでこの理論の適用可能性を拡張することとなったフランス行政裁判所の判例動向の背後には，いかなる基本的考え方が潜んでいたのかを解明することが可能となるように思われる。

4　違法性の抗弁事由の緩和を促す要因

(1)　F・シュバリエによる判例分析

　上述のように，複合的行政作用に該当するとの理由付けにより違法性の抗弁が許容される行政活動の範囲は，徐々に拡張する傾向にあるとされ，その結果，複合的行政作用の該当性に関する古典的な判断基準では違法性の抗弁が認められないようなケースについて，違法性の抗弁が認められるようになっているとされる。このように，複合的行政作用概念を梃子にした違法性の抗弁事由が緩和しているは，何故なのだろうか。このような緩和ないし拡張傾向の根底には，

いかなる考え方や考慮が潜んでいるのであろうか。

　本稿が再三にわたって参照しているF・シュバリエ論文によれば，これらの事件で争われた行政決定は，いずれも，古典的で厳格な「特殊性の要件」の下では，複合的行政作用を構成し得ないケースであるとされる。その理由として，F・シュバリエは以下のように述べている。「これらの諸決定は，確かに一方の決定から他方の決定が流出するという関係にはあるが，その中のいずれかが，それに後続するいずれかの決定の中に解消され得るものでしかないというほどの相互関連性を持ち合うものではない。とりわけ，ZACの実施過程は，大概の場合，事業特許方式により行われるものではあるが，しかし必ずしも，事業特許方式によるとは限らない。また，ZAC実施過程において，必ずしも収用手続が実施されるとも限らないし，その収用手続の方も，ZAC設定行為とは別個独立のものとして実施することが可能なのである」[113]。

　以上のように，ZAC区域指定行為が行われたからといって，法制度上，後続行為として事業実施権の特許方式が必ずしも採用されるとは限らないし，また，公用収用手続がとられるとも限らない。したがって，区域指定行為という先行行為が，事業実施権の特許や収用裁決という後続行為に吸収解消される関係にはないわけであるので，一連の作用において後行行為が支配的であって，先行行為が専ら後行行為が行われるためだけに行われるという「特殊な結合関係」が欠けているため，「直接的かつ必然的な結合関係」が成立していない事案であるとされるのである。

　では，何故，コンセイユ・デタは，そのような事案に違法性の抗弁の許容性を拡張せざるを得なかったのであろうか。そのような緩和ないし拡張が不可避であった背景について，続けて，F・シュバリエは以下のように述べている。すなわち，確かに，高速道路建設事業計画について完璧な情報を得ていた者たちに，DUPから何年か経過した後になって，当該計画の存在そのものを覆すために，高速道路事業免許に対する取消訴訟を口実にして争う可能性を認めるなどということは，好ましいことではないし，また，個別的行為の違法性を抗弁事由にすることに対して学説が防護措置を講じようとすることも，至極もっ

---

113) F. Chevallier, op. cit., p. 339.

ともではある。しかしながら，「それでもなお，行政客体に対して，いつかは自己の利害に関わることとなり得る無数の非法規命令的決定のすべてに対して，系統的かつ用心のために争訟手段を講じることを，常にかつ必須の要求として求めることはできない」[114]。「加えて」として，F・シュバリエは，次のような背景も挙げて論じる。「ある種の事案では，日常的に発せられる様々な行政決定が複雑に絡み合っているため，最もよく情報を取得し最もよく行政の諸問題を熟知している行政客体ですらも，当該行政決定が具体化されない限りは，その決定からどのような帰結が生ずるかを必ずしも正確には評価することができないほどなのである」[115]。

　以上のような背景は，いわば，ZAC 等の都市整備事業計画に直面した一般の市民や住民が素朴に抱く感覚に着目した事情である。そのような原告側が置かれた具体的事情に鑑みれば，裁判官も，以上のような考え方に対して，常に閉ざされたままでいることはできない。原告側からの主張に誘われる形で，「裁判官は，しばしば，類推論法に訴えることを通して，古典的かつオーソドックスな考え方によっては複合的作用の存在を認めることが間違いなくなかったような場合において，直接的かつ必然的な結合関係の存在を認める方向へ導かれた」とされるのである[116]。

　以上に述べたような原告側の事情は，一言で言えば，国民にとっての「裁判を受ける権利」の実効的保障に関わる。

(2)　論告担当官ジュヌヴォアによる判例分析

　同様の考え方は，【事案 15】においてショッピングセンターの設置許可と店舗建築の許可との間に複合的行政作用としての性質を認めないように主張した論告担当官ジュヌヴォア（Genevois）の論告において詳細に論じられている[117]。

　上述のように，本件でコンセイユ・デタは，ショッピングセンターの設置申請に対して商業都市計画委員会が行った設置許可と当該店舗の建築のための許

---

114)　F. Chevallier, op. cit., p. 337（II (3) i ））.
115)　Ibid.
116)　Ibid.
117)　Concl. du commissaire du gouvernement Genevois sous l'affaire Société Angélica-Optique Centraix et autres, C. E., 17 décembre 1982, Recueil Lebon, p. 419.

可申請を受けて県知事が行った建築許可との間に，複合的行政作用たる性格付けは認められないとの判断を下し，前者の違法性について抗弁事由としての主張を斥けた。かかる判断は，ジュヌヴォアの論告内容に従ったものである。ところで，第一審原告側は，上記二つの行為間に違法性の抗弁が成立し得るとの主張を前提に，商業都市計画委員会によるショッピングセンター設置許可には手続上の違法があると主張していた。これに対し，ジュヌヴォア論告は，同設置許可には第一審原告が主張するような手続上の違法は一切存在しないとの判断の下，それだけの理由により訴えを棄却し得ることを認めていた。したがって，上記二つの行為が複合的行政作用を構成し二つの行為間に違法性の抗弁が成り立ち得るかという問いに対する解答は，棄却判決という結論に影響を及ぼすものではない。そこで，ジュヌヴォア論告は，コンセイユ・デタ評議官に向かって，上記二つの行為間における複合的行政作用の成否という問題に対し評議官がいかなる解答を以て答えるかは，評議官諸氏が下す「判決の理由付けに対して影響を及ぼすこととはなりましょうが，当該判決の方角を変えることにはなるはずがない」のでありますから，評議官諸氏は，「そうであればなおのこと，ご自身のお考えを表明するに当たって自由だということになりましょう」と述べた。これにより，同論告は，評議官に向かって，本件二つの行為間における複合的行政作用の成否という問題に率直に立ち入った判断を示すように，公然と促したわけである。そして，複合的行政作用の成否問題に立ち入った判断をなし得るための条件整備のために，ジュヌヴォア論告は，複合的行政作用に関するコンセイユ・デタ判例の現状を，以下のように整理して見せたのである。

　同論告は，まず，「複合的行政作用という概念は，その効果については明快であるが，その適用範囲についてははるかに理解が困難である」ことを率直に認める。つまり，相前後して行われる行政決定が複合的行政作用の枠組みを構成すると一旦認められれば，これらの行政決定は，「直接的な訴え（un recours direct）という手段によるのであれ，或いは，最後の行政決定に対し提起された訴えを根拠付けるべく援用される抗弁（l'exception）という方法によるのであれ，その適法性に異を唱えることが可能であり，後者の場合，すなわち抗弁事由としての援用可能性については，先行諸決定に対する訴えの出訴期間を徒過

してしまった場合であっても可能である」という意味において，複合的行政作用としての認定の効果は明快である。これに対し，複合的行政作用概念の適用範囲に関しては，「大いなる不確定性が際立って」おり，従来の通説的な解説[118]を前提にしていたのでは，同概念に関するコンセイユ・デタの判例を「体系化しようとするいかなる試みも……極めて困難なものであるということが判明する」。しかしながら，この問題に関するコンセイユ・デタ判例の中からは，「当該問題の解決に資し得る幾つかの指導的指針」を引き出すことが可能であるとして，ジュヌヴォア論告は，判例を方向付ける以下の三つの指針を提示するのである[119]。

第一の指針は，複合的行政作用としての性格が認められるためには，当該行政の作用が，「何らかの公役務的使命の実現という目的のために，公権力みずから企てる作用」でなければならない，というものである。「複合的行政作用」(une opération administrative complexe) つまり「行政の」複合的作用と見なし得るものであるためには，私人の側からの相前後した申請に対して次々に許認可等の行政決定を行うという受け身的なものであっては足りず，公権力すなわち行政がみずから主導して一定の行政的目的の達成のために発する複数の行為によって構成されるものでなければならない，というのである[120]。

判例理論を方向付ける第二の指針は，複合的行政作用たる性格を認められるには，連続的に行われる複数の行為がいずれも「同一法制の枠内」(dans le cadre d'une même législation) に収まるものでなければならないというものである[121]。かかる条件が要求されるのは何故だろうか。ジュヌヴォア論告によれば，それは，複合的行政作用という「概念によって，非法規命令的行為に対する出訴の期間に関する規範の適用が除外されることに加えて，訴えの利益に関する規範にも例外が認められるといった事態が重なることを，回避しようとするため」であるとされる。つまり，複合的行政作用という性格付けを通して認められる

---

[118] 通説的な解説として，ジュヌヴォア論告は，本稿でも先に言及したR・オダンによる複合的行政作用に関する定義付けを挙示する。
[119] Ibid., pp. 423-424.
[120] Ibid., pp. 424-425.
[121] Ibid., p. 425.

例外扱いが，出訴期間の徒過により既に確定した先行行為の違法性を争う機会を付与するという例外（出訴期間制限の原則に対する例外）を認めた上に，先行行為に対して直接その取消しを求めた場合には「訴えの利益」が否定されてしかるべき者に，複合的行政作用という性格付けを介して先行行為の違法を抗弁事由としてならばその主張利益が認められてしまうという例外（訴えの利益の制限に対する例外）まで認めてしまうというような，二重の例外扱いを回避する必要があるため，「同一法制の枠内」での複数行為という要件が不可欠なのだとされるわけである。

　判例理論を方向付ける第三の指針として，ジュヌヴォア論告は，複合的行政作用に関する判例の「本質的にプラグマティックな性格」を挙げる。つまり，複合的行政作用に関するコンセイユ・デタ諸判決は，「どんなに念入りに構築された法理論であっても裏をかかれるような」種類のものであるとされる。そして，理論的には複合的行政作用としての性質を認めてもよいように見える事案の場合でも，実際の判決の結論は，これを否定する場合が生ずるとされる。何故なら，元来，非法規命令的な行政決定が出訴期間の徒過により確定化したならばその違法性を争い得なくなるというのが「原則」であり（以下，かかる原則を「不可争原則」と呼ぶことにする），複合的行政作用論というのは，「実のところ」，かかる「幾多の判例によって確認されてきた」不可争原則に対する「例外」を認めるものである限り，「限定的な適用領域しか持ち得ない」。そこで，いかなる考慮により，そのような不可争原則に対する「例外」が認められるかと問えば，それは，以下のようなプラグマティックな考慮によるものだとされる。すなわち，「非法規命令的な行政決定が一個の行政手続の中に嵌め込まれており，また，出訴期間内に当該行政決定を直に狙った訴えが提起されなかったとしても，その利害関係者が，当該行政決定が行われたからといって，より明確な形で自分たちの利益を害することとなるような後続の諸決定が必ずしも行われることには繋がらないと考えることにもっともな理由があることから，当該行政決定を直撃するこうした訴えを提起しなかったことが正当であり得るという場合において」は，上記の不可争原則は「貫徹し得ない」ということを，コンセイユ・デタ評議官らは従来から認めてきたのだとされる。公務員の任用及び昇任手続に関する事案，公用収用事業やZAC事業等に関して複合

的行政作用としての性格付けを認めてきた従前の行政判例の背後には，以上のようなプラグマティックな考慮が働いていたとされるのである[122]。

複合的行政作用として性格付けられるための条件としてジュヌヴォア論告が挙示した三つの要件は，その後，コンセイユ・デタの評議官その他のメンバーによって維持されているようである。一例として，上述の【事案9】における論告担当官 J・C・ボニショの論告は，複合的行政作用の成立要件に関する先例として，【事案15】におけるジュヌヴォア論告が挙げた上述三つの特質を挙示し，それに従った判断により複合的行政作用としての性格付けを認める旨の論告を提示していたのである[123]。

5 複合的行政作用論の特質——プラグマティックな考慮

複合的行政作用に関する以上のような判例分析からは，フランス法における非法規命令的行政決定に関する違法性の抗弁論の現状を以下のように整理することが，適切であると思われる。

すなわち，複合的行政作用の成立要件については，複数の行政決定が相前後して連続的に行われ，先行行為が有効であることが後行行為が適法かつ有効であるための必須の条件とされているという条件が，最小限の条件として要求される。問題は，そのような必要最小限の要素に加えて様々な要素が付加的に要求されてきたという点にある。当初は，先行行為が最終の後行行為の実現に向かって収斂していき，最終の後行行為が行われると先行行為の効果はすべて当該最終の後行行為の中に解消されるという意味で，後行行為の側が「支配的」であることに，複合的行政作用の成否の最重要ポイントを見出そうとする考え方が提起されたこともあった。しかし，複合的行政作用概念の射程が及ぶ範囲が，公用収用に関する事案や公務員の任用又は昇任に関する事案等の典型的で古典的な複合的行政作用の場合だけではなく，ZAC 事業のような場合にまで拡張的に認められるようになると，複合的行政作用としての性格認定における柔軟化の判例傾向が明らかになってきた。

---

[122] Ibid., pp. 425-426.
[123] Concl. du Commissaire du gouvernement J.-C. Bonichot, Les petites affiches, 1997, No 74, p. 18.

以上のような複合的行政作用の成否に関する判例・学説間の協働の営みを通して，今日では，F・シュバリエ論文やジュヌヴォア論告（【事案15】）において提示された判断要件論が定着していると言えよう。その判断要件論は，第一に，複数の行政決定が相前後して連続的に行われる作用が行政みずからが主導して実施しようとするものであるという意味で，「行政の」複合的行政作用であること，第二に，複数の行政決定が同一の法制の枠内に位置付け得るものであること，第三に，争訟手続上のプラグマティックな観点から見て，違法性の抗弁を認めるべき場合であること，というものである。

　なかでも，複合的行政作用に関する判例を方向付ける三番目の指針としてジュヌヴォア論告が提示するプラグマティックな性格は，複合的行政作用に該当することを理由とした違法性の抗弁の成否に関わる最重要の要素である。そこでプラグマティックな考慮として重視されているのは，先行する行政決定によって影響を受ける利害関係者が，当該先行行為を直接の攻撃対象とした訴えをその出訴期間内に提起しなかったことが，もっともな理由によるものであると見なし得るか否か，という事情である。先に検討したF・シュバリエ論文でも，同様の事情が重視されていた。つまり，当該先行行為との関係で利害関係者が置かれた客観的事情及び平均人的な心理状態に即した考慮が，後続行為に対して提起された訴えでの違法性の抗弁の成否を決定付けるとされているのである。

V　むすび

1　本稿のまとめ

　複数の行政決定が相前後して行われる場合における違法性の抗弁の成否に関するフランス行政判例の考え方は，いかなる特質を有するのであろうか。以下では，まず，前節までの検討結果を要約した後，上記フランス行政判例の根底にある基本的な考え方を抽出するという見地から，当該判例の特質を明らかにすることにしたい。

(1)　先行行為の性質（法規命令性の有無）による大分類

　まず，相前後して行われる複数の行政処分ないし行政決定相互間の関係全般

を支配する枠組みについて。先行行為を法規命令性の有無に応じて法規命令的行政決定と非法規命令的行政決定とに類型化し，その各類型ごとに違法性の抗弁の成否に関する判断基準が，判例理論によって形成されている。このような類型化には，フランスでは政府が発するデクレや大臣令や県知事令等のアレテその他の法規命令の取消しを求める訴訟提起が認められており（法規命令の処分性肯定)，その中には，即地的詳細都市計画である土地占用プランないし地域都市計画プラン（POS-PLU）等の都市計画決定も含まれるという状況，すなわち処分性に関するわが国とは異なる状況が，前提となっている。

(2) 完結型計画に関する違法性の抗弁の許容性

① キー概念としての「適用措置」性

このうち法規命令ないし法規命令的行政決定については，伝統的に，「違法性の抗弁の永続性の原則」が認められてきたため，処分性が認められるとともに，法規命令に対する出訴期間が経過した後も，その違法性を抗弁事由として援用することは可能であるとの原則が維持されてきた。しかし，実際にはかかる原則に対する例外が広く認められており，法規命令に関する違法性の抗弁の可能性を，個別的処分が法規命令との関係で「適用措置」性を有する場合に限定する判例が確立している。また，「適用措置」性の存否は厳格に解釈されており，法規命令に定められた規定をそのまま適用した結果行われた個別的処分との関係でしか，違法性の抗弁は成立し得ないとされてきた。かかる厳格な「適用措置」概念を前提に，特に法規命令性を有する都市計画（わが国の用語法に従えば「完結型計画」）とその支配の下で発せられる建築許可や画地分譲許可等の個別的行政決定との関係については，都市計画決定の手続的瑕疵を抗弁事由として主張する可能性を制限する立法措置が講ぜられる（1994年のボッソン法）一方，実体的違法の抗弁に関しても，完結型計画と個別的行政決定間において「切り離し得ない結び付き」が存在する場合に限って，違法性の抗弁の可能性を肯定しようとする判例が形成された。

② 「切り離し得ない結び付き」基準

そして，完結型計画に関する違法性の抗弁の許容性判断の基準である「切り離し得ない結び付き」という概念も，厳格な意味に解釈されてきた。具体的に言えば，完結型計画の違法性が，取消請求の対象である許可等の個別的行政決

定が適法であるための要件を定めた規定等に関するものでなければ，抗弁事由としてその違法性を援用することはできないとされる。その結果，判例は，完結型計画と見なし得る都市計画の中でも，個々の土地利用に対する法的拘束力が認められ，それに「適合」しなければ不許可になる等という意味で即地的詳細計画性を有する都市計画（POS-PLU 型都市計画）については，その許可要件規定に関わる違法性を，個別的許可に対する訴訟における抗弁事由として援用する可能性を認めてきた。しかし，広域指針的都市計画（SD-SCOT 型都市計画）と個別的許可や個別的事業計画間の関係については，前者には「適合関係」の要求という意味での法的拘束性が認められず，後者には単に前者との「両立可能の関係」が要求されるに止まると考えられるため，判例は，広域指針的都市計画に関する違法性の抗弁の可能性を否定している。
(3) 非完結型計画に関する違法性の抗弁の許容性
① 「複合的行政作用」
　非法規命令的行政決定については，先行行為に係る出訴期間の徒過後においてその違法性を援用する可能性は，原則として否定されてきたが，当該原則に対する例外として，後行行為に対する越権訴訟において先行行為の違法性を抗弁事由として援用する可能性を認めるために判例で形成された考え方が，複合的行政作用の理論である。そして，複合的行政作用の成否の判断の基準をめぐって，判例と学説が連携して理論形成が図られてきた。
② 「特殊な結合関係」＝「直接的かつ必然的な結び付き」という基準
　複合的行政作用の成立要件については，複数の行政決定が相前後して連続的に行われ，先行行為が有効であることが後行行為が適法かつ有効であるための必須の条件とされているという条件が，最小限の条件として要求される。問題は，そのような必要最小限の要素に加えて様々な要素が付加的に要求されてきたという点にある。前述の諸点（Ⅳ 3 以下，特に 5）の繰り返しになるが，かかる付加的要素を一言で言えば，複数の行政決定間における「特殊な結合関係」の存在が必要であるとするものであり，また，かかる「特殊な結合関係」とは，「直接的かつ必然的な結び付き」を意味するものであるとされた。しかも，当初の通説の考え方によれば，先行行為が最終の後行行為の実現に向かって収斂していき，最終の後行行為が行われると先行行為の効果はすべて当該最終行為

の中に解消されるという意味で，後行行為の側が「支配的」であることに，複合的行政作用の成否の最重要ポイントがあると考えられた。

③　「特殊な結合関係」基準の緩和

　ところが，複合的行政作用としての性格付けが，公用収用に関する事案や公務員の任用又は昇任に関する事案等の典型的で古典的な複合的行政作用の場合だけではなく，協議整備区域事業（ZAC）のような場合にまで拡張的に認められるようになると，複合的行政作用としての性格認定における柔軟化の判例傾向が明らかとなり，そうした判例では，多かれ少なかれプラグマティックな考慮を加味した判断がなされていることが明らかになってきた。以上のような複合的行政作用の成否に関する判例・学説間の協働の営みを通して，今日では，F・シュバリエ論文や【事案15】におけるジュヌヴォア論告において提示された判断基準論が定着している。その判断基準論は，第一に，複数の行政決定が相前後して連続的に行われる作用が，行政みずからが主導して実施しようとするものであるという意味で，「行政の」複合的行政作用であること，第二に，複数の行政決定が同一の法制の枠内に位置付け得るものであること，第三に，争訟手続上のプラグマティックな観点から，違法性の抗弁を認めるべき場合であること，というものである。

④　争訟手続法的考慮としてのプラグマティックな考慮

　なかでも，複合的行政作用に関する判例を方向付ける三番目の指針としてジュヌヴォア論告が提示するプラグマティックな性格は，複合的行政作用概念を媒介とした違法性の抗弁の成否を最終的に決定付ける考慮要素である。そして，このプラグマティックな考慮として実際に重視されるのは，先行する行政決定によって影響を受ける利害関係者が，当該先行行為を直接の攻撃対象とした訴えをその出訴期間内に提起しなかったことが，もっともな理由によるものであると見なし得るか，という事情である。F・シュバリエ論文でも，同様の事情が重視されていた。つまり，当該先行行為との関係で利害関係者が置かれた客観的事情及び平均人的な心理状態に即した考慮が，後続行為に対して提起される訴えにおける違法性の抗弁の成否を最終的には決定付けるとされているのである。

(4) 複数行為間における「違法性の抗弁」判例の駆動要因
① 特殊な結合関係の要求——完結型計画と非完結型計画に共通の論理

上述のように，完結型計画と後続行為間の関係で違法性の抗弁が可能とされるため必要とされる「適用措置」要件に関しては，当該複数の行為間に「切り離し得ない結び付き」が存在しなければならないとされた。また，非完結型計画と後続行為間の関係で複合的行政作用概念を介して違法性の抗弁が可能とされるためには，当該複数の行為間に「法的な連続性」が存在するとともに，「直接かつ必然的な結び付き」という意味で「特殊な結合関係」が存在しなければならないとされてきた。

複合的行政作用該当性の判断における近時の緩和傾向も，以上のような特殊な結合関係の存在を前提にした上で，多少の修正を加えるものであるに止まる。以上のような完結型計画と非完結型計画それぞれにおける違法性の抗弁の成否の判別基準を見るならば，強度ないし程度の差こそあれ，複数行為間にある種の特殊な結合関係が存在することを以て，違法性の抗弁の成立にとって必須の条件と解していることが窺える。

② 争訟手続上のプラグマティックな考慮

他方，先行行為が非完結型計画である場合の違法性の抗弁の可能性に限って言えば，以上述べたような複数行為間の特殊な結合関係の存在を前提としつつも，その認定要件の緩和傾向を促進する要因として，訴えを提起しようとする者の平均人的な意識を踏まえた争訟手続法上のプラグマティックな考慮が，極めて重要な役割を果たしていることが明らかになった。

2　わが国の違法性の承継論への示唆

(1)「法的一体性」要件の位置付け方
① 「違法性の承継」と「違法性の抗弁」間における概念的共通項

違法性の承継に関するわが国の通説的説明においては，「先行処分と後行処分とが相結合して一つの効果の実現をめざし，これを完成するものである場合」には，「原則として」違法性の承継が成立するとされてきた（Ⅰ 1 参照）。また，上述 (1)(4) のように，フランス法における違法性の抗弁論においても，先行行為が法規命令性を有する場合（完結型計画の場合等）であれ有しない

場合(非完結型計画の場合等)であれ，複数行為間にある種の特殊な結合関係が程度の差こそあれ存在することを以て，違法性の抗弁が可能とされるのに必須の条件とされてきた。また，そもそも複合的行政作用概念に該当し違法性の抗弁が認められるのは，"法的に一個と見なし得る行政作用"に属する複数の行為間の関係が問題となる場合である。この意味で，「法的な連続性」の存在が要求され，複数の行為が「同一の法制」に属することが必要とされてきた。もう一方の要件である「直接的かつ必然的な結び付き」概念の方は今日では緩和されているが，「法的な連続性」ないし「同一の法制」要件は維持されているのである。

以上のように，日本とフランス双方の通説的見解において，表現上の微妙な差違や論じ方の精粗の差はあれ，相前後する複数の行政処分ないし行政決定間に特殊な結合関係が存在することを以て，日本では違法性の承継の可能性が，フランスでは違法性の抗弁の可能性がそれぞれ認められてきたのである。以上のように日仏共通に重視されてきた複数行為間の結合関係を指して，以下では，「法的一体性」と呼ぶことにする。

② 基盤としての「法的一体性」

わが国の学説では，違法性の承継の可能性について上述の複数行為間の法的一体性を要求する要件論に対して，否定的な評価がしばしば投げかけられてきた。これに対し，フランスでは，上述のような結合関係論それ自体に対する批判や否定的評価は存在しないと述べてよい。むしろ，そのようなある種の結合関係の要求を前提に，その意味をより明確かつ厳格なものにするため，様々な要件論が繰り広げられてきた。では，複数行為間の法的一体性の要求は，違法性の承継ないし違法性の抗弁を論ずるに際していかなる意味を有するのだろうか。複数行政処分間の法的一体性の要求には，果たして何らの意味も認め得ないのだろうか。

この問題を考察するに当たって何よりもまず確認しておくべきなのは，違法性の抗弁は，遮断原則に対する例外として出訴期間経過後の違法性の援用を可能ならしめるための概念であり，その適用範囲は元来狭く限定されてしかるべきだ，という大前提である。つまり，遮断原則を破り出訴期間経過後における違法性の援用可能性を認めるには，複数行為間の法的一体性を認定し得る場合

でなければならない，という限定が大前提とされているのである．そして，このような限定は，違法性の承継ないし違法性の抗弁が遮断原則に対する例外を認める理論である限り免れ得ない制約であり，その意味ではそれ自体としては正当な要求であると言うべきであろう．

　他方，この種の限定論には，いかに精確に定義し又は性格付けようと試みても自ずから限度が伴う．いかに精密に定義しようとしても，どこかに曖昧さを残さざるを得ないのであり，新たに生ずる様々な行政実態に直面し修正を余儀なくされることは避け難い．このように，この種の定義の厳密性には自ずから限度があり，ある程度の不明確性を免れ得ず，それ故，様々な定義や要件論の中のいずれがより優れているかという問題は残るにしても，何らかの表現で複数行為間の法的一体性の存在を表意する定義ないし要件論自体は必要不可欠なのである．わが国の違法性の承継論における伝統的な定義ないし要件論については，以上のような視点から再評価されてしかるべきである．

　もっとも，以上のように，複数行為間の法的一体性の概念には曖昧さを免れ得ないとすれば，かかる法的一体性のみを基準に違法性の承継ないし抗弁の成否を決し得ないことは否み難い．個別事案に即した妥当な結論を導く上で，かかる定義ないし要件論のみで妥当な結論を導くことはできないからである．したがって，複数行為間の法的一体性を要求する要件論に加えて，以下に述べるように，争訟手続上のプラグマティックな考慮が要求されることとなる．

(2)　争訟手続法的考慮の意味——「標準的国民の争訟意識」という視点の正当性

　上述のように，フランス行政判例における違法性の抗弁をめぐる議論の中では，複合的行政作用に該当するとの判断の拡張傾向を促す要因として，プラグマティックな考慮がしばしば指摘される．そして，プラグマティックな考慮で重視されるのは，先行行政決定によって影響を受ける利害関係者が，当該先行行為を直接の攻撃対象とした訴えをその出訴期間内に提起しなかったことが，もっともな理由によるものであると見なし得るか否か，という事情である．

　以上のような争訟手続法上の考慮の要請を「裁判を受ける権利」保障という視点から捉え直すならば，ここでは，自らの権利利益が害されることが未だ明確ではない先行行政決定の段階で，直ちに（つまり先行行政決定に対する出訴期間

内に)訴えを提起しなかったからといって，後続行政決定により自己の権利利益侵害の可能性が明確化した時点で提起された訴えにおいて先行行政決定の違法性を主張する機会を保障しないことは，当該利害関係者の「裁判を受ける権利」を不法に損なうことにならないか，という問題が問われていると言うべきであろう。

　換言すれば，フランス行政判例における複合的行政作用としての性格付けの成否を分ける判断に際しては，裁判による権利利益救済における実効性の確保という考慮が，最後の決め手になっていると見て大過ないように思われる。

　この点は，東京都建築安全条例事件判決（タヌキの森判決）（Ⅰ3(2)参照）が違法性の承継を認めるに当たって考慮した三点の中の二点目（先行行為段階での争訟手続保障）と三点目（先行行為に対する出訴期間中の争訟提起への合理的期待可能性）とも共通しており，参考になる。もっとも，違法性の承継に関するわが国の諸学説が「争訟手続法的考慮」を論ずる際は，ほとんどの場合，先行処分段階において不服審査制度その他の争訟手続が十分に確保されているか否かを問題視しており，その意味で文字通りの争訟手続法的考慮が支配的であり，かかる文字通りの争訟手続法的考慮と並んで，先行処分段階において実際に争訟手続を利用してまで争おうとすることが合理的に期待できるかという，相手方国民の標準的な争訟意識に即した考慮を求めていた遠藤博也氏の議論は，むしろ例外的であったと言えよう。これに対し，フランス法における複合的行政作用を介しての違法性の抗弁論においては，むしろ以上のような相手方国民の標準的意識に即した争訟手続法上の考慮こそが重視されており，かかる考慮の必要性が意識されたからこそ，公用収用等の古典的な適用領域を超えて，協議整備区域（ZAC）事業等の新たな分野にまで，違法性の抗弁を可能とする方向への拡張が生み出されたわけである。わが国における違法性の承継論との関係で，複合的行政作用概念を介して違法性の抗弁の可能性を認めるフランス行政判例の検討結果から導き出すべき示唆は，以上の点にあるように思われる。

(3)　違法性判断枠組みの多様性

① 多様な枠組み

　以上のように，相前後して行われる複数の行政処分間に一個の行政作用としての法的一体性が認められる場合には，当該複数行政処分間に存在する一個の

行政作用としての関連性に照らしても，また，かかる行政作用により自己の権利利益に影響を受ける標準的な国民（名宛人や第三者）の意識に照らしても，先行行政処分の違法性に関する抗弁ないし承継の可能性が認められてしかるべきである。本稿の検討を通して，以上の点までは唱え得るように思われる。その意味で，相前後して行われる複数行政処分間に法的一体性の存在を認め得るという場合における違法性の承継の成否は，違法性の成否という問題の最も核心的で典型的なケースであるということになる。とはいえ，それによって，違法性の抗弁ないし承継が認められるべきすべての場合が明らかになるわけではない。そこで，上述のように違法性の承継が認められるべき典型的な類型以外にも，違法性の承継ないしそれと同様の結論が認められるべき場合があり得るのではないかが問題となる。その意味で，いわば非典型的な意味での違法性の承継の成立可能性が問題となるのである。

　では，複数の行政処分間に法的一体性を認め得る場合以外に，具体的にいかなる場合に，先行行為の違法性の援用可能性が問題となり得るだろうか。そのような場合の類型化を試みるならば，①法規命令ないし法規命令的行為に関する違法性の援用可能性が争われる場合，②一見すると違法性の承継が問題となるように見えるが，実際には後行行為の要件を定めた法令の規定の解釈論で結論を導き得る場合（一例として，病院開設中止勧告と保険医療機関の指定拒否の場合），③先行行為に対する争訟手続が不備であることを理由に違法性の承継を認めるべきかが争われる場合という，三つの類型を想定することが可能である。

　このうち①の場合は，フランス行政判例においては，法規命令にも処分性が認められることを前提に，当該法規命令と「切り離し得ない結び付き」があるという意味で法的一体性を認め得る個別的許可処分等との関係で違法性の抗弁の可能性が認められてきたのに対し，わが国では，そもそも法規命令ないし法規命令的な行為に処分性が認められ得るかが問題となるが，仮にその処分性が認められるとした場合には，その上で当該先行行為の違法性の援用を認めるべきかが新たに問題となる。その際の比較法的な先行例として，先行行為としての法規命令ないし法規命令的行政決定の違法性の抗弁に関するフランスの立法及び行政判例が参照されてしかるべきである。また③の場合については，先行行為に対する争訟手続保障を重視するわが国の学説及び東京都建築安全条例事

件判決における第二の判決理由にかんがみると，必ずしも法的一体性要件が満たされていない場合においても，先行行為の違法性の援用可能性を認めるべき場合の一類型として，想定されてしかるべきであるように思われる。以上のように，①と③の場合については，非典型的な場合ではあるが，違法性の承継の各類型として論ずる必要があるように思われる。

これに対し，②の場合に関しては，後行行為に関する法令の規定の解釈問題として解決可能であるならば，必ずしも，先行行為の違法性の援用可能性の問題として論ずる必要がないのではないかと思われる。つまり，複数の行政決定が相前後して行われる場合のすべてについて，違法性の承継論の枠組みで論じなければならない合理的な理由は見出し得ないのである。そこで，最後に，②の場合について多少立ち入った検討を加えることにより，本稿を締めくくることにしよう。

② 違法性の承継の典型例——東京都建築安全条例事件（タヌキの森判決）

上述のように，本稿における比較法的検討を通して，筆者は，相前後する複数の行政処分間の関係において先行行為の違法性の援用可能性を認めるべき場合の典型として，当該複数行為間において法的一体性の存在を認め得る場合を想定するという見地を得ることができた。そして，かかる法的一体性の存否という視点を重視する立場からすれば，東京都建築安全条例判決（タヌキの森判決）の事案は，違法性の承継が認められてしかるべき典型的場合の一つであるということになる。

周知のように，この判決（最一小判平成 21・12・17 民集 63 巻 10 号 2631 頁）で問題となった東京都知事による安全認定は，平成 10 年法律 100 号（建築基準法改正）による建築確認権限の一部民間化（建築主事と並んで，指定確認検査機関にも建築確認の権限を付与）に伴う東京都条例改正により導入されたものである。同改正により「建築確認とは別に知事が安全認定を行うこととされた」理由について，判決は，「接道要件充足の有無は客観的に判断することが可能な事柄であり，建築主事又は指定確認検査機関が判断するのに適しているが，安全上の支障の有無は，専門的な知見に基づく裁量により判断すべき事柄であり，知事が一元的に判断するのが適切である」との認識を示し，その上で，「建築確認における接道要件充足の有無の判断と，安全認定における安全上の支障の有

無の判断は，……もともとは一体的に行われていたものであり，避難又は通行の安全の確保という同一の目的を達成するために行われるものである」として，安全認定と建築確認間の関係における「一体的」性格を，条例改正の経緯という立法史的視点から提示した。他方で，本判決は，二つの行為間における目的の同一性と法的効果の収斂性（判決理由に即して言えば，安全認定は，建築主に対して，建築確認申請手続において上記条例所定の接道義務への違反がないものとして扱われるという「一定の地位」を与えるものであり，「建築確認と結合して初めてその効果を発揮するのである」，という意味での法的効果の収斂性）に照らしても，上記二つの行政処分が相互に法的一体性を有するものであるとの認識を示している。以上により，本判決は，結局，安全認定という制度導入の立法史的経緯とその法的性格（目的と効果）との両面から，安全認定と建築確認間における法的一体性を肯定したと解すべきであろう。以上の点に鑑みると，当該判例は，法的に一体的な行政作用を構成する複数の行政処分間において違法性の承継を認めたという意味において，違法性の承継が認められてしかるべき典型的な事案に関するものであったと捉えるべきである。

　さらに，当該判例が違法性の承継を認めるに当たって示した三つの理由付けの中の第一（安全認定と建築確認の結合関係）と第三（先行行為に対する出訴期間中の争訟提起への合理的期待可能性）相互の関係についても，再考の余地がある。何故なら，相前後して行われる複数の行政処分が，法的一体性を有する一個の行政作用に属するものであると言い得るならば，名宛人又は第三者等の国民にとっては，一個の法制度に属する複数の行為であるからこそ，「その一体的な法制度の最後に発せられる行為を待って争えばよいだろう」という認識をもつことが，法的にも正当なものとして是認されると考えられるからである。この意味において，複数行政処分間における一個の行政作用としての法的一体性と国民の側における先行行為段階での争訟提起への合理的期待可能性は，違法性の承継の成否について，同一の要件を法制度の面と標準的国民の意識の面の双方からの検証を通して適切な判断を導くために要求される二つの要件にほかならないと解されるのである。以上により，筆者は，上記判例における理由付けの第一と第三の一体的な把握を通して，同判決の正当な理解，さらには違法性の承継論自体の正当な把握に到達し得るものであると考える。

③ 違法性の承継の射程外
　　──病院開設中止等勧告と保険医療機関指定拒否処分

　これに対し，複数行為間の関係に法的一体性が認められる場合を以て先行行為の違法性の援用可能性を認めるべき典型的場合と解する立場からすれば，個々の実定法制度上，複数行為間における特殊な結合関係の存在を示唆するような法的一体性が存在しない事案では，少なくとも典型的な意味での違法性の承継を論ずることは困難であるということになる。したがって，相前後する複数の行政処分間に法的一体性を認め得ないものである場合には，違法性の承継という判断枠組みを用いることが賢明であるか否かについて，慎重な検討を加える必要が生ずるように思われる。

　そのような射程範囲外の事案として筆者が想定する典型例は，病院開設中止等の勧告と保険医療機関指定拒否処分間の関係に違法性の承継が成立し得るか，という問題が提起される場合である。病院開設の中止や病床数の削減等を求める勧告については，それに従わない場合，「相当程度の確実さをもって，病院を開設しても保険医療機関の指定を受けることができなくなるという結果をもたらす」ことを理由に，その処分性を肯定する判例が確立している（最二小判平成17・7・15民集59巻6号1661頁，判時1905号49頁及び最三小判平成17・10・25判時1920号32頁）。そこで，病院開設中止等の勧告と保険医療機関の指定拒否処分間において違法性の承継が成立し得ないかが，問題となり得る。

　この問題に関する筆者の考え方では，病院開設中止勧告と保険医療機関の指定拒否間の関係には，違法性の承継論は適用すべきではないと思われる。何故なら，この二つの行政処分間には，法的に一個の行政作用と性格付けることがもっとも言い得る程度の法的一体性を肯定し得ないからである。二つの行為間には，確かに，病院開設許可手続と保険医療機関としての指定手続に関する行政実態上密接な関連性があることは否定できない。しかし，医療法上の病院設置の制度と健康保険法上の保険医療機関の指定制度は，法的には区別せざるを得ない制度なのであって，法的に一体的な行政作用としては把握し得ないように思われる。

　他方，開設中止勧告に従わなかったことを理由とした，或いは，これを考慮して行われた保険医療機関指定の拒否処分が適法か否かという問題は，保険医

療機関指定要件に固有の解釈問題として解決可能なのではないかと思われる。この点について具体的に述べれば，まず，平成 10 年法律 109 号による改正前の健康保険法 43 条の 3 第 2 項の規定（保険医療機関の指定拒否が可能な場合の要件として，「其ノ他保険医療機関……トシテ著シク不適当ト認ムルモノナルトキ」と定める規定。現行 65 条 3 項 6 号に相当する規定）に関しては，病院開設許可申請時において許可申請の撤回や病床数の削減を求める勧告（医療法 30 条の 7。現行 30 条の 11 に相当する規定）に従わなかったという事実のみを以て，保険医療機関の指定要件との関係で「著シク不適当」と評価することは，健康保険法の規定解釈上違法となる場合があると解せば済む問題である（上記の最二小判平成 17・7・15 参照）。

　また，平成 10 年法律 109 号による改正後の健康保険法 43 条の 3 第 4 項 2 号の規定（保険医療機関の指定に際して，申請に係る病床の全部又は一部を除外して指定し得る場合の要件として，申請に係る病床数をそのまま指定すると医療計画所定の基準病床数を勘案して定めた病床数を超過する場合であって，医療法上の上記「勧告を受け，これに従わないとき」と定める規定。現行 65 条 4 項 2 号に相当する規定）に関して言えば，当該規定のルーツが上記改正前の健康保険法 43 条の 3 第 2 項の規定に遡ることを勘案するならば，同改正前の事案と同様，申請に係る病床数をそのまま認めた指定を行うことが健康保険法上「著シク不適当」と評価し得るかを問う必要があり，そのように評価し得ない場合である限り，病床数が上記基準を超過することを理由にその削減を求めて行われた勧告に従わなかったことのみを理由に保険医療機関の指定に際して病床数を削減することは，保険医療機関の指定に関する健康保険法の規定の解釈・適用上違法となる，と解する余地があると解すべきである（上記の最三小判平成 17・10・25 参照）。

　以上のように，病院開設中止等の勧告と保険医療機関の指定拒否処分との関係については，保険医療機関の指定要件の解釈問題として捉えることにより，違法性の承継を認めた場合と同様の解決を図ることが十分に可能なのであって，無理に違法性の承継論の枠組みに当てはめて解決する必要性自体が認められないのである。

第Ⅲ部　　適法性審査のあり方

【解題】

　第Ⅲ部では，行政庁の公権力行使に対する裁判所の適法性審査のあり方を，裁量統制を中心に論じる。

　第1章は，髙木光＝宇賀克也編『行政法の争点』（ジュリ増刊，2014年）に収録された論文（「行政裁量の法的統制」）をほぼそのまま収録したものである。もっとも，元の論文で本文中に括弧書きで注記していた箇所は，判例表記を除いて注として本文の外にはずした。本章は，行政裁量に対する司法審査のあり方に関する判例状況を類型化するとともに，今後進むべき方向性について私見を提示したものである。裁量統制全般を検討している点で，第Ⅲ部の総論的役割を担うこととなる。なお，裁量統制全般に関する筆者の基本的考え方については，亘理格『公益と行政裁量——行政訴訟の日仏比較』（弘文堂，2002年）と曽和俊文＝山田洋＝亘理格『現代行政法入門〔第3版〕』（有斐閣，2015年）の第9章〔亘理〕を，参照頂ければ幸いである。

　こうした著作の執筆を通して痛感するのは，行政裁量とそれに対する司法的統制で問われているのは，法解釈の方法そのものではないかという点である。行政の自由裁量を認めるべきか，またどの程度広い裁量を認めるかという問題は，結局のところ，当該法令の趣旨解釈及び当該行政作用を支配する憲法原理や法の一般原則の解釈いかんによって決すべき問題なのではなかろうか。また行政裁量に対する司法審査の密度や方法も，当該法令の趣旨やそれを支配する憲法原理や法の一般原則の解釈適用を通して決すべき問題であるように思われる。行政庁の裁量的判断に対し裁判所の法解釈をどこまで強力かつ周到に及ぼすかは，行政に対し司法権が果たすべき役割に対する裁判所の使命感によって，結局は決定づけられる。

　行政裁量の本質を以上のように捉えるならば，司法権による裁量統制は，本来，個々の行政作用の内容や性質，及び当該行政作用を支配する法令や憲法原則及び法の一般原則の中身に応じて，最終的には決せられるものである。その

点で，裁量統制研究の主戦場は，個別法ないし行政領域ごとの裁量統制分析にあると言うべきであろう。したがって，第2章以下に繰り広げられる各論的な裁量統制研究こそ，第Ⅲ部の根幹を構成すると言わなければならない。そこで次に，第2章以下における各論的研究について簡単な解説を加えることとする。

　第2章では，退去強制事由に該当する外国人に対する収容及び退去強制制度を対象に，手続的仕組みと裁量審査のあり方を論じた2004年公表の論文を，ほぼそのまま収録した。特に，在留特別許可の許否判断における裁量基準の重要性を中心に論じたものである。ところで，在留特別許可の運用方針に関して，その後，法務省入国管理局は「在留特別許可に係るガイドライン」を定め，公表している（2006年10月公表，2009年7月改訂）。当該ガイドラインの下で紛争化した事案に関する筆者の判例評釈として，「退去強制の違法性――日本人との婚姻等の関係に依拠した判決例」法教435号（2016年）57頁以下，及び「在留特別許可の裁量性と『在留特別許可に係るガイドライン』の自己拘束性」自治研究93巻9号（2017年）133頁以下があるので，ご参照頂ければ幸いである。

　第3章では，わが国の行政法の本来的意味での国際化を阻んでいると思われる障壁として，国籍，国境，戦争被害という三つのテーマを選定し，その各局面で争われてきた訴訟に関する判例を分析し，その課題を明らかにしようとしたものである。その中で取り上げた戦後補償に関する訴訟はいずれも国家賠償訴訟であり，行政行為と司法的統制を扱う本書の主題とはやや対象を異にする。しかし，違法な公権力の行使に起因する行政救済法に関する隣接的テーマを扱う論文として，本書に収録した次第である。

　第4章では，公立学校施設の目的外使用許可の許否判断における行政裁量の司法的統制のあり方を論じた。元の論文は，教職員組合が実施する教育研究集会の開催という使用目的が，学校の教室等という施設・設備の性質に適合的であることが，目的外使用許可における非常に広い自由裁量を制約する機能を果たした事案を取り上げ分析したものであり，本書には，これをそのまま収録した。なお，元の論文は，演習問題タイプの設例を冒頭に掲げたものであり，他の章とは異なったスタイルの書き方になっているが，解説文自体は通常の論文と異ならない書き方をしていたので，修正なしに収録した。

　第5章は，国家活動に対する司法審査が，多くの場合，明確な準則や基準を

伴わない利益衡量論に陥ってしまい，立法裁量や行政裁量に対する司法審査が空洞化するという問題状況を前にして，これに対する歯止めとして，憲法上保障された権利や基本権及び比例原則がいかなる役割を果たし得るかを検討しようとした論文を収録したものである。第4章と同様，演習問題タイプの設例を冒頭に掲げたものであるが，そのまま収録した。

　第6章は，原子炉設置許可の安全性に関する司法統制のあり方を論じた。最高裁の伊方原発訴訟判決が示した司法審査の方法と密度の問題を，福島第一原発事故の発生及びそれを受けて行われた原子炉等規制法改正の後の視点から，再検討したものである。元の論文は5年以上前に公表したものであるが，根本的な問題状況は変化していないと思われるため，そのまま収録した。

第1章

行政裁量の司法審査
―― 概　観

I　問題の所在

1　法令解釈と裁量

　行政による法令適用過程は，法令ないし法規範の解釈（以下，「法令解釈」），具体的事実の調査と認定（以下，「事実認定」）及び法令解釈から導かれる具体的基準（以下，「解釈基準」）の具体的事実への当てはめという3つの段階に分かれる。このうち，法令解釈と事実認定は裁判所も本来なし得る機能であるのに対し，解釈基準の当てはめについては，客観的事実への単純な当てはめや事実の科学的評価の枠内にとどまるか，それとも何らかの価値評価を含むものであるかによって，行政庁と裁判所いずれの判断が優越すべきかという問題に対する解答に差違が生じ得る。前者であれば，行政裁量が認められる余地はなく，裁判所の適法性審査が全面的に及ぶ[1]。これに対し，後者の場合，司法審査と行政裁量との境界線をどのように引くべきかが，具体的事案に応じて問題化する。以下，本稿は，後者の場合を論ずる。

2　裁量権の踰越濫用統制型審査

　1962年に制定された行政事件訴訟法（以下，「行訴法」）は，30条において，「行政庁の裁量処分については，裁量権の範囲をこえ又はその濫用があった場合に限り，裁判所は，その処分を取り消すことができる」と規定しており，この規定からは，当時の立法者が裁量処分という行為類型を想定し，その司法審査の対象を裁量権の踰越濫用の有無に限定しようとしていた（かかる司法審査を，

1）　公害健康被害の補償等に関する法律4条2項に基づく水俣病の認定につき行政裁量を否定した最三小判平成25・4・16民集67巻4号1115頁参照。

以下では「踰越濫用統制型審査」と呼ぶ）ことが窺える。また，当時の法制審議会行政訴訟部会小委員会（委員長・入江俊郎）の議論の大勢は，踰越濫用統制型審査が及ぶ範囲も狭く限定しようとするものであった[2]。さらに行政実態の変容状況に目を転じれば，現代行政には専門技術的な判断や大所高所からの政策的判断を必要とする場合が多いため，行政裁量の拡張・増大を促す要因が働く。以上により幅広く認められた行政裁量に対する司法審査は，行政庁の判断が「裁量権の行使としてされたものであることを前提として」抑制的になされるべきであるとされ，その結果，司法審査の対象は，①「その判断の基礎とされた重要な事実に誤認があること等により右判断が全く事実の基礎を欠くかどうか」，又は，②「事実に対する評価が明白に合理性を欠くこと等により右判断が社会通念に照らし著しく妥当性を欠くことが明らかであるかどうか」に限定される（マクリーン事件に関する最大判昭和53・10・4民集32巻7号1223頁）とされてきた。

　もっとも，行訴法30条が，裁量処分に対する踰越濫用統制型審査が可能であることを明文化した，という側面も見逃せない。裁量処分といえども最小限の適法性審査には服すという意味で，裁量不審理原則が明確に克服されたからである。その結果，最大幅の自由裁量が認められる場合でも，上述の①又は②のいずれかに該当するときは裁量権の踰越濫用を理由に違法と結論づけられる。しかも，②の枠組みの柔軟な運用を通して，平等原則，比例原則，信義則等，法の一般原則への違背を理由に裁量権の踰越濫用を導き出す等，裁量審査の幅が徐々に広がる傾向も生まれる。

　以上のように，行政裁量を広く認め司法審査の範囲を限定する方向と，逆に司法審査の範囲を拡張する方向という，相反する2つのベクトルが作用する中で，覊束行為と裁量行為の区別が相対化した[3]。代わって，個々の行政作用の様々な局面ごとに妥当している法的規律の密度の差違に応じて，裁量の余地のない局面からそれが最大化する局面まで，幅を異にした行政裁量が成立し，それぞれの裁量の幅に応じて裁量審査の密度が反比例的に変化するという，いわ

---

2) 塩野宏編著『日本立法資料全集(5)行政事件訴訟法(1)』（信山社，1992年）662頁以下。
3) 宮田・後掲注18) 31頁以下，318頁以下，田村悦一「裁量権の逸脱と濫用」成田頼明編『行政法の争点〔新版〕』（有斐閣，1990年）75頁参照。

ば扇形の裁量観が支配的となった。

以上により，行政裁量に対する司法審査は，法律の規定の趣旨及び当該行政作用の性質（侵害処分か授益処分か等）を主に考慮しつつも，行政判断過程の具体的局面に応じたきめ細かな総合的判断を通して行われることとなる[4]。

かかる裁量統制の実効性を確保するため，裁判所には，いかなる方式と密度の司法審査が要請されるのだろうか。

3　司法審査の方式と密度

行政裁量に対する司法審査のあり方については，裁判所は，行政作用のいかなる局面を対象にいかなる点を重点的に審査すべきかという問題，及び，裁判所は，行政作用の内容すなわち実体面にどの程度強く踏み込んだ審査をなすべきかという問題が，今日まで論じられてきた。前者は，審査方式の問題であるのに対し，後者は，審査密度の問題である[5]。

審査方式について，差し当たり制定法規と行政裁量との関係を例にとって考えてみよう。「事業計画が土地の適正且つ合理的な利用に寄与するものであること」（以下，「適正・合理性」と呼ぶ）という要件（収用20条3号）への適合性は，一方では，当該事業計画の内容及びその実施により生じる結果が適正・合理性を有するかという形で問われるが，他方では，当該事業計画の適正・合理性を確保するため行政庁の事業認定権はいかに行使されるべきか，という形でも問われる。同様に，原子力発電所のような先端科学技術利用の安全性は，原子炉施設の安全性それ自体を問う形で問題となると同時に，安全性確保のため原子炉設置許可権はいかに行使されるべきか，という形でも問題となる。事業計画やその遂行結果が適正・合理性を有することや原子炉施設が安全性を具備することが，それ自体行政庁にとって一個の行為規範であるのと同様に，事業計画の適正・合理性確保や原子炉施設の安全性確保のため適正に振る舞うこと，つまり適正な調査・審議・判断を行うこともまた，当該行政庁に課せられた一個の行為規範である。その意味で，行政にとっての行為規範は，権限行使の結果

---

[4]　高橋滋「行政裁量論に関する若干の検討」南博方先生古稀記念『行政法と法の支配』（有斐閣，1999年）336頁。

[5]　村上裕章「判断過程審査の現状と課題」法時85巻2号（2013年）10頁以下，特に14頁参照。

の適正性及びその過程の適正性の双方に及ぶ。

　もっとも，結果の適正性と過程の適正性それぞれに及ぼされる法的規律の密度は，個々の行政活動の性質や法令の趣旨に応じて一様ではない。高度の政策的判断や科学技術上の判断を要する行政活動の場合，権限行使の結果すなわち行政作用の実体的要件や内容に着目した法的規律の密度は往々にして稀薄なものにならざるを得ないのに対して，過程の適正性確保については，比較的密度の濃い法的規律が可能である。そこで，このような行政領域では，裁判所が，行政の判断に対して自己の判断を対置し，両者間に食い違いがあれば行政判断を違法と判定するという「判断代置型統制」を貫くことが困難となる。代わって，裁判所が，行政過程の中でとられた個々の手続や形式が適正であったかを審査する「手続統制型審査」や，行政過程全体を通しての適正性に着目した審査（以下，「判断過程統制型審査」と呼ぶ）の比重が高まる。以下では，まず，裁量統制に関する判例状況を，以上に述べたような審査方式の区別に即して概観する。

II　裁量統制の諸類型——審査方式の差違に即して

1　踰越濫用統制型審査——最小限の実体法的審査

　上述のように，踰越濫用統制型審査は，行政庁の判断が，①当該判断の基礎とされた重要な事実に著しい誤認があること等により全く事実の基礎を欠くものである場合，又は②事実に対する評価が明白に合理性を欠くこと等により社会観念上著しく妥当性を欠くことが明らかである場合に，裁量権の踰越濫用に当たり違法であると判断する審査方式である。高校日本史教科書の検定において，戦時中の中国大陸における日本軍細菌戦部隊の非人道的活動をめぐる記述内容に対し全面削除を求める修正意見の適法性が争われた事件で，検定当時の学説状況の認識等に「看過し難い過誤があり，裁量権の範囲を逸脱した違法がある」と結論づけた最高裁判決（最三小判平成9・8・29民集51巻7号2921頁）は，①の側面から最小限の実体法的審査を確保した例である。また，処分内容が著しく均衡を失し平等原則や比例原則に反するとされる場合や，不利益処分へ至

る経緯に照らして信義則に反するとされる場合等は，②の側面から最小限の実体法的審査を確保した典型例である（一例として，最三小判平成8・7・2判時1578号51頁）。

　他方，この審査方式は，特に上記②の場合に着目して「社会観念審査」と呼ばれることがあるが，審査対象を上記2つの場合のいずれかに当たるか否かに限定するため，審査密度は，元来，稀薄なものである。その結果，裁量権の踰越濫用はなく適法とされた例として，公務員に対する懲戒免職処分につき，任用権者の組織自律権的自由裁量を広く認めた神戸税関事件判決（最三小判昭和52・12・20民集31巻7号1101頁），外国人に対する在留期間の更新不許可処分に出入国管理行政に関わる広範な政策的裁量を認めた前掲マクリーン事件判決，地区医師会に対する公益法人設立許可権の行使に広範な自由裁量権を認めた足立江北医師会事件判決（最一小判昭和63・7・14判時1297号29頁），教科書検定において教科用図書検定調査審議会の審議を経て行われる文部大臣の判断に「合理的な裁量」を認め，審議会の審議過程において合否判定の基礎となった事実認識や検定基準違反という評価等に「看過し難い過誤」がない限り，踰越濫用はなく適法であるとした判決（最三小判平成5・3・16民集47巻5号3483頁）等がある。

2　手続統制型審査

　行政権限行使の過程のなかでも，裁判所が，行政活動の手続や形式を規律する行為規範の遵守状況を審査するのが，手続統制型審査である。手続統制型審査は，行政手続法の制定（1993年）以前から，免許の許否判断前に行われる聴聞手続に関する個人タクシー事件判決（最一小判昭和46・10・28民集25巻7号1037頁）や，同じく免許の許否判断前の審議会手続に関する群馬中央バス事件判決（最一小判昭和50・5・29民集29巻5号662頁）を通して，判例上確立した。このほか，申請拒否処分や不利益処分に際しての理由付記に関しても，いかなる事実認定の下にいかなる理由で当該処分を行うかが，付記された理由の記載自体から了知できる程度に具体的でなければならず，単に処分内容と根拠規定を記載しただけでは不適法であるとした判例が確立していた。

　1993年に制定された行政手続法は，申請に対する処分に関する審査基準及

び不利益処分に関する処分基準の事前設定と開示を要求し，また，申請拒否処分及び不利益処分に関する理由の提示を要求している。裁量基準と理由の提示及び両者の接合を前提とした司法審査は，裁量統制の密度を高める統制手法として，今後ますます重要になるであろう[6]。

3 判断過程統制型審査

近時の幾つかの最高裁判例は，社会観念審査の枠内にとどまりながらも，考慮事項の考慮・不考慮及び考慮事項間の比較衡量（「重み付け」とも言う）の適正に関する審査にまで立ち入ることにより，審査密度を向上させたと指摘されることがある[7]。

このように社会観念審査に判断過程統制型審査を接合した審査方式は，小田急線高架化訴訟上告審本案判決（最一小判平成18・11・2民集60巻9号3249頁）を通して，判例上定式化された。すなわち，同判決は，都市施設の設置に関する都市計画の決定又は変更に政策的・技術的な見地からする「行政庁の広範な裁量」を認め，裁判所の審査は，「当該決定又は変更が裁量権の行使としてされたことを前提として」なされるべきであるとした上で，司法審査の対象は，「その基礎とされた重要な事実に誤認があること等により重要な事実の基礎を欠くこととなる場合，又は，事実に対する評価が明らかに合理性を欠くこと，判断の過程において考慮すべき事情を考慮しないこと等によりその内容が社会

---

[6] とりわけ，不利益処分につき詳細な処分基準が設定かつ公にされている場合において，不利益処分時に提示される理由には当該処分基準の適用関係を明示すべきであるとした最高裁判例として，最三小判平成23・6・7民集65巻4号2081頁参照。また，許認可等の申請に対する処分に関する審査基準の設定・公表を欠いた状態で行われた拒否処分について，審査基準を設定し公にしておくべき義務の懈怠を理由に当該不許可処分を違法とし，その取消しを帰結すべきであるとした判決例として，那覇地判平成20・3・11判時2056号56頁も参照。後者は，下級審判決例ではあるが，理由の提示を欠いた処分が取消しを免れないのと同様の趣旨により，審査基準の設定・公表を欠いた処分も取消しを免れない，と結論づけた判決例として，重要である。

[7] 正木宏長「判断過程の統制について——日光太郎杉事件判決再読」水野武夫先生古稀記念『行政と国民の権利』（法律文化社，2011年）179頁以下，特に189〜190頁，榊原秀訓「行政裁量の『社会観念審査』の審査密度と透明性の向上」室井力先生追悼『行政法の原理と展開』（法律文化社，2012年）117頁以下，特に124〜126頁，榊原秀訓「社会観念審査の審査密度の向上」法時85巻2号（2013年）4頁以下，髙木光「社会観念審査の変容——イギリス裁量論からの示唆」自治研究90巻2号（2014年）20頁以下，特に22〜24頁。

通念に照らし著しく妥当性を欠くものと認められる場合に限」られると判示した（傍点は筆者による）。

もっとも，同判決も，要考慮事項間の比較衡量が当該事案において実際適切に行われたか否かを，裁判所がみずから検証しようとするものではない[8]。社会観念審査と判断過程統制型審査という2つの審査方式の接合によっても，実体法的審査密度が常に向上するわけではないのである。したがって，審査方式の問題と審査密度の問題とを明確に区別すべきであり[9]，その上で，審査密度の向上はいかにして可能であるかを考察しなければならない。その場合，行政裁量を尊重しつつも最小限の実体法的審査には限定されない裁量審査，その意味で中間密度型の実体法的審査はいかにして可能であるかを，論ずる必要がある。

Ⅲ　中間密度型の実体法的審査

1　優越的法益侵害に関する裁量審査

生命・身体・健康，人身の自由，信教の自由等の高度の人権価値を認められその保障範囲も比較的明確な法益（以下，差し当たり「優越的法益」と呼ぶ）への侵害をもたらす行政活動に関しては，たとえそれが自由裁量の余地のある権限行使である場合でも，比較的厳格な適法性審査が行われてきた。

まず，生命健康への危険を伴う先端科学技術利用に関わる行政活動の適法性が問題となる典型例として，原子炉設置許可の際の安全性判断がある。この問題が争われた伊方原子力発電所訴訟で，最高裁（最一小判平成4・10・29民集46巻7号1174頁）は，原子炉施設の安全性については，「多方面にわたる極めて高度な最新の科学的，専門技術的知見に基づく総合的判断が必要」であり，そのため専門家委員会の「科学的，専門技術的知見に基づく意見を尊重して行う内閣総理大臣の合理的な判断にゆだねる趣旨と解するのが相当である」として，

---

[8]　榊原・前掲注7）室井力先生追悼126頁参照。
[9]　村上・前掲注5）参照。

原子炉施設の安全性の判断が行政庁の専門技術的裁量に属することを，事実上認めた。他方しかし，原子炉施設の安全性に欠落があるため事故が発生した場合には生命健康への直接かつ重大な侵害が予期されるため，当該安全性については慎重な判断が求められる。そこで，最高裁は，①安全性に関する行政庁の判断の基礎となった専門家委員会の判断過程に不合理な点があってはならないとし，②かかる判断過程の合理性の審査には，安全性に関する具体的審査基準及びそれを適用して行われる調査・審議・判断の過程という二局面にわたる合理性の審査が含まれるとし，しかも，③かかる二局面での安全性判断の合理性については，いずれも「現在の科学技術水準に照らし」た審査が要求されるとした[10]。

次に，表現の自由や海外渡航の自由に対する制限の適法性が争われるケースでは，従来から，踰越濫用統制型審査に限定されない適法性審査が行われてきた。古典的例として，皇居前広場をメーデー会場として使用するための許可申請に対する不許可の適法性が争われた事件（傍論ではあるが最大判昭和28・12・23民集7巻13号1561頁）や旅券発給拒否処分の適法性が争われた事件（最二小判昭和44・7・11民集23巻8号1470頁）がある。

他方，信仰上の理由により剣道実技の履修を拒否した公立高専の学生に対し原級留置処分が行われ，さらに原級留置が2年連続したことを理由に退学処分が行われた事件で，最高裁は，「信仰上の理由による剣道実技の履修拒否を，正当な理由のない履修拒否と区別することなく，代替措置が不可能というわけでもないのに，代替措置について何ら検討することもなく，体育科目を不認定とした担当教員らの評価を受けて」行われた当該処分（原級留置処分と退学処分）は，違法であると結論づけた（最二小判平成8・3・8民集50巻3号469頁）。この最高裁判決は，一方では，原級留置及び退学処分を行うか否かの判断は学校長の「合理的な教育的裁量」に委ねられるとしたが，他方，①剣道実技は当該学校の体育科目にとって必須のものとは言い難く他の体育種目による代替措置が可能であること，②当該剣道実技への参加拒否の理由は「信仰の核心部分

---

10) 本判決及びそれ以降の原子炉施設の安全性に関する判例及び立法状況に関する私見につき，第6章参照。

と密接に関連する真しなもの」であり，当該学生が本件不利益処分を避けるためには「剣道実技の履修という自己の信仰上の教義に反する行動を採ることを余儀なくさせられる」性質のものであること，③当該学生側から再三にわたり行われた代替措置の申入れも，代替措置採用の是非・方法・態様等に関する十分な考慮もなく無視されたこと，以上の点を斟酌した結果，「社会観念上著しく妥当を欠く処分」に当たるとの理由で違法と断じた。学校という組織自律権が強調されやすい分野において密度の濃い実体法的審査が行われた，例外的なケースであり，信仰の自由という憲法上重要度の高い権利が侵害されたという事案の特質がその背景にある[11]。

　以上の例において裁判所が中間密度型審査を行う背景には，生命・身体・健康や表現の自由，海外渡航の自由，信仰の自由等の優越的法益への配慮があったと考えられる。その意味で，明治憲法下の自由主義的裁量論から日本国憲法下の通説的裁量論へ至るまで受け継がれてきた「侵害抑制の原理」[12]は，少なくともその最核心部分については，今日の判例でも維持されていると言えよう。

2　目的の不整合に着目した裁量審査

　次に，判断過程の統制方式の中でも，特に権限行使の目的に着目した審査により，中間密度型の適法性審査を可能ならしめる場合がある。一例として，廃校した小学校の校庭で子供の遊び場となっていた空地を児童遊園として認可する旨の，児童福祉施設設置認可処分は，もっぱら特定の個室付浴場業の開業を阻止しようとする目的の下に，個室付浴場業の立地規制に関する規定（現行風俗28条1項に相当）を利用したものであって，「行政権の著しい濫用」に該当し違法であるとした最高裁判決（最二小判昭和53・5・26民集32巻3号689頁）がある。

3　考慮要素や調査義務に着目した裁量審査

　さらに，行政の権限行使過程の中でも調査・検討・利益衡量等の個々の節目

---

[11]　渡辺康行「憲法上の権利と行政裁量審査——判例状況の分析と今後の方向性」高橋和之先生古稀記念『現代立憲主義の諸相（上）』（有斐閣，2013年）325頁以下，特に355～356頁参照。
[12]　小早川光郎「裁量問題と法律問題」法学協会百周年記念論文集(2)（有斐閣，1983年）353頁。

に分け入り，考慮すべき利益や価値を適正に考慮したか，考慮し又は重視すべきでない利益や価値を考慮し又は過大に考慮しなかったか，調査検討すべき重要な事項や資料の調査を怠らなかったか，等の問題を重点的に検証するという司法審査手法がある[13]。

　国道拡幅のための収用事業が適正・合理性要件を満たすか否かが争われた日光太郎杉事件に関する控訴審判決は，考慮要素に着目して密度の濃い適法性審査を行った典型例である。この事件の第一審は，事業実施により失われる巨杉群が貴重かつ非代替的なものであることから，端的に事業計画の適正・合理性を否定した（宇都宮地判昭和44・4・9行集20巻4号373頁）。控訴審も，失われる巨杉群が「かけがいのない」ものであるとしたが，そこからストレートに実体的価値判断を下すのではなく，「本来最も重視すべき諸要素，諸価値を不当，安易に軽視し」，逆に「本来考慮に容れるべきでない事項を考慮に容れもしくは本来過大に評価すべきでない事項を過重に評価し」たとして，同様の結論に達した（東京高判昭和48・7・13行集24巻6・7号533頁）。上述（Ⅰ3）のように，行政に対する法的規律は，行政権限行使の結果と過程という2つの局面に対する行為規範的規律に分かれる。第一審と控訴審の審査方法はこのような行為規範的規律の二面性に照応しているのであり，いずれもあり得べき審査方式である[14]。

　他方，社会観念審査に判断過程統制型審査を接合した近時の最高裁判例において，実際に審査密度を向上させたのは，考慮要素をめぐる審査にほかならない[15]。また，考慮要素の審査は，考慮すべき事項を適正に考慮し考慮すべきでない事項を考慮しなかったかの審査（以下，両者併せて「考慮事項審査」と呼ぶ）と，考慮すべき事項間で適正な比較衡量が行われたかの審査（以下，「適正比較衡量審査」と呼ぶ）からなる[16]。

---

13)　考慮事項論につき，芝池義一「行政決定における考慮事項」法学論叢116巻1～6号（1985年）571頁以下，調査義務論につき小早川光郎「調査・処分・証明」雄川一郎先生献呈『行政法の諸問題(中)』（有斐閣，1990年）249頁以下参照。
14)　森田寛二「行政処分の"内容"面に対するコントロール見地」法学（東北大学）51巻5号（1987年）1頁以下参照。
15)　榊原・前掲注7) 室井力先生追悼130～134頁参照。
16)　村上・前掲注5) 12頁は，前者を形式的考慮要素審査，後者を実質的考慮要素審査と呼ぶ。

都内の住宅地を通る私鉄の複々線高架化のための都市計画事業に関して，都市計画決定時に既に存在した受忍限度を超える騒音被害に対する適正な考慮，並びに代替案（地下方式案）の採用可能性に関する適正な考慮を怠ったとして，事業認可を違法とする判決例がある（小田急線高架化事件に関する東京地判平成13・10・3 判時 1764 号 3 頁）。本判決の判断は，その後上告審によって覆された（Ⅱ 3 参照）が，考慮事項審査及び適正比較衡量審査を通して密度の濃い実体法的審査が行われた例として特筆に値する。また，要考慮事項の考慮や利益衡量を適正に行うための基礎となる事実や資料につき，十分な調査を尽くさなかったことをもって違法と判断した例もある（二風谷ダム事件に関する札幌地判平成9・3・27 判時 1598 号 33 頁）。

　最高裁判例の中でも，社会観念審査の看板を掲げつつ，考慮事項審査及び適正比較衡量審査を通して密度の濃い実体法的審査が行われた例として，広島県教組教研集会公立学校施設利用拒否事件判決（最三小判平成 18・2・7 民集 60 巻 2 号 401 頁）及び一般公共海岸区域内土地占用不許可事件判決（最二小判平成 19・12・7 民集 61 巻 9 号 3290 頁）が重要である。

　前者は，公立学校施設の目的外使用の許否の判断について，学校施設管理者の裁量を認め，当該目的外使用により「学校教育上の支障」が生じないときでも「当然に許可しなくてはならないものではな」いとする一方，当該事案については，考慮事項審査と適正比較衡量審査を通して，裁量権の逸脱があり国家賠償法上違法であると結論づけた。本判決が考慮事項審査の枠内で考慮した要素は多岐にわたるが，なかでも，学校施設管理者側が主張した不許可理由（当該学校及び周辺の学校や地域の混乱，児童生徒への教育上の悪影響その他の学校教育上の支障をもたらすおそれ）が，抽象的一般的な危惧にとどまり具体性を有しなかった（考慮すべきでない要素の過剰考慮）反面，教職員組合による教育研究集会実施のためという使用目的と教室等の学校施設の使用との間には親和性があること（当然考慮すべき要素の考慮不尽）が，判決の結論を左右したと思われる[17]。

　後者は，採石場で採取した岩石の搬出用桟橋を設置するため，一般公共海岸区域内の土地について行った占用許可の申請が不許可とされた判断について，

---

17)　第 4 章参照。

「申請に係る占用が当該一般公共海岸区域の用途又は目的を妨げないときであっても」，海岸管理者の裁量的判断により不許可とする可能性を認める一方，当該事案については，考慮事項審査と適正比較衡量審査を通して，裁量権の踰越濫用があったものとして違法となると結論づけた。本判決の特徴は，裁判所が，岩石採取計画の認可申請に対する県知事の対応や本件不許可処分を行った土木事務所長の対応に理不尽な面があったと認定し，また，本件桟橋の設置が環境や交通に格別の影響を及ぼすものではない反面，本件桟橋を設置できなければ採石業の採算性が見込めなくなること等を総合的に考慮した結果，裁量権の踰越濫用という結論を導いた点にある。個々の行政対応に顕著に非難すべき点があるとは言え，そのいずれかが特に重視されたわけではなく，むしろその全体的な衡量を通して密度の濃い実体法的審査がなされた例である[18]。

---

18) 本稿の執筆に際しては，前注までにおいて参照した諸文献のほか，特に，以下の諸著書を参照した。阿部泰隆『行政裁量と行政救済』（三省堂，1987年），高橋滋『現代型訴訟と行政裁量』（弘文堂，1990年），原田尚彦『行政判例の役割』（弘文堂，1991年），宮田三郎『行政裁量とその統制密度〔増補版〕』（信山社，2012年），髙木光『技術基準と行政手続』（弘文堂，1995年），高橋滋『先端技術の行政法理』（岩波書店，1998年），亘理格『公益と行政裁量』（弘文堂，2002年），山本隆司『判例から探究する行政法』（有斐閣，2012年）217～310頁，深澤龍一郎『裁量統制の法理と展開』（信山社，2013年），曽和俊文『行政法総論を学ぶ』（有斐閣，2014年）175頁以下。

第 2 章

退去強制手続の構造と取消訴訟
── 東京地判平成 15 年 9 月 19 日(判時 1836 号 46 頁)を契機に

I　はじめに

1　問題の所在

　不法入国や不法残留等，出入国管理及び難民認定法（以下，「入管法」又は「法」と呼ぶ）24 条各号所定の退去強制事由に該当する疑いのある外国人に対する退去強制手続（入管 27 条以下）は，出入国管理行政という，国の外交政策的配慮に基づく裁量的判断が広範に認められやすい行政分野に属する作用である。他方，退去強制手続は，収容及び強制送還という行政強制を本質要素とする作用であり，容疑者たる外国人に対し過酷な人権侵害をもたらす危険を内包する作用であるため，手続及び実体の両面にわたって裁量権行使を適切に制約し又は方向づける必要性の高い行政作用でもある。

　そこで，一方の手続面の制約として，入管法は，後述のように，収容及び退去強制の双方において事前の行政的な令書発付という行為を介在させ，また特に，退去強制令書発付に際しては二段階にわたる始審的争訟手続（事前争訟手続）を組み込むことにより，手続遂行の公正・適正性と容疑者の人権への適正配慮を確保しようとしている。これにより，退去強制手続には，法律上，他の行政分野には見られない独自性を帯びた手続的措置が講じられているのであり，かかる独自の手続制度からいかなる帰結が生じるかが，問題となる。本稿では，特に，退去強制に関する処分又は裁決の取消しを求める訴えを取り上げ，かかる取消訴訟の対象となる「処分」や「裁決」（行訴 3 条 2 項・3 項）とはいかなる行為を意味するかという問題（以下では，処分性及び「裁決」性と呼ぶ）を，一方では検討する。

　他方，実体面の制約との関係では，裁量権行使を適正に方向づけるために行政庁自ら設定する基準（裁量基準）が問題となる。原子炉設置許可処分の適法

性という異なる行政分野に関してであるが，最高裁は，既に，原子炉という高度の科学技術利用の安全性に関わる専門技術的判断の適法性を判断するための留意点として，安全性に関して行政庁自ら設定する具体的審査基準の内容に「不合理な点」がないことを要求し，また，かかる具体的審査基準を適用して行われる安全性に関する調査・審議・判断の過程に「看過し難い過誤，欠落」がないことを要求する，という審査方法を打ち出している[1]。このような，行政庁自ら設定した具体的な裁量基準を梃子に裁量権行使の適正性を確保しようとする司法審査の考え方は，本稿が扱う退去強制の適法性が争われる場面でも同様に妥当すべきであるかが問題となる。しかも，退去強制手続の過程では，特に，在留特別許可（入管50条1項）という，法務大臣の広範な裁量的判断に属すとされてきた権限行使の適法性が争われることが多い。そこで，本稿では，在留特別許可を与えるか否かの判断に際して法務大臣が依拠する裁量基準に着目し，在留特別許可を与えるか否かの判断の適法性を，裁量基準の内容面及び適用過程面における適正性の問題として審査することにより，従来から広範な裁量性を認められてきた退去強制行政における司法統制の実効性を確保すべきか，という問題を検討する。

　以上のように，本稿は，①退去強制制度の手続的独自性に起因して生じる「裁決」性・処分性に関する問題を一方で検討し，また，②在留特別許可権行使の適法性審査における裁量基準の位置づけに関する問題を他方で検討しようとするものであるが，退去強制に関する取消訴訟の場で問題となる以上二つのテーマに筆者の関心を喚起したのは，東京地判平成15年9月19日（判時1836号46頁）である（以下，「本判決」と呼ぶ）。この事件で争われたのは，長年にわたって継続した不法残留により平穏な家庭生活を送ってきたイラン人家族に対する退去強制手続適用の適法性である。したがって，この事件では，退去強制に関する取消訴訟において共通して問題化する上記①②の問題に加えて，③「長期間にわたる平穏な不法在留」により形成された家族関係その他の社会関係的利益を，在留特別許可を与えるか否かの判断に際して考慮すべきか否か，また，いかなる方向及び程度に考慮すべきか，という実体的判断内容そのもの

---

1) 伊方原子力発電所訴訟に関する最一小判平成4・10・29民集46巻7号1174頁。

に関わる第三の論点が提起されている。そこで，本稿では，次節（Ⅱ）において当該事件の事実関係及び判旨を整理した後，判例評釈という形をかりて，上記三つのテーマそれぞれについて，①（Ⅲ），③（Ⅳ），②（Ⅴ）という順に検討することにしたい。ただ，これらの本論に入る前に，退去強制は，いかなる意味で他の行政分野には見られない独自性を帯びた手続を経て行われるのかを，あらかじめ明らかにしておく必要がある。

2 退去強制手続の構造

不法入国者や不法残留者等の退去強制事由（入管24条各号）に該当することが疑われる容疑者に対する退去強制手続は，これを制度史的に見れば，行政処分によってあらかじめ相手方に退去義務を課し，相手方が自らその義務を果たさない場合に行政による直接強制に訴えるという方式ではなく，退去強制事由に該当するか否かの調査から収容を経て退去強制に至る一連の手続を，行政処分を介在させない即時強制として構成するという仕組みを，いわば原型として形成されている[2]。

しかし，かかる純粋型の即時強制は，退去強制制度の恣意的運用や外国人に対する過酷な人権侵害をもたらす恐れがある。そのため，現行法は，まず，退去強制のプロセスを，入国警備官による違反調査（入管27条以下），違反調査を踏まえ入国警備官の請求により主任審査官が行う収容令書の発付とその執行行為として行われる収容（入管39条1項），及び，入国審査官が行う退去強制令書の発付とその執行行為として行われる退去強制（入管52条1項）という，三つの部分に分節化している。その上で，現行法は，収容及び退去強制という

---

[2] 退去強制制度を即時強制ないし即時執行の一例として捉える学説として，塩野宏『行政法Ⅰ〔第6版〕』（有斐閣，2015年）280頁，広岡隆「即時執行」雄川一郎＝塩野宏＝園部逸夫編『現代行政法大系第2巻 行政過程』（有斐閣，1984年）304頁参照。もっとも，出入国管理法上の収容・退去強制は直接強制として把握することも可能であり（芝池義一『行政法総論講義〔第4版補訂版〕』〔有斐閣，2006年〕198頁，210頁）。確かに，現行法解釈上，収容令書及び退去強制令書の各発付行為を処分として把握する方が素直な解釈であるとも考えられ，その場合，収容及び退去強制はこれら令書の執行行為であるから直接強制として把握することは可能であるし，行訴法上の処分性との関係ではその方がむしろ適切であるとも言うべきであろう。いずれにしても，本文において退去強制を即時強制ないし即時執行を原型とするものと記述しているのは，あくまでもその制度史的性格を述べるものに止まる。

事実的執行行為の前に，主任審査官による収容令書（入管39条2項）及び退去強制令書（入管47条5項，48条9項，49条6項）の発付を要するとして，行政的令書方式を採用するとともに，これら二つの令書発付間の中間的手続として，入国警備官から入国審査官への容疑者の引渡し（入管44条），及び退去強制事由に該当するか否かに関して入国審査官が審査の上で行う認定（入管45条1項，47条2項）に引き続いて，退去強制事由に該当する旨の入国審査官の認定に異議がある場合に，容疑者の請求により特別審理官が口頭審理の上で行う判定（入管48条1項・3項・7項），及び，入国審査官の認定に誤りがないとする特別審理官の判定に対し異議がある場合，容疑者からの異議の申出により法務大臣が行う裁決（入管49条1項・3項）という，退去強制手続に特有の一連の始審的争訟手続（事前争訟手続）を，容疑者の人権保護のための防御手段として設けている[3]。

そこで，以上のような複合的で分節的な退去強制手続中の各段階を分担する諸手続が，それぞれいかなる法的性質を有するかが問題となり，特に，収容令書・退去強制令書の各発付処分以外の各段階の諸行為にも，処分性が認められるべきかが問題となる。とりわけ法務大臣の裁決には，退去強制事由に該当する場合でも在留特別許可を特例として付与するか否かの判断が含まれるため，少なくとも法務大臣の裁決については行訴法上の処分性または「裁決」性（行訴3条2項・3項）を認めるべきではないかが問題となり，また他方で，特例的な許可であるため広い裁量性を認められてきた在留特別許可の判断に関して，適法性審査における裁量基準の位置づけ方が問題となるのである。

以上のような退去強制手続の構造を踏まえて，上記判決例の検討に入ることにしよう。

---

[3] 行政実務書によれば，わが国の退去強制手続は，アメリカ合衆国の移民法をモデルに戦後導入された制度であり，「一般に，米国法においては個人の権利保障のための手続が重視されるが，我が国の退去強制手続においても，外国人の権利保護の観点から適正な手続を保障する米国移民法の考え方が忠実に取り入れられている」と見なされている（坂中英徳＝齋藤利男『出入国管理及び難民認定法逐条解説〔全訂版〕』〔日本加除出版，2000年〕565頁）。

II　東京地判平成15年9月19日（判時1836号46頁）
―― 不法残留イラン人家族に対し在留特別許可を付与せず行われた退去強制令書発付処分が違法として取り消された事件

1　事実の概要

　X_1〜X_4はイラン人夫婦とその娘二人の家族であり，不法残留容疑により退去強制手続の対象となった。夫X_1は，1990年5月に在留期間90日間の在留資格で上陸を許可され，妻X_2と長女X_3は，1991年4月に在留期間90日間の短期滞在資格で上陸を許可されたが，その後，いずれも，各在留期間を過ぎても更新を受けないまま在留を継続したため，退去強制事由（入管24条4号ロ）に該当することとなり，また，その間の1996年9月に日本で出生した次女X_4は，在留資格の取得を申請せず出生から60日間経過後も本邦に在留し続けたことにより（入管22条の2第1項・2項），退去強制事由（入管24条7号）に該当することとなった。その間，X_1は，プラスチック会社，パチンコ製造会社，下水道配管工，鉄骨組立て請負業等で働き，退去強制令書発付時には月収17〜18万円を得て生計を立てており，X_3とX_4は小学校に通学し衣食住すべて日本の生活に慣れ親しみ，四人で平穏な生活を送っていた。

　1999年9月1日，5家族及び単身者2名からなる21名の不法残留イラン人が，東京入国管理局に第一次出頭者として出頭し，また，12月28日には，第二次出頭者として5家族17名のイラン人が同様に出頭し，それぞれ在留特別許可（入管50条1項3号）を求めた。このうち5家族に対しては，在留特別許可が認められ「定住者」（入管別表第二）としての在留資格が付与されたが，第二次出頭者に加わったX_1〜X_4には，在留特別許可が認められず，不法残留者として収容令書が発付され（2000年2月22日），その後，収容令書の執行，仮放免の許可，退去強制事由（入管24条4号・7号）に該当する旨の入国審査官の認定，同認定に誤りがない旨の特別審理官の判定を経て，X_1〜X_4は法務大臣への異議の申出を行ったが，これに対し，法務大臣は在留特別許可を与えることなく，異議の申出には理由がない旨の裁決を行い（同年6月30日），さらに，その日のうちに主任審査官により，退去強制令書が発付された。

X₁〜X₄は，異議の申出には理由がないとする法務大臣の裁決及び主任審査官による退去強制令書発付処分に対し，取消訴訟を提起した。以下に見るように，本判決は，法務大臣の裁決については行訴法上の処分性及び「裁決」性（行訴3条2項・3項）をいずれも満たさないとして訴えを却下し，退去強制令書発付処分については，訴えを認容し同処分を取り消した。

2　判　　旨

〔判旨1〕裁決の「裁決」性・処分性及び退去強制令書発付権限の裁量性について
　①　法務大臣の裁決の非「裁決」・非処分性
　異議の申出を受けて法務大臣が行う裁決（入管49条3項）は，退去強制手続を担当する行政機関内部の「内部的決裁行為」というべきものであり，また，異議の申出（入管49条1項）は，「法務大臣が退去強制手続に関する監督権を発動することを促す途を拓いているもの」ではあるが，同異議の申出自体に対しては，法務大臣の「応答義務がないか，又は，応答義務があっても，形式的要件の不備を理由として不当に申出を排斥されることなく何らかの実体判断を受けることが保障されるだけ」であり，これにより，「申出人に手続上の権利ないし法的地位としての申請権ないし申立権が認められているものとは解されない」。したがって，法務大臣の裁決は，「行政庁への不服申立てに対する応答行為としての行政事件訴訟法3条3項の『裁決』には当たらないというべき」であり，また，同法3条2項の「処分」にも当たらない。
　②　主任審査官による退去強制令書発付処分の自由裁量性
　「法24条は，同条各号の定める退去強制事由に該当する外国人については，法第5章に規定する手続により，『本邦からの退去を強制することができる』と定めている。そして，いかなる場合において行政庁に裁量が認められるかの判断において，法律の規定が重要な判断根拠となることに異論はないというべきであり，法律の文言が行政庁を主体として『……することができる』との規定をおいている際には，その裁量の内容はともかく，立法者が行政庁にある幅の効果裁量を認める趣旨であると解すべきものであって……退去強制について実体規定である法24条の認める裁量は，具体的には，退去強制に関する上記手続規定〔(1)容疑者が法24条各号所定の退去強制事由に該当するか否かについて入国

審査官が行う認定，(2)容疑者からの請求に基づき特別審理官が口頭審理を経て行う判定，(3)容疑者からの異議の申出に理由があるか否かにつき法務大臣が行う裁決，(4)容疑者が(1)の認定若しくは(2)の判定に服した場合又は(3)において法務大臣が異議の申出には理由がない旨の裁決を行った場合には，主任審査官による退去強制令書の発付が行われるという一連の退去強制手続を指している：筆者注〕を介して主任審査官に与えられ，その結果，主任審査官には，退去強制令書を発付するか否か（効果裁量），発付するとしてこれをいつ発付するか（時の裁量）につき，裁量が認められているというべきである。」

③　法務大臣の裁決における裁量権の逸脱・濫用に対する争い方について

「以上を前提とすれば」，上述（判旨1の①）のように，異議の申出に対する法務大臣の裁決の取消しを求める訴訟は，「対象の処分性を欠く不適法なものといわざるを得ない」。したがって，異議の申出に対する法務大臣の裁決における裁量権行使の逸脱・濫用の存否という争点に関する判断は不要となるが，他方，かかる「法務大臣の裁量権行使の適否」は，「退去強制令書発付における主任審査官の裁量権行使の適否においてもほぼ同一の内容で審理の対象となるべきものであって，外国人が退去を強制されることを争う機会を狭めるものとはならない。むしろ，在留特別許可をするか否かの判断がたまたま法49条の裁決に当たってされるとの制度が採用されていることのみを捉え，本来全く別個の制度である在留特別許可の判断……の当否を法49条3項の裁決の違法事由として主張し得ることを認めるという無理のある解釈を採用する必要がなくなるものである」。

そこで，本件退去強制令書発付処分の適法性について判断することとなるが，法は，「退去強制事由のある者を適法に在留させる唯一の制度として在留特別許可という制度を設けているのであるから，この趣旨からすると，主任審査官は在留特別許可をすべき者について退去強制令書を発付することは許されない反面，退去強制令書を発付しないことが許されるのは在留特別許可をすべき者に限られると解すべきである」。そうすると，本件退去強制令書発付処分の適法性についての判断内容は，異議の申出に対する法務大臣の裁決における裁量権行使の濫用・逸脱の存否について判断した場合の判断内容と「全く一致することとなる」。現に，被告らが法務大臣の裁決が適法なものであるとして行っ

ている具体的な主張は,「仮に被告主任審査官に裁量権があるとするならば,同様の裁量判断に基づいて本件各処分をしたものであると主張しているものと善解できるから」,本件退去強制令書の適法性に関する以下の検討は,「被告主任審査官が被告法務大臣と同様の判断に基づいて」本件退去強制令書発付処分を行ったとの前提で行うこととする。

〔判旨2〕本件退去強制令書発付処分の違法性

① 主任審査官の裁量的判断に関して設定された基準の効力

「主任審査官が本件各退令発付処分に当たり,いかなる事項を重視すべきであり,いかなる事項を重視すべきでないかについては,本来法の趣旨に基づいて決すべきものであるが,外国人に有利に考慮すべき事項について,実務上,明示的又は黙示的に基準が設けられ,それに基づく運用がされているときは,平等原則の要請からして,特段の事情がない限り,その基準を無視することは許されないのであり,当該基準において当然考慮すべきものとされている事情を考慮せずにされた処分については,特段の事情がない限り,本来重視すべき事項を不当に軽視したものと評価せざるを得ない。」

② 長期間平穏に在留している事実の評価について――主たる違法理由

「本件の特徴は……原告ら一家が10年近くにわたって平穏かつ公然と在留を継続し,既に善良な一市民として生活の基盤を築いていることにある。原告らは,この点を,有利に考慮すべき重要な事実であると指摘するのに対し,被告らは,これは原告らにとって有利な事実ではなく,むしろ,長期間不法在留を継続した点において不利益な事実であると主張する。このことからすると,本件各処分は,上記事実を原告らに不利益な事実と評価してされたものと認めざるを得ない。」

「しかし,上記の事実は,在留特別許可を与えるか否かの判断に当たって,容疑者側に有利な事情の第一に上げることが,実務上,少なくとも黙示的な基準として確立しているものと認められる。」

何故なら,1981年の本法題名改正を含む大改正の際の衆議院法務委員会における入国管理局長及び法務大臣の答弁内容,及び,同法改正による出入国管理基本計画制度の新設に伴い実際に策定された同計画の記述内容を見ると,「適法な在留資格を持たない外国人が長期間平穏かつ公然と我が国に在留し,

その間に素行に問題なくすでに善良な一市民として生活の基盤を築いていることが，当該外国人に在留特別許可を与える方向に考慮すべき第一の事由であることは，本件処分時までに黙示的にせよ実務上確立した基準であったと認められる」からである。それにもかかわらず，本件処分は，かかる実務上黙示的に確立した裁量基準を「無視したばかりか，むしろ逆の結論を導く事由として考慮している」点において，「当然考慮すべき事由を考慮しなかったことにより，その判断が左右されたものと認めざるを得ない」。「以上によると，本件各処分は，上記の事項の評価を誤った点のみからしても，裁量権を逸脱又は濫用してされたものとして取り消されるべきものである」が，「念のため」以下の三点の違法事由についても説示する。

③　本国に帰国した場合の原告ら家族の生活——補充的違法理由（その1）

X_1〜X_4 が本国に帰国した場合，「その生活には相当な困難が生ずると予測するのが通常人の常識にかなうものと認められ」，これに反する被告主任審査官らの主張は，「十分な根拠に基づかない独断」と評価せざるを得ない。

④　帰国による X_3 及び X_4 への影響——補充的違法理由（その2）

娘2人が本国へ帰国した場合，「相当な精神的衝撃を受け，場合によっては生涯いやすことの困難な精神的苦痛を受けることもあり得ると考えるのが，通常人の常識に適うものと認められ」，これに反する被告らの主張も，「十分な根拠に基づかない独断」と評価せざるを得ない。

⑤　比例原則違反——補充的違法理由（その3）

本件退去強制令書の執行により当該家族の生活にもたらされる大きな変化，特に長女 X_3 に生じる負担は想像を絶するものであり，「人道に反するものとの評価」も可能であること，不法残留以外に何らの犯罪行為等をしていない原告ら家族に在留資格を与えたとしても，それにより生じる支障は，「同種の事案について在留資格を付与せざるを得なくなること等，出入国管理全体という観点において生じる，いわば抽象的なもの」に止まり，具体的に生じる支障は認められないこと等を考慮すると，「原告ら家族が受ける著しい不利益との比較衡量において，本件処分により達成される利益は決して大きいものではないというべきであり，本件各退去強制令書発付処分は，比例原則に反した違法なものというべきである」。

III 処分性と裁量問題

1 処分性問題と自由裁量問題の連動──本判決の第一の特色

　本判決は，退去強制手続において容疑者が行う異議の申出に対し，法務大臣が，退去強制事由に該当するか否かの判断に加えて在留特別許可を与えるか否かの判断も含めて行う裁決については，「裁決」（行訴3条3項）としての性格及び処分性を端的に否定し，他方，かかる法務大臣の裁決を受けて主任審査官が行う退去強制令書を発付する旨の処分については，処分性が認められることを自明の前提として，在留特別許可を与えるか否かに関する判断を含む「効果裁量」と「時の裁量」を承認した。本判決の特色の一つは，このように，法務大臣の裁決に「裁決」性と処分性をともに否定する旨の判断と，主任審査官が行う退去強制令書発付処分に在留特別許可に関する効果裁量の余地を認める判断とが，表裏の関係で連動的に論じられている点にある[4]。そこで，法務大臣の裁決に「裁決」性及び処分性をいずれも否定する判断の妥当性を検討する必要があるとともに，主任審査官による退去強制令書発付処分に，在留特別許可を付与するか否かの判断に関わる効果裁量を認めることの妥当性，及びかかる二つの問題を連動させる発想方法自体の妥当性についても，検討しなければならない。

2 法務大臣の裁決の「裁決」性について

　ここで問われているのは，一連のプロセスを経て行われる退去強制手続中の

---

4)　本判決における処分性問題と効果裁量の存否問題との連動的議論について，判決理由に即してより仔細に分析すると，以下のようになる。即ち，本判決は，一方で，異議の申出に対する法務大臣の裁決には処分性を否定したため，当該裁決について「独立して適法に取消訴訟を提起することができなくなる」としてこれを容認するが，他方，退去強制令書発付処分に効果裁量の余地を認めたことによって，「退去強制令書発付処分における主任審査官の裁量権行使の適否」に関する裁判所の審査の場では，「在留特別許可をするか否かの判断」をも含めた裁決における「法務大臣の裁量権行使の適否は……ほぼ同一の内容で審理の対象となる」として，結果的には，法務大臣による在留特別許可を与えるか否かの裁量的判断に対しても，司法審査の機会を確保しようとしているのである。

いかなる時点で取消訴訟の提起を可能とすべきか，という問題である。退去強制手続の最終段階に位置する主任審査官による退去強制令書発付処分については，従来の判例と同様，本判決も処分性が認められることを大前提としている。他方，異議の申出に対する法務大臣の裁決について，従来の判例は，取消訴訟の提起を可能としてきたし，なかには，入国審査官の認定に処分性を認めた判決例もある[5]。このように，従来の判例では，退去強制の一連のプロセス中の個々の行為について個別に処分性や「裁決」性を肯定する傾向が定着していたのに対し，本判決は，退去強制令書の発付に先行する法務大臣の裁決は「退去強制手続を担当する行政機関内の内部的決裁行為」に過ぎないとの見解の下に，行訴法上の「裁決」性及び処分性を否定した点で，従来の判例傾向と対立する[6]。退去強制手続の対象となる容疑者に対する関係で処分性を認め得るのは，主任審査官が行う収容令書及び退去強制令書の発付のみであり，収容令書と退去強制令書の中間に行われる法務大臣の裁決のような行為は，単なる内部的行為ないし中間段階の準備的行為に過ぎないと解しているようである。そこで，

5) 法務大臣の裁決に処分性を認める肯定説として，東京地判昭和46・3・29判時624号18頁，札幌地判昭和49・3・18判時734号12頁，神戸地判昭和54・6・28訟月25巻11号2819頁，東京地判昭和55・2・19訟月26巻4号648頁，大阪地判昭和59・5・30判タ534号161頁，大阪地判昭和59・7・19判時1135号40頁，東京地判昭和61・9・4判時1202号31頁，東京地判平成11・11・12判時1727号94頁。また，本判決後の判決例で法務大臣の裁決に対する取消訴訟の提起可能性を肯定した例として，名古屋地判平成15・9・25判タ1148号139頁。さらに，入国審査官の認定（入管47条2項）にも処分性を肯定しこれに対する取消訴訟の提起も認めた場合，行訴法10条2項により，法務大臣の裁決に対する取消訴訟において入国審査官の認定の違法性を主張することはできず，法務大臣の裁決固有の瑕疵ないし違法性しか主張できないこととなる。その結果，法24条各号所定の退去強制事由の存否については主張することができず，裁決固有の実体法上の違法性として主張できるのは，在留特別許可を与えなかったことの違法性に限定されるとの考え方を示した判決例も存在する（前掲東京地判昭和46・3・29，前掲札幌地判昭和49・3・18，前掲大阪地判昭和59・5・30）。

6) ただし，執行停止決定の理由中の傍論としてではあるが，本判決と同様に法務大臣の裁決の処分性を否定する説示をなす例外的な先行裁判例として，東京地決平成13・12・27判時1771号76頁がある。即ち，当該決定は，退去強制令書の発付を命ずる趣旨の法務大臣の裁決が行われたとしても，主任審査官がこれに従って行った退去強制令書発付処分が適法となるわけではないとの結論を導く際の理由として，法務大臣の裁決は，「行政処分ではなく，単なる行政機関内部における裁決手続にすぎ」ず，「組織法上の義務を生じさせるにとどま」ると説示している。また，本判決後に，同様に法務大臣裁決の処分性を否定する判決例として，東京地判平成16・5・27判時1875号24頁がある。いずれも，本判決と同様，東京地裁民事第三部が示した同旨の見解として参考になる。

法務大臣の裁決に「裁決」性を否定する判断の妥当性につき，まずは検討しよう。

本判決が法務大臣の裁決に「裁決」性を否定するのは，①法務大臣の裁決に関する現行法規定では，容疑者の異議の申出に対する応答性が欠けているという現行法上の理由，②かかる応答性の欠如は，現行法の前身である出入国管理令のさらに前身である不法入国者等退去強制手続令（1951年政令33号）が定めていた入国管理長官の承認制度にまで遡るという制度史的理由，及び，③「異議の申出」という用語は，通常，「異議の申立て」とは異なって相手方の申請権ないし申立権を認めないことを前提としているという一般法令用語上の理由という，三つの理由による。以上三つの理由自体の説得力はともあれ，退去強制プロセス総体において法務大臣に対する異議の申出という手続が占める位置づけに照らして考えるならば，以下のように，法務大臣の裁決独自の「裁決」性を否定した本判決の結論は，妥当である。

即ち，行訴法上の裁決取消訴訟の対象となる「裁決」の意味については，「行政庁の処分その他公権力の行使に関し相手方その他の利害関係人が提起した審査請求，異議申立てその他の不服申立てに対して，行政庁が義務として審理判定した行為」[7]という理解が定着している。この理解を前提にすると，行訴法上の「裁決」の際の審理判定対象となる行為は，それ自体が「行政庁の処分その他公権力の行使に当たる行為」（行訴3条2項）に該当しなければならない[8]。つまり，行訴法上の「裁決」は，国民の法的地位を一方的に変動させる具体的行為が既に存在することを前提に，それに対する事後的不服申立てを受けて行政機関が法的義務として行う裁断行為でなければならない。以上のように，行訴法上の裁決取消訴訟に関する通説的見解においては，「裁決」を事後争訟行為に限定する理解が定着しているが，かかる「裁決」の事後争訟行為性は，処分取消訴訟と裁決取消訴訟との関係につき行訴法が採用している原処分主義に関する規定（行訴8条1項～3項）の趣旨等からも，首肯し得るところである。

以上のように，裁決取消訴訟における「裁決」は，原処分に対する関係で事

---

7) 杉本良吉「行政事件訴訟法の解説(1)」曹時15巻3号（1963年）38頁。
8) 南博方＝高橋滋＝市村陽典＝山本隆司編『条解行政事件訴訟法〔第4版〕』（弘文堂，2014年）75頁［長屋文裕］。

後的争訟行為性を当然の前提としていると考えられる。これに対し，特別審理官による口頭審理の判定及び異議の申出に対する法務大臣の裁決は，容疑者側からの不服申立てを待って行われるため，一見すると行訴法上の審査請求に対する「裁決」と同様の争訟手続のように見えるが，特別審理官への口頭審理の請求や法務大臣への異議の申出というのは，正確にはむしろ，「始審的争訟」ないし事前争訟手続であり，最終的に処分として行われる退去強制令書の発付へ至るまでの事前手続が争訟形態化したものに過ぎない。以上により，法務大臣に対する異議の申出は，最終的な処分に至る前の始審的争訟手続（事前争訟手続）であり，それ故，異議の申出を受けて法務大臣が行う裁決は，「事前争訟に係る応答」[9]と呼ぶべき行為であって，行訴法上の「裁決」とは異質の行為であるから，行訴法3条3項に基づく裁決取消訴訟の対象とはなり得ないと考えるべきである。

3 法務大臣の裁決の処分性について

これに対し，法務大臣の裁決は容疑者に対する対外的関係で一切独自の法的効果を生ぜしめるものではないとの理由により，処分性（行訴3条2項）をも否定する本判決の説示に関しては，さらに独自の検討を要する。何故なら，第一に，かかる異議の申出は始審的争訟手続（事前争訟手続）に過ぎないとしても，事前争訟としての独自の手続的利益の存在を認め得るならば，異議の申出に対する義務的応答として行われる法務大臣の裁決に処分性を認める余地は残されているからである。第二に，異議の申出を受けて法務大臣が行う裁決では，退去強制事由の存否に関する判断と同時に在留特別許可を与えるか否かの判断が行われるという，法務大臣の裁決に特有の構造的特質もまた，法務大臣の裁決に独自の処分性を肯定する可能性を拡げている，と考えられるからである。

このうち第一の，法務大臣の裁決に独自の手続的利益を認め得るか否かに関しては，まずもって，従来の判例では，最終的な行政処分に至るプロセスにおける中間段階の行為に内在する事前手続的利益の存在に着目することにより処分性を肯定する可能性は，一般に否定されていることに留意しなければならな

---

9) 南＝高橋＝市村＝山本編・前掲注8) 75頁［長屋］。

い。そのような判例として，本判決自体が先例として援用する最一小判昭和61年2月13日（民集40巻1号1頁），及び，この最一小判が処分性否定の先例として援用する最二小判昭和52年12月23日（判時874号34頁）がある。このうち前者は，市町村営土地改良事業につき都道府県知事が行う施行認可について，国営・都道府県営土地改良事業の決定に対し提起される異議申立てに関する諸規定（土地改良87条6項・7項・10項）を手がかりに処分性を肯定した判例として知られているが，その反面，都道府県知事が，当該施行認可を行う前の段階で，利害関係人からの「異議の申出」を受けて行う決定（土地改良96条の2第5項により準用される9条1項・2項）については，「都道府県知事の監督権の発動を促す途を開いたもの」に過ぎず，「利害関係者の法的地位に何ら影響を及ぼすものではない」として，行訴法上の「裁決」該当性及び処分性を同時に否定した例である。同様に，後者は，土地改良組合の設立認可申請に対し，都道府県知事が認可前の事前手続として行う事業計画の縦覧及び利害関係者による意見書提出を可能とする手続（区画整理20条1項〜3項）について，「知事（又は指定都市の長）の監督権の発動を促す途を開いたもの」に過ぎず，「利害関係者の法的地位になんら影響を及ぼすものではない」との理由により，意見書にかかる意見を採択すべきでない旨の知事等の通知に，「裁決」該当性とともに処分性をも否定した例である。

　以上のように，最終の行政処分が行われる前段階で行われる意見書の提出や異議の申出に対する決定や通知に処分性を否定してきた最高裁判例に従えば，法務大臣の裁決に処分性を肯定することは困難であるかのように見える。また，異議の申出及びこれに対する法務大臣の裁決は退去強制令書発付処分へ到達するための準備的事前手続に過ぎないとすれば，最終処分である退去強制令書の適法性を争うための争訟機会が保障されていれば十分であり，退去強制令書発付処分の適法性を争う中で当該裁決の違法性を主張し争わせれば，異議の申出に対する裁決という手続を設けた意味が損なわれる恐れはないとも言えるのであるから，当該裁決に処分性を肯定する実益もないとも言えよう。しかし，以下のように，異議の申出を受けて法務大臣が行う裁決という手続の重要度に鑑みるならば，法務大臣の裁決に独自の処分性を認めることにはそれ相当の合理性と実益があるように思われる。

というのは，行政処分の手続的瑕疵が当該行政処分の適法性に及ぼす影響について，支配的な判例は，「処分の手続上の瑕疵は，行政庁が公正手続を遵守して処分を再審査すれば，異なる処分に到達する可能性があるときのみ取消事由となる，という考え方」を採用している[10]からである。つまり，群馬中央バス事件最高裁判決において典型的に表明されたように，処分の結論を左右しないような手続的瑕疵は，それのみでは当該処分の取消事由としての重みを持ち得ないとされてきた[11]のであり，かかる支配的判例の考え方を前提にすれば，異議の申出に対する法務大臣の裁決に固有の瑕疵があったとしても，かかる事前争訟手続的瑕疵が処分の結論即ち退去強制令書を発付するか否かの結論や当該令書の実体的内容を左右するのでなければ，退去強制令書発付処分は違法とならない，ということになりかねない。

　他方しかし，群馬中央バス事件最高裁判決に関して越山安久調査官の解説が主張するように，手続的瑕疵の効果については，個々の手続が適正手続保障や相手方の権利保障にとって有する重要度に応じて，処分の結論に及ぼす影響に差違を認めるという考え方を採用すべきであり，同最高裁判決も，そのような手続的瑕疵の類型化を許容するものと解すべきであろう。そうすると，単なる訓示規定違反や軽微な手続的瑕疵でもなく，また，群馬中央バス事件で問題となった「いわば釈明義務の違背に類するような手続上の瑕疵」でもなく，むし

---

[10] 阿部泰隆『行政裁量と行政救済』（三省堂，1987年）153頁。また，山田洋「手続的瑕疵の効果」成田頼明編『行政法の争点〔新版〕』（有斐閣，1990年）92〜93頁参照。

[11] 周知のごとく，群馬中央バス事件は，一般旅客自動車運送事業に関する免許拒否処分の取消しが訴求された事件であり，この事件の上告審判決は，一面で，手続的瑕疵が行政処分の適法性に及ぼす効果を限定した例としてしばしば参照される。この事件で，最高裁は，運輸審議会が諮問手続の一環として実施する公聴会の審理手続に関して，一方では，運輸審議会が，免許申請者（上告人）に事業計画の問題点を具体的に指摘し，それに対する「補充資料や釈明ないしは反駁を提出させるための特段の措置」をとらなかったという点で，「主張立証の機会を与えるにつき必ずしも十分でないところがあったことは，これを否定することができない」として，手続上の不備があったことを認めたが，他方，そのような場合でも，「仮に運輸審議会が，公聴会審理においてより具体的に上告人の申請計画の問題点を指摘し，この点に関する意見及び資料の提出を促したとしても，上告人において，運輸審議会の認定判断を左右するに足る意見及び資料を追加提出しうる可能性があったとは認め難い」と認定し，それ故，「本件免許申請についての運輸審議会の審理手続における上記のごとき不備は，結局において，前記公聴会審理を要求する法の趣旨に違背する重大な違法とするには足りず，右審理の結果に基づく運輸審議会の決定（答申）自体に瑕疵があるということはできない」と結論づけた（最一小判昭和50・5・29民集29巻5号662頁）。

ろ,「制度の根幹にかかわる手続の違反でその瑕疵を許したのでは制度自体の信用信頼をゆるがせることになる」手続的瑕疵に該当する場合には,「結果のいかんにかかわらず取消原因とされるべきものである」ということになる[12]。そこで,以上のように,個々の手続の重要度に応じて手続的瑕疵の効果を類型化して考えるならば,法務大臣に対する異議の申出手続は,退去強制制度の公正・適正な遂行及び容疑者の権利保障の見地から見て,退去強制制度の根幹に関わる極めて重要な事前手続であると言わなければならない。退去強制手続制度総体の中で法務大臣への異議の申出が占める以上のような役割の重要性に鑑みれば,法務大臣の裁決に固有の手続的瑕疵を理由に退去強制手続総体の違法性を訴訟の場で争える機会が,確保されなければならない。したがって,法務大臣の裁決固有の手続的瑕疵に関しては,それのみで直ちに退去強制令書発付処分の違法をもたらしその取消事由を構成する可能性を認めるか,あるいは,法務大臣の裁決自体に処分性を肯定しそれに対する取消訴訟提起を認めることにより当該裁決固有の瑕疵を攻撃する機会を保障するかの,いずれかによるべきであろう。

次に第二の問題,即ち,法務大臣の裁決に際して在留特別許可を付与するか否かの判断が一体的に行われるという制度の特殊性に鑑みると,法務大臣の裁決に独自の処分性を認めるべきではないかという問題を考察するための前提として,在留特別許可を与えるか否かの判断は,その判断内容に着目する限り,容疑者の法的地位にとって決定的意味を有するものであり,本来は一個の処分権限を構成してしかるべき内容を有するという点を確認しなければならない。その上で,かかる独自性を有する法務大臣の決定権限を退去強制手続総体の中でどのように位置づけるべきかが問題となるが,論理的には,在留特別許可を付与するか否かの法務大臣の決定権限の行使を純然たる内部的決裁行為として把握し,その効果をすべて退去強制手続の最終段階即ち主任審査官による退去強制令書発付処分の中に吸収させ,在留特別許可を与えないとする法務大臣の判断の違法性も,退去強制令書発付処分の違法性に一体化して扱おうとする,本判決のような考え方(一体的処分吸収型の思考方法)が,一方には成立し得る。

---

12) 越山安久・最判解民事篇昭和50年255～256頁。ほぼ同旨として阿部・前掲注10)156頁参照。

これに対し，異議の申出に対する法務大臣の裁決に独自の処分性を肯定し，裁決の違法性を争わせる中で在留特別許可を付与するか否かの法務大臣の判断の違法性を争う可能性を確保すべきである，という考え方（複数処分分離型の思考方法）も成立し得る。

　本判決のような一体的処分吸収型の思考方法に立脚した場合，在留特別許可に関する法務大臣の決定は，容疑者たる外国人に対する関係では行政組織内における機関相互間で行われる内部的決裁行為に過ぎず，容疑者の法的地位に対する対外的関係で意味があるのは，あくまでも主任審査官による退去強制令書発付権限の行使であるということになる。しかしながら，そのように考えると，在留特別許可を付与するか否かの判断の裁量性を容疑者に対する対外的関係においてどのように位置づけるべきかが，課題として残される。そこで，本判決は，主任審査官の退去強制令書発付権限に「効果裁量」と「時の裁量」を認めた上で，在留特別許可を付与するか否かの判断も，主任審査官が行使する「効果裁量」の一環として認めるべきである，ということになるわけである。

　しかしながら，入管法50条1項・2項の規定態様を見る限り，在留特別許可を与えるか否かの法務大臣の決定権限は，法務大臣（行政庁）が，1項1号ないし3号所定の要件のいずれかを充足するときに（要件規定），「その者の在留を特別に許可することができる」（効果）という，典型的な行政処分権限を規定する形態で定められており（1項），しかも，「在留期間を決定し，その他必要と認める条件を付することができる」という形で，附款に関する規定まで具えている（2項）。かかる規定態様を見る限り，在留特別許可は法務大臣の処分権限として法定されていると見なすのが自然であり，かかる法務大臣の在留特別許可を指して，単なる「内部的決裁行為」と一体化したものに過ぎず，在留特別許可権限はむしろ主任審査官の退去強制令書発付処分権限行使の際の効果裁量に吸収されるべきものであるとする本判決の説示は，法50条の規定から余りにも遊離した技巧的な法解釈と評さざるを得ない。

　以上により，在留特別許可を付与するか否かの法務大臣の判断は，複数処分分離型の思考方法に従って独自の行政処分権限と捉えるべきものである。そして，容疑者の異議の申出を受けて退去強制事由の存否に関して法務大臣が行う認定と在留特別許可を付与するか否かに関する法務大臣の決定は，理論的には

異なる性質の認定判断権であり，その限りでは，本判決が，両者は法務大臣の裁決という一個の行為により判断されるとはいえ，「本来全く別個の制度である」と指摘する（〔判旨1〕の③）のは，まさしくそのとおりである。しかし，かかる二つの認定判断権が，法律上一体的に行うべきものと規定されている限り，法務大臣の裁決は，かかる二種類の認定判断権限を一個の処分権限に組み込んだ制度として把握する方が，現行法に素直な理解と言うべきであろう。以上により，法務大臣の裁決を，退去強制手続を担当する行政組織内の単なる「内部的決済行為」と捉え，「裁決」性ばかりか処分性までも否定するという本判決の考え方は，現行法が法務大臣の裁決について採用した制度設計の趣旨に反すると評さざるを得ない[13]。

なお，本判決は，法務大臣の裁決に処分性を否定する理由の一環として，法務大臣への異議の申出を行う容疑者には，「手続上の権利ないし法的地位としての申請権ないし申立権」が法律上認められていないという点を重視している。しかし，現行法上の各種社会福祉施設への入所措置（児福27条1項3号，障害福祉18条3項，知的障害16条1項2号，老福11条1項1号・2号等）や1997年児童福祉法改正以前の保育所への入所措置（当時の児福24条1項）等のように，申出人や申込者に手続法上の権利としての申請権や申立権を認めないことを前提とした行政処分の例は，在留特別許可以外にも存在する。この点に鑑みると，申請権や申立権の有無は，処分性判定の決定的基準にはなり得ないように思われる。

4 主任審査官の判断の裁量性について

本判決は，主任審査官による退去強制令書発付権限に「効果裁量」と「時の裁量」を肯定しているが，その理由は，法24条柱書規定の文言（「……することができる」）に尽きる。しかし，裁量性の存否に関するこのような文言説的な

---

[13] なお，退去強制容疑の認定と在留特別許可という二種類の機能を法務大臣の裁決という一個の処分に担わせる現行法の仕組みの背景には，上述（Ⅰ 2）のように，退去強制手続が即時強制という権力的事実行為を原型とし，その前提の上に行政的令書及び事前争訟手続を接ぎ木する形で形成されたため，立法当初から，事実行為と行政行為との明確な分離に立脚して制度設計されたものではなかった，という制度史的要因が潜んでいるように思われる。

立場からの理由づけは，自由裁量権の存否に関する性質説と文言説との対立以来の行政裁量論の理論的蓄積を踏まえて見るならば，いささか安易な論拠と言わざるを得ないし，十分な説得力は認め得ない。退去強制事由に該当し在留特別許可を与えるべき理由もない場合でも，個々の事案の具体的状況（容疑者の置かれた状態や本国の社会状況等）に応じて本国への送還が妥当か否か，本国以外のどの国に強制送還すべきか等につき「効果裁量」の余地を残すべきであるし，また，容疑者や送還先の国情等に応じて強制送還の時期を遅らせる等の「時の裁量」が認められるべき場合もあり得る。しかし，現行法が定める退去強制手続の仕組みに即して見る限り，退去強制令書を発付するか否か自体について，主任審査官の判断に「効果裁量」を認める余地はないと言うべきである。何故なら，退去強制事由に該当するか否かの判断は法 24 条各号により相当程度客観的に定まっているし，また，在留特別許可を与えるか否かにつき裁量的判断をなし得るのは，あくまでも，異議の申出を受けて裁決を行う法務大臣であって，異議の申出に理由がない旨の法務大臣の裁決を受けた主任審査官にとって，上述の微調整的な「効果裁量」と「時の裁量」の範囲を超えて独自の裁量的判断をなし得る余地はない，と考えるべきだからである。

〔判旨1〕③における説示には，筆者の以上のような主張と実質的に同一に帰する部分があるのであるが，他方で，本判決は，退去強制令書発付権限を有する主任審査官の判断に在留特別許可を与えるか否かの判断をも含む効果裁量の余地を無理に認めようとしたために，法務大臣の裁決の場合と同様に，「仮に被告主任審査官に裁量権があるとするならば，同様の裁量判断に基づいて」退去強制令書の発付処分を行ったはずであるという擬制的な構成をとることを余儀なくされている。しかし，在留特別許可を与えるか否かの判断自体に効果裁量が認められるのは法務大臣の裁決においてであるという，実定法規定を素直に読む限り，かかる技巧的な解釈には論理的な無理がある。また，上述（3）のように法務大臣の裁決にも処分性を認めるべきであるという立場から付言すれば，「違法性の承継」という論点を考慮することにより，主任審査官の退去強制令書発付処分に一般的な効果裁量の余地を認める実益も失われることを，指摘しなければならない。何故なら，法務大臣の裁決と主任審査官による退去強制令書発付処分は，退去強制という一個の目的実現に向かって相前後して行

われる一連の手続中の複数行為であり，前者の判断が後者を拘束するという関係において両者の判断内容も重なり合っている。その意味で，二つの行為は，「違法性の承継」が成立する典型的ケースであると考えられるのであり，そうであれば，在留特別許可を付与しない法務大臣の判断に裁量権の踰越・濫用が認められる場合，かかる違法の瑕疵は，法務大臣の裁決の違法性から退去強制令書発付処分の違法性へと承継され，その結果，在留特別許可権行使に関する裁量権の逸脱・濫用の存否は，退去強制令書発付処分の違法性として争うことが可能である。それ故，退去強制令書発付処分に関する主任審査官の判断自体に，強制送還先の選択に関する「効果裁量」及び送還時期に関する「時の裁量」の範囲を超えて，一般的な効果裁量を認めなければならない合理的な理由も，認め得ないように思われるからである。

Ⅳ 退去強制令書発付処分の適法性

1 本判決の結論——四つの踰越・濫用事由

外国人の在留関係に関する権限行使には，判例上，他の一般的な行政権限に比して広い範囲の裁量的判断が認められてきた。在留期間の更新不許可に関するマクリーン事件判決[14]はその典型例であるし，また，本件のような退去強制手続の適法性が争われる事件では，在留特別許可を与えるか否かに関して法務大臣に広い範囲の裁量権を認める判例の考え方が定着している[15]。したがって，広い範囲で認められた裁量権の存在を前提に，いかなる場合に裁量権行使の踰越・濫用に該当し違法となるかが，この種の事件においては問われることとなる。

本判決が本件退去強制令書発付処分が裁量権の踰越・濫用に該当すると認定

---

14) 最大判昭和53・10・4民集32巻7号1223頁。
15) 最高裁判例として，最三小判昭和34・11・10民集13巻12号1493頁，最三小判昭和54・10・23判時1008号138頁参照。なお，後者は在留特別許可権限の自由裁量性に直接言及してはいないが，その前提となった第一審及び控訴審の判決は，「在留特別許可の許否は……法務大臣の広範囲な自由裁量に属する恩恵的措置である」との見解に立った判断を下している（東京地判昭和52・4・14訟月23巻4号738頁，東京高判昭和52・12・12訟月23巻12号2204頁）。

した主たる理由は，在留特別許可を与えるか否かの判断に当たって，被告ら（主任審査官及び法務大臣）は，原告＝容疑者が長期間にわたって平穏かつ公然と在留を継続してきたという事実（以下では，これを「長期間にわたる平穏な在留」と呼ぶ）を適正に考慮・評価していないため，裁量権の逸脱・濫用に当たり違法であるというものである（〔判旨2〕の①②）。かかる第一の理由に加えて，本判決は，補充的な違法理由として以下の三点を挙げている。

即ち，第二の理由として，本判決は，被告らは，本件退去強制令書発付処分を適法とする理由の一つとして，「原告らが本国に帰国しても生活に支障はないと主張している」が，イラン本国への送還により，原告ら家族の「生活には相当な困難が生ずると予測するのが通常人の常識にかなうものと認められる」から，被告の主張は「十分な根拠に基づかない独断」と評価せざるを得ないとし（〔判旨2〕の③），また第三の理由として，「帰国による原告長女及び原告次女への影響」に関して，被告らは，長女と次女が「未だ可塑性に富む年代であることを根拠に両親とともに帰国することがその福祉又は最善の利益に適うと主張する」が，かかる被告らの主張は，「我が国で幼少から過ごした原告子らが，言語，風俗及び習慣を全く異にするイランに帰国した場合に，どのような影響を受けるかについて具体的かつ真摯に検討したものとは到底うかがわれない」し，むしろ「本国に帰国した際には，相当な精神的衝撃を受け，場合によっては生涯いやすことの困難な精神的苦痛を受けることもあり得ると考えるのが，通常人の常識に適うものと認められる」から，上記被告らの主張も，「十分な根拠に基づかない独断」と評価せざるを得ないとしている（〔判旨2〕の④）。第二・第三の理由はいずれも，原告家族をイラン本国へ送還した場合の生活上の影響を重視しており，その際に娘二人のイランでの生活への順応の極度の困難さを重視している点は，退去強制の適法性判断に際して考慮すべき事項を考える際の参考になるであろう。総じて，退去強制により不法在留容疑者の生活ないしその家族関係に生じることが予期される過酷な不利益状況に対して，現実に即した適正な配慮を払うべき義務を重視する姿勢を示したものと言えよう。

さらに第四の違法理由として，本判決は比例原則違反を挙げており，それによれば，イラン本国への送還により「原告ら家族の生活は大きな変化が生じることが予想され，特に原告長女に生じる負担は想像を絶するものであり，これ

らの事態は、人道に反するものと評価することも十分可能であ」り、かかる退去強制により生じる具体的かつ重大な生活上の不利益に比して、「不法残留以外に何らの犯罪行為等をしていない原告ら家族につき、在留資格を与えたとしても、それにより生じる支障は、同種の事案について在留資格を付与せざるを得なくなること等、出入国管理全体という観点において生じる、いわば抽象的なものに限られ、原告ら家族の在留資格を認めることそのものにより具体的に生じる支障は認められない」との利益衡量を、本判決は行っている。その結果、「原告ら家族が受ける著しい不利益との比較衡量において、本件処分により達成される利益は決して大きいものではないというべきであり、本件各退去強制令書発付処分は、比例原則に反した違法なものというべきである」と結論づけている（〔判旨2〕の⑤）。

　上述のように、本判決が本件処分を違法として取り消した主たる理由は第一の理由であり、そこでは、在留特別許可を与えるか否かの判断に当たって、「長期間にわたる平穏な在留」という事実を容疑者への在留特別許可の付与にとって「有利な事実」として考慮することが、黙示的な裁量基準として確立していたと認定した上で、かかる黙示的に確立した裁量基準の存在にもかかわらず、本件退去強制令書発付処分は、本件事案における長期間にわたる平穏な在留継続という事実をむしろ容疑者にとって「不利益な事実」として評価し、その結果、本件容疑者にとって有利な事実として評価すべき事実を適正に考慮しなかったのであるから違法である、との結論が導かれた。そこで、以下では、この第一の違法理由を取り上げ、その意義と問題点を検討するが、その際に、在留特別許可に関する法務大臣の判断に際して「長期間にわたる平穏な在留」という事実をいかに考慮すべきか、という考慮事項の内容面の問題と、在留特別許可を与えるか否かの法務大臣の裁量的判断に対する司法審査において裁量基準をいかに位置づけるべきかという、裁量審査における裁量基準の位置づけ方に関する問題とに区別し、本節（Ⅳ）では前者の問題のみを扱い、後者の問題については、次節（Ⅴ）において重点的に取り上げることにする。

2　「長期間にわたる平穏な在留」の評価——他の認容裁判例との比較検討

　〔判旨2〕の②は、「長期間にわたる平穏な在留」という事実を、不法在留者

に在留特別許可を与える方向に有利に考慮すべき要素と認めた。この点は，在留特別許可に関する裁量的判断に際して考慮すべき事項の中身に関して本判決が示した判断として，重要である。そこで，「長期間にわたる平穏な在留」という要考慮事項の内容面で〔判旨2〕の②が有する意義を正確に理解するために，以下では，退去強制令書発付処分の適法性問題を扱った従来の判例傾向との関係で，本判決がいかなる意味を有するかについて検討しよう。

すなわち，過去に退去強制令書発付処分を違法と判断した裁判例は決して多くはないが，それなりの蓄積を示しており，それらの認容裁判例は以下のように類型化することが可能である。

まず，第一の類型として，戦前から日本に在住又は日本で生まれ育った在日韓国・朝鮮人に対する退去強制令書発付処分の適法性が争われた事件で，退去強制令書の執行により日本での生活基盤が確立している容疑者に対して生じる不利益の重大性に比して，容疑者が退去強制事由に該当すると判断された行為が比較的軽微な違反事実に過ぎないとの判断の下に，退去強制令書発付処分が裁量権の逸脱・濫用に当たり違法であるとされたケースがある。在留特別許可を受けて在留を継続してきた在日朝鮮人が，在留特別許可の有効期限をわずか約20日過ぎて同許可の更新申請を行ったが不許可となったため，不法在留として退去強制令書発付処分が行われた事件で，執行停止の申立てを認容した決定[16]，及び，実弟の勉学目的での不法入国を幇助した容疑による退去強制令書発付処分及び在留特別許可を与えない法務大臣の裁決の取消しを求める訴訟において，「実弟の勉学の希望をかなえてやりたいという肉親の情から出たものであって，営利目的や国益を害する目的から行われたものではなく，その幇助行為の態様も必ずしも悪質なものとはいえないこと」，及び，本件退去強制が執行されると原告が40年来平穏に善良な市民として築き上げてきた生活基盤が失われるとともに，「妻子の生存にも重大な影響を与える」という事情を重視した結果，在留特別許可を与えることなく行われた退去強制令書発付処分等が裁量権の逸脱・濫用に当たり違法であるとされたケース[17]がある。

---

16) 神戸地決昭和43・10・18判時538号35頁。
17) 前掲注5)札幌地判昭和49・3・18。

第二の認容裁判例類型として，本国への送還により政治犯罪人として処罰される等の重大な不利益を受ける恐れがあるという事情を重視した結果，退去強制令書発付処分を違法と判断したケースがある。そのようなケースとして，「政治犯罪人不引渡しの原則」は確立した国際慣習法であるとの認定の下に，退去強制令書発付処分がかかる原則に違反することを理由に違法と判断した例[18]，同様の事情の下で退去強制処分は「原告らから，将来の生活上の希望を全く奪うに等しい結果を招くものであって，著しく人道に反する」との理由の下に裁量権の逸脱に当たり違法であると判断した例[19]がある。

　認容裁判例の第三類型として，退去強制の執行が日本人配偶者との婚姻関係の継続にとって重大な障害となることを主たる理由若しくは理由の一つとして，退去強制令書発付処分等が裁量権の逸脱・濫用に当たり違法であり，又は違法である可能性がある（執行停止申立事件の場合）としたケースがある。日本人配偶者との婚姻関係及び本国（イラン）の反政府組織に所属していることを重視し，本国送還が原告に対して「生命に危険の及ぶ可能性を含む格別の不利益を与える蓋然性が相当に強いとともに……平穏な婚姻生活を送る機会をも奪うもの」と言うべきであるとの理由により退去強制令書発付処分を違法と判断しこれを取り消したケース[20]，短期滞在資格での来日後ほぼ8年間にわたって不法残留して働いていたバングラデシュ国籍の外国人が，その間に日本人と知り合い婚姻の意思を固めていたが，不法在留容疑で逮捕された後に正式に婚姻届を提出したケースで，「国家としても……両名が夫婦として互いに同居，協力，

---

[18]　勉学目的で戦後密入国し，一時期東大理学部研究生であったが，その後在日本大韓民国居留民団栃木県本部事務局長としての地位にあって当時の韓国の朴政権に反対する運動を指導していた韓国人に対し，不法入国を理由に発せられた退去強制令書発付処分につき取消訴訟が提起された事件に関する東京地判昭和44・1・25判時543号18頁，及び，いわゆる「柳文卿事件」に関して日本に残された日本人の内縁の妻と未認知の子が提起した国賠請求に関する東京地判昭和44・11・8判時573号26頁。但し，前者の事件に関する控訴審・東京高判昭和47・4・19判時664号3頁と上告審・最二小判昭和51・1・26訟月22巻2号578頁，判タ334号105頁及び後者の事件に関する控訴審・東京高判昭和46・3・30判時624号4頁は，「政治犯罪人不引渡しの原則」は未だ確立した国際慣習法には当たらないとの理由の下に，当該処分を適法と判断している。

[19]　上記の「柳文卿事件」と同じく台湾青年独立同盟に加盟する在日台湾人に対する退去強制令書発付処分が裁量権の逸脱に当たり違法であるとして取り消された前掲注5）東京地判昭和46・3・29。

[20]　前掲注5）東京地判昭和61・9・4。

扶助の義務を履行し，円満な関係を築くことができるようにその在留関係等について一定の配慮をすべきもの」であるとの見地から検討し，「婚姻意思ないし婚姻関係の実体についての評価が明白に合理性を欠いて」いることを理由に，在留特別許可を与えずに行われた退去強制令書発付処分を違法と判断したケース[21]，及び，執行停止に関する裁判例であるが，短期滞在資格で入国後ほぼ 9 年間にわたって不法在留し，その間に日本人女性と知り合い外国人登録をするとともに婚姻届を提出し，妻及びその 3 名の連れ子とともに生計を立てていた韓国人男性が，自ら出頭して不法在留を申告し在留特別許可を求めたが，退去強制令書発付処分が行われたという事件で，収容による身柄拘束自体が「個人の生命を奪うことに次ぐ人権に対する重大な侵害」に当たり，それによる精神的・肉体的損害を金銭で償うことは社会通念上容易ではないこと等を理由に，行訴法 25 条 2 項所定の執行停止の積極要件（「回復の困難な損害を避けるため緊急必要があるとき」）は満たしているとした上で，同条 3 項所定の消極要件（「本案について理由がないとみえるとき」に当たらないこと）については，容疑者＝執行停止申立人の在留を継続させた場合の弊害を過大評価している疑いがある反面，退去強制により申立人及び日本国民である妻に生じる損害について適切な考慮を欠いた可能性があり，「その判断過程には，社会通念に照らし著しい過誤欠落があった可能性が高いばかりか，その判断が比例原則に反する可能性も高い」と説示し，上記消極要件には当たらないとの判断を示した例[22]がある。

最後に，認容裁判例の第四類型として，本国内の少数民族に属し本国に送還された場合には迫害を受ける可能性があるため「難民」（難民条約 1 条）に該当することを理由に，若しくはそのことを理由の一つとして，退去強制令書発付処分が違法として取り消され又は違法である可能性がある（執行停止申立事件の場合）と判断されたケースがある。第一の例として，執行停止事件に関するケースであるが，アフガニスタン国内の少数民族ハザラ人に属しイスラム教シーア派を信仰するため，「人種，宗教により迫害を受けるおそれがあるという十

---

21) 前掲注 5) 東京地判平成 11・11・12。
22) 前掲注 6) 東京地決平成 13・12・27。

分に理由のある恐怖を払拭できない状態にある」ことから「難民」としての保護が与えられるべきであるとの理由により，執行停止に関する上述の消極要件には当たらず，難民である申立人の身柄を拘束すべき独自の必要性は認められないと判断した例[23]，及び，第二のケースとして，本判決の数日後に出された判決例であるが，ビルマ民族優位政策が推進されてきたミャンマー国内において連続的ないし継続的に実施されてきた掃討作戦等の圧迫政策の対象とされてきた少数民族であるロヒンギャ民族に属すため，本国に送還された場合には身体的・精神的な危害が加えられることが容易に予想されることを理由に，原告＝容疑者は難民条約上の「難民」に該当すると認定した上で，かかる「難民」である原告に対しては，送還先に関してノン・ルフルマン原則（難民条約33条1項）に反することがないように十分に検討した上で在留特別許可をするか否かを判断すべきであったにもかかわらず，本件退去強制令書では送還先がミャンマーとされており，「この点について全く検討された形跡がない」として，裁量権の逸脱・濫用に該当し違法であると判断された例[24] がある。

　以上の裁判例から明らかなように，在留特別許可を与えるか否かの判断に際して「長期間にわたる平穏な在留」という事実を適正に評価・考慮しなかったことを主たる理由に退去強制令書発付処分を違法と判断した裁判例は，過去に存在しないように思われる。本判決は，戦前からの在日韓国・朝鮮人に関するケース，本国に送還されれば政治犯罪人又は難民として身体的・精神的な迫害を受ける恐れがあるケース，日本人との婚姻故に婚姻の意思ないし婚姻関係の安定的維持への特別の配慮を要するケースのいずれにも該当せず，その意味で，従来の認容裁判の四類型のいずれにも属しないケースなのである。言い換えれば，もっぱら長期にわたり平穏かつ公然と不法在留を継続してきたことにより形成された家族関係等の社会関係を，在留特別許可を与えるか否かの判断に際して不法在留容疑者に有利な事実として評価・考慮する必要のあることを，黙示的に確立した裁量基準の名の下に正面から認めた判決例である。

　もっとも，上述の四類型のいずれにも該当しない認容裁判例で本判決と類似

---

[23]　東京地決平成 14・3・1 判時 1774 号 25 頁。
[24]　前掲注 5）名古屋地判平成 15・9・25。

のケース[25]も存在する。この事件の事実関係は、韓国人を父母として日本で出生したが、5歳の時父母が別れたため父に連れられて韓国に渡り、その後16歳の時に父が韓国内で死亡し他に親しい身寄りもいなかったため、日本に居住している母を頼って有効な旅券を所持せずに日本に不法入国し、その後、9年余、婦人服縫製の技術を身につけまじめに働きながら母を養っていたところ、不法入国が発覚し退去強制手続が発動されたというものである。この事件で判決は、5歳の時本人の意思とは無関係に韓国に渡らざるを得なかったこと、不法入国の動機も16歳で父を失い母と共に生活をしたいとの母を想う肉親の情にあったこと、来日後努力して婦人服縫製の技術を身につけ独立した家計を維持できる状態になったところで不法入国が発覚したこと、このまま日本に居住させたとしても国益を害する恐れが認められないこと、母は永住許可者で病気のため原告の物心両面の援助を必要としていることを勘案すると、在留特別許可を付与しないことにより「原告と母とを引き裂き、彼らの築きあげた平穏な生活を破壊することは、これをもやむを得ないとする特段の事情が存しない限り、人道に悖る苛酷な行為であり正義に反するというべきである」との理由により、裁量権の行使を誤った違法があると結論づけた。確かに、上述の四類型のいずれにも該当しないケースであり、もっぱら長期にわたる平穏かつ公然たる不法在留の継続により形成された家族関係の保護の必要性を理由に、かかる保護の必要性に反して在留特別許可を与えることなく行われた法務大臣の裁決と主任審査官の退去強制令書発付処分を違法と結論づけた例である。もっとも、この事件で不法在留容疑で退去強制令書の対象となっ外国人は、戦前からの在日韓国・朝鮮人夫婦から戦後出生し、わずか5歳で本人の意思とは無関係に韓国に渡らざるを得なかった韓国人であり、父の死後唯一の身寄りである母を頼って日本に不法入国した者であるから、認容裁判例の第一類型である戦前からの在日韓国・朝鮮人に対する退去強制令書の適法性が争われた事件類型の延長線上に位置すると捉えることも可能である。以上の点を考慮すると、この事件も本判決とは事案の性質を異にしていると言うべきであろう。

　以上により、本判決は、「長期間にわたる平穏な在留」という事実に対する

---

[25]　前掲注5）大阪地判昭和59・7・19。

適正な考慮を怠ったことを主たる理由に退去強制令書発付処分を違法と断じた，初めての判決例であるということになる。他方でしかし，本判決によれば，「長期間にわたる平穏な在留」という事実は，もっぱら，在留特別許可を与えるか否かを判断する際に「当該外国人に在留特別許可を与える方向に考慮すべき第一の事由である」という意味で「実務上確立した基準」としての法的拘束力を有することになるわけであるが，それはあくまでも，在留特別許可権の行使を一定方向へ方向づけるための評価・考慮要素としての重みを有するに止まるのであり，それ以上に強力な法的拘束力を有するものではないことにも，留意すべきである。この点では，本判決理由自身も認めるように，実務上確立した裁量基準に反する「取扱いを正当化する特段の事情」が認められるときは，「長期にわたる平穏な在留」という事実が在留特別許可の付与に有利な考慮要素として働かない場合もあり得ることを，あらかじめ含意した裁量基準であるということになる[26]。実務上確立した裁量基準のかかる適用除外の可能性との関係では，本件の場合，容疑者たる外国人が不法在留という事実以外には，「その間に素行に問題なくすでに善良な一市民として生活の基盤を築いている」という事実が，不法在留の平穏性を認定する際の重要な考慮要素となっているように思われる。また，妻と二人の子により構成される家族の存在が，「平穏かつ公然」たる在留の認定の際の考慮要素となっているように思われる。以上の点を考慮するならば，本判決は，「長期間にわたる平穏な在留」により形成された家族関係の保護を重視した判決例であると，捉えることも可能である。

V　裁量審査における裁量基準の位置づけ

1　二つの論点——裁量基準の黙示的確立と自己拘束力

　ところで，本判決は，在留特別許可を与えるべきか否かの判断には裁量が認められるとしつつ，〔判旨2〕の②において，「長期間平穏に在留している事実」が，「当該外国人に在留特別許可を与える方向に考慮すべき第一の事由」

---

[26]　後掲注30）所掲の諸学説参照。

であることは,「本件処分時までに黙示的にせよ実務上確立した基準」であったと認定した。本判決は,また,〔判旨2〕の①において,「実務上,明示的又は黙示的に基準が設けられ,それに基づく運用がされているときは,平等原則の要請からして,特段の事情がない限り,その基準を無視することは許されないのであり,当該基準において当然考慮すべきものとされている事情を考慮せずにされた処分については,特段の事情がない限り,本来重視すべき事項を不当に軽視したものと評価せざるを得ない」として,黙示的な基準も含む実務上確立した基準に,以上の意味での法的拘束力を認めた。

これに対し,従来の行政実務では,在留特別許可権限が法務大臣の自由裁量に属すとの理由から,内部基準の扱い方について,「法務大臣が従前の多くの許可事例などからその裁量権を行使する準則のような判断基準をもうけることがあるとしても……それは行政庁の内部の事務処理にあたり処分の妥当性を確保する基準として定められるのにすぎず,その基準に違背しても当不当の問題を生ずるのに止まり,特別在留許可に関する処分をするにつきその判断基準及び存否を処分理由として明示する必要はなく,その理由を明示しなかったことをもって,自由裁量権の濫用であるとすることはできない」[27]との見解が示されてきた。〔判旨2〕の①②の第一の意義は,かかる従来の行政実務の見解とは逆に,「長期間にわたる平穏な在留」という事実の評価につき行政実務上確立した内部基準に,「特段の事情がない限り」それに従うべき法的拘束性を承認し,当該内部基準の内容に違背する処分に対する違法判断を可能とした点にある。また,退去強制令書を違法とした従来の判決例に対比すると,本判決は,「長期間にわたる平穏な在留」という事実を適正に考慮しなかった処分を端的かつ無媒介的に違法と判断したのではなく,在留特別許可に関する法律上の要件規定と在留特別許可を与えない個別具体的判断との間に,黙示的に確立した

---

[27] 坂中=齋藤・前掲注3) 656〜659頁, 特に659頁。

【追補】本文の引用文は, 当該逐条解説書が, 在留特別許可の許否判断に広い自由裁量性を認める行政解釈の裏付けとして, 東京高判昭和54・1・30訟月25巻5号1382頁の判決理由から引用してきた一節であり, この判例は, 当該逐条解説書の後続版においても, 裏付け資料として維持されている(坂中英徳=齋藤利男『出入国管理及び難民認定法逐条解説〔改訂第4版〕』〔日本加除出版, 2012年〕703頁)。なお, 当該解説書は, 本判決の上告審判決(最一小判昭和55・1・24)をも援用するが, 当該上告審判決の存在は, 判例集及び法律情報データいずれからも確認できなかった。

実務上の裁量基準を介在させ，平等原則を根拠に当該裁量基準の法的自己拘束性を肯定することを通して，当該個別具体的判断を裁量権の逸脱・濫用に該当するとの結論を導いた。かかる判断方法は，行政自ら設定した裁量基準を媒介項とした適法性審査により，行政裁量権行使に対する司法審査の客観性を確保しようとする巧みな方法であると言えよう。以上の点で，本判決は，従来の同種事件における認容判決例とは異なる判断手法を用いており，この点も，〔判旨2〕の①②の第二の意義として高く評価すべきである。

　他方，在留特別許可に関する行政実務において確立した基準に，「特段の事情がない限り」無視することが許されないという意味の対外的自己拘束性を認める本判決の考え方は，通達・訓令等の行政規則や裁量基準をも含めた意味での行政基準に外部的法効果を部分的に承認しようとする近時の行政法学説の考え方[28]と一致する。かかる学説の中には，行政庁が国民に対し法令を適用して行う行政措置に当たっては平等原則を遵守しなければならず，その場合の平等原則は「十分な理由なき不均等取扱いの禁止」を意味するのであるから，行政機関が通達・訓令等により自ら定めた「法令執行プログラム」には，「『事実上かなり法規に近い』地位にとどまらず——準法規としての地位」が認められるべきであるとして，平等原則を介して法規命令と行政規則との区別の相対化を志向する学説[29]も存在し，また，行政庁が行政法規の解釈内容として定め

---

[28]　塩野・前掲注2) 114～119頁は，通達により示される（法令）解釈基準（「解釈基準としての通達」）と裁量基準とを区別し，解釈基準としての通達については，法律による行政の原理からしてこれに「外部効果をもつ法源」性を認めるべきではないとの原則を堅持しつつ，平等原則や法的安定性を根拠に例外的な取扱いの余地を認めており，また，裁量基準については「裁量権の公正な行使の確保，平等取扱いの原則，相手方の信頼保護」を根拠に，裁量基準に示された準則と異なった判断をするには「そのための合理的理由」が必要であると主張し，「その意味において，裁量基準は，分類上は法規命令に当たらないけれども，一定限度で外部効果をもつものということができる」としている。また，平岡久『行政立法と行政基準』（有斐閣，1995年）197～206頁は，従来の行政規則に代えて「行政基準」という概念の使用を主張し，通達・訓令にそれ以外の行政内部基準（閣議決定・閣議了解や告示等の形式で示された行政内規）や指導要綱その他の裁量基準等を加えた非法規命令的な一般的行政基準を「行政基準」の名の下に総称することを主張するとともに，同書252～259頁では，具体的事案の特殊性に応じた個別的裁量の余地を留保しつつ，平等原則及び信頼保護原則を根拠に「行政基準」に外部法的効果を承認すべきであると主張している。また，「行政規則の裁判規範性の承認」や「行政の自己拘束論」という表現の下で同様の議論を行うものとして，大橋洋一『行政法Ⅰ　現代行政過程論〔第3版〕』（有斐閣，2016年）143～147頁参照。

[29]　森田寛二「法律の観念」『岩波講座　基本法学4契約』（岩波書店，1983年）98頁。

る解釈基準と裁量権行使のための指針として定める基準とを区別し，特に裁量基準に特有の性質として，対外的自己拘束性を承認しつつも個々具体の状況に応じた合理的理由に基づき，その適用からの離脱が許される場合があることを強調する学説[30]も，存在する。

本判決は，「平等原則の要請」を根拠に「特段の事情がない限り」での対外的自己拘束性を裁量基準に肯定する点（論点①）で，以上の近時の行政法学説に適合する。他方，本判決が，在留特別許可権行使に関する裁量基準の存在を黙示的確立という論理で認定した点（論点②）は，従来の行政法学説では主張・検討されてこなかった論点に関する判断であり，まさに本判決のオリジナルであると言えよう。以下では，本判決が裁量基準に関して示した以上二点について検討を加えるが，便宜上，まず論点①から検討しよう。

2 平等原則に基づく自己拘束力について

本判決は，実務上確立した裁量基準が存在したとしても，「裁量権の本質が実務によって変更されるものではなく，原則として，当不当の問題が生ずるにすぎない」との被告側主張を斥け，またその際，マクリーン事件大法廷判決[31]を例に挙げ，「過去の裁判例にもこれを一般論として説示するものが少なくないが……このような考え方は，行政裁量一般を規制する平等原則を無視するも

---

30) 前掲注28) に述べたように，塩野・前掲注2) 118〜119頁は，裁量基準に一定限度での外部効果を認める一方，「合理的理由」に基づき，裁量基準に示された準則と異なった決定をなす可能性を認める。また，平岡・前掲注28) 241〜244頁，特に244頁も，解釈基準と裁量基準の区別を重視し，裁量基準の適用については，「裁量の余地の範囲内において定立された特定の内容の裁量基準に従っていないことを理由として行政決定がただちに違法なものになるわけではない」と述べており，個別具体の事案に応じて裁量基準の適用から離脱する可能性を強調している。さらに，兼子仁『行政法学』（岩波書店，1997年）93〜98頁参照。特に兼子・同書97〜98頁は，行政手続法所定の審査基準（行手5条）及び処分基準（行手12条）の原則公表制を説明する中で，単なる解釈基準と区別された意味での裁量基準の特性に言及し，「『裁量基準』は，行政立法とちがってあくまで行政庁が組織内部的に定めた"行政内規"でありながら，その行政自己拘束によって国民の平等取扱いを確保するとともに，それを公表することによって，国民の信頼保護と個別ケースの特殊事情の主張をしやすくし，適切な個別裁量処理を併せて可能にしようとする，現代行政法的なしくみである」と述べられており，外国法において，そのような内部基準の策定・公表による平等取扱いの確保と個別事案ごとの特殊事情審査の要請との調和を図るために構築された裁量基準論の参照例として，フランス行政法におけるディレクティヴ（directive）の法理を挙げている。

31) 前掲注14) 最大判昭和53・10・4。

のであって採用できない」と述べている。マクリーン事件大法廷判決理由における当該説示部分について，裁量基準の法的拘束力の端的な否定を「一般論として説示するもの」にとどまると位置づけることにより，換言すればマクリーン事件大法廷判決理由中の傍論部分と把握することにより，同判決への抵触の疑いを巧みに回避しつつ，行政内部基準の法的拘束力を端的に否定した同判決の判決理由中の説示を明示的に反駁した点でも重要である。そこで，以下では，「平等原則の要請」を根拠に裁量基準の法的拘束性を肯定することの妥当性について，若干の検討を試みよう。

学説は，従来から，通達・訓令に対外的な法的拘束性を肯定する根拠として，信義則や信頼保護原則と並んで，平等原則を援用してきた[32]。本判決は，平等原則を根拠に，行政規則や行政内部基準に対外的法的拘束性を認めようとする学説の立場と一致するものであるが，学説の中には，適正手続保障を根拠に主張するものもある[33]。特に，行政手続法に基づき，申請に対する処分に関する審査基準及び不利益処分に関する処分基準の策定義務が法定されて以降，解釈基準や裁量基準の事前設定と開示は，平等原則ばかりではなく，行政運営における公正の確保と透明性の向上（行手1条1項）という一層の拡がりをもった適正手続保障の理念により基礎づけられるに至っていると言えよう。

もっとも，「外国人の出入国，難民の認定又は帰化に関する処分及び行政指導」は，「申請に対する処分」・「不利益処分」・「行政指導」に関する行政手続法の諸規定の適用対象から，包括的に除外されている（行手3条1項10号）。したがって，この行政分野に関する限り，行政内部基準に何らかの法的拘束力を認めるための根拠は「平等原則の要請」以外に考えられないと言えなくもない。しかし，行政手続法が審査基準及び処分基準の事前設定・開示義務を一般原則

---

32) 平等原則のみを援用するものとして，原田尚彦『行政法要論〔全訂第7版補訂版〕』（学陽書房，2011年）41～42頁，森田・前掲注29) 98頁。また，平等原則違反の「推定」という理由付けに加えて信義則・信頼保護原則を援用するものとして，藤田宙靖『行政法総論』（青林書院，2013年）302～305頁。平等原則と信義則・信頼保護原則を併せて援用するものとして，平岡・前掲注28) 252～258頁。
33) 町田顕「通達と行政事件訴訟——通達の裁判基準性を中心に」司法研修所論集1968年Ⅱ 47～53頁。なお，森田・前掲注29) 101頁も，適正手続保障を根拠に通達・訓令の準法規的性格を肯定することに，比較的好意的である。

として成文化した背景には，公正・適正な行政作用を実現するため，可能な限り行政自ら設定した基準に即した裁量権行使をなすべきであるとの理念が潜んでいると言うべきである[34]。特に，出入国管理行政は外国人の生命及び人身の自由に直接重大な制約を及ぼす性質の作用であるから，人権保障の見地から内部基準の事前設定と開示の要請は高い。また，出入国管理行政の担い手は，法務大臣を頂点に入国警備官，入国審査官，主任審査官，特別審理官という高度専門的能力を具備し機能分化した諸行政機関によって編成されていることからすれば，権限行使に関する裁量基準の事前設定及び開示をなすべき責務に堪え得る専門能力を期待されている。以上の点を斟酌するならば，行政手続法上の諸規定の適用を免れるとはいえ，出入国管理行政分野においても，特段の事情がない限り，事前設定された裁量基準の適用を通しての裁量権行使が要請されるべきであり，裁量基準の自己拘束性の承認も，かかる適正手続確保の要請から導出し得る帰結である。

3 黙示的確立の可能性について

本判決は，通達・訓令や要綱等を通じて行政実務において明示的に確立している基準だけではなく，黙示的に確立している実務上の基準についても，裁量基準としての法的拘束力を肯定した。文書等により明確に確立していると見なし得ない運用基準についても，行政実務の実態に即した検討を通して一定内容の確立した裁量基準の存在を可能とした点は，今後の裁量統制の充実化を図る際に大いに参考になるところである。他面でしかし，本判決が「長期間にわたる平穏な在留」を在留特別許可の取得に有利な事実として評価する考え方に，出入国管理行政組織内で黙示的に確立した裁量基準としての地位を肯定したことについては，そもそも裁量基準の黙示的な確立という論理が妥当かという問題，及び，本判決が裁量基準の黙示的確立を認定した理由づけが十分かという，二点が問題となる。

前項で述べたように，本判決は，「平等原則の要請」を根拠に裁量基準の法

---

[34] 町田・前掲注 33) 53 頁も，通達の行政自己拘束性を承認すべき根拠を適正手続保障に求める立場からすれば，「裁量基準たる通達の存在とそれが適正に適用されたということは，行政処分の適法要件と考えられるから，行政庁側がこれを主張立証しなければならない」と説示している。

的自己拘束性を肯定した。平等原則は本来，合理的理由なしに他の者と異なる扱いや処理を行うことを禁じる原理であるから，黙示的なものであれ一定の基準や準則に沿った個別的処分が行われているにもかかわらず，合理的理由なくして特定の者がかかる準則を適用されずに不利益を受けるという状況があれば，平等原則違反の成立には十分であり，その際に明示の基準が存在するか否かは特に重要な意味を有するわけではないと言うべきであろう。そうであるならば，本判決が裁量基準の法的自己拘束性肯定の根拠を「平等原則の要請」に求めつつ，裁量基準の黙示的確立可能性を肯定したことは，論理的に一貫していると言えよう。

　さらに，裁量基準の法的自己拘束性は，恣意的行政運営を排し適正かつ公正な行政を実現するために行政が具備すべき，基礎的条件の一つである，という側面を有していることにも留意すべきである。何故なら，行政裁量権行使が問題となる局面において，行政庁は，適正かつ妥当な裁量権行使を方向づけるための最善の条件整備に意を尽くすべきであり[35]，裁量権の適正な行使を方向づけるために裁量基準を事前に設定すべきであること，また，合理的理由なしにかかる裁量基準の適用からの離脱が許されるべきでないことは，以上のような最善の条件整備のため行政庁が具備すべき諸条件中の本質部分と解すべきだからである。換言すれば，実体法的側面における行政裁量の承認は，基準設定という手続的側面ではより重い自己規律を行政庁に課すと考えるべきなのである。以上のように，適正かつ公正な裁量権行使のために行政庁が具備すべき条件整備という視点から裁量基準の問題を考察するならば，裁量基準はなくてはならない設定義務の対象であり，それが明示的に確立していないのであれば，黙示的にせよその存在を主張することは，行政庁側の責務であるというべきであろう。

　他方，「長期間にわたる平穏な在留」を在留特別許可の取得に有利な事実と

35）　本件の事案と対象領域は異なるが，筆者は，公用収用等の国土整備事業計画の公益性に関する適法性審査をめぐる日本とフランスの双方の判例理論の比較検討の結果を踏まえて，行政裁量権行使における行政の「最良の判断条件充足義務」という考え方を確立する必要性を提唱している。最良の判断条件充足義務論につき，亘理格『公益と行政裁量――行政訴訟の日仏比較』（弘文堂，2002年）47〜48頁，337〜339頁及び345〜346頁参照。

して評価する，という裁量基準が黙示的に確立していたとする本判決の判断は，1981年の出入国管理法改正時における衆議院法務委員会審議における法務省出入国管理局長及び法務大臣の答弁中の発言，及び，同改正により新設された出入国管理基本計画において定められた計画内容等を拠り所として，下されている。このような裁量基準の黙示的確立認定の仕方は，その論拠としてやや薄弱であるとの印象を拭えない面がある。しかしながら，上述のように，裁量権行使における裁量基準の事前設定を行政庁にとっての法的義務と捉える視点からするならば，上記第二の問題点についても，明示的であれ黙示的であれ裁量基準の存在を主張すべきであるのは，むしろ行政側であると考えるべきであろう。ところが，本件の場合，被告である法務大臣及び主任審査官側は，いかなる意味でも裁量基準の存在を主張していないのであるから，裁量基準の事前設定を怠った恣意的な裁量権行使に該当すると言うべきであり，本来はそれだけで裁量権の逸脱・濫用に当たる可能性のあるケースである。また，かりに裁量基準の事前設定を怠っただけでは裁量権の踰越・濫用にはならないとしても，「長期間にわたる平穏な在留」を在留特別許可の取得に有利な事実として評価する旨の裁量基準の存在を主張する原告側に対して，他の異なる趣旨の裁量基準の存在を主張・立証しなかった被告側の対応により，かかる原告主張の裁量基準の存在は事実上推定されると考えることも可能である。

第3章

国籍・国境・戦後補償と行政救済法

I　はじめに

　我々は，いま，グローバリゼーションが強調される時代に生きているが，行政救済法の枠組みや実際にその枠組みを通して世に示された裁判所の判断が，国際化に対し開かれた内実をもつものであるか否かが，重要である。そのような視点から，近時の国際的問題に関わる様々な行政判例を見渡すと，ほぼ本稿に述べるような状況にあると言えよう。

　本稿は，便宜上，国籍，国境，戦争という三つの視点を設定し，それぞれの視点から近時の諸判決例を整理しその問題点を指摘することを主眼とする。言うまでもなく，国籍は「国民」概念に，国境は「領土」概念に，そして戦争は「主権」概念にという具合に，それぞれ「国家」概念の三要素に対応している。国家自体が今日の国際化の波に洗われようとしているのであるが，それは行政救済法においても無縁ではない。しかし，グローバリゼーションというかけ声の華やかさとは裏腹に，その足元には，今日なおも過去の負の遺産が横たわっている。本稿の叙述は，以上のことを物語ることとなるであろう。

II　問題状況

1　国籍と行政救済法

(1)　在日韓国・朝鮮人無年金訴訟

　まず国籍をめぐっては，国民年金の被保険者資格における国籍条項が在留外国人の生存権を不法に害するものでないかが争われてきた。とりわけ戦前戦中様々な経緯で日本国内への移住を余儀なくされ，戦後も日本への永住を余儀なくされた在日韓国・朝鮮人等の特別永住者についてすら，近年まで国民年金加

入の可能性は閉ざされてきたのであり，その影響が今日まで引き続いていることが知られている。このような特別永住者に対する国民年金差別の違憲性を争って国家賠償を請求した訴訟が何件か提起されたが，今日まで出された判決は，すべて請求棄却判決である[1]。

同様の問題状況は，旧日本軍の軍人・軍属として徴用された旧植民地国の国民との関係で，恩給制度上の国籍条項の違憲性が争われる訴訟においても，生じている[2]。

(2) 在留外国人の公務就任制限の合憲性

他方，在留外国人の公務就任権の成立可能性をめぐっては，管理職昇任のための選考試験の受験資格を日本国民に限定した東京都の管理職選考制度を，合憲とした最高裁判決がある（最大判平成17・1・26民集59巻1号128頁）。

判決は，外国人の就任が原則として禁じられる類型の地方公務員を「公権力行使等地方公務員」と命名するとともに，従来から行政実務の見解であった公務員の国籍に関する「当然の法理」に対して，ある程度の明確化と限定化を図った。他方，判決は，外国人就任の可否が地方公共団体の裁量的選択に委ねられる類型に属する管理職も含めて，日本国籍を有しない職員の管理職昇任資格を一律に否定する措置も，「一体的な管理職の任用制度」としての合理性が認められる限り，労働基準法3条および憲法14条1項のいずれにも違反するものではないとしている。この判決に従えば，在留外国人にとって，昇任の門戸が閉ざされる管理職の範囲が，地方公共団体ごとの一体的な管理職任用制度により裁量的に広くもなり狭くもなるということであり，国際化時代に相応しい考え方と言えるか疑問の余地がある。しかも，判決は，同様の結論は特別永住者に対してもそのまま当てはまるとしており，歴史的経緯から，みずからの意

---

1) 在日韓国・朝鮮人無年金訴訟に関する棄却判決例として，最一小判平成元・3・2時1363号68頁，判タ741号87頁［第一次塩見訴訟］，最三小判平成13・3・13判自215号94頁［第二次塩見訴訟］，大阪地判平成17・5・25時1898号75頁，判タ1188号254頁等がある。また，問題の背景および判例の問題点を指摘するものとして，駒村圭吾「特別永住者の法的地位と『帰属なき身分』のゆくえ」法教319号（2007年）61頁以下参照。
2) 恩給法や戦傷病者戦没者遺族等援護法に国籍条項が置かれていることは，平等原則に違反せず適法とした判決例として，大阪高判平成11・10・15時1718号30頁，東京高判平成11・12・27訟月46巻10号3857頁，大阪高判平成12・2・23訟月47巻7号1892頁，最二小判平成13・11・16判時1770号86頁，判タ1079号74頁等がある。

思で選択する余地なく日本国籍を失ったまま日本への永住を余儀なくされた特別永住者と，その二世・三世に対する対応として，正当性を主張し得る判決であるかについては，大いに疑問がある。

他方，本判決は，あくまでも管理職選考試験の受験資格制限に関する判例である。したがって，日本国籍を有することを一般の地方公務員採用の一律的要件とすることが憲法上許されるかという問題は，本判決の射程外である。換言すれば，在留外国人の公務就任権が認められるべき場合があるかという問題，また，そのような場合があるとしたらそれはどのような場合かという問題は，本判決によっても未解決なのである[3]。

2　国境と行政救済法

(1)　退去強制関係の行政訴訟

次に，グローバリゼーションは国境を越えた情報や経済価値の移動を際立たせるが，そもそも国境を越えた人の移動自体が，わが国ではそれほど自由ではないという現実が明らかになっている。行政救済との関係では，特に様々な事情で不法残留を余儀なくされたままの状態で日本国内に仕事や家庭等の生活基盤を形成することとなった外国人に対しては，今日も，しばしば過酷な退去強制処分が行われている。ただ，近年は，執行停止要件の適用を柔軟化し，収容処分について従来より緩やかに執行停止を認める決定が出されている[4]。また，本案についても，第一審判決の中には，永年にわたって犯罪等の問題行動もなく平穏な家庭生活を送ってきた不法残留外国人に対しては，在留特別許可を認める運用を促しつつ退去強制処分を違法とする判決例も現れている[5]。しかし，この判決も控訴審で覆されており，その結果，既に大学進学を決めている長女

---

[3]　以上については，亘理格「外国人の地方公務員採用一律禁止規定の合憲性」法教321号（2007年）52頁以下参照。

[4]　収容処分について，後の金銭賠償は可能であったとしても収容による精神的・肉体的損害を金銭で償うことは社会通念上容易ではないこと等を理由に，収容の継続による損害の回復困難性を認め執行停止を命じた決定例として，東京地決平成13・12・27判時1771号76頁，東京地決平成14・3・1判時1774号25頁等がある。

[5]　東京地判平成15・9・19判時1836号46頁。また，この判決例を素材に退去強制手続をめぐる各種処分に対する取消訴訟について，処分性の問題および裁量審査の問題を論じたものとして，本書第Ⅲ部第2章参照。

以外の家族が国外へ退去せざるを得ない事態が現実のものとなっている。
(2) 在外邦人選挙権訴訟

他方，日本国民が国境を越える局面に関しては，在外邦人選挙権訴訟に関する最大判平成 17・9・14（民集 59 巻 7 号 2087 頁）が注目を集めてきた。この判決は，衆議院議員総選挙における小選挙区選出議員の選挙および参議院議員通常選挙における選挙区選出議員の選挙について，在外邦人には投票権を認めていない公職選挙法の規定が憲法違反であるとの判断を示した。そして，判決主文において，次回行われる上記二つの選挙において「在外選挙人名簿に登録されていることに基づいて投票をすることができる地位にあることを確認する」とともに，各人 5000 円の損害賠償の支払いを国に命じた。確認訴訟としての公法上の当事者訴訟という救済方法の有効性を示した判決であり，また，選挙権については立法不作為の違法性を厳格に認定した点で優れた判決であると評価できるが，なかでも，国境を越え海外で生活する国民にも選挙権の実効的保障を及ぼそうとする姿勢を明確に示した点が，本稿テーマとの関係では特に重要である。

(3) 在外被爆者健康管理手当不支給訴訟

さらに日本国籍を有する者および有しない者いずれについても，国境を越えた移住により権利享受の可否が決定的に左右されることが問題化した訴訟として，原子爆弾被爆者に対する健康管理手当の受給資格が海外への移住や移動によって失われるか否かが争われた事件がある。この問題に関する近時［2007 年の本稿執筆当時。以下同じ］の最高裁判決として，最三小判平成 19・2・6（判時 1964 号 30 頁）がある。この事件では，戦後ブラジルへ移住した被爆者が，一旦帰国して被爆者援護法に基づき健康管理手帳の交付を受けた後，再びブラジルへ帰国したことから，健康管理手当の支給を打ち切られた。最高裁の第三小法廷は，日本国外への出国により受給資格を失うとした当時の厚生省の 402 号通達（昭和 49 年衛発 402 号通達）およびこれに基づく行政実務は，「被爆者援護法等の解釈を誤る違法なものであった」と認定した上で，かかる違法な通達と行政実務のために受給者が 5 年以上にわたって同手当の支給を請求しなかったとしても，国が消滅時効（自治 236 条）を主張することは信義則に反し許されないという判断を示した。

2007年の上記最高裁判決は，下級審の同様の判決を受けて出されたという一面も見逃せない[6]。また，行政実務面でも402号通達は2003年に廃止され，その後，在外被爆者に対しても同手当は支給されるように改められている。以上のような判例の積み上げと行政実務の反省の上に立って，総仕上げとして出されたのが上記の最高裁判決であったと位置づけられる。

3　戦争と行政救済法

以上のように，国籍や国境をめぐって，近時の判例は変動しようとしているが，その方向性は一様ではない。選挙権のように憲法上確固たる権利性を認められかつ権利内容の輪郭が明確な権利や，被爆者に対する健康管理手当のように権利内容が法律上明確化されている権利の侵害が問題となったケースでは，権利実現の実効化を目指した判例傾向が形成されてきた。これに対して，国籍の有無や外国人の不法残留が問題となるケースでは，依然として外国籍の者にとっては厳しい内容の判決が下されている。そして，後者のような外国人の権利保障にとって過酷な内容の判例は，いわゆる戦後補償問題が争われた多くの事件においても続いている。

わが国が行った戦争によって国内外の者に生じた被害に対する賠償が争われる訴訟としては，旧植民地国の国民に対する強制連行・強制労働や従軍慰安婦強制による被害が争われる事件と並んで，中国残留孤児が日本政府の受容れ体制その他の対応の違法性を争う事件がある。強制連行関係の訴訟では請求棄却

---

[6]　近時の例として，広島高判平成17・1・19判時1903号23頁は，韓国籍の元徴用工である在韓被爆者について，健康管理手当の支給打ち切り措置は，誤った法解釈に基づく違法な通達によるものであり違法であるとして，国家賠償請求を一部容認していた。こうした下級審の判断の後，最高裁第三小法廷は，既に，2006年の判決において，402号通達の違法性を事実上認めていた（最三小判平成18・6・13民集60巻5号1910頁，判時1935号50頁）。この事件の場合，韓国籍の在外被爆者の受給権の存否が争われた。しかし，健康管理手当支給の窓口であった長崎県が，402号通達に従った従来の不支給措置を改めて未払分を支払うとともに，上告受理の申立てを取り下げたため，上告審では，国には同手当の支給義務があるかという争点のみが争われた。最高裁は，当該争点については，同手当の支給義務を負うのは機関委任事務によって当該手当支給事務の執行者となっていた長崎県であり，国ではないとして支払請求を棄却した。しかし，判決理由中で，402号通達に従った行政実務には合理的理由がないので，在外被爆者も健康管理手当の受給権を失うものではないとした控訴審判決の判断について，これを「是認することができる」という見解を既に示していたのである。

判決が相次いでいるが，残留孤児訴訟についても同様の状況である[7]。しかし，強制連行関係訴訟については，一部なりとも請求を認容する判決も出ているので，以下では，そのような認容判決に的を絞った検討を行うことにする。

III 戦後補償と行政救済法

1 請求認容判決の検討

(1) 請求認容ケースの概要

　第二次世界大戦における日本軍その他日本の国家機関の行為によって，旧植民地国の国民を含めた外国人や日本国民の一部に生じた損害に対し，賠償等を求める訴訟が相次いで提起され，数年間のうちに多数の判決が出ている。これらの多種多様な裁判を本稿では，一括して戦後補償裁判と呼ぶことにする。戦後補償裁判の多くは棄却されているが，それは様々な理由による。請求認容判決も稀ではあるが下されており，その理由づけも多種多様である。ここでは，そうした認容判決をその理由づけを類型化しつつ分析し，その上で，行政法学の見地から戦後補償裁判で問題とすべき主要な論点を抽出し分析を加えることとする。

　戦後補償裁判において，今日まで戦争被害者である原告に対し，全部認容であれ一部認容であれ何らかの認容判決が下されたケースとして，以下のものがある。

　① 山口地下関支判平成10・4・27［関釜訴訟＝従軍慰安婦・女子勤労挺身隊事件］（判時1642号24頁，判タ1081号137頁）

　ただし，控訴審（広島高判平成13・3・29判時1759号42頁，判タ1081号91頁）は第一審判決を覆し，原判決取消・請求棄却判決を下した。

　② 東京地判平成13・7・12［北海道強制連行逃避行事件］（判タ1067号119頁，訟月49巻10号2815頁）

---

[7] 中国残留孤児が国を相手に提起した損害賠償訴訟を棄却した判決として，東京地判平成18・2・15判時1920号45頁，大阪地判平成17・7・6判タ1202号125頁，訟月52巻5号1307頁等がある。

ただし，控訴審（東京高判平成 17・6・23 判時 1904 号 83 頁）は第一審判決を覆し，原判決取消・請求棄却判決を下した。

③　京都地判平成 13・8・23［浮島丸事件］（判時 1772 号 121 頁）

ただし，控訴審（大阪高判平成 15・5・30 判タ 1141 号 84 頁）は，第一審判決を覆し，原判決一部変更・請求棄却判決を下した。

④　新潟地判平成 16・3・26［新潟港運強制連行事件］（訟月 50 巻 12 号 3444 頁）

⑤　広島高判平成 17・1・19［旧三菱徴用工強制連行事件］（判時 1903 号 23 頁，判タ 1217 号 157 頁）

　このうち，戦時中の強制連行や強制労働・従軍慰安婦としての行為の強制それ自体を違法と断じて損害賠償を命じたケースは，新潟地裁の判決④だけである。それ以外の四件は，被害者に対する戦後の取扱いの中の一部を違法として賠償を命じた判決例である。また，その中の一件である判決⑤（注 6）中の解説参照）は，在外被爆者に対する被爆者援護法に基づく健康管理手当の不支給措置について，被爆者援護法の趣旨に反し違法であるとして慰謝料請求を認容したものであり，それ以外の原告側主張はすべて斥けている。したがって，内容的には前節（II）で既に取り上げたテーマに関する判決例であるので，ここでは特に取り上げる必要は乏しい。

(2)　新潟港運強制連行事件と浮島丸事件──安全配慮義務違反

　そこでまず，新潟地裁の判決④を取り上げよう。以下に見るように，この判決は，民法上の不法行為責任については，その成立可能性を肯定しながら除斥期間の経過を理由に賠償請求を斥けたのに対し，国の安全配慮義務については，その存在を肯定するとともに国による消滅時効の援用可能性を否定した。かかる判決理由をより詳細に見ると，以下の通りである。

　新潟地裁はまず，日本国憲法下では，公権力の行使に関する国家賠償請求を否定する考え方自体が正当性を失ったこと，国の公権力の行使が，人間性を無視するような方法（たとえば，奴隷的扱い）で行われ，それによって損害が生じたような場合にまで，国家無答責の法理に従った解釈・運用を行うことは，著しく正義・公平に反すること，本件は国策として，法律上・人道上およそ許されない強制連行・強制労働を実施したという悪質な事案であること等，諸般の事情を総合すると，「現行の憲法及び法律下において，本件強制連行・強制労

働のような重大な人権侵害が行われた事案について，裁判所が国家賠償法施行前の法体系下における民法の不法行為の規定の解釈・適用を行うにあたって，公権力の行使には民法の適用がないという戦前の法理を適用することは，正義・公平の観点から著しく相当性を欠くといわなければならない」と判示した。

　これにより，判決は，当該事件への国家無答責の法理の適用可能性を斥けたが，民法724条後段に基づく20年の除斥期間については適用を排除できないとして，結局，民法上の不法行為責任に基づく賠償請求については棄却した。その際，判決は，不法行為における除斥期間の起算点は「不法行為ノ時」であることを前提に，本件不法行為は「遅くとも原告らが中国に帰国した昭和20年11月ころには終了したものと認められる」ので，本件不法行為責任の除斥期間は「遅くとも昭和40年11月末日の経過によって完成していたものと認められる」と認定した。

　他方，判決は国の安全配慮義務違反を理由に賠償請求の一部を認容した。その理由として，判決は，「国は，本来は到底許されない本件強制連行・強制労働を政策として実施し，それを実施させるために日本港運業会（新潟華工管理事務所）との間で中国人労働者移入・管理委任契約を締結し，また，戦時統制下において新潟港運及び新潟華工管理事務所に対して原告らの待遇を唯一是正させうる立場にあったのであるから，被告国と原告らとの間に何らの契約関係がなく，また，被告国が原告らを直接管理していたわけではないということを考慮しても，上記のような本件の特殊事情の下では，被告国と原告らとの間の特別な社会的接触の関係の存在を否定することは相当でない」とした。そして，かかる「特別な社会的接触の関係の存在」に基づく信義則上の義務として，国は，新潟港運が安全配慮義務を「履行するよう十分に指示・監督をし，また，新潟港運が十分にその義務を果たさない場合には自らそれを履行すべき義務を負っていたというべきである」として，国の安全配慮義務の存在を認め，国がこの義務を果たさなかったことを理由に，原告の請求を認容した。

　以上のように，判決④は，戦時中の強制連行・強制労働について安全配慮義務違反があったと認定し賠償請求を一部認容したケースであるのに対し，韓国人徴用工に対する終戦直後の取扱い方が問題となったケースとして，判決③がある。

この判決の対象となった「浮島丸事件」は、終戦直後の混乱期に、青森県大湊周辺における海軍徴用工（軍属）であった原告らを朝鮮へ帰国させるため乗船させた浮島丸が、途中立ち寄ろうとした舞鶴港内で突然爆発し、船内にいた多数の朝鮮人が死亡その他の被害を受けたというものである。事故当時の時点で急いで帰国させなければならない理由はなかったこと、日本海側の主要港には機雷が敷設されていたため機雷事故の危険が予測できたこと等から、大湊からの出港を見合わせるか出航後途中で引き返す等が可能であったにもかかわらず、そのような危険回避措置を怠ったことが、国側の義務違反として違法と結論づけられた。その際、判決③は、国と徴用工との間には、「私法上の旅客運送契約に類似した法律関係」が成立しており、かかる法律関係に基づく「本来的な義務」として、国は、「釜山港又はその近辺の朝鮮の港まで安全に運送する義務」ないし「安全に最寄りの港まで運送し、又は出発港に還送すべき義務」を負っていたと認定し、かかる義務への違背を理由に賠償請求を認容したのである。

(3) 関釜訴訟第一審──立法不作為の違法性

判決④以外の四件は、いずれも、被害者に対する戦後の日本国による取扱いの違法性を認めたケースという共通性をもっている。

このうち関釜訴訟に関する山口地裁下関支部の判決①は、強制連行の上従軍慰安婦として過酷な扱いを受けた被害者に対する損害回復措置を採ることを、戦後の日本国憲法下の国会議員が怠った立法不作為の違法性を認定し、請求を一部認容したものである。立法不作為の違法性について、判決理由は、法益侵害が「真に重大」なものである限り、当該被害者に対し「より以上の被害の増大をもたらさないよう配慮、保証すべき条理上の法的作為義務」が、日本国には課せられるとし、かかる条理上の作為義務は、「日本国憲法制定後は、ますますその義務が重くなり、被害者に対する何らかの損害回復措置を採らなければならないはずである」と述べた。そして、従軍慰安婦に対する損害回復のための立法不作為については、「遅くとも従軍慰安婦が国際問題化し、国会においても取り上げられるようになった」1990年5月・6月頃には、「違憲的違法性を帯びるものとなった」と判示した。

判決①は、立法不作為については国賠法上の違法性の認定に極端に消極的で

あった従前の判例理論を乗り越えるためのテコとして，従軍慰安婦としての被害という人権侵害の重大性を重視し，被害をそれ以上増大させないように「配慮，保証すべき条理上の法的作為義務」という考え方を提示したところに特徴がある。このように，人権侵害の重大性に対応した形で条理上の法的作為義務を明確に提示できたことが，立法不作為の違法性要件という高い壁を乗り越え，立法不作為違法の認定を容易にしたと評価できよう。その意味で，立法不作為の違法性問題に対し一定のインパクトをもった判決例であると言えようが，同時に，直接的には戦後の損害回復措置のための立法不作為の違法性を対象とした判決であるにもかかわらず，間接的には，従軍慰安婦という戦時中の過酷な人権侵害問題の違法性を明快にあぶり出す結果となっていることが，注目される。

　しかし，その後，この関釜訴訟における控訴審判決は判決①を取り消し，請求棄却判決を下している。立法不作為の国賠法上の違法性に関する控訴審判決（広島高判平成13・3・29判時1759号42頁）の理由は，立法不作為が国賠法上違法となるのは，「特定の具体的な内容の立法を行うべき立法義務が，憲法の明文をもって定められているか，又は憲法の文言の解釈上，右立法義務の存在が一義的に明白であるにもかかわらず，国会があえて当該立法を行わないというような例外的な場合に限られるものというべきである」というものである。また，本件は，本件原告側の請求が戦後における被害回復措置を主眼としていたために，強制連行および従軍慰安婦強制という加害行為自体について，民法上の不法行為責任を追及するというものではなかった。そのため，控訴審のみならず第一審の判決①においても，かかる加害行為の違法性に関する判断がダイレクトに示されることはなかった。さらに，本件は，3名の元従軍慰安婦とともに7名の元女子勤労挺身隊員が原告となって提起した立法不作為損害賠償請求訴訟であったが，元女子勤労挺身隊員については，判決①も訴えを斥けている。人権侵害の過酷度の違いがこのような結論の差になって現れたと見られる。しかし，このような過酷度における相対的な差が立法不作為を免罪することに帰結するという巡り合わせは，元女子勤労挺身隊員が経験した人権侵害がそれ自体過酷なものであったことからすれば，到底受け容れられるものではないであろう。そして，同様の問題点は，女子勤労挺身隊員以外の強制連行・強制労

働の違法性が争われる事件にも妥当する。

(4) 北海道強制連行逃避行事件

　強制連行・強制労働の被害者に対する戦後の取扱いが違法と判断されたという点では共通するが，戦時中に逃亡し 12 年以上にわたって北海道内を逃避行していた中国山東省出身の元徴用工に対する戦後の救護措置が適切に講じられなかったことについて，国賠法上違法であるとして賠償請求を認容したケースとして，判決②がある。

　強制連行された徴用工が逃亡により生死不明の場合の対応について，この判決は，敗戦によって強制連行の目的自体が消滅したことに伴い，「事柄の性質上当然の原状回復義務」として，国には，強制連行した者を「保護する一般的な作為義務」が確定的に課せられていたとの判断を示した。そして，12 年間以上にわたりかかる救護義務を怠ったことを違法と認定し，国に賠償を命じる判決を下した。

　もっとも，判決②は，民法上の不法行為責任については，事実上国家無答責の法理を理由に不法行為責任成立の可能性を否定し，また，安全配慮義務についても，国と原告との間に「雇用契約等の契約関係あるいはそれに準ずる関係が生じたと認定することには無理がある」として，安全配慮義務違反の成立可能性を否定している。判決②は，この面では戦後補償請求を斥けてきた大多数の判決例と同様の立場に立っていることには，注意を要する。また，当該事案に関する控訴審（東京高判平成 17・6・23 判時 1904 号 83 頁）は，救護義務違反については違法性を認定したが，当時の中国には外国人に対する国家賠償責任を認める法制度が整っていなかったことから，相互保証の不存在を理由に，また除斥期間も経過していたことを理由に，国家賠償責任を否定した。

2　行政法上の論点

　以上のような認容判決例の検討からは，行政法学上検討を要する幾つかのテーマが導かれる。主要なものを挙げただけでも，以下の多様なテーマが問題となる。

　第一に，明治憲法下における国の公権力行使による損害について国の賠償責任を問い得るか否かについては，当時は今日の国家賠償法に相当する法律規定

がなかったことから，民法上の不法行為責任を問い得るか否かが問題となる。そして，かかる民法上の不法行為責任の成否との関係で，明治憲法下の支配的考え方であった「国家無答責の法理」の適用により，強制連行・強制労働や従軍慰安婦強制についても国の不法行為責任を問うことが許されないと解すべきか否かが問われている。

　第二に，国の安全配慮義務の成立可能性を，安全配慮義務をもっぱら雇用契約関係ないしそれに準じる非権力的な関係に限定すべきか否かが問題となる。仮に限定すべきだとすれば，強制連行・強制労働や従軍慰安婦強制における権力的強制的性格の故に，安全配慮義務の成立可能性が妨げられることになるが，そのような考え方は妥当かが問われている。

　第三に，不法行為責任または安全配慮義務違反により成立するはずの賠償請求権の行使が，除斥期間や消滅時効の適用により妨げられるのは妥当かが問題となる。ここでは，除斥期間の適用や消滅時効の援用を正義・公平の観念により制約できるか否かが問われている。また，判決④のように，除斥期間と消滅時効とで異なった結論を導くことの妥当性も問題となり得よう。

　第四に，従軍慰安婦の被害に対する戦後補償や過酷な強制労働に耐えかね逃亡した者に対する戦後の救護義務に関する立法不作為の違法性が争われてきたが，従来の立法不作為に関する違法要件が一般に余りにも厳格なものであったことを考慮すると，立法不作為の違法性判断の際にいかなる要素をいかなる方法で斟酌すべきかが検討課題となる。強制連行・強制労働や従軍慰安婦強制の場合，国が決定した政策に基づき軍隊その他の行政機関と民間組織が組織的系統的に遂行したという事実関係から出発するならば，国の関与の積極性に対応した高度の回復責任が，国には課されるべきであろう。被害回復のために国が何らかの立法措置を講じるべき責任を，このように「日本国の積極的関与に対応した回復責任」として捉えるならば，違法性要件を過度に厳格化することが合理的であるとは思えない。

　このように本来検討すべきテーマは多岐にわたるが，以下では，第一と第二のテーマに限定して多少立ち入った検討を加えることにする。

3　民法上の不法行為責任の成否

(1)　理論的考察

　原告側請求を認容した判決のなかでも，戦時中の強制連行・強制労働による被害に関する民法上の不法行為責任の成立可能性については，見解が割れている。一方で新潟地裁の判決④では，強制連行・強制労働のような重大な人権侵害が行われた事案について，国家無答責の法理の適用により不法行為責任の成立可能性を否定することは「正義・公平の観点から著しく相当性を欠く」として，民法上の不法行為責任成立の可能性を肯定する見解が示された。広島高裁の判決⑤もこの点では同様であるが，判決④および⑤はいずれも，除斥期間の経過等を理由に賠償請求自体は棄却している。

　これに対し，東京地裁②判決は，民法上の不法行為責任成立可能性を端的に否定している点で対照的である。その理由は，強制連行・強制労働は「国の権力作用に基づく行為」にほかならず，明治憲法下では「国の権力作用に属する行為が違法であることを理由とする損害賠償の請求は，特別の規定がない限り民法の不法行為の規定は適用されないとして，判例上も認められなかったものと言わざるを得ない」というものである。換言すれば，現行の国家賠償法施行以前には，国の権力作用について「一般的に国に損害賠償責任を認める法令上の根拠が存在しなかった」というのが，不法行為責任が成立し得ない理由とされる。判決②によれば，「いわゆる国家無答責の法理といってもその実質は……損害賠償の根拠となる実体法の規定を欠く」ということに尽きる，とされるのである。

　以上のような見解の対立からは，明治憲法下で国が賠償責任を免れるとされた国の機関の公権力行使とは，精確にはいかなる性質の行為であるべきかを明らかにする必要が生じる。というのは，認容と棄却という結論の別なくほとんどの判決が事実として認定しているように，戦時中の強制連行・強制労働や従軍慰安婦の強要・強制は，政府の国策の下に様々な主体を通じて，また多様な方法や強制を用いて組織的かつ高圧的に遂行されたものである。かかる行為は，その社会的実態および物理的事実に即してみれば権力的かつ強制的なものである。しかし，不法行為法上の公権力性とはあくまでも法的意味での公権力性で

あるから，それが常に社会的実態ないし物理的事実としての権力性や強制性と一致するわけではない。そのことは，私人間の生の暴力や支配が恒常的安定的に継続していたからといって，それが公権力の行使と見なされるわけではないことから明らかである。問題は，国家の機関や事実上国家の手足となって行動した者が命令強制手段を用いて不法行為を働いた場合である。そのような場合の命令強制には違法性の極めて高いものから些細なものまで多様な違法性が考えられる。その中で，国家無答責の法理がおよそ近代国家において成り立ち得る一個の法理であるためには，国の責任を免れしめる命令強制の範囲にも，おのずから何らかの限界があると考えるべきである。確かに，かかる限界づけを普遍的な公式で表現することは容易ではない。しかし，強制連行・強制労働や従軍慰安婦強制のような生の支配と暴力は，いかなる近代国家によっても正当化され得ない。そのような命令強制が国の政策の遂行として組織的かつ系統的に行われるという事態は，国家無答責法理の背景にある明治憲法下の実定法制において，本来想定されていなかったと考えられる。かかる本来想定されない極端な不法事態にまでこの法理の規律が及ぶと解することは，明治憲法の下でも本来許されないことであり，国家無答責法理を根底から否定した日本国憲法の下での強制連行・強制労働事件にこの法理をあらためて適用することは，明治憲法下の立法者以上に人権意識の欠如を責められるべきであるということになる。

　以上の推論を踏まえれば，国家無答責の法理の背景にある法制度には，明治憲法の下でそれ相当の存在理由があったということは認めたとしても，それには少なくとも，生の暴力や支配が国家政策の名の下に組織的かつ系統的に行われることはないはずであるという大前提が存在したと考えるべきである。戦時下の強制連行・強制労働や従軍慰安婦強制等の人権侵害はそのような前提自体が失われていたことを意味するわけであるから，当該法理を適用する前提が欠けていると考えるべきである。したがって，かかる生の命令強制に起因して生じた被害については，私人間の暴力や支配と同様の性質のものと捉え，民法上の不法行為責任を問うことは可能と解すべきであろう。

(2)　より広い視野からの考察

　さて，以上のような考え方は，理論的正当性を主張し得るというだけではな

く，戦時中の強制連行・強制労働や従軍慰安婦強制の反倫理性およびそれによる人権侵害の過酷度に照らして，バランス感覚に即した説得力を有するようにも思われる。国の一機関や国の手足となって行動した者の不法行為については，行為者自身に賠償責任を負わせるべきかそれとも国がみずから責任を負うべきかという選択については，異なった結論があり得るとしても，国みずからの基本政策に則って先導した著しい人権侵害についてまで，国の責任を免れさせる選択肢を用意するなど，良識的な法制度設計としておよそ許されるべきではないからである。

　以上のような考え方は，また，比較法的知見に照らしても理論的に十分に成り立つ考え方である。というのは，フランス法では，国家賠償責任については民事上の不法行為責任から区別し，多少異なった法規範に服させると同時に，一般の司法裁判所ではなく行政裁判所の裁判権に服させる法制度を採用しているが，他方，そのような通常の国家賠償責任が問われる場合とは別に，voie de fait という独自の不法行為類型を判例理論に基づいて想定してきた。そして，その種の不法行為については司法裁判所の裁判管轄に属させるとともに，民事上の仮処分の適用対象に取り込むことにより，迅速な人権救済を可能としているからである。

　voie de fait に関する詳細な説明はここでは省略するが[8]，この概念は，要するに，基本的人権の守り手としての司法裁判所という伝統的観念を背景に，行政裁判所と司法裁判所の裁判管轄原則に例外を設けるという意味がある一方，著しい人権侵害に対しては行政活動特有の法令の存在や公法・私法の区別にと

---

8) voie de fait は一般には「暴力行為」と訳されるフランス行政法の判例法理である。まず，いかなる場合にこれに当たるかについては，財産権や人身の自由その他の基本権に対し明らかに違法な行政強制等の執行措置が行われるか，またはその脅威が迫っている場合でなければならない。次に，voie de fait に該当すると見なされた場合の効果としては，行政裁判所の管轄権が否定され司法裁判所の裁判に服することとなるという裁判管轄の転換のほか，以下のような効果が生じる。司法裁判所は，まず，損害賠償のほか，民事上の間接強制金を用いて行政による違法行為の差止めや原状回復等の措置を講じることができる。また，事案の解決には民法が全面的に適用され，被害者は，違法行為を行った行政および公務員等の個人双方を相手取った訴訟を提起することができる。以上については，フランス行政法の体系書であればどの本にも書いてあるが，代表的なものとして，cf., J. Rivero et J. Waline, Droit administratif, 20e ed., 2004, pp. 487-490; R. Chapus, Droit ad ministratif général, T. 1, 15e éd., Montchrestien, 2001, pp. 868-884, en particulier pp. 868-873.

らわれることなく，一般普通法上の迅速な救済措置を可能とするという意味がある。後者の意味合いを簡潔に言い換えれば，およそ近代国家としてあってはならない著しい人権侵害行為に対しては，たとえ国家またはその手足となって行動した者によるものであっても民法典をはじめとした一般普通法の原理原則に則って処理し民事上の仮処分も含めた迅速な救済を図らなければならない，という考え方であるといえよう。この考え方は，直接的にはフランス法上の voie de fait の観念から得られたものではあるが，その内実は，フランス法を超えた普遍性を有しているように思われる。そして，戦時中の強制連行・強制労働や従軍慰安婦強制の実態は，まさに voie de fait に該当する典型的なケースと捉えることができる。

4　安全配慮義務の成否

(1)　安全配慮義務の成立基盤

　他方，安全配慮義務の成立可能性についても，判決④は，国と被害者との間に雇用契約関係に準じた「特別な社会的接触の関係」が存在することを認め，信義則上の安全配慮義務の成立を肯定した。また，京都地裁の③判決は，終戦直後の混乱期における韓国への送還用船舶の爆発事故という異なった条件下の事件についてではあるが，国の安全確保義務違反を認定した。判決理由によれば，国と徴用工との間には「私法上の旅客運送契約に類似した法律関係」が成立しており，かかる法律関係に基づく「本来的な義務」として，国は，「釜山港又はその近辺の朝鮮の港まで安全に運送する義務，……安全に最寄りの港まで運送し，又は出発港に還送すべき義務」を負っていたと判示したのである。

　これに対し，判決②は，国の安全配慮義務の成立可能性についても否定しており，上記二つの判決とは対照的である。その理由は，強制労働は国策として推進されたものであり，労務提供の開始時および労務管理には国が「後見的，包括的に関与していた」が，国と原告との関係は国が「国策により一方的に形成したもの」であり，国は「明治鉱業株式会社を通じて間接的に」原告の強制労働に関与したものと見ざるを得ないので，両者の間に「雇用契約等の契約関係あるいはそれに準ずる関係が生じたと認定することには無理がある」というものであり，強制労働の一方的権力的性格が安全配慮義務の成立を否定する理

由とされている点には，注意を要する。
　以上のように，国の安全配慮義務の成立可能性をめぐっては，安全配慮義務をもっぱら雇用契約関係ないしそれに準じる非権力的な関係に限定すべきか否かが，各判決間で結論を分けている。そこで，安全配慮義務の成立可能性を契約関係やそれに準じる非権力的関係に限定することが妥当か否かを検討しなければならない。
　この問題の検討に当たっては，一般に判例学説における安全配慮義務の説明には，"雇用契約関係に類似した法律関係" および "特別な社会的接触の関係" という二つの要素が挙げられるが，前者を安全配慮義務にとって必須の要素と見るべきかが問題となる。この問題については，そもそも，自衛隊員の勤務中の死亡事故について国の安全配慮義務違反を理由に賠償請求を認容した最高裁判例（最三小判昭和50・2・25民集29巻2号143頁）によれば，安全配慮義務とは，「ある法律関係に基づいて特別な社会的接触の関係に入った当事者間において，当該法律関係の付随義務として当事者の一方又は双方が相手方に対して信義則上負う義務として一般的に認められるべきもの」と説明されており，雇用契約関係との類似性には言及していない。そのような理解を前提に，同最判は，「国は，公務員に対し，国が公務遂行のために設置すべき場所，施設もしくは器具等の設置管理又は公務員が国もしくは上司の指示のもとに遂行する公務の管理にあたって，公務員の生命及び健康等を危険から保護するよう配慮すべき義務（以下「安全配慮義務」という。）を負っているものと解すべきである」と述べていた。この判示部分からは，①場所や施設や器具等からなる一定の物的環境の中で，または②国や上司の指示監督の下に，何らかの労務提供が行われるという労働実態が存在するならば，そこには何らかの安全配慮義務が国に課されていると解すべきである，という趣旨を読み取ることができる。つまり，①一定の物的環境か，②人的な指示監督関係が存在するならば，そこには個々の労働関係の性質に応じた何らかの安全配慮義務が生じると解すべきなのである[9]。

9）　新潟地裁の判決④は，判決理由のなかで，「国と原告らとの間に，被告国と日本港運業会（新潟華工管理事務所）との間の中国人労働者移入・管理委任契約を媒介とした労働契約に類似する法律関係が存在したと認めるのが相当であり，これに基づく特別な社会的接触の関係の存在により，被

(2) 安全配慮義務の高度化

　そこで次に，戦時中の強制連行・強制労働に伴って生命・健康に対し生じる危険との関係で，国には，いかなる程度の安全配慮義務が課せられたと解すべきかが問題となる。この問題については，雇用契約のように当事者相互の合意に付随して生じる安全配慮義務に比して，強制や強要によって発生した非契約的な労働関係（強制労働）については，契約関係の場合以上に高度の安全配慮義務が国の側には生じる，と考えるべきである。契約的労働関係には，当該労働に伴って通常生じ得る危険についてはある程度受け容れる余地があるわけであるが，強制連行・強制労働の場合にそのような危険の事前受容を労務提供者側に求めることは，非常識の極みである。以上の検討を踏まえて言うならば，強制連行・強制労働における国の安全配慮義務は，非契約的な労働関係それ自体に応じて成立可能な信義則上の義務であり，そこで国に課される安全配慮義務は，連行および労働における強制・強要の程度に応じて高度化することはあっても，否定または低減されることがあってはならない。健全な法常識に従えば，以上のように考えるのが筋というものであろう。

告国は，信義則上，原告らに対し安全配慮義務を負っていたと解するのが相当である」と述べている。判決④は，安全配慮義務における契約関係との関係性を過度に重視しない点で，他の判決例よりはるかに優れた考え方を示した判決例であるが，上記の判示箇所には依然として労働契約との類似性へのこだわりが残存しており，不徹底である。

第4章

公共施設利用関係と裁量統制
―― 憲法・行政法の共振回路としての公共施設法

【設例】Y市の市立中学校であるA中学校では，10年前に発生した生徒間のイジメ問題をきっかけに，保護者の有志が集まって，学校内における様々な問題を解決するための会合を開催するようになり，今日まで継続してきた。5年前からは，「A中学校の教育を考える会」と自称するようになっており，現在は，保護者であるXがその代表を務めている。同会は毎月ほぼ1回のペースで会合を開催しており，そこで話し合われるテーマは，学校内のイジメ問題だけではなく，教育内容や学校運営上の問題点の指摘や改善のための提言まで広範囲に及んでおり，時には，A中学校の範囲を超えY市の学校教育全般さらには文部科学省の教育政策まで拡がることもある。会合の開催場所については，従来からA中学校の教室を，校長の同意を得て使用してきた。会員の中には，地元の演劇サークルであるB劇団を主宰するCが含まれている。B劇団は，イジメ問題を手がかりに今日の教育問題全般を扱うことをテーマに，A中学校の生徒が多数出演する演劇の上演を計画し，これを受けて，Cが「A中学校の教育を考える会」に共催団体となることを提案したところ，満場一致で承認された。そこで，Xらが，A中学校の学校長であるD校長に，上演会場としてA中学校の体育館の使用承認を求めたところ，同校長は，一旦その使用に同意したものの，その日のうちにY市教育委員会と協議したところ，同教育委員会は，B劇団は日頃からY市市政を批判したり揶揄する内容の演劇を上演してきたことを理由に，体育館の使用を認めないように指示した。このため，D校長は，翌日になって同意を撤回し，体育館の使用を認めない旨の連絡を行った。これに対し，Xら有志は，Y市教育委員会に対しA中学校体育館の使用許可を申請することとしたが，Y市教育委員会は，この申請をしりぞけ使用不許可の処分を行った。このため，Xらは，Y市の中心部にあるY市市民会館の使用を余儀なくされ，使用料50万円を支払って上演を行った。Xらは，以上のようなY市教育委員会及びD校長の対応は，A中学校の学校教育の改善及び生徒の健全な育成を図るためのボランティア活動を推進しようとするXら保護者の善意を踏みにじるものであり，また，A中学校学区内

で適切な上演施設をもたないXらにとっては,表現活動の自由を不当に妨げるものであり,さらには,学校開放化への社会的要請に背馳するものであることを主張し,Y市に対し国家賠償を求める訴えを提起することとした。

I 問題の所在

1 行政財産の目的外使用許可

　公立学校の学校施設は,学校教育という公の目的の用に供された有体物であり,行政法学上の「公物」に当たる。また実定法規との関係では,地方自治法上の「行政財産」(自治238条3項・4項)に該当する。道路や市民会館の敷地・建物等すべての行政財産には,その供用目的ないし用途があるが,かかる目的以外の用途への使用つまり目的外使用の許容性について,国有財産法及び地方自治法は,いずれも,当該行政財産本来の用途又は目的を「妨げない限度において」使用を許可することができると定めている(国財18条6項,自治238条の4第7項)。

　行政財産の目的外使用は,当該行政財産の本来的目的の達成に支障となるものであってはならないことは言うまでもないが,かりに支障とならない場合でも,その使用を許可するか否かは,当該行政財産の管理者の裁量的判断(効果裁量)により決し得るのだろうか。この問題について,行政法学では,道路や公園での集会等のための一時的使用,あるいは建築工事や災害発生時の応急施設設置のため一時的使用を許可する場合と,庁舎や公園内での食堂や売店の設置や道路等でのガス管や軌道の設置等のため,長期にわたり独占的な占用を許可する場合とを区別し,前者は,行政法学上の「許可」に当たり裁量の幅は狭いと解すべきであるのに対し,後者は,「特許」に当たり裁量の幅は比較的広く解すべきであるとされてきた[1]。この考え方に従えば,ひとくちに行政財産

---

1) 公物使用における許可使用と特許使用の区別及び当該区別が裁量判断の広狭に対応していることについて,美濃部達吉『日本行政法(下)〔再版〕』(有斐閣,1941年) 819〜837頁,原龍之介『公物営造物法〔新版〕』(有斐閣,1974年) 263〜265頁,271〜273頁,田中二郎『新版行政法中巻〔全訂第2版〕』(弘文堂,1976年) 321〜322頁及び松島諄吉「公物管理権」雄川一郎 = 塩野宏 = 園

の目的外使用と言っても，管理者の許可権限行使における裁量の幅は，個々の行政財産の用途・性質や目的外使用の目的・態様等の差違に応じて異なることが予想される。設例のケースで問題となる行政財産の目的外使用は，公立中学校の体育館という学校施設を，当該中学校の保護者からなる有志グループが，同校の生徒多数が出演する演劇を開催する目的で使用するというものである。そのような学校施設の目的外使用については，一般の行政財産の目的外使用の場合とは多少異なる法令の規定の適用が問題となる。以下ではまず，公立学校の施設利用に関する法制度を概観することから始めよう。

2　学校施設の目的外使用

　公立学校の施設について目的外使用の許可権限（自治238条の4第7項）を有するのは，法律上，公立学校の施設の管理者とされる教育委員会である[2]。そして，当該許可権限の行使については，学校教育法85条及び「学校施設の確保に関する政令」（昭和24年政令第34号。以下，「学校施設令」と呼ぶ）の関係規定が適用される。

　学校教育法85条は，「学校教育上支障のない限り……学校の施設を社会教育その他公共のために，利用させることができる」と定めており，学校教育には直結しない「社会教育その他公共の」用途のために学校施設を使用させる可能性を認めている。他方，学校施設令は，公立学校における教育施設の確保を目的として占領期に制定された政令であり，今日も法律としての効力を有する[3]が，その3条1項は，「学校が学校教育の目的に使用する場合」以外の用途への学校施設の使用を，原則として禁止するかたわら，但書において，学校教育以外の目的のための使用可能性を例外として認めている。それによれば，法令

部逸夫編『現代行政法大系第9巻　公務員・公物』（有斐閣，1984年）306頁以下参照。また，当該区別が行政財産の目的外使用許可の内部でも成立し得ることについて，原・前掲書322～323頁参照。
2)　公立学校の学校施設は，地方教育行政の組織及び運営に関する法律において「教育財産」として扱われ，その管理執行は各地方公共団体の教育委員会に属する事務である（教育行政23条2号）。
3)　学校施設令は，「ポツダム宣言の受諾に伴い発する命令に関する件に基づく文部省関係諸命令の措置に関する法律」（昭和27年法律第86号）1条の規定により，サンフランシスコ平和条約発効以降も法律としての効力を認められている。

上特別の規定に基づき使用が認められる場合（同項1号）[4]のほか，「管理者又は学校の長の同意を得て使用する場合」（同項2号）には，学校教育以外の目的のために学校施設を使用させることが可能である。そして，同条2項は，管理者又は学校の長が「同意」を与えるには「他の法令の規定に従わなければならない」としている。以上により，学校施設の目的外使用は，地方自治法238条の4第7項及び学校教育法85条に定められた手続と要件に従わなければならないのである。

このうち地方自治法238条の4第7項に基づく許可については，「その用途又は目的を妨げない限度においてその使用を許可することができる」とする規定に従わなければならないが，「学校教育上支障のない限り」において目的外使用を許容した学校教育法85条の規定は，上記地方自治法238条の4第7項の規定の趣旨を学校施設に具体化したものと解される[5]。

以上により，学校施設の目的外使用許可に際しては，学校教育上支障がないか否かが問題となる。しかし，学校教育上特段の支障がない場合でも，許可すべきか否かは教育委員会の裁量判断（効果裁量）に委ねられるべきなのだろうか。また，それが裁量判断に属するとした場合でも，その判断には，憲法その他実体法上の制約が課されることを想定すべきなのではないだろうか。以上の問題を考察するに当たっては，広島県教組教研集会事件に関する最高裁判決（最三小判平成18・2・7民集60巻2号401頁）が参考となる。

---

[4] 広島県教組教研集会事件上告審判決に関する川神裕調査官解説によれば，特別法規に基づき学校施設の目的外使用が認められる例として，選挙時に候補者や政党等が開催する演説会（公選161条1項1号），地方公共団体の議会等が開催する演説会（自治令107条1項1号），非常災害その他緊急の場合の一時使用（災救26条，水防21条等），土地収用や道路工事のための調査測量（収用11条～15条，道66条）等があるとされる（川神裕（調査官）・最判解民事篇平成18年度（上）233～234頁注4）。

[5] 広島県教組教研集会事件における最高裁の判決理由は，学校教育法85条の規定の趣旨を，地方自治法238条の4第7項の規定の「趣旨を学校施設の場合に敷えんした」ものと捉えている。また，同判決に関する川神裕調査官解説は，「学校教育上支障のない限り」という規定（学教85条）は，「その用途又は目的を妨げない限度において」という規定（自治238条の4第7項）を「言い換えたもの」に過ぎないとしている（川神（調査官）・前掲注4）219頁）。

II 目的外使用許可の裁量性

1 広島県教組教研集会事件

　この事件では，広島県教職員組合が主催する教育研究集会の開催場所として県内の市立中学校の教室等を使用するための許可申請が行われたのに対して，市の教育委員会が右翼団体の街宣車による妨害の可能性があることを理由に不許可処分を行ったため，それにより生じた損害につき国家賠償請求の訴えが提起された。最高裁は，学校施設の目的外使用を許可するか否かに関する施設管理者の判断に裁量性を認める一方，当該事案の具体的事実関係との関係で裁量権の逸脱があったことを認め，違法として請求認容の結論を下した。

2 裁量判断（効果裁量）を認めたのは何故か

　判決は，まず，公立学校の施設をその設置目的である学校教育の目的に使用する場合と設置目的外に使用する場合とを区別し，目的外使用の場合は，「公の施設」に関する地方自治法244条の規律には服しないことを前提に，同法238条の4第7項[6]に基づく許可が必要であるとした。かりに「公の施設」利用に該当する場合であれば，その利用関係は，使用許可の申請手続や許可要件に関する規定をはじめとして，「公の施設」の設置管理に関する条例所定の諸規定に従うことになる（自治244条の2第1項）。また，「正当な理由がない限り」利用を拒否し得ないとの拘束を受ける（自治244条2項）が，目的外使用の場合は，これら「公の施設」特有の諸規定の適用は排除されるとされたのである。

　判決は，さらに，道路や公民館等「一般公衆の共同使用に供することを主たる目的とする」施設と学校施設との性質の違いに言及し，学校施設は，「本来学校教育の目的に使用すべきものとして設置され，それ以外の目的に使用することを基本的に制限されている（学校施設令1条，3条）こと」から，その目

---

[6] 事件当時の地方自治法の規定では238条の4第4項に当たるが，本稿では，便宜上，現行規定に従い呼称を7項に統一することにする。

的外使用を許可するか否かの判断は、「原則として、管理者の裁量にゆだねられているものと解す」べきであるとした。そして、「学校教育上支障があれば使用を許可することができないことは明らかであるが、そのような支障がないからといって当然に許可しなくてはならないものではなく、行政財産である学校施設の目的及び用途と目的外使用の目的、態様等との関係に配慮した合理的な裁量判断により使用許可をしないこともできる」としている。

以上のように、①「公の施設」に関する法制度（特に自治244条2項・3項、244条の2第1項）の不適用と、②学校施設の目的外使用の被限定性という2つの理由から、学校教育上支障があると認められない場合でも、「合理的な裁量判断により使用許可をしない」可能性が認められた、という点が重要である[7]。そして、かかる効果裁量の余地が認められたため、目的外使用許可に関する施設管理者の裁量判断が違法となるのは、裁量権の逸脱又は濫用に当たる場合に限られることとなり、裁量権の逸脱濫用に関する司法審査の範囲は、「その判断が裁量権の行使としてされたことを前提とした上で、その判断要素の選択や判断過程に合理性を欠くところがないか」の検討に限定されるとされたのである。

3　設例のケース——判例の立場から

広島県教組教研集会事件において、最高裁が、使用許可権行使における裁量判断の可能性を認めながらも、裁量権の逸脱に当たり違法であるとの結論に到達したのは、以下の諸事実を重視した結果にほかならない。①教研集会には、教職員組合の労働運動としての側面とともに教員らの自主的研修としての側面もあり、従前の教研集会に学校施設の利用が認められてきたのは、かかる自主的研修としての側面に着目した結果と見ることができる。②右翼団体による妨害行動のおそれは抽象的な可能性に止まり具体的な妨害の動きがあったとは認

---

[7]　判決は、本文で述べた効果裁量と同時に、「学校教育上の支障」の存否という要件認定についても、施設管理者の判断の裁量性を認めている。それによれば、「学校教育上の支障」は、「物理的支障」に限定されず、「教育的配慮の観点から、児童、生徒に対し精神的悪影響を与え、学校の教育方針にもとることとなる場合」も含まれ、また、「現在の具体的な支障」に限定されず、「将来における教育上の支障が生ずるおそれが明白に認められる場合」も含まれるとされたのである。

められず、また、教研集会の日程は土曜と日曜であるため生徒への影響は間接的なものに止まる可能性が高かった。③教研集会では学習指導要領や文部省の政策に対する批判的な議論が行われる可能性もあるが、それが自主的研修としての側面を大きくしのぐほど中心的な討議対象であったとまでは認められない。④教研集会の性質上、教育設備や実験器具等の備わった学校施設を使用する利便性が高い。⑤当該事案では、校長が、一旦は施設の使用を許可する意思を示したにもかかわらず、右翼団体による妨害行動が具体的に予測されたわけではない状況の下で、教育委員会の指導を受けて自らも不許可処分をするに至った。以上のような事実を考慮すると、当該学校施設の使用不許可処分は、「重視すべきでない考慮要素を重視するなど、考慮した事項に対する評価が明らかに合理性を欠いており、他方、当然考慮すべき事項を十分考慮しておらず、その結果、社会通念に照らし著しく妥当性を欠いたものということができる」とされたのである。

　以上のような最高裁判例を踏まえた場合、設例のケースにおける体育館の使用不許可の適法性については、どのように考えるべきだろうか。設例のケースと広島県教組教研集会事件との間には以下のような事実関係の違いがあることに、まず注目する必要がある。

　(ⅰ)　いずれも学校施設の目的外使用が争われる事案ではあるが、広島県教組教研集会事件では教職員組合による使用の許可が問題となったのに対し、設例のケースは生徒及び保護者有志による使用である。

　(ⅱ)　広島県教組教研集会事件の場合、教研集会の内容は学校の教科内容に直結し得る内容を含んでいるのに対し、設例のケースでは、イジメ問題等学校を取り巻く諸問題への社会的関心を喚起するというものではあるが、学校教育とりわけ教科内容に直結するものではない。

　(ⅲ)　広島県教組教研集会事件では、以前から教研集会には学校施設を使用してきており、今回も学校長は一旦使用に同意した後にこれを撤回するという経緯があったのに対して、設例のケースでは、従来から会合のため教室を使用してきたが、演劇のための体育館の使用という申請は初めてであった。

　(ⅳ)　広島県教組教研集会事件では、反対グループによる妨害行動の可能性が不許可の理由とされた。これに対し、設例のケースでは、そのような妨害行動

の可能性は想定されていないし，不許可の理由は，むしろ，B劇団の日頃の活動内容に関するものである．

(v) 広島県教組教研集会事件では，教研集会の性格上，教育設備や実験器具等の備わった学校施設を利用する必要性が高かったのに対し，設例のケースでは，この意味での学校施設利用の必要性や便宜性は認められない．他方，設例のケースでは，学校施設の使用が認められない結果，中心市街地にある市民会館を有料で使用しなければならないという不便を強いられることになる．

最高裁判例の立場に立った場合，設例のケースにおける教育委員会の不許可が国家賠償法上違法であると見なし得るか否かは，結局，目的外使用許可が裁量判断に属することを前提とした上で，以上の諸事実から裁量権の逸脱濫用に該当する事由を見出し得るか，という判断により決せられることとなる．

他方，しかし，設例や広島県教組教研集会事件のようなケースでの裁判所による適法性審査のあり方は，上述のように，管理者による許可権限行使の裁量性を前提としてその逸脱濫用の存否に関する審査に限定されるべきなのだろうか．通説・判例の立場とは多少異なるとしても，表現活動の自由の保障という設例（本章冒頭）で問われている主題に対して，より適切な解決案を提起しようという見地からすれば，裁量権を前提としない論理構成を採用する可能性についても検討しておくべきであろう．その際に参考となるのは，目的外使用ではなく，当該行政財産の本来的な供用目的の範囲内での使用許可申請に対する不許可処分の適法性が，特に集会の自由との関係で争われた事案に関する最高裁判決である．

III　本来的目的に沿った使用の場合

1　給付と規制

国や地方公共団体が，学校，図書館，博物館，市民会館等の公共施設を国民の利用に供するという行政作用は，現代国家においては，社会保障給付や文化活動への助成措置等とともに給付行政の主要な柱としての比重を増している．そうした中で，公共施設使用の許可・不許可の判断を通して，表現活動の自由

や集会の自由をはじめとした憲法上の権利が制約を受けるという事態が生じており，かかる国家の給付作用に伴う規制的効果をいかにして適正に制御するかというテーマが，憲法学の関心を呼んできた[8]。

給付と規制の関連性は，実は，行政法学にとっては必ずしも新しいテーマではない。というのは，法律の留保論との関係では，給付に当たる授益的行政作用といえども，一方に対する給付は他方に対する給付の拒絶をもたらし，その意味では規制と同等の機能を発揮し得ることから，法律の根拠規定の必要を侵害行為に限定しようとする侵害留保説の下でも，給付行政についても法律の根拠規定を必要とすべきか否かが論じられてきたからである。また，社会保障等の給付の取消しや撤回は受給者にとって重大な不利益をもたらすことから，かかる授益処分の取消し・撤回が許される場合とその条件を限定すべきか否かが論じられてきたからである。この意味で，行政法学にとって，給付と規制の相関性は，主要な関心事のひとつであったとすら言えよう。

しかし，法律の留保論や取消し・撤回の制限論における給付と規制の相関性への関心は，あくまでも抽象度の高いレベルの議論に終始していた観があり，給付作用の個々的局面での行政判断を制約するための規律度の高い法準則を確立していたとは言い難い。そのような状況を打開するための鍵は，表現活動の自由や集会の自由等憲法上の権利保障の見地から制約を及ぼそうとする憲法学の研究動向，並びにそれと共通の関心の下に下された裁判例によって，もたらされた。ここではその中から最高裁判例を取り上げることにしよう。

2 集会の自由に関する二つの最高裁判決

公会堂や市民会館は，表現活動や集会のための使用を本来的用途として設置された「公の施設」（自治244条1項）である。このため，表現活動や集会を目的とした使用許可を申請する場合は，本来的使用目的の範囲内での使用許可権限の行使が問題となるのであり，その点で目的外使用許可とは性格を異にする。

---

[8] 規制と給付に関する憲法学上の文献として，蟻川恒正「国家と文化」『岩波講座 現代の法1 現代国家と法』（岩波書店，1997年）191頁以下，後掲注14）・注15）に挙げる中林暁生氏の諸論攷及び駒村圭吾「自由と文化——その国家的給付と憲法的統制のあり方」法教328号（2007年）34頁以下がある。

かかる本来的目的のための使用許可権限の行使について，特に集会の自由保障との関係でいかなる実体的制約を及ぼすべきかを明らかにした判例として，1995年と1996年に最高裁が相次いで出した二つの判決例がある。

このうち泉佐野市民会館使用不許可の適法性が争われた事件では，関西新空港建設反対を唱える過激派主催の集会のための市民会館使用の許可申請に対して，対立グループによる襲撃や衝突の危険が予測されたこと等を理由に「公の秩序をみだすおそれがある場合」（市立泉佐野市民会館条例7条1号）に該当するとして使用不許可処分が行われたために生じた損害について，国家賠償請求が提起された。この事件について，第三小法廷は，対立するグループ双方及び会館の職員や通行人及び付近住民等の生命，身体又は財産が侵害されるという事態の発生が「客観的な事実に照らして具体的に明らかに予測される場合」に当たるとの理由により，使用不許可処分は適法であったとして請求をしりぞける判断を下した（最三小判平成7・3・7民集49巻3号687頁）。これに対し，上尾市福祉会館使用不許可の適法性が争われた事件では，何者かに殺害された労働組合幹部の合同葬開催のための福祉会館の使用許可申請に対して，当該使用を認めた場合には対立グループによる妨害行動により混乱が生じるおそれがあり「会館の管理上支障があると認められるとき」（上尾市福祉会館設置及び管理条例6条1項1号）に該当するとして，使用不許可とされたことにより生じた損害につき国家賠償請求が提起された。これにつき第二小法廷は，本件合同葬の際に反対グループの妨害等により混乱が生ずるおそれがあるとまでは考え難い状況にあり，「会館の管理上支障がある」事態が生ずることが「客観的な事実に照らして具体的に明らかに予測されたものということはできない」との理由により，本件不許可処分は上記条例の規定の解釈を誤った違法なものであるとの判断を下した（最二小判平成8・3・15民集50巻3号549頁）。

3　泉佐野市民会館使用不許可事件

このうち泉佐野市民会館事件の判決理由は，市民会館や公会堂のように集会の用に供することを目的とした公共施設の管理者は，その「公共施設としての使命を十分達成せしめるよう適正にその管理権を行使すべき」であるとした上で，そのような「公共施設としての使命」を前提にすると，当該公共施設の種

類や規模，構造，設備という物的条件にかんがみて不相当な利用であると認められる場合はともかく，そのような事由がないにもかかわらず利用を拒否し得るのは，「利用の希望が競合する場合のほかは，施設をその集会のために利用させることによって，他の基本的人権が侵害され，公共の福祉が損なわれる危険がある場合に限られる」との考え方を提示した。そして，そのような危険を回避するため課される施設利用の制限が「必要かつ合理的なもの」として肯認されるか否かは，「基本的人権としての集会の自由の重要性」と当該集会の開催により「侵害されることのある他の基本的人権の内容や侵害の発生の危険性の程度等」相互間での利益衡量により決せられるべきであるとし，また，特にその利益衡量において考慮されるべき他の基本的人権に対する侵害の危険性については，その「危険性の程度」に関する判断基準として，「単に危険な事態を生ずる蓋然性があるというだけでは足りず，明らかな差し迫った危険の発生が具体的に予見されることが必要である」との基準を示した。以上により，泉佐野市民会館事件判決は，市民会館の「公共施設としての使命」観をベースに，利益衡量と「明白かつ現在の危険」類似の判断基準という「二段階の判断基準」の援用により，使用許可権限行使を内容的に制約しようとしたものであると言えよう[9]。

4　上尾市福祉会館使用不許可事件

　他方，上尾市福祉会館事件の第二小法廷判決は，判断対象をもっぱら地方自治法上の「公の施設」の利用を拒否できる場合の「正当な理由」の解釈のあり方に限定し，集会の自由と他の基本的人権との対立問題の処理方法という憲法判断に直接には立ち入っていない。もっとも，判決は，「正当な理由」の不適切な解釈運用は「憲法の保障する集会の自由の不当な制限につながるおそれがある」ことに注意を促し，集会の用に供される施設についてはその「公の施設としての使命」を十分達成せしめるように適正に管理権を行使すべきであるとしている。その上で，「会館の管理上支障があると認められるとき」という条例上の不許可事由の解釈については，当該支障の発生が「客観的な事実に照ら

---

[9]　近藤崇晴〔調査官解説〕最判解民事篇平成 7 年度（上）292〜293 頁。

して具体的に明らかに予測される場合に初めて，本件会館の使用を許可しないことができることを定めたものと解すべきである」として，不許可事由の限定解釈を打ち出した。具体的に言えば，対立グループの妨害行動等による混乱可能性を理由に施設の利用を拒むことができるのは，「警察の警備等によってもなお混乱を防止することができないなど特別な事情がある場合に限られる」としたのである。

5 本来的目的に沿った使用許可の非裁量性

以上のごとく，二つの最高裁判決の結論は異なるが，いずれも，集会の用に供することを目的とした「公の施設」については，「正当な理由」がない限り住民の利用を拒み得ない（自治244条2項）ことを前提に，使用許可権限の行使を集会の自由保障の実効化という視点から制約するための法準則の形成に資する判断を示した点では，共通している。泉佐野市民会館事件判決は，「公の秩序をみだすおそれがある場合」という条例上の不許可事由を「文字どおりに解したのでは，集会の自由を実質的に否定することになるときは，これを限定的に解する必要が生ずる」こともあるという問題意識の下に，憲法21条に基づく集会の自由保障の実質化のための合憲限定解釈へと明示的に踏み込んだと見なし得る[10]。これに対し，上尾市福祉会館事件判決は，「正当な理由」（自治244条2項）の趣旨解釈をベースに条例上の不許可事由の限定解釈を提示するに止めたという点で，「極めて実務的な観点」を優先させた判決例ではあるが，「憲法21条の集会の自由の保障を背景に置きつつ……本件使用不許可処分を違法と判断した初めての最高裁判決」として位置づけられる[11]。

しかも，行政裁量論との関係で，上記二つの最高裁判決は，「公の施設」本来の目的に沿った使用申請に対する許否判断の内容的適法性については，行政裁量の問題とは捉えていないようである。この点で，二つの最高裁判決の法廷意見が，裁量という用語を一切用いていないのは象徴的である[12]。これに対し，

---

10) 近藤・前掲注9) 289頁。
11) 秋山壽延〔調査官解説〕最判解民事篇平成8年度(上)212頁。
12) ただし，泉佐野市民会館事件に関する園部逸夫裁判官の補足意見は，行政裁量・要件裁量・裁量権という用語を用い，その制約の必要性を強調している。

目的外使用許可に関する事案として先に検討した広島県教組教研集会事件について，最高裁は，施設管理者の判断に裁量権が認められることを前提とした判断を下した。これら双方の判決例を通して，最高裁は，本来的目的に沿った使用許可については非裁量的な権限行使の適法性が争われるケースとして扱うのに対し，目的外使用許可については裁量判断に属することを前提に裁量権の逸脱・濫用の有無を審査するという仕方で，対照的な姿勢をとる立場を明らかにしたと言えよう。

Ⅳ 目的外使用とパブリック・フォーラム論

1 パブリック・フォーラム論の射程拡張

　行政財産，とりわけ設例で争われている学校施設や図書館，庁舎等のように「一般公衆の共同利用」を本来的な設置目的としない行政財産の目的外使用について，上述のような最高裁判例の立場とは異なった立場から解答を提示することは可能だろうか。言い換えれば，当該施設の本来的目的や施設管理者の判断における裁量性の有無のような制度的側面からではなく，表現活動や集会という，当該施設を利用しようとする者の利用行為の性質や価値を重視するという視点から，解答を模索することはできないだろうか。かかるオールタナティヴとしての解答可能性を検討する上で，憲法学の世界ではパブリック・フォーラム論の射程拡張が論じられていることが，参考になる。

　パブリック・フォーラム論[13]は，元来，伝統的な「規制と給付の二分論」が，給付や公共施設の利用を「特権」と捉えてその付与や廃止に関する行政判断に広汎な自由裁量性を容認してきたことに対して，特に表現の自由や集会の自由等の憲法上の権利に関わる範囲において，「規制と給付の二分論」を制約するための論理として主張され，確立したものであると考えられる[14]。こうし

---

13) アメリカ憲法判例におけるパブリック・フォーラム論について，特に市川正人『表現の自由の法理』（日本評論社，2003 年）110～133 頁，261～278 頁参照。
14) 中林暁生「給付と人権」『岩波講座 憲法 2 人権論の新展開』（岩波書店，2007 年）263 頁以下参照。本文で述べた意味において，パブリック・フォーラム論はアメリカ憲法判例における「違憲

た言論・集会の自由の実質的機会保障の論理としてのこの理論の射程範囲は，元来，公道・公園・公会堂等のようにその本来的目的として歴史的に公衆の言論や集会の用に供されてきた施設に限定されてきたのに対し，近時の憲法学におけるパブリック・フォーラム論では，かかる「伝統的パブリック・フォーラム」以外の施設にも同様の考え方を拡張しようとする傾向が紹介されている。それによれば，今日では，公立劇場のような「指定的パブリック・フォーラム」と呼ばれる施設が表現活動や集会の機会の実効的保障にとって有する役割や機能が，重視される傾向にあるようである[15]。同様の傾向は，空港ターミナル等「非パブリック・フォーラム」とされてきた施設をもパブリック・フォーラム論の枠内に取り込もうとする主張にも看取され，またさらに，施設や場所に限定することなく，政府による文化活動への助成措置のような「機会」の付与と呼ぶべき政府の給付活動についても，パブリック・フォーラム論の射程内に取り込む可能性が言及されることとなっているようでもある[16]。

2 公共施設としての使命

以上のようにパブリック・フォーラム論の射程範囲の拡張が論じられる背景には，それ自体多様な用途と種類を有する公共施設がそれぞれ果たすべき使命や職責に対する社会的意識の変化が，潜んでいると考えられる[17]。中林暁生氏の紹介によれば，アメリカ合衆国で空港ターミナルのような元来非パブリッ

な条件の法理」と密接な関係にあるようである。「規制と給付の二分論」に対する「違憲な条件の法理」の対抗関係を論じるものとして，中林暁生「違憲な条件の法理の成立」東北法学18号（2000年）101頁以下，特に148頁，同「違憲な条件の法理——現代国家における人権論の一断面」法学65巻1号（2001年）33頁以下，特に35〜36頁，52頁，67頁参照。

15) 中林暁生「給付的作用と人権論」法教325号（2007年）28頁。なお，駒村圭吾氏は，伝統的パブリック・フォーラムには「憲法的パブリック・フォーラム」という呼称を充てることを提唱し，これについては原則として内容規制は許されないとするのに対し，指定的パブリック・フォーラムについては，設営目的との関連で一定の内容規制の余地を認めるかたわら，当該施設の文化施設としての運用過程においては「専門職能の自律的判断」を確保することにより，「憲法的均衡」を図る必要性を強調する（駒村・前掲注8）38頁）。

16) 中林・前掲注15）28〜30頁。

17) 特に文化活動に対する政府助成を手がかりに，給付活動を通しての国家の規制に対する制約原理として，専門職員の職責の観念が重要であることを指摘するものとして，蟻川・前掲注8）特に213〜217頁参照。

ク・フォーラムとされてきた公共施設が新たな言論活動の場としてパブリック・フォーラムとしての性格が論じられるようになってきた背景には、「多くの人々が自動車で移動し、さらに、公園がしばしば犯罪の場所となってしまっている国において、新しい類型の政府の財産が言論活動に適合的なフォーラムでありうることを認める必要性」が生じてきたという事情があり、そのような社会的状況変化の下では、「空港こそは、多くの人々が出会う数少ない政府所有の財産の一つであり、そうであれば、空港を『パブリック・フォーラム』として認めることは特に重要である」と考える可能性が生じたからである[18]。以上の考え方は、パブリック・フォーラム性を有する施設であるか否か、すなわち集会や表現活動に相応しい場としての機能を果たすことが期待できる施設に当たるか否かを、それぞれの地域や社会において当該施設が置かれた具体的状況に応じて決しようとするものである。以上のように、個々の行政財産の目的や用途を固定的にではなく、具体的状況との関係で流動的に捉えようとする考え方は、空港ターミナル以外にも、設置目的の限定性を特徴とする様々な公共施設にも応用可能な発想である。

　そして、その中には、設例で問題となっている学校施設も含まれるのではなかろうか。学校施設の場合、児童・生徒の健全な成長を育むための公共施設としての学校に期待される役割は、社会状況の差違や変動とともに変わり得よう。その中には、他に適切な施設を近隣にもたない生徒や保護者のために学校施設の利用を可能な限り開放することへの社会的要請が含まれる。まして、生徒の健やかな成長を育むための文化活動を目的に生徒や保護者自ら主催することを利用目的とする場合、かかる利用開放の必要性はさらに高まる可能性がある。そのような場合に、学校施設の使用を認めることによって表現活動や集会の機会の確保をなし得る立場にある施設管理者が、当該学校施設の使用に特段の支障がないにもかかわらずこれを許可せず、その結果表現活動や集会の機会を奪うことは許されないとは言えないだろうか。また、そのような用途への学校施設の利用開放は、今日の学校に課せられた使命であり、それを可能な限り保障することは、学校管理者である教育委員会や学校長の社会的職責でもあると言

---

[18] 中林・前掲注15) 28頁。

えないだろうか。以上のような論理が成り立ち得るか否かが，設例に関する，最高裁判例とは異なったタイプの解決策の成立可能性を左右することになりそうである[19]。

---

[19] 本稿の執筆に際しては，本文及び注 18) までに挙げた文献のほか，以下の文献を参照した。

　まず，給付行政法の視点から公物法及び公営造物法の全体像を描出した古典的著作として，原龍之介『公物営造物法〔新版〕』（有斐閣，1974 年）がある。もっとも，公物の本来的な目的に沿った使用か否かという概念的な区別が，公物利用の流動化が要請される今日の時点で合理的な区別として維持可能であるかについて疑問を投げかけるものとして，三本木健治「公物法概念の周辺的諸問題」公法研究 51 号（1989 年）276 頁以下，及び塩野宏『行政法Ⅲ　行政組織法〔第 4 版〕』（有斐閣，2012 年）390 頁以下，特に 395〜396 頁も参照されたい。

　次に，国家の給付活動と表現活動の自由，集会の自由との緊張に満ちた関係については，蟻川恒正氏及び中林暁生氏の一連の著作が有益である。特に，中林暁生「『表現の自由』論の可能性(1)(2・完)」法学 67 巻 2 号 90 頁以下，3 号 40 頁以下（2003 年）は，統治者としての政府ではなく，雇用者，所有者，教育者又は後援者としての政府の活動には，私的雇用者，私的所有者，私的教育者又は私的後援者による場合からの類推が働くこと，その結果，個人の側の同意を根拠に「表現の自由」への制約を緩やかに許容しようとする傾向に対しては，「表現の自由」の保障が市民の「自己統治」に資するものであり，その点で，個人の利益や同意には還元できない社会的意義を有するものであること等を論じる。「給付と規制」というテーマを糸口に，「表現の自由」論総体の再構成への道を開こうとする刺激的な論文である。

第 5 章

利益衡量型司法審査と比例原則

> 【設問】 利益衡量型司法審査において基本的人権の侵害を援用すること，あるいは比例原則違反を援用することには，どのような意義や機能が認められるだろうか。

I　利益衡量型司法審査の光と影

1　問題の所在

(1)　利益衡量的検証の困難性

　駒村圭吾教授は，わが国におけるアメリカ流の違憲審査基準論の導入が「違憲審査基準論の俗流化による人権論の貧困化」を来しているとされ，その原因の一端を，「正当化の文脈での論証を急ぐあまり，審査基準の選択にばかり目を奪われて，発見の文脈を疎外してしまった点」に求められたが，そのような現状に対する打開策として，権利侵害の正当化の前段階に基本権の保護範囲論を設定するドイツ流の三段階審査論の考え方を，アメリカ流の違憲審査基準論に整合的に接合する可能性を示唆された[1]。

　ドイツ流三段階審査の特徴は，権利侵害が憲法上許容されるか否かを審査する前段階において，国家による侵害行為の認定（第一段階）とともに，当該侵害行為が憲法上の基本権保障の保護範囲内にある権利に対する侵害に当たるか否かの検証（第二段階）を行い，かかる憲法上の権利侵害に当たるとされるならば，その段階で違憲であるとの一応の論証が成立するとされる点にある。し

---

[1]　駒村圭吾「憲法的論証における厳格審査」法教338号（2008年）40頁以下，特に41〜42頁。

かる後の第三段階として，かかる一応の論証を覆し侵害行為を合憲として正当化するための国家による論証の成否が判断されるが，この侵害行為正当化の検証過程では，広い意味での比例原則が適用される。そのような「ステップ・バイ・ステップの論証プロセス」の優れた点は，「一つ一つ論証を積み上げていく段階的手続」を通して，侵害行為を正当化する側及び被侵害者としてこれを批判する側双方にとって，「合理的な議論を成立させるための『共通の足場』の確保」を可能ならしめる点にある[2]。また第三段階における法的正当化の検証段階では，国家が，違憲の国家行為であるとの一応の想定を覆すような正当化事由を提示し得るか否かに焦点を絞った判断が行われるわけであるから，立法や行政による権利侵害の正当性がそれだけ厳密に問いただされることとなる。三段階審査論には，このように，侵害行為を行う国の側に，基本権侵害による違憲性の推定を覆すに足りる程度に明確かつ説得力のある理由を示すことを求める点に特徴があると言える[3]。

しかも，二重の基準論を中心としたわが国の違憲審査基準論が，その「俗流化」の流れの中で「人権論の貧困化」をもたらしたのに対し，三段階審査論は，個々の基本権及び関係法制度の特質に応じた違憲審査制の運用を通して，財産権や経済的権利も含めた憲法上の権利総体について，利用可能な違憲審査の論証枠組みを提供するというメリットも認められるであろう[4]。

以上のような三段階審査のメリットは，立法・行政による権利侵害行為の合憲性判断に際して行われる利益衡量的検証の過程に，基本的人権が有する価値の重みや明快性を投入することにより，利益衡量の中身に適正性と客観性を確保しようとする点にあると言えよう。では，そのような基本権の保護範囲論がなければ，何故，利益衡量過程に適正性と客観性を確保することができないのだろうか。一言でいえば，それは，利益衡量という方法論それ自体には，合憲

---

[2] 松本和彦『基本権保障の憲法理論』（大阪大学出版会，2001年）64〜67頁。
[3] 以上につき，松本・前掲注2) 64頁，222〜225頁，石川健治「憲法解釈学における『論議の蓄積志向』――『憲法上の権利』への招待」法時74巻7号（2002年）60頁以下，特に62〜63頁。
[4] 森林法判決（最大判昭和62・4・22民集41巻3号408頁）を題材に所有権制限の合憲性判断のために比例原則を組み込んだ三段階審査の試論を提供するものとして，石川健治「法制度の本質と比例原則の適用」棟居快行＝工藤達朗＝小山剛編集代表『プロセス演習憲法〔第3版〕』（信山社，2007年）273頁以下参照。

性や適法性の審査を方向付ける客観的な指針が存在しないという問題があるからである。

(2) 利益衡量の内容面での審査密度

したがって，一方では，利益衡量過程の適正性を手続面から確保する必要が生じる。行政訴訟について手続的審査方法の重要性がしばしば強調される背景には，以上のような経緯がある。これに対して，国家による権利侵害の要件や効果等の実体面から利益衡量の適正性を確保しようとするには，侵害行為の根拠となった法規定や関連する法規定・法制度の趣旨目的及び侵害される権利利益の性質や重要度等から，ある程度明確な法準則を導き出す必要が生じる。その際に，侵害を受けた権利利益が基本権として価値の高いものであるならば，立法・行政による侵害行為に対する明確かつ確固たる制約規範としての役割を期待することが可能であり，それに応じて，侵害行為に対する実体面の司法審査密度は向上する。憲法訴訟や一般の行政訴訟において，基本的人権保障や比例原則その他の制約準則の重要性がしばしば強調されるのは，これらの憲法原理が，準則なしの利益衡量手法を制約し個別具体の事案に応じた利益衡量を適正に方向付ける役割を期待されるからである（比較衡量過程における制約原理・嚮導原理としての機能）。

ところが，現実の憲法訴訟のあり方に対しては，従来から，そのような制約原理を欠いた「基準なしの利益衡量」論が支配的であるとの批判が投げかけられてきた。

2 憲法訴訟における利益衡量型審査実態

(1) 猿払事件上告審判決における利益衡量論

「基準なしの利益衡量」を採用した憲法訴訟判例に対する批判として，ここでは，猿払事件最高裁判決（最大判昭和49・11・6刑集28巻9号393頁）に対する野坂泰司教授と高橋和之教授の議論を取り上げる。

猿払事件は，一般職の現業国家公務員である郵政事務官が衆議院議員選挙に際して特定政党の選挙用ポスターを自ら公営掲示場に掲示し，また同ポスターの掲示を依頼するためこれを配布した行為が，国家公務員の政治的行為を禁じた国家公務員法102条1項（同項の委任に基づく人事院規則14-7第5項3号所定の

政治的目的に該当し，かつ，同6項13号所定の政治的行為に該当するとの認定の下で) に違反するとして，同法110条1項19号所定の刑事罰に相当するとして起訴された事件に関する上告審判決である。

第1審及び控訴審は，被告が非管理職の現業公務員であり，その職務内容も機械的労務の提供に止まること，勤務時間外に国の施設を利用することもなく，また職務を利用せず又はその公正を害する意図もなくして行った行為であること，さらに労働組合運動の一環として行われた行為でもあることを理由に，刑事罰による制裁は合理的にして必要最小限の限度を超えるとして憲法21条・31条違反であるとの判断を下した。

最高裁大法廷（多数意見）は，以下の理由により，控訴審判決を覆し合憲判断を下した。即ち，①公務員の政治的行為の禁止の目的については，公務員の政治的活動を許容することによる「弊害の発生を防止し，行政の中立的運営とこれに対する国民の信頼を確保するため」であり，「公務員を含む国民全体の共同利益を擁護するための措置にほかなら」ず正当性を有すること，②公務員の政治的行為を一律に禁止し刑事罰を以て罰するという手段については，以上のような目的と「合理的な関連性」があり，「公務員の職種・職務権限，勤務時間の内外，国の施設の利用の有無等を区別することなく，あるいは行政の中立的運営を直接，具体的に損う行為のみに限定されていないとしても，右の合理的な関連性が失われるものではない」こと，③公務員の政治的行為の禁止によって得られる利益と失われる利益の間での「利益の均衡」についても，「利益の均衡を失するものではない」こと，以上が合憲とする理由の概要である。

このうち③の判断の中で，判決理由は以下のような利益衡量論を展開している。即ち，当該政治的行為の禁止によって「意見表明の自由が制約される」という結果は，「単に行動の禁止に伴う限度での間接的，付随的な制約」に過ぎず，また，国家公務員法102条1項等により禁じられた行動類型以外の行為により意見を表明する自由は制約されないのに対し，当該禁止により得られる利益は，「公務員の政治的中立性を維持し，行政の中立的運営とこれに対する国民の信頼を確保するという国民全体の共同利益」にほかならないことから，政治的行為の禁止により得られる利益はそれにより失われる利益に比して「さらに重要なものというべき」だとされたのである。以上のように，判決（多数意

見)は,「意見表明そのものの制約」を狙いとした禁止と「その行動のもたらす弊害の防止」を狙いとした禁止とを区別し,公務員に対する政治的行為の禁止は後者に該当し,前者に当たる場合に比して権利制約の程度は小さいとみなしていた。

以上のような間接的・付随的制約論に対して,野坂泰司教授は,政治的目的を有する文書の掲示や配布,集会等での政治的目的を有する意見の表明等,人事院規則14-7第5項・6項所定の行為類型は,いずれも,「単に行動がもたらす弊害の防止を狙いとした規制(道路交通秩序を維持するためのデモ行進の規制がその典型である)ではなく,公務員による政治的意見の表明がもたらす弊害の防止を狙いとした規制(その意味では,意見表明の自由に対する『間接的,付随的制約』ではなく,『直接的な制約』)と見るのが自然であ」り,したがって,「規制によって失われる利益は小さいということはできないと思われる」と述べる。そして,判決理由全体について,「政治的行為の禁止が『合理的で必要やむをえない限度』にとどまるものであるか否かに関する本判決の判断は,禁止が真に『必要やむをえない限度』であるか否かを厳密に検討したものではないといわなければならない」と批判する。事実,国家公務員の政治的行為に関する一律禁止規定を正当化する論証において,多数意見は,「公務員を含む国民全体の共同利益」という「一般的・抽象的な利益」を援用するという抽象的次元での利益衡量論に終始している。この点で,本件第1審及び控訴審の判決及び上告審の反対意見が,公務員の地位や職務責任の多様性,現業・非現業の別,勤務時間の内外の別,国の施設の利用の有無等の諸般の具体的事情に目配りし,きめ細かな判断を行おうとしているのとは対照的である。野坂教授の批判は,多数意見には,「行政の中立的運営」の確保と公務員の政治的意見表明の自由という相対立する複数の法益間のきめ細かな調整を図ろうとする姿勢が欠けていることを,的確に指摘するものであると言えよう[5]。

同様の趣旨の批判は,高橋和之教授によっても投げかけられる。高橋教授によれば,多数意見は,①「禁止目的」の合理性の局面では,行政の中立的運営

---

[5] 野坂泰司「国家公務員の政治活動の自由――猿払事件判決」法教331号(2008年)89頁以下,特に98〜100頁。

に対する「国民の信頼」の確保が,「行政の中立的運営」の確保と同等の禁止目的として正当化され,また,②「目的と手段の合理的関連性」の局面では,人事院規則 14-7 第 6 項所定の種々の政治的行為を「不可分一体的に観念」し,かかる政治的行為全体と禁止目的との合理的関連性を論証することに終始しており,選挙用ポスターの掲示・配布という具体的行為との関係で,その放任が「行政の中立的運営」の確保という目的を損なうか否かの検討を行っていないとされる。このように,①と②の局面での司法審査が具体的行為との関係性を欠いた抽象的次元での検証に止まったため,具体的な利益調整のための基準を欠いた利益衡量が,③「利益の均衡」の局面で全面的に行われることとなったとされる[6]。高橋教授によれば,そのような「審査基準なしの利益衡量」がまかり通るのは,違憲審査基準の「振り分け」ないし選択の拠り所を「規制される人権」の性質ないし重要度に応じて行うのではなく,規制により得られる国家利益の重要度に応じて行うという発想方法が支配しているからである。しかし,アメリカ法において想定された本来の違憲審査基準論は,学説の差違に関わりなく「すべて基本的には人権の側が起点となっている」として,大法廷判決はそのような本来の違憲審査基準論とは異質な思考に立脚したものであるとされる[7]。

(2) 昭和女子大事件とエホバの証人剣道実技事件

次に,高等教育機関における学生の身分が争われるという共通の事件で,政治的表現の自由と信仰の自由という異なった人権間で異なった判断が下される可能性を示唆するケースとして,昭和女子大事件とエホバの証人剣道実技事件に関して最高裁がそれぞれ下した判決を比較検討してみよう。

昭和女子大事件は,「学生の思想の穏健中正を標榜する保守的傾向」の私立大学において学生の無届けの政治活動を発端として行われた懲戒退学処分が,学生の表現の自由ないし政治活動の自由の保障の趣旨に照らして公序良俗違反

---

6) 高橋和之「審査基準論の理論的基礎(上)」ジュリ 1363 号(2008 年)72~76 頁。
7) 高橋・前掲注 6) 69 頁。さらに,上告審判決の理論的ベースとされる香城敏麿調査官(判決当時)の調査官解説及び関連論文に対する同様の見地からの批判として,高橋和之「審査基準論の理論的基礎(下)」ジュリ 1364 号(2008 年)108 頁以下,特に香城氏の「利益の均衡」審査論が「裸の利益衡量」・「審査基準なしの利益衡量」の提唱にほかならないとする点について,110~113 頁参照。

として無効とすべきか否かが争われた事件である。最高裁判決（最三小判昭和49・7・19民集28巻5号790頁）のハイライトは，学生の在学関係に部分社会論を適用し，「在学する学生を規律する包括的権能」を大学側に認めた点にあるが，それに加えて，学生の政治活動の自由と各私立大学の校風や教育方針との関係について，以下のような比較衡量を行っていることに注目すべきである。即ち，判決は，大学生が一個の社会人として有する「政治活動の自由」が重要視されるべき法益であることを認める一方，「しかし」として，学内外における学生の政治的活動を全く自由に放任すれば本人及び他の学生等に教育・研究上の障害が生じるおそれがあることを理由に，「大学当局がこれらの政治活動に対してなんらかの規制を加えること自体は十分にその合理性を首肯しうる」と述べ，その上で，特に私立大学における学生の政治活動の規制の幅について，以下のように論じている。「私立大学のなかでも，学生の勉学専念を特に重視しあるいは比較的保守的な校風を有する大学が，その教育方針に照らし学生の政治的活動はできるだけ制限するのが教育上適当であるとの見地から，学内及び学外における学生の政治的活動につきかなり広範な規律を及ぼすこととしても，これをもって直ちに社会通念上学生の自由に対する不合理な制限であるということはできない」。

　以上のような判決理由中の比較衡量論からは，表面上は学生の政治活動の自由にも言及しながら，衡量の秤は一方的に大学当局の教育方針，とりわけ各私立大学の校風や教育方針の側を重く扱おうとする姿勢が顕著であり，異なった法益間の対立を具体的事実関係に即して細やかに調整しようとする姿勢はうかがえない。本判決における部分社会論は，このような具体的事実に即した法益間のきめ細かな調整を不可能とする点に，その主たる役割があるように思われる。

　これに対し，政治活動の自由ではなく信仰の自由と学校の教育方針とが対立したエホバの証人剣道実技事件では，信仰の自由を重視した判断が下されることとなる（最二小判平成8・3・8民集50巻3号469頁）。この事件は，公立の工業高等専門学校における体育の授業で剣道実技が必修とされていたのに対し，信仰上の理由から剣道実技への参加を拒否した学生が，剣道実技以外の代替措置等を求めたにもかかわらずそれが認められず，その結果，原級留置及び複数年

にわたる原級留置の結果として退学処分が行われたというものである。
　この事件について，最高裁は，「公教育の教育課程において，学年に応じた一定の重要な知識，能力等を学生に共通に修得させることが必要であることは，教育水準の確保等の要請から，否定することができず，保健体育科目の履修もその例外ではない」として，学校側の教育科目編成権をひとまず承認する。しかし，剣道実技については他の体育科目などの代替的方法をとることが可能であり，また，剣道実技参加拒否の理由は学生本人の「信仰の核心部分と密接に関連する真しなもの」であり，原級留置及び退学という重大な不利益を避けようとすれば，「剣道実技の履修という自己の信仰上の教義に反する行動を採ることを余儀なくさせられるという性質を有するもの」であることを理由に，原級留置及び退学処分は，裁量権の範囲を逸脱した違法な処分であると結論付けた。
　昭和女子大事件では，私立大学における退学処分が争われたのに対し，エホバの証人剣道実技事件では，公立の工業高等専門学校における原級留置と退学処分が争われたという違いはあるが，最高裁の基本的人権観においては，同じく基本的人権ではありながら，政治活動の自由と信仰の自由との間には重み付けの差違が存在しており，その差違に応じて人権制約行為に対する実体的な審査密度に明確な差違が生じ得ることを，2つの最高裁判例は示しているように思われる。換言すれば，審査基準なしの利益衡量が行われる可能性の高い問題領域でも，信仰の自由のように重要度が高いとみなされた人権の核心に関わる侵害行為の合憲性が争われる場面では，利益衡量過程を可視化する明確な判断指針を獲得することが可能となるのである。

(3)　泉佐野市民会館事件

　さらに，過激派が主催する集会目的の市民会館使用申請に対して行われた不許可処分の適法性が争われた泉佐野市民会館事件について，最高裁（最三小判平成7・3・7民集49巻3号687頁）は，集会の自由の重要性に加えて，市民会館が有している「公共施設としての使命」を重視する立場から，当該集会によって混乱が生じる可能性があるとしても，「単に危険な事態を生ずる蓋然性があるというだけでは足りず，明らかな差し迫った危険の発生が具体的に予見されることが必要である」との判断基準を提示した。集会の自由という人権的価値

の重みに，市民会館が担う「公共施設としての使命」という法制度論が重なることにより，利益衡量過程を客観的に方向付ける機能が発揮されたケースであると捉えられる[8]。

(4) 問題の所在

利益衡量論は，本来，異なった性質を有する公的又は私的あるいは社会的な諸利益相互間の比較衡量を行うものであるので，特に明快な客観的基準や物差しが用意されない限り，判断者の主観的な価値判断が入り込む可能性が大きい[9]。エホバの証人剣道実技事件のような人権中の人権とも言うべき権利の核心部分が脅かされるケース，あるいは，泉佐野市民会館事件において市民会館が有する「公共施設としての使命」のように，明確な指針性を内包した制度の運用が問題となるケースでない限り[10]，利益衡量過程を客観的に方向付ける指針を見出すことは困難である場合が多い。そのような特別の場合に当たらないケースでも，違憲審査の利益衡量過程を方向付ける理論枠組みとして期待されるのが，次に検討する比例原則である。

II 比例原則と利益衡量過程の適正化

1 比例原則への期待とその限界

(1) 古典的な警察比例原則

比例原則は，元来，行政警察法に関する基本原理の1つとして自由主義的視点から警察権行使を制約するための不文の法理として形成されたものである。比例原則に関するわが国の通説的な見解によれば，比例原則は，何よりもまず，

---

8) 本書第Ⅲ部第4章，特にⅢ3参照。
9) 高橋・前掲注6) 68～69頁参照。また，利益衡量型審査の1つである公共事業の公益性をめぐる費用便益衡量型審査を題材に，利益衡量過程に客観的基準や指針を組み込むことの困難性を論じるものとして，亘理格『公益と行政裁量——行政訴訟の日仏比較』(弘文堂，2002年) 218～219頁参照。
10) 直接には財産権制限の合憲性判断のあり方との関係であるが，「事の性質」つまり「制度」の趣旨目的や「事案」の性質の重要性を指摘するものとして，石川・前掲注4) 273頁以下，特に290～295頁及び298～302頁参照。

警察権等の公権力行使の「必要性」ないし「必要最小限度規制」を要求する原理として把握されてきた。それによれば，以下の2つの要請が，比例原則の内容としてほぼ共通に語られてきた[11]。

第1に，警察権の行使は，社会公共の秩序に対する一定限度を超えた障害・危険の存在若しくはその切迫性を条件として，初めて許容される（危険の切迫性）。この第1の意味での警察比例原則から，「警察権に依る行為の自由の制限は，公共の安寧秩序に対する障害が現に存在するか，又はかゝる障害の近き時点に於ける発生に対する客観的確実性をもつ危険の存在する場合に限り，行はれ得る原則を生じる」とされる[12]し，また，「社会の健全な普通の見解」ないし「普通の社会の平均人」を標準とした判断により「社会上に忍容すべからざる障害」ないし「堪えがたい程度の障害」が発生し若しくはかかる障害発生が「相当の確実性をもって迫って来たとき」に初めて許容されるとされた[13]のである。

第2に，警察権発動の程度及び態様についても，発動対象たる公共の秩序に対する障害の程度・態様に対し比例的であることが要求される（必要最小限の手段）。この第2の意味での警察比例原則から，「警察権に依る行為の自由の制限は，公共の安寧秩序に対する現在の障害又は障害の危険に対しても，それを除去するに必要なる限度を限て行はれ得る原則を生じる」とされ[14]，「軽微な社会上の障害を除く為めには，それに比例するやうな軽微な自由の制限だけが許さるるものであり，人民の自由に重大な制限を加へるのは，其の制限を必要とするだけの重大な社会上の障害を除く為めにする場合でなければならぬ」とされ[15]，また，「公共の安全と秩序に対する障害を未然に防止し，既然に鎮圧

---

11) 本文における以下の叙述は，亘理・前掲注9) 238～256頁による。また，比例原則の伝統的な意味及び現代におけるその変容の全体状況を示す論文として，須藤陽子「行政法における『比例原則』の伝統的意義と機能——ドイツ警察法・学説の展開を中心にして(1)～(3・完)」東京都立大学法学会雑誌31巻2号（1990年）327頁以下，32巻1号（1991年）501頁以下，32巻2号（1991年）101頁以下（須藤陽子『比例原則の現代的意義と機能』〔法律文化社，2010年〕第Ⅰ部第1編に所収）参照。

12) 渡辺宗太郎『改訂日本行政法(下)〔改訂3版〕』（弘文堂書房，1939年）21頁。

13) 美濃部達吉『日本行政法(下)〔再版〕』（有斐閣，1941年）76～77頁，田中二郎『新版行政法(下)〔全訂第2版〕』（弘文堂，1983年）60頁。

14) 渡辺・前掲注12) 22頁。

し除去するために必要な最小限度に止まることを要する」とされた[16]のである。

(2) 比例原則の論理構造

以上のように，警察権の限界に関する通説的な理解によれば，警察権を発動し得るか否かについては「危険の切迫性」が要求され，またいかなる程度・態様の警察権発動をなし得るかについては「必要最小限度規制」が要求されるという形で，二段仕込みの警察比例の原則が承認されてきた。この2つの要求を合わせた概念として，警察権発動の「必要性」と呼ぶことも可能である。

ところが，「比例原則」には，「必要性」の要求とは異なった第3の意味があることに，注目しなければならない。それは，即ち，警察権等の規制権限の行使により得られる公共の利益とそれにより失われ若しくは制限される諸利益との適正な利益衡量を要求する原理として，比例原則を把握する考え方である。W・イエリネック以来の西ドイツ（当時）の通説的な比例原則の理解においては，かかる適正な利益衡量原則を指して「狭義の比例原則」と呼んできたようである。この利益衡量原則としての「狭義の比例原則」の適用過程では，警察権行使により得られる利益と失われる利益という二種類の利益間の比較衡量が行われるのであり，切迫した具体的危険に対する防御のために発動される警察措置の「必要性」を判断する際の目的・手段間の整合性の判断とは，性格を異にした判断が行われることとなる[17]。

---

15) 美濃部・前掲注13) 75頁。
16) 田中・前掲注13) 60頁。
17) この第3の意味での「狭義の比例原則」の要求内容は，既に戦前の時点で，美濃部達吉により示唆されていた。「警察権に依って除かんとする障害の程度と，これを除くことに依って生ずる社会上の不利益との間に，正当な比例を保たねばならぬ。例へば，工場の煙又は其の機械の響は工業の発達に伴ふ避くべからざる結果であり，工業地帯に於いては社会は其の障害を忍ばねばならぬが，都会地の住宅地域に於いては，居住者の利益を保護することが一層重要であるから，住宅地域に工場を設くることは，忍容すべからざる障害と為さねばならぬ。自動車交通の便利の為めには，相当の速力を必要とするが，或る程度を超ゆれば事故発生の危険が有り，其の危険を防ぐに必要な程度には，速力を制限する必要が有る。要するに，一害を除くことは同時に一利を失ふ所以であるから，其の利害の調和に付き適当な評価を為すことが，警察権発動の要件を為すもので，利益よりも障害の方が一層重大と認むべき場合にのみ，其の障害を除くが為めの命令強制が，正当な警察権の行使たるのである」（美濃部・前掲注13) 77～78頁)。

(3) 比例原則の規律密度

　以上のような古典的な警察比例原則に対して，今日，憲法訴訟や行政訴訟における利益衡量過程を制約する法原理として唱えられる比例原則は，これよりはるかに広い範囲をカバーすることを想定している。比例原則が国家による公共サービスの提供や非権力的行政をもカバーし得るかについては議論の余地があるが，少なくとも，国民の権利自由を制限する規制行政や，公共サービス給付に伴って課される義務の非遵守を理由に当該サービス給付を廃止又は停止する措置等をも含め，広い意味での規制行政や不利益行政全般に法の一般原則としての比例原則が及ぶことについては，ほぼ異論の余地がないであろう。また，憲法と立法との関係でも，権利制限的法律に対する合憲性判断の基準として，比例原則が適用される可能性が生まれている[18]。では，そのように対象範囲が著しく拡張された比例原則とは，いかなる意味の比例原則なのだろうか。

　この問題につき，髙木光教授は，比例原則形成の母国であるドイツ法における今日の比例原則の理解の仕方について，裁量の働く領域を限定し場合によってはとるべき複数の措置間の選択の余地を否定することにもつながる比例原則理解と，要件裁量については否定しつつとるべき措置の「必要性」については，「判断余地」等の言い回しにより実質的な裁量を認める比例原則理解とが成り立ち得るとした上で，「要件裁量を否定しないわが国の裁量論」にとって参考となるのは，後者の理解であると論じる。髙木教授によれば，「必要性」判断における裁量の余地を否定しない後者の比例原則理解は，比例原則本来の厳格性と「必要性」に関して裁量性を認めざるを得ないという実際的考慮との間にある「理論的緊張関係」を甘受した考え方であり，したがって「やや理論的には明確性を欠く」面は残るが，しかし，「比例原則による限定を裁判所による厳格な審査ではなく，やや緩やかなものと理解する必要があろう。つまり，比例原則による『必要な措置』の限定は，その究極の形態においては裁量の否定となるが，具体の事案において必要な限度には幅があり，その範囲内では一定の裁量が認められるという立場」が妥当であるとされる[19]。そして，「行政法

---

18) 青柳幸一「基本権の侵害と比例原則」同『個人の尊重と人間の尊厳』（尚学社，1996 年）337 頁以下参照。
19) 以上について，髙木光「比例原則の実定化──『警察法』と憲法の関係についての覚書」芦部

レベルでは多くのラントの警察関係の法律および連邦行政裁判所の判例などによって，憲法レベルでは主として連邦憲法裁判所の判例によって実定化されている」比例原則とは，以上のように「元来は『開かれた原則』」である比例原則であるとされるのである[20]。

そうであるとすれば，同じく比例原則の適用範囲として想定される国家活動の中にも，古典的な警察比例原則の適用条件と同様の厳格かつ高度の規律密度を期待できる類型のものから，そのような厳格かつ高度の規律密度は期待し得ないが利益衡量過程をある程度適正かつ客観的に制約する機能を期待し得る類型のものまで，今日の比例原則については様々な適用態様を想定すべきだということになる。

他方しかし，以上のように比例原則概念の拡張が生じているとすれば，そこには，比例原則の適用から期待し得る規律密度の拡散ないし希薄化も生じているのではないかとの疑いが生じる。一個の概念の妥当範囲の拡張は，多くの場合その意味の希薄化を伴うからである。しかし，そのように規範内容が緩やかとなった比例原則は，行政や立法に対する実効的なコントロールを確保する手段として実際に機能し得るのだろうか。猿払事件上告審判決における抽象的次元での利益衡量型審査の実態を想起するだけでも，その実効性には不安感が残るように思われる。

2　比例原則と具体的事実審査

(1)　目的・手段間の比例性だけで十分か

そこで，比例原則の規律密度を多様かつ緩やかに捉えた場合，この審査手法に合憲性審査及び適法性審査の機能を十分に果たさせるためにいかなる点に留意すべきかが，次に問題となる。

須藤陽子教授によれば，比例原則の意味には，「規制は必要最小限でなければならない」という意味，即ち，一定状況の下で想定し得る複数の手段を相互に比較し相手方の権利侵害の程度の最も少ない手段を選択すべきであるという

信喜先生古稀祝賀『現代立憲主義の展開（下）』（有斐閣，1993 年）218〜219 頁。
20)　髙木・前掲注 19）228 頁。同 224〜225 頁参照。

意味での比例原則と並んで,「目的と手段は不釣り合いであってはならない」という意味,即ち,規制の目的と手段間に比例性を要求する意味での比例原則が存在するとされる。後者を言い換えれば,手段たる規制措置の結果として相手方において失われる利益が,それにより得られる利益（目的）に比して過剰である場合を意味する。しかし,目的と手段の不均衡の禁止は,「目的と手段が最も望ましい関係にあること」を積極的に求める趣旨なのではなく,あくまでも,目的と手段間の「不適切な関係」を「排除」しようとする考え方である。しかも,相手方に過剰な不利益が生じていると認められれば直ちに比例原則に違反することになるというものでもないとされる。実際の適用では,「『不釣り合いであってはならない』という意味は『適切でなければならない』ということとイコールではない」のであって,一定の裁量の余地を認めた上で「著しい」不釣り合いがある場合に限って違法であるとの判断がなされる場合が多いとされる[21]。実際の裁判例についても,裁量権の踰越濫用の認定基準として「社会通念上（社会観念上）著しく妥当性を欠く」ことという著しく緩やかな基準を適用するに止まる判例ですら,一種の比例原則の適用例として説明されるわけである。須藤教授が的確に指摘するように,この種の判例における目的・手段間の不均衡の排除原則は,「『著しい比例原則違反』を排除する手法にとどまっている」のである[22]。

　比例原則に関する以上のような適用実態を見るならば,広い意味での比例原則が実際の立法や行政作用に対して及ぼし得る規律の密度は,必ずしも高くはないと言わざるを得ない。確かに,典型的な警察規制や制裁的な不利益措置の場合を除けば,広い意味での比例原則それ自体に厳格な規律密度を期待できるのは,むしろ例外的と言うべきであろう。他方しかし,そのような場合も,多様な公的又は私的なあるいは社会的な諸利益間の衡量過程を透明化し,比較衡量の秤に乗る個々の法的価値・利益の内容及びそれら相互間の調整過程の適正性を確保するという役割を期待することは,一定の条件さえ具備されるならば不可能ではない。そのための最低限の条件として,比例原則の適用に当たって,

---

21) 須藤陽子「比例原則」法教237号（2000年）225〜227頁。
22) 須藤・前掲注21) 229頁。

個別事案の具体的事実状況に即した利益衡量という条件を組み込むことが不可欠である。

(2) 比例原則と具体的事実審査の連結

比例原則は，今日まで一般には，もっぱら目的・手段間の関係及び複数の手段相互間の関係という視点だけから捉えられてきたと言えよう。しかし，このような従来の比例原則の理解では，それ自体規律密度が希薄化した比例原則に，実効的な合憲性・適法性のコントロールを期待することは困難である。したがって，比例原則は，目的と手段の相互関係に止まらない次元での比例性の要求として捉えられるべきであり，比例原則は，本来，目的と手段の二項間関係に具体的事実状況という第3のファクターを組み込んだ均衡性の要求として，把握すべきである。この点で参考になるのは，フランス公法学における比例原則の理解の仕方である。

フランス公法学では，元来，比例原則という用語を明示的に用いた議論は発達してこなかったが，近年，ドイツ公法学における比例原則の活況に刺激される形で，比例原則に関する研究が広がりを見せ始めている。その意味で，フランス公法学にとって比例原則は外来の概念であるが，実は，フランスの行政判例や憲法判例においても，事実上，比例原則の適用例とみなし得る事例が数多く存在していたことが，今日，注目されている。「フランスの行政裁判官も，結局は，それと知ることなしに，あるいはより正確に言えば，それと明言することなしに，比例原則を適用してきた」とされるのである[23]。そのようなフランス法の文献を読んで真っ先に気付くのは，比例原則の論理構造について，国家による権利侵害の目的と手段という二項間の関係に事実状況という第3の項を加えた三極関係を想定した理解の仕方が強調されているという点である。

参考になるのは，G・ブレバン（G. Braibant）という，コンセイユ・デタを代表する実務家でもあった行政法学者の議論である。ブレバンは，「比例原則」の適用が想定される場合に，行政によって使用される「手段」（moyens）としての個々の行政決定，それによって達成しようとしている「目的」（finalité ou

---

[23] G. Braibant, Le principe de proportionnalité, Mélanges M. Waline, 1974, T. 2, pp. 298-299. また，亘理・前掲注9）239頁。

but), 及び当該行政決定が行われるに当たっての前提を成す「事実状況」(situation de fait), という3つの要素を「三部構成」(trilogie) として把握することを求めており, その各要素間で「適正な比例関係が保たれなければならない」と述べている。単に目的ないし目標とその達成のための手段たる決定行為との均衡の要求に止まらず, 均衡状態を確保すべき要素の中の第3の範疇として, 具体的な「事実状況」の重要性を指摘する点が重要である。つまり, 国家介入の目的・目標及びその内容の各々について, 前提となる具体的事実状況との間で適正な均衡を保たなければならないと主張するのである。そして, このような「比例原則」理解は, この後,「比例原則」を論じるフランスの法学説によりほぼ例外なく継承されている[24]。

このような具体的事実状況に応じた比例原則の理解は, 国家による権利侵害の目的及び手段について, 抽象的事実ではなく, 個々の事案の具体的事実状況に応じてバランスのとれた正当化理由を要求するという点で, 利益衡量過程の適正性に関する審査密度の高度化に寄与することが期待できる。また, 比例原則の適用に際して具体的事実状況の勘案を要求するということは, これを憲法訴訟論上の語法に即して言い換えれば, 目的・手段間における不均衡の排除という一般に受容された意味での比例原則に, 立法事実論の要素を付加することであると言うこともできるであろう。

---

[24] 以上について, 亘理・前掲注9) 241～243頁。

第 6 章

原子炉安全審査の裁量統制

I　はじめに

　伊方原発訴訟は，四国電力が愛媛県西宇和郡内に計画した原子力発電所設置のための申請を受け，内閣総理大臣が核原料物質，核燃料物質及び原子炉の規制に関する法律（平成 24 年法律 47 号による改正前のもの。以下，「原子炉等規制法」という）23 条 1 項に基づき行った原子炉設置許可に対し，同郡内に居住する住民が提起した取消訴訟である。本訴訟では，第 1 審・松山地裁昭和 53 年 4 月 25 日判決（判時 891 号 38 頁，判タ 362 号 124 頁）から控訴審・高松高裁昭和 59 年 12 月 14 日判決（判時 1136 号 3 頁，判タ 542 号 89 頁）を経て上告審・最高裁平成 4 年 10 月 29 日第一小法廷判決（民集 46 巻 7 号 1174 頁，判時 1441 号 37 頁，判タ 804 号 51 頁）に至るまで，一貫して原子炉施設の安全性が正面から争われたが，すべて安全性を認め取消請求を棄却する旨の判断が下された。本稿が取り上げるのは，その中の上告審判決である（以下では，当該上告審判決を「伊方原発判決」という）。

　福島第一原発における過酷事故の発生は，原子炉施設の安全審査論の前提条件を覆した。これにより，原子炉施設の安全審査に対する司法統制方法論を規定づけてきた伊方原発判決に対する評価も，見直しの必要を免れないであろう。したがって，行政法学は，同判例のいかなる部分を生かし，いかなる部分を否定すべきかを論ずべき状況にある。従来，原子炉施設の安全性を本格的に論じることをしてこなかった筆者にとって，本稿は，福島第一原発事故という過酷事故以降に獲得した知見や思考に基づくものであり，その意味では「あと知恵」によるものである[1]。以上のような自覚の下に，上述の課題に取り組むこととする。

1）椎名慎太郎「原発訴訟から学ぶもの」山梨学院ロー・ジャーナル 7 号（2012 年）17〜18 頁参照。

Ⅱ 伊方原発判決

1 判　旨

　伊方原発判決は，原子炉の設置許可という，高度の専門技術性を有する行政の安全性判断の適法性について裁判所が行う審査の密度，かかる司法審査における安全性の主張・立証のあり方，設置許可段階における安全審査の対象事項の範囲等につき，従前の下級審判例の基調を継承するとともに，その後のこの種の事案に関する判例理論を決定づけた判例である。同判決の判断内容は，原子炉設置許可の手続面での違法の主張（周辺住民への情報開示や聴聞手続を欠くことが憲法31条に違反するとの主張等）を斥けた部分と，同許可の実体法的違法の主張を斥けた部分とに分かれるが，本稿では，主に実体法的側面に焦点を当てて論じることとし，手続法的側面については必要な範囲で限定的に言及するに止める。

　実体法的側面における本判決の判断は，①原子炉施設の安全性（以下，単に「安全性」という場合は「原子炉施設の安全性」をいう）に関する司法審査の方法と基準を明確化したこと，②当該司法審査における主張・立証責任の分配方法を明確化したこと，③原子炉設置許可段階における安全審査の対象範囲を限定したことの，3点に要約できる。

　①　安全性に関する司法審査の方法と基準に関する本判決の判断内容は，以下のように，原子炉設置にかかる許可権限庁の判断に専門技術的な判断の余地を認める一方，安全審査における具体的審査基準に焦点を絞った司法審査に途を開いたものである。

　すなわち，本判決はまず，原子炉施設の安全性に関する許可基準（原子炉等規制法24条1項3号の「技術的能力」に関する部分と4号の災害防止基準を併せたもの。以下，同様とする）への適合性について，「各専門分野の学識経験者等を擁する原子力委員会の科学的，専門技術的知見に基づく意見を尊重して行う内閣総理大臣の合理的な判断にゆだねる趣旨と解するのが相当である」と判示した。「技術的能力を含めた原子炉施設の安全性」の審査には，「多方面にわたる極めて高度な最新の科学的，専門技術的知見に基づく総合的判断」を要し，また，

安全性基準の適用に当たっては，原子力委員会（昭和53年法律86号による改正以降は原子力安全委員会）[2]への諮問及び同委員会の意見を尊重することが義務づけられていること（原子炉等規制法24条2項）が，その理由である。以上を前提に，本判決は，原子炉施設の安全性に関する司法審査は，安全性に関する具体的審査基準に「現在の科学技術水準に照らし……不合理な点」がないか（「内容的不合理性の存否の審査」），また，かかる具体的審査基準に適合するとした委員会や専門審査会の「調査審議及び判断の過程に看過し難い過誤，欠落」がないか（「適用過程における過誤・欠落の審査」）という，2つの側面から行うべきであるという考え方を明確化した。

安全性に関する具体的審査基準の内容及びその適用過程における不合理性の存否という点に的を絞った以上のような司法審査方法論は，従前の下級審裁判例において専門技術的裁量に対する司法審査方法論として蓄積された考え方を継承しかつ明確化したものである[3]。本判決理由は，従前の下級審裁判例とは異なり，専門技術的「裁量」という用語を用いないが，原子力の安全性に関する専門家委員会の判断を踏まえた行政庁の判断を尊重することを前提としたものであり，一般には，事実上，専門技術的裁量を承認したものと解されてきた[4]。

② 安全性に関する主張・立証責任の分配問題について，本判決は，安全性に関する行政庁の判断に不合理な点があることの主張・立証責任は，本来原告が負うべきものであるとする一方，安全性に関する資料の偏在（かかる資料は「すべて被告行政庁の側が保持していること」）等を理由に，「被告行政庁の側において，まず……被告行政庁の判断に不合理な点のないことを相当の根拠，資料に基づき主張，立証する必要があり，被告行政庁が右主張，立証を尽くさない場合には，被告行政庁がした右判断に不合理な点があることが事実上推認される」と判示した[5]。

---

[2] 「原子力規制委員会設置法」（平成24年法律47号）による改正後の原子炉等規制法の下での原子炉設置許可権限との関係については，本文後述Ⅳ参照。
[3] 高橋利文〔調査官解説〕最判解民事篇平成4年度420頁参照。
[4] 髙木光『技術基準と行政手続』（弘文堂，1995年）10頁。また，もんじゅ第2次上告審判決に関する阪本勝〔調査官解説〕最判解民事篇平成17年度（上）274頁参照。
[5] 主張・立証責任に関する判旨について，民事訴訟法学からは，証明責任を負わない当事者に事案解明責任を課したものであるとの見方が示されてきた。竹下守夫「伊方原発訴訟最高裁判決と事

③　原子炉設置許可段階における安全審査の範囲について，本判決は，「原子炉設置の許可の段階の安全審査においては，当該原子炉施設の安全性にかかわる事項のすべてをその対象とするものではなく，その基本設計の安全性にかかわる事項のみをその対象とするものと解す」べきであると判示した。これにより，原子炉設置許可段階での安全審査の対象を限定したが，その理由は，原子炉等規制法が定める規制の構造に求められる。具体的には，同法が，①核燃料物質の製錬，加工等の各事業，原子炉の設置・運転等及び使用済燃料の貯蔵，再処理等の各事業を区別し，それぞれを指定や許可等の規制対象とし（マクロレベルの段階的規制構造），また，②原子炉の設置・運転等に関する規制を定めた同法第4章の規定においても，原子炉設置の許可とそれ以後の設計及び工事方法の認可，使用前検査，保安規定の認可，定期検査，原子炉解体の届出等の一連の諸規制を段階的に定めている（ミクロレベルの段階的規制構造）という点にある。このように原子炉設置許可段階における安全審査の範囲を限定することにより，原子炉の具体的な詳細設計や工事の方法，固体廃棄物の最終処分の方法，使用済核燃料の再処理及び輸送の方法，温排水の熱による影響等の事項は，原子炉設置許可段階での安全審査の対象から除外される。

2　岐路としての伊方原発判決

(1)　具体的審査基準に的を絞った裁量統制

　上述のごとく，本判決は，事実上，原子炉施設の安全性に関する行政庁の判断に専門技術的裁量を容認したものであり，これにより，その対極にある「実体的判断代置型審査方法」の採用を拒否する立場を明確化した[6]。その一方，原子炉施設の安全性に関する専門家委員会[7]の「専門技術的な調査審議及び判

　　案解明義務」木川統一郎博士古稀祝賀『民事裁判の充実と促進(中)』（判例タイムズ社，1994年）1頁以下，髙田昌宏「主張・立証の方法——最高裁平成4年10月29日判決」法教221号（1999年）31頁，山本克己「事案解明義務——最一小判平成4年10月29日民集46巻7号1174頁」法教311号（2006年）86頁以下参照。
 6)　高橋・前掲注3）421〜422頁，髙木・前掲注4）9頁，佐藤英善「伊方・福島第二原発訴訟最高裁判決の論点」ジュリ1017号（1993年）42頁。なお，高橋滋氏は，伊方原発判決が実体的判断代置型司法審査をしりぞける一方，「『裁量』という用語を用いずに新しい抑制的な審査方式のパターンを示そうとした意図」を高く評価していた。高橋滋『先端技術の行政法理』（岩波書店，1998年）176〜177頁。他方，同判決が，運用次第では実体的判断代置方式への接近可能性を秘めてい

断を基にしてされた被告行政庁の判断に不合理な点があるか否かという観点から」，行政庁による安全審査の不合理性に的を絞った司法審査の可能性に新たな途を開いた。このような裁量統制手法は，専門技術的裁量に対する司法統制の合理的客観化に資するものであり[8]，また，併せて被告行政庁側に，安全性に関する第一次的な主張・立証の必要があるとしたことにより，安全性に関する行政判断過程の透明性の向上に資するという面も見逃せない[9]。したがって，現行の訴訟制度を前提とする限り，安全性に関する具体的審査基準の内容とその適用過程に不合理な点がないかという点に着眼した司法審査方法は，今後も維持すべきものと思われる。

しかし，以上のような司法審査方法論には，以下に見るように，安全審査における専門技術的裁量に対する司法統制を実効化するベクトルと，逆に裁量統制を形骸化するベクトルとが並存するという点にも，留意しなければならない。
(2) 裁量統制実効化のベクトル

高橋調査官解説によれば，伊方原発判決が，原子炉の安全性に関する許可権限庁の専門技術的判断について「裁量」という語を使用しなかった理由は，「一般にいわれる『裁量』（政治的，政策的裁量）とは，その内容，裁量が認められる事項・範囲が相当異なるものであることから，政治的，政策的裁量と同様の広汎な裁量を認めたものと誤解されることを避けるためであろう」という点に求められる[10]。また，本判決の意図は，実体的判断代置方式を斥ける一方，「広汎な政治的，政策的裁量が認められる場合のように，司法審査の範囲が被

たとの指摘として，首藤重幸「原発行政への司法審査のあり方——三つの原発訴訟最高裁判決から考える」法セ458号（1993年）28頁及び保木本一郎「大規模危険施設の安全性と司法審査——伊方・福島第二原発訴訟」法教150号（1993年）67頁参照。
7) 本文でいう専門家委員会とは，伊方原発における原子炉設置許可当時であれば，原子力委員会及び同委員会内に設置された原子炉安全専門審査会を意味するが，1978年の原子力基本法改正（昭和53年法律86号）後は，同改正により新たに設置されることとなった原子力安全委員会を意味する。
8) 佐藤・前掲注6) 40頁参照。また，髙木・前掲注4) 11頁，及び髙橋滋・前掲注6) 177頁も参照。
9) 民事訴訟法学で論じられる「事案解明義務」を認めたものとまで評価できるかは未確定としつつも，被告行政庁の主張・立証の必要に関する本判決の判旨を高く評価するものとして，髙橋滋・前掲注6) 182〜183頁参照。
10) 髙橋・前掲注3) 420頁。

告行政庁の判断に著しい不合理があるか否かに限定されるという」立場を採ったものでもないとされる[11]。かかる見解を踏まえるならば，伊方原発判決が想定する原子炉施設の安全性に関する専門技術的裁量の幅は，政治的・政策的裁量の場合に比して狭く限定されるべきであり，審査基準に的を絞った「不合理性の審査」も，当該専門技術分野の科学的・合理的な経験則による制約を前提に理解することが可能となる。

　しかも，審査基準の内容及び適用過程の合理性の判断に当たっては，「現在の科学技術水準に照らし」て不合理な点がないかの審査が要求されるため，科学技術の向上に伴い経験則として得られたより高度の「安全性」を基準とした判断が可能となる。加えて，上述のように被告行政庁側に要求される，安全性に関する第一次的主張・立証の必要性をも併せて考慮するならば，最新の科学技術的知見に立脚し，かつ専門家委員会と行政庁による安全性判断の実態に切り込んだ判断過程統制型の審査を通して，実効的な裁量統制へ展開する可能性が開かれた面があることは否定し得ない。

(3)　裁量統制形骸化のベクトル
　　——「不合理性の審査」と「基本設計の安全性」

　しかし，審査基準に照準を合わせた裁量審査方法論には，行政庁の安全審査に不合理な点があるかを検証する点で不徹底な面があるようにも思われる。この点については，既に，同判決が提示した司法審査の手法は，審査基準及びその適用過程に「不合理な点があるか否か」という点では，「不合理性の審査」に止まり，「実質的内容の合理性に踏み込んだ審査を……志向しているものとは考えにくい」との指摘がなされてきた[12]。

　また，原子炉施設が具体的審査基準に適合するとした専門家委員会の調査審議及び判断の過程に関する「不合理性」の審査が，何故，「看過し難い過誤，欠落」の判断に限定されることになるのか，その理由は判決理由には一切示されないが，調査官解説によれば，「安全審査・判断の過程に過誤，欠落があったとしても，それが軽微なものであって重大なものでない場合には，これによ

---

11)　高橋・前掲注3）421〜422頁。
12)　山田洋「伊方原発訴訟上告審判決」平成4年度重判解（ジュリ臨増1024号）46〜47頁。

り直ちに，多角的，総合的な判断である被告行政庁の判断が不合理なものとなるものではないという趣旨であろう」との理解が示されていた[13]。しかし，科学技術の世界では，些細な不合理の発見が科学技術の根本的欠陥の発見につながることがあるのであり，とりわけ原子力や原子炉という超長期にわたって過酷な被害をもたらす危険を伴うものの利用の場合，先端科学技術一般において生ずる危険に対するのと同等の制約を課すだけで十分かについては，疑問がある。

さらに，原子炉設置許可段階での安全審査の範囲を当該原子炉の基本設計の安全性に限定し，設計及び工事の方法の認可等，設置許可以降の諸段階で対処可能な安全対策を，原子炉設置許可段階での安全審査の範囲から除外するとした点も，裁量統制を形骸化させる要因となり得る。かかる「原子炉の基本設計」限定論に対しては，原子炉施設による原子力利用の起点に位置する原子炉設置許可の段階では，その後の運用及び核廃棄物の輸送，貯蔵，再処理及び廃棄まで見通した安全確保のための審査を確保すべきであるとの視点からの批判が投ぜられてきた[14]。また，段階的規制構造を理由に原子炉設置許可段階での安全審査の範囲を限定する本判決の考え方が，設置許可における行政庁の政策的・専門技術的裁量論と結び付いたときには，「原子力発電のトータルな安全性に十分な見通しをもち得ないときでも，ゴーサインを出し得る余地を認めるために原子炉設置許可段階の審査対象を限定することを狙った方式に堕する危険性を否定し得ない」という批判も投げかけられてきた[15]。加えて，原子力利用に伴って生じ得る過酷事故の重大性を直視するならば，現行原子炉等規制法が採用する規制構造を根拠に設置許可段階での安全審査の範囲を限定することには，説得力を認め得ないように思われる。むしろ，原子炉設置許可以後の諸段階（原子炉施設の設計及び工事の方法の認可，原子炉の稼働，使用済燃料の保管，運搬，再処理，廃棄等）における不備や異常事象発生の危険を払拭し得ない限り，

---

13) 髙橋・前掲注3) 423頁。
14) 本判決のこの部分に対する批判として，保木本・前掲注6) 67頁。なお，氏の批判論のベースにある日独原子力法制比較研究について，保木本一郎『原子力と法』（日本評論社，1988年），特に185～190頁，199頁以下，275頁以下参照。
15) 佐藤・前掲注6) 39頁。

かかる不備や危険が顕在化し放射能の原子炉施設外への放出等の重大事故に至らしめないために講ずべき事前防護策については，「原子炉の基本設計」上の安全性を構成するものと捉えるべきであろう[16]。

伊方原発判決は，以上の意味で，原子炉施設の安全性に関する裁量統制の実効化と形骸化という対立する2つのベクトルを内包し，いずれの方角を選ぶべきかの岐路を示す判例であった。そして，その方向を決定づけることとなったのが，高速増殖炉もんじゅ行政訴訟に関する差戻判決後の上告審判決（以下，「第2次上告審判決」という）である。

III 伊方原発判決以後

1 もんじゅ行政訴訟

もんじゅ行政訴訟は，高速増殖炉「もんじゅ」に関して，内閣総理大臣が動力炉・核燃料開発事業団（その後，核燃料サイクル開発機構，独立行政法人日本原子力研究開発機構を経て，現在は国立研究開発法人日本原子力研究開発機構）に行った原子炉設置許可（当時の原子炉等規制法23条1項）に対して，最も遠い者で半径58kmの範囲に居住する住民が無効確認訴訟を提起した事案である。当初，民事差止訴訟との関係で無効確認訴訟の訴えの利益の存否，及び半径20kmを超える範囲に居住する者の原告適格がそれぞれ争われたが，最高裁平成4年9月22日第三小法廷判決（民集46巻6号571頁・1090頁）はこれをいずれも肯定し，事案を第1審に差し戻した（第1次上告審判決）。差戻審では，本件許可が無効の瑕疵を帯びたものか否かが正面から争われたが，差戻後第1審・福井地裁平成12年3月22日判決（判時1727号33頁）（以下，「第2次第1審判決」という）は，本件許可の際の安全性審査において用いられた審査基準は合理的で妥

---

[16] 阿部泰隆『国土開発と環境保全』（日本評論社，1989年）341頁以下，特に342～343頁参照。阿部氏は，また，「人間というのはかならずミスをするものであるし，特に事故などという緊急事態においてはミスをしやすいものであるから，それでもなおかつ事故を防げるように設計する」必要があるとして，人為ミスをも想定した視点から「基本設計」の範囲を捉え直すことを提唱してきた（同書346頁）。

当なものであり，また，「安全審査の調査審議及び判断の過程に重大かつ明白な瑕疵といえるような看過し難い過誤，欠落があるとは認められない」として，請求を棄却した。

これに対し，差戻後控訴審・名古屋高裁金沢支部平成15年1月27日判決（判時1818号3頁，判タ1117号89頁）は，第2次第1審判決を取り消すとともに設置許可の無効確認請求を認容する判決を下した。当該控訴審判決（以下，「第2次控訴審判決」という）は，まず原子炉設置許可処分の特質について，伊方原発判決に従い「主務大臣の専門技術的裁量」を認める一方，「しかしながら，その基準適合性の判断（裁量）は，規制法の趣旨に従い，あくまで安全確保の見地から，科学的かつ合理的に行うものでなければならない。したがって，この主務大臣に認められた裁量（専門技術的裁量）は，非科学的であってはならず，かつまた，安全性にかかわらない政策的要素を考慮する余地がないという点において，他の分野で認められている『裁量』（政治的，政策的裁量）とは，その性質，内容を異にするというべきである」と論じた。この説示は，伊方原発判決に関する高橋調査官解説における同様の解説を継承するものであるが，同時に，専門技術的裁量といえども科学的・合理的見地からの制約に服することを強調するものである。

その上で，第2次控訴審判決は，原子炉設置許可処分に関する無効判断の枠組みを論じており，それによれば，原子炉設置許可の無効判断については，①違法の明白性要件を必要とせず[17]，②違法（瑕疵）の重大性については，原子炉施設事故時において「原子炉格納容器内に閉じ込められていた放射性物質が周辺の環境に放出される」という事態の発生を防止し得ないという基本設計上の瑕疵が存在する場合には，直ちに，重大な違法（瑕疵）の存在を認定すべきであり[18]，③原子炉設置許可無効確認訴訟における主張・立証責任についても，

---

17) 違法（瑕疵）の明白性について，第2次控訴審判決は，「原子炉設置許可処分については，原子炉の潜在的危険性の重大さの故に特段の事情があるものとして，その無効要件は，違法（瑕疵）の重大性をもって足り，明白性の要件は不要と解するのが相当である」として，瑕疵の明白性の要件を不要とする立場を採用した。

18) 違法（瑕疵）の重大性に関する第2次控訴審判決の考え方は，原子炉施設事故により放射性物質が原子炉格納容器外に放出されるという「事態の発生の防止，抑制，安全保護対策に関する事項の安全審査に瑕疵があり，その結果として，放射性物質が環境に放散されるような事態の発生の具

被告行政庁の側が，自己の判断に不合理な点がないことを「相当の根拠，資料に基づき主張立証する必要」があり，当該行政庁がその主張・立証を尽くさないときには，その判断に「不合理な点があることが事実上推認される」と解すべきであるとされた[19]。

以上のような無効判断の枠組みを当該事案に適用した結果，第 2 次控訴審判決は，高速増殖炉「もんじゅ」設置許可処分の際の安全審査には，①「 2 次冷却材漏えい事故」に対する防止策，②「蒸気発生器伝熱管破損事故」に対する防止策，③「第 1 次冷却材流量減少時反応度抑制機能喪失事象」（及びそれに起因する「炉心崩壊事故」）に対する防止策という 3 点にわたる調査審議及び判断の過程に，「看過し難い過誤，欠落」があったとの理由により，当該設置許可処分を無効と結論づけた。これに対し，第 2 次上告審判決は，上記の 3 点すべてについて第 2 次控訴審判決の判断を覆した。

2 第 2 次控訴審判決と第 2 次上告審判決

第 2 次上告審判決・最高裁平成 17 年 5 月 30 日第一小法廷判決（民集 59 巻 4 号 671 頁，判時 1909 号 8 頁，判タ 1191 号 175 頁）の判決理由は，もんじゅ設置許可の際の原子力安全委員会等の調査審議において用いられた具体的審査基準には不合理な点がなく，また当該審査基準を適用した上記委員会の調査審議及び判断の過程に「看過し難い過誤，欠落」があるとは言えないというものである。つまり，無効判断に固有の要件（違法の重大性及び明白性の要否及び当該事案におけるその要件該当性）について判断するまでもなく，その前段階である違法性自

体的危険性を否定できないときは，安全審査の根幹を揺るがすものであるから，原子炉設置許可処分を無効ならしめる重大な違法（瑕疵）があるというべきである」というものである。この考え方に従えば，原子炉施設の安全審査の違法性が問題となる場合である限り，違法性成立要件である「審査基準の不合理性」又は調査審議及び判断過程における「看過し難い過誤，欠落」の認定と，無効成立要件である「重大な違法性」の認定との間に，質的な差はほとんど消滅することになる。この判旨部分を好意的に評価するものとして，首藤重幸「もんじゅ原発行政訴訟控訴審判決」法教 271 号（2003 年）48 頁，逆に批判するものとして，髙木光「裁量統制と無効（上）——もんじゅ訴訟の教訓」自治研究 79 巻 7 号（2003 年）56 頁（同『行政訴訟論』〔有斐閣，2005 年〕382〜383 頁）参照。

19) 原子炉施設の安全性の主張・立証責任に関する第 2 次控訴審判決の考え方は，設置許可取消訴訟についての伊方原発判決の考え方を，無効判断にも応用するものである。

体を否定した[20]。したがって，かりに訴えが出訴期間内に取消訴訟として提起されたと仮定した場合でも，第2次上告審判決の判旨からすれば請求は棄却すべきものだということになる。そこで，以下では，無効判断固有の要件には立ち入らず，もっぱら「もんじゅ」設置許可の違法性自体の判断に限定して，第2次控訴審判決と第2次上告審判決において適法・違法の判断が対立した3点（上述の①～③）を中心に比較検討を加える。ただ，紙数の制約から，②と③については，ごく簡潔な要約に止めざるを得ないことをお断りしておきたい。

(1) 安全審査事項の裁量的選択の容認

第2次上告審判決は，まず，伊方原発判決を援用し，原子炉設置許可段階における安全審査の対象は当該原子炉の「基本設計の安全性にかかわる事項」に限定されることを確認的に述べた上，設置許可段階における安全性に関する審査事項の選択に関しても，以下のように，主務大臣の裁量的選択を許容する旨判示した。即ち，原子炉等規制法24条2項が，原子炉の安全性に関する許可基準に適合するか否かの判断について，「各専門分野の学識経験者等を擁する原子力安全委員会の科学的，専門技術的知見に基づく意見を十分に尊重して行う主務大臣の合理的な判断にゆだねるものであること」を根拠に，「どのような事項が原子炉設置の許可の段階における安全審査の対象となるべき当該原子炉施設の基本設計の安全性にかかわる事項に該当するのかという点も，上記の基準の適合性に関する判断を構成するものとして，同様に原子力安全委員会の意見を十分に尊重して行う主務大臣の合理的な判断にゆだねられていると解される」と判示したのである。

もんじゅ行政訴訟第2次上告審判決も「裁量」という用語は用いないが，これにより，原子炉設置許可段階における安全性に係る審査事項の決定にも，主務大臣の裁量的選択を認めたことになる。この点については，第2次控訴審判決も同様に，審査事項の決定は「原子力安全委員会の意見を尊重して行う主務大臣の合理的な判断にゆだねられている」と説示していたが，同時に，かかる裁量的な選択は，「もっぱら科学的かつ専門技術的な見地から合理的に行われなければならない」と付言していた点が異なる。

---

20) 阪本・前掲注4) 277～278頁。

(2) 対立（その1）——ナトリウム漏えい事故防止策に係る安全審査の合理性

2次冷却材漏えい事故防止という観点からの安全審査の必要性が特に認識されたのは，本件原子炉施設の2次冷却材として使用されるナトリウムの漏えい事故（本件第2次第1審係属中の1995年12月8日に発生。以下，「本件ナトリウム漏えい事故」という）とそれを契機に2度にわたり実施された燃焼実験やその他の調査実験を機縁としている。本件ナトリウム漏えい事故は，3系統（3つのループ）からなる2次冷却系の中の1ループ内の損傷により漏出したナトリウムが，コンクリート床上に設置された板厚約6mmの鋼製床ライナ上に流出し，約3時間40分にわたり高温（最高で750℃）で燃焼した結果，漏えい箇所直下近傍の床ライナに凹凸が生じ，0.5mmから1.5mmの板厚減少を生じさせたというものである。

以上のような本件ナトリウム漏えい事故及びその後の燃焼実験等の結果を踏まえ，第2次控訴審判決は，特に，本件許可申請時に申請者が想定した「2次冷却材漏えい事故」の解析において，「その前提となる床ライナの健全性及びその設計温度の評価に誤りがあった」にもかかわらず，原子力安全委員会による本件安全審査は，「調査審議の過程でこれに気付かず，本件申請者の事故解析を妥当なものと判断したこと」を指摘し，「この点において，本件安全審査には，その調査審議及び判断の過程に過誤，欠落があった」と認定した。そして，漏えいナトリウムによる腐食，ナトリウム－水反応及びナトリウム火災等による損傷を経て床ライナを貫通したナトリウムによりナトリウム－コンクリート反応が生じた場合には，「事故ループ以外の冷却系ループが正常に機能する保障は全くない」状況となるにもかかわらず，「本件原子炉施設の設計では，3系統（ループ）の冷却能力がすべて失われることは想定していないこと」を問題視し，したがって，「仮に事故ループ以外の残り2ループの冷却能力も同時に失われる最悪の事態になれば，たとえ原子炉の緊急停止に成功しても，その後も核燃料から発生する崩壊熱を冷却することができず，炉心が溶融することは避けられないところである」との認定を行った。以上の理由により，同判決は，本件床ライナの健全性等に関する原子力安全委員会の安全審査における上記の過誤・欠落は，「決して軽微なものではなく，看過し難い重大な瑕疵というべきである」と結論づけた。

これに対し，第2次上告審判決は，2次冷却材漏えい事故防止に関する安全審査について，原子炉等規制法が採用する規制構造を根拠に段階的安全規制論の立場に立つことを前提に，「もんじゅ」に係る安全審査が，ナトリウム漏えい対策として床面に鋼製のライナを設置するという「設計方針」のみが原子炉の基本設計に関する事項を構成すると捉え，床ライナの板厚，形状等の細部に関わる安全措置の妥当性を設置許可段階における安全審査の対象から除外した点が，「後続の設計及び工事の方法の認可以降の段階でこれを行うことによって対処することが不可能又は非現実的であるとはいえ」ない等の理由を示し，「主務大臣の判断に不合理な点はない」との結論を導いた。このように鋼製床ライナの設置という基本方針と当該ライナの細部にわたる属性（板厚や形状）を区別し，後者に関する安全性確保を，設計及び工事の方法の認可等，設置許可以降の段階における安全確保措置に委ねてよいとする見解が，設置許可段階での安全審査事項の決定に行政庁の裁量的選択を容認する見解によって支えられていることは，説明を要しないであろう。

　このようにナトリウム漏えい事故防止のための細部にわたる対策をすべて後続処分段階での安全対策と安全審査に委ねてしまう考え方に対しては，「基本設計の役割を相対的に小さくし，問題を先送りする機能を持って」おり，「実際には設計及び工事の方法の認可の段階では十分な対策が採られていなかったからこそ」ナトリウム漏えい事故が発生したという，辛らつな批判が投げかけられてきた[21]。

(3)　対立（その2）
　　　——蒸気発生器伝熱管破損事故防止策に係る安全審査の合理性

　蒸気発生器内の伝熱管が破損すると，伝熱管内を流れるナトリウムと蒸気発生器内の水及び蒸気が反応し，その結果，放射能の外部放出という事態へも至り得る重大事故を生ぜしめる可能性が否定できない。このため伝熱管破損事故の発生を防止する必要があるが，伝熱管破損伝播の機序に関する従前の認識では，ウェステージ型破損が支配的であるとされたため，高温ラプチャ型破損の

---

21)　山下竜一「原子炉設置許可段階における安全審査の合理性」平成17年度重判解（ジュリ臨増1313号）42頁。

可能性は，本件原子炉施設に係る安全審査に際しての調査審議の対象とされなかった。ところが，高温ラプチャ型破損発生の確率はウェステージ型破損に比して低いとはいえ，その発生可能性が完全には否定できないため，その可能性を調査審議の対象とせずに行われた本件安全審査に不合理な点がなかったかが争われた。

第2次控訴審判決は，以上のように高温ラプチャ発生の可能性を排除できないにもかかわらず，原子力安全委員会が，「高温ラプチャによる破損伝播の可能性を審査しなかったこと」を以て，本件安全審査に「過誤・欠落があることは明らかである」と認定した。その上，「高温ラプチャによる伝熱管の破損本数は，数十本にものぼり，ウェステージによるものより桁違いに多いことが認められ」，また「破損伝播に至る時間も，高温ラプチャの方がウェステージより短い」ことを考慮すると，高温ラプチャ破損による事故の方がはるかに深刻であり，蒸気発生器，2次主冷却系配管及び中間熱交換器等を次々と毀損させ，その結果炉心崩壊をもたらす可能性も否定できないと認定した。

これに対し，第2次上告審判決は，第2次控訴審判決が確定的に認定した事実によっても，「設計どおりの操作が無事に進めば，高温ラプチャ型破損の発生の機序に照らし，その発生の抑止効果を相当程度期待することができる」と判示し，また，当該原子炉設置者（現在の日本原子力研究開発機構）が実施した解析評価では，「累積損傷和が高温ラプチャ型破損が生ずると判断される数値である1を下回った」こと等を理由に，「本件原子炉施設の設計を前提とする限りにおいては，高温ラプチャ型破損に関する現在の知見に照らしても，上記解析条件の設定は合理的なものである」と認めた。その上で，第2次上告審判決は，第2次控訴審判決が高温ラプチャ型破損事故に係る本件安全審査の不備として指摘する個々の問題を論駁し，不合理な点はないと結論づけた。

(4) 対立（その3）──炉心崩壊事故防止策に係る安全審査の合理性

もんじゅ訴訟では，外部電源喪失により炉心を流れる1次冷却材（ナトリウム）の流量が急激に減少する事象と制御棒挿入の失敗が同時に起こった場合に，原子炉内における反応度抑制機能が失われ炉心崩壊に至るという事故（1次冷却材流量減少時反応度抑制機能喪失事象）の防止策に関する安全審査において，不合理な点がなかったかという問題も争われた。

第 2 次控訴審判決は，上述のような炉心崩壊事故は「決して空想の出来事としてではなく，現実に起こり得る事象としてその安全評価がされなければなら」ず，しかも，当該事象の発生がもたらす「重大な結果」にかんがみれば，「炉心崩壊の際に生じる核エネルギーの大きさがどの程度のものであって，本件原子炉容器及び原子炉格納容器がそのエネルギーの荷重（衝撃）にどこまで耐えられるかの評価は，特に重要である」という視点から，本件原子炉の安全審査に際して原子力安全委員会が依拠した解析結果が信頼できるものであるか否かを重点的に検証するという方法で不合理性の有無を検証し，その結果，当該安全審査結果には看過し難い欠落があると結論づけた。

これに対し，第 2 次上告審判決は，1 次冷却材流量減少時反応度抑制機能喪失事象を以て，外部電源喪失により 1 次冷却材の炉心流量が減少する場合に備えて多重防御設計がなされているにもかかわらず，「あえて，原子炉出力運転中に，外部電源喪失により炉心を流れる 1 次冷却材流量が減少し，安全保護系の動作により原子炉の自動停止が必要とされる時点で，制御棒の挿入の失敗が同時に重なる事象を仮定したという」ものであり，「その発生頻度は無視し得るほど極めて低いもの」と捉えた。したがって，第 2 次上告審判決にとって，当該事象に関する安全評価は，「技術的観点からは起こるとは考えられない事象をあえて想定して……設計に安全裕度があることを念のために確認することを目的」としたものであるということになる。判決は，以上のような安全裕度の存在を前提に，第 2 次控訴審判決が 1 次冷却材流量減少時反応度抑制機能喪失事象に関する安全審査における不備として指摘した点をことごとく論駁し，「不合理な点はない」と結論づけた。

(5) 対立の背景

第 2 次控訴審判決と第 2 次上告審判決間における 3 点にわたる対立の背景には，何があるのだろうか。少なくとも，以下の 3 点が重要であるように思われる。

第 1 に，複数の異常事象の同時又は連鎖的発生による事故拡大の可能性を重視するか否かの点で，第 2 次控訴審判決と第 2 次上告審判決には顕著な対立がある。漏えい事故が生じた第 1 の系統（ループ）から第 2，第 3 の系統（ループ）へと異常事象が拡大し冷却機能がすべて失われるという事態について，第 2 次

控訴審判決は，その発生可能性を排除せず，その発生防止のため「万全」の対策をとる必要性を認めた。1次冷却材流量の急激な減少と制御棒挿入の失敗とが同時に起こることによる炉心崩壊事故発生の可能性についても，第2次控訴審判決は，「現実に起こり得る事象」として安全審査の不備を検証しようとした。これに対し，第2次上告審判決は，鋼製床ライナの設置という基本方針と，当該床ライナの細部にわたる属性（板厚や形状）の設計とを分け，後者は設計及び工事の方法の認可等の後続段階でも対処できることを理由に，複数の異常事象の同時又は連鎖的発生の可能性の問題には立ち入ることなく，当該原子炉の基本設計上の不合理性はないと結論づけた。複数事象が重なることによる炉心崩壊事故発生の可能性についても，「その発生頻度は無視し得るほど極めて低いもの」という認識を前提に，安全性の認定を覆す程度の「不合理性」の論証に成功しない限り安全審査に不備はないという判断を下した。以上のような第2次上告審判決の判断内容からは，複数の異常事象間の関連性・連動性を重視しない姿勢がうかがえる。

第2に，原子炉施設外への放射能放出による重大事故発生の現実的可能性を想定した事故防止策の必要性について，2つの判決間には顕著な対立があるように思われる。第2次控訴審判決は，2次冷却材漏えい事故，高温ラプチャ型破損事故，1次冷却材流量減少時反応度抑制機能喪失事象のいずれの面でも，放射能の外部放出による人の生命・健康への被害という重大事故発生の現実的可能性を肯定する立場から，炉心崩壊事故へとつながる事故拡大を防止し得る「万全」の対策を講ずる必要があるとし，その危険を払拭できない限り安全審査には不合理があるとの判断を示した。これに対し，第2次上告審判決は，かかる重大事故が現実には発生し得ないという前提の下で判断したように思われる。そして，同判決がこのような前提に立ち得たのは，上述のように，複数の異常事象が同時に又は連鎖的に発生する可能性を重視していないことに起因しているように思われる。

第3に，安全性の論証手法についても顕著な対立が垣間見える。第2次控訴審判決は，放射能の外部放出による重大事故発生の可能性が払拭されない限り安全基準を満たすとは言えないとの立場から，かかる可能性が払拭されたか否かを重点的に検証した。これに対し，第2次上告審判決は，高温ラプチャ型破

損事故の発生や，複数の異常事象が重なることによる炉心崩壊事故の発生の可能性は，現実には無視し得るほど低いという前提の下で，その現実的発生の可能性を肯定する側に重い論証負担を負わせるという論法を採用した。

IV　福島第一原発事故以後——課題

　以上の検討から得られる結論として，以下の2点を指摘したい。第1に，安全性に関する具体的審査基準に的を絞った司法審査方法は今後とも維持してよいが，その運用に際しては，裁量統制実効化の方向を目指すべきである。第2に，放射能の原子炉施設外への放出という重大事故の発生を防止するため必要な安全対策は，かりにそれが後続段階において対処可能なものであるとしても，設置許可段階において事前に講じておくべき「原子炉の基本設計」の一部を構成すると解すべきである。以上を前提に，以下では，ここまで論じてこなかった2つの課題に言及することとする。

1　原子力規制委員会と安全審査の司法統制

　2012年の法改正（平成24年法律47号）により，原子力利用における安全の確保を図るための施策の策定及び実施を「一元的につかさどる」職責を担う機関として，原子力規制委員会（以下，「規制委員会」という）が新設された（原子力規制委員会設置法1条）。規制委員会は，原子力利用につき高度の専門技術的知見を具備する合議制機関であると同時に，原子炉設置許可その他法令に基づく規制権限をみずから行使する行政庁でもある。改正前の法制度では，各主務大臣という独任制機関による規制権限の行使に際して，原子力安全委員会が，専門家からなる合議制の諮問機関として意見を述べるという仕組みに止まっていた。この点で，大きな転換が図られた。

　そこで，たとえば規制委員会が行った原子炉設置の許可に対して，当該原子炉の安全性判断に違法があるとして取消訴訟が提起されるという場合を想定した場合，安全性に関する規制委員会の判断に対する司法審査は，いかなる程度に及び得るのだろうか。伊方原発判決の考え方に従えば，原子力安全委員会の専門技術的判断を尊重して行う主務大臣の判断に裁量の余地が認められ，司法

審査は，かかる主務大臣の判断に不合理な点があるかという観点から限定的に行われるべきだということになるが，安全性に関するこのように自己抑制的な司法審査の考え方が，新たな法制度の下でも維持されるべきなのだろうか。常識的な解答では，規制委員会という規制行政庁が専門家性をみずから兼備しているという改正法の下では，自己抑制的な司法審査の考え方が，ますます強固なものとして維持されるべきであり，司法審査密度の強化は想定し得ないということになりそうである。しかし，改正前の法制度の下で行われた安全審査が，福島第一原発事故を契機に，決して適切かつ完全なものではなかったことが結果的に判明したという事態の下で，安全性に関する司法審査は，伊方原発判決が内包していた2つのベクトルの中でも裁量統制実効化の方向を選択すべきであり，規制委員会の安全審査は，より厳格な司法審査による検証の対象とすべきだと思われる。

2 安全審査過程の透明化の必要

　福島第一原発事故の経験から得られる教訓の1つは，原子力利用の安全性を専門家委員会への信頼のみで正当化することには説得力が欠けるという点である。そして実は，専門家委員会への信頼のみに依拠して安全性に関する司法審査に制約を課すことの正当性には，伊方原発判決当時から既に疑義が提示されていた。同判決に対する評釈の中では，安全性に関する判断過程の客観化と対外的透明性の確保ないし可視化の必要を重視する立場から，「開かれた討論」を内実とした住民参加手続の整備と行政の判断過程の統制手段としての多段階手続の実質化が提唱され，そのような視点から，専門家委員会の存在のみを決め手として「参加手続や資料公開を不要とする本判決の論理」に対して否定的評価が投げかけられていた[22]。

　行政庁による安全審査の裁量性を尊重するという伊方原発判決の基本原理を今後とも維持しようとする場合，専門家委員会による判断の専門技術性への信頼に取って代わる役割を果たし得るのは，上述のような住民参加手続の充実と多段階手続の実質化をおいて他にはないと思われる。そしてその場合，専門家

---

22)　山田・前掲注12) 47頁。

委員会である規制委員会の判断に住民参加手続を加えた複合的な手続を通して社会的な合意が実効的に獲得され得るか，また，原子炉設置許可段階において使用済核燃料の再処理や核廃棄物の廃棄等まで見通した総合的な安全審査を通して，多段階手続という制度自体への信頼を獲得できるかが，伊方原発判決が今後ともリーディングケースとしての生命を維持し得るか否かを，決定づけることとなるように思われる。

事 項 索 引

人名

R・アリベール（R. Alibert） ……… 87
L・オーコック（L. Aucoc） ……… 51
A・バトビイ（A. Batbie） ……… 51
H・ベルテルミ（H. Berthélemy） ……… 102, 140
G・ブレバン（G. Braibant） ……… 431
F・シュバリエ（F. Chevallier） ……… 305, 310, 311
Th・デュクロック（Th. Ducrocq） ……… 51
L・デュギイ（L. Duguit） ……… 140, 142, 144, 145
Ch・アイゼンマン（Ch. Eisenmann） ……… 48
M・オーリウ（M. Hauriou） ……… 55, 108, 110, 127, 133, 140
　　――の行政行為論 ……… 147
　　――の制度的行政法理論 ……… 128
E・ラフェリエール（E. Laferrière） ……… 51, 60, 140
A・ド・ローバデール（A. de Laubadére）
　　……… 87, 89
O・マイヤー（O. Mayer） ……… 41
R・オダン（R. Odent） ……… 290
Ch・ペレルマン（Ch. Perelman） ……… 8, 10
　　――論文 ……… 317
J・ロミウ（J. Romieu） ……… 86
　　――の論告 ……… 83, 88
　　――の行政行為論 ……… 147
P・ヴェイユ（P. Weil） ……… 308, 309

あ行

上尾市福祉会館使用不許可事件 ……… 411
アソパマル基準 ……… 283, 284
アソパマル事件（l'affaire ASSAUPAMAR）
　　……… 265, 267
足立江北医師会事件判決 ……… 340
アメリカ流の違憲審査基準論 ……… 417, 422
安全審査
　　――事項の裁量的選択 ……… 443
　　――の裁量性 ……… 450
　　――の不合理性に的を絞った司法審査
　　　……… 437
安全性
　　――〔具体的審査基準〕 ……… 343, 435, 437, 449
　　――〔司法審査〕 ……… 450
　　――〔司法統制〕 ……… 335
　　――〔主張・立証責任〕 ……… 435
安全認定 ……… 240
安全配慮義務の高度化 ……… 400
伊方原発訴訟（判決） ……… 433, 434, 449, 450
泉佐野市民会館事件 ……… 410, 424, 425
一体的処分吸収型の思考方法 ……… 364
一般競争入札（adjudication publique ouverte）
　　……… 61
一般公共海岸区域内土地占有用不許可事件判決
　　……… 346
一般普通法上の迅速な救済措置 ……… 398
一方的行政行為 ……… 49
茨城県病床数削減勧告事件 ……… 181
違法性の抗弁（l'exception d'illégalité）
　　……… 152, 191, 246-248, 262, 264, 293, 300, 317
　　――の永続性の原則 ……… 318
　　――非許容性の原則 ……… 254
違法性の承継 ……… 152, 234, 235, 240, 243, 253, 321, 328, 367
　　――論の再構成 ……… 236
違法の重大性 ……… 441
違法の明白性 ……… 441
医療計画に基づく病床数の計画的コントロール
　　……… 200
インフォーマルな手法 ……… 25
越権訴訟 ……… 53, 85, 102, 128, 130, 146
　　――の客観的性格 ……… 147
　　――の提起可能性 ……… 61, 66, 73
エホバの証人剣道実技事件 ……… 422-424, 425
応答義務 ……… 184
オープンスペース論 ……… 161

公の施設（自治244条1項）……… 409, 412
　——の利用関係……………………………… 405
小田急高架化訴訟………………… 162, 341, 346

か行

解釈基準………………………………………… 378
　——の当てはめ……………………………… 336
改正行訴法9条2項…………………………… 171
開発行為の許可申請…………………………… 226
開発事業（lotissement）……………………… 24
「回復しがたい損害」要件…………………… 165
回復の困難な損害……………………………… 167
外部的法効果…………………………………… 377
科学的，専門技術的知見に基づく総合的判断
　……………………………………………… 342
画地分業事業の許可…………………………… 266
確認訴訟………………………………………… 386
各論的な裁量統制……………………………… 334
過誤納金の還付請求…………………………… 224
カサノヴァ氏等事件判決（C. E., 29 mars
　1901, Casanova Canazzi et autres）……… 77, 99
家族関係の保護………………………………… 375
学校施設の目的外使用………… 403, 404, 406, 407
学校施設の利用解放…………………………… 415
過程の適正性…………………………………… 339
「可能ならしめられた行為」基準…………… 275
仮処分の排除…………………………………… 39
仮の義務付け…………………………………… 166, 168
仮の差止め……………………………………… 166, 168
看過し難い過誤・欠落……………… 438, 340, 442
環境基準の改定告示…………………………… 213
環境基準の緩和………………………………… 215
完結型計画
　——決定の処分性………………………… 259
　——対する抗告訴訟提起の可能性……… 255
　——に関する違法性の抗弁……………… 318
勧告の処分性…………………………………… 206
環状6号線訴訟判決…………………………… 163
間接的・付随的制約論………………………… 421
完全裁判訴訟………………… 53, 104, 117, 144

換地処分…………………………………… 205, 240
　——を受けるべき地位……… 183, 195, 207
還付請求（訴訟）………………………… 180, 194
還付通知拒否通知………………………… 194, 224
　——の処分性………………………………… 224
還付通知の請求………………………… 180, 194, 209
管理行為（acte de gestion）…… 36, 41, 42, 51, 54,
　112, 113, 115
管理職選考試験の受験資格制限……………… 385
危険回避措置…………………………………… 391
危険の切迫性…………………………… 426, 427
基準なしの利益衡量……………… 419, 422, 424
規制権限不行使………………………………… 13
規制と給付の二分論…………………………… 413
覊束行為と裁量行為の区別の相対化………… 337
期待可能性……………………………………… 14
期待し得る法的地位……………… 223, 224, 231
既得権の保護…………………………………… 75
機能主義的見地………………………………… 244
基本権の保護範囲論…………………………… 418
基本設計の安全性………………… 436, 439, 443
基本設計の不合理性…………………………… 448
義務付けの訴え………………………………… 164
客観行為（actes objectifs）…………………… 146
客観訴訟………………………………………… 146
客観的な法的地位……………………………… 143
客観的に識別可能な個別指定を束ねたもの
　……………………………………………… 210
救済法的視点…………………………………… 212
救済ルートの多様化・複線化………… 209, 210
給付と規制の関連性（相関性）……………… 409
教育施設整備負担金…………………………… 25
協議整備区域（ZAC）………………… 258, 297
　——事業………………………… 297, 298, 305
　——指定行為…………………… 299, 301, 311
　——指定の違法性……………… 299-302, 304
狭義の比例原則………………………………… 427
行政活動三分説………………………………… 55
行政機関内の内部的決裁行為………… 353, 358
行政規則………………………………………… 6

事項索引　455

行政客体（administrés）……………100, 128, 131
　　──に対する対抗可能性……………123, 127
　　──の行政統制参加…………………………148
行政計画…………………………………………………5
行政警察法……………………………………………425
行政契約（contrat administratif）
　　……………………………………3, 28, 55, 60, 81
　　──締結過程上の行為…………………93, 95
　　──と行政処分の併存可能性……………189
　　──の締結過程上の準備行為……………188
　　──履行過程上の行為…………………93, 95
行政決定（décision exécutoire）…35, 36, 43, 49,
　　　　　　　　　　　　56, 58, 102-104, 107, 114,
　　　　　　　　　　　　115, 118, 119, 127, 133, 137, 148
行政権の著しい濫用………………………………344
行政行為……………………………………………38, 45
　　──の観念……………………………………138
　　──の名宛人…………………………………122
行政行為概念………………………………………159
行政行為中心主義…………………………………157
行政行為理論…………………………………………27
行政国家制（régime administratif）…………128
行政財産の目的外使用……………402, 403, 413
行政裁判所と司法裁判所の裁判管轄原則……397
行政裁量に対する司法審査のあり方…………338
行政裁量の問題……………………………………412
行政事件訴訟法改正（2004年）………151, 152,
　　　　　　　　　　　　　　　　　　　　　161, 176
行政指導…………3, 5, 18, 19, 155, 157, 172, 181
行政主体………………………………………………127
行政処分の手続的瑕疵……………………………362
行政制度（l'institution administrative）………129
行政世界＝制度内部における均衡……………127
行政組織内の「内部的決裁行為」………………365
行政組織の内部的規範……………………………202
行政庁の裁量処分…………………………………336
行政庁の処分その他公権力の行使に当たる行為
　　……………………………………………………153
行政的令書方式……………………………………351
行政にとっての行為規範…………………………338

行政の行為形式論……………………………………27
行政の適法性確保…………………………………151
強制連行・強制労働………………390, 394-396, 400
ギヨマール論告………………269, 272, 273, 276,
　　　　　　　　　　　　　277, 281, 282, 284, 286, 288
規律密度が希薄化した比例原則………………431
「切り離し得ない結びつき」（lien indissociable,
　　lien d'indissociabilité）基準
　　……………………………282, 283, 318, 321, 325
区域整備計画（PAZ）……………………………258
　　──認可行為……………………………299, 300
具体的事実状況に応じた比例原則の理解……432
具体的事実状況に即した利益衡量……………431
国の安全配慮義務（違反）……389, 390, 394, 399
国の権力作用………………………………………395
警察比例原則…………………………………426, 428
形式的行政行為………………………………………38
形式的行政処分（論）…………………39, 158, 159, 190
契約第三者……………………63, 75, 83-85, 94-96, 100
契約締結過程上の行為……………………………193
契約締結を期待し得る事実上の地位…………188
契約的手法……………………………………………26
契約当事者……………………………………………95
　　──による越権訴訟提起の可能性………95
《契約への一体化》理論（théorie de l'incorpora-
　　tion des actes administratifs au contrat）
　　……………………69, 72, 73, 77, 81, 82, 84, 85, 101
結果回避可能性………………………………………15
結果の適正性………………………………………339
権威行為（acte d'autorité）……36, 41, 42, 54, 55,
　　　　　　　　　　　101, 106, 109, 111, 113, 115, 117, 119
　　──と管理行為との二分論
　　………………………………………140, 142, 146, 148
権威的（行政）手法…………………………6, 26, 27, 31
健康管理手当の不支給措置……………………389
原告適格……………………………………………162
「現在の科学技術水準に照らし」た審査………343
原子爆弾被爆者に対する健康管理手当
　　……………………………………………386, 387
原子力規制委員会の新設………………………449

原子力利用の安全性 ················· 450
原子炉施設の安全性 ········· 433, 434, 436, 438
原子炉設置許可 ···················· 335, 434
　　──等の規制権限 ··················· 449
　　──の際の安全性判断 ················ 342
　　──の無効判断 ···················· 441
　　──無効確認訴訟における主張・立証責任
　　　 ························· 441
原子炉の基本設計 ··················· 449
建築確認 ·························· 240
　　──の留保 ···················· 18, 25
建築確認権限の一部民間化 ················ 326
建築許可（permis de construire）········ 302, 304
権利義務変動要件 ·········· 154, 155, 158, 188, 193
権力行為（acte de puissance publique）···· 51-53
権力的作用 ························· 3
権力的事実行為 ····················· 154
言論・集会の自由の実質的機会保障 ·········· 413
合意 ···························· 3, 21
広域指針的計画（SD-SCOT）········ 265, 271, 272
広域統合スキーム（schéma de cohérence territoriale = SCOT）················· 257, 258
行為規範の規律の二面性 ················ 345
合意手法 ·························· 25
行為に関する訴訟 ···················· 153
行為の性質論と保護法益論のリンケージ ····· 216
合意や任意性 ······················· 21
公営造物法人（établissements publics）······ 120
公益性認定（DUP）··········· 258, 268, 269, 292
公役務（service public）
　　──と客観法の理論 ············· 141, 142
　　──の観念 ·················· 134, 136
　　──の特許 ············ 28, 29, 30, 68, 81
公役務受益者 ······················· 31
公役務目的（遂行性）············ 131, 141, 147
公開意見聴取手続（enquête publique）···· 22-24
公開意見聴取手続の民主化及び環境保護に関
　する法律（1983年）················· 23
効果裁量 ··············· 354, 357, 364-366, 402
効果発生の「直接」性要件 ··············· 205

公管理（gestion publique）················· 135
公管理行為 ········· 55, 58, 101, 106, 109, 113, 114
公管理理論 ························ 136
公企業の特許 ······················· 27
広義の「訴えの利益」論 ············ 217, 218
公共事業請負契約（marchés de travaux publics）······················ 60, 64, 71, 89
公共施設管理者の同意（拒否）········· 225-228
公共施設としての使命 ········· 410, 411, 414, 425
公共性 ······················· 12, 147
後見監督上の代位決定行為（substitution）···· 80
後見監督上の認可 ·················· 73, 94
公権力行為（acte de puissance publique）41, 55
公権力行使要件 ············· 154, 155, 192
公権力性の相対化 ··················· 138
後行行為に関する法令の規定の解釈問題 ···· 326
公告・縦覧・意見書提出手続 ············· 22
抗告訴訟 ························· 153
　　──の対象（処分性）············· 214
　　──の排他的管轄 ················ 160
公衆への奉仕（service du public）········· 135
拘束的行政計画 ················ 156, 157
拘束力（行訴33条1項）··············· 190
公定力（取消訴訟の排他性）········ 39, 160, 173
公定力排除訴訟としての取消訴訟 ·········· 174
神戸税関事件判決 ··················· 340
抗弁事由としてのDUPの違法性の主張可能性
　　　 ························ 295
公法上の確認訴訟 ··················· 169
　　──の活用 ···················· 170
公法上の契約 ······················ 28
公法上の当事者訴訟
　　　 ············ 169, 190, 208, 209, 215, 386
　　──の活用論 ············ 169, 175, 219
公法人または行政法人（personnes publiques ou administratives）················ 136
公務員の政治的行為の禁止 ············· 420
公用収用（expropriation pour cause d'utilité publique）······················ 258
公用収用事業 ··············· 292, 294, 305

事項索引　457

公立学校施設の目的外使用（許可）……334, 346
公立保育所廃止条例……………………208
合理的な関連性………………………420
合理的な裁量…………………………340
考慮事項審査…………………………345-347
国際化…………………………………383
国籍……………………………………383
国籍確認訴訟…………………………169
国籍条項………………………………383, 384
国民年金差別…………………………384
国民年金の被保険者資格……………383
国民の権利救済………………………151
国民の実効的権利救済………………161, 211
国家賠償訴訟や刑事訴訟における違法性の抗弁
　………………………………………249
国家無答責の法理………390, 393-395, 396
国境……………………………………383
国公有財産の供用（affectation）………60
国庫の理論……………………………55
個別具体性要件………………154, 155, 158, 193
個別的保護利益性……………………163
コミューン組織法（1884年）……………99
根幹的決定（décision de principe）
　………37, 109, 110, 112-114, 116, 119, 135
コンセイユ・デタの判例政策（politique juris-
　prudentielle）…………………………98

さ　行

在外選挙人名簿………………………386
在外被爆者……………………………389
在外邦人選挙権確認訴訟……………170, 386
在学する学生を規律する包括的権能……423
「裁決」性………………………358, 359, 361, 365
裁判外的執行（exécution préalable, action
　d'office ou exécution directe）…………104
裁判拒否（de véritables dénis de justice）
　………………………………………83, 84
裁判による権利利益救済における実効性の確保
　………………………………………324
裁判を受ける権利（le droit d'être jugé）……86

——の実効的保障……………………312, 323
裁判を受ける権利保障（憲32条）……228, 232
在留外国人の公務就任権……………384
在留特別許可…………334, 349, 351, 354, 355,
　　　　　　　　357, 363, 373, 380, 385
——に係るガイドライン………………334
——の判断……………………………366
——の判断における広い裁量性……351
——を付与するか否かの判断………364, 366
裁量基準………………334, 341, 349, 351, 378
——の自己拘束性……………377, 380, 381
——の事前設定………………………382
——の適用からの離脱………………381
——の法的拘束性……………………379
——の黙示的確立……………375, 378, 380, 381
——を媒介項とした適法性審査……377
裁量権の踰越（逸脱）・濫用
　………336, 339, 347, 357, 371, 373, 382, 406, 413
裁量審査における裁量基準の位置づけ方……369
裁量統制の実効性……………………338
裁量統制の密度………………………341
差止めの訴え…………………………164, 165
猿払事件上告審判決…………………419, 429
三段階構造モデル……………………5, 11
三段階審査のメリット…………………418
私管理（gestion privée）………………135
私管理行為……55, 101, 106, 109, 113, 115
事業実施協定の議会承認に対する取消訴訟
　………………………………………300
事業認定と収容裁決間の関係………235
自己制限（autolimitaiton）………………127
事実上の応答…………………………193
事実認定………………………………336
始審的争訟手続（事前争訟手続）…348, 351, 360
私人としての行為（acte de personne privée）
　………………………………………55
市町村営土地改良事業の施行認可……361
執行……………………………118, 119, 133
執行官吏に対する義務づけ…………123
執行行為………………………………113

執行作用＝過程 …………………… 115
執行停止要件の適用の柔軟化 ………… 385
実効的な権利救済 ……… 186, 198, 206-208
執行力 …………………………………… 39
実質的な裁量を認める比例原則理解 …… 428
実体的な審査密度 ……………………… 424
実体的判断代置型審査 ………… 436, 437
実体法的考慮 …………………… 244, 245
実務上確立した裁量基準 ……………… 375
指定確認検査機関 ……………………… 326
指導スキーム（schéma directeur＝SD）
　……………………………… 257, 258
私法上の契約 …………………………… 82
司法制度改革 …………………………… 176
市民（citoyens） ……………………… 131
指名競争入札（adjudication publique restreinte）
　……………………………………… 61
社会観念審査 …………………………… 340
　──と判断過程統制型審査の接合
　………………………………… 341, 342, 345
社会通念 …………………………… 18, 20
　──に照らし著しい過誤欠落 ……… 372
社会通念上（社会観念上）著しく妥当性を欠く
　……………………………………… 430
社会的合意論 …………………… 13, 18, 20, 21
社会的コンセンサス ……………………… 9
遮断原則 ………………………… 236, 239
　──と違法性の承継の関係 ………… 244
　──に対する例外 …………………… 323
　──の根拠 …………………………… 237
集会の自由 …………… 409, 411, 412, 424
従軍慰安婦強制 ………………… 394, 396
重大事故発生の現実的可能性 ………… 448
重大な損害を生ずるおそれ …………… 165
十分な理由なき不均等取扱いの禁止 …… 377
住民基本台帳法上の住民の地位 ……… 188
住民参加手続の充実 …………………… 450
住民票への記載行為の処分性 ………… 186
収容令（arrêté de cessibilité） ……… 259
受益者たる国民（usagers） …………… 28

主観行為（actes subjectifs） …… 142, 143
主観的訴訟 …………………………… 144
出訴期間の制限 ……………………… 252
主任審査官による収容令書の発付 …… 351
主任審査官による退去強制令書の発付
　……………………………… 351, 365
主任審査官による退去強制令書発付処分
　……………………………… 357, 363, 374
ジュヌヴォアの論告（Conclusions du Commissaire du gouvernement Genevois）
　………………… 303, 312, 313, 316, 317
ジュプロ＝緑地空間判例理論（jurisprudence GEPRO-Espaces Verts）……… 281
準法律行為的行政行為 ………………… 154
条件行為（actes conditions） …… 142-146
上水道の供給拒否 ……………………… 25
消滅時効（自治236条） ………… 386, 394
　──の援用可能性 …………………… 389
条理上の法的作為義務 ………… 391, 392
条例制定行為 …………………… 193, 196
　──の処分性 ………………… 188, 223
昭和女子大事件 ………………… 422, 424
食品衛生法違反通知（書） …… 172, 180, 200, 203
職務命令 ……………………… 186, 190, 209
　──に基づく公的義務の不存在確認訴訟
　……………………………………… 209
　──の違法性の主張可能性 ………… 192
　──の効力が及ぶ範囲 ……………… 192
　──の処分性 ………………………… 191
除斥期間 ……………………………… 394
処分性（行訴3条2項）…… 151-153, 157, 171, 358, 360, 361, 365
処分性拡大論 ………………………… 175
処分性判断（判定）
　──〔一律画一性〕 …………… 222, 233
　──〔柔軟化と多様化〕 …………… 193
　──〔法律の根拠〕 ………………… 202
処分性判例
　──〔基本型〕 ………………… 153, 193
　──〔柔軟化と多様化〕 …………… 177

指令判決……………………………………165
侵害抑制の原理………………………………344
信義則…………………………………………379
信義則上の安全配慮義務……………………398
信仰の核心部分………………………………424
信仰の自由……………………………344, 424
審査基準及び処分基準の事前設定・開示義務
　………………………………………………379
審査方式の問題………………………338, 342
審査密度
　——〔高度化〕……………………………432
　——〔問題〕…………………………338, 342
信頼保護原則…………………………………379
随意契約（marché de gré à gré）………62, 82
政治活動の自由………………………423, 424
静態的な行政活動分類論……………106, 110, 111
《正当な利益》（un intérêt légitime）………129
制度上の侵害性………………………………158
制度としての行政……………………………127
制度内在的な権力と公役務理念との均衡
　………………………………………139, 148
制度理論………………………………126, 127
膳所町「二項道路」一括指定事件…………177
世田谷区・非嫡出子住民票不記載事件……183
接見交通権………………………………………16
接見指定権………………………………………16
設置許可段階での安全審査事項……………445
先決性の問題…………………………238, 244
先行行政決定に対する出訴期間……………323
先行行政決定の違法性………………………324
先行行為
　——が完結型計画である場合……………260
　——が非完結型計画である場合…………262
　——が法規命令である場合………247, 253
　——が法規命令でない場合………247, 254
　——段階での争訟手続保障………………324
　——に対する出訴期間……………………251
　——に対する争訟提起への合理的期待可能性
　　………………………………………324, 327
戦後補償………………………………387, 394

戦後補償裁判…………………………334, 388, 393
戦争…………………………………………383
先買権…………………………………………258
専門家委員会への信頼………………………450
専門技術的裁量………………343, 435, 436, 441
　——に対する司法制……………………437
相関関係的訴えの利益論……………………233
相互保証………………………………………393
争訟提起の現実的期待可能性………………239
争訟提起の合理的期待可能性………………246
争訟手続上のプラグマティックな考慮
　………………………………………321, 323
争訟手続法的考慮……………………244, 245, 324
争訟手続保障の実効性………………………239
相対的行政処分論………152, 159, 213-215,
　　　　　　　　　　　　　　219, 221, 233
　——の狙い………………………………214
相当性……………………………………9, 10
即時強制………………………………………350
即地的詳細計画（POS-PLU）………265, 270, 272
訴訟的統制への参加…………………130, 131

た行

対案（contre-proposition）…………………23
対外的自己拘束性……………………………378
大規模小売店舗の開設………………………216
大規模小売店舗の店舗面積削減勧告………213
退去強制行政における司法統制の実効性…349
退去強制制度の根幹に関わる手続…………363
退去強制手続…………………………348-350
退去強制のプロセス…………………………350
退去強制令書の発付手続……………………348
退去強制令書発付処分………………361, 368
　——の自由裁量性…………………………353
対抗可能性（opposabilité）………124, 125, 130
第三者………………………………81, 126, 130
第三者効（行訴32条）………………184, 190, 208
第三者訴訟理論………………………………96
第三者の訴訟提起可能性……………………213

大臣＝裁判官論（la doctrine du ministre-juge）
 ·· 121, 133
対世的効果 ·· 125, 126
対世的対抗可能性 ······································ 126
高根町簡易水道事業給水条例事件 ············ 182
多段階手続という制度自体への信頼 ········ 451
多段階手続の実質化 ································ 450
段階的安全規制論 ···································· 445
段階的規制構造 ······························ 436, 439
地域都市計画プラン（plan local d'urbanisme
 ＝PLU）······································ 257, 258
地方議会議決 ···································· 81, 94
地方分権化（décentralisation territoriale）
 ·· 78, 136
中間密度型の実体法的審査 ······················ 342
中間密度型の適法性審査 ·························· 344
懲戒処分差止訴訟 ··························· 190, 209
長期間にわたる平穏な在留 ········ 368, 369, 373,
 374, 376, 380, 381
長期間平穏に在留している事実の評価 ······ 355
長期整備区域（ZAD）······················ 258, 302
調査・審議・判断の課程 ·························· 343
直接型義務付け訴訟 ························ 164, 165
直接的かつ必然的な結びつき（lien direct
 et nécessaire）··························· 305-307, 321
──基準 ·· 319
──要件の緩和 ······························ 309, 310
直接的な制約 ·· 421
千代田区立小学校統廃合条例取消請求事件
 ·· 221, 222
通達・訓令 ························· 190, 202-204, 209
償うことのできない損害 ··················· 166-168
適合関係（rapport de conformité）
 ·· 286, 289, 319
適正かつ妥当な裁量権行使の方向づけ ······ 381
適正手続保障 ·· 379
適正な利益衡量原則 ································ 427
適正比較衡量審査 ····························· 345-347
「適用行為」たる性格 ····························· 294
適用措置（une msesure d'application）······ 254

──該当性 ··························· 264, 267, 269, 271,
 272, 275, 281, 284
──基準 ································· 275, 277, 287-289
──の概念 ················· 273, 274, 277, 281, 318
手続上の地位 ······················ 194, 225, 228, 231
──を否定する法的効果 ················ 181, 225
手続統制型審査 ······························ 339, 340
手続の排他性 ································· 194, 225
伝統的な行政法理論 ·································· 4
伝統的な行為形式論 ······························· 160
ドイツ流の三段階審査論 ·························· 417
同意を前提とした行政行為 ························ 28
当該保育所において保育を受けることを期待
 し得る法的地位 ···································· 197
東京都建築安全条例事件判決（タヌキの森
 判決）······························ 240, 245, 324, 326
動態的行政行為論 ··················· 111, 119, 136
登録免許税還付に係る通知拒否通知事件 ···· 180
登録免許税の過誤納付 ···························· 209
「トォラーク山地熊の未来を守ろう会」事件
 判決 ·· 268
時の裁量 ······························· 354, 357, 364-366
特殊な結合関係 ··················· 306, 319, 321, 322
──基準の緩和 ···································· 320
特別永住者 ·· 384
特別審査官による口頭審理 ······················ 351
都市計画決定における形式的または手続的な
 瑕疵 ·· 261
都市計画争訟制度の法制化 ······················ 255
都市整備事業計画に直面した一般の市民や住民
 ·· 312
都市の連帯と刷新に関する法律（Loi du
 13 décembre 2000, pour la solidarité et le
 renouvellement urbains＝Loi SRU）········ 257
土地区画整理事業計画（決定）····· 157, 158, 183,
 194, 205, 206, 240
土地占用プラン（plan d'occupation des sols
 ＝POS）······························· 23, 257, 258
──取消判決の効力 ······························ 281
特許（concessions）································ 60

特許条件書（cahier des charges）……… 28
富山県病院開設中止勧告事件 …………… 181
豊田商事事件 ……………………………… 14
取消訴訟 …………………………………… 104
　　——の制度目的 …………………… 217
　　——の排他的管轄 ……… 191, 211, 212
　　——の排他的管轄に伴う遮断効 … 173
　　公定力排除訴訟としての—— …… 174
　　事業実施協定の議会承認に対する—— … 300
取消訴訟制度の排他性 …………………… 237
取消判決のプラトニック性 ……………… 86
都立高校教員日の丸・君が代訴訟 ……… 186

な行

"内心の決定"としての行政行為 ……… 120
内部的行為 …………………… 154, 157, 193
二項道路 …………………………………… 177
　　——の一括指定 …………………… 210
二重の基準論 ……………………………… 418
二層的土地利用計画制度 ………………… 257
二段仕込みの警察比例の原則 …………… 427
日独の行政行為概念 ……………………… 43
日光太郎杉事件控訴審判決 ……………… 345
二風谷ダム事件 …………………………… 346
日本人配偶者との婚姻関係 ……………… 371
入札手続 …………………………………… 64
入札手続上の諸決定 ……………………… 91
任意性 ……………………………………… 19
認可 ………………………………………… 81
納品契約（marchés de fournitures）
　　………………………………… 60, 64, 71, 89

は行

媒介的基準 ………………………………… 6, 11
パブリック・フォーラム論 ………… 413, 414
浜松市土地区画整理事業判決 ……… 183, 239
判断過程統制型審査 ………………… 339, 438
判断過程の合理性の審査 ………………… 343
判断代置型統制 …………………………… 339
非完結型計画 ………………………… 260, 292

——に関する違法性の抗弁 …………… 319
非完結型計画決定の処分性 ……………… 259
非完結型土地利用計画決定 ……………… 195
非権力的作用 ……………………………… 3
非嫡出子住民票続柄欄記載事件 ………… 177
必要最小限度規制 ………………………… 427
必要最小限の手段 ………………………… 426
非典型的な意味での違法性の承継の成立可能性
　　…………………………………………… 325
非パブリック・フォーラム ……………… 414
非法規命令たる行政決定 ………………… 260
病院開設中止勧告 ……… 172, 174, 181, 199, 328, 329
評価の明白な過誤（erreur manifeste
　　d'appréciation）……………………… 299, 301
標準的な国民（名宛人や第三者）の意識 … 325
病床数削減勧告 ……………………… 181, 199
平等原則 ………………………… 377, 379, 380
非落札業者 ………………………………… 70, 71
比例原則 ……………………………… 425, 428
　　——と具体的事実審査の連結 …… 431
　　——の規律密度 …………… 428, 429
　　広い意味での—— ………………… 430
比例原則違反 ……………………… 357, 368, 372
比例原則概念の拡張 ……………………… 429
広い範囲の裁量的判断 …………………… 367
広島県教組教研集会事件 ……… 346, 405-408, 412
不可争原則に対する例外としての「複合的行
　　政作用」……………………………… 315
不可争力 …………………………………… 39
複合的行政作用（opération administrative
　　complexe）……………… 254, 255, 263, 290,
　　　　　　　　　293, 298, 313, 314, 319
　　——の概念 ………………………… 291
　　——の判別基準 …………………… 305
「複合的行政作用」概念の緩和 ………… 297
複合的行政作用＝過程（opérations administratives）
　　…………………………………… 105, 133
複合的行政作用論のプラグマティックな性格
　　…………………………………………… 317
複合的作用 ………………………………… 300

複数行政決定間の関係における違法性の抗弁
　　　　　　　　　　　　　　　249-251
複数行政処分間における法的一体性（の要求）
　　　　　　　　　　　　322, 325, 327
複数行為間における「違法性の抗弁」……321
複数行為間における「特殊な結合関係」
　　　　　　　　　　　　　　　307, 308
複数行為間における法的意味での一体性……289
複数行為間の「法的な連続性」（continuité
　juridique）………………………………307
複数制度間の関連づけ……………………198
複数の異常事象の同時又は連鎖的発生による
　事故拡大の可能性……………………447
不合理性の審査……………………………438
フランス公法学における比例原則…………431
フランスの行政行為概念…………36, 40, 139
フランスの都市計画・国土整備法…………256
フランスの都市計画法……………………257
紛争解決の合理性………………………206, 208
《分離しうる行為》理論（théorie des actes
　détachables）…35, 43, 77, 78, 82, 85, 89, 94, 96,
　　　　97, 99, 100, 101, 103, 115, 133, 139
並行訴訟理論（théorie du recours parallèle）
　　　　　　　　　58, 73, 75, 84, 97, 118
法規行為（actes-règles）…………………142
法規的拘束性…………………………29, 30
法規命令（règlements）…………6, 142, 318
　　──性の有無による大分類……………317
　　──的な計画……………………………260
　　──と行政規則との区別の相対化………377
　　──の違法性の抗弁の永続性の原則（prin-
　　cipe du caractère perpétuel de l'exception
　　d'illégalité des règlements）………253, 260
　　──の処分性………………………………250
　　──の処分性肯定…………………………318
　　──の処分性の成否………………………255
　　──を先行行為とするケース……………264
法的安全と適法性原理の間のバランス……273
法的規律の密度……………………………339
法的正当化論……………………………8, 13

「法的地位認定」の多様化………………………193
「法的な」地位ないし利益………………………231
法的保護に値する地位ないし利益…………220
法務大臣に対する異議の申出手続…………363
法務大臣の裁決………351, 360, 361, 363, 366, 374
法律準拠主義………………………………174
法律上の争訟……………………154, 217, 218
　　──性判断の基本構造……………………232
法律上の地位………………………………230
法律上の利益………………………………162
法律上保護された利益説（保護規範説）
　　　　　　　　　　　　　　　162, 163
法律による行政の原理………………………11
「法律の根拠認定」の柔軟化………………201
暴力行為（voie de fait）……………397, 398
法令解釈……………………………………336
法令上の申請権……………………………187
法令に根拠のない事実上の応答……………187
保険医療機関
　　──〔指定〕…………………………182, 199
　　──〔指定拒否処分〕………174, 328, 329
保護に値する利益救済説………………217, 218
保護法益性………………216, 219, 220, 232, 233
補充性要件……………………………14, 165
ボッソン法（Loi Bosson）（1994年）……261
本来重視すべき事項を不当に軽視したもの
　　　　　　　　　　　　　　　　　355
本来想定されない極端な不法事態…………396

ま行

マクリーン事件判決………………340, 367, 378
マルタン氏事件判決（C. E., 4 août 1905,
　Martin）……………………………………81
密度の濃い実体法的審査………………344, 346
民法上の不法行為責任………………………395
無名抗告訴訟…………………………………190
「明白かつ現在の危険」類似の判断基準……411
命令・強制……………………………………3, 4
黙示的な基準…………………………355, 376
黙示的に確立した実務上の裁量基準………376

目的外使用の許可 …………………… 403, 406, 408
目的と手段の不均衡の禁止 …………………… 430
もんじゅ行政訴訟 …………………………… 440
紋別市老人福祉施設民間無償譲渡選考結果通
　知事件 …………………………………… 184

や行

優越的法益 ………………………………… 342
有害物質使用特定施設使用廃止通知
　…………………………………… 185, 197, 206
優良運転者である旨の記載のある免許証 …… 229
踰越濫用統制型審査 …………………… 337, 339
要考慮事項 ………………………………… 370
　──間の比較衡量 …………………………… 342
用途地域の指定又は指定変更 ………… 213, 215
良き行政（bonne administration） …………… 135
横浜市立保育所廃止条例取消請求事件
　………………………………………… 184, 222
予先的特権（privilège du préalable） ………… 46
予防的救済のための訴訟提起可能性 ……… 209

402号通達（昭和49年衛発第402号通達）
　…………………………………………… 386, 387

ら行

利益衡量型司法審査 ………………………… 417
利益衡量過程の適正性 ……………………… 419
利益衡量過程を客観的に方向付ける指針 …… 425
利益衡量論 ………………………………… 335
利益の均衡 ………………………………… 420
「リスクからの保護義務」論 ………………… 163
立法事実論 ………………………………… 432
立法不作為の違法性 ……………… 391, 392, 394
理由の提示 ………………………………… 341
両立可能性 ………………………………… 319
両立可能の関係（rapport de compatibilité）
　………………………………………… 286, 289
林地開発許可（autorisation de défricher） …… 304
冷凍スモークマグロ食品衛生法違反通知事件
　……………………………………………… 179
労災就学援護費不支給決定 ………… 171, 178, 202

判 例 索 引

最大判昭和28・12・23民集7巻13号1561頁（皇居前広場使用不許可事件）……………343
最三小判昭和34・11・10民集13巻12号1493頁………………………………………367
最大判昭和36・3・15民集15巻3号467頁……………………………………………154
最一小判昭和39・10・29民集18巻8号1809頁（東京都ゴミ焼却場事件）…………153, 201
最大判昭和41・2・23民集20巻2号271頁（高円寺土地区画整理事業事件）………156, 183
神戸地決昭和43・10・18判時538号35頁……………………………………………370
東京地判昭和44・1・25判時543号18頁……………………………………………371
宇都宮地判昭和44・4・9行集20巻4号373頁（日光太郎杉事件第一審）…………18, 345
最二小判昭和44・7・11民集23巻8号1470頁（旅券発給拒否事件）………………343
東京地判昭和44・11・8判時573号26頁……………………………………………371
東京地判昭和46・3・29判時624号18頁………………………………………358, 371
東京高判昭和46・3・30判時624号4頁……………………………………………371
最一小判昭和46・10・28民集25巻7号1037頁（個人タクシー事件）………………340
東京高判昭和47・4・19判時664号3頁……………………………………………371
最一小判昭和47・11・30民集26巻9号1746頁（長野勤評事件）…………………165
東京高判昭和48・7・13行集24巻6・7号533頁（日光太郎杉事件控訴審）…………345
札幌地判昭和49・3・18判時734号12頁………………………………………358, 370
最三小判昭和49・7・19民集28巻5号790頁（昭和女子大事件）…………………423
最大判昭和49・11・6刑集28巻9号393頁（猿払事件）……………………………419
最三小判昭和50・2・25民集29巻2号143頁…………………………………………399
最一小判昭和50・5・29民集29巻5号662頁（群馬中央バス事件）…………340, 362
最二小判昭和51・1・26訟月22巻2号578頁……………………………………………371
東京地判昭和52・4・14訟月23巻4号738頁…………………………………………367
東京高判昭和52・12・12訟月23巻12号2204頁………………………………………367
最三小判昭和52・12・20民集31巻7号1101頁（神戸税関事件）……………19, 340
最二小判昭和52・12・23判時874号34頁……………………………………………361
松山地判昭和53・4・25判時891号38頁（伊方原発訴訟第一審）…………………433
最二小判昭和53・5・26民集32巻3号689頁（個室付浴場業事件）………………344
最一小判昭和53・7・10民集32巻5号820頁……………………………………………16
最大判昭和53・10・4民集32巻7号1223頁（マクリーン事件）…………19, 337, 367, 378
最二小判昭和53・12・8民集32巻9号1617頁…………………………………………229
東京高判昭和54・1・30訟月25巻5号1382頁…………………………………………376
神戸地判昭和54・6・28訟月25巻11号2819頁………………………………………358
最三小判昭和54・10・23判時1008号138頁…………………………………………367
最一小判昭和55・1・24………………………………………………………………376
東京地判昭和55・2・19訟月26巻4号648頁…………………………………………358

東京高判昭和 55・7・28 判時 972 号 3 頁	172
東京地判昭和 56・9・17 判時 1014 号 26 頁(二酸化窒素に係る環境基準改定告示取消請求事件)	213
東京地判昭和 57・3・16 判時 1035 号 17 頁(大規模小売店舗に係る店舗面積削減勧告「江釣子訴訟」)	213
最一小判昭和 57・4・22 民集 36 巻 4 号 705 頁(盛岡市工業地域指定取消請求事件)	213, 256
最一小判昭和 57・5・27 民集 36 巻 5 号 777 頁	229
大阪地判昭和 59・5・30 判タ 534 号 161 頁	358
大阪地判昭和 59・7・19 判時 1135 号 40 頁	358, 374
高松高判昭和 59・12・14 判時 1136 号 3 頁(伊方原発訴訟控訴審)	433
東京高判昭和 60・6・24 判時 1156 号 37 頁	213
最三小判昭和 60・7・16 民集 39 巻 5 号 989 頁(品川区内マンション建築確認留保事件)	18, 25
最三小判昭和 60・12・17 民集 39 巻 8 号 1821 頁	157
最一小判昭和 61・2・13 民集 40 巻 1 号 1 頁	157, 361
東京地判昭和 61・9・4 判時 1202 号 31 頁	358, 371
熊本地判昭和 62・3・30 判時 1235 号 3 頁	14
最大判昭和 62・4・22 民集 41 巻 3 号 408 頁(森林法共有物分割請求事件)	418
千葉地判昭和 63・6・6 判時 1293 号 51 頁	235
最一小判昭和 63・7・14 判時 1297 号 29 頁(足立江北医師会事件)	340
最一小判平成元・3・2 判時 1363 号 68 頁	384
最三小判平成元・7・4 判時 1336 号 86 頁(横川川事件)	165
最二小決平成元・11・8 判時 1328 号 16 頁	25
名古屋地判平成 2・10・31 判時 1381 号 37 頁	235
福岡地判平成 4・3・24 訟月 38 巻 9 号 1753 頁	235
東京地判平成 4・4・22 判時 1431 号 72 頁	15
最三小判平成 4・9・22 民集 46 巻 6 号 571 頁・1090 頁(もんじゅ訴訟第一次上告審)	440
最一小判平成 4・10・29 民集 46 巻 7 号 1174 頁(伊方原発訴訟上告審)	433, 342, 349
最一小判平成 5・2・18 民集 47 巻 2 号 574 頁(武蔵野市教育施設負担金訴訟)	25
名古屋地判平成 5・2・25 判時 1631 号 35 頁	235
最三小判平成 5・3・16 民集 47 巻 5 号 3483 頁	340
大阪地判平成 5・10・6 判時 1512 号 44 頁	14
福岡地判平成 5・12・14 訟月 42 巻 9 号 2137 頁	236
神戸地判平成 6・10・26 判タ 879 号 137 頁	235
福岡高判平成 6・10・27 訟月 42 巻 9 号 2127 頁	235
最三小判平成 7・3・7 民集 49 巻 3 号 687 頁(泉佐野市民会館使用不許可事件)	410, 424
最一小判平成 7・3・23 民集 49 巻 3 号 1006 頁(公共施設管理者の同意拒否事件)	226
最二小判平成 7・6・23 民集 49 巻 6 号 1600 頁	14
東京地判平成 7・12・6 判時 1594 号 23 頁	222
名古屋地判平成 7・12・15 判自 152 号 101 頁	235
最二小判平成 8・3・8 民集 50 巻 3 号 469 頁(エホバの証人剣道実技参加拒否事件)	343, 423
最二小判平成 8・3・15 民集 50 巻 3 号 549 頁(上尾市福祉会館使用不許可事件)	410

最三小判平成 8・7・2 判時 1578 号 51 頁 …………………………………………… 340
東京高判平成 8・11・27 判時 1594 号 19 頁 ………………………………………… 221
最三小判平成 9・3・11 判時 1599 号 48 頁 …………………………………………… 154
札幌地判平成 9・3・27 判時 1598 号 33 頁(二風谷ダム事件) …………………… 235, 346
名古屋高判平成 9・4・30 判時 1631 号 14 頁 ………………………………………… 235
最三小判平成 9・8・29 民集 51 巻 7 号 29221 頁(教科書検定第三次訴訟)……… 339
山口地下関支判平成 10・4・27 判時 1642 号 24 頁(従軍慰安婦・女子勤労挺身隊「関釜訴訟」第一審)
　………………………………………………………………………………………… 388
大津地判平成 10・6・29 判自 182 号 97 頁 …………………………………………… 235
最一小判平成 11・1・21 判時 1675 号 48 頁(非嫡出子住民票続柄記載事件)…… 177
大阪高判平成 11・10・15 判時 1718 号 30 頁 ………………………………………… 384
東京地判平成 11・11・12 判時 1727 号 94 頁 …………………………………… 358, 372
最一小判平成 11・11・25 判時 1698 号 66 頁(環状 6 号線訴訟) ………………… 163
東京高判平成 11・12・27 訟月 46 巻 10 号 3857 頁 ………………………………… 384
大阪高判平成 12・2・23 訟月 47 巻 7 号 1892 頁 …………………………………… 384
福井地判平成 12・3・22 判時 1727 号 33 頁 ………………………………………… 440
最三小判平成 13・3・13 判自 215 号 94 頁 …………………………………………… 384
広島高判平成 13・3・29 判時 1759 号 42 頁(従軍慰安婦・女子勤労挺身隊「関釜訴訟」控訴審)
　……………………………………………………………………………………… 388, 392
東京地判平成 13・7・12 判タ 1067 号 119 頁(北海道強制連行逃避行事件第一審)…… 388
京都地判平成 13・8・23 判時 1772 号 121 頁(浮島丸事件第一審) ……………… 389
東京地判平成 13・10・3 判時 1764 号 3 頁(小田急高架化訴訟第一審) ………… 346
最二小判平成 13・11・16 判時 1770 号 86 頁 ………………………………………… 384
東京地判平成 13・12・4 判時 1791 号 3 頁(国立マンション紛争行政訴訟) …… 164
東京地決平成 13・12・27 判時 1771 号 76 頁 ………………………… 168, 358, 372, 385
最一小判平成 14・1・17 民集 56 巻 1 号 1 頁(膳所町「二項道路」一括指定事件)…… 177
東京地決平成 14・3・1 判時 1774 号 25 頁 …………………………………… 168, 373, 385
最一小判平成 14・4・25 判自 229 号 52 頁(千代田区立小学校統廃合条例事件)…… 221
東京高決平成 14・6・10 判時 1803 号 15 頁 ………………………………………… 168
名古屋高金沢支判平成 15・1・27 判時 1818 号 3 頁(もんじゅ訴訟第二次控訴審)…… 441
大阪高判平成 15・5・30 判タ 1141 号 84 頁(浮島丸事件控訴審) ……………… 389
最一小判平成 15・9・4 判時 1841 号 89 頁(労災就学援護費不支給決定事件)…… 172, 178
東京地判平成 15・9・19 判時 1836 号 46 頁 …………………………………… 348, 385
名古屋地判平成 15・9・25 判タ 1148 号 139 頁 ……………………………… 358, 373
東京地決平成 15・10・3 判時 1835 号 34 頁 …………………………………… 168, 235
東京高決平成 15・12・25 判時 1842 号 19 頁 ………………………………………… 235
新潟地判平成 16・3・26 訟月 50 巻 12 号 3444 頁(新潟港運強制連行事件) …… 389
東京地判平成 16・4・22 判時 1856 号 32 頁 ………………………………………… 235
最一小判平成 16・4・26 民集 58 巻 4 号 989 頁(冷凍スモークマグロ食品衛生法違反通知事件)
　……………………………………………………………………………………… 172, 179

判 例 索 引　467

東京地判平成 16・5・27 判時 1875 号 24 頁 ･･ 358
東京高決平成 16・11・26 訟月 51 巻 9 号 2385 頁 ･･ 168
広島高判平成 17・1・19 判時 1903 号 23 頁（旧三菱徴用工強制連行事件） ････････････････ 387, 389
最大判平成 17・1・26 民集 59 巻 1 号 128 頁 ･･ 384
東京地判平成 17・4・13 判時 1890 号 27 頁（国籍法 3 条 1 項違憲訴訟第一審） ･･････････････ 169
最一小判平成 17・4・14 民集 59 巻 3 号 491 頁（登録免許税還付に係る通知拒否通知事件）
　･･ 180, 224, 229
大阪地判平成 17・5・25 判時 1898 号 75 頁 ･･ 384
最一小判平成 17・5・30 民集 59 巻 4 号 671 頁（もんじゅ訴訟第二次上告審） ･･････････････ 442
徳島地決平成 17・6・7 判自 270 号 48 頁 ･･ 166
東京高判平成 17・6・23 判時 1904 号 83 頁（北海道強制連行逃避行事件控訴審）･･････････ 389, 393
大阪地判平成 17・7・6 判タ 1202 号 125 頁 ･･ 388
最二小判平成 17・7・15 民集 59 巻 6 号 1661 頁（富山県病院開設中止勧告事件）
　･･ 172, 181, 232, 328, 329
最一小判平成 17・9・8 裁時 1395 号 3 頁 ･･ 173
最大判平成 17・9・14 民集 59 巻 7 号 2087 頁（在外邦人選挙権訴訟） ････････････････････ 170, 386
最三小判平成 17・10・25 判時 1920 号 32 頁（茨城県病床数削減勧告事件） ････ 172, 181, 232, 328, 329
最大判平成 17・12・7 民集 59 巻 10 号 2645 頁（小田急高架化訴訟上告審大法廷判決） ･･････ 162
東京地決平成 18・1・25 判時 1931 号 10 頁 ･･ 166
最三小判平成 18・2・7 民集 60 巻 2 号 401 頁（広島県教組教研集会事件） ･･････････････ 346, 404
東京地判平成 18・2・15 判時 1920 号 45 頁 ･･ 388
東京高判平成 18・2・23 判時 1950 号 27 頁 ･･ 236
東京高判平成 18・2・28 家月 58 巻 6 号 47 頁（国籍法 3 条 1 項違憲訴訟控訴審） ････････････ 169
最三小判平成 18・6・13 民集 60 巻 5 号 1910 頁（韓国籍在外被爆者健康管理手当不支給事件）･････ 387
最二小判平成 18・7・14 民集 60 巻 6 号 2369 頁（高根町簡易水道事業給水条例事件） ･･････ 182
最一小判平成 18・11・2 民集 60 巻 9 号 3249 頁（小田急高架化訴訟上告審本案判決） ･･････ 341
最三小判平成 19・2・6 判時 1964 号 30 頁（ブラジル移民在外被爆者健康管理手当不支給事件）････ 386
最二小判平成 19・12・7 民集 61 巻 9 号 3290 頁（一般公共海岸区域内土地占用不許可「獅子島事件」）
　･･ 346
那覇地判平成 20・3・11 判時 2056 号 56 頁 ･･ 341
最大判平成 20・6・4 民集 62 巻 6 号 1367 頁（国籍法 3 条 1 項違憲訴訟上告審） ････････････ 169
最大判平成 20・9・10 民集 62 巻 8 号 2029 頁（浜松市土地区画整理事業事件） ････ 156, 157, 183, 232, 240
東京高判平成 21・1・29 判時 2057 号 6 頁 ･･ 223
最二小判平成 21・2・27 民集 63 巻 2 号 299 頁（「優良運転者」の記載のない運転免許証交付処分
　取消請求事件） ･･ 229
最二小判平成 21・4・17 民集 63 巻 4 号 638 頁（世田谷区・非嫡出子住民票不記載事件）････ 183
最一小判平成 21・11・26 民集 63 巻 9 号 2124 頁（横浜市立保育所廃止条例事件） ･･････ 184, 222, 222
最一小判平成 21・12・17 民集 63 巻 10 号 2631 頁（東京都建築安全条例「タヌキの森」事件）
　･･･ 241, 326
東京地判平成 22・9・1 判時 2107 号 22 頁 ･･ 236

札幌高判平成 22・10・12 LEX/DB25443480 ··· 198
静岡地判平成 23・4・22 判時 2214 号 9 頁 ·· 235
最三小判平成 23・6・7 民集 65 巻 4 号 2081 頁 ·· 341
最三小判平成 23・6・14 裁判所ウェブサイト(紋別市老人福祉施設民間無償譲渡選考結果通知事件)
   ··· 184
東京高判平成 24・1・24 判時 2214 号 3 頁 ·· 235
最二小判平成 24・2・3 民集 66 巻 2 号 148 頁(土壌汚染対策法に基づく有害物質使用特定施設使用
   廃止通知事件) ·· 185
最一小判平成 24・2・9 民集 66 巻 2 号 183 頁(都立高校教員日の丸・君が代訴訟) ············· 186
東京高判平成 24・7・19 判例集未登載 ·· 236
最三小判平成 25・4・16 民集 67 巻 4 号 1115 頁(熊本水俣病公害病認定拒否事件) ············ 336

〈著者紹介〉

亘理　格（わたり　ただす）

1953 年　宮城県に生まれる
1979 年　東北大学大学院法学研究科博士課程前期課程修了
　　　　東北大学法学部助手，立命館大学法学部助教授，同教授，
　　　　金沢大学法学部教授，北海道大学大学院法学研究科教授
　　　　を経て
現　在　中央大学法学部教授，北海道大学名誉教授

北海道大学大学院法学研究科叢書⑳
行政行為と司法的統制——日仏比較法の視点から
Les actes administratifs et le contrôle juridictionnel de la légalité

2018 年 6 月 30 日　初版第 1 刷発行

著　者	亘　理　　　格
発行者	江　草　貞　治
発行所	株式会社　有　斐　閣

郵便番号 101-0051
東京都千代田区神田神保町 2-17
電話 (03) 3264-1314〔編集〕
　　 (03) 3265-6811〔営業〕
http://www.yuhikaku.co.jp/

印刷・大日本法令印刷株式会社／製本・大口製本印刷株式会社
© 2018, Tadasu Watari. Printed in Japan
落丁・乱丁本はお取替えいたします。
★定価はカバーに表示してあります。
ISBN 978-4-641-22742-2

[JCOPY] 本書の無断複写（コピー）は，著作権法上での例外を除き，禁じられています。複写される場合は，そのつど事前に，(社)出版者著作権管理機構（電話03-3513-6969，FAX03-3513-6979, e-mail:info@jcopy.or.jp）の許諾を得てください。

本書のコピー，スキャン，デジタル化等の無断複製は著作権法上での例外を除き禁じられています。本書を代行業者等の第三者に依頼してスキャンやデジタル化することは，たとえ個人や家庭内での利用でも著作権法違反です。